स्त्री विमर्श की ज़मीन

स्त्री विमर्श की ज़मीन

श्रीप्रकाश मिश्र

लोकभारती प्रकाशन

लोकभारती प्रकाशन
पहली मंजिल, दरबारी बिल्डिंग, महात्मा गाँधी मार्ग
प्रयागराज-211 001
वेबसाइट : www.lokbhartiprakashan.com
ईमेल : info@lokbhartiprakashan.com

शाखाएँ : 1-बी, नेताजी सुभाष मार्ग, दरियागंज
नयी दिल्ली-110 002
अशोक राजपथ, साइंस कॉलेज के सामने
पटना-800 006 (बिहार)
1, अनमोल सोराबजी संतुक लेन, मरीन लाइंस
मुम्बई-400002

मूल्य : ₹ 995

प्रथम संस्करण : 2024

आस्था पेपर कन्वर्टर
प्रयागराज द्वारा मुद्रित

STRI VIMARSH KI JAMEEN
by Shri Prakash Mishra

ISBN : 978-93-92186-64-6

पत्नी श्रीमती रमन मिश्र
को

अनुक्रम

दो शब्द

भला हो, और खूब भला हो महात्मा गांधी अन्तरराष्ट्रीय हिन्दी विश्वविद्यालय वर्धा के तत्कालीन कुलपति श्री विभूति नारायण राय और स्त्री अध्ययन विभाग के तत्कालीन अध्यक्ष डॉ. शम्भू गुप्त का, जिन्होंने अपने कार्यकाल के दौरान मुझे कोई चार बार स्त्री विमर्श के बारे में छात्रों के सामने उद्‌बोधन के लिए बुलाया। यहाँ संकलित अधिकांश लेख उसीके परिणाम हैं। वहाँ रहते हुए मुझे जयप्रकाश 'धूमकेतु' देवराज और ऋतुराज से कई तरह से बातें करने का मौका मिला जिससे विषय का और खुलासा हुआ और अपनी राय बनाने में मदद मिली। उनका मैं शुक्रगुजार हूँ।

कुछ लेख वारंगल, तिरुवनन्तपुरम्, धारवाड़, गोवा, मुम्बई, भोपाल, अमृतसर आदि के शिक्षण संस्थानों और दीगर गोष्ठियों में पढ़े गए थे। मैं उनके आयोजकों का आभारी हूँ।

इन विषयों पर मेरी बातचीत अक्सर डॉ. लाल बहादुर वर्मा, स्व. रोहिताश्व, विश्वरंजन और जयप्रकाश 'मानस' जैसे मित्रों से होती रही है। तमाम सामाग्री इकट्ठा करने में उनकी भूमिका रही है। श्रीरंग ने तो पुस्तक को यह नाम ही दिया है। नए विषयों पर लिखने-पढ़ने के लिए डॉ. सुरेश चन्द्र और प्रदीप चौधरी हमेशा उत्साहित करते रहते हैं। आभार उनका भी।

लोकभारती प्रकाशन, प्रयागराज ने इसे प्रकाशित करने में रुचि दिखाई है, उसके लिए मैं श्री रमेश ग्रोवर का भी आभारी हूँ। उनकी राय हमेशा बड़े काम की सिद्ध होती है।

प्रयागराज

—श्रीप्रकाश मिश्र

15 फरवरी, 2024

पीठिका : वैयक्तिकता, पहचान, अस्मिता, वगैरह

(1)

स्त्रीवाद अनिवार्यतः यूरोप की अवधारणा है। यह उन तमाम वादों-विचारधाराओं में से एक है, जिसका उपयोग गैर-यूरोपीय देशों में यूरोपीय जीवन-पद्धति को लादने के लिए हो रहा है। यह बताने के लिए हो रहा है कि यहाँ के जीवन-मूल्य तमाम गैर-यूरोपीय देशों के जीवन-मूल्य से बेहतर हैं और भावी जगत तथा मानवता का कल्याण उनको अपनाने से ही हो सकता है। इसके पीछे अस्तित्ववाद का दर्शन है। आधुनिकता के उठाने से पहले यूरोप में एक तरफ यूनानी दर्शन का बोलाबाला था, दूसरी तरफ ईसाइयत का। अपने चिन्तन के तमाम विरोधों के बावजूद उनमें इस बात पर एका था कि मनुष्य का सारतत्त्व आत्मा है—यह आत्मा चाहे अफलातून की दार्शनिक आत्मा हो या ईसाइयत की अध्यात्मिक आत्मा। आधुनिकतावाद ने ईसाइयत की अध्यात्मिक आत्मा को खारिज कर यूनान की दार्शनिक आत्मा को 'आत्म' (Self) में बदल दिया। इसने माना कि लौकिक जगत में मनुष्य के दो अंश हैं—एक शरीर का, दूसरा मन का। शरीर होने के बावजूद पशु मनुष्य से हीन है और सृष्टि के केन्द्र में नहीं है, क्योंकि उसमें मन नहीं है और यदि है भी तो बहुत ही अविकसित अवस्था में है। यद्यपि कि शरीर और मन में द्वैध देखनेवालों की कमी नहीं थी, फिर भी इस द्वैध में मन को शरीर से उच्च मानने वालों की कमी थी। आधुनिकता के आरम्भ में पुरजोर ढंग से डे कार्त ने कहा था कि शरीर और मन दो अलग तथा भिन्न वस्तुएँ हैं। मन की विशेषता विचार या चेतना है—वह एक विचार करता हुआ सार-तत्त्व है। जबकि शरीर विस्तारित सारतत्त्व है और मन से स्वतन्त्र है। इस तरह से उसने ईसाई चिन्तन द्वारा रचित मन और शरीर के अन्तःसम्बन्ध को अस्वीकार किया। तब प्रश्न पैदा हुआ कि यदि शरीर और मन दोनों आपस में न केवल स्वतन्त्र है, असम्बन्ध भी है, तब दोनों एक साथ काम कैसे कर पाते हैं? उत्तर में दे कार्त ने कहा कि ईश्वर ने इन्हें बनाया ही इस तरह से है कि दोनों साथ-साथ काम कर सकें। यह ईश्वर अध्यात्मिक ईश्वर न होकर विवेक का ईश्वर है।

आधुनिकता ने निरन्तर उस निश्चित स्थिर बिन्दु की तलाश करना चाहा है, जिस पर खड़े होकर परिवर्तन को समझा जा सके। अक्सर इसे मनुष्य-व्यक्ति में भी खोजने

का प्रयत्न हुआ है। क्योंकि यह व्यक्ति ही है जो अनुभव करता है, परिवर्तन में भागीदार होता है, उस पर प्रतिक्रिया व्यक्त करता है और उसमें अपनी पहचान बनाकर रखता है। इस वैयक्तिकता के दो पक्ष हैं। एक बाह्य पक्ष है, जिसे दूसरे पहचानते हैं, उस पर बात करते हैं। दूसरा आन्तरिक पक्ष है, जिसे व्यक्ति स्वयं महसूस करता है, उसका आत्मविश्लेषण करता है। पहले को पहचान कहते हैं, दूसरे को अस्मिता। इसका पहला दार्शिनिक रेने डे कार्त है, जैसा कि हमने ऊपर नोट किया है। वह अपने चिन्तन में सब कुछ व्यक्ति तक सीमित कर, उस पर व्यवस्थित ढंग से सन्देह करता है, उसकी सत्ता को नकारता है, यह तलाश करने के लिए कि आखिर निश्चितता का आधार क्या है, जिस पर सन्देह नहीं किया जा सकता और पाता है कि यह व्यक्ति की आत्मगतता है, जिसका प्रमाण उसका चिन्तन या यह नकार रचते जाना है। इसे वह सूत्रबद्ध कर कहता है, "Cogito urgo sum" (यानी चिन्तयामि अतः अस्मि)। इसमें भी आरम्भिक और केन्द्रीय तत्त्व 'चिन्तयामी' है, 'अस्मि' उसका परिणाम है और 'अतः' दोनों को जोड़ता है। सवाल उठता है कि हम कैसे मान लें कि हमने जो यह सूत्र पाया है, वह सही है। इसके लिए वह ईश्वर की कल्पना करता है और कहता है, "For as God is no deceiver, it follows necessarily that I am not deceived." इस स्थापना के कारण कुछ विचारक डे कार्त को 'रादान्तिक विवेकवादी' कहते हैं, क्योंकि अपनी सोच और विचार के बारे में निश्चित तो हो सकते हैं, पर वे बाह्य जगत की वास्तविकता के साथ कैसे फिट बैठते हैं, उसके लिए बाह्य ईश्वर की जरूरत है, जिसके अस्तित्व और गुणों को हम उस तरह से सन्देह करके नहीं जान पाते जैसा कि हमने व्यक्ति के बारे में सन्देह करते-करते जाना था।

कोई डेढ़ सौ वर्षों के बाद इमैनुअल कांट ने इस चिन्तयामि के ही आधार पर वैयक्तिकता का एक दूसरा दर्शन रचा। उसका उद्देश्य इस प्रश्न का उत्तर खोजना था कि कैसे प्रपन्नमति की क्षमता सभी अलग-अलग मनुष्यों की विभिन्न वस्तुओं के जगत की अनुभूति को वैश्विक, विवेकपूर्ण और संगत बनाती है और इस तरह वास्तविकता के बारे में तर्क का आधार रचती है। इसके लिए वह ज्ञान, यानी क्या जाना जाए, नीति यानी कैसे कर्म किया जाए और सौन्दर्य यानी कैसे सुखद और दुःखद को अलगाया जाएकी मीमांसा करता है। इसके परिणामस्वरूप वैयक्तिकता अस्तित्व न रह कर अनुभव के क्षेत्र में एक स्थानिक (Positional) होकर रह जाती है 'चिन्तयामि' और 'अस्मि' के बीच। यानी 'मैं हूँ' की जगह 'मैं कौन हूँ' का उत्तर तलाशते हुए वह वास्तविकता के तात्कालिक समरूप 'स्वभाव' को अस्वीकार कर देता है। ऐसे में 'मैं हूँ' यानी आत्म का स्वरूप बदल जाता है। वह चिन्तन या विवेक होते हुए भी अज्ञेय है, क्योंकि उसका प्रतिनिधित्व नहीं हो सकता। परिणाम यह है कि आधुनिक वैयक्तिकता की पहचान बनी तो रहती है, किन्तु वह वैयिक्तकता अधिकाधिक उस

अनुभव की वस्तु बन जाती है, जो उस परिवेश से निःसृत होता है जिसमें व्यक्ति रहता है। उसमें कोई आत्मा का सारतत्त्व न होकर विकसनशील आत्म की उपस्थिति होती है।

यही बात रोमांटिक कविता में गूँजती मिलती है। वर्ड्सवर्थ की 'प्रिल्यूड' कविता का यह अंश दर्शनीय है :—

"There are in our existence spots of time
Which with distinct pre-eminence retain
A vivifying virtue, whence depressed
By false opinion and contentious thought,
Or aught of heavier or more deadly weight
In trivial occupations and the round
Of ordinary intercourse, our minds
Are nourished and invisibly repaired"

विचारणीय यह है कि यहाँ वैयक्तिकता आधुनिक जगत की चुनौतियों के विरोध का क्षेत्र है। वह कलह से क्षतिग्रस्त मन को ठीक और पुष्ट करती है और मनोवैज्ञानिक निरन्तरता और संगति को निर्मित करती है। स्मृति के ही माध्यम से आधुनिक मनुष्य पहचान का व्यक्तिगत आख्यान रचता है। उसके लिए वर्तमान को समझता है और भविष्य पर प्रतिक्रिया व्यक्त करता है। यानी आधुनिक व्यक्ति अपनी स्मरण करने की क्षमता और उसके जीवन को निर्मित करनेवाली घटनाओं को संकेतित करने की क्षमता की उपज है। स्मृति पहचान बनाती है और हर व्यक्ति को एक विशिष्ट मानव बनाती है। कैथराइन बेल कहती है, "It is readily apparent that Romantic and post-Romantic poetry, from Wordsworth through the Victorian period at least to Elliot and Yeats, takes subjectivity as its central theme. The developing self of the poet, his consciousness of himself as poet , the struggle against the constraints of an outer reality constitute the preoccupation of The Prelude, In Memorium or Meditations in Time of Civil War."आधुनिकतावाद के अन्त पर इस्लाम के गम्भीर विचारक मोहम्मद इकबाल ने स्थापना रखी कि मनुष्य के 'मैं' यानी 'आत्म' के दो पक्ष हैं—एक खुदी, दूसरा नफ्स। खुदी मनुष्य के 'अहम' में वह अंश है, जिसे वे इस हद तक बुलन्द करने के लिए कहते हैं कि जिससे खुदा बन्दे से खुद पूछे कि बता तेरी रज़ा क्या है। यह अंश स्वयं खुदा का अंश लगता है। दूसरा अंश नफ्स है, जिसकी पहचान काम, क्रोध, लोभ, मद, मोह आदि से होती है। उसका समुच्चय 'अहंकार' है। उसे तिरस्कृत किया जाना चाहिए। दार्शनिक श्री अरविन्द कहते हैं कि मनुष्य की भविता (being) के दो पक्ष हैं—उच्च और निम्न।

उच्च को जीवात्मा कहते हैं, निम्न को चैत्य पुरुष। उच्च जीवात्मा मनुष्य का वह तत्त्व है, जो मनुष्य के हुए विकास के पहले से ही मौजूद है, जो आरोहण की प्रक्रिया के पार होता है, जबकि निम्न चैत्य पुरुष विकास की प्रक्रिया में बच्चे मनुष्य का प्रतिनिधित्व करता है। मनुष्य जब संसार में अवस्थित होता है और जिसे विकास (Evolution) की दृष्टि से देखा जाता है, तब उसके बाह्य पक्ष और अन्तः पक्ष में भेद किया जाता है। उसका अन्तः पक्ष उसके अवचेतन पक्ष का प्रतिनिधित्व करता है। यह जीवात्मा से इस मामले में भिन्न होता है कि जीवात्मा जहाँ परमात्मा का मानवीय पक्ष होता है और इसलिए व्यक्ति मनुष्य के मन और अभिव्यक्तियों के पार जाता है, चैत्य पुरुष जीवात्मा के अधीनस्थ रह अपने को व्यक्ति-विशेष के जीवन और उसके अस्तित्व में व्यक्त करता है, उसको सम्बलित करता है। इस विभेद को श्री अरविन्दो दूसरी तरह से भी व्यक्त करते हैं। कहते हैं कि जगत में सबकुछ दैवी अभिव्यक्ति है, इसलिए जीवात्मा और चैत्य पुरुष भी दैवी अभिव्यक्ति ही हैं, किन्तु जबकि चैत्य पुरुष और दैवी का सम्बन्ध 'भिन्नता-में-पहचान' (identity-in-differnce) में हो सकता है, जीवात्मा स्वयं दैवी में मिला होकर 'पहचान में' (in identity) होता है। मनुष्य की पहचान और वैयक्तिकता इन तीनों के समुच्चय से बनती है। हम पाते हैं कि श्री अरविन्दो ने शरीर पक्ष को छोड़ दिया है। एक दूसरे भारतीय विचारक कृष्णपद भट्टाचार्य कहते हैं कि मनुष्य शरीर भी है, मन भी है, आत्मा भी है और सबसे बड़ी बात यह है कि वह तीनों के समन्वय व समुच्चय से बना एक समग्र ईकाई है। यह चौथी बात ही उसे एक स्वतन्त्र पहचान और वैयक्तिकता की ओर ले जाता है। समकालीन सन्दर्भों में इस वैयक्तिकता की व्याख्या करते हुए डॉ. राधाकृष्णन बताते हैं कि मनुष्य के दो पक्ष हैं—एक वह जिसे विज्ञान अपने शब्दों में वर्णित और व्याख्यायित करता है, दूसरा वह जो वैज्ञानिक विश्लेषण के पार चला जाता है। उन्हें 'आत्मा' और 'शरीर' में बाँटकर बात करना उचित नहीं है, क्योंकि ऐसा करने से लगता है कि आत्मा में वे गुण सान्निध्य होते हैं जो शरीर में नहीं होते। अधिक उपयुक्त शब्द 'ससीम' (Finite) और 'असीम (Infinite) पक्ष होगा। ये दोनों मिलकर अलग-अलग मनुष्यों की अलग-अलग वैयक्तिकता (Subjectivity) रचते हैं। इसके कारण मनुष्य प्रकृति की तमाम वस्तुओं की तरह—जिनको वर्ग-विभेद में उनके गुणों के कारण बाँट देते हैं—वर्गविभेद में अपचयित नहीं किया जा सकता। माना कि वर्ग-चरित्रों या विशेषताओं का अपना महत्त्व है, किन्तु व्यक्ति के अपने विशिष्ट-चरित्रों और विशेषताओं का भी अपना महत्त्व है। 'सामान्य-में-मनुष्य' की सामान्य विशेषताओं को जानकर हम मनुष्य को नहीं जान सकते, क्योंकि व्यक्ति की अपनी विशेषताओं का अधिक महत्त्व होता है। यही मनुष्य की वैयक्तिकता है। यह मनुष्य प्रकृति की दूसरी वस्तुओं या रचनाओं से इतर परिवर्तित करने और अपनी योजना के अनुसार चलने की क्षमता रखता है।

इन तमाम बातों को आधार बनाकर मार्शल बेरमैन कहता है कि तब एक ऐसे बिन्दु की जरूरत है, जिसे आधार बनाकर इस परिवर्तन को बारे में सोचा जा सके। लिखता है, "Through the ability to synthesise the myriad events, experiences and encounters that make up a life, the modern subject is presented as an anchoring point in modernity's malestorm of perpetual disintegration and renewal, of struggle and contradiction, of ambiguity and anguish. As such it can become the bearer of responsibilities and rights, a member of society and a freely acting agent of change."

आधुनिकता का दौर आने से पहले स्त्री की अलग पहचान और वैयक्तिकता की निश्चित और स्थिर बिन्दु उसकी यौनिकता थी। जैविक रूप से स्त्री और पुरुष दो योनियों में स्थाई और स्पष्ट रूप से विभक्त हैं। उसके अनुसार उनकी प्रकृति भिन्न है, आवश्यकता भिन्न हैं, समाज में भूमिका भिन्न है, अधिकार भिन्न है, जीवन उद्देश्य भिन्न है। भले ही वे रहे एक परिवार में, एक क्षेत्र में, 'एक समाज' में, एक शासनतन्त्र में, एक संस्कृति में, उनका काम अलग-अलग, उनकी भूमिका, उनका स्टेटस अलग-अलग तय है। इस तरह के तर्क और लम्बे जीवनयापन की परम्परा ने स्त्री को पुरुष का अधीनस्थ बनाकर रख दिया था, पितृसत्ता उसकी सदियों से शोषण करती रही। ग्रीक और रोमन साम्राज्यों के बनने के पहले से ही वहाँ पितृसत्ता का वर्चस्व रहा। यह वर्चस्व दरअसल पूर्व-पश्चिम, उत्तर-दक्षिण सभी स्थानों, जातियों और संस्कृतियों में रहा। यद्यपि कि आत्मा का स्वयं कोई लिंग नहीं माना जाता था, तो भी शरीर के आधार पर वर्गीकृत पुरुष में अवस्थित आत्मा को ही प्रधानता दी गई, जो घर के बाहर के जगत का स्वामी था ही, घर के भीतर के जगत का भी स्वामी था। स्त्री उसके लिए मात्र भोग्या थी और इसी के एवज में उसे कुछ स्वायत्तता दे दी जाती थी। धार्मिक मतवाद इसे और दृढ़ करते थे। मजूसी मतों में स्त्री को पुरुष की छाती की हड्डी से निर्मित माना गया, जिससे वह पुरुष के अधीन बन गई। हिन्दू धर्म में उसे प्रकृति से परिचिह्नित कर और पुरुष को पुरुष या ब्रह्म से परिचिह्नित कर स्त्री को निष्क्रिय और पुरुष को सक्रिय कहकर उसे अधीनस्थ कर दिया गया। यदि वह अर्द्धनारीश्वर के रूप में पुरुष से युक्त रही तो भी उससे अलग होते ही अधीनस्थ हो गई।

जब आत्मा की जगह आत्म प्रचलन में आया और विश्वास की जगह विवेक उसका प्रमुख तत्त्व बना और धर्म की जगह दूसरे तत्त्व संस्कृति के निर्माण में हावी होने लगे तो कुछ विवेकशील धार्मिक पुरुषों और धार्मिक स्त्रियों में इस पुरुष वर्चस्व को तोड़ने की लालसा जागी। उसका आधार यह आत्म ही था, जो एक योनि या लिंग विहीन अवधारणा था। माना गया कि स्त्री और पुरुष में भले ही लैंगिक अन्तर हो, कुछ

ऐसी लौकिक जरूरतें हैं, जो दोनों के लिए एकसमान हैं। इसलिए स्त्रियों ने कुछ लौकिक अधिकारों की माँग पहले घर के भीतर, फिर घर के बाहर रखी, फिर उसका दर्शन निर्मित होता चला गया। यह माँग कुछ पारिवारिक, सामाजिक, राजनैतिक और शिक्षा सम्बन्धी अधिकारों के लिए था। इसमें स्त्री ने अपने को क्रमशः पुरुष के बराबर बनाना चाहा! धीरे-धीरे जब संस्कृति को पूरी तरह से मनुष्य के निर्माण की प्राथमिक प्रक्रिया मान ली गई, तो कहा गया कि स्त्री प्रकृति की निर्मिति कम, संस्कृति की निर्मिति अधिक है—वह पैदा नहीं होती, बनाई जाती है। स्त्री ने अपनी पहचान, अस्मिता और वैयक्तिकता के लिए सांस्कृतिक स्तर पर सांस्कृतिक ढाँचे के भीतर माँग रखी और यह माँग पुरुष के साथ अनुरूपता की माँग थी। उसने कहा कि पितृसत्ता की संस्कृति ने उसके आत्म को निरन्तर कुंठित किया है, उसके निज को प्रस्फूटित नहीं होने दिया है। यहाँ तक कि तमाम पहले के मातृसत्तात्मक समाजों को मेटकर मातृकुलात्मक बना दिया है।

इस माँग का आधार सारतत्त्ववाद था। वह मानता था कि पूरी दुनिया में स्त्रियों का हित एक जैसा है, चाहे वे उत्तर की हों या दक्षिण की, पूर्व की हों या पश्चिम की, अगड़ी सभ्यताओं की हों या पिछड़ी सांस्कृतियों की। चूँकि सभी जैविक निर्मिति और तज्जन्य सम्बन्ध एक ही है, इसलिए उनके हिताहित भी एक जैसे हैं। इन्होंने अपना संघर्ष पुरुष बनाम स्त्री का बनाया और पूरी दुनिया के आन्दोलन को एक करना चाहा। इनके केन्द्र में व्यक्ति था।

इस दौर की दार्शनिक मेरी वोलस्टोनक्रैफ्ट है, जो अपने विचार ज्ञानोदय के दर्शन विवेक, व्यक्तिगत अधिकार और समानता को लेकर चलती है। उसका कहना था कि व्यक्ति को आत्मनिर्धारण का नैसर्गिक अधिकार है और जिन तर्कों से ज्ञानोदयवालों ने राजा के दैवी अधिकार का विरोध किया था, उन्हीं तर्कों से पुरुष, विशेषतः पतियों के उस दैवी अधिकार का विरोध किया जाना चाहिए, जिसके तहत वे स्त्री से निर्विरोध आज्ञापालन की माँग करते हैं। स्त्री की तथाकथित हीनता, जिसको आधार बनाकर पुरुष उन पर शासन करता है, को स्त्री की शिक्षा के माध्यम से चुनौती दी जानी चाहिए और उसके लिए स्त्री को वही शिक्षा दी जानी चाहिए जो पुरुष को दी जाती है। इसके माध्यम से उन्हें विवेकयुक्त बनाया जाना चाहिए, जिससे कि वे समाज में अवसर की समानता के साथ स्वायत्त और स्वतन्त्र ढंग से भाग ले सकें। वह मानती थी कि हर स्त्री-पुरुष में वही विवेक काम करता है और वह ज्ञान प्राप्त करने की क्षमता, निर्णय लेने की क्षमता और अपना स्वयं का नैतिक चौकठा रचने के काम आता है। इसके बावजूद स्त्री पुरुष से भिन्न रूप से व्यवहार इसलिए करती है कि एक तो उसे बनी-बनाई मातृत्व की भूमिका में ठेल दिया गया है और दूसरे शिक्षा का प्रबन्ध नहीं किया जाता। अगर किया भी जाता है तो उसी गृहस्थी और मातृत्व को चलाने के लिए। इसका अन्त किया जाना चाहिए।

दूसरा विचारक जान स्टुअर्ट मिल है। उसने लिखा, "In no other instance except in the case of woman, which comprehends half of the human race, are the higher social functions closed against anyone by a fatality of birth which no exertions, and no change of circumstance can overcome." उसने स्त्री की हीनता के विरुद्ध बातें की और उनकी शिक्षा, राज्य के काम-काज में भागीदारी और राजनीति में हिस्सेदारी के अधिकार की भरपूर वकालत की। इसके लिए उसने 1867 के रिफार्म बिल में 'मैन' की जगह 'परसन' रखने के लिए संशोधन लाया। किन्तु वह अस्वीकार हो गया। समाज को केन्द्र में रखकर लिखनेवाले द्वन्द्वात्मक भौतिकवाद के दार्शनिक कार्ल मार्क्स समाज में विभाजन और संघर्ष लिंग के आधार पर न देखकर बर्जुआ और सर्वहारा, पूँजी और श्रम, धनी और गरीब में देखकर स्थापित किया कि शोषक शक्तियों ने शोषितों को समाज, राजनीति, परिवार और स्वयं अपने से इतना अलग-थलग कर दिया है कि व्यक्ति की अपनी पहचान और तज्जन्य वैयक्तिकता गायब हो गई है। उसका पट्ट शिष्य एडोर्नो कहता है कि होमर से लेकर अभी तक का पश्चिमी चिन्तन मनुष्य को व्यक्ति बनाने में लगा रहा है, जबकि जरूरत थी उसे सामाजिक बनाने की। उसकी पहचान, अस्मिता और वैयक्तिकता रूपान्तरित समाज में ही स्थापित हो पाएगी। स्वयं मार्क्स ने कहा था कि उसकी पुनर्स्थापना तभी हो सकती है जब क्रान्ति द्वारा, भरसक खूनी क्रान्ति द्वारा पहले सर्वहारा की तानाशाही, फिर राज्य की अगोचरता की ऐसी व्यवस्था बनेगी, जिसमें व्यक्ति की इयत्ता पुनर्परिभाषित होगी। ऐसे में स्त्री की मुक्ति अपने वर्ग के पुरुषों के साथ जुड़ा हुआ है। उससे अलग होकर मुक्त होने की न तो सम्भावना है और न ही वह उचित है—ऐसा उसके अगले दार्शनिक लेनिन ने कहा। उसने पूँजीवाद की पराकाष्ठा उपनिवेशवाद-साम्राज्यवाद में देखी और उनसे मुक्ति में पहले व्यक्ति की, फिर स्त्री की मुक्ति देखी। इसी तरह अन्तानियो ग्राम्शी ने हावी वर्ग की संस्कृति और सबाल्टर्न वर्ग की संस्कृति में गलाकाट प्रतिस्पर्धा देखी, जो व्यक्ति की पहचान और वैयक्तिकता को ठिकाने लगा देता है। यही द्वन्द्व जार्ज लुकाच ने सही चेतना और गलत चेतना के द्वन्द्व में देखा। एंजेल्स समेत इन लोगों ने परिवार को सामाजिक जीवन की ईकाई और आधार माना और परिवार को चलाते हुए स्त्री मुक्ति का दर्शन गढ़ा। किन्तु ये सभी पुरुष चिन्तक थे। एलेक्जेण्ड्री कोलोन्ताई ने स्त्री की मुक्ति को वर्ग की मुक्ति से इतर देखा और उसके लिए अलग से आन्दोलन चलाने की बात निरन्तर करती रही, क्योंकि स्त्री की कुछ समस्याओं को पुरुष की समस्याओं के अनुरूप होने के बावजूद, स्त्री की तमाम अपनी विशेष समस्याएँ हैं, जिन पर अलग से ध्यान देने की आवश्यकता है और उसके लिए अलग से आन्दोलन चलाया जाना चाहिए। जेटा जेन्किन और रोजा लक्जम्बर्ग जैसे विचारक बीच का रास्ता अपनाते हुए कभी इधर झुकती थीं, कभी उधर।

(2)

उत्तरआधुनिकता के दौर में यह आत्म 'निज' (Person) में रूपान्तरित हो गया। इसे वह प्रक्रिया कहा गया, जिसमें हर व्यक्ति तमाम दूसरे व्यक्तियों से अलग-अलग अलग और भिन्न होता है। दूसरे निजता में व्यक्ति अपने लिए विशिष्ट वैयक्तिकता, अधिकार और जिम्मेदारियाँ प्राप्त करता है—कम-से-कम इसका दावेदार होता है। यहाँ पर जोर जैविक निर्धारिण से बढ़कर सांस्कृतिक निर्धारण पर होता है।

आधुनिकता और उत्तर आधुनिकता की अवधारणा में अन्तर यह है कि आधुनिकता में वैयक्तिकता में जोर इस बात पर था कि विषयी की एक स्पष्ट, सुनिश्चित और स्थिर इकाई है, जो मानववाद के केन्द्र में है, जो पहचान का हृद तत्त्व है और जो विवेक की शक्ति से संचालित है। उसे अधिकार और विशेषाधिकार प्रदत्त किया गया है। उसका विकास और आत्म-सिद्धि पश्चिमी चिन्तन का केन्द्रीय उद्देश्य है। उत्तर आधुनिकता में जोर वैयक्तिकता के विखंडित हो जाने पर है, जिसका कोई हृद-तत्त्व नहीं है और जो वियोज्यता की अखंड प्रक्रिया में है। उसकी पहचान का कोई लम्बा समय नहीं होता। अस्मिता क्षण तक सीमित रहती है।

एक दूसरी बात सिग्मंड फ्रायड कहता है और वह विवेकवाद तथा सारतत्त्ववाद के विरुद्ध कहता है। वह मानववाद को अस्वीकार करते हुए वैयक्तिकता के सन्दर्भ में स्पष्ट कहता है कि मनुष्य चेतन के बनिस्बत अचेतन से अधिक संचालित और अनुशासित होता है। इस अचेतन में एक तरफ आद्यबिम्ब होते हैं, दूसरी तरफ दमित आकांक्षाएँ होती हैं, तीसरी तरफ प्राप्त किए गए अनुभव होते हैं! व्यक्ति की पहचान समय-समय पर होनेवाली इनकी अभिव्यक्ति से होती है। यानी 'चिन्तयामि' की संयुक्ति अचेतन के एक अतल तल से होती है, जो हमारी इच्छाओं, अभिप्रेरणाओं और नित्य-प्रति के अनुभव की धारा को रूप देता है और बहुधा चेतन कलापों से भिन्न ही नहीं, उन्हें चुनौती देनेवाला होता है। दूसरे इच्छाओं पर चेतन मन का बहुत नियन्त्रण नहीं होता। तीसरे अभिप्रेरण एक तरफ सुख को प्राप्त करने के लिए तो दूसरी तरफ दुःख से बचने के लिए होते हैं। मानव जीवन इनमें सन्तुलन बनाने के लिए संघर्षरत रहता है।

फ्रायड के इस सिद्धान्त को आगे बढ़ाते हुए जैक लाकां कहता है कि इच्छा का प्रभाव वैयक्तिकता के निर्माण में आत्म-निश्चितता के 'चिन्तयामि' पर दृष्टि केन्द्रित करने की जगह इच्छा करनेवाली अन्तः वैयक्तिकताओं पर केन्द्रित की जानी चाहिए। यह इच्छा अपने बारे में नहीं, 'अन्य' के बारे में होती है, जिसे प्राप्त करने का भाव होता है। यह अन्य एक प्रतीक-व्यवस्था है—भाषा और संस्कृति का क्षेत्र, जिसमें हम सभी अवस्थित हैं। यानी इच्छा सांस्कृतिक होती है—हम जिसे चाहते हैं, वह उस संस्कृति के मानदंडों और मूल्यों से निर्मित होता है, जिसमें हम रहते हैं। यही कारण है कि यदि सांस्कृतिक मान्यता मिल जाएतो हम तमाम ऐसी चीज़ों की इच्छा करने लगते

हैं, जो स्वास्थ्य या जीवन के लिए नुकसानदायी होती हैं, भ्रष्ट या कुमार्गी होती है—चाहे भोजन में हो, कामतृप्ति में हो, सामाजिक संस्थाओं के परिचालन में हो या संघर्षों में हो। लाकां यह भी बताता है कि इच्छा में 'अन्य' का मतलब सिर्फ अपने लिए प्राप्त करना नहीं होता, स्वयं दूसरे के प्राप्त करने का विषय बन जाना भी होता है, "Desire desires the other, but also desires to the object of the Other's desire." यह एक तो अन्तः क्रियाओं की एक लम्बी शृंखला को जन्म देता है, दूसरे वैयक्तिकता के विश्लेषण गें 'अन्य' की भूमिका का प्रवेश कराता है। किन्तु इस इच्छा की पूर्ति असम्भव है, क्योंकि निज और अन्य के बीच पारस्परिक पहचान असम्भव है। यहाँ तक कि वास्तविक काम-सम्बन्ध नहीं बन सकता। इसका मतलब यह नहीं है कि काम-क्रिया नहीं होती। बस इतना ही कि सच्चा प्यार एक असम्भव अवधारणा है "I love you, but because inexplicably I have in you something more than you...I mutilate you." अपनी बात का खुलासा करते हुए कहता है कि यदि हमारी इच्छाएँ हमारे सांस्कृतिक सन्दर्भों से जन्म लेती हैं और उसी सन्दर्भ से पहचाने जाने के लिए प्रयत्न करती हैं, तब वांछनीय व्यक्ति या वस्तु भी उसी सन्दर्भ से फैंटेसी के रूप निर्मित होता है सांस्कृतिक प्रतीक और बिम्ब के रूप में। उनसे प्यार वे जो अपने आप में हैं, या अपने आप के हैं, उससे नहीं होता और उनके साथ हमारा सम्बन्ध असम्भव फंतासी बिम्बों में सतत रूपान्तरण के दबाव में बनता है। संक्षेप में कहा जा सकता है कि इच्छा की पूर्ति कभी नहीं हो सकती और वह विषयी को निरन्तर नई वस्तु की ओर 'अन्य' की ओर ढकेलता रहता है!

फ्रायड ने स्त्री सम्बन्धी बातों को दो आधार पर रखा था। एक तो यह कि विपरीत लिंगों के बीच आकर्षण के चलते बेटा माँ के प्रति आकर्षित रहता है, तो बेटी पिता के प्रति। इसके प्रत्युत्तर में माँ बेटे का पालन-पोषण बेटी की तुलना में अधिक मनोयोग से करती है। पिता भी बेटी के पालन-गोषण पर अधिक ध्यान देता है, इसका पता नहीं चलता। सांस्कृतिक रूप से तो उपेक्षा का ही भाव होता है पुरुषसत्तात्मक समाज में। दूसरी बात यह कही कि स्त्री की जननेन्द्री पुरुष की जननेन्द्री जैसी न होने के कारण वह घर के दूसरे समवयस्क लड़कों के प्रति ईर्ष्या भाव रखती है। इस भिन्नता का एक परिणाम यह है कि वह माँ से भी ईर्ष्या करती है, क्योंकि वह पिता के शिश्न पर एकाधिकार समझती है। दूसरी तरफ लड़की यह भी समझती है कि पिता का शिश्न उसके शिश्नहीन होने की क्षतिपूर्ति करेगी। दरअसल युवा होने के बाद जब वह किसी से प्रेम करती है तो उसमें पिता की ही छवि तलाशती है। स्त्री की वैयक्तिकता और पहचान के निर्माण में इसकी बड़ी भूमिका होती है। यही नहीं, हमारी दमित इच्छाओं का अधिकांश, जो अचेतन के ताल में भरा होता है, वह काम सम्बन्धी ही होता है और स्त्रियों में अधिक होता है—मानसिक रुग्णता स्त्रियों में अधिक होती है।

तमाम स्त्रीवादी स्त्रीविचारकों का कहना है कि फ्रायड मूलतः स्त्री विरोधी है। स्त्रियों में जिस अधिक काम दमन की बात वह कहता है वह यौनिकता के कारण नहीं, सामाजिक व्यवस्था के कारण है। पुरुष को अपनी काम-तृप्ति का अवसर स्त्री से अधिक मिलता है, पहल करने से लेकर जोड़ी खोजने तक। पुरुष के विचलन को उतना बुरा नहीं माना जाता, जितना स्त्री के विचलन को। उसे इतना व्यस्त रखा जाता है कि उसे मनमाफिक कुछ करने का मौका ही नहीं दिया जाता। फिर फ्रायड के विश्लेषण स्त्री-रोगियों की अधिक संख्या पर चाहे जितना आधारित हों, डाटा चाहे जितना स्त्रियों से लिया गया हो, उनका विश्लेषण पुरुष की दृष्टि से ही किया गया है। इसलिए वे गलत और स्त्री-विरोधी हैं।

अब फ्रायड विवेक का विरोध करने के कारण उतना आधुनिक न भी हो, वह उत्तर आधुनिक भी नहीं है। समय की दृष्टि से वह आधुनिकों के ही बीच खपता है। उत्तर आधुनिक मनोविश्लेषणवादी विचारक लाकां है। उसके कुछ विचारों को हम ऊपर देख आए हैं। पहचान के सिलसिले में वह अपनी बात स्त्री के गर्भ से आरम्भ करता है। यानी वह पहचान के लिए स्त्री को प्राथमिकता देता है। दूसरी बात यह है कि वह अपनी बात संरचनावादियों और फिर उत्तर संरचनावादियों की तरह रखता है। इसलिए वह स्त्रीवादियों के करीब पड़ते हुए भी संरचनावादी विचारक है।

पहचान को प्राथमिकता देने के लिए लाकां ने मनोविज्ञान का नए तरह से विश्लेषण किया। ऐसा करने में उसने फ्रायड के आत्मविभाजन या 'मन आत्म' की बात को आगे बढ़ाया। कहा कि इस विभाजित आत्म का समायोजन हो ही नहीं सकता है—सेक्सुअल रि-प्रोडक्शन की यही विशेषता है। गर्भ में तो स्त्री और पुरुष का एका बना रहता है, पर गर्भ से बाहर आते ही स्त्री और पुरुष का विभाजन हो जाता है। नवजात या तो लड़का होता है, या लड़की। यह विभाजन अभाव का बोध देता है। इसमें जीवित प्राणी अपने ही एक अंश का अभाव पाता है। यह अभाव एकसाथ ही स्त्री और पुरुष बने रहने की असम्भावना है। इस अभाव की पूर्ति ताजिन्दगी नहीं हो सकती। इसलिए यह अभाव प्राथमिक है। इस अभाव को भाषा में व्यक्त नहीं किया जा सकता, क्योंकि यह भाषा के आगमन से पहले ही घट जाता है। जन्म के समय बच्चे के पास भाषा नहीं होती कि वह इसे व्यक्त कर सके। यही नहीं, जब उसके पास भाषा आती है, तब वह उस जन्म के समय को, कहें उपस्थिति को विस्मृत कर चुका होता है। इसलिए वह चाहकर भी अब भाषा में व्यक्त नहीं कर सकता। तीसरे यह अभाव इतना गहरा है कि भाषा में ऐसे शब्द नहीं है जो स्त्री और पुरुष दोनों का भान एक साथ कराएँ। पुरुष में ही स्त्री की समाहिति आरोपित कर दी जाती है। यहाँ तक कि 'परसन', 'इंडिविजुअल' आदि शब्द पुरुषवादी ही है।

भाषा का चरण आने से पहले बच्चे की चेतना एक 'इमैजिनरी' चरण से गुजरती है। अबोध बच्चा जब अपने को दर्पण में देखता है, तब एक अस्पष्ट पहचान अनुभव करता है। इसे आत्म के पहचान का दर्पण चरण कहते हैं, जिसमें देखनेवाले और देखी गई छवि के एकत्व का बोध झलकता तो है पर पकड़ से, समझ से दूर बना रहता है। यह एक भ्रमकारी एकत्व और पहचान होता है। और यह आत्म का ही नहीं, जगत का भी होता है, जिसे 'मिस रिकागनिशन' और 'मिस यूनिटी' कहा जा सकता है। यहाँ 'मिस' का मतलब गलत भी है और खो जाना या छूट जाना भी है। यानी वह जगत की गलत पहचान करता है, इसलिए उसे खो भी देता है, वह छूट भी जाता है। जगत के साथ उसका एकत्वबोध गलत होता है, इसलिए एकत्वबोध होता ही नहीं है। इसी तरह वह अपनी भी गलत पहचान करता है, इसलिए वह अपने को पाता ही नहीं, खो भी देता है। शारीरिक तौर पर असम्भावित और अनियन्त्रित वह बच्चा अपने को दर्पण में प्रमुदित एकीकृत छवि में देखता है तो एकसाथ ही वह वहीं होता है और वहीं नहीं भी होता है। यानी बच्चे और उसके 'मैं'—दृष्टा बच्चा और देखा गया बच्चा—के बीच एक संयुक्ति भी होती है और एक रिक्ति भी होती है। आदान-प्रदान भी होता है और विरोध भी होता है। बच्चा छाया-बच्चा को देख रहा है कि छाया-बच्चा उसे देख रहा है, उसके मन में या संज्ञान में स्पष्ट नहीं होता। तो भी वह उस छवि से अपने को पूर्णतः समायोजित कर लेता है स्वरूप के भाव से बड़े ही नैसर्गिक ढंग से। इस आत्ममुग्धता के भाव में पूर्व के स्त्री-पुरुष भाव के एकत्व की छाया होती है—आकर्षण विपरीत-लिंगी बोध छिपाए होता है। यहाँ एक तरफ समलैंगिकता विपरीतलिंगता में विभक्त होने को होती है, तो दूसरी तरफ विपरीतलिंगता समलैंगिकता में उभयनिष्ठ होती है।

यह चरण 'इमैजिनरी' बन जाता है। इस 'इमैनिजरी' के भी दो अर्थ है—एक बिम्ब विधायन, दूसरा काल्पनिक। बिम्ब विधायन गलत से जुड़ा है और काल्पनिक खो जाने से उत्पन्न है। इनकी सहवर्तिता उलट-पुलट भी हो सकती है। यानी बिम्बविधान से खो जाना जुड़ सकता है और काल्पनकि से गलत। तब उनसे दूसरे अर्थ प्रस्फुटित होंगे।

अगला चरण भाषा का होता है। भाषा चिह्नों भी प्रणाली होती है, एक व्यवस्था होती है, अधिरचना होती है। उसकी कोटियाँ विभेदक रचती हैं। पिछले चरण के बन्दवृत्त में बच्चे को भिन्नता और विभेदों का ज्ञान नहीं था। भाषा प्राप्त होते ही उसे अनुभव से प्राप्त आश्चर्य और दुश्चिन्ता का जगत मिल जाता है। आश्चर्य जगत को देखकर होता है, जो चेतन में होता है। दुश्चिन्ता अभाव की देन होती है, जो अचेतन में बनी रहती है। भाषा के साथ चेतन और अचेतन का यह सम्बन्ध लाकां का सबसे महत्त्वपूर्ण अवदान है। पहले जब वह किसी बात पर चीखता था, तो वह सिर्फ संकेत होता था। अब यदि वह चीखता है तो वह चिह्न होता है। जब वह भाषा सीखता है

तो दो खोज उसे एकसाथ प्राप्त होते हैं। एक भिन्नता का—यानी एक चिह्न दूसरे चिह्न से भिन्न होता है, हर चिह्न का एक विशेष अर्थ होता है। दूसरा अनुपस्थिति का—यानी चिह्न का मतलब ही होता है कि चिह्नित वस्तु वहाँ नहीं है। ये भाषिक कोटियाँ इतनी अनिवार्य हो जाती हैं कि इनसे बचा नहीं जा सकता।

इस भिन्नता और अनुपस्थिति की जानकारी अभाव को नए सिरे से प्रतिपारित करती हैं, जो बड़ी ही कष्टदायी होती है। स्वामित्व (Possession) की इमैजिनरी दुनिया से बाहर आकर वह भाषा के रिक्त संसार में आ जाता है, जहाँ वह एक चिह्न से दूसरे चिह्नक की अनन्त शृंखला में विचरण करने लगता है। चिह्नकों की यह शृंखला (जो अनुपस्थिति को स्वीकार कर और भिन्नताओं को प्रतिपादित करते हुए चलाती हैं) अभाव की दूसरी श्रेणियाँ निर्मित करती हैं। इच्छाएँ इसी अभाव की देन होती हैं। अगले चरण के सगोत्रगमन की वर्जनाएँ एक तरफ दमित चेतना का निर्माण करती हैं, तो दूसरी तरफ नैतिकता का मानचित्र रचती हैं। व्यक्ति की नियति चिह्नकों या स्थानापन्नों की इस व्यवस्था में, अन्य की दुनिया में भटकते रह जाने की बन जाती है, इस कभी न प्राप्त होनेवाली सम्पूर्णता में पुनः प्रविष्ट होने की तलाश जारी रखते हुए।

इसकी कुछ पूर्ति तब होती है जब एक स्त्री एक पुरुष के साथ साहचर्य रचती है। वह साहचर्य सिर्फ कामेच्छा की पूर्ति के लिए नहीं होता, एक सम्पूर्ण जीवन जीने के लिए होता है। यानी परिवार जीवन की इकाई बनकर उभरता है। उसी में अधूरी ही सही स्त्री की कुछ पहचान बनती है। और वह उस पहचान से अधिक होती है, जो अकेले रहने से बनती है। अकेले रहने में वैयक्तिकता परिवार में रहने की अपेक्षा अधिक कुंठित होती है। यानी लॉकां स्त्री की वैयक्तिकता के लिए, पहचान के लिए कुछ हद तक पारिवारिक जीवन का समर्थक है। यह उतना ही पुरुष पर भी लागू होता है।

ऊपर हमने देखा कि मनोविश्लेषणवाद वैयक्तिकता को चेतन और अचेतन में विभाजित मानता है। इसी तरह यह विवेकपरकता व इच्छा में विलगाव देखता है। हमारी पहचान दूसरों के द्वारा उपलब्ध कराई जाती है और दूसरे हमें किस रूप में पहचानते हैं, वह भिन्न-भिन्न तो होता ही है, वे कितना पहचानते हैं—इस पर भी प्रश्नचिह्न लगा होता है। तब हम अस्मिता की ओर मुड़ते हैं। यहाँ अस्मिता पहचान का पूरक कम बनती है, उसकी विरोधी अधिक और वह विरोध अक्सर ही अव्यक्त रहता है। उसको अपने-अपने ढंग से व्यक्त करने की एक कोशिश रंगभेद, नस्लवाद, नृतत्त्ववाद, प्राच्यवाद, उपनिवेशवाद और उत्तर उपनिवेशवाद को ध्यान में रखकर विचार करनेवाला अफ्रीका का दार्शनिक फ्रैन्ज फैनन है। दूसरा उत्तर आधुनिकता को ध्यान में रखकर स्त्रीवाद को रचनेवाली दार्शनिक हेलेन सिस्कू है।

हम पहले फ्रैंज फैनन को लेते हैं। उसका इरादा हर प्रकार के उपनिवेशवाद से मुक्ति प्राप्त करना है। संयोग से वह मनोचिकित्सा में प्रशिक्षित था और 1956 से अल्जीरिया की क्रान्ति में सहभागी था। वह उपनिवेशवाद को नस्लीदमन का हथियार मानता था, और बहुत ही ख़तरनाक हथियार, क्योंकि इसका प्रभाव शारीरिक ही नहीं, मानसिक भी था और मानसिक के क्षेत्र में बहुत गहरा था, इतना कि उपनिवेशवाद से मुक्ति के बाद भी वह कई पीढ़ियों को उसी तरह से प्रभावित करके रखता था। जैसे आज का भारत, जो ब्रिटेन का उतना गुलाम नहीं था, जितना वह आज पश्चिम का गुलाम बनता जा रहा है। वह व्यवहार और दृष्टिकोण दोनों को विकृत कर देता है और ऊपर से आभास देता है कि कोई विकृति हुई ही नहीं। इसलिए शान्तिपूर्ण समझौतों से वास्तविक मुक्ति नहीं प्राप्त की जा सकती। उसके लिए सामूहिक, सीधी और अनवरत हथियारबन्द कार्यवाही की जरूरत पड़ती है, जिसमें व्यक्ति, समूह और पूरा समाज हिस्सा लेता है। परिणामस्वरूप वह राष्ट्रीय आन्दोलनों को सन्देह की दृष्टि से देखता था, क्योंकि उसमें विशेषाधिकार प्राप्त उन्हीं उपनिवेशकों के रचे शहरी मध्य वर्ग के लोग न केवल हिस्सा लेते थे, बल्कि नेतृत्व देते थे, जिनसे उपनिवेशकों के जीवन-मूल्यों को बचाकर रखने की ललक होती थी। वह कृषक समाज को क्रान्तिकारी शक्ति मानता था, जिनके पास खोने के लिए कुछ नहीं होता और देने के लिए आपायायित विरोध और हिंसा का विस्फोट होता है।

पहचान के सन्दर्भ में उसने देखा कि उपनिवेश बनानेवाले लोग उपनिवेशित लोगों की पहचान किस तरह से बनाते हैं। भाभा लिखते हैं, "For Fanon...myth of Man and Society is fundamentaly undermined in the colonial situation where everyday life exhibits a 'constellation of delirium' that mediates the normal social relations of its subjects...The representative figure of such a perversion, I want to suggest, is the image of Post-Enlightenment man tethered to, not confronted by, his dark reflexion, the shadow of colonized man, that splits his presence, distorts his outline, breaches his boundries, repeats his action at a distance, disturbs and divides the very time of his being. The ambivalent identification of the racist world....turns on the idea of man as his alienated image, not self and Other but the 'Otherness' of the Self inscribed in the perveres palimpsest of colonial identity

यह 'आत्म का परायापन या अन्य होना' आज मानववाद की विवेचना का एक बड़ा तर्क है। आततायियों की निगाह में वह औपनिवेशिक वैयक्तिकता विभक्त हो गई है, तुड़-मुड़ गई है, विच्छिन्न हो गई है, अपनी छवि के साथ दूसरे द्वारा प्रेषित छवि का मेल-मिलाप मुश्किल हो गया है। दूसरी तरफ उपनिवेशितों द्वारा गढ़ी गई

उपनिवेशिकों की छवि से स्वयं उपनिवेशिकों की स्वयं की छवि हिल उठी है, क्योंकि उन्होंने उपनिवेशिकों के प्रति अपेक्षित मानवीय व्यवहार को निरन्तर रोककर रखा था, जिसका खुलासा आज एक के बाद एक होता जा रहा है। इसके द्वारा नस्लवाद के आधार पर रची वैयक्तिकता और पहचान को बुरी तरह से लताड़ा जा रहा है, क्योंकि उन्होंने मनुष्य को तमाम वस्तुओं के बीच एक और वस्तु बनाकर रख दिया था। ज्ञानोदय के विचार की संचालिका 'अर्थ के लिए इच्छा' को नस्लवादी संस्कृति अस्वीकार कर देती है और उसकी जगह एक संकीर्ण आत्म व्यक्ति से व्यक्ति, पाठ से पाठ, गलत पहचान से गलत पहचान से रचा जाने लगता है। पहचान और वैयक्तिकता की तलाश में व्यक्ति यहाँ 'अन्य काला आदमी', 'दूसरा व्यक्ति' न रहकर, पुराकथा, कहानी, इतिहास आदि बन जाता है। स्मृतियों और साहचर्य से वैयक्तिकता बनाने की जगह, जब वे मानवता को ही नकार देते हैं, तो आत्म को सम्पूर्णता में जान पाना असम्भव हो जाता है। जब कोई इसमें फिट होने लगता है पहचान एक लीला-रूपक बन जाती है, जिसमें सफेद मुखौटों की श्रृंखला में सफेद चमड़ी छिपाई जाती है।

पहचान का विश्रृंखलन न केवल अश्वेतों के लिए होता है, श्वेतों की, उपनिवेशकों की पहचान भी विश्रृंखलित होती है। फैनन के वाक्य, "The Negro is not. Anymore than Whitemen" को उद्धृत करते हुए भाभा कहते हैं, "The familiar alignment of the 'is' disterbed by one brief pause (the fullstop after 'not') and the traditional ground of racial identity are disterbed whenever they are found to rest in narscistic myths of Negritude of White cultural supremacy"

फैनन के कहने का मतलब है कि आत्मकेन्द्रित, आत्मनिश्चित, विश्वव्यापी वैयक्तिकता असम्भव है : वैयक्तिकता का निर्णय दूसरों के साथ उन अन्तः क्रियाओं से होता है, जो संस्कृति के क्षेत्र में होती हैं—जिसे 'अन्य' कहते हैं—और यदि वह संस्कृति स्वयं छिन्न-भिन्न, टूटी-फूटी या असम्बद्ध होती है, जैसा कि उपनिवेशित और उत्तर उपनिवेशित समाजों में देखने को मिलती है, तो पहचान भी छिन्न-भिन्न, टूटी-फूटी और असम्बद्ध ही बनेगी।

यहाँ पर अप्रासंगिक न होगा यदि इस सन्दर्भ में मोहम्मद इकबाल के विचार भी नोट कर लिए जाएँ। वे कहते हैं कि समाज एक बच्चे की तरह होता है। बच्चा अपने होने का अर्थ तब प्राप्त करता है, जब भावी कल को अतीत कल से जोड़कर अपना इतिहास स्वयं रचता है। यह बच्चे का निजी इतिहास है जो उसकी भविता की आँख खोलता है। उसकी स्मृति उसे अपने आत्म के प्रति चेतन करती है। इसी तरह यह स्मृति है, इसका जीवित इतिहास और परम्परा है, जो एक समुदाय को आत्मचेतस ानाती है और उस आत्मचेतना के माध्यम से ही व्यक्तियों का एक समूह एक समुदाय बनाता है। यह गोचर करता है कि ऐतिहासिक परम्पराएँ स्थाई नहीं होतीं। उसे हर पीढ़ी को

पुनः प्राप्त करना होता है, जब वह अपनी पूर्ववर्ती पीढ़ी से सांस्कृतिक रिक्थ प्राप्त करता है। अतीत और वर्तमान के अन्तःबुनावट से ही परिवर्तन को एक अर्थपूर्ण स्वरूप मिलता है।

मोहम्मद इकबाल यह भी कहते हैं कि मूल्यों की नैतिक और नीतिपरक चौकठा, उनकी उत्पत्ति और उद्देश्य आत्म को तितिक्षित करता है और प्रकारान्तर से समुदाय को भी तितिक्षित करता है। इसलिए हर पीढ़ी में उसकी खोज की जानी चाहिए, उसे निर्लिप्त किया जाना चाहिए, उसे पुष्ट किया जाना चाहिए। इस्लाम ने कभी भी प्रबल पश्चिम के 'अच्छे नागरिक' की अवधारणा में रुचि नहीं दिखाई है। उसकी जगह राजनीति, समाज और व्यक्ति के प्रति एक पूर्णतावादी (wholistic) दृष्टिकोण रखा है, जो मनुष्य को एक नैतिक भविता में पुष्ट करता है—बिना अच्छे समाज के अच्छे लोगों का निर्माण नहीं हो सकता और अच्छे लोग बिना अच्छा समाज बनाए चुप नहीं बैठे रह सकते। यह बात सभी पूर्वात्य देशों और उनकी संस्कृतियों पर लागू होती है, जिसमें भारत, चीन, जापान, पूर्वी एशिया, फारस, अरब आदि सभी देश तो आते ही हैं, अफ्रीका और आदिवासी अमेरिका भी शामिल होता है। डॉ. राधाकृष्णन, वी.वी.नरवणे, के.टी. राजू आदि इसका समर्थन करते हैं।

लेकिन पश्चिम के विचारक इसे स्वीकार नहीं करना चाहते। प्राच्य की जगह उत्तर उपनिवेशवाद का दर्शन रचते हुए ये पश्चिमी विचारक यहाँ के स्त्रीवाद, सबास्टर्नलमित आदि को ध्यान में रख एक ऐसा सरपेटिया दर्शन रच रहे हैं, जो इतिहास और परम्परा को अस्वीकार कर अपनी बाजारवादी अर्थनीति और तज्जन्य नव साम्राज्यवाद नव उपनिवेशवाद को तीसरी और पुरानी दूसरी दुनिया पर लाद रहे हैं। जिआउद्दीन सरदार लिखते हैं, "...postmodernism in fact dismembers other cultures by attaching their immune system : eradicating identity, erasing history and tradition, reducing everything that make sense of life for non-secular cultures into meaninglessness. It places the inhuman and degrading on at par with the humane and ethical."

उत्तर आधुनिकता सांस्कृतिक स्वायत्तता को स्वीकार नहीं करती बहुलता का ढोल चाहे जितना पीट ले। उनके मन में बैठा हुआ है कि स्थानीय और देशज संस्कृतियाँ इतनी कमजोर हैं कि उनकी स्वायत्तता की वकालत करने के बावजूद वे एक-एककर पश्चिमी सभ्यता में रम जाएँगी प्रगति और विकास का माडल और उनके प्रति ललक की ताकत ही ऐसी है। आखिर स्मार्ट सीटी गाँवों को नष्ट करने के लिए ही तो है, उन गाँवों को जिनमें हमारी संस्कृति अभी भी बसती है। शहरों में वह नष्ट, कम-से-कम प्रदूषित हो ही गई है, नहीं भी हुई है तो इतनी वर्णसंकर हो गई है कि उसके मूल का अता-पता ही नहीं चलता। कहाँ वर्णसंकरता को ही उच्च मूल्य समझा जाता

है और खेतों में बोए जानेवाले बीजों को प्रतीक रूप में छितराया जा रहा है। दूसरे जब तक वह स्थानीय संस्कृति वैश्विकता में आत्मसात नहीं होगी, तब तक वह लड़-लड़कर राष्ट्रीयता को कमजोर करती रहेगी, उस राष्ट्रीयता को जो वैश्विकता से लड़ सकती है। स्थानीयता तो वैश्विकता से लड़ नहीं सकती, इसलिए उसके छद्म को बढ़ावा दिया जा रहा है। छद्म यह कि गाँवों को इस तरह विकसित नहीं किया जा रहा है, कि वहाँ के लोगों को नगर में बसने की जरूरत न पड़े। उलटे नगरों के बीच उपनिवेश के नगर बनाए जा रहे हैं, जो देशज समूह के लोगों के उपनिवेश होंगे। पहले उपनिवेश विदेशी बनाते थे, आज देशी लोग बना रहे हैं, अपने ही तमाम लोगों को हीन मानकर। खैर, उसी तरह यह वैश्विकता मुक्त बाजारी पूँजी और उदारवादी जनतन्त्र की तानाशाही (चाहे वह बहुमत की तानाशाही के रूप में हो, या अल्पमत की तानाशाही के रूप में) को बढ़ावा दे रहा है। तब उसके प्रतिकार के लिए रचे जानेवाले दर्शन—उसके सांस्कृतिक आकाश, जड़ों और उसके खाद-खुराक के लिए बड़ा श्रम करना पड़ेगा। उसके लिए आतंकवाद बड़ा कमजोर रास्ता है छोटे-छोटे हथियारों, कन्धे पर ढोए जानेवाले तोपखानों और लैंडमाइनों आदि से उससे नहीं लड़ा जा सकता। वह युद्ध कल्पनाशील पुनर्निर्मिति से ही लड़ा जा सकता है। ऐसे में गैर-यूरोपित संस्कृतियों को आत्म या उनके सामूहिक निज को एक अन्तर्वेष्टित वैयक्तिकता की तलाश करना पड़ेगा जो व्यक्तिगत अहम् से बढ़कर होगा। जिस अन्य में आज सभी भागीदार होते हैं, वह एक 'क्या' होता है, जो उत्तर आधुनिकता से विलगाता है पश्चिम की उत्तर आधुनिकता का विरोध करने के लिए और अपने प्रति प्रेरित करने के लिए कहना न होगा कि उत्तर आधुनिकता (पश्चिम के, पूर्व के नहीं) रचे उत्तर उपनिवेशवाद के माध्यम से नवसाम्राज्यवाद, नव उपनिवेशवाद का दर्शन रचता है। हर गैरपश्चिमी परम्परा को अपने आत्म या निज को पुनः प्राप्त करना ही होगा जो उसके वर्तमान और भविष्य को अपने इतिहास की निरन्तरता में पुनर्नवा करेगा। यह एक एकाकी और अलग-थलग पड़ा संघर्ष नहीं है : सांस्कृतिक रूप से जीवित तमाम गैर-पश्चिमी विचारक, अकादमिक और कर्मठ लोग सांस्कृतिक पुनर्जागरण के संघर्ष में तमाम सांस्कृतिक पूर्व धारणाओं में सहभागी बनकर चलते हैं, यद्यपि कि जिस सांस्कृतिक पीठिका से वे ग्रहण करते हैं, वे एक-दूसरे से भिन्न होती है। क्योंकि वे परम्परागत रूप से भिन्न होती है, जो उन्हें निर्मित किए होती हैं। यह तमाम 'अन्यों' को एकरूपी बनाना नहीं है, बल्कि तमाम भिन्नताओं को समेकित करना, बहुलता में तालमेल बिठाना है, जो पश्चिम के और उत्तर आधुनिकता के विरोध को बलवती करेगी। विरोध का जो दर्शन गैर-पश्चिमी संस्कृतियों के समुदाय रच रहे हैं, वह समुदाय के निर्माण में व्यक्ति की जीवन्त अस्मिता को नष्ट करने के लिए नहीं है, उस अस्तित्ववादी एकाकीपन और दुश्चिन्ता को नष्ट करने के लिए है, जिसे पश्चिमी आधुनिक और उत्तर आधुनिक जीवन शैली ने उत्पन्न किया है। उसकी

तलाश पश्चिम की बनी बनाई आधुनिकता और उत्तर आधुनिकता के पार जाकर अपनी भिन्न और बहुल सांस्कृतिक साधन बनाने की है और इस तरह एक नया प्रबन्धन रचना है।

फैनन ने एक साथ नस्लवाद और उत्तर-प्राच्यवाद-उत्तर उपनिवेशवाद के प्रतिकार का दर्शन रचा है। उस पृष्ठभूमि में स्त्रीवाद का स्वरूप यह बनता है कि उपनिवेशित देशों में उसका शोषण चार स्तरों पर है, एक नस्ल के स्तर पर, दूसरा लिंग के स्तर पर, तीसरा उपनिवेश के स्तर पर, चौथे वर्ग के स्तर पर। उपनिवेशक लोग नस्लवाद के स्तर पर पहले स्त्री और पुरुष की समेकित छवि हीनता को आधार बनाकर रचते हैं, फिर कहते हैं कि काली स्त्रियाँ बड़ी कामुक और आसनी से सुलभ हो जाती हैं। वे बहुत ही कम उम्र में युवा हो जाती हैं और अनेक पुरुषों के साथ सम्बन्ध बनाती हैं। यानी पश्चिम का पुरुष एक तो वैसे ही स्त्री को भोग्या मानता रहा है, ऊपर से उपनिवेशों की स्त्रियों को बिलकुल पशुवत मानकर भोग्या के रूप में लखता है। जबकि उपनिवेशों के लोग उपनिवेशिकों की स्त्रियों को अमूमन कुलटा समझते रहे हैं। वे पुरुषों के साथ निर्जल्लता का व्यवहार करती हैं, पर्दा सिस्टम नहीं अपनाती हैं, उनके साथ खाती-पीती हैं, रातभर नाच-गान करती हैं और उसके लिए सन्तति तथा परिवार को उपेक्षित करके रखती हैं। आज जबकि उपनिवेश समाप्त हो गए हैं विद्वज्जनों में काले स्त्री-पुरुषों को काम के प्रतीक के ही रूप में प्रस्तुत किया जाता है सौन्दर्य प्रसाधन, कपड़ा, जूता आदि बेचने के लिए। दूसरी तरफ गोरी चमड़ी को आदर्श बनाकर पेश किया जाता है, जिसको प्राप्त करने के लिए क्रीम से लेकर सर्जरी तक का व्यापार किया जाता है। पहले मोटी-ताजी स्वस्थ औरतों को आदर्श माना जाता था उपनिवेशित देशों में, अब दुबली-पतली रुग्ण को माना जाता है, जिनकी छवि में पूर्व उपनिवेशों की स्त्रियाँ अपने को ढाले—ऐसी उम्मीद की जाती है। जाहिर है कि उपनिवेशक पहले उपनिवेशित के स्त्री और पुरुष का शोषण एक जैसा सामान्यीकृत ढंग से करते हैं, फिर स्त्रियों का शोषण अलग से करते हैं। यह शोषण तभी दूर हो सकता है, जब उपनिवेश समाप्त हों। उसके लिए स्त्री के किसी भिन्न आन्दोलन की जरूरत नहीं होती बल्कि पुरुषों द्वारा चलाए जा रहे आन्दोलन में सहभागी बनकर रहना ही समीचीन होगा। शोषण का तीसरा स्तर धनी द्वारा गरीब का है, जिसमें स्त्री और पुरुष दोनों ही अपने-अपने स्वभाव से अलाहदा हो गए होते हैं, समाज के स्तर पर, परिवार के स्तर पर, राज्य के स्तर पर और व्यक्ति के स्तर पर। इससे मुक्ति सर्वहारा की क्रान्ति से मिलेगी, जिसे स्त्री और पुरुष को मिल कर करना होगा और उसके लिए स्त्री को कोई अलग से आन्दोलन नहीं चलाना है। उनके शोषण का चौथा स्तर पितृसत्ता का है। इससे मुक्त होने के लिए स्त्री को अलग से आन्दोलन चलाना ही होगा। इसी से प्रेरणा प्राप्त कर तमाम स्त्रीवादी विचारक कहती हैं कि बूर्जुआ शोषण और उपनिवेशक के शोषण के

खिलाफ भी स्त्री का पुरुष का सहयोगी होते हुए भी अपना आन्दोलन अलग से चलाना होगा।

ऐसा ही एक आन्दोलन स्त्री लेखन है। उपनिवेशकों ने जब उपनिवेशितों के पुरुषों को स्त्रैण घोषित कर दिया—भारत में बंगाली आभिजात्य को मउगड़ों की जमात घोषित कर दिया, जो इतने कोमलोग हो गए कि अंग्रेजों के विरोध में हथियार उठाने के बजाय स्त्रियों का पेटीकोट उठाने लगे, तो रचनाकारों ने स्त्री को देसज सांस्कृतिक मूल्यों की प्रतिमूर्ति और संरक्षक घोषित किया। आजादी की लड़ाई के लिए बंकिमचन्द्र चटोपाध्याय ने भारत माता की छवि रची और शिव प्रसाद गुप्त ने बनारस में उनका मन्दिर बनवाया। दुर्गापूजा प्रचलन में आया जो सांस्कृतिक जागरण का केन्द्र बना। तिलक ने वही काम सार्वजनिक गणेशपूजा की व्यवस्था कर किया। वास्तविक धर्म तो पुरुष को केन्द्रित कर रहा। अफ्रीका में पेटर अब्राहम अपने उपन्यास 'ए रीथ फारउडोमों' और सोइन्का ने 'ए डांस आफ द फारेस्ट्स' में पुरुष को ही नई व्यवस्था का निश्चित नागरिक बनाकर रखा और स्त्री को परम्परागत मूल्यों का जखीरा। यह पुरुष और स्त्री की समानता में बाधक था। इसलिए स्त्रियों ने अपने लेखन में इसका प्रतिकार रचा। यूरोप के अल्पसंख्यक तबके की स्त्रियाँ और तीसरी दुनिया की लगभग हर तबके की स्त्रियों ने राष्ट्रीय और नव-उपनिवेशवादी विभेद और पश्चिमी स्त्रीवाद में अपनी स्थिति स्पष्ट करने के लिए कलम को हथियार बनाया। ओवियाना नाएमेका ने लिखा, "We do not need to look too far into the annals of African history to see the inscription of feminist engagements."

इस आत्मकथात्मक लेखन ने स्त्री को मुक्त होकर अपनी बात कहने का मौका दिया जिसमें गोपनता और टैबू पर हमला करने का मौका मिला। इसने एकवचनात्मक और विशिष्ट के विविध अनुभवों और दलन के ऊपर विजय को एक पहचान में संश्लिष्ट किया। दूसरी तरफ इसने उनकी राजनैतिक एकता का निर्माण किया। इसने उदार मानववाद को चुनौती देकर लिंग के आधार पर रचित हाशिए में उन्हें ढकेल देने की प्रवृत्ति से मुकाबिला किया। इसने अपने संघर्षों के लिए 'एजेन्सी' की जगह आत्म-प्रतिनिधित्व पर जोर दिया।

मनोविश्लेषण और संरचनावाद को मिलाकर अपना दर्शन रचनेवाली एक दूसरी स्त्रीवादी दार्शनिक हेलेन सिस्को है, जो वैयक्तिकता और पहचान को लाकां से बिलकुल भिन्न तरीके से रखती है। वह यौनिक भिन्नता के आधार पर रची पहचान की स्थितियों की सीमाओं की तलाश करती है। कहती है कि यौनिक भिन्नता कोई ऐसी शारीरिक भिन्नता नहीं है कि अयौनिक 'चिन्तयामि' को कोई शारीरिक जामा पहना दे। बल्कि अपने सांस्कृतिक इतिहास और उत्पाद के कारण तथा नर और मादा के दो ध्रुवीय विभाजन की सीध में एक ऐसी समस्या पैदा करती है जो उसके शक्ति सम्बन्धों

के क्षेत्र में सांस्कृतिक संकेत महत्त्व के जरिये स्त्री की बोलती ही बन्द कर देती है। उसके निबन्ध 'स्टोरीज़ : आउट एंड आउट : अटैक्स/वेज़ आउट/फोरेस' की शुरुआत इस प्रश्न से होती है 'वह कहाँ है?' और फिर प्रश्नों की झड़ी लगती चली जाती है, जिसमें 'एक्टीविटी/पैसीविटी', 'हेड/हर्ट', 'मैन/ओमने' जैसे विरोधाभासी शब्द काम करने लगते हैं : "Everywhere (where) ordering intervenes, where a law organizes what is thinkable by oppositions (dual, irreconciliable, or subletable, dialectical). And all these pairs of oppositions are couples. Does this mean something? Is the fact that Logocentralism subjects thought—all concepts, codes and values—to a binary system, related to 'the' couple, man/woman?"

इन सारे विरोधाभासी शब्दों का सम्बन्ध शक्ति सम्बन्ध से है, जो स्त्री और पुरुष के बीच में विरोध स्थापित करते हैं। ये शब्द वह शृंखला रचते हैं, जो पुरुषों के वर्चस्व को इंगित करती है। संस्कृति के मूल्यों को निर्धारित करनेवाली कोटियाँ और विरुद्धक विचारों के संगठन में इस तरह से रखे जाते हैं कि स्त्री का वर्णन पुरुषवाची व्यवस्था, विरुद्धक और पदक्रम की कोटि से निर्धारित होता है। वैयक्तिकता के निर्माण पर इनका बड़ा असर पड़ता है। पश्चिम की संस्कृति में स्त्री की पहचान पूर्वनिर्धारित अधीनस्थता के अन्तर्गत होती है, जो उसकी स्वतन्त्रता की अभिव्यक्ति को पहले से ही बाधित करके, रखता है। तब इसका मतलब यह नहीं है कि स्त्री को पुरुषवाची पहचान देकर उसका विरोध किया जाना चाहिए और उसके लिए पहचान में छुपे तमाम बहुलताओं की खोज की जानी चाहिए। बल्कि इसके लिए एक द्वियौनिक पहचान का सिद्धान्त रचा जाना चाहिए, जो पुरुष द्वारा उचित भिन्नक पहचान को अपदस्थ करे, "Bisexuality—that is to say the location within oneself of the presence of both sexes, evident and insistent of different ways according to the individal, the non-exclusion of diffrence or of a sex, and starting with this permission one gives oneself, the multiplications of desires inscription on every part of the body and other body...To say that women is somehow bisexual in an apparently paradoxical way of displacing and reviving question of difference."

यह द्वियौनिकता का सिद्धान्त सिर्फ यौनिक व्यवहार का विवरण देने के लिए नहीं है। बल्कि व्यक्ति के भीतर इच्छाओं और प्रेरणाओं को पहचानने के लिए है, जिन्हें किसी दो-केन्द्रीय तर्क व्यवस्था में अपचयित नहीं किया जा सकता। मनुष्य सीधे-सीधे औरत या मर्द नहीं होता। दोनों में एक-दूसरे का तत्त्व होता है—उनका अनुपात क्या है, यह दूसरी बात है। भारतीय दर्शन के आधार पर इसकी अच्छी मिमांसा डॉ. विनोद

वर्मा करती हैं। कहती हैं कि सत्, रज् और तम् के तत्त्व दोनों में होते हैं। पुरुष में सत् और रज् की प्रधानता होती है, स्त्री में तम और रज की। इनका सन्तुलन घटने-बढ़ने से स्त्री पुरुष विमुख होती जाती है। और पुरुष स्त्र्याभिमुख। सिस्को का कहना है कि इसे आधार बनाकर एक नया ज्ञान रचा जा सकता है। स्त्री लेखन, स्त्री भाषा, स्त्री सोच, स्त्री मानसिकता आदि इसीलिए 'एक्रीचर फेमिनिन' का निर्माण करती हैं जो इन नई भिन्नताओं को पुष्ट करती पुरुषप्रणीत तर्क का विरोध करती है और वैयक्तिकता को एक सतत मोलतोल की संरचना पर आधारित करती है, जो पितृसत्ता की कोटियों को रूपान्तरित करती है।

इस उत्तर आधुनिकता स्त्रीवादी चिन्तन की एक मात्र दार्शनिक हेलेन सिस्कू नहीं हैं। सारतत्त्ववाद को नकारने के साथ ही एक ही विश्वव्यापी स्त्रीवाद को अस्वीकार करनेवाली स्त्री विचारकों का कहना है कि जैविकता के आधार पर स्त्रियों का राजनैतिक या सामाजिक हित एक जैसा ही होगा, मानना गलत है। देश, काल और परिस्थितियों के अनुसार यदि मानव समूहों में भिन्नता है और इसीलिए उनके हिताहित में भी भिन्नता है। ऐसा ही स्त्रियों के भी साथ होगी। ऊपर से स्त्री का निर्माण जैविकता के आधार पर कम और सस्कृति के आधार पर अधिक है। सिमान द बोआर का कहना है कि 'Women is not born, women is made' हम खुब जानते हैं कि पूरे संसार की संस्कृतियों में एकता नहीं विविधता है। वह विविधता धर्म, परिवारिक कानून, बर्ताव की परम्पराओं, परिस्थितिजन्य जरूरतों आदि के कारण है। इसलिए स्त्रियों के हित और उसके लिए संघर्ष भिन्न-भिन्न हैं। कम-से-कम उनका स्तर तो भिन्न है ही। अफ्रीकी, एशियाई, अमेरिकन, यूरोपीयन, आर्य, मंगोल, नीग्रो, नूजुआ और श्रमिक, गर्म इलाके की, ठंडे इलाके की स्त्रियों की परिस्थितियों और विवाह के स्तर में इतनी विविधता है कि उनके अन्तर को पाटा नहीं जा सकता। इतना ऐसा कि सामान्य सिद्धान्त बनाना कठिन है जिसके आधार पर स्त्री सम्बन्धी न्याय और हित पर सहमति बनाई जा सके। यानी सारभौम स्त्री-हित की पहचान या तो असम्भव है, या फिर यूरोपीय दृष्टिकोण को ही लाद देना है। इसलिए सारतत्त्ववाद का कोई मतलब नहीं है और स्त्रियों का विभाजन, वर्ग, नस्ल, राष्ट्रीयता, धर्म और अन्य सांस्कृतिक व्यवहृतियों के आधार पर है। इससे काली औरतों का स्त्रीवाद, गोरी औरतों का स्त्रीवाद, धनी और काफी हद तक मुक्त स्त्रियों का स्त्रीवाद, उपनिवेशक स्त्रियों का स्त्रीवाद, उपनिवेशित स्त्रियों का स्त्रीवाद, तीसरी दुनिया की स्त्रियों का स्त्रीवाद, यूरोप की स्त्रियों का स्त्रीवाद, नस्लवादी स्त्रीवाद, नस्ल विरोधी स्त्रीवाद, सर्वहारा का स्त्रीवाद, रैडिकल स्त्रीवाद आदि अस्तित्व में आया है और वैयक्तिकता को पहचान में मानदंडों में विविधता आई है।

इसका सिद्धान्त गढ़ते हुए लकलाऊ का कहना है कि सभी ज्ञान स्थिति-जन्य (positional) और सांस्कृतिक होता है। सांस्कृतिक और राजनैतिक निर्वचन अमूर्त

रूप से असम्मेय होता है—उसे व्यक्त करने के लिए कोई अधिभाषा (meta-language) नहीं होती। स्त्रीवाद सांस्कृतियों के अन्तर को पार नहीं सकता। उसे समूह-विशेष के हित को सन्तुष्ट करने के लिए ही रचा जाना चाहिए। एल निकालन का कहना है कि स्त्री शब्द का प्रयोग एक वचन में न कर, भाषा-खेल के अंश के रूप में करना चाहिए, जो अर्थ की भिन्नता के आच्छादन को विहित करेगा। यह स्त्रियों की संयुक्तमोर्चाजन्य राजनीति की ओर ले जाएगा। यह संयुक्त मोर्चा मानता है कि विशिष्ट स्थितियों में स्त्री के हित भी विशिष्ट होते हैं। इसलिए यहाँ स्त्री का अर्थ प्रदत्त न होकर निर्मित होता है। पहचान की राजनीति को तलाशने की जगह उसे बनाना पड़ता है। लिखती है, "In this view the body does not appear from feminist theory. Rather, it becomes a variable rather than a constant, no longer able to ground claims about the male/female distinction across large sweeps of history, but still there is always a potentially important element in how the male/female distinction gets played-out in any specific society."

उसका मानना है कि आधुनिक स्त्रीवादी विद्वान स्त्री और पुरुष के बीच जैविक अन्तर को स्वीकार करते हैं, जरूरत है इस असमानता के बीच विभेदन का एक दूसरा निर्वचन स्वीकार करने की। यौनिकता प्रकृति के द्वारा परिभाषित है, पर लिंग सामाजिक निर्मिति है, जिसमें देश और काल के विभेदीकरण की अपनी भूमिका है। इसलिए कोई विश्वव्यापी स्त्रीवाद नहीं हो सकता।

जुडिथ बटलर का कहना है कि शरीर की निर्माण-सामग्री और निर्वचन अवियोज्य है। निर्वचन न केवल यह बताता है कि शरीर क्या है, वह यह भी बताता है कि शरीर को किस रूप में देखा जाए। दूसरे शब्दों में कहें तो यौनिकता एक आदर्श निर्मिति है, समय के माध्यम से बलपूर्वक प्राप्त की जाती है। यह शरीर का कोई विशिष्ट तथ्य या स्थिर स्थिति नहीं है, एक प्रक्रिया है जिसके द्वारा समंजन करनेवाले सिद्धान्त यौनिकता को प्राप्त करते हैं, उन्हीं सिद्धान्तों का बलात उपयोग कर।

जुलिया क्रिस्तोवा ने यौनिक पहचान का विखंडन करते हुए पाया कि यह विश्वास करना कि कोई स्त्री है उतना ही बेतुका और दकियानूसी है, जितना यह विश्वास करना कि कोई पुरुष है। हम लैंगिक पहचानों को तो पहचान सकते हैं और राजनैतिक उपलब्धियों के लिए स्त्री के रूप में प्रचार भी कर सकते हैं (एक अनिवार्य सारतत्त्व की तरह), पर इससे कोई स्त्री स्त्री नहीं बन जाएगी। प्रतीक-व्यवस्था में प्रवेश करने के बाद ही विरोधी यौनिक पहचान बन सकती है। यानी यौनिक पहचान कोई सारतत्त्व नहीं है, महज प्रस्तुति है। वास्तव में हाशिए की या वंचना की एक स्थिति या वैयक्तिक पोजीशन है, जिसमें पुरुष भी प्रवेश कर सकता है। वास्तव में यह पितृसत्ता की संकेत-व्यवस्था है, जो सभी औरतों को स्त्री बनाकर रखता है और सभी मर्दों को पुरुष और

स्त्री को हमेशा दोयम दर्जे का यौनिक मानता है। उसमें कुटुम्ब के दूसरे अधीनस्थ पुरुष भी शामिल हो जाते हैं और स्त्रियों की ही तरह शोषित होते हैं, जो अधिकार से विशेषतः सम्पत्ति के अधिकार से—च्युत होते हैं। क्रिस्तोवा का तर्क है : "The very dichotomy man/woman as an opposition between rival entities may be understood as belonging to metaphysics. What can 'identify' even 'sexual identity', mean in a new theoretical and scientific space where the very notion of identity is challenged?...What I mean is, first of all, the demassification of the problematic difference...in order that the struggle, the implacable difference, the violence he conceived in the very place where it operates with the maximum intransigence, in other words, the personal and sexual identity itself, so as to make it disintegrate into its very nucleus."

वह यह भी कहती है कि यौनिक पहचान के लिए संघर्ष हर व्यक्ति में चलता है। स्त्री और पुरुष के दो समूहों में संघर्ष की जगह विशिष्ट स्त्री और पुरुष व्यक्तियों में यौनिक पहचान स्त्रीतत्व व पुरुषत्व में एक सन्तुलन तलाश करती है। यह संघर्ष यौनिक और लैंगिक पहचानों के विखंडन की ओर ले जाता है। उसे लगता है कि वह समय आ गया है जब स्त्री-अभिव्यक्ति और उसके कलापों की बहुलता पर बल दिया जाए।

एक दूसरी स्त्रीवादी विचारक फ्रांस्वा लियोन, जो एक जैसी वैधानिक व्यवस्था का विरोध करती हैं, कहती है कि चूँकि हमारा व्यवहार अपने धार्मिक, सांस्कृतिक, सामाजिक, पारिवारिक व्यवहृतियों और विश्वासों में अवस्थित होता है, यह कैसे सम्भव है कि कोई विश्वव्यापी व्यवहार सिद्धान्त हम पर लाद दिया जाए। बढ़ती विभिन्नता और बहुलता की पहचानों के कारण सांस्कृतिक टकराव उत्तरोत्तर बढ़ता जा रहा है। वह विश्वव्यापी जनतन्त्र और विश्वव्यापी प्राकृतिक अधिकार की सच्चाई और आवश्यकता पर प्रश्न चिह्न लगा रहा है, जिन्हें कभी स्वतः स्वीकार्य माना जाता था। उत्तर आधुनिक स्त्रीवाद की वकालत करते हुए वह कहती है, "The approach we propose would not take the individual subject as its point of departure, but would look at human being as a member of diversified community. This would avoid the resource to the pure cultural relativism that undermines the unity of the human race of the total pseudo-universalism that would refuse right to difference and lead the negation of all cultural and religious identity, in keeping with the 'modern' individualist configuration of values."

दरअसल अमेरिकी नव साम्राज्यवाद और पश्चिमी वर्चस्व पूरे विश्व को एक समान बना देना चाहता है। वह बहुलता की चर्चा इसका विरोध करनेवाली शक्तियों को कमजोर करने के लिए करता है, जबकि तमाम दूसरे देशों की आवश्यकता उस बहुलता को पहचानते हुए और सम्मान देते हुए राष्ट्रीयता से युक्तकर अमेरिका और यूरोप से मुकाबिला करने की है, जिससे कि देसज जीवन-पद्धति की अच्छाइयाँ बची रहें और मनुष्य सिर्फ भोग करने और शोषित होने की इकाई बनकर न रह जाए। ऐसा हो सकता है कि घरेलू हिंसा, लिंग के आधार पर काम का असमान वितरण, मौके के लिए असमानता जैसे स्त्री शोषण से जुड़े मुद्दों में पूरा विश्व एक जैसा हो, पर उसका निदान वैश्विक स्तर पर नहीं, विभिन्न सांस्कृतिक, सामाजिक, राजनैतिक, आर्थिक ढाँचे के अन्दर होना है, क्योंकि उनके दर्द, घुटन, टूटन, उत्पत्ति की परम्पराओं आदि की अपनी कोटियाँ हैं, जिन्हें बिना उनकी जीवन-पद्धति के परिप्रेक्ष्य में समझे एकरूपता लादना एक दूसरे तरह का अत्याचार होगा। इसलिए स्त्रीवाद का दर्शन रचते समय एक-दूसरे के पार जाते सांस्कृतिक परिवेश पर ध्यान दिया जाना चाहिए। सच्ची बहुलता और पहचान यही होगी।

तीसरी दुनिया के सन्दर्भ में चन्द्रा तालपड़े महन्ती कहती हैं, "I would like to suggest that the feminist writing I analyse here discursively colonizes the material and historical heterogeneities of the lives of the women in the third world, hereby producing/representing a composition, 'singular third world women;—an image which appear arbitrarily constructed but nevertheless carries with it the authorizing signature of western humanist discourse."

समरूपता और वैश्किता को लादकर स्त्रीवाद तीसरी दुनिया में अपना उपनिवेश रच रहा है। इन देशों की अपनी संस्कृति है, ऐतिहासिक पृष्ठभूमि है, जिन्हें हम (और अमेरिका समेत पूरा पश्चिम) स्वीकार करता है। एक तरफ पश्चिम की अपनी नस्ल केन्द्रीयता और तज्जन्य विशेषाधिकार और दूसरी तरफ तीसरी दुनिया के देशों में अपने प्रति आत्मचेतना की कमी के कारण पश्चिम को ही आदर्श माडल मान लेने की ललक तीसरी दुनिया के स्त्रीवाद को गलत पटरियों पर डाल दे रहा है। जरूरत है स्त्रीवाद के लिए एक नई भाषा की, जो पश्चिम को आँख मूँदकर सच्चा व पथप्रदर्शक मानती न चली जाए। ऐसी भाषा विशेष सांस्कृतिक आवश्यकताओं और मूल्यों को पूरा करेगी। यह भाषा विश्वव्यापी मूल्यों की खोज नहीं करेगी, बल्कि विकसनशील संघर्ष का हिस्सा होगी। वह यह मानकर चलेगी कि मनुष्य के जीवन का उद्देश्य पहले से तय नहीं होता है। हर मनुष्य उसका स्वयं निर्माण करता है और उसके लिए स्वयं संघर्ष करता है।

मार्क्सवाद के तथाकथित पतन के बाद उत्तर मार्क्सवादी स्त्रीवादी विचारकों ने इस बात की ओर ध्यान खींचा है कि कैसे वर्ग-व्यवस्था में स्त्री की सामाजिक स्थिति पर उसकी सामाजिक सम्भावनाएँ आधारित होती हैं। सन्तानोत्पत्ति और परवरिश में स्त्री की अपनी तरह की भूमिका को रेखांकित करते हुए कहा गया है कि इसके लिए अतिरिक्त शान्ति, अहिंसा, साफ-सुथरे परिवेश और बेहतर दुनिया की जरूरत है। यह स्त्री के गात के और जनकल्याण में उसकी भूमिका के पुनर्मूल्यांकन की माँग करता है। अमेरिकी मार्क्सवादी विचारक नैंसी हार्टस्टोक कहती है कि मासिक धर्म, गर्भधारण और पैदा करने तथा पालन-पोषण करने की जो विशिष्ट अनुभूति है वह सामाजिक जीवन को समझने के लिए एक विशिष्ट दृष्टि देती है जिसे स्त्रीवादी दृष्टिकोण कह सकते हैं। यदि स्त्रियाँ यौनिकता के आधार पर श्रम के विभाजन के प्रति चेतन हैं और उसके आधार पर सामाजिक सम्बन्धों में पुरुषों की पक्षपाती मानसिकता और विपथगामिता की भर्त्सना करती हैं, तो यह स्त्री दूसरे के क्रियाकलापों के आधार पर समाज की पुनर्रचना क्यों नहीं हो सकती? ख़तरा यह है कि लिंग के आधार पर विभेद के कारण जो दमन होता आया है और उसके निजात के लिए जो संघर्ष होता आया है, कहीं यौनिकता के आधार पर उसकी पुनर्स्थापना न हो जाए।

कुछ विचारकों का कहना है कि उत्तर आधुनिक उत्तर मार्क्सवादी विभिन्न संस्कृतियों स्त्री की समय में वैयक्तिकता और पहचान की राजनीति की जगह उनके संयुक्त मोर्चे की राजनीति की जानी चाहिए, जिसमें सम्बन्ध एक तरफ दमन के पैटर्न को खोज निकालने में मदद करेंगे, जिम्मेदारी बाध्यता के स्रोत होने की जगह, तो दूसरी तरफ उसके खिलाफ सामूहिक संघर्ष की सम्भावना बनायेंगी। इन विचारकों में प्रमुख माउफ का कहना है कि हर सामाजिक एजेंट—चाहे पुरुष हो या स्त्री—को किसी सारतात्त्विक और एकीकृत पहचान में अपचयित नहीं किया जा सकता। अन्तःअनुभागिता की अवधारणा की तरह एजेंट को विषम-स्थिति के समुच्चय से निर्मित मानना पड़ता है, जिसमें उनकी पहचान हमेशा सम्भाव्य, निराधार और संदिग्ध रहती है। अस्थाई रूप से निर्धारित रहती है। पर इसका मतलब यह नहीं है कि ऐसे एजेंट सामाजिक परिवर्तन में प्रभावी भूमिका नहीं निभा सकते। माउफ लिखती है, "To deny the existence of and a prior necessary link between subject positions (and subject) does not mean that there are not constant efforts to establish between them historical, contingent and variable links." इसका मतलब यह है कि यह सामूहिक एजेंसी एक परकीयन (alienation) है, ऐतिहासिक गठबन्धन की परिणति। वह सिर्फ रणनीतिक और परिप्रेक्ष्यीय उद्देश्य के लिए होती है। इसके द्वारा स्त्री की एजेंसी को एक प्रभावशाली भूमिका मिल जाती है, जो प्रभावहीन स्त्रीवादी राजनीति से कहीं अधिक प्रभावशाली होती है। और इसका आधार स्त्री की जैविकता, स्त्री से सम्बन्धित अधिविधा या उसका सामाजीकरण नहीं है।

(3)

वैश्वीकरण ने वैयक्तिकता और पहचान के लिए एक नई समस्या पैदा की है। उसका सम्बन्ध अमानव, साइबोर्ग और संगणक से हैं। वैश्वीकरण का प्रमुख निर्माणक तत्त्व तकनीक हैं। इसने क्रिया-कलाप के आधार पर पहचान को प्रभावित किया है। तकनीकी परिवर्तन ने मनुष्य में इतना नवीकरण रचा है कि वैयक्तिकता का पुराना स्वरूप खटाई में पड़ गया है। उदाहरण के लिए हम कैंडी शेरमन की फिल्म 'अनटाइटिल्ड फिल्म सिल्स' को ले सकते हैं, जो स्थिर चित्रों की एक ऐसी शृंखला है, जिसमें वही स्त्री वेश्या से लेकर करैयरमुखी नारी, मासूम प्रौढ़ा से लेकर विशालाक्षी कुमारिका अभिनेत्री, विविध अभिमान्य व्यक्तित्व (persona) का मुखौटाएँ लगाए अपनी क्रियाशीलता में स्थिर रहती है और विहित करती है कि उन स्त्री-भूमिकाओं के लिए रचे गए आप्तवाक्यों के लिए किसी भी तरह से अनिवार्य 'अहम्' के अर्थ बेकार है। इसी तरह 'नाइट एट द सर्कस' जैसे उपन्यासों में एंजेला कार्टर फेव्वर्स जैसी नायिकाओं को आधा स्त्री और आधा पक्षी बनाकर कलाकार की कलाबाजी जैसे झूलने को इस तरह से रचती है कि दूसरे चरित्रों को उसे पकड़ पाना या अपनी ऑवक में लेना असम्भव हो जाता है। ऐसा वह स्त्री की रहस्यमयता और दृष्य-रंग-विधान सम्बन्धी पितृसत्तात्मक विचार को ध्वस्त करने के लिए करती है। इसका बड़ा ही संगीन राजनैतिक मतलब है। जुडिथ बटलर कहती हैं, "Just as the body surfaces are enacted as the natural, so the surfaces can become the site of a dissonant and denaturalized performance that reveals the performative status of the natural itself."

इस नैसर्गिक के विनैसर्गिकीकरण के और भी निहितार्थ हैं। जेनेट विंटरसन अपने उपन्यास 'रिटेन आन द बाडी' में अपने मुख्य पात्र यानी कथा कहनेवाले व्यक्ति को इस तरह से रखती है कि उसकी यौनिकता का पता ही नहीं चलता। पता ही नहीं चलता कि सम्भोग के मामले में वह स्त्री है, पुरुष है, उभयलिंगी है, हिजड़ा है। पता ही नहीं चलता कि वह समलैंगिक है, हस्तमैथुन करनेवाला है या मुखमैथुन करनेवाला है। यानी वह काम कलाप में लगता तो है, पर उसका यौनिक सम्बन्ध कैसा है, इसका खुलासा नहीं हो पाता। यह बात कथानक पर कोई प्रभाव भी नहीं डालती। इसलिए न तो उसकी पहचान का कोई खुलासा हो पाता है, न ही वैयक्तिकता बन पाती है। इसी तरह ओरलान के नाटकों में, जिसमें शल्य-चिकित्सा के द्वारा उन्हीं-उन्हीं पात्रों को भिन्न-भिन्न भूमिकाएँ प्रदान कर एक ऐसी आभासी दुनिया रची जाती है, जिसका न तो कोई ओर-छोर होता है, न ही कोई पहचान। विनस के सिर पर मोनालिसा चिपका दी जाती है और रानी एलिजाबेथ की योनि में एक जलदैत्य साँप बनकर घुस जाता है। बिना पंख की हेलेन उड़कर कुतुबमीनार पर बैठती नजर आती है और चीन की दीवार को अपने

पंजे के एक नाखून से धरती से खुरच कर फेंक देती है। इन शल्यक्रियाओं का फिल्मांकन किया जाता है और उसमें प्रयुक्त होनेवाले औजारों को उपलब्धि की वैजयन्तियों की तरह नीलाम किया जाता है। दरअसल यह समकालीन संस्कृति का मजाक उड़ाने के लिए है, जन की अभिरुचि की खिल्ली उड़ाने के लिए है और प्रयोगों पर व्यंय करने के लिए है। यह स्त्रीवाद के निर्वचन और अधुनातन कला की भूमिका पर प्रश्न चिह्न खड़े करता है।

'ब्लेडरनर' में स्त्रीस्थानापन्न कैरोल की समस्या यह है कि जिस स्मृति से उसकी पहचान बनती है वह स्वयं की न होकर किसी दूसरे की है, उसके निर्माता की बेटी रिटोल की है। परिणामस्वरूप वह हर स्थिति में नुचती-चुथती रहती है और अन्ततः महसूस करती है कि वह मानव ही नहीं है। 'मैट्रिक्स' में निओ का नींद से जगना उसके आत्म या निज को ही खुरचकर फेंक देता है। वह साँस लेना तक भूल जाता है, क्योंकि उसे लगता है कि उसने पूर्व के वास्तविक जीवन में सांस लिया ही नहीं था। दरअसल नियो का पुनर्निर्माण किया जाता है और इस निर्मिति में वह 'वह-एक' बनकर रह जाता है। ये सभी उपन्यास और फिल्में भावी का सम्भाव्य चित्र प्रस्तुत करती हैं, जिसमें वास्तविकता और फैंटेसी, मानवीय और यान्त्रिक की पहचान कठिन होगी और उनको निरन्तर रचते रहना पड़ेगा, क्योंकि तमाम विचारक मानते हैं कि यह सब विज्ञान-फिक्शन नहीं है, एक ऐसी सम्भावना है, जिससे हम दो-चार होते जा रहे हैं।

रिडले स्काट का 'ब्लेड रनर' और वाचोवस्की बन्धुओं की 'मैट्रिक्स' जैसी विज्ञान फिल्में और धारावाहिक एक तरफ मशीन की मानवता के सम्बन्ध में प्रश्न खड़े करती हैं, तो दूसरी तरफ मनुष्य के मशीन में रूपान्तरित हो जाने के खतरों का खुलासा करती हैं, जो वास्तविक जीवन का भ्रम रचती हैं। विलियम गिब्सन ने 'यूरोमैंसर' जैसे साइबरपंक उपन्यास और अन्य साहित्य आभासित दुनिया की रचना करते हुए वास्तविकता और अनुभव के बीच सम्बन्धों पर उसी तरह से प्रश्न खड़े करते हैं और सबका सम्बन्ध अन्ततः पहचान के प्रश्न से जुड़ता है। गौर करने की बात यह है कि ये एकसाथ ही आत्म-पहचान की वैयक्तिकता सम्बन्धी विचार पर आशंका और सम्भावना दोनों को जन्म देते हैं। एक का विचारक लोता बनता है, तो दूसरे का दौन्रा हरावे। लोता कहता है कि लोगों को तकनीकी विज्ञान द्वारा रचित अमानवीकरण और विमानवीकरण के ख़तरों से सावधान रहना चाहिए। दौन्रा हरावे कहती है कि साइबोर्ग पहचान का प्रयोग लैंगिक पहचान की रूढ़िबद्धता को तोड़कर कुछ नया रचने के लिए करना चाहिए। इससे स्त्री का भला ही होगा।

अपनी पुस्तक 'द रेफ्लेक्शन्स आन टाइम' में लोता कहता है कि मानवतावादी विचार द्वारा रचित वैयक्तिकता समकालीन पूँजीवाद और प्राद्योगिकी के अतिक्रमण को सह सकने में असमर्थ है। परिणामस्वरूप विलोपित हो जाने के संकट में है, क्योंकि,

वे उसे विमानवीय करते जा रहे हैं। 'पोस्ट माडर्न' नामक पुस्तक में उसने कहा था कि आज का पूँजीवाद 'वैंग्वार्ड मशीन' की तरह काम कर रहा है, जो अधिकतम कुशलता प्राप्त करने के लिए मानवता को अपने पीछे विमानवीय कर घसीट रहा है। उस अमानव से छुटकारा के लिए जरूरी है कि एक दूसरा अमानव गढ़ा जाए। उत्तर आधुनिक चिन्तन इस प्रौद्योगिक अमानव के बरक्स दूसरा अमानव निर्मित करने या पहचान करने में समर्थ है : "The potential for being taken hold of by surprising and uncanny transformative possibilities that can not be predicted, explained or mastered by technologically based system of reason. This sense of inhuman can be located in the anguish of mind haunted by a familiar and unknown guest which is agitating it, sending it delarious but also making it think."

यानी लोता के लिए मानव दो अमानवों के बीच संघर्ष का परिणाम है : "The question which I am raising here is simply this : what else remains as 'politics' except resistance to this inhuman (system)? And what else is left to resist with but the debt of which it was born and does not cease to be born?—which is to say, with the other inhuman?...It is the task of writing, thinking, literature, arts to venture to bear witness to it."

अपने मूल में बिना अमानवीय अनिर्धारण के मानव पहले किस्म के अमानव को, यानी विकसनशील व्यवस्था का हृदय से विरोध करने में असमर्थ हो जाता है। उसके लिए जरूरी है कि वह 'नो मैन्स लैंड' पर अधिकार करे, क्योंकि यह अधिकार ही सभी मानव अधिकारों का आधार है। मानवीयता तभी मानवीय है जब लोगों के पास यह 'नो-मैन्स-लैंड' है। सारा उत्तर आधुनिक लेखन, विचारणा, साहित्य और कला इसी 'नो-मैन्स-लैंड' को कब्जा करने के लिए है। इसका साधन 'उदात्त' (Sublime) है, जो 'presents something unrepresented in every realism." वह वह उपस्थित करता है जो हर यथार्थवाद में किसी प्रकार के उपस्थित किए जाने से रह जाता है। इस मामले में यह मनुष्य के हृदय में 'नो-मैन्स-लैंड' है। इस तरह वह आधुनिक मानव की वैयक्तिकता की पहचान को अस्वीकार कर मानव के अनुकरण के लिए अमानवीय का दूसरा अर्थ प्रस्तुत करता है।

इसके ठीक उलट बात दोन्ना हरावे करती है। कहती है कि उत्तर आधुनिकतावादियों, विशेषकर स्त्रीवादियों को इसे आधुनिक संस्कृति की लैंगिकता से मुक्ति के लिए स्वीकार करना चाहिए। लिखती हैं, "By the late twentieth century, our time, a mythic time, we are all chimeras', theorised and fabricated hybrids of machine and organism : inshort, we are 'Cyborgs'. The cyborg is our ontology; it gives us our polities. The cyborg is a condensed image of both imagination and material reality, the two joined centers structuring any possibility of historical transformation."

वह मनुष्य और मशीन के भेद को बेकार मानती है। उसे लगता है कि हम सभी पहले ही साइबोर्ग हो चुके हैं, जो उतना ही सामाजिक वास्तविकता की निर्मिति है, जितना फिक्शन फिक्शन की। एक साइबोर्ग एक तरफ आयुष विज्ञान की देन है, जो हमें नकली हाथ-पाँव से ही नहीं, दिल-दिमाग से भी जोड़ देता है, दूसरी तरफ आधुनिक संस्कृति की कल्पनाशीलता है जो यन्त्र मानवों, संगणकों, सोचनेवाली मशीनों से भरता जा रहा है, उनका मानवीकरण करता जा रहा है।

अर्नाल्ड स्वार्जेनजर के 'टर्मीनेटर' शृंखला के चलचित्रों में पुजायांगियों (android) का क्रमशः मानवीकरण होता जाता है। वह पहले शिकारी से रक्षक बनता है, फिर कैलिफोर्निया का गवर्नर। यह रूपान्तरण की राजनीति की सम्भावना जगाता है। इसके आधार पर हेलेन सिस्कू द्वारा रचित दमनकारी दो ध्रुवीय यौनिक भिन्नताओं को शामिल कर विभेद की बहुरूपी संरचनाओं के द्वार खोलनेवाले पितृसत्तात्मक शक्ति सम्बन्धों से बचा जा सकता है : "Cyborg imagery can suggest a way out of maze of dualisms in which we have explained our bodies and our tools to ourselves. This is a dream, not a common language, but of a powerful heteroglossia. It is an imagination of a feminist speaking in tongues to strike fear into the circuits of the super-savers of the new right. It means both building and destroying machines, indentities, categories, relationships, space stories."

यानी साइबोर्ग आत्म/अन्य, विषय/वस्तु, मन/शरीर जैसे द्वैत को चुनौती देकर पहचान की एक नई पद्धति देता है, उस सामान्य भाषा को हटाकर जो पहले से ही मानव सम्बन्धों को संहिताबद्ध किए रहती है। उसकी जगह विषम दृष्टिकोणों को मान्यता देकर विशिष्ट भाषा का निर्णय करता है। ऐसे में पहचान विविध पहचानों, सीमाओं, आकांक्षाओं आदि की जगह बन जाती है। "The cyborg is a kind of disassembled and reassembled, post modern collective, and personal self. And this is self that feminist must code."

यानी फ्रायड, फैनन और सिस्कू ने उत्तर आधुनिकता के आगमन पर उसका जो दर्शन रचा था, वह मनुष्य के बारे में आधुनिक सिद्धान्त 'चिन्तयामि अतः अस्मि' के माध्यम से केन्द्रीयता, निश्चितता और विश्वव्यापकता को अपनी-अपनी तरह से ध्वस्त कर देता है। यह और अमानव, साइबोर्ग और गर्भाशय का दर्शन उसे समाप्त ही कर देता है।

इसी से जुड़ी समस्या किराए की कोख और किराए के वीर्य की है। यदि इसे परिवार बसाए पत्नी-पति करते हैं तो समस्या एक तरह की है, अकेले पुरुष या स्त्री

करते हैं तो दूसरे की तरह है। इसकी समस्या पैरेंटीटी का तो है ही, स्वयं इससे उत्पन्न सन्तान की भी है।

(4)

पहचान की एक समस्या उभयलिंगियों और लिंगहीनों की है। वे स्त्री और पुरुष दोनों के लिए अन्य हैं। उनके अपने स्त्री और पुरुष हैं। उनका अपना धर्म है, संस्कृति है, आर्थिकी है, राजनीति है, आपसी और बाहरी सम्बन्ध हैं। उनका अपना पारिवारिक नियम है। अभी उनके ऊपर अध्ययन नहीं के बराबर हुआ है। डॉ. विनोद वर्मा कहती हैं कि उन्हें तीसरा लिंग मानना इसलिए अस्वाभाविक लगता है कि हम दो लिंगों की भाषा में ही सोचते हैं और बात करते हैं। इसलिए वे 'डिफार्म' लगते हैं। तो भी यह 'डिफार्मिटी' एक तथ्य है। यह स्वीकार किया जाना चाहिए तथा उनकी वैयक्तिकता और पहचान रखी जानी चाहिए। यह भिन्नता इसलिए आती है कि स्त्री और पुरुष में स्त्री और पुरुष दोनों के तत्त्व होते हैं। स्त्री में ज्यों-ज्यों पुरुष तत्त्व बढ़ता जाता है, त्यों-त्यों वह अपनी पहचान की मर्दानी स्त्री होती जाती है और यह बात जननांगों से हट कर होती है। इसी तरह पुरुष में स्त्री तत्त्व की अधिकता उसे स्त्रैण बना देता है। इससे उसकी समस्याएँ बनती हैं। इसे नजरन्दाज कर यदि सरपेटिया ढंग से उनके साथ 'अन्य' मानकर व्यवहार किया जाए, वह भी उनकी निन्दा करने के लिए, तो इससे अन्याय ही होगा। जरूरत है उनकी भौतिकता, लिंगता, पहचान, अस्मिता व वैयक्तिकता को नए सिरे से रचने की। उत्तर आधुनिकता, स्त्रीवाद और बहुलता का निर्वचन न केवल इसके लिए मौका देता है, पद्धति भी देता है। वे अन्ततः हैं तो मनुष्य ही और उनके मानवीय अधिकारों को इधर पूरी तरह से स्वीकार किया जा रहा है। भारत में तो उन्होंने कई एक चुनाव लड़ा है, कहीं-कहीं सफल भी हुए हैं। जरूरत है इस प्रवृत्ति को और पुष्ट करने की।

एक समस्या समलैंगिकता की है। पुरुष समलैंगिकता की चर्चा पश्चिम में आदि काल से ही मिलती है। इसका जन्म सैनिकों के घर से दूर रहने के कारण हुआ था, जो बाद में तमाम शासकों या उसके आभिजात्य के मनोरंजन का साधन बन गया। मध्य काल में जो मुस्लिम शासक लम्बे समय तक युद्ध में संलग्न रहे तो यह प्रवृत्ति और भी पुष्ट और बहु-प्रचारित हुई। आज यह मनोरंजन का एक और साधन बन गया है और तमाम देशों में उसके लिए क्लबों को मान्यता मिल गई है। इधर स्त्री के साथ गुदा मैथुन करने की प्रवृत्ति बढ़ती जा रही है। हो सकता है कि स्त्री समलैंगिकता भी पहले से ही रही हो, पर उत्तर आधुनिक काल में जैसे इसका विस्फोट हो गया है। उसकी चर्चा आज बहुत है। यह अति आधुनिक जीवन पद्धति की देन है, जिसमें मुक्त स्त्री अकेला रहना चाहती है, पुरुष को दुश्मन समझती है, उसके बिना ही अपनी कामेच्छा पूरी करना चाहती है। इससे हस्तमैथुन की प्रवृत्ति बढ़ी है और उसके लिए तमाम

उपकरणों की मार्केटिंग हो रही है। दिक्कत यह है कि पुरुषों में सक्रिय की भूमिका निभानेवाला और स्त्रियों में निष्क्रिय की भूमिका निभानेवाली पुरुष और स्त्री सीधे-सीधे हैं। पहचान और वैयक्तिकता की समस्या पुरुष में निष्क्रिय और स्त्री में सक्रिय की है। तो भी वे अन्ततः स्त्री और पुरुष तो हैं ही। उत्तर आधुनिकता के दो ध्रुवीय सोच से हटकर बहुलतावादी दर्शन ने जैविक स्तर पर उनका दर्शन रचने का प्रयत्न हो रहा है। कहा जा रहा है कि यह भिन्न किस्म की जैविक और तज्जन्य मानसिक प्रस्फुटन है, जिसे अलग से पहचान दिया जाना चाहिए, अन्यथा अन्याय होगा।

(5)

भारत में स्त्रियों की स्थिति एक जैसी नहीं है, संवैधानिक स्तर पर समानता को रच देने के बावजूद। नस्ल, वर्णव्यवस्था, वर्गव्यवस्था, धर्म, सांस्कृतिक विकास आदि के आधार पर उनमें असमानता है, जिसे बहुलता कहकर न्यायोचित नहीं ठहराया जा सकता। फिर उन्हें एक चौकठ में फिट कर उनकी वैयक्तिकता और पहचान नहीं रखी जा सकती। पहला बड़ा भेद धार्मिक जीवन पद्धति के आधार पर रचे न केवल पारिवारिक कानूनों के कारण है, सांस्कृतिक व्यवहार में भी हैं जो पर्दा-सिस्टम से लेकर बेटी की पढ़ाई तक व्याप्त है। हिन्दुओं में जिन जातियों और परिवारों की स्त्रियाँ पर्दे में रहती हैं, जो श्रम नहीं करतीं, सिर्फ बच्चा पैदा करती हैं, उनकी स्थिति जो पर्दे से बाहर आकर खेतों और कारखानों में काम करती हैं, अपने कुटीर उद्योग में संलग्न होती हैं से भिन्न हैं। इसी तरह काम करनेवाली धनी और गरीब, देहाती और शहरी, उच्च वर्ण और निम्न वर्ण, शिक्षित और अशिक्षित, शारीरिक, मानसिक काम करनेवाली स्त्रियों की स्थिति और मानसिकता में भिन्नता है। सांस्कृतिक रूप से तथाकथित विकसित और जनजातीय स्त्रियों की स्थितियों में भिन्नता है। यह भिन्नता मंगोल, आर्य, नीग्रो जनजातियों की स्त्रियों में अपने तरह की है। घुमन्तू और बसे जनजातियों की अपनी भिन्नता है। ईसाई, हिन्दू, मुसलमान हो चुके और उनसे घिरे जनजातियों की समस्याएँ उनके न घिरे और अपना धर्म परिवर्तित न किए जनजातियों से भिन्न है। इसी तरह मैदान में रहनेवाले और पहाड़ों पर रहनेवाले, जंगल पर निर्भर रहनेवाले और खेती वालों में भिन्नता है। विस्थापित हुए और अपना घर छोड़कर दूसरे स्थानों में जाकर काम करनेवाली स्त्रियों की स्थिति में भिन्नता है। इन तमाम भिन्नताओं का ठीक से अध्ययन नहीं हो रहा है। स्वयं आदिवासी स्त्रियाँ अपने कष्ट के निजात के लिए क्या चाहती हैं, नहीं पूछा जा रहा है। बहस इस बात पर हो रही है कि उनके ऊपर विकास का कौन-सा मॉडल लादा जाए—अमेरिकन, जापानी, रुसी या चीनी, गुजराती कि पंजाबी, कि जैसे विकास ही उनकी मुक्ति का एकमात्र साधन है और उसमें स्वयं जनजातियों के राय की कोई जरूरत नहीं है। यह विकास दरअसल उनके इलाके के प्राकृतिक

साधनों के दोहन के लिए है, नए तरह से बसाए जाने का ख्वाब दिखाकर उन्हें अपनी ज़मीन, जल और जंगल से विस्थापित करना है। यही कारण है कि पूर्व से पश्चिम और उत्तर से दक्षिण तक के इलाकों में सशस्त्र विद्रोह बढ़ता जा रहा है, जिसे दबाने के लिए पुनः विकास का ढोल पीटा जा रहा है। और हाशिए के लोगों पर योजना बनाकर गोली दागी जा रही है। उसका ख़मियाजा पुरुष से अधिक स्त्री को भोगना पड़ रहा है। इस सबका समाधान किन्ही सरपेटिया नियमों, कानूनों से नहीं हो सकता, बल्कि देश, काल और परिस्थिति को आधार बनाकर हर मामले को उसके गुण-दोष के आधार पर निर्णीत करना चाहिए। पर्यावर्णी स्त्रीवाद के चिन्तन का विकास इसी कारण हो रहा है। ऐसे में यह भी सवाल उठता है कि क्या समान नागरिक संहिता उनके परित्राण, मुक्ति में कोई कारगर भूमिका निभा सकती है। एकरुपतावाले कहेंगे कि हाँ, बहुलतावाले कहेंगे कि नहीं।

स्त्रीवाद

आधुनिक काल में 'स्त्रीवाद' शब्द का प्रयोग सर्वप्रथम 19वीं सदी के अन्तिम दशक में मिलता है फ्रांस में, इस अर्थ में कि, "लोग मुझे (यानी एक स्त्री कार्यकर्ता को) स्त्रीवादी तब कहते हैं, जब मैं किसी वेश्या या उसके दरबान से हटकर स्त्री के अधिकार के बारे में बात करती हूँ।" (रेकेवा वेस्ट)। उन्हीं दिनों जर्मनी में स्त्रीवाद का मतलब उन अधिकारों की माँग थी, जो स्त्री को पुरुष के बराबर बनाए। इसी से इशारा पाकर प्रसिद्ध लेखिका वर्जिनिया उल्फ ने कहा था कि शब्दकोष के अनुसार स्त्रीवादी का अर्थ होता है, कि स्त्रियों के अधिकारों की वकालत करनेवाला। स्त्री उस वक्त सिर्फ एक अधिकार के लिए लड़ रही थी—रोजी का अधिकार, और चूँकि वह अधिकार उसे प्रदान कर दिया गया था, इसलिए वर्जिनिया उल्फ के अनुसार अब किसी को स्त्रीवादी कहने की जरूरत नहीं रह गई थी। शायद ऐसे ही सोच का प्रभाव था कि अंग्रेजी भाषी क्षेत्रों में स्त्रीवादी आन्दोलन को थोड़ी नीची निगाह से देखा जाता था। किन्तु रोजी का अधिकार पाते ही उसकी सारी समस्याओं का समाधान नहीं हो गया था, क्योंकि उसकी समस्याओं के सामाजिक, राजनैतिक, आर्थिक, सांस्कृतिक और यौनिकता सम्बन्धी पहलू भी थे, जिसके लिए आज तक संघर्ष होता आ रहा है। इन संघर्षों को चलानेवालों का कहना है कि स्त्रियों को पुरातन काल से ही प्रतिकूल दशा में रखा गया है, इसलिए उन्हें पुरुषों की तरह ही अवसर की समानता प्रदान की जानी चाहिए। इसके लिए अनेक राजनैतिक आन्दोलन चले हैं, जिनका सम्बन्ध सामान्य राजनैतिक अधिकारों से लेकर, उसे विशेष दर्जा दिए जाने और कार्यस्थल पर सुरक्षा के अलावा विवाह में उसकी भूमिका और आवाज तक की बात शामिल रही है।

(2)

स्त्रीवाद अनिवार्यतः पश्चिम की अवधारणा है। उसकी जड़ें धार्मिक हैं, मध्यकाल में गड़ी हैं, जिसकी अभिव्यक्ति स्त्रियों द्वारा हुए साहित्यिक, अर्ध-साहित्यिक लेखन में हुआ है जो अपने अधिकांश में आत्मकथात्मक हैं। शताब्दियों तक पूरे यूरोप में ऐसे बहुतेरे परिवार थे, जो अपनी अनावश्यक, यानी विवाह न हो सकनेवाली लड़कियों

को कान्वेटों यानी स्त्रीमठों में भेज देते थे। वहाँ अधिकांश लड़कियाँ अपने जीवन को एक कारागार के जीवन के रूप में महसूस करती थीं। वहीं कुछ ऐसी भी थीं, जिन्हें लगता था कि उन्हें लिखने-पढ़ने का, पढ़ाने-लिखाने का, सोचने-विचारने का, कुछ करने-कराने का मौका मिल रहा है। उनकी प्रतिभा का इस्तेमाल ऐसे संगठन चलाने के लिए हो रहा है, जिससे वे अपने भिन्न और विभिन्न आवाजों को बुलन्द कर रही हैं। ऐसी ही एक भिक्षुणी बिनोन की हेल्डेगार्ड थी, जो ग्यारहवीं सदी के अन्तिम वर्षों में राइनलैंड के एक छोटे से मठ की अध्यक्षा बनीं। वह गाने में बहुत निपुण थी और धर्म सम्बन्धी कुछ पुस्तिकाओं का निर्माण भी किया। उस समय के एक प्रसिद्ध पादरी क्लेखो के बर्नार्ड के साथ उसने कुछ पत्र व्यवहार भी किया। बर्नार्ड ने उसे धर्म प्रचार करने के लिए प्रेरित किया, जो उस जमाने में स्त्रीयोचित कर्म नहीं माना जाता था। फिर भी उसने जर्मनी तक जाकर धर्म प्रचार किया। कहा कि स्त्री में ईश्वर के प्रति एक मातृ-चेतना होती है, जिसके अन्तर्गत वह ईश्वर को बच्चे की तरह मानती है, प्यार करती है। इसी से प्रेरित होकर एक दूसरी भिक्षुणी नार्तिच की जुलिया ने पन्द्रहवीं सदी में कहा कि स्वयं ईश्वर एक माँ की तरह है, जो अपने बच्चों की आवश्यकताओं को जानती-पहचानती है, उस पर नजर रखती है। माँ तो बच्चे को पीने के सिर्फ अपना दूध दे सकती है, किन्तु ईशू ने तो अपना पूरा जीवन ही दे दिया है बड़ी उदारता और कोमलता से। "माँ का स्वभाव ही कोमलता और प्यार का होता है, ज्ञान और होशियारी का होता है...यद्यपि कि हमारा शरीर आत्मा की तुलना में तुच्छ होता है, मातृत्व भरे प्यार के कारण ईश्वर उसे उपकृत करता है।" उसके धर्म-प्रचार पर कुछ लोगों ने उंगली उठाई तो उसने पूछा, "क्या मुझे सिर्फ इसलिए धर्म-प्रचार करना बन्द कर देना चाहिए क्योंकि मैं स्त्री हूँ? और धर्म-प्रचार करने का अधिकार उन्हें दे देना चाहिए, जिनके पास इसकी कोई अनुभूति नहीं है, पर वे पुरुष हैं?"

इन तमाम बातों से प्रेरणा लेकर एसेक्स की रहनेवाली मारगरी केंप उससे मिलने गई। अपनी यात्रा और उससे मुलाकात का पूरा वृत्तान्त उसने कलमबन्द किया। आज कहा जाता है कि वही पुस्तक किसी अंग्रेज महिला की प्रथम् आत्मकथा है। कथा बहुत ही जटिल और नाटकीय है, पढ़नेवालों को खीझ भी बहुत होती है। किन्तु कैंप ने अपनी एक-एक बात को बड़ी गम्भीरता से लिया है और बताया है कि पहले बच्चे के जन्म के दौरान उसने बड़ा कष्ट भोगा तथा पति समेत तमाम घरवालों ने उसकी कोई परवा नहीं की। तब उसने ईशू में मन लगाया, जिन्होंने दर्शन देकर कहा कि वह उन्हें पति के रूप में स्वीकार करे; उससे बड़ा आराम मिलेगा। किन्तु उसके वास्तविक पति का रवैया कष्ट देने का ही बना रहा। उसने उसे चौदह बार गर्भिणी बनाया। आखिर में टूटकर उसने अपनी सारी सम्पत्ति उसके नाम कर दी और बदले में परिवार से मुक्ति प्राप्त कर जुलिया से मिलने निकल पड़ी। इस पर पति ने जुमला कसा था, "May your body be as freely available to God as it has been available to me" जुलिया से मिलने के बाद वह तीर्थाटन पर निकली। रास्ते भर वह इतनी रोती-चिल्लाती रही कि साथ के यात्रियों ने उसे त्याग ही दिया। फिर भी वह येरूशलम और कुस्तुनतुनिया तक गई।

इन तमाम बातों से प्रेरित होकर सोलहवीं सदी की तमाम प्रबुद्ध महिलाओं ने अपनी इयत्ता के लिए तर्क रचे, संघर्ष किया। सुधारवादी आन्दोलन के दौरान स्त्रियों को शिक्षा प्राप्त करने का और अवसर मिला। उन्हीं स्त्रियों में से एक जेन आंगर थी, जिसने 1589 में खंडन-मंडन की एक ऐसी पुस्तक लिखी, जिसे 'The earliest piece of English feminist polemics' कहा जाता है। उसमें उसने ईव को आदम से इस आधार पर बेहतर बताया कि यदि आदम मनुष्य के लिए आरम्भिक प्रतिदर्श थे, तो ईव को उनसे बेहतर ईश्वर ने दूसरा प्रतिदर्श बनाया। लिखती है, "Whereas Adam was fashioned from dross and filthy clay, God made Eve from Adam's flesh, that she might be purer than he. This doth evidently show how far we women are more excellent than men...From woman sprang man's salvation. A woman was first who believed, and a woman likewise the first that repented sin...It is women who makes sure that men are fed, clothed and cleaned. Without our care they lie in their beds as dogs in litter, and go like lousy mackerel swimming in the heat of summer."

आंगर के विरुद्ध पुरुषों ने तर्क गढ़ते हुए कहा कि वह ईव थी, जिसके कारण आदम को ज्ञान का फल खाना पड़ा, स्वर्ग से च्युत होना पड़ा और मनुष्य को स्थाई पाप में डूब जाना पड़ा। औरतों में डेलाइला जैसी दगाबाज और जेजेवेल जैसी खूनी औरतें पैदा हुईं। औरतों से सन्त पाल इतने भयभीत थे कि उन्होंने नियम बनाया, "Let your women keep silence in Churches, for it is not permitted to them to speak." तिमोथी ने कहा, "If they will learn anything let them ask their husband at home : for it is same for women to speak in Church."

बाद के वर्षों में कुछ कर्मठ स्त्रियों ने इन प्रतितर्कों का उत्तर गढ़ा। 1611 में एमिलिया लांचर ने 'जेनेसिस' की व्याख्या करते हुए कहा कि पतन के लिए आदम भी उतने ही जिम्मेदार थे, जितनी ईव और ईशा का जन्म एक औरत की शरीर से हुआ, उसी ने पाला, बड़ा किया तथा वे औरत का ही आज्ञाकारी रहे, औरत ने ही क्षमा किया, दवा दिया, सान्त्वना दिया, पुनर्जन्म होने पर पहले औरत के ही सामने पड़े। रिशेल स्पेग्ट ने 1617 में व्यंग्यपूर्वक लिखा, "If Adam had not proved that deed which Eve had done, and been willing to tread the steps which she had gone, he being her hand would have reproved her, have made the commandment a bit to restrain him from breaking his master's position."

दरअसल ईश्वर ने ईव के वंश की मेरी को अपने पुत्र ईशा की माँ बनाकर ईव की कमियों को मांफ कर दिया था।

यूँ तो बाद के वर्षों में स्त्रियों को अधिकाधिक धार्मिक स्वतन्त्रता मिलती गई और वे उपदेश देने के लिए इस छोर से उस छोर तक विचरने लगीं, लेकिन उनके विरोधियों की कमी नहीं हुई। जान बुनियान जैसे लेखक उनके पीछे पड़े रहे। उनका जवाब देते हुए स्वेकर मार्ग्रेट फेल ने 1670 में अपनी एक पुस्तिका में लिखा, "Those who speak against...the spirit of Lord speaking in woman, simply by reason of her sex...speak against Christ and his Church, and of the Seed of Serpent." प्राफेट जोएल को उच्चरित करते हुए कहा, "...and your sons and your daughters shall prophecy, and your old men shall dream dreams, young men should see vision : And also upon the servents and whom the headmaids in those days will I pour out my spirit. And I will show wonders in the heavens and in the earth, blood and fire and pillers of smoke." इससे बेबिलोन, फारस, यूनान और रोम के चार साम्राज्यों के बाद पाँचवाँ साम्राज्य बनेगा, जो ईशा का होगा, जिसने स्त्री को पुरुष के बराबर हक और जिम्मेदारी मिलेगी। अपनी बात को प्रमाणित करने के लिए उस समय के तमाम कर्मठ स्त्रियाँ बेल्जियम के मसीहा अंटानिया बोरोक को उद्धरित करती थीं, जिसने कहा था, "Thy ought to let God speak by a women, if it be His pleasure, since He spoke in former times to a Prophet by a Beast."

तो भी सत्तरहवीं सदी में तमाम बड़बोली औरतों को चुड़ैल होने के अन्देशों में जिन्दा जला दिया गया, कुछ को पागल करार दे दिया गया। लेडी इलियनार डेविस एक ऐसी ही महिला थी जो कहा करती थी, "One morning I had a voice from Heaven, speaking as through a trumpet these words—there is nineteen years and a half to the Judgment Day." उनका मजाक उड़ाते हुए एक पुस्तक वितरित हुई थी, ''डेम एनियनार डेविस नेवर सो मैड ए लेडी''। फिर धर्मसूत्रों की गलत व्याख्या करने के जुर्म में वेडलान की जेल में डाल दिया गया था।

इसी तरह जब अन्ना ट्रेपनेल ने ईश्वर के सन्देश को एक कविता में इस तरह से लिखा कि वह स्त्री व पुरुष दोनों के लिए था—

John though will not offended be
That handmaids here should sing,

That they should meddle to declare
The matters of the King...."

तब उसे पागल करार दे दिया गया था, हालाँकि क्रामवेल के समय में उसकी तमाम भविष्यवाणियाँ सही सिद्ध होती चली गईं।

इन तमाम घटनाओं के परिणामस्वरूप यह स्पष्ट हो गया कि आगे का स्त्रीवादी आन्दोलन धर्म प्रचारकों की नैतिक उच्चता और धार्मिक अनुभूतियों के कारण नहीं, मनुष्य के प्राकृतिक अधिकारों की माँग के कारण चलेगा, जो स्त्री और पुरुष की बराबरी पर आधारित होगा। बापटिस्ट लोग इसे स्वीकार कर अपना मत प्रचारित करने लगे थे। फलस्वरूप लेवेलरों से जुड़ी स्त्रियाँ अपने पतियों की रिहाई के लिए सम्राट के सामने प्रदर्शन तक करने लगीं। फिर भी स्त्री होने के कारण उनकी बात सुनने वाला तब कोई नहीं था। फिर भी कई हजार औरतों ने यह साहस किया था कि लिख सके, "We cannot but wonder and grieve that we should appear so despicable in your eyes as to be thought unworthy to petition to represent our grievances to this honourable house. Have we not equal interest with the men of this nation in those liberties and securities contained in the petition of right and other good laws of the land? Are any of our lives, limbs, liberties or goods to be taken from us, no more than from men, but by due process of law..."

जाहिर है कि स्त्रीवाद का लौकिक पक्ष काफी बाद में और बहुत धीरे-धीरे विकसित हुआ। मध्य 16वीं सदी में एन्नबाडस्ट्रीट ने लिखा,

Let such as say our sex is void of reason
Know it's a slander now, but once was treason.

1640 में एक अज्ञात लेखिका की पुस्तक The Women's Sharp Revenge आई थी, जिसमें कहा गया था, "The Women's exclusion from learning was devised by men to secure their own continued domination." अपने स्कूल के प्रचार में प्रकाशित एक पुस्तक "Essay to Revive the Ancient Education of Gentle Women in Religion, Manner, Arts and Tongues." में बाथसुआ माकिन ने लिखा था, "Let women be fools and you will make them slaves." लेकिन मजेदार बात यह है कि माकिन ने स्त्रियों को क्लासिक साहित्य में शिक्षा देने में विचार में बावजूद यह स्पष्ट किया था कि वह उन्हें अच्छी कुलवधु बनने से रोकेंगी नहीं और "My intention is not to equalize women to men, much less to let them superior. They are the weaker sex."

इन लौकिक लेखिकाओं पर भी कम हमले नहीं हुए। प्रसिद्ध कवि सर फिलिप सिडनी की भतीजी लेडी मेरी रोम ने एक उपन्यास प्रकाशित कराया 'काउंटेस आफ मांटगोमरी'। उस पर इतने हमले हुए कि उसे अपना उपन्यास वापस लेना पड़ा। लार्ड डेनी ने उस पर व्यंग्य करते हुए समझाया, Work Lady work, instead of writing books, for surely wiser women never wrote one."

इसी तरह मारग्रेट कावेंडिस, जो न्यू कैसिल की डचेज थी, के लेखन पर इसलिए हमले हुए कि वह स्त्री होकर किताबें लिखती थी। अपने लेखन में उसने स्त्री के दुःख, भय, बच्चों के प्रति चिन्ता, उनकी बीमारी और अकाल मृत्यु आदि को जम कर चित्रित किया है। उसका कहना था कि ये चिन्ताएँ सभी स्त्रियों की हैं, समाज में उनका जो भी रुतबा हो। उनके लिए लिखना स्वयं एक क्रान्तिकारी और बहादुरी का काम था, क्योंकि "We are kept like birds in cages to hop up and down in our houses, not suffered to fly abroad...We are shut out of all power and authority, by reason we are never employed either in civil or martial affairs, our councels are despised and laughed at, the best of our actions are trodden down with scorn, by the overweening conceit men have of themselves and through despisement of us."

उस जमाने में रंगमंच पर स्त्रियाँ नहीं आती थीं। कैथरिन ट्राटर, मेरी मैनले, मेरी पिक्स जैसी कुछ औरतें आईं भी, तो उनका मजाक उड़ाया गया। अधिकांश लोगों ने तो वेश्या ही करार दे दिया। तो भी आफ्रा बेन ने बड़ा साहस दिखाया और उसकी प्रशंसा बाद में बर्जिनिया उल्फ ने इस तरह से किया, "...a middle class woman with all the plebeian virtues of humour, vitality and courage, the woman forced by death of her husband and some unfortunate adventures of her own to make her living by her wits, she had to work on equal terms with men. She made, by working very hard, enough to live on. The importance of that fact outweighs anything she acutally wrote." उसने स्वयं कई नाटक लिखा था, एक उत्तेजक उपन्यास 'Love Letters' लिखा था। इनमें उसने दिखाया था कि कैसे औरतों को स्थितियों को अपने अनुरूप बनाने के लिए गलत समझौते करने पड़ते हैं, जिनमें मर्द हमेशा ही बड़े ठंडेपन से उनका शोषण करते हैं। उस पर जब हमला होने लगा तो उसने स्वयं अपने बचाव में लिखा, "Have the plays I have written comeforth under any man's name, and never known to have been mine, I appeal to all unbiased judges of sense if they had not said that person had made as good comedies, as any one man that has written his own age, but a devil on it the women damns the poet...I value fame as much as if I had been born a hero."

उस जमाने में दूसरे देशों में भी स्त्रियाँ कलम चलाने लगी थीं। ऐसी ही एक महिला क्रिश्चियन द पीजान थी। उसका जन्म 14वीं सदी में इटली में हुआ था, शिक्षा फ्रांस में हुई थी और इतनी शिक्षित हो गई थी कि अपने लेखन के बल पर जीवनयापन कर लेती थी, पति की मृत्यु के बाद। उसके साथ तीन बच्चे, एक भानजी और माँ रहती थीं। उसकी सबसे प्रसिद्ध पुस्तक "The City of Ladies (1404)" है, जिसमें वह साबित करती है कि अच्छाई किसी योनि की बपौती नहीं होती, उसकी अभिव्यक्ति व्यवहार में होती है, गुणों का अनुशरण करने में होती है। इसी तरह की दूसरी लेखिकाएँ मारगरिट द नावार, जिसने 1599 में हेफ्टामेरोन लिखा, मेरी द गार्ने, जिसने 1622 में एलेगाइट देस होम्स ए दे फेम लिखा, और एन् मेरी वान शुरमान हैं, जिसने 1640 में 'आन द कैपेसिटी आफ फिमेल माइंड फारलर्निंग' लिखा।

18वीं सदी आते-आते महिला लेखकों और पाठकों की भरमार हो जाती है। कविताएँ, उपन्यास और चिन्तनपरक निबन्ध तीनों लिखे जाते हैं। यदि कविताओं में कवयित्रियों का अपना दर्द और कल्पना उभरता है, तो उपन्यासों में पाठिकाओं की मुसीबतों के साथ-साथ उनकी आशा भी वर्णित होती है। दिन-प्रतिदिन के पारिवारिक जीवन का वर्णन होता है। फैसी बर्नी और जेन आस्टिन स्त्रियों द्वारा विकल्पों की तलाश की बात करती हैं, विशेषतः विवाह और उनकी परिणतियों के मामले में। ऐसे ही प्रश्न उठानेवाले 'गोथिक फिक्शन' अनेक तरह की नाटकीयता लिए उन दिनों बहुत लोकप्रिय थे। उनमें ऐसी स्त्रियों का वर्णन होता था जो अपने शील और जीवन की रक्षा भक्षक पुरुषों से संघर्ष कर-कर के करती थीं। उनमें सैमुएल रिचर्ड्सन की नायिकाओं में पामेला अपने मन का पुरुष पाने में सफल होती है, तो क्लैरिसा का अन्त बड़ा त्रासद होता है। दूसरी लेखिकाओं में एन रेडक्लीफ भी 'मिस्ट्रीज आफ अडोल्फो' और 'द इटैलियन', वुल्सटोन कैफ्ट की 'द रांग्स आफ वुमेन' काफी लोकप्रिय हुई थीं। इन तमाम कृतियों के माध्यम से महिला पाठकों को अपनी मनोवृत्तियों और भावनाओं का जाएजा लेने का, अँधेरी परिकल्पनाओं से गुजरने का, पुरुषों के सुप्त और जागृत भय से दो-चार होने का तथा विवाह में अपनी पसन्द तय करने का मौका मिला। इसके बाद तो महिला लेखन का भरमार हो गया, अम्बार लग गया। चारलोट ब्रोंटे के उपन्यास 'जेन आयर' में नायिका का प्रेम अधिक महीन और शालीन होकर उभरा, हालाँकि घटनाएँ बहुत ही नाटकीय थीं, यहाँ तक कि नायक एक समय असहाय और विकलांग बन जाता है। गास्केल के उपन्यासों में नायिकाएँ हमेशा बड़ी अपेक्षाएँ रखती हैं, इतनी बड़ी कि उस समय की स्थितियों में उन्हें प्रदान नहीं किया जा सकता था। मेरी एन् इवांस अक्सर ही अपने उपन्यासों में भाई-बहन के सम्बन्धों की गहरी पड़ताल करती है। जार्ज मेरेडिथ अपने उपन्यास 'इगोइस्ट' में जाहिर करती है कि विवाह में स्त्री की स्थिति एक 'स्टेटस' बनकर रह जाती है। जार्ज गिसिंग अपने उपन्यास 'द ऑड उमेन'

में दिखाते हैं कि एक स्त्री अपनी बच्ची का पालन बड़े मनोयोग से करती है इस उम्मीद से कि बड़ी होकर वह एक बहादुर औरत बनेगी।

(3)

राजनैतिक लेखों के प्रकाशन से स्त्रियों की माँग का स्वरूप राजनैतिक हो गया। इस राजनैतिक चेतना के परिदृश्य पर दृष्टि डालते हैं तो पाते हैं कि 1791 के क्रान्तिकारी फ्रांस में ओनिम्प द गोह ने एक 'डिक्लेरेशन आफ राइट्स आफ वुमेन एंड द फिमेल सीटीजन' प्रस्तुत किया। इसमें उसने बड़े ही प्रभावशाली और स्पष्ट रूप से घोषित किया कि औरतों का जन्म पुरुषों की ही तरह स्वतन्त्र रूप से होता है और बराबर का होता है। लेकिन आदि काल से ही पुरुष स्त्री को, यदि वह सुन्दर और शालीन होती है तो, तमाम प्रलोभन देकर उसे दास बना लेता है। किन्तु अब समय आ गया है कि उसे सैद्धान्तिक स्तर पर पुरुष की ही तरह स्वतन्त्रता, सम्पत्ति, सुरक्षा, समानता, दमन का प्रतिरोध, बोलने का अधिकार आदि प्रदान किया जाए। वह पुरुषों की ही तरह कानून का विषय और उसकी हकदार है। उस पर कोई भी इल्जाम कानून के ही तहत लगाया जा सकता है। बदले में उसे सामाजिक जीवन में वही जिम्मेदारी और दखलन्दाजी दी जानी चाहिए जो किसी भी पुरुष को दी जाती है। उससे कर वसूला जाना चाहिए और बच्चों पर संरक्षण का वही अधिकार दिया जाना चाहिए जो आज किसी भी पुरुष को प्राप्त है। अभी तक विवाह के द्वारा उनका शोषण होता रहा है। आगे इसमें बराबरी का हकदार बनाना है। यानी एक नए सामाजिक समझौते की घोषणा की जानी चाहिए, जिसके तहत उसके जीवन, व्यक्तित्व और आकांक्षाओं की रक्षा की जानी चाहिए।

इसी तरह 19वीं सदी के अमेरिका में स्त्रीवाद दासप्रथा के विरुद्ध चलाए जा रहे आन्दोलन के बीच से उभर कर सामने आया। दासप्रथा के विरुद्ध आन्दोलन में स्त्रियाँ बहुत सक्रिय थीं। परिणामस्वरूप 1840 में लन्दन में दासता पर एक कंवेंशन हुआ तो उसमें भाग लेने के लिए अमेरिका से कई स्त्रियाँ आईं। उसमें एलिजाबेथ कैथी स्टेंशन प्रमुख थीं। लेकिन आयोजकों ने उन्हें बोलने नहीं दिया। फलस्वरूप वे लुक्रेसिया मट्ट के साथ मिलकर स्त्रीवादी आन्दोलन चलाना शुरू किया। 1848 में सेनेका फाल्स, न्यूयार्क में एक बड़ा जलसा हुआ जिसमें स्त्रियों और नीग्रो लोगों ने एक स्वर से सरकार से मत देने के अधिकार की माँग रखी। इस आन्दोलन में आगे थीं दासों के एक बड़े घराने के मालिक के परिवार की सारा और दूसरी थीं एंजेलिना, जिसके घरवालों ने इस आन्दोलन का जी जान से बड़ा विरोध किया। एजेलिना ने दो पुस्तिकाएँ प्रकाशित कीं "An Apeal to Christian Women for Southern States."

और 'Letters on the Equality of Sexes." सोजोर्नर टुथ, जो पहले एक दास थी, उन पुरुषों की खिल्ली उड़ाने का अभियान चलाया, जो कहते थे कि स्त्रियों को मर्दों के संरक्षण में रहना चाहिए। गृह-युद्ध के उपरान्त उसने उस कानून का कड़ा विरोध किया, जिसमें सिर्फ मर्द-दासों को ही मताधिकार दिया गया था। 1950 में तो औरतों को यह मताधिकार दे दिया गया। किन्तु सभी नीग्रो लोगों को पूर्ण मताधिकार 1970 में ही मिल पाया।

इंग्लैंड में स्त्रीवादी राजनीतिक आन्दोलन का इतिहास काफी पुराना है। विचारों में इसे हम सबसे पहले मेरी आस्टेल के लेखन में पाते हैं। 21 वर्ष की उम्र में उसने एक कविता में लिखा,

"Nature permits not me the commen way
By serving Court or State, to gain
That so much valu'd trifle fame...
...
That to the Turk and Infidel
I might be joyful tidings tall
And share no labour to convert them all
But ah my sex denies me this..."

कुछ साल बाद कैन्टरबरी में आर्यविशप विलियम सैंक्राफ्ट को लिखा, "Since God has given women as well as men intelligent souls, how should they be forbidden to improve them? Since He has not denied us the faculty of thinking, why should we not (at least in gratitude to Him) employ our thought on himself their noblest object, and not unworthily bestow them on Trifles and Gaities and secular affairs?" 1694 में उसने अपनी पहली पुस्तक A Serious proposal to ladies में स्त्रियों से अनुरोध किया कि वे अपने को गम्भीरता से लें। दूसरी पुस्तक Thoughts of Education में जोर दिया कि स्त्रियाँ अपने को गम्भीरता से लें इसके लिए जरूरी है कि उन्हें पुरुषों की ही तरह शिक्षित किया जाए। इसके लिए यह भी जरूरी है कि सन्तानोत्पत्ति की जरूरी संस्था में स्त्री को मात्र 'Superior Servent of Husband' बनाकर न रखा जाए। इसके लिए उसने एक विद्यालयों की शृंखला स्थापित की जिनकी संख्या 1729 में 132 हो गई थी।

इस शिक्षा के परिणामस्वरूप आगे के वर्षों में स्त्रियाँ अपनी बात को और प्रभावी ढंग से रखने के लिए आगे आईं। वे पुरुषों के साथ मिलकर परिवार के काम-काज

में हिस्सा लेती थीं। और अपनी भावनाओं को निःसंकोच ढंग से लेखन में व्यक्त करती थीं। उनसे तिलमिला कर बेन जानसन जैसे लेखक को 'अमेजन्स आफ पेन' कहना पड़ा था।

ऐसी ही एक अमेजन मेरी वुल्स्टोन क्राफ्ट थीं। उसने अपने साथ के स्त्री विचारक कैथरीन मैकाले को पढ़ा था। मैकाले ने कहा था कि औरत की कमजोरी प्राकृतिक न होकर गलत शिक्षा, कहें खराब शिक्षा की देन है। उसने यौनिकता के दोहरे मानदंड पर प्रहार करते हुए कहा था कि एक बार के विचलन के कारण न तो कोई औरत अपनी कुमारित्व खो देती है, न ही उसके व्यक्तित्व में कोई ऐसा खोट आ जाता है कि वह अपना पूर्ण विकास न कर सके। उसने पुरुषों के इस वर्चस्व का विरोध किया कि स्त्रियाँ पुरुषों की सम्पत्ति हैं। उन्हें अपना निजी व्यक्तित्व बनाकर रखने का पूरा अधिकार है। क्राफ्ट इन सारे विचारों को स्वीकार करती है। अपनी पुस्तक 'ए विंडिकेशन फार द राइट्स आफ वोमेन' (1790) में वह अपने लिंग की औरतों के बारे में खुलकर लिखती है, अपने बारे में नहीं। फ्रांसीसी क्रान्ति के दौरान पुरुषों को मिले अधिकारों का विस्तारण कर वह स्त्री को भी प्रदान करने की वकालत करती हैं। लिखती है, 'If the abstract rights of man will bear discussion and explanation, those of women, by a parity of reasoning, will not shrink from the same test...Who made man the exclusive Judge, if women partake with him of the gift of reason?" वह मानती थी कि जिस युग में वह रह रही है, उस युग में स्त्रियाँ हीन हैं क्योंकि जन्म से ही उनका दमन होता है, शिक्षा नहीं दी जाती, वास्तविक संसार से उन्हें काट कर रखा जाता है, इसलिए वे अज्ञानी और आलसी बन जाती हैं। 'Taught from the infancy that beauty is the women's spectre, the mined shapes it self to the body and roaming round its gilt cage, only seeks to adore its prison." वह कहती हैं कि स्त्रीत्व एकदम से बनावटी चीज है, और शालीनता ओढ़ा हुआ वस्त्र है। इसलिए उन्हें एक बेहतर शिक्षा दी जानी चाहिए जो पुरुषों को दी जाती है। वह यह भी कहती है कि यदि पुरुषत्व का मतलब विवेकपूर्ण और गुणसम्पन्न व्यवहार है तो स्त्रियों को पुरुष बन जाने में कोई हर्ज नहीं है। वह मानती है कि यह काम सिर्फ अच्छी शिक्षा से ही नहीं हो पाएगा, इसके लिए समाज को भी बदलना होगा। अपनी दूसरी पुस्तक 'थाट्स आन एजूकेशन' में कहती हैं कि विवाह का आधार प्रेम को न बनाकर मित्रता और आपसी सम्मान को बनाना चाहिए। प्रेम का स्वरूप भावुक और लिजलिजा होता है और उसमें औरत उन आदर्शों की उम्मीद करने लगती है जिन्हें बचपन में ही दबा दिया गया होता है। चूँकि उसकी पूर्ति नहीं हो पाती, इसलिए वैवाहिक जीवन में फाँस आ जाती है, अतृप्तिदायी बन जाती है। अपने उपन्यासों में भी उसने इस मनोविज्ञान की मीमांसा भी है, जिनमें स्त्रियाँ झूठी प्रसन्नता

की खोज में खोखली होती जाती हैं। होना तो यह चाहिए कि स्त्रियाँ खुलकर बोलें, अपनी जीवन कथा का वर्णन करें, अपनी भावनाओं का इजहार करें, उनके साथ जो धोखा हुआ है और जो उनके सपने थे उन्हें खुलकर स्वीकार करें।

1843 में छपी मोरियन रीड की पुस्तक 'ए प्लीआ फार वोमेन' दूसरी महत्त्वपूर्ण पुस्तक है। उसमें उसने अपने समय की कर्मठ महिलाओं का विश्लेषण कर निचोड़ रखा है कि वे कुल मिलाकर 'स्त्री' बनकर ही रहीं, स्त्री की ही जात में विचरती रहीं, अपने आत्म को त्याग कर स्त्रीत्व को बरकरार कर रखीं। लिखती हैं, "Womanly behaviour in practice means good humour and attention to her husband, keeping her children neat and clean, and attending to domestic arrangement.:" लेकिन यह 'Most criminal self-extinction." है। उनको जो शिक्षा मिलती रही है वह रट्टा मारने और उसी पाठ तक सीमित रह जाने की रही हैं। उनमें यदि कहीं आत्मनिर्भर बनने की सीख आती भी है तो तुरन्त दबा दी जाती है, बस उन्हें स्वचालित ढंग से रहने के लिए उपयुक्त बनाकर छोड़ दिया जाता है, जिससे कि वे परम्परा द्वारा लाद दिए गए कर्तव्यों का निर्वाह करते कालकलवित हो जाएँ। इन तमाम बातों पर उसे एतराज है। वह कहती है, "Woman was made for man, yet in another and higher, she was also made for herself...Innocence is not the same thing as virtues." वह औरतों के लिए मताधिकार की बात करती है, जिससे कि वे अपनी सम्पत्ति, सन्तान और सुख की मलिका बन सकें।

19वीं सदी में स्त्रियों के अधिकारों के दो जबर्दस्त पुरुष प्रवक्ता हुए हैं विलियम टाम्पसन और जान स्टुअर्ट मिल। दोनों ने अपनी प्रबुद्ध पत्नियों के प्रभाव में लिखा और इस इरादे से लिखा कि पुरुष के द्वारा लिखे जाने के कारण तत्कालीन सामाजिक-राजनीतिक परिवेश में उसका अधिक प्रभाव पड़ेगा। 1825 में विलियम टाम्पसन ने 'अपील आफ वुमेन' के नाम से एक पुस्तक प्रकाशित कराई जिसमें उसने सेंट साइमन के समाजवादी विचारों से जुड़ी अन्ना ह्वीलर के विचारों और क्रियाकलापों का खुलासा और वकालत की। डिजराइली ने अन्ना ह्वीलर को एक साथ ही अतिप्रबुद्ध और उतना ही खतरनाक करार दिया था, क्योंकि वह स्त्रियों के लिए पुरुष से बराबरी की माँग करती थी। उसकी वकालत करते हुए टाम्पसन ने कहा कि तत्कालीन पश्चिमी समाज में स्त्री को शादी से पहले और शादी के बाद कैद करके रखा जाता है, और उस कैदखाने का नाम परिवार दिया जाता है। ऊपर से कर्तव्यों का इतना बोझ लाद दिया जाता है कि कैद औरत अपने आप में कुछ रह ही नहीं पाती, कैदी भी नहीं। टाम्पसन ने जेम्स मिल के इस विचार की कड़ी आलोचना की थी कि स्त्रियों को मताधिकार इसलिए नहीं मिलना चाहिए कि उनके हितों का प्रतिनिधित्व उनके पतियों या पिताओं से हो जाता है। टाम्पसन का कहना था कि तब उन स्त्रियों का प्रतिनिधित्व कैसे होता

है, जिनके न पिता है, न पति। फिर यह मान लेना कि पिता या पति के हित वही हैं जो स्त्रियों के, गलत है। उसने मेरी वुल्स्टोन क्रेफ्ट की भी आलोचना यह कहकर की कि उनके स्त्रियों सम्बन्धी निर्णय बहुत ही संकीर्ण, डरे-डरे और निर्बल हैं। उसका कहना था कि, "As your bondage has changed down man to the ignorance and vices of despotism so will your liberation reward him with knowledge with freedom and happiness."

जेम्स स्टुअर्ट मिल की पुस्तक 'द सब्जेक्शन आफ वुमेन' 1869 में आई। उसमें उसने स्थापित किया कि स्त्री का दमन गलत है और मानवीय विकास में मुख्य बाधा है। मिल के विचारों पर हैरिएट टेलर का बहुत प्रभाव था, जिसके सम्पर्क में वह 1830 से ही था और अपने पिता जेम्स मिल के अनुदार विचारों का तहे दिल से विरोध करता था। हैरियट ने अपने छोटे-छोटे लेखों में स्त्री के मताधिकार की वकालत की थी और सम्पत्ति, विवाह और बच्चे पर अधिकार के लिए तर्क दिए थे। मिल ने भी तत्कालीन नियमों का विरोध यह कहकर किया, "It gave the man legal power over the person, property and freedom of action of the other party, independent of her own wishes and will."मिल इस बात को स्वीकार नहीं करता था कि स्त्री और पुरुष के बीच का असमान सम्बन्ध प्राकृतिक है। वह कहता था कि वर्चस्व रखनेवाला व्यक्ति कभी यह स्वीकार ही नहीं कर सकता कि दूसरा उनके बराबर है। अमेरिका में दासों के व्यापार का यही आधार है। हम जिसे स्त्रैण कर्म कहते हैं, वह बनावटी है "The result of forced repression in some directions, unnatural stimulations in others." इतने दबाओं और उपेक्षाओं के बावजूद महिलाओं ने बड़ा समृद्ध साहित्य अपने बारे में रचा है। वह मानता है कि आदर्श परिस्थितियों में स्त्री और पुरुष एक समान होंगे, पुरुष अधिकाधिक स्वार्थहीन होते जाएँगे और स्त्रियाँ आत्म-वंचना से ऊपर उठती जाएँगी। फिर भी वह तलाक के अधिकार की वकालत नहीं करता है, लेकिन मताधिकार का करता है ठीक वैसा ही जैसा कि पुरुषों को मिला हुआ है। इसके लिए उसने 1866 में पेटिशन दिया और 1867 के 'रिफार्म बिल' में उनके पक्ष में संशोधन लाया।

तो भी आज तमाम स्त्रीवादी विचारक मिल की आलोचना इसलिए करती हैं कि उसने बात शादी-शुदा औरतों की की, अविवाहित और अकेली औरतों की नहीं। ऐसी औरतों को कानूनी अधिकार नहीं थे, जिससे बड़ा अत्याचार होता था। नार्टन का मामला ऐसा ही था। उसी से दुःखी होकर नार्टन ने 'द सेपेरेशन आफ मदर एंड चाइल्ड, जैसी लघु पुस्तिका और 'इंगलिस लाज फार वुमेन इन द नाइनटीन्थ सेंचुरी' जैसी पुस्तक लिखी थी। 1855 में महारानी विक्टोरिया को लम्बा पत्र लिखा था, स्त्री को तलाक लेने का अधिकार देने के बारे में। आश्चर्यजनक यह है कि उसने फ्लोरेंस

नाइटिंगिल की तरह उन स्त्रीवादी संगठनों और आन्दोलनों का साथ नहीं दिया जो स्त्री के तमाम अधिकारों के लिए लड़ रही थीं।

अन्य महिला विचारकों में हैरियट मारटिनी और फ्रांसिस पावर काबे का नाम आता है। मारटिनी ने लिखा था, "Justice to woman is denied on no better plea than the right of strongest. In both cases the acquiesce of the many and the burning discontent of few of the oppressed, testify the one of the actual degradation of the class, and the other to its fillness for the enjoyment of human rights." इसी तरह कोवे ने लिखा था, "We want woman's sense of the law of love to complete man's sense of the law of of justice, we want her influence inspiring virtue by gentle promptings within, to complete man's external legislation of morality...we want her genius for detail, her tenderness for age and suffering, her comprehension of the wants of childhood."

इस तमाम वैचारिक पृष्ठभूमि में स्त्री सम्बन्धी आन्दोलन मध्य 19वीं सदी तक बहुत कमजोर था। बरबरा लेह स्मिथ के नेतृत्व में काम करनेवाली 'द लेडीज आफ लांघम प्लेस' औरतों के शिक्षा सम्बन्धी अधिकार, रोजगार का अवसर और विवाहित स्त्रियों की बेहतर कानूनी स्थिति के लिए यहाँ-वहाँ कुछ करती रहती थी। कारण यह था कि स्त्रियाँ अभी भी इस दुविधा में पड़ी थीं कि वे परम्परागत स्त्री मूल्यों और आदर्शों का अनुशरण कर चलें कि पुरुष के बराबर हो जाएँ। आन्दोलन का दूसरा चरण तब शुरू हुआ जब 1869 में 'लेडीज नेशनल एशोसिएन फार रिपील आफ कांटेजियस डिजीस एक्ट' की स्थापना हुई और उसका नेतृत्व जोसेफाइन बटलर के हाथों में आया। वेश्याओं से पैदा होनेवाले छुआछूत के रोगों में दोषी स्त्री को माना जाता था। इस संगठन ने इस बात पर जोर दिया कि पुरुष भी उसके लिए उतने ही दोषी हैं और उन्हें भी वही सजा दी जानी चाहिए। स्त्रियों के खिलाफ़ रवैयावाले कानूनों को हटा दिया जाना चाहिए। इसी तरह एनी बेसेंट ने माचिस की फैक्ट्रियों में काम करनेवाली स्त्रियों की दयनीय स्थिति पर फैक्ट्री के तमाम भागीदारों को पत्र लिखा और धीरे-धीरे आन्दोलन खड़ा किया। उनके प्रयासों के साथ जान स्टुअर्ट मिल और टाम्पसन की मताधिकार सम्बन्धी माँग मिलाकर आगे का नया आन्दोलन खड़ा किया जिसमें स्त्रीवादियों ने साफ-साफ तय कर लिया कि स्त्रियों को पुरुषों के बराबर ही सब अधिकारों को प्राप्त करना है। यह पूर्ण नागरिकता प्राप्त करने का आन्दोलन था जो 1928 तक चलता रहा जब औरतों को पूर्ण मताधिकार के साथ-साथ तमाम पुरुष के साथ बराबरी के अधिकार मिल गए। इसमें एमेलाइन पाकहर्स्ट और क्रिस्ताबेल की बड़ी भूमिका थी। गौर करने की बात यह है कि स्त्रियों को ये तमाम अधिकार ब्रिटिश उपनिवेशों में पहले ही मिलते चले गए थे, विशेषतः उन राज्यों में जो साम्राज्य से अलग

होते गए थे। न्यूजीलैंड के स्त्रियों को 1893 में, आस्ट्रेलिया के राज्यों में तीन-चार वर्ष बाद और संघ के लिए 1902 में कनाड़ा में 1904 में उन्हें पूर्ण नागरिकता मिल गई। यूरोप के अन्य देशों में डेनमार्क में 1915 और हालैंड में 1919 में यह अधिकार मिल गया।

(4)

हम स्त्रीवाद के सामाजिक और समाजशास्त्रीय पक्ष पर आते हैं। बीसवीं सदी के पूर्वाद्ध तक स्त्रीवाद और उससे जुड़े आन्दोलन का तात्पर्य था कानूनी और राजनैतिक समानता प्राप्त करना। उनके मिल जाने पर लगा कि उन्हें अभी और नई दूरियाँ तय करनी है अवसर की समानता के साथ-साथ अपनी विशिष्ट जैविक और भावनात्मक अस्मिता के प्रबोधन के लिए। उसका सम्बन्ध पारिवारिक क्रिया कलापों में समानता, वैधानिक सम्बन्ध और सांस्कृतिक व्यवहृतियों से हो गया है। अब इसके कई सहसम्बन्धी रूप हैं जो उदारवाद, मार्क्सवाद, फ्रायडवाद और उत्तर-आधुनिकतावाद से जुड़े हैं। इन्हीं के आधार पर स्त्रीवादी सामाजिक सिद्धान्त की रचना अभी हाल में होने लगी है। इनका कहना है कि अभी तक स्त्रियों का अध्ययन पुरुषों द्वारा होता रहा है, जिनमें उनका पुरातन दुराग्रह काम करता रहा है, जिसके चलते वे स्त्रियों के समाजशास्त्रीय महत्त्व की उपेक्षा करते रहे हैं। उदाहरण के लिए कहा जाता है कि एक परिवार की सामाजिक-आर्थिक स्थिति क्या है, यह पुरुष की कमाई के आधार पर तय होता है। यदि स्त्री कमाती है और कहीं पुरुष से ज्यादे कमाती है, तो उसे पुरुष की कमाई का 'सप्लिमेंट' मानकर उस पर ध्यान नहीं दिया जाता। इसलिए स्त्रीवादी सामाजिक सिद्धान्त इस बात पर बल देता है कि समाज में स्त्री की अधीनस्थ भूमिका को समझने के लिए और उसकी व्याख्या करने के लिए उसकी लैंगिक भिन्नता को पुरुष सत्तात्मक सिद्धान्त से जोड़कर सन्दर्भित किय जाए।

लैंगिक भिन्नता को एक समय जैविक भिन्नता के आधार पर देखा जाता था। 19वीं सदी के तमाम मेडिकल सिद्धान्त स्पष्ट करते थे कि स्त्री का व्यक्तित्व उसकी शारीरिक संरचना और बच्चे पैदा करने के कार्य से बनता है जो पुरुष से भिन्न होता है। इस विभेद के कारण मनोवैज्ञानिक रूप से भी स्त्री में ओडिपस ग्रन्थि, शिश्न-ईर्ष्या और जननेन्द्रीनिरोध ग्रन्थि होती है। इस शारीरिक-मनोवैज्ञानिक विभेद के चलते स्त्री और पुरुष के कर्म, सोच और संस्कृति का दायरा भिन्न होता है। पुरुष स्वभाव से ही आक्रामक होता है और ऐसे कर्म करने में रुचि लेता है, जो पौरुष माँगता है, कठोरता माँगता है, अधिक श्रम माँगता है। चाहे शारीरिक हो या मानसिक), दृढ़ता माँगता है। स्वभाव से ही दब्बू होने के कारण स्त्री ऐसे काम करना पसन्द करती है, जिसमें विनम्रता की आवश्यकता होती है, कम शारीरिक शक्ति की जरूरत पड़ती है, स्थविर होकर

रहने की जरूरत पड़ती है और वह भावनाओं में बह जानेवाली होती है। इसलिए उसे पुरुष के संरक्षण की आवश्यकता पड़ती है। डार्विनवाद ने माना कि जीवन को चलाने में प्राकृतिक चुनाव की महती भूमिका होती है, जिसका सम्बन्ध जैविक विशेषताओं से है। सर्वोत्तम के बचे रहने की प्रवृत्ति के कारण जो मनोविज्ञान बनता है, उसमें पुरुष के लिए आक्रामक होना और स्त्री के लिए दब्बू और स्थावर होना स्वभाविक है।

नृतत्त्वशास्त्र और समाजशास्त्र दोनों ने ही व्यवहार के उपरोक्त तर्कों को आज अस्वीकार कर दिया है और कहा है कि व्यक्ति के व्यवहार तथा समूह के संगठन के जड़ में उसकी संस्कृति होती है, जिसका एक तत्त्व मूल्यबोध होता है। सामाजिक नृतत्त्वशास्त्र ने जैविक तर्क को दो आधारों पर खारिज किया है। एक तो यह कि प्रकृति और संस्कृति के बीच का विभाजन स्वयं संस्कृति का बनाया हुआ है। दूसरे यह कि तमाम तुलनात्मक मानवजाति विज्ञानों के अध्ययन से स्पष्ट होता है कि तमाम संस्कृतियों में मानव स्वभाव का रूप भिन्न-भिन्न पाया जाता है। इससे स्पष्ट होता है कि मानव-व्यवहार का कोई जैविक निधारण नहीं होता। हम इस तर्क को नहीं मानते। आज के वैज्ञानिक हर व्यवहार के लिए एक 'जीन' खोज निकाल ले रहे हैं, जिससे स्पष्ट होता है कि व्यवहार का निर्धारक जैविक तत्त्व होता है। दूसरे मनुष्य की मूल प्रवृत्तियाँ सर्वत्र एक होती है और मूल प्रवृत्तियों, संवेगों तथा भावनाओं का सम्बन्ध जैविक स्थिति से होती है, जो मानसिक स्थिति, यानी विवेक, प्रपन्न मति, प्रतिभा आदि से भिन्न होता है। और यह भिन्नता भी जैविक कारणों पर ही आधारित लगती है। संस्कृति का निर्माण इन्हीं के आधार पर होता है। इससे जो सांस्कृतिक भिन्नता आती है वह परिवेश और बाह्य स्थितियों के दबाव में हुए विकास के कारण होती है।

खैर, आज का समाजशास्त्र, अप्रत्यक्ष रूप से ही सही दार्शनिक नृतत्त्वशास्त्र से प्रभावित रहा है। जर्मन समाज दार्शनिक एर्नाल्ड गेहलेन मानता है कि पशुओं से भिन्न मनुष्य के पास जो मूल प्रवृत्तियाँ हैं, वे इतनी सक्षम नहीं है कि वे परिवेश पर, बाह्य स्थिति पर पूरी तरह से नियमन्त्रण कर लें। इसीलिए उन्हें संस्कृति की रचना करनी पड़ती है। वे अभी तक पूर्णता प्राप्त कर लिया पशु नहीं बन पाए हैं। इसलिए उन्हें समाजीकरण की जरूरत पड़ती है। इसी से सामाजिक संस्थाएँ बनती हैं। इसलिए मानवीय व्यवहार मूल प्रवृत्ति या मानवीय स्वभाव से अनुशासित न होकर संस्कृति से अनुशासित होता है। इस संस्कृति ने ही स्त्री और पुरुष में भेद किया है। भला कहीं गाय और बैल, बन्दर और बन्दरिया, नर और मादा मछलियों, पक्षियों आदि के व्यवहार में, बर्ताव में भेद दिखाई देता है? इसलिए शरीर (body) जो केन्द्र में रखकर पिछले पच्चीस-तीस वर्षों में प्रकृति, कहें स्वभाव, और संस्कृति के बीच के सम्बन्धों को 'सामाजिक अधिरचनावाद' से समझने-समझाने की कोशिश हो रही है, जिसका सम्बन्ध व्याख्या तथा निर्मिति की सामाजिक प्रक्रिया से है। इस ग्रूप के समाजशास्त्रियों

का कहना है कि मनुष्य को चलना, दौड़ना, नाचना, बैठना, खाना, थूकना, हँसना, सलाम करना आदि सीखना पड़ता है। विभिन्न समाजों में इनके विभिन्न ढंग हैं और अपने समाज में स्वीकृत होने के लिए बच्चे को अपने समाज के ढंग को सीखना ही पड़ता है। इसके दार्शनिक बार्डियो का कहना है मनुष्य के शरीर को इस तरह से प्रशिक्षित किया जाना है कि वह एक आदत का आवास (habitus) प्राप्त कर ले जिसके अन्तर्गत वह वह समुचित चाल-ढाल, दिए गए समाज वर्ग के लिए उपयुक्त, हासिल कर सकें "The shapes and mannerisms of the body are the products of a cultural habitude within the specific location of a certain class."

हमारे सामने इसे भी स्वीकार करने में दिक्कत है। जैसा कि हमने ऊपर कहा है इधर जो शोध हो रहे हैं वे हर हरकत को किसी-न-किसी 'जीन' से जोड़ रहे हैं। यहाँ तक कि तलाक, समलैंगिकता, उदास रहने, मार-पीट करने के 'जीन' तक खोज निकाले गए हैं। 'जीन' व मानव-व्यवहार में कार्य-कारण सम्बन्ध खोज निकाले गए हैं। संस्कृति का आधार आज जीवविज्ञान बनता जा रहा है। तब स्त्री और पुरुष के विभेद भी इसी 'जीन' के आधार पर स्वाभाविक है। स्त्री का दब्बूपना और पुरुष का आक्रामक होना जीन प्रणीत है।

जो भी हो संस्कृति पर जोर देनेवाले कहते हैं कि स्त्री और पुरुष का विभेद सांस्कृतिक है और सारी लड़ाई आज इसी को लेकर चल रही है। विरोध पुरुषसत्ता का है।

पुरुषसत्तात्मकता, जिसे पितृसत्तात्मकता (Patriarchy) भी कहा जाता है, का मतलब है स्त्री पर पुरुष की ऐसी सत्ता जिसके आधार पर वह उसकी पूरी जिन्दगी पर हावी रहता है, अभिभावक की भूमिका अदा करता है, उसे प्रभावित करता है, उस पर नियन्त्रण बनाकर रखता है। इसकी मात्रा और प्रकार विभिन्न समाजों में विभिन्न स्तर की होती है। तमाम समाजशास्त्री मानते हैं कि यह प्रभुत्व प्राकृतिक कम, सामाजिक अधिक होता है। इसके मुख्य कारक होते हैं अनिवार्यतः विपरीत लिंगी सम्बन्धों पर जोर, पुरुष की आक्रामकता, काम करने के स्थान पर पुरुष जिस तरह से संगठित होते हैं उसका असर तथा लिंग की भूमिकाओं का सामाजीकरण।

स्त्रीवादी समाजशास्त्रियों ने इसकी तीन तरह की भूमिका को दिखाया है। एक तो यह कि यह विचारधारा के रूप में काम करते हैं। इसका प्रचारक लाकां हैं, जो एक साथ ही मनोविश्लेषणवादी और संरचनावादी है। वह कहता है कि समाज की संस्कृति पर पुरुष लिंग का वर्चस्व होता है, कुछ ऐसा कि जरूरत पड़ने पर पुरुष अपने लिंग का प्रयोग स्त्री पर हथियार के रूप में करता है। दूसरे यह कि पुरुष सत्तावाद का आधार परिवार व्यवस्था है, जिसमें पुरुष स्त्री पर दबदबा आर्थिक, सांस्कृतिक और सम्भोग क्रिया के आधार पर कायम करता है। ऐसे में विवाह का संविदा वास्तव में मजदूर

बनाकर स्त्री के श्रम पर नियन्त्रण कायम करता है। कुछ मार्क्सवादी स्त्रीवादी कहते हैं कि स्त्री पर पुरुष का वर्चस्व पूँजीवादी व्यवस्था की देन है, क्योंकि पूँजीवाद और पितृवाद एक दूसरे की सहायता करते हैं। घर-परिवार के भीतर स्त्री का परिवार सम्बन्धी श्रम पुरुष की सहायता करता है, यदि उसकी मजदूरी देनी पड़ती तो यह पूँजी पर भार बन जाती। घर के बाहर श्रम करने पर स्त्रियों को कुछ खास पेशों से जोड़कर उसकी मजदूरी कमतर कर दी जाती है। यह तीसरी भूमिका है।

इसकी थोड़ी विस्तार से चर्चा करते हुए लिंग (gender) की भूमिका की बात की गई है। समाज में स्त्री और पुरुष की भूमिका तय करने के लिए लिंग के गुणों और अपेक्षाओं को वर्गीकृत किया गया है। इसे ही श्रम का लैंगिक विभाजन भी कहा गया है और उसे लगभग तय माना गया है। स्त्रीवादियों ने इसे चुनौती दी है। साफ कहा है कि इसका सम्बन्ध सामाजिक मान्यताओं और सामाजीकरण के पैटर्न के कारण है, तयशुदा स्वभाव के कारण नहीं। यह वास्तव में क्रियाकलाप (functionalism) के कारण है, जो दी हुई पारिवारिक स्थिति के कर्म-कर्तव्य को संस्थाबद्ध मानकर आदर्श-मान लेता है, संस्थाओं के सुचारु रूप से चलते रहने के लिए। इसलिए मान लिया गया है कि स्त्री की भूमिका घर-परिवार के भीतर है, चाहे वह बच्चे पैदा करना व उनको पालना हो, भोजन बनाना और घर की साफ-सफाई करनी हो, सिलाई-बुनाई करना और माँगलिक अवसरों पर गाना-बजाना हो। यह सब व्यवस्था के लिए कम, बनाई गई व्यवस्था को सुचारु रूप से चलाने के लिए अधिक है। घर के बाहर काम करती है तो अतिरिक्त आय के लिए और उसके लिए कम मेहनत के काम दिए जाते हैं, जो अमुमन कम शारीरिक क्षमतावाले होते हैं, वौद्धिक क्षमतावाले नहीं। सफेद कालरवाले काम मिले भी तो नर्स, शिक्षिका, सचिव, टाइपिस्ट, रिसेप्सनिस्ट या दुकान पर सामान बेचने का। भारी बौद्धिक, और महत्त्वपूर्ण काम तो पुरुषों के लिए संरक्षित क्षेत्र है चाहे वह धर्म प्रचार का क्षेत्र हो, सेना नायक का हो या क्रान्ति का। स्त्रीवादियों ने 'सिमेट्रीकल फैमिली' की अवधारणा लाकर और दुनिया भर के कामों में अपनी सफल भूमिका दिखाकर इस विभाजन को निरन्तर तोड़ती जा रही हैं। इस सिमेट्रीकल फैमिली की चर्चा एम.यंग और विलमोर ने 1993 में उठाई है। ब्रिटेन के पुराने किस्म के परिवारों के टूटने के बाद जो नए परिवार विकसित हो रहे हैं, उनकी तीन विशेषताओं को उन्होंने लक्षित किया है। पहला यह कि पति और पत्नी घर पर ही केन्द्रित रहते हैं, खासकर जब बच्चे छोटे-छोटे रहते हैं। दूसरा यह कि यह न्यूक्लीयर परिवार, एक्सटेंडेड परिवार की तुलना में बेहतर भूमिका आज के गतिशील जीवन में निभाता है। न्यूक्लीयर परिवार का मतलब है पति, पत्नी और उनके अपने बच्चे, भरसक दो ही। बड़े-बूढ़ों से छुटी पाने के लिए वृद्ध आश्रमों का प्रचलन बढ़ रहा है। यह दोनों के बाहर काम करने की दृष्टि से अधिक फिट रहता है, औद्योगिकीरण के

जमाने में अधिक 'मोबाइल' रहता है, चूँकि जोड़ों का निर्माण अपने चुनाव से होता है, इसलिए पति-पत्नी और बच्चों के बीच अधिक संवेगात्मक लगाव होता है, घर के भीतर वे अपना काम बाँटकर सौहार्दपूर्ण वातावरण में करते हैं और पेशे में उनकी भूमिका उनके क्रियाकलाप से तय होती है। यह दुनिया भर की सामाजिक विभिन्नता को लगातार कम करता है। एक्टेंडेड परिवार का मतलब है परम्परागत रूप से परिभाषित परिवार जिसमें लगभग तीन पीढ़ियाँ एक साथ रहती हैं—पति पत्नी के माता-पिता, अपने भाई-बहन, अपने बच्चों के साथ उनके बच्चे। कभी-कभी तो वे दुनिया भर के रिश्तेदार भी शामिल होते हैं जो एक छत के नीचे रहते हैं। ऐसे परिवार के चलते काम न करनेवालों की परोपजीविता बढ़ती है, काम करनेवालों पर भार बढ़ता है, उनकी 'मोबिलीटी' बाधित होती है जिससे 'कैरियर' चौपट होता है, औद्योगिकरण और आधुनिकता में खलल पड़ती है। फिंच ने इसका विस्तृत अध्ययन किया है। तीसरे इस परिवार में घर के भीतर पति और पत्नी के बीच श्रम विभाजन नहीं के बराबर होता है, या बहुत कम होता है, दोनों कोई भी काम करते हैं, चाहे वह सफाई करना हो, खाना बनाना हो, बच्चे पालना हो, सुरक्षा करनी हो, बाजार करना हो। इससे औरतें घर के बाहर समय बिताने के लिए या काम करने के लिए अधिकाधिक मुक्त होती हैं, आधुनिका बनकर रहती हैं।

इन तमाम बातों से उत्साहित होकर तमाम स्त्रीवादियों ने मातृकुलवाली परिवार-व्यवस्था पर ध्यान दिया है। इसका ढीला-ढाला अर्थ वह परिवार है जिसमें माँ की चलती है। पर वास्तविक अर्थ उस परिवार व्यवस्था से जुड़ा है, जिसमें उत्तराधिकार बेटियों को मिलता है, विशेषतः सबसे छोटी बेटी को, इसलिए मामा की भूमिका कुछ बढ़ जाती है, परिवार का गोत्र माँ के नाम पर चलता है, क्योंकि अमूमन उसके कई पति एक समय में, या विभिन्न समयों में हो सकते हैं, अक्सर यह परिवार स्थावर होता है और परिवार का शासन माँ के, कहें स्त्री के हाथ में होता है। इसमें स्त्री की तरफ से तलाक की गुंजाइश अधिक रहती है और स्त्री के दबदबा के कारण पुरुष दोयम दर्जे के नागरिक बन जाते हैं। कुछ विचारकों को लगता है कि मातृकुल पर जोर पुरुष से बदला लेने की भावना के कारण अधिक है, वैकल्पित परिवार-व्यवस्था बनाने के लिए कम, उससे भी कम नए सामाजिक अभियन्त्रण के लिए। दूसरे इसकी समसामयिक वैधता व उपयोगिता पर भी सन्देह है। एंजेल्स ने अपनी पुस्तक 'ओरिजिन ऑफ फैमिली...' में बताया है कि निजी सम्पत्ति के विकास से पहले आदिम काल के समाजों में मातृसत्ता हुआ करती थी। जबसे समाज घुमन्तू जीवन त्याग कर (चाहे वह फल-फूल इकट्ठा करनेवाला रहा हो, या शिकार करनेवाला) कृषि उत्पादक समाज में संक्रमित हुआ, तब मातृसत्ता की जगह पितृसत्ता ने ले लिया। कुछ दूसरे विचारकों का कहना है कि पितृसत्ता का जन्म एक समाज पर दूसरे समाज के विजयों से हुआ। जो

भी हो मातृसत्ता और पितृसत्ता से सम्बन्धित बातों को तर्कों से सिद्ध करने के लिए पुरातात्त्विक प्रमाण कम ही है। फिर भी मातृसत्ता सम्बन्धी अवधारणा का यह महत्त्व तो है ही कि यह स्त्रीवाद के पक्ष में इस रूप में जाता है कि पितृसत्ता सार्वदेशिक सार्वकालिक नहीं है और उसका आधार लैंगिक भिन्नता नहीं है। तो भी यह स्त्रीवाद पर आधारित भावी सामाजिक अभियन्त्रण के लिए बहुत कारगर नहीं है।

मार्क्सवादी प्रभाव में आज के कुछ स्त्रीवादी स्त्री को वर्ग के रूप में देखने लगे हैं। वे जाति और सम्पत्ति की तरह लिंग को भी सामाजिक संस्तरीकरण के रूप में लेते हैं। अब मार्क्स ने तो आर्थिक कारणों से, विशेषतः उत्पादन के साधनों पर नियन्त्रण के आधार पर औद्योगिक समाज को 'haves' और 'have nots' की कोटि में बाँटा था और उम्मीद किया था कि have nots के बीच एक ऐसी वर्ग चेतना जगेगी कि क्रान्ति के द्वारा वे इस विभेद को मिटा कर संसाधनों पर समाज का अधिकार स्थापित कर देंगे और इस तरह से अपना परकीपन दूर करेंगे। वर्ग चेतना के विकास से वे in-itself की जगह for itself बन जाएँगे। एक दूसरे समाजवादी विचारक मैक्स वेबर ने बाजार सम्बन्धी क्षमता के आधार पर समाज की जनसंख्या को चार भागों में बाँटा था : (1) सम्पत्तिशाली वर्ग, (2) बुद्धिजीवी, प्रशासक और व्यवस्थापक वर्ग, (3) परम्परागत पेटी बूर्जुआ वर्ग और खुदरा व्यापारी, तथा (4) श्रमिक वर्ग। बेबर के अनुसार संघर्ष उनमें होना था, जिनके हित तत्काल एक-दूसरे के विपरीत पड़ते थे—श्रमिक व व्यवस्थापक के बीच पहले होगा, धनी और गरीब के बीच बाद में, या शायद कभी नहीं। इसके अलावा उसने वर्ग विभाजन का एक आधार रुतबा (status) और रोब (prestige) को बनाया। हम स्वीकार करते हैं कि दोनों के चिन्तन में स्त्री कहीं अलग से वर्ग बनकर नहीं आती और उसके हित अपने साथ के पुरुष के वर्ग के हित से जुड़ा हुआ है। पर आज के पश्चिमी विचारक विशेषतः अमेरिका के यह कहने लगे हैं कि वर्ग विभाजन का आधार सिर्फ आर्थिक सम्बन्ध नहीं है और उसमें लिंग की अपनी भूमिका है। इस दृष्टि से देखें तो स्त्री का शोषण दोहरा है—वर्ग स्थिति के कारण सामान्यीकृत रूप से और परिवार के भीतर पुरुष द्वारा विशेषीकृत रूप से। इससे उसका परकीयन (alienation) और बढ़ जाता है। वह अपनी स्वेच्छा से किसी भी तरह का कोई उत्पादन नहीं कर सकती और अपनी नैसर्गिकता से निरन्तर दूर होती जाती है। वेबर के रुतबा और रोब सम्बन्धी सिद्धान्त को दूर तक खींचकर वे बताते हैं कि वर्गीकरण का आधार व्यवसाय, मत, शिक्षा और नस्ल भी है। और इन चारों में स्त्री का अपना अलग रुतबा व सम्मान दमित है।

ब्रिटेन के कुछ विचारक इस बात को थोड़ा दूसरे ढंग से सोचते हैं। वे श्रमविभाजन को वर्ग विभाजन का आधार मानते हैं। चूँकि परम्परागत रूप से स्त्री और पुरुष के श्रम का विभाजन रहा है, इसलिए वे वर्ग विभाजन की योजना में एक अलग वर्ग के रूप

में फिट बैठती है। उनको वे 'सोसिओ-इकानामिक ग्रूप' के एक उदाहरण के रूप में लेते हैं। गोल्डथोरपे नामक विचारक इसे 'वर्क सिचुएशन' और 'मार्केट सिचुएशन' से जोड़कर संरचना का एक उदाहरण मानता है। कहता है कि काम करनेवाली स्त्रियाँ कुछ ही व्यवसायों में केन्द्रित होती हैं, उनके काम पुरुषों के काम से अलग रखे जाते हैं, अमुमन आरक्षित ही रहते हैं, अनुमन कम शारीरिक और मानसिक श्रम माँगते हैं, अमुमन कम मज़दूरी दी जाती है, काम भरसक पार्टटाइम के रूप में रहता है, इसलिए कैरियर बनाने का प्रचलन (और अवसर भी) उनमें कम है। जी. मार्शल ने इस अध्ययन को आगे बढ़ाते हुए स्पष्ट किया है कि कामकाजी महिलाओं की उपस्थिति सामाजिक वर्ग प्रक्रिया को महत्त्वपूर्ण ढंग से प्रभावित करती है और व्यवस्था से जुड़े पदों की माँग दरअसल पुरुष और स्त्री में इधर संघर्ष पैदा करने लगा है। इसकी अभिव्यक्ति एक तरफ काम करनेवाली जगहों पर स्त्री की फजीहत, तो दूसरी तरफ मताधिकार के प्रयोग में पुरुष की राय न मानने आदि में होती है। अपनी सुरक्षा के लिए औरतें इधर अधिक गारंटी माँगने लगी हैं। उनमें वर्ग चेतना बढ़ती जा रही है, वर्ग हित को अनुरक्षित करने के लिए उनके अपने संगठन बन रहे हैं और तमाम राजनीतिक दल उनका समर्थन पाने के लिए उनका समर्थन कर रहे हैं। भारत जैसे देश में तो उनको संसद तक में अलग से आरक्षण देने की बात कही जा रही है, जिससे कि संविधान से मिले उनके समानता और स्वतन्त्रता के अधिकार की ठोस व्यवहृति हो सके। दरअसल उनकी माँग को, कहें स्थिति को राजनीतिक दल एक निहित स्वार्थ में बदल रहे हैं, जिससे सामाजिक समरसता में दरार पड़ रही है। वर्ग के रूप में स्त्रीवाद का अध्ययन कर एम. मान बताता है कि इसकी स्पिरिट के चार तत्त्व हैं—(1) वर्ग अस्मिता, (2) वर्ग-विरोध, (3) वर्ग सम्पूर्णता, तथा (4) एक वैकल्पित समाज की माँग। व्यवहार में ये चारों तत्त्व उन चरणों का बोध कराते हैं, जिनसे होकर आज वर्ग-चेतना आगे बढ़ रही है।

इस वर्ग चेतना से वर्ग का बिम्ब भी जुड़ा हुआ है। वर्ग की यह नवछवि वर्ग चेतना के सामाजिक व राजनीतिक दृष्टिकोण को तो प्रभावित करती ही है, व्यवहार को भी प्रभावित करती है। ई. बॉट कहता है कि इन छवियों के दो रूप हैं, एक रुतबा से प्रभावित दूसरा रोब से प्रभावित। रुतबा के कारण एक वर्ग दूसरे वर्ग को दबाता है, तो दबनेवाला वर्ग दबानेवाले वर्ग को उखाड़ फेंकना चाहता है। रोब की छवि केन्द्रीय धुरी बनाकर इस संघर्ष को समाप्त कर स्थाई वर्ग सम्बन्ध बनाने की बात करती है, जिसमें लोग अपनी क्षमता के अनुसार प्रोन्नति की सीढ़ी चढ़ेंगे। गोल्ड थोर्पे कहता है कि दरअसल धन के आधार पर विभेद बनता है, लिंग के आधार पर नहीं। स्त्री शोषित स्थिति में है क्योंकि परम्परागत समाजों में उसके पास अपनी सम्पत्ति नहीं है। और यदि आज के अपरम्परागत समाजों में यदि है भी तो पुरुष से कम। इसलिए उदारवादी और

विकासशील देश कानून द्वारा स्त्री की सम्पत्ति को तरजीह दे रहे हैं। पिता और पति की पुश्तैनी सम्पत्ति में हक तो दिला ही रहे हैं, वह जो कमा रही है उसे भी अनुरक्षित कर रहे हैं और अधिक-से-अधिक कमाने के लिए प्रोत्साहित कर रहे हैं। आयकर सम्पत्ति कर में छूट इसी का उदाहरण है। उसे कमाने और खर्च करने के मामले में पुरुष वर्चस्व से बाहर ला रहे हैं। इसी को महत्त्व देने के लिए इधर स्त्रियाँ परिवार नहीं बनाना चाहतीं। आज तमाम कमाऊ स्त्रियाँ उसकी क्षतिपूर्ति कामतृप्ति के लिए समलैंगिक सम्बन्ध बनाकर, हस्तमैथुन के लिए तमाम नकली उपकरणों का इस्तेमाल कर रही हैं, तो सन्तान सुख के लिए किराए का वीर्य और अकेले ही बच्चा गोद लेने का अधिकार प्राप्त कर रही हैं। ये तमाम बातें एक तरफ सामाजिक, राजनीतिक, आर्थिक विवाद और समस्या की ओर ले जा रही हैं, तो दूसरी तरफ नैतिकता, कर्तव्यपरायणता, अनुशासन, कानून तथा व्यवस्था की ओर। ये एक नए तरह के सामाजिक अभियन्त्रण की माँग कर रही हैं, जो रोस्को पाउंड के अभियन्त्रण सिद्धान्त से भिन्न है। पर उसका स्वरूप अभी पूरी तरह से उभर नहीं पाया है।

(5)

स्त्रीवाद का दूसरा चरण बीसवीं सदी के उत्तरार्द्ध में आरम्भ हुआ। दो महायुद्धों के दौरान यूरोप और अमेरिका की औरतों को सामाजिक, औद्योगिक, युद्ध सम्बन्धी कामों आदि में अधिकाधिक सेवा करने का मौका मिला। इससे समाज में एक दूसरे तरह का असन्तुलन पैदा हुआ जिसके समाधान के लिए नए सिद्धान्तों की तलाश आरम्भ हुई। इसी तरह पोस्ट-इंडस्ट्रियल समाज ने नई तरह की माँग रखी। उत्पादन के क्षेत्र में सैद्धान्तिक ज्ञान के हावी होते जाने से स्त्री और पुरुष का कार्यगत विभेद कम होता गया। आधुनिकतावाद के आगमन ने तमाम परम्परागत सोचों को छिन्न-भिन्न कर दिया और उससे उत्पन्न गैप को पाटने के लिए कोई नया मुकम्मिल दर्शन जगह नहीं ले पाया। स्त्रीवाद पर उत्तर संरचनावादी विश्लेषण का प्रभाव पड़ने लगा। इसने माना कि संरचना भाषा के पाठ की तरह है, जिसके अर्थापन के लिए बाहर की छवियों या स्थितियों का उपयोग नहीं होना है, भीतर की संरचना को तोड़ कर ही उसकी वास्तविकता के तह तक पहुँचा जा सकता है। इसको लेकर कई नए विचारक सामने आए।

बेट्टी फ्रायडन ने अपनी पुस्तक 'फेमिनिस्ट मिस्टीक' (1963) में अमेरिका के कुछ औद्योगिक उपनगरों में रह रही (1) पर-निर्भर मजदूर वर्ग की स्त्रियों की भग्नाशा (frustration) व प्रत्याशा (despair) का जिक्र किया। (2) "नेशनल आर्गनाइजेशन आफ वुमेन" की स्थापना अपनी अध्यक्षता में कर स्त्री के लिए समान वेतन और गर्भपात की वैधानिक स्वीकृति के लिए आन्दोलन चालाया। रमेन ग्रीन ने इनमें समान

शिक्षा और समान काम करने के अधिकार को भी जोड़ दिया। दोनों ने इसे 'पब्लिक स्फेयर' तक ही सीमित रखा, पर केट मिलेट ने इसे 'प्राइवेट स्फेयर' में भी झोक दिया। कहा कि घर के भीतर जो पुरुष का वर्चस्व रहता है, उसे गिराया जाना चाहिए। स्त्री मुक्ति के लिए जरूरी है कि घर के भीतर पुरुष वह सभी काम करे, जो स्त्री करती है—यह नहीं कहा जाना है कि (1) यह काम स्त्री का है और यह काम पुरुष का। समाजवादी स्त्रीवादी विचारकों ने कहा कि स्त्री और पुरुष के बीच काम का बँटवारा इसलिए है कि स्त्री घर का कामकर पुरुष को बाहर का काम करने के लिए अधिक-से-अधिक अवसर देती है, (2) बच्चों को पालकर और शिक्षित कर श्रमिकों की अगली पीढ़ी तैयार करती है, और (3) जरूरत पड़ने पर श्रम-सेना के लिए रिजर्व बनकर रहती है। उसकी मुक्ति तभी हो सकती है, जब पूँजीवाद पूरी तरह से नष्ट हो जाए। इन दोनों विचारों के द्वन्द्व से एक तीसरा चिन्तन यह आया कि समाज में लिंग विभाजन सबसे आधार भूत और राजनैतिक रूप से महत्त्वपूर्ण विभाजन है। स्त्री और पुरुष का स्वभाव सर्वथा भिन्न है, और उसे पूरा करने के लिए जरूरी है कि भावी समाज में उसे विशेषाधिकार दिया जाए। इसकी प्रववता केट मिलेट है जो राजनीतिक और वैधानिक स्तर से बढ़कर सांस्कृतिक स्तर पर इस पुरुष वर्चस्व को तोड़ना चाहती है। हलां कि बेट्टी फ्रायडन इससे सहमत नहीं। अपनी पुस्तक 'सेंकेड स्टेज' में कहती है कि स्त्री द्वारा व्यक्तिपने (personhood) पर जोर घर, परिवार और बच्चे को उपेक्षित कर देगा, जो सामाजिक जीवन की आधारभूमि है। इसलिए आन्दोलन को पुरुष विरोधी बनाकर नहीं, बराबरी की माँग को लेकर चलाया जाना चाहिए।

अन्तरर्राष्ट्रीय परिदृश्य पर इन विचारकों से अधिक प्रभाव फ्रांसीसी लेखिका सिमान द बोआर का रहा। बोआर का कहना था कि पूरे इतिहासक्रम में स्त्री को पूरी तरह से मानवीय बनाकर नहीं देखा गया है, उसे रचने के, अधिकार करने के, रोजी-रोटी की जुगत के अलावा जीवन के वृहत्तर क्षेत्र में हस्तक्षेप करने के अधिकार से वंचित रखा गया है। जबकि पुरुष "remodels the face of earth, he creates new instruments, he invents, he shapes the future." किन्तु स्त्री आद्यरूप से ही 'अन्य' बनाकर रखी गई है। वह हमेशा ही वस्तु (object) रही है, विषय (subject) नहीं। यह मूल्यों के निमार्ण में पुरुष का क्रियाकलाप है, जिसने स्वयं अस्तित्व को क्रियाकलाप में बदल दिया है। यह क्रियाकलाप जीवन की गड्डमड्ड शक्तियों के ऊपर हावी होकर स्त्री और प्रकृति पर विजय प्राप्त कर लिया है। स्त्री प्रकृति की समरूपा बन गई है, एक रहस्य, एक अ-मानव। वह क्या 'प्रतीकित' करती है वह अधिक महत्त्वपूर्ण हो गया है, वह जो है वह नहीं, वह जो अनुभव करती है, वह नहीं। बोआर इस बात पर बार-बार जोर देती है कि स्त्री पैदा नहीं होती है, उसे बनाया जाता है। इसलिए मौका दिया जाए यानी पुरुष मौका दे—तो वह अपने को बदल सकती है। गलती से तमाम स्त्रियाँ

इस बदलाव को, इस मुक्ति को प्रेम में देखती-खोजती हैं। वह ठीक नहीं। स्वतन्त्र स्त्री की छवि वह है, जिसमें वह, "Wants to be active, a taker, and refuses the passivity man means to impose on her. The modern woman accepts masculine values, she prides herself on thinking, taking action, working, creating on the same terms as man."

निश्चय ही यह स्त्रियों के भविष्य का कोई बहुत आकर्षक छवि नहीं है। किन्तु वह उचित ही कहती है कि अधिकांश स्त्रियाँ खामख्वाह स्त्रीत्व के विशेषाधिकार के पीछे भागती हैं, जबकि पुरुष इस बात से खुश रहते हैं कि ये विशेषाधिकार स्त्री की सीमा निर्धारित कर देते हैं। आज स्त्री अतीत और सम्भावना के बीच चींथी जा रही है, एक ऐसी सम्भावना जो अभी न तो निश्चित है, न खोजी जा सकी है, अभी एक कठिन भविष्य के रूप में है।

बोआर किसी भी स्त्रीवादी आन्दोलन के खिलाफ थी। उसका तर्क था कि यह तो उस चित्र के साथ तालमेल विठाना होगा, जिसे पुरुषों ने स्त्री को बाँधकर दमित स्थिति में रखने के लिए रचा था। उसके लिए अपने को एक स्त्री के रूप में प्रदर्शित करने की जरूरत नहीं है, बल्कि एक भरी-पूरी 'human being' बनने की जरूरत है। तो भी उसने 'मूवमेंट फार लिबरेशन आफ वुमेन' का साथ दिया था क्योंकि 'It is neceessary, before the socialism we dream of arrives, to struggle for actual position of women...even in socialist countries, this equality has not been obtained. Women must, therefore, take their destiny into their own hands."

इस वैचारिक परिप्रेक्ष्य में स्त्रीवाद का दूसरा चरण दो रूपों में विकसित हुआ—एक अन्तर्राष्ट्रीय रूप में, दूसरा राष्ट्रीय रूपों में।

पहले अन्तरर्राष्ट्रीय लेते हैं। 1947 में संयुक्त राष्ट्र संघ ने औरतों की स्थिति पर एक कमीशन बिठाया, जिसने दो साल बाद मानवाधिकारों की घोषणा करते हुए कहा कि (1) स्त्री और पुरुष को विवाह में भाग लेने, विवाह के वक्त और उसके विच्छेद में बराबर का हक है, तथा (2) मातृत्व के मामले में स्त्रियों को विशेष सहायता और देखरेख की जानी चाहिए। 1975 से 1985 के बीच संयुक्त राष्ट्र संघ ने स्त्रियों की समस्या पर मैक्सिको सीटी, कोपेनहेगेन और नैरोबी में तीन अन्तर्राष्ट्रीय सम्मेलन का आयोजन किया, जिनमें स्वीकार किया गया है कि स्त्रीवाद "constitutes the political expression of the concerns and interest of women from different regions, classes, nationalities, and ethnic background...,there is and must be a diversity of feminisms, responsive to different needs and conecrns of different women, and defined by them for themselves." नैरोबी में अफ्रीका की औरतों ने यह भी कहा, "Women are also members of classes and countries that dominate others...Contrary to best attention of sisterhood, not all women have identical interests."

इसे हम विभिन्न देशों में विकसित हो रहे स्त्रीवादी आन्दोलनों में देख सकते हैं। स्वयं अफ्रीका में यह समस्या बड़ी जटिल है। वहाँ की महिलाओं ने हमेशा ही अपनी आवश्यकताओं को स्वयं परिभाषित किया है और उसके लिए आन्दोलन चलाया है। अमीना मामा कहती हैं, "The feminism in Africa is heterosexual, pronatal, and concerned with bread, butter and power issues. Genital mutilation, as a way of suppressing unruly female sexuality, is still carried out in some African countries. It is not an inherently Muslim practice, but has become part of the anti-women stance adopted by certain fundamentalists."

सन् दो हजार में नाइजीरिया में तीस वर्षीय अमीना लावाल को एक शरीया कोर्ट ने पत्थर मार कर मार डालने की सजा सुनाई थी, क्योंकि उसने एक अवैध बच्चे को जन्म दिया था। हैरत की बात यह थी कि उसके साथ बलात्कार हुआ था और वह बच्चा उसी का परिणाम था। जाहिर है कि उसके जन्म का उत्तरदायित्व अमीना पर नहीं था, उलटे उस पर अत्याचार हुआ था। किन्तु शरीया कोर्ट कानून के शब्दों को ही चबा रही थी, परिस्थितियों को नहीं देख रही थी। संयोग से उन्हीं दिनों नाइजीरिया में विश्व सुन्दरी प्रतियोगिता आयोजित की जा रही थी। तमाम प्रतिस्पर्धियों ने अमीना पर हो रहे अत्याचार के विरोध में प्रतियोगिता में हिस्सा लेने से मना कर दिया। इससे पूरी दुनिया की निगाह उस पर गई। एक फैशन सम्बन्धी लेखों के लेखक ने व्यंय कसा कि इन तमाम सुन्दरियों से स्वयं पैगम्बर मोहम्मद शादी कर निहाल हो जाते, तो चौतरफा दंगे होने लगे। कट्टरपन्थियों ने कहा कि यह प्रतियोगिता नग्नता का परेड है जो स्वच्छन्द सम्भोग और एड्स नामक बीमारी को बढ़ावा देगी। इसके प्रतिकार में तमाम स्थानीय मुस्लिम स्त्रियों ने प्रदर्शन करने का साहस दिखाया। यह मुस्लिम देशों में स्त्रीवाद का एक रूप है।

इस्लाम परिवार को अपनी सामाजिक और सांस्कृतिक जीवन की आधारभूत इकाई मानता है। राजनीति में महत्त्वपूर्ण परिवारों का आपसी सम्बन्ध ताकत प्रदान करता है। विस्तारित परिवार की जगह न्यूक्लीय फैमिली और 'परमिसिव सोसाइटी' की अवधारणा तमाम मुस्लिम विचारकों को इस परिवार को तोड़ने का पश्चिमी हथकंडा लगता है, जिससे कि पश्चिम का वर्चस्व मुस्लिम देशों पर कायम कर नव-उपनिवेशवाद लादा जा सके। ऐसा ही हिन्दू और बौद्ध बहुल देशों को लगने लगा है। वे समझ नहीं पाते हैं कि उत्तरआधुनिकता को लेकर चलनेवाले पश्चिम के देश जहाँ बहुलवाद की वकालत करते हैं, वहीं वे परम्परागत समाजों के वैविध्य को बरदाश्त क्यों कर पाते? जो भी हो, इस उत्तर आधुनिक मूल्यों बी लाद सम्मान के लिए हत्या जैसी नई समस्याएँ

पैदा कर रहा है। परम्परा को नए आलोक में 'एडजस्ट' करने की समस्या पैदा कर रहा है। वहाँ तेजी से हो रहे आर्थिक और राजनीतिक रूपान्तरणों में स्त्रीवादियों के बीच यह धारणा बलवती होती जा रही है कि परिवार और परम्परा के बीच रहते हुए भी नारी-मुक्ति के लिए बहुत कुछ किया जा सकता है। बल्कि इनका निर्वाह कर समाज की सहानुभूति आसानी से निभाई जा सकती है, जिसका उपयोग मुक्ति की लड़ाई के लिए और भी सुचारु ढंग से किया जा सकता है। नाइजीरिया में ही 1987 में लाडो आमू को स्थानीय स्वशासन के चुनाव में अधिकतम मत मिला। तमाम कट्टरपन्थियों को लगा कि उनकी मुश्किले इससे बढ़ेंगी। उन्होंने उसके पति पर हमला बोला यह कहकर कि उसने चुनाव लड़ने के लिए कैसे अनुमति दे दी और यह कि जो औरत परम्परा का निर्वाह नहीं करती है, अपनी बात खुलकर करती है, वह कुलटा ही होगी। आमू ने साफ-साफ कहा कि उसके पारिवारिक और राजनीतिक कर्तव्य में कोई टकराव नहीं है और पारिवारिक मर्यादा में पूरी तरह से रहते हुए वह अपने राजनीतिक उद्देश्य की प्राप्ति के लिए लड़ सकती है। इसके लिए वह एक तरफ माथा ढक कर रखी, पूरा फूलाती पोशाक पहनती रही और अपना सारा फोटू बच्चों के साथ खिंचवाया, तो दूसरी तरफ साफ-साफ कहा, "My mission is to emancipate women. Men cannot block my path because I follow all the religious injunctions in dress and behaviour."

एक विवाद पर्दा सिस्टम और हिजाब को लेकर है। पिश्चमी मूल्यबोध में रंगी औरतें मानती हैं कि यह उनके व्यक्तित्व और सौन्दर्य को नष्ट करने के लिए है। वही परम्परागत जीवन को लेकर चलनेवाली कार्यकर्त्रियों का कहना है कि यह पर्दा उन्हें काम करने के लिए अधिक सुविधा देता है। तब वे स्वयं न देखी जाकर दूसरों को देखती हैं। पाकिस्तान की स्त्रीवादी विचारक मरियम जमीला कहती हैं, Although I believed that every woman should be educated to the fullest sense of her intellectual capacities, I certainly question the advantages of taking women out of the home—particularly those with young children—to compete in the business offices and factories with men and substituting nurseries and kindergartens for a home upbringing." इसी तरह मिस्त्र की स्त्रीवादी जैनब-अल-ग़ज़ाली, जो इजिप्सयन मुस्लिम सिस्टर्स' से जुड़ी हुई हैं, कहती हैं कि स्त्रियों को भरभूर शिक्षा दी जानी चाहिए, किन्तु उससे उनके माँ और पत्नी का कर्तव्य समाप्त नहीं हो जाता।

नागरिक जीवन व्यवस्था में स्त्रियों को केन्द्र में रखने के कारण परिवार से जुड़े कानून के निर्माण में बहुत राजनीति होती रही है। पाकिस्तान में जहाँ 'Women's Action Forum' शरीआ आधारित परिवारिक कानूनों का विरोध कर तलाक,

उत्तराधिकार, सम्पत्ति, अभिभावक की भूमिका आदि में स्त्रियों के लिए अधिकाधिक अधिकार की माँग करता रहा है, तमाम राजनीतिक दल इस्लामीकरण का नारा दे, इस पर रोक लगाते रहे हैं। अंग्रेजों द्वारा जो कुछ अधिकार दिए गए हैं, उन्हें समाप्त करते जा रहे हैं। भारत में भी शाहबानू के मामले में यही हुआ था। इन प्रतिक्रियावादी शक्तियों का प्रभाव इतना अधिक है कि ईरान में शाह ने जो अधिकार स्त्रियों को 1967 में दिया था, आयोतोल्ला खोमेनी की क्रान्ति के बाद उन्हें छीन लिया गया, 1991 के बाद कुछ उदारता बढ़ती दिख रही है। परिवार-नियोजन, तलाक, उच्च शिक्षा और नौकरी सम्बन्धी कुछ अधिकार पुनः दिए गए हैं। सुडान और तुर्की में स्त्रियों को न्यायाधीश की भूमिका दी गई है। स्त्रियों को पुरुषों की ही तरह कानून की सुरक्षा प्रदान की गई है। हसन-अल्-तुराबी जैसे विचारक का कहना है, "Segregation of women is definitely not a part of Islam." इसी का परिणाम है कि मोरक्को, जार्डन, मिस्त्र, मलयेशिया, तुर्की, बंगला देश और पाकिस्तान में स्त्रियाँ सर्वोच्च पदों पर पहुँची हैं। इधर तुर्की में स्त्रिया हिजाब के खिलाफ सड़कों पर हैं। वहीं मौलाना मौदूदी जैसे विचारक कहते हैं, "a People who entrust their affairs to women will not prosper." इन विरोधी बातों के कारण इस्लामी देशों में स्त्री का आधुनिकीकरण विभिन्न चरणों में है। उसके विस्तार को बताने के लिए एक पूरी पुस्तक चाहिए।

यहाँ हम कुछ पूर्व मार्क्सवादी देशों में स्त्रीवाद की चर्चा कर सकते हैं। वे पश्चिमी स्त्रीवाद को स्वीकार नहीं करते और कहते हैं कि इस सन्दर्भ में उनका अपना इतिहास है। रूस में 1870 के दशक में भूमिगत क्रान्तिकारियों की एक संस्था। 'चाइकोवस्की सरकिल, काम करती थी, जिसमें अनेक महिलाएँ थीं। वे कहती थीं कि पूँजीवादी व्यवस्था के विनाश के बाद ही वे परिवार और फैक्ट्री के दोहरे शोषण से मुक्त हो पायेंगी। नरोदनाया वोत्या नामक आतंकवादी संगठन की तमाम महिलाएँ 1875 में गिरफ्तार हुईं थीं और सजा काटा था। 1905 की क्रान्ति में भी वे संसद में जाने के अधिकार की माँग के साथ शामिल हुई थीं। 1907 में 'वर्किंग वुमेन्स' 'म्युचुअल असिस्टेंट एशोसियेशन', की स्थापना हुई थी। उसी वर्ष इंटरनेशनल कांफ्रेंस आफ सोसलिस्ट वुमेन के मंच से स्लारा जेडकिन ने सर्वजन के मताधिकार की माँग रखी थी। स्त्रियों को शोषण मुक्त करने के लिए 1909 में एलेक्जेण्ड्रा कोलोन्ताई अपनी पुस्तक 'द सोसल बेसिस आफ वुमेन क्वेश्चन' लेकर आई। कहा, "The feminism was not just a matter of political right or right to education and equal pay. 1920 में उसकी दूसरी पुस्तक आई,...इसमें कोन्ताई ने जोर दिया कि स्त्रियों को दो मोर्चों पर लड़ना है—एक तो पश्चिम की मध्यवर्गीय महिलाओं के संगठनों को नकारना है, जो कानूनी समानता व मताधिकार पर जोर देते हैं या फिर स्त्रीवाद का मतलब 'मुक्त

प्रेम' लगाते हैं, दूसरे उन्हें रूसी श्रमिक आन्दोलन का भी विरोध करना है, जो औरतों के दमन और विशेष समस्याओं को पश्चिमी बूर्जुआ का प्रचार कह नजरन्दाज कर देते हैं। खैर, 1913 में रूस में प्रथम महिला अन्तरर्राष्ट्रीय दिवस मनाया गया। 1917 में पिटर्सबर्ग में जन प्रदर्शन किया गया। क्रान्ति के दौरान पुरुष नेताओं ने साफ-साफ कहा कि वर्ग के रूप में स्त्रियों की समस्याएँ पुरुषों से भिन्न नहीं हैं और क्रान्ति होते ही वे दूर हो जाएँगी। क्रान्ति के बाद स्त्रियों को शिक्षा, रोजगार, संगठन और मताधिकार के बेहतर मौके मिले। विडम्बना यह है कि 1991 में सोवियत रूस के बिखर जाने के बाद वहाँ के तमाम स्त्रिवादियों को यह सुखद लगा कि स्त्रियाँ अब घर-परिवार की ओर लौट रही हैं, वे अब पूर्णकालिक रूप से माँ और पत्नी की भूमिका निभाएँगी। जिन पूर्वी यूरोप के देशों में बलात साम्यवाद लादा गया था, वहाँ नारीवादी आन्दोलन पहले से ही नहीं था और साम्यवाद के दौर में उसके उभरने का कोई सवाल ही नहीं था। उस व्यवस्था के टूटने के बाद संस्कृति-विचारक ज़िज़ेक का कहना है कि इस व्यवस्था के समाप्त हो जाने से स्त्रियाँ परिवार, राज्य और बाहरी दबाव की तिहरी गुलामी से मुक्त अनुभव कर रही हैं।

कन्फूशियन और बौद्ध चीन में ही नहीं, आधुनिक चीन में भी संयुक्त परिवार बड़े शान की चीज़ समझा जाता रहा है। साम्यवादी आन्दोलन के दौरान जब वह टूटने लगा तो लोगों को बहुत बुरा लगा। उन्हें यह नहीं लगा कि न्यूक्लियर परिवार कहीं से भी नारी मुक्ति का प्रतिनिधान है। चीन में स्त्रियों को वैसे भी परम्परा से काफी अधिकार मिला हुआ था और वे अपने को पुरुष से हीन और शोषित नहीं समझती थीं। साम्यवादी शासन के दौरान सत्ताधारी पक्ष को पूर्णतः समर्पित न करनेवाले पुरुषों पर जो अत्याचार हुए, वे औरतों पर भी हुए। जुंग चान ने अपनी आत्मकथा 'वाइल्ड स्वान्स' में इसका विस्तृत वर्णन किया है। परिवार को बड़ा बनाने के लिए वहाँ स्त्री को अतिरिक्त सम्मान दिया जाता था। लेकिन इधर जो परिवार को सीमित रखने की मुहिम चली है तो उसके परिणामस्वरूप कन्या भ्रूण हत्या ही अधिक हो रही है। स्त्रियों की संख्या इतनी घट गई है कि स्थाई शादी और परिवार कम होते जा रहे हैं। दूर देहातों में अगर किसी की शादी होती है तो पूरा परिवार वधू की निगरानी में लगा रहता है कि कोई दूसरा उसे न उड़ा ले जाए। लेकिन इस परिप्रेक्ष्य में वहाँ कोई स्त्रीवादी आन्दोलन नहीं खड़ा हो रहा है। शायद आर्थिक उदारता के बावजूद जो राजनीतिक कसाव बरकरार है, उसके चलते सामाजिक चिन्तन और आन्दोलन खड़ा नहीं हो पा रहा है।

स्त्रीवाद को एक और भी दृष्टि से देखने की जरूरत है। वह है तीसरी दुनिया में हो रहे इसके विकास की दृष्टि। पहली दुनिया और दूसरी दुनिया के बातों को हम ऊपर नोट कर आए हैं। उस पर टिप्पणी करते हुए तीसरी दुनिया, विशेषकर पिछले उपनिवेशितों का कहना है कि पहली दुनिया के स्त्रीवादी लैंगिकता पर, सामाजिक व

राजनीतिक असमानता पर जोर देते रहे हैं। दूसरी दुनिया के विचारक स्त्री की सारी समस्याओं का समाधान वर्ग-विनाश में देखते रहे हैं। पर तीसरी दुनिया के स्त्रीवादियों को लैंगिकता की समस्या को स्थानीय विश्वासों और व्यवहारों की गहरी जड़ों से टकरा कर सुलझाना है। उसमें नस्ल, जाति, वर्ण-व्यवस्था, मत-मतान्तर आदि की अपनी भूमिका है। तमाम देशों में इसकी लड़ाई साम्राज्य से लड़ाई के साथ साथ जनतन्त्र की स्थापना और मूलाधिकारों की माँग से जुड़ी रही है। उसके पूरा हो जाने के बाद अमेरिका के नव-साम्राज्यवाद से लड़ना पड़ रहा है। अमेरिकी बाजारवाद ने इस चिन्तन का इस्तेमाल वैश्वीकरण के रास्ते अपने उत्पाद को खपाने और नए उत्पाद बनाने के लिए किया। नए बाजार की तलाश और निर्माण के लिए किया। कहा कि पारम्परिक समाजों को लेकर चल रहे राज्यों में स्त्री सबसे अधिक शोषित है। यह शोषण तभी समाप्त होता जब उसकी नई छवि बनेगी। समानता देकर उसे राजनीतिक रूप से पुरुष के बराबर जरूर कर दिया गया है, किन्तु सामाजिक आर्थिक स्वतन्त्रता पर अभी भी बन्दिश है। नई छवि वही स्वतन्त्रता देगी। उसकी अभिव्यक्ति घर से बाहर आ, अकूत नए सेक्सुअल सेलेक्शन और सम्बन्ध बनाने की स्वतन्त्रता मिलने पर होगी। उसके लिए बन-ठन कर निकलना, रिझाने से सम्बन्धित प्रसाधनों का इस्तेमाल करना, आर्थिक रूप से स्वतन्त्र रहना, हो सके तो अकेले ही रहना, जरूरी होगा। इसके लिए माहौल बनाने के लिए प्रचार, विज्ञापन और साहित्य का इस्तेमाल किया जाने लगा। बहुप्रचार ने उसे पुरुष के बरअक्स बतौर दुश्मन ला खड़ा किया। यहाँ तक कि परिवार प्रोक्रिएशन और कामेक्षा की पूर्ति के लिए उसकी जरूरत नकारी जाने लगी। उसके लिए 'आर्टीफीशियल' साधन और समलैंगिकता पर जोर दिया जाने लगा। एक नया 'सुपरस्ट्रक्चर' बनाने की कोशिश आरम्भ हुई।

चन्द्रा तालपड़े महन्ती कहती हैं कि पश्चिम के लोग तीसरी दुनिया शब्द का प्रयोग अविकसित, अजनतान्त्रिक और काले लोगों को बहुत ही 'पोलाइट' ढंग से पुकारने के लिए प्रयोग करते हैं। उनके लिए हम हमेशा ही 'अन्य' हैं। इसलिए वे हमारी समस्याओं को नहीं जानते। उनका स्त्रीवाद यूरोप केन्द्रित है और उसी के बल पर वे हमें नेतृत्व देना चाहते हैं। जबकि जरूरत है हमें स्वयं ही उठ खड़े होने की।

लैटिन अमेरिकी देश इसके अच्छे उदाहरण हैं। वे स्पेन व पुर्तगालवालों के गुलाम थे, जिन्होंने स्थानीय जनसंख्या को लगभग समाप्त ही कर दिया था। उनके सम्मिश्रण से जन्में लोग दासता, नस्ल भेद, वर्ग भेद के शिकार तो थे ही, वहाँ के स्त्रीवादी आन्दोलनकारियों को रोमन कैथोलिक चर्च के साथ-साथ पुरुषों में व्याप्त लिंगवादी आक्रामक 'machismo' का भी सामना करना पड़ता था। ऊपर से स्त्रियों में 'hembrisno' व्याप्त था, जिसके तहत वे पुरुष वर्चस्व के आगे पूरी तरह से घुटने टेक कर रहती थीं। मैक्सिको में स्त्रीवाद की पहली लहर 1910 और 1920 के बीच चली

राष्ट्रपति पारफिरिओदिमाज के विरुद्ध क्रान्ति सुगबुगाती रहती थी। स्त्रियों ने उसमें सक्रिय भूमिका निबाही थी। उन्हें 'सोल्डेरा' कहा जाता था, जिन्होंने कैम्प बनाकर विद्रोहियों के भोजन, आवास और सेवा-सुश्रुषा का इन्तजाम किया था। कुछ ने तो बाकायदे हथियार उठाया था। अपने उत्तम कपड़ों और आभूषणों से सज्जित होकर अपने प्रेमी लड़ाकुओं के साथ रणक्षेत्र में वास किया था। इस पर विरोधियों ने उन्हें बाहर और भीतर दोनों ही तरफ से 'मैस्कुलीन' होने का इल्जाम लगाया था। युद्ध क्षेत्र में बात कुछ हद तक सही भी थी। कुछ बुद्धिजीवी औरतों ने उन्हें वैचारिक रूप से पूरा समर्थन दिया था। उन्हीं में 'मार्डन वुमेन' की सम्पादिका हर्मिला गालिंदो दे तोपेते भी थी, जिसने स्त्री शिक्षा, मताधिकार, तलाक का अधिकार आदि के लिए लम्बी लड़ाई लड़ा था। चुनाव लड़ा था यह जानते हुए कि वह कभी जीत नहीं सकती। वहाँ औरतों को मत देने का पूरा अधिकार 1952 में मिला। सत्तर के दशक में उनकी लड़ाई गर्भपात, बलात्कार के लिए कड़ी सजा और टूट चुकी स्त्रियों की सहायता के लिए की गई। वे 'वेजाइनल आर्गाज़्म' पर खुल कर बातें करती थीं और इस तरह 'hembrismo' को तोड़ा।

पुएर्टो रिको को अमेरिका ने 1898 में गुलाम बना लिया था। वहाँ की आजादी की लड़ाई में स्त्री की शिक्षा और दूसरे सुधारों की माँग शामिल थी। 1936 में उन्हें मताधिकार मिल गया। हम पाते हैं कि पचास के दशक में पूरे लैटिन अमेरिका के लोगों को मताधिकार मिल गया, लेकिन उससे उनकी सभी समस्याएँ दूर नहीं हो गईं। शिक्षा, स्वास्थ्य, व्यक्तित्व और पहचान के लिए संघर्ष आज भी हो रहा है।

वहाँ की नीग्रो औरतों की लड़ाई स्वयं अमेरिका की नीग्रो औरतों की तरह है। वियतनाम की लड़ाई के विरुद्ध चले आन्दोलनों में औरतों ने महसूस किया कि पुरुष नेतृत्व उनकी बात नहीं सुनता। इसी तरह नीग्रो औरतों को लगा कि गोरी औरतें उनकी बात नहीं सुनतीं, उनकी उपेक्षा करती हैं। इसी तरह न्यू लेफ्ट के बैनर तले छात्र आन्दोलन में महसूस हुआ। उन्होंने अपना आन्दोलन स्वयं चलाने को ठाना और उसके लिए 'Voice of Women Liberation Movement' की स्थापना हुई। उनके समर्थन में बेल हुक्स ने 1984 में अपनी पुस्तक 'Feminist Theory : From Margin to Centre' प्रकाशित कराई। कहा कि "Black women who are most victimized by sexist oppression, who are powerless to change their condition in life, have never been allowed to speak out themselves...Current Feminism is racist. White women behave as if the movement belonged to them. They ignore the fact that women are divided by all kinds of prejudice by sexist attitude, racism, class privilege."

एशियाई और अफ्रीकी देशों में आन्दोलन की सैद्धान्तिक चर्चा हम ऊपर कर आए हैं। इन तमाम समस्याओं को वैश्विक स्वरूप और मंच देने के लिए

संयुक्तराष्ट्र ने युद्ध ठान दिया है, तो कुछ प्राइवेट संगठनों ने भी अन्तरर्राष्ट्रीय स्तर पर सम्मेलन बुलाया है, विश्व स्त्रीवाद को मंच देने के लिए। ऐसा ही एक सम्मेलन 1981 में हुआ था जिसमें लैटिन अमेरिकी देशों के अलावा अफ्रीका व एशिया से डेलेगेशन गया था, कैरीबियन में। इसमें समान अधिकार और आर्थिक वितरण की बार उठी थी। बाद के सम्मेलनों में घरेलू हिस्सा, लैंगिक दबाव और पति-पत्नी के बीच बलात्कार की बात उठी थी। 'वुमेन्स डिफेंस काउंसिल' की स्थापना कर फंड जुटाने की मुहीम चली थी। 1995 में पेंकिग में एक वैश्विक सम्मेलन हुआ था, जिसमें विभिन्न देशों के स्त्रीवाद के अन्तर को स्वीकार किया गया था और उसे बहुलवादी संज्ञा दिया गया था। इसी तरह का एक सम्मेलन काहिरा में भी हुआ था जिसमें स्वीकार किया था कि पश्चिम के स्त्रीवादी अपना वर्चस्व बनाकर एजेंडे को 'हाइजैक' कर ले जा रहे हैं, जब कि जरूरत है हर देश के एजेंडे को अलग-अलग समर्थन व सहायता देने की।

(6)

आन्दोलन के इस तरह की प्रगति और विकास से कुछ सैद्धान्तिक पक्ष उभरे। अमेरिकी कवि आन्द्र लार्द ने लिखा, "Difference of race, sexuality, class and age—Advocating the mere tolerance of difference between women is the grossest reformism. It is a total denial of creative function of difference in our lives." आयनरैंड ने लिखा, "The inevitable moments of failure of communication between feminists should be accepted as the starting point for a more modest feminism, one which is predicated on the fundamental limits to the very idea of sisterhood...We would gain more from acknowledging the confronting situation solidity of communication barriers than from rushing to break them down in the name of an idealized unity."

इसी पृष्ठभूमि में गायत्री स्पीवाक ने प्रश्न उठाया कि क्या 'सबाल्टर्न' बोल सकता है? इसकी मीमांसा में स्पष्ट किया गया कि औपनिवेशिक स्थिति में त्रस्त निचले दर्जे का आदमी और उसमें भी स्त्री स्वयं नहीं बोल पाएगी। उसके लिए वह बोलेगा जो उससे बेहतर स्थिति में है। लेकिन तब बेहतर स्थिति का मतलब क्या यह हो जाएगा कि जो सत्ता में है, यानी गोरे लोग—गोरे लोगों की स्त्रियाँ—जो सत्ता में नहीं हैं, यानी काले लोगों की स्त्रियों, आज दूसरी और तीसरी दुनिया की स्त्रियों के लिए बोलने लगेंगी? यदि बोलेंगी तो पूरा मामला पश्चिम—प. यूरोप-अमेरिका केन्द्रित हो जाएगा। इसलिए इन काली औरतों को ही बोलना पड़ेगा। और आज वे बोलने लगी हैं। उससे स्त्रीवाद का तीसरा दौर चला है, जिसमें पश्चिम की स्त्रीवादियों को बोलने से वर्जित नहीं कर दिया गया है।

इस तीसरी लहर की ओर इशारा करते हुए अमेरिकन विचारक निकोलसन ने कहा है कि यह स्थानीय, विभिन्न परिप्रेक्ष्य के आवाजों के प्रति अति संवेदनशील लहर है, जो कोई सार्वदेशिक सिद्धान्त बनाने से बचती है। उत्तर आधुनिक सापेक्षतावाद का इसमें महती योग है, जो मानता है कि स्त्री के शरीर के इर्द-गिर्द यह सारा विमर्श होना चाहिए। कहता है कि स्त्री के लिए केन्द्र में उसका शरीर है, और उसे उसका पूरा मालिक होना चाहिए। यानी उसे अपने शरीर के प्रयोग के लिए पूरी स्वतन्त्रता मिलनी चाहिए, चाहे घर हो, परिवार हो, समाज हो, राज्य हो या कोई और संगठन। इसी से जुड़ा चुनने की स्वतन्त्रता है, करने की स्वतन्त्रता है, जो किसी भी तरह की बन्दिश और दासता के खिलाफ है। तीसरे इस शरीर की वृत्तियों को नकली उपकरणों से उत्तेजित कर अगर पूरा आनन्द पाया जा सकता है, उसकी क्षमता बढ़ाई जा सकती है, तो उसे करने का स्त्री को पूरा अधिकार है। बात कुछ-कुछ साइबोर्ग की अवधारणा जैसी है।

इधर की स्त्रीवादी लेखिकाओं ने माना है कि शरीर और मन के बीच जो फांक दे कार्त ने देखा था, वह गलत है। व्यक्ति की पहचान दरअसल शरीर, मन और संस्कृति के योग से बनता है। वह एक मात्र जैविक तथ्य न होकर सामाजिक निर्मिति है, जो सामाजिक व्यक्तियों से बनता है। फूको कहता है कि आज शरीर अनुशासन, नियन्त्रण और नजर रखने के अन्तहीन सूक्ष्म विवरणों का जखीरा बन गया है। एलिआस कहता है कि उसमें तमाम परिवर्तन मात्र जैविक कारणों से नहीं, सामाजिक और बनावटी कारणों से आता है। इसलिए स्त्रीवादियों का कहना है कि इस्लाम में स्त्री की जो स्थिति बताई जाती है वह जैविक कारणों की नहीं सामाजिक कारणों की देन है। इन तमाम बातों ने स्त्रीवाद को उसके तीसरे दौर में एक निर्वचन में बदल दिया है। निर्वचन को परिभाषित करते हुए फूको कहता है, "This is a body of language as that is unified by comman assumptions." यह स्थापना हर बयान को पाठ में बदल देती है।' जो व्याख्या की माँग करता है। जैसे वात्स्यायन के 'कामसूत्र' का पाठ करते हुए कुमकुम राय उसका अर्थापन इस तरह से करती हैं, "वह केवल उच्च वर्गीय पुरुष की कामनाओं को ही मान्यता देते हुए...स्त्री की कामना प्रत्यक्ष रूप से और निचले तबके के पुरुष की कामना अप्रत्यक्ष रूप से उपेक्षित कर दी जाती है...उनकी रोशनी में कामनाओं की अन्य अभिव्यक्तियाँ अधीनस्थ अप्रासंगिक, यहाँ तक कि विघटनकारी की तरह वर्गीकृत कर दी जाती है। जाहिर है कि कामसूत्र द्वारा संहिताबद्ध कामना की ऐसी परिणत सत्ता सम्बन्धों के साथ स्वीकृत होती ही थी, ताकि उसे भी सत्ता की एक अभिव्यक्ति के रूप में देखा जा सके।"

विमर्श में बदल देने से स्त्रीवाद की एक परिणति यौनिकता में हुई है। इसे व्याख्यायित करते हुए जानकी नायर कहती हैं, "एक विषय के रूप में सेक्सुएलिटी

के विकास के पाँच आयाम हैं। सिगमंड फ्रायड की रचनाएँ साठ के दशक में स्त्री आन्दोलन की रेडिकल सेक्सुअल राजनीति, जॉन लाकां और फ्रांसीसी नाजीवादी सिद्धान्त मिशेल फूको द्वारा रचित सेक्सुएलिटी का इतिहास और हाल ही में निकाला गया ऐक्सुएलिटी का नया मतलब यानी सेक्सुएलिटी को सेक्सुअल चुनाव के रूप में देखना।''

दुहराव की ख़तरा उठाते हुए हम उपरोक्त के विस्तार में पैठते हैं तो पाते हैं कि फ्रायड 'थ्री एसेज आन द थियरी आफ सेक्सुएलिटी' में बच्चों की यौनिकता पर विचार करते हुए वह स्त्री और उसकी यौनिकता की चिन्ता में डूब गया। उससे उत्प्रेरित ब्रोनिस्लाव मैलिनोवस्की के अध्ययनों के बाद यौनिकता, मनोविश्लेषण और संस्कृति का पाठ एक त्रिकोण बनकर आया। सात के दशक में स्त्रीवादी समूहों ने सेक्स पर बहस का राजनीतिकरण कर दिया। सूसर ब्राउनमिलर जैसी लेखिकाओं ने मनोविश्लेषणवादियों पर आरोप लगाया कि वे बलात्कार के प्रश्न को नजरन्दाज करते हैं, जहाँ शिश्न का प्रयोग हथियार की तरह होता है। जान लाकां ने फ्रायड की व्याख्या भाषिक संरचनावाद के आलोक में किया और पाया "The conceptualization of the self is a dynamic, precarious and divided identity." इसे ही आगे बढ़ाते हुए एरिगारे ने स्पष्ट किया कि फ्रायड के सिद्धान्त दरअसल अन्तर्विरोधी हैं। उनका काम सम्बन्धी व्याख्या इकहरा है, जिसमें शिश्न की सत्ता के तहत स्त्री, स्त्रीत्व और यौनिकता की समस्याएँ विश्लेषण के परे चली जाती हैं। जूलियस मिशेल ने दावा किया कि यौन भिन्नता सामाजिक और निजी जीवन की गतिशीलता पर प्रभाव डालती है। इससे स्त्रीवाद और समाजवाद के बीच कुछ सूत्र हस्तगत होते हैं। रोज़ ने कहा कि नारीवाद और मनोविश्लेषण एक ही परियोजना के दो अंशों की तरह देखा जाना चाहिए। लाकां ने कहा था कि स्त्री की यौनिकता अस्थिर होती है, दूसरे अवचेतन यौनिक अस्मिता को मान्यता नहीं देता। रोज की स्थापना की पृष्ठभूमि में लाकां के ये ही विचार थे।

फूको उन विचारकों में से है जो फ्रायड के यौनदमन के सिद्धान्त को स्वीकार नहीं करते। वह उसका पूरा इतिहास रचता है। कमी यह है कि वह अपने सेक्स की 'प्रौद्योगिकी' में जेंडर की 'प्रौद्योगिकी' जाएज कर देता है। यानी संस्कृति का विश्लेषण छोड़ देता है।

अस्सी के दशक से 'गे' और लेस्बियन समुदायों द्वारा की जानेवाली अस्मिता राजनीति की रोशनी में यौनिकता का मतलब सेक्सुएल चयन की स्वतान्त्रता के रूप में देखा जाने लगा है। यहीं से इतरलैंगिकता का मतलब स्त्री का शोषण माना जाने लगा। उसका मजाक यह कह कर उड़ाया जाने लगा, "It begins when you sink into his arms and ends with your arms in his sink." जिल जान्स्टन ने कहा कि स्त्री समलैंगिकता स्त्री की मुक्ति इस तरह से कराती है कि उसकी उपस्थिति से पुरुष की

प्रधानता समाप्त होती है। इसी को आगे बढ़ाते हुए रीता माई ब्राउन कहती हैं, "The difference between heterosexual and lesbian women is the difference between reform and revoluion." कुछ उदार लेस्बियनों को यह भी लगा कि यौन हिंसा के विरोध पर अधिक बल देने के कारण स्त्री के यौनानन्द की चर्चा छूट जाती है। इसलिए उन्होंने सेंसरशिय पोर्नोग्रैफी और वेश्यावृत्ति पर परस्पर विरोधी बाते करना आरम्भ किया। वह चर्चा अभी भी चल रही है। उसी से जुड़ी देह की एक नई चर्चा भी है। वे स्त्री के बाह्य सौन्दर्य पर जोर देती हैं। मीडिया से जुड़ी चमक-दमक के चलते वे सौन्दर्य प्रसाधान, वस्त्र, आभूषण पर जोर देने ही लगी हैं, शल्य चिकित्सा द्वारा अपने रूप को सजाने का प्रयास करती हैं। भोजन पर नियन्त्रण और कसरत भी उससे जुड़ा है। सूसी आरबाख और नोआमी उल्फ इसे शारीरिक आत्मघृणा और उम्रदराज होने के भय के रूप में देखती हैं। सुसान फालूदी इसे स्त्री विमर्श का 'बैकलैश' कहती हैं। इसी को आगे बढ़ाते हुए नताशा वाल्टर कहती हैं "We must join hands with one another and with men to create a more equal society." जर्मेन ग्रीयर कहती हैं, "Feminism is all about money, sex and fashion." नुआमी उल्फ कहती हैं कि इस 'विक्टिम फेमिनिज़्म' को 'पावर फेमिनिज़्म' में बदल देना चाहिए, जिससे कुछ औरतों को नहीं, सभी औरतों को अच्छी जगह मिल सके। इस आलोक में आज स्त्रीवाद अपने को 're-invent' कर रही है।

आधुनिकतावाद और स्त्रीवाद

स्त्रीवाद का पहला दौर आधुनिकता से सम्बन्धित था, दूसरा दौर उत्तर आधुनिकता से और तीसरा दौर वैश्वीकरण से। पहले दौर में जोर विवेक पर था, योजना बनाकर विश्व को प्रगति की ओर ले जाने पर था, महान गाथाओं पर था। दूसरे दौर में जोर इनके विखंडन पर था, विवेक पर सन्देह था और प्रगति की जगह मुक्ति की बात अधिक थी। तीसरे दौर में निर्मिति विमर्शों के सहारे होने को थी, ज्ञान का साधन सिर्फ अनुभववाद, प्रत्यक्षवाद, द्वन्द्ववाद और सापेक्षवाद नहीं रह गया था—विवेक की जगह मन पर जोर बढ़ा था, इसलिए प्रपन्नमति और संवेग की भूमिका बढ़ी थी। वकालत सबके पहचान की की गई। पहला दौर राजनैतिक था, दूसरा दौर आर्थिक, तीसरा दौर सांस्कृतिक है। पहले दौर में जोर वर्चस्व पर था, दूसरे में शक्ति पर, तीसरे में हिस्सेदारी पर है। पहले दौर में स्त्री ने ज्ञानोदय के आधार पर पुरुष के ही समान शिक्षा, मताधिकार और काम के अवसर की माँग की थी। कहा था कि लिंग के आधार पर भेद नहीं किया जाना चाहिए। दूसरे दौर में स्त्रीवादियों ने यौनिकभेद को स्वीकार किया था, उसके आधार पर स्त्री के मूर्तन की बात उठाई थी, पितृसत्ता से मुक्ति के लिए अभियान चलाया था, उसका दर्शन रचा था। तीसरे दौर में इस यौनिक भिन्नता के आधार पर विशेषाधिकार की माँग उठी है, मूर्तन और शरीर के आधार पर स्त्री के लिए एक नई दुनिया रचनी चाही है।

आधुनिकतावाद का सारतत्त्व समाज के सामाजिक, आर्थिक व राजनैतिक व्यवस्था के विवेकपरक रूपान्तरण में निहित है। सामाजिक व्यवस्था के विवेकपरक रूपान्तरण का मतलब है परम्परागत व्यवहृतियों की तर्कसंगत छान-बीन, जब कि आर्थिक व्यवस्था के तर्कसंगत रूपान्तरण का मतलब है तकनीकी विकास। इसी तरह राजनैतिक रूपान्तरण का मतलब है राजनैतिक शक्ति का तमाम समूहों में अनवरत विस्तारण जो अन्ततः जनता में विस्तारित हो जाती है। यानी आधुनिकता का मतलब है विवेकवाद जो अतीत और वर्तमान के विश्वासों और व्यवहृतियों का तर्कसंगत परीक्षण करता है।

आधुनिकता सर्वव्यापकता की बात करती है, क्रिया-कलापों के एकरूपता की बात करती है। इसलिए वह पूरे समाज को साक्ष्य के नियमों से सम्बन्ध करती है।

आधुनिकता के लक्षणों में आत्यान्तिकता (absolutism) सारतत्त्ववाद (essentialism) बुनियादवाद (foundationalism) व्यवस्था (orderly system) और प्राधिकार (authority) आते हैं। सबका आपस में सम्बन्ध होता है। सभी मिलकर महाआख्यान की बात करते हैं, जिन्हें योजना बनाकर प्राप्त किया जा सकता है।

स्त्रीवाद के सन्दर्भ में महा-आख्यान पितृसत्ता का है। पितृसत्ता का स्वाभाविक अर्थ पिता के द्वारा शासन है। फिल्मर कहता है कि पिता को मिला यह अधिकार राजनैतिक क्षेत्र में दैवी अधिकार है। इसकी निष्पत्ति आदम के माध्यम से इजराइल के राजाओं में हुई और उनसे आज तक के राजाओं में। समाज के सन्दर्भ में पिता की यह शक्ति अपनी स्त्री के साथ-साथ अपने परिवार की स्त्रियों और बच्चों पर है। संयुक्त परिवार हुआ तो भाइयों और दूसरे साथ रहनेवाले लोगों पर भी। स्त्रीवाद में इसका विस्तारित अर्थ स्त्री पर पुरुष की प्रभुता है। विचारकों का एक दल इसे जैविक संरचना के आधार पर उत्पन्न स्त्री और पुरुष में भिन्नता और सन्तानोत्पत्ति में उनकी भूमिका से जोड़ता है, जिसमें पुरुष अधिक क्रियाशील और प्रभुत्वधारी होता है, स्त्री निष्क्रिय और धारणशील। इसको समर्थन फ्रायड के मनोविज्ञान से भी मिलता है। वह कहता है कि स्त्री और पुरुष के मनोविज्ञान में अन्तर होता है। और यह अन्तर जन्म से ही हो जाता है। लड़का माँ के प्रति आकर्षित रहता है और लड़की पिता के प्रति। इस आकर्षण में भेद है। लड़का माँ से सीधे शारीरिक सुख पाता है, जिसमें पिता की उपस्थिति बाधा डालती है। लड़की पिता से ऐसा कोई सीधा सुख नहीं पाती और न ही माँ की उपस्थिति कोई बाधा डालती है। पर उसे सुख पाने की इच्छा रहती है। थोड़ा सज्ञान होने पर पाती है कि चूँकि उसके लिंग नहीं है, पर पिता के पास है तो वह उसका स्थानापन्न खोजती है। उसे वह एक तरफ माँ के सान्निध्य में मिलता है, दूसरी तरफ बच्चों से प्यार में, जिसे वह अपने और फिर पिता के लिंग के स्थानापन्न के रूप में लेती है। इस तरह वह स्थिति से समझौता कर लेती है। इस समझौते से उसका स्वभाव दब्बू या आत्मसमर्पणशील हो जाता है। जबकि पुरुष का स्वभाव पिता से प्रतियोगिता के कारण आक्रामक बन जाता है। इच्छा के दमन से जहाँ स्त्री को हिस्टीरिया का रोग होता है, पुरुष में क्रूरता बलवती होती है। इसके आधार पर कहा गया कि स्त्री स्वभाव से ही पुरुष के अधीनस्थ होती है।

तीसरे यौनिकता या लिंग के आधार पर श्रम विभाजन यह मानकर चलता है कि यह विभाजन बुनियादी है। औरत को परिवारकेन्द्रित या गृहकेन्द्रित रहना है। यानी उसका मुख्य काम सन्तानोत्पत्ति, उसकी परिवरिश, उसके साथ ही पति और पूरे परिवार की परवरिश है। उसके लिए घर के भीतर काम करना है। यदि घर के बाहर काम करना है तो उसी के अनुपूरक के रूप में। उसके लिए यदि पैसे भी मिलें तो भी भूमिका वही रहेगी। उसके जो काम होंगे, वे पुरुषों को मिले काम की तुलनाा में

हलके-फुलके होंगे। जैसे अध्यापिका, नर्स, आया, सचिव आदि का काम। संयोग से यदि उसे वही काम करना पड़े तो पुरुष करते हैं, तो उसे पारिश्रमिक पुरुष की तुलना में कम मिलेगा क्योंकि वह अपेक्षाकृत शारीरिक रूप से कमजोर होती है, उतनी दक्ष नहीं होती है, और उतना दिमाग का प्रयोग नहीं कर पाती है।

इन तीनों बातों का विश्लेषण कर फ्रांसीसी विचारक जान लाकां ने कहा है कि (1) कार्यवाहीप्रणीत विचार को विचारधारा कहते हैं। पितृसत्ता एक विचारधारा का काम करती है, इसलिए एकाधिकारवादी है। इसका सामाजिक व धार्मिक प्रतीक-चिह्न शिश्न है। (2) इसका दर्शन घर के संसार पर आधारित है, जिसमें पुरुष स्त्री पर राज करता है, चाहे वह सामाजिक क्षेत्र हो, आर्थिक क्षेत्र हो, या सांस्कृतिक हो, या यौनाचार। (3) मार्क्सवादियों का कहना है कि यह प्रभुत्व पूँजीवाद से जुड़ा है तथा पूँजीवाद व पितृसत्ता एक दूसरे का समर्थन करते हैं। घर के भीतर स्त्री का काम पुरुष के काम का समर्थन, सहयोग और पूर्णता प्रदान करना है। घर के बाहर वह स्त्री को पुरुष से भिन्न काम की ओर ले जाकर उसके क्रियाकलाप को सीमित करता है और कमतर मजबूरी प्रदान करता है।

पितृसत्ता सम्बन्धी ये स्थापनाएँ बुनियादवाद की ओर ले जाती हैं। बुनियादवाद का मतलब है, 'The traditional philosophical attempt to justify knowledge by rooting it in uncriticizable first principles of sense data or both." उपासना पांडेय। यानी बुनियादवाद वास्तविकता के ज्ञान को संज्ञान के कुछ आधारभूत यानी बुनियादी यानी सुधारातीत सिद्धान्तों पर आधारित मानता है।

इसकी परिणति सारतत्त्ववाद में होती है। सारतत्त्वाद मानता है कि शब्द और स्थापनाओं के स्थिर सन्दर्भक (referent) होते हैं। उनकी सामाजिक कोटियाँ पहचान के पीछे के सारतत्त्ववाद का प्रतिबिम्बनकरती हैं। इसके आधार पर स्थिर सत्यों को खोजा जा सकता है। पृतिसत्ता व स्त्रीवाद के सन्दर्भ में इसका उपयोग यह बताने के लिए हुआ है कि आधिभौतिक, भौतिक यानी जैविक तथा सामाजिक रूप से स्त्री की कुछ ऐसी सारभूत विशेषताएँ हैं, जो सभी स्त्रियों में पाई जाती हैं और उनके आधार पर स्त्री को परिभाषित किया जा सकता है। उनका सम्बन्ध स्त्री के गात से है—वे ही उसके स्वभाव का निर्माण करते हैं। ऐतिहासिक, सामाजिक और सांस्कृतिक रूप से उसे ही स्वीकार किया गया है और वह उचित है। और स्त्री का यह जो रूप है वह सारभौम है। यानी सार्वदेशिक, सार्वकालिक है।

स्त्री के खिलाफ रचे गए इस दर्शन-वितान को एक दूसरे महा-आख्यान उदारवादी मानववाद के द्वारा चुनौती दी गई है। उदारवाद एक ऐसी विचारधारा है, जो व्यक्तिवाद, स्वतन्त्रता, समानता, विवेक, सहिष्णुता, सहमति और संविधान पर आधारित है।

जिस विवेक आधारित ज्ञान का इस्तेमाल पितृसत्तावादियों ने स्त्री पर प्रभुता बनाने के लिए किया था, उसी का प्रयोग स्त्रीवादियों ने उसे खंडित करने के लिए किया। विवेकवाद मानता है कि जगत एक तर्कसंगत रचना है, उसे बुद्धि से जाना जा सकता है, उसकी आलोचना की जा सकती है। इसी के आधार पर उन्होंने पितृसत्ता की आलोचना की और कहा कि स्त्री तथा पुरुष बने तो एक बराबर, स्वतन्त्र और एक-दूसरे के अनुपूरक थे, पर कालक्रम में पुरुषों ने स्त्रियों पर वर्चस्व स्थापित कर लिया और उसे न्यायोचित सिद्ध करने के लिए दर्शन रचा। ऐसा कबीलों के जीवन से आरम्भ हुआ और सामन्तवाद आते-आते दृढ़ हो गया, क्योंकि वहाँ व्यक्ति के जीवन का समुदाय के आगे मोल नहीं रह गया। उदारवाद इसी सामन्तवाद, यानी अनुदारवाद के विरुद्ध आया। दूसरे विवेकवाद यह भी मानता है कि योजना बनाकर प्रगति की जा सकती है। स्त्री की प्रगति के लिए जरूरी है कि यह योजना तत्काल बने। उसे शिक्षा, मताधिकार और काम का अवसर तत्काल दिया जाए। यह विवेकवाद का दूसरा इस्तेमाल था स्त्रीवादियों द्वारा।

उदारवाद का आधार व्यक्तिवाद है। व्यक्तिवाद मानता है कि किसी भी सामाजिक समूह में प्रधानता व्यक्ति की होती है। जिसके हित के लिए यह समूह रचा जाता है। उसे रचनेवाला व्यक्ति होता है और वह व्यक्तियों की इकाई से रचा जाता है। यानी व्यक्ति ही किसी सामाजिक व्याख्या और राजनैतिक सिद्धान्त के केन्द्र में होता है। इसलिए समाज या राज्य सम्बन्धी हर कथन का आग्रह व्यक्ति पर होना चाहिए, जो उस समाज का निर्माण करता है। इसकी एक परिणति यह है कि हर व्यक्ति आत्माधारित होता है, आत्महित में काम करता है, ऐसा करने में वह सक्षम होता है, सबकी नैतिक अर्थवत्ता समान होती है, हर व्यक्ति अपने आप में विशिष्ट होता है, तथा उसकी प्रतिभा और कौशल के निर्णय में समाज की कोई भूमिका नहीं होती। पितृसत्ता ने इन्हें छीन लिया है। इसलिए स्त्री की मुक्ति के लिए जरूरी है कि पितृसत्ता को ध्वस्त किया जाए जिससे कि स्त्रियाँ अपनी प्रतिभा और कौशल का उपयोग अपने महत्तर हितसाधन एवं आत्मा के लिए कर सकें। उनकी नैतिक अर्थवत्ता तथा विशिष्टता और मुखर हो सके।

यह मुक्ति स्वतन्त्रता की ओर ले जाएगी, जो एक बीज-मूल्य (core-value) है। इसी के आधार पर व्यक्ति अपनी भूमिका तय करता है, उसके लिए प्रयत्न करता है, सफल होने पर प्रसन्न होता है, न होने पर उस असफलता की जिम्मेदारी उसी पर होती है, समाज पर नहीं। इसकी दूसरी परिणति यह है कि तमाम दूसरों की स्वतन्त्रता में संघर्ष न हो, इसलिए उसे विधिप्रदत्त और न्यायरचित होना जरूरी है। स्त्रीवाद की माँग रही है कि उनकी स्वतन्त्रता इन्हीं के अनुरूप राज्य द्वारा बनाई जानी चाहिए, पितृसत्ता से उसे दिलाया जाना चाहिए।

व्यक्तिवाद का दूसरा आधार समानता है। समानता का मतलब लिंग, नस्ल, धन, जाति, वर्ण, धर्म, उम्र आदि के आधार पर व्यक्ति-व्यक्ति में कोई भेद नहीं किया जाना चाहिए। व्यक्ति जन्मतः समान हैं जैविक से लेकर नैतिक स्तर तक। और विवेकवाद कहता है कि हर व्यक्ति अपने बारे में सही निर्णय लेने में सक्षम है। यह निर्णय लेने के लिए हर व्यक्ति को समान अवसर प्रदान किया जाना चाहिए। यानी उसमें आनेवाली बाधाओं को दूर किया जाना चाहिए। स्त्रियों का जो दमन इनके आधार पर, विशेषतः लिंग के आधार पर हो रहा है उसे दूर किया जाना चाहिए। और वह कानून और राज्यव्यवस्था के माध्यम से किया जाना चाहिए।

तीसरा आधार सहिष्णुता है। सहिष्णुता का मतलब है लोगों द्वारा दूसरों को भी सोचने, बोलने, काम करने की अनुमति देना, चाहे वे उन्हें बहुत उचित न मानते हों। यह सहिष्णुता एक तरफ व्यक्ति की स्वतन्त्रता की वृद्धि करती है, तो दूसरी तरफ सामाजिक प्रगति को समृद्ध करती है। वह नैतिक, राजनैतिक व सांस्कृतिक बहुलता में विश्वास करती है। दूसरे से एक की उच्चता थोपी नहीं जाती, बहस के द्वारा तय की जाती है। यह भी माना जाता है कि प्रतियोगी मतों और हितों में एक सन्तुलन, कहें स्वाभाविक समरसता होती है। इसलिए कोई भी संघर्ष ऐसा नहीं होता, जिसका शमन न हो सके। स्त्रीवादियों ने इस सोच का भरपूर लाभ उठाया यह कहने के लिए कि हमारे हित पुरुषों के हित या मत के अनुरूप नहीं है, कि उनके वर्चस्ववाद मत और हित में उनके भी मत और हित को स्थान मिलना चाहिए, कि एक नई दुनिया दोनों के तालमेल से रची जानी चाहिए, इससे समाज समृद्ध होगा। वही प्रगति होगी। प्रगति का मतलब होता है, "Moving towards the belief that history is characterized by human advancement based on the accumulation of knowledge and wisdom" और इसे योजना बनाकर प्राप्त किया जा सकता है।

चौथा आधार सहमति है। माना जाता है कि प्राधिकार और सामाजिक सम्बन्ध हमेशा ही सहमति या अपनी स्वतन्त्र इच्छा से निर्मित समझौते की देन होते हैं, वह समझौता प्रत्यक्ष हो या अप्रत्यक्ष। स्त्रियों पर पुरुष का अधिकार और मौजूदा सम्बन्ध इस तरह की सहमति पर आधारित न होकर परम्परा की देन है। इस तरह का वर्चस्व बनानेवाली परम्पराओं की जाँच होनी चाहिए, उन्हें त्याग दिया जाना चाहिए और आगे एक नई सहमति के आधार पर, जिसमें स्त्री और पुरुष की भागीदारी बराबर की हो, ये सम्बन्ध और प्राधिकार रचे जाने चाहिए।

और यह सारा कुछ संवैधानिक ढंग से होना चाहिए। यानी कानून को चाहिए कि इस बराबरी, स्वतन्त्रता, सहमति और सहिष्णुता की गारण्टी दे।

अपनी इस नई स्थिति को प्राप्त करने के लिए स्त्रीवादी विचारकों ने स्त्री के लिए शिक्षा की माँग की। उसके दो रूप थे। एक तो यह कि उसे ऐसी शिक्षा मिलनी चाहिए,

जिससे वह अपनी विशिष्ट जिम्मेदारी, सन्तानोत्पत्ति, सन्तान व परिवार की परवरिश करना और परिवार को बेहतर ढंग से चलाने की क्षमता आ सके। दूसरा रूप यह था कि उसे पुरुष जैसी ही शिक्षा मिलनी चाहिए, जिससे उसके व्यक्तित्व का पूर्ण विकास हो सके। उस दौर में अधिकांश लोग पहली कोटि की शिक्षा के पक्ष में थे। इसलिए संघर्ष उसी के लिए चला।

दूसरी माँग काम के अवसर के लिए था कि उसे भी पुरुष की तरह घर के बाहर जाकर काम करने का, कमाई करने का मौका मिलना चाहिए। इसके भी दो रूप थे। एक तो यह कि वह काम कर जो उपार्जन करेगी, वह पुरुष की कमाई का प्रतिपूरक होगी, घर के सामूहिक खर्च के लिए होगी। फिर उसे काम उसकी यौनिकता को देखते हुए हलके-फुलके ढंग का, कम समय के लिए और उसके घरेलू काम में बाधा न डालने वाले होंगे। कार्यस्थल पर बच्चों की परवरिश के लिए पूरा मौका मिलना चाहिए। जगह सुरक्षित होनी चाहिए। इसके लिए कुछ कम मजदूरी मिले तो कोई बात नहीं। दूसरा रूप काम के स्वरूप, वेतन व जगह में पुरुष के समान ही हर बात में माँग करती थी। चूँकि समाज अभी संक्रमित कर रहा था, इसलिए जोर पहली तरह की माँग पर ही था।

तीसरी माँग मत देने के अधिकार की थी। उनका कहना था कि उन्हें पुरुष की ही तरह—जिन शर्तों पर पुरुष मताधिकार का प्रयोग करते हैं—उन्हीं शर्तों पर उसे भी यह अधिकार मिलना चाहिए। आन्दोलन इसी के लिए खूब चला और विभिन्न देशों में भिन्न-भिन्न वर्षों में प्रदान भी किया गया।

स्त्रीवाद के इस पहले दौर के दो महत्त्वपूर्ण दार्शनिक हैं मेरी वोलस्टोनक्राफ्ट और जान स्टुअर्ट मिल। मेरी वोलस्टोनक्राफ्ट का जन्म 1759 में एक एंग्लो-आयरिश मध्यवर्गीय परिवार में हुआ था। उसकी शादी अराजकतावादी विलियम गाडविन से हुई थी। उनकी सन्तान मेरी शेली थी, जिसका विवाह प्रसिद्ध रोमांटिक कवि पी.बी. शेली से हुआ था। उसने एक महत्त्वपूर्ण उपन्यास 'फ्रेंकेस्टाइन' लिखा था। वोलस्टोनक्राफ्ट का बचपन शिक्षा की भूख के साथ बीता था। उस जमाने में यूरोप में लड़कियों की शिक्षा घर पर दी जाती थी माँ के द्वारा या अशिक्षित आया के द्वारा और उसका पाठ्यक्रम कुशल ग्रहणी और माँ बनने तक सीमित होता था। शादी के उत्तरार्द्ध में लड़कियों को शिक्षा देने के लिए कुछ विद्यालय खुले जरूर, पर शिक्षा का उद्देश्य बस वही अच्छे चाल-ढाल की गृहणी बनाने का था, जिससे कि ठीक-ठाक घरों में शादी हो सके। ऐसे ही यार्कशायर के एक विद्यालय में उसकी पढ़ाई हुई थी। पर स्वाध्याय से उसने अपने को बहुत समृद्ध किया। उसमें एक पड़ोसी पादरी ने बहुत मदद की। उसकी रुचि कविता और मनोरंजन सम्बन्धी बातों में न रहकर ज्ञान और समझ को विकसित करनेवाली बातों में थी। ऐसे में वह रूसो के जनतान्त्रिक क्रान्तिवाद

से बहुत प्रभावित हुई और स्त्रीवाद के उस विवेचना का निर्माण किया, जिसके तहत कोई पचास साल बाद स्त्री मताधिकार की बात उठी, संघर्ष चला। उसके सबसे महत्त्वपूर्ण पुस्तक 'ए विंडीकेशन आफ द राइट आफ वुमेन' (1792) है, जिसमें वह रूसो की जगह लाक के उदारतावाद को अपनाती है। उसमें वह स्त्री के 'परसनहुड' के आधार पर स्त्रियों के लिए पुरुषों के समान और बराबर के अधिकारों की माँग रखती है, विशेषकर शिक्षा और मताधिकार के क्षेत्र में। बड़ी बात यह कि उस पुस्तक में वह स्त्रीपने की जटिलता का विषद विश्लेषण करती है, जो आज के स्त्रीवाद के लिए अति प्रारांगिक दिखता है। वह स्त्री की शिक्षा और मताधिकार की बात समाज की प्रगति के वृहत्तर 'प्रोजेक्ट' के लिए उठाती है। एक अपूर्ण उपन्यास 'मारिना ऑर द रांग्स आफ वुमेन' (1798) में वह सभी वर्गों की स्त्रियों के साथ होनेवाले पुरुष-दुर्व्यवहार तथा सामाजिक-राजनैतिक-आर्थिक जीवन में पुरुष द्वारा स्त्री के बहिष्कार की बात उठाती है, उसकी भर्त्सना करती है। साथ ही स्त्रियाँ क्यों अपने को बहुत भावुक बनाकर रखती हैं, या पेश करती हैं, उसका खुलासा करती है। उसकी दूसरी पुस्तकें 'थाट्स आन द एजूकेशन ऑफ डाटर्स' (1787) और 'आरिजीनल स्टोरीज फ्राम रियल लाइफ' (1788) में वह लड़कियों के लिए विवेक आधारित गुणी बनने की शिक्षा देती है। गौर करने की बात यह है कि 1790 में उसने 'ए विंडीकेशन आफ द राइट आफ मैन' लिखा था, जिसमें उसने एडमंड बर्क रचित कुलीनतन्त्र के समर्थन पर प्रहार किया था। अपने एक और उपन्यास 'मेरी : ए फिक्शन' (1788) में उसने आर्थिक कारणों से विवाह में फंस गई एक औरती की दारुण कथा कहा है।

वोलस्टोनक्राफ्ट का मानना था कि हर व्यक्ति को आत्मनिर्धारण का अधिकार होता है। दूसरे राजा और कुलीनों के दैवी अधिकार को चुनौती देनेवाले ज्ञानोदय के तर्कों का इस्तेमाल पतियों और पुरुषों के दैवी अधिकार के विरुद्ध किया जाना चाहिए। उसके आधार पर, पुरुष जो स्त्रियों से अकूत आज्ञाकारिता की उम्मीद करते हैं, उसे ध्वस्त किया जाना चाहिए। उस सिद्धान्त को चुनौती दी जानी चाहिए, जिसके तहत पुरुष स्त्री को अपने से हीन समझता है और इस नाते उस पर शासन करना चाहता है। इसके लिए एक जरूरत यह भी है कि स्त्री को समुचित विवेक का ज्ञान शिक्षा के माध्यम से कराया जाना चाहिए, जिसके नाते वे स्वायत्त व स्वतन्त्र बन सकें और सामाजिक जीवन में खुल कर हिस्सा ले सकें। उन्हें पुरुषों की ही तरह मताधिकार प्रदान किया जाना चाहिए, जिससे कि अपने मन की सरकार चुनने का उन्हें अवसर मिले और उसके माध्यम से वे अपनी राजनीतिक व दीगर बातें रख सकें।

तीहत्तर वर्षों के बाद उदारवादी विचारक जान स्टुअर्ट मिल ने हर तरह की स्त्री-पुरुष समानता की वकालत अपने लेख 'द सब्जेक्शन आफ वुमेन' (1868) में किया। मिल का जन्म 1806 में हुआ था। उसका पिता जेम्स मिल उपयोगितावादी विचारक

था और ब्रिटिश साम्राज्य का घोर पक्षपाती। उसने अपने पुत्र को बड़ी मेहनत से पढ़ाया था। इसक दो परिणाम हुए। एक तो वह बीस वर्ष की उम्र में पगला गया। लेकिन जब ठीक हुआ तो एक उदारवादी मानवीय दृष्टिकोण वाला व्यक्ति बन गया। यह दूसरा परिणाम था। उस पर कोलरिज और कई जर्मन दार्शनिकों का गहरा प्रभाव था। वह एक साथ ही दार्शनिक, अर्थशास्त्री और राजनीतिज्ञ बनकर उभरा। उसकी पुस्तकें 'आन लिबर्टी' (1859) 'कंसीडिरेशन्स आन रेप्रेजेंटेटिव गवर्नमेंट' (1861), और 'सब्जेक्शन आफ वुमेन' (1869) ने उदारवादी विचारधारा को बहुत बढ़ावा दिया। वह सामाजिक जीवन में राज्य के हस्तक्षेप को अनुचित मानता था। साथ ही वह व्यक्ति के निजी जीवन की गुणवत्ता पर बहुत जोर देता था, जिससे कि 'वैयक्तिकता' को पहचान, मिले। इसके लिए वह कामगारों की यूनियनों की और स्त्रियों की माँगों को पूरा समर्थन देता था। स्त्रियों के स्वभाव की हीनता के प्रचलित विचार के विरोध में उसका कहना था कि यह गलत स्थापना और धारणा है। उनको शिक्षा में, चुनाव में, शासन व्यवस्था में, काम में पूरी स्वतन्त्रता व समानता दी जानी चाहिए। लिखता है, "In no other instance, except in the case of women, which comprehends half of the human race, are the higher social functions closed against anyone by a fatality of birth which no exertion, and no change of circumstances can overcome."

आधुनिकतावादी दौर के स्त्रीवादी विचार—कि स्त्री के ऊपर पुरुष का शासन प्राकृतिक आवश्यकता न होकर एक सामाजिक व्यवहृति है, कि स्त्री को आत्म-निर्णय का पूरा अधिकार है, कि वह पुरुष की ही तरह सामाजिक, राजनैतिक, आर्थिक और सांस्कृतिक जीवन में हिस्सा लेने के लिए स्वतन्त्र है—स्त्रीवाद के दूसरे दौर के जबर्दस्त मुद्दे हैं।

उत्तर आधुनिकतावाद और स्त्रीवाद

स्त्रीवाद का दूसरा दौर यूरोप से चलकर अमेरिका, अफ्रीका, एशिया और आस्ट्रेलिया तक फैल गया। प्रेरणा मिली व्यवस्था के विरुद्ध छात्रों के आन्दोलन से, युद्ध के विरुद्ध आन्दोलन से, बराबरी का अधिकार माँगनेवाले काले लोगों के आन्दोलन से। इनमें स्त्रियों का आन्दोलन स्त्री के अधिकार और मुक्ति का आन्दोलन बनकर शामिल हो गया। इन तमाम आन्दोलनों की समेकित अनुगूँज 'वुमेन लिव', 'ब्लैक पावर' और 'हिप्पीवाद' में दिखी, जो सामाजिक वर्चस्व और सामाजिक श्रेणीबद्धता को चुनौती देकर सर्वाधिकारवाद और साम्राज्यवाद को चुनौती दे रहे थे। इनसे एक नए युग का आरम्भ होता दिखा, जिसमें विभिन्नता और बहुलता की वैधता को स्वीकार करने पर जोर था। व्यवस्था के साथ प्रतिस्पर्धा करनेवाली इन आवाजों ने शक्ति संरचना द्वारा दबा दी गईं विभिन्नताओं और हाशिए पर ढकेल दिए गए लोगों के हितों की वकालत करनेवाले उत्तर आधुनिकतावाद से ताल-मेल बिठाया। उत्तर आधुनिकतावाद मानता है कि विभेद और अन्तर वास्तविक होते हैं और उन्हें स्वीकार किया जाना चाहिए।

इस उत्तर आधुनिकतावाद के दो रूप हैं। एक रूप आधुनिकता को चुनौती देता है। दूसरा रूप उसकी मान्यताओं को आगे बढ़ाता है। चुनौती देनेवाला रूप मानता है कि विवेकवाद समझ का एक बड़ा पतला रास्ता निर्मित करता है, जिससे सीमित ज्ञान प्राप्त होता है। कारण यह है कि वह अनुभव पर जोर देता है और अनुभव का सम्बन्ध संवेदनाओं और संवेगों से होता है। इसलिए जोर अनुभव की जगह मन पर दिया जाना चाहिए। यदि यह बात एकबार स्वीकार कर ली जाए तो विवेकवाद का रचा पूरा चौकठा और उद्‌देश्य नष्ट हो जाता है।

इसी के आधार पर उत्तर आधुनिकतावाद यह भी मानता है कि सार्वभौमिकता जैसी कोई चीज़ नहीं होती, क्योंकि सारा ज्ञान संस्कृति से जुड़ा और विशिष्ट होता है। यदि सर्वव्यापी और नैतिक सत्य होते भी हैं तो उन्हें विशेषीकृत नहीं किया जा सकता। इन सार्वभौमिकताओं और सार्वव्यापकताओं के आधार पर प्राप्त निर्णय दूसरे के जीवन जगत की प्रासंगिकता और जीवन-पद्धति गलत समझ पैदा करेगी। यह सारतत्त्ववाद है जो स्थानीय व स्वजात रचित ज्ञान का निषेध करता है, जिसे लेकर आज तमाम विकासशील देशों के लोग चल रहे हैं, विकास कर रहे हैं और अपने को बचाकर रख रहे हैं।

इसी के आधार पर तमाम उत्तर आधुनिक विचारक अपनी स्थापनाओं में किसी-न-किसी प्रकार की विशिष्टता की स्थापना करते हैं। डेविड हार्वे क्रिया कलाप के अध्यात्मिक और नैतिक आधार की बात करता है। जैक देरिया विखंडन की बात करता है। मिशेल फूको सभ्यताओं के पागलपन की बात करता है। केनेथ टाम्पसन सांस्कृतिक बहुलवाद की बात करता है। ज्यं-फ्राँस्वा लोटा भाषा के खेल की बात करता है। इन सबके चिन्तन का संयुक्त प्रभाव यह है कि कोई महा-आख्यान, महा-भाषा या महा-इतिहास नहीं रचा जा सकता। इसने उत्तर आधुनिक स्थिति को उन महा-आख्यानों के प्रति सन्देह की स्थिति बना दिया है जो मानव समाज को व्यवस्था, और उसके अनुभव को एकता, अर्थ और सर्वव्यापकता प्रदान करते हैं।

इसका विरोध करते हुए हेबरमास कहता है कि आधुनिकता की योजना अभी पूरी नहीं हो पाई है। यह योजना मुक्ति प्रदान करने की और विधिसम्मत बनाने की है। आधुनिकता में यह काम महा-आख्यानों के द्वारा होता था। उत्तरआधुनिकता में वही काम छोटे-छोटे बहुत से आख्यानों के द्वारा होता है उनको संगठित कर। इसे वह 'सम्प्रेषणीय तर्कसंगति' (Communicative rationality) कहता है। उसका खुलासा करते हुए कहता है कि विवेक ज्ञान का एक पक्ष है, जो मनुष्य के एक विशेष हित की पूर्ति के लिए था। इसके आधार पर वह ज्ञान को तीन कोटियों में बाँटता है :—(1) व्यवहार किया जानेवाला ज्ञान (Applied Knowledge) जो भौतिक जगत व्यवस्था के विभिन्न उद्देश्यों को खोज निकालना चाहता है। (2) ऐतिहासिक ज्ञान, जो धर्मग्रन्थों, दस्तावेजों और ऐतिहासिक पाठ के आधार पर समाज के सारतत्त्व को समझना चाहता है। (3) विश्लेषणात्मक ज्ञान, जो मनुष्य द्वारा मनुष्य के शोषण से जुड़ी बातों का खुलासा करना चाहता है। इसी परिप्रेक्ष्य में वह मनुष्य के तीन प्रकार के हितों की बात करता है। (1) तकनीकी या यान्त्रिक हित, जिनका सम्बन्ध अनुभववादी विज्ञान से है। (2) व्यावहारिक या सम्प्रेषणात्मक हित, जिसमें व्यक्ति अपने इर्द-गिर्द के अतीत के माध्यम से अपने परिवेश को जान लेना चाहता है। (3) मुक्ति कामी हित, जो ऐतिहासिक विज्ञानों के विषय हैं। इन विज्ञानों और हितों के आधार पर वह कहता है कि यदि कोई व्यक्ति सुरक्षित व सन्तुष्ट जीवन व्यतीत करना चाहता है तो उसे विकसित तकनीक या प्राद्योगिकी के सहारे अपने परिवेश पर नियन्त्रण प्राप्त करना होगा जिससे कि वह अपने को प्राकृतिक व सामाजिक दासता से मुक्त कर रख सके।

हेबरमास आत्ममुक्ति का दार्शनिक है। यह आत्ममुक्ति तभी प्राप्त हो सकती है जब लोग अतीत की बाधाओं को चुनौती दे सकेंगे, जो तोड़-मोड़ कर किए गए सम्प्रेषण की देन हैं। ये मुक्तिकामी औजार तीन तरह के हैं :—(1) अन्तःक्रिया जो उन छिपी कार्य-करण यान्त्रिकी का खुलासा करती है, जो अब तक हमारे व्यवहार को प्रभावित

करते रहे हैं। (2) भाषा, जो हितों की अनुभववादी-विश्लेषणवादी आयाम है। इसके सहारे व्यक्ति व्यवहृति की समझ पैदा करता है। (3) वर्चस्व, जिसको दूर करने के लिए अतीत के साथ पूरा मनोविश्लेषणात्मक मुठभेड़ रचा जाता है।

हेबरमास के विचार बहुत ही विस्तृत और जटिल हैं और उनकी प्रस्तुति के लिए एक स्वतन्त्र लम्बा अध्याय चाहिए। यहाँ इतना ही नोट करना समीचीन है कि फ्रेडरिक जेमसन उत्तर आधुनिकता के इन दो रूपों, एक लोता द्वारा प्रस्तुत, दूसरा हेबरमास द्वारा प्रस्तुत, पर टिप्पणी करते हुए कहता है कि दोनों ही विचारक अपनी बात महा-आख्यानों के बिन्दु पर खड़े होकर कह रहे हैं—एक का बिन्दु फ्रांसीसी क्रान्ति है, दूसरे का हिगेल का दर्शन। एक सहमति को महत्त्व देता है, दूसरा आधुनिकता के वादे को, प्रतिवद्धता को। एक इतिहास की रचना की बात करता है, दूसरा इतिहास के प्रचरण की। रिचर्ड रोर्ती ने दोनों स्टैंडों की विवेचना की है और पाया है कि दोनों दर्शन के अत्यधिक हवा भरकर फुला दिए गए रूप को लेकर चलते हैं।

अब महा-आख्यान अत्यधिक फुलाकर रखे गए हों या नहीं, यह सही है कि ज्ञान के विमर्श में स्त्रीवादी दृष्टि से उन पर ध्यान जाता ही है। जैसा कि हमने अन्यत्र नोट किया है पितृसत्ता के साथ-साथ उदारवादी मानववाद और पूँजीवाद उसमें आते ही हैं। यह विडम्बना ही है कि पितृसत्ता और पूँजीवाद का मुकाबिला एक तीसरे महा-आख्यान उदारवादी मानववाद से होता है। स्त्रीवाद को खुराक वहीं से मिलती है। यह भी विडम्बना है कि ऐसा करते हुए स्त्रीवाद इन तीनों से मुक्त भी नहीं हो पाती। यह जटिल राजनीति ही स्त्रीवाद का पहचान बनाती है। यानी उत्तर-आधुनिकतावाद की जटिलता और विरोधाभास स्त्रीवाद की भी पहचान है। यह भी कि उत्तर आधुनिकता आधुनिकता के विवेचन के साथ-साथ उसमें सुधार की एजेंडा भी प्रस्तुत करता है। दोनों ही वास्तविकता के मूर्तन और सम्प्रेषण से सम्बन्धित हैं। दोनों में वास्तविकता की अव्यवस्थित, कहें गड्ड-मड्ड के प्रति चेताता है। किन्तु जहाँ आधुनिकतावादी ज्ञानमीमांसा वास्तविकता के प्रति प्रत्यक्षवादी और मानवतावादी दृष्टि अपनाती है, उत्तर-आधुनिकता आधुनिकता के बुनियादवाद और परमवाद का विरोध करती है और एक अ-द्वैतवादी (non-dualistic) अ-एकात्मवादी (non-unitary) दृष्टि अपनाती है। एक भारतीय स्त्रीवादी विचारक सीरीन कुदचेदकर का कहना है, "Feminism has affinity with a post modernism that questions the notion of a unitary subject without eliminating subjectivity as it questions historiography without turning its backs on history." इसी तरह यह दो केन्द्रीय द्वैत-स्थितियों को भी अस्वीकार करती है। परिणति सारतत्त्ववाद के अस्वीकार में है। मजेदार बात यह है कि तमाम आधुनिक स्त्रीवादियों ने यह मान कर चला था कि पूरी दुनिया की स्त्रियों की समस्या और उनका हित एक समान है। यदि उत्तर और दक्षिण, पूर्व और पश्चिम

की स्त्रियों की शारीरिक और मनोविश्लेषणात्मक संरचना एक है, तो उनके हित भी एक ही होंगे। यानी उन्होंने जोर जैविक अनुरूपता पर दिया था। पर उत्तर आधुनिक स्त्रीवादियों ने कहा कि यदि स्त्रियों का शरीर एक जैसा है, तो इसका मतलब यह नहीं है कि उनका मन भी एक जैसा है। मन का निर्माण सामाजिक और सांस्कृतिक अवस्थिति से होता है, जो भिन्न-भिन्न इलाकों, नस्लों, मतान्तरों, बर्गों, राष्ट्रीयताओं, भाषाई समुदायों आदि में भिन्न-भिन्न होते हैं। चूँकि ज्ञान संस्कृति और स्थिति आधारित (positional) होता है, इसलिए राजनैतिक और सांस्कृतिक विमर्श किसी अमूर्त सर्वव्यापकता में नहीं रचा जा सकता। उनके लिए किसी महा-भाषा का निर्माण नहीं किया जा सकता। स्त्रीवाद संस्कृतियों को जोड़ नहीं सकती। हर विशिष्ट संस्कृति की अपनी समस्याओं से उसे सन्तुष्ट होकर रहना पड़ेगा।

एल. निकोलसन का कहना है कि हमें 'स्त्री' शब्द का अर्थ एकवचन में नहीं, भिन्न और एक-दूसरे में समाहित भाषा के खेल के रूप में लेना चाहिए। परिणामस्वरूप स्त्रीवाद एक संयुक्त मोर्चा बनकर उभरता है, जिसमें कई तरह के विशिष्ट हित अपनी भूमिका निभाते हैं और यह मोर्चा लड़ाई को विश्वव्यापी स्वरूप देने के लिए बनता है। इसमें स्त्री की पहचान का मूर्तन खोजा नहीं जाता है, बनाया जाता है। इसी तरह स्त्री और पुरुष के जैविक विभेद के साथ स्त्री और स्त्री के बीच सामाजिक-सांस्कृतिक भेद को भी महत्त्व दिया जाता है। जुडिय बटलर का कहना है कि शरीर की भौतिकता और विमर्श वियोज्य हैं। विमर्श से हम न केवल यह जानते हैं कि शरीर क्या है, उसे हम एक खास कोण से जानते हैं। लिखती है, "In other words, 'sex' is an ideal construct which is forcibly materialized through time. It is not a specefic fact or static condition of a body, but a process whereby regulatry norms materialize sex' and achieve this materialization through a forcible reiteration of those norms." इसी तरह जुलिया क्रिस्तेवा यौनिक पहचान का विखंडन करते हुए तर्क रखती हैं कि 'कोई स्त्री है' यह बात उतनी ही बेतुकी (absurd) है, जैसे कोई यह कहे कि 'मर्द है'। हम स्त्रियों के अधिकार की माँग के लिए लिंग को आधार बनाकर चल तो सकते हैं, पर इससे किसी को स्त्री की पहचान नहीं रच सकते।''"Sexual identities as opposite can only come into being after entry into the symbolic order, i.e. sexual identity is not an essence but a matter of representation."

वास्तव में स्त्रीत्व हाशिए पर डाल दी गई एक स्थिति या 'सबजेक्ट पोजीशन' है जो किन्हीं पुरुषों की भी हो सकती है। वास्तव में पितृसत्ता की प्रतीक-व्यवस्था सभी स्त्रियों को स्त्रीलिंग और पुरुषों को पुल्लिग बनाकर रखती है, जिसमें स्त्री दोयम दर्जे की लिंग बन जाती है। लैंगिक पहचान का संघर्ष हर व्यक्ति में चलता है। क्रिस्तोवा लिखती है, ''Rather that a conflict between two opposing male-female masses, sexual identity concern the balance of masculinity and feminity with specific men and women." यह संघर्ष यौनिक और लैंगिक पहचान के विखंडन की ओर ले जाता है। अब समय आ गया है जब स्त्रियों के बहुआयामी अभिव्यक्तियों और पूर्वाभिधारणाओं को स्वीकार कर लिया जाए।

फ्रांस्वा लायन (Francoise Lionnet) ने स्त्रियों के लिए विश्वव्यापी वैधानिक अधिकारों के प्रविधानों का विरोध कुछ इसी प्रकार के तर्कों से किया है। उसका कहना है कि जब हमारे व्यवहार दुनिया भर के धार्मिक विश्वासों और सामाजिक-सांस्कृतिक दबावों से नियन्त्रित होते हैं, तब कैसे सबके लिए एक जैसा कानून समीचीन होगा? हमारी पहचान में आती जा रही बढ़ती विभिन्नता और बहुलता सांस्कृतिक संघर्षों को जन्म दे रही है, जिसके चलते हमें विश्वव्यापी जनतन्त्र और मानवाधिकार पर पुनर्विचार करने के लिए बाध्य होना पड़ रहा है, तब स्त्रियों के लिए ऐसे अधिकार कहाँ प्रासंगिक रह जा रहे हैं।

चन्द्रा तालपड़े महन्ती इस आधुनिक विश्वव्यापी स्त्रीवाद की आलोचना तीसरी दुनिया की स्त्रियों की दृष्टि से करती हैं। कहती हैं कि यह दृष्टि अनिवार्यतः यूरोप केन्द्रित है और पूरी दुनिया पर लागू करना गैर-यूरोपीय स्त्रियों का उपनिवेशीकरण करना है। इस तीसरी (और दूसरी) दुनिया की स्त्रियों का अपना सांस्कृतिक और ऐतिहासिक परिप्रेक्ष्य है, परम्परागत मूल्य हैं। उन्हें न स्वीकारना अत्याचार करना होगा।

उपरोक्त विवेचन से तीन बातें स्पष्ट है। एक तो यह कि स्त्रीवाद के लिए सारतत्त्ववाद बेकार है। दूसरे यह कि यौनिकता या लिंगवाद प्राकृतिक नहीं, सामाजिक-सांस्कृतिक निर्मिति है। तीसरे यह कि समस्या का समाधान स्थानीय स्तर पर ही सम्भव है।

उत्तर आधुनिकता और स्त्रीवाद का सम्बन्ध पारस्परिक है। उत्तर आधुनिकता ने यदि स्त्रीवाद को प्रभावित किया है तो स्त्रीवाद ने भी उत्तर आधुनिकता को प्रभावित किया है। स्त्रीवाद पर उत्तर आधुनिकता के प्रभाव को हमने ऊपर नोट किया है। अब हम संक्षेप में उत्तर आधुनिकता पर स्त्रीवाद के प्रभाव को देखेंगे। कहा जाता है कि महा-आख्यान दूसरे छोटे-छोटे आख्यानों पर प्रभाव डालते हैं। स्त्रीवाद स्वयं एक महा-आख्यान है, जबकि उत्तर आधुनिकतावाद कई छोटे-छोटे आख्यानों का समूह। इसलिए स्त्रीवाद का प्रभाव उत्तर आधुनिकतावाद पर पड़ना स्वाभाविक है। दूसरे उत्तर आधुनिकता एक सारतत्त्वयुक्त विषयवस्तु है, जबकि उत्तर आधुनिकतावाद एक प्रक्रिया। प्रक्रिया पर सारतत्त्व या विषयवस्तु का प्रभाव पड़ता ही है। तीसरे स्त्रीवाद एक राजनैतिक विमर्श है, जबकि उत्तर आधुनिकता स्थितिप्रणीत विमर्श। स्थिति पर राजनीति का असर पड़ता ही पड़ता है। चौथे रूपवाद का विवेचना करते हुए ये ओरेटे। ने कहा है कि यह सामाजिक अन्तर्लेख को व्यक्त करनेवाले विषयी तक जाने नहीं देता। यह बात स्त्रीवाद पर लागू नहीं होती, पर उत्तर आधुनिकतावाद पर लागू होती

है। इधर तमाम विमर्शों के माध्यम से उत्तर आधुनिकतावाद में इससे बचने की कोशिश हो रही है। इसकी प्रेरणा स्त्रीवाद से मिली है। पाँचवें जेन स्लैक्स ने दिखाया है कि किस तरह से ज्ञान का सैद्धान्तीकरण करनेवाले ढंग बहुत समुचित नहीं होते। इस तर्क का प्रयोग पहले स्त्रीवाद में हुआ है, फिर उत्तर-आधुनिकतावाद में। यह स्त्रीवाद ही है जिसने स्पष्ट किया है कि किस तरह से एक सामाजिक सन्दर्भ और विचारधारा के अन्तर्गत सांस्कृतिक निर्मिति होती है। उत्तर आधुनिकतावाद ने उसे वहीं से अपनाया है।

यहीं से उत्तर आधुनिकतावाद और स्त्रीवाद में बिलगाव हो जाता है। उत्तर आधुनिकता एक पुरुषवादी विचारधारा है। उसके तमाम छोटे-छोटे आख्यान हैं। उनकी भूमिका सुरक्षित है। यदि उन्हें लेकर चला जाएगा तो इतिहास और दृष्टिकोण दोनों ही स्तरों से स्त्रीवाद के डूब जाने का खतरा है। इस खतरे से वाकिफ स्त्रीवादियों ने कहा है कि स्त्रीवादी चिन्तन स्त्री के बारे में स्त्री द्वारा किया गया चिन्तन है। उसमें पुरुष के चिन्तन और पुरुष के प्रति चिन्तन के लिए कोई स्थान नहीं है। बारबरा क्रीड लिखती है, "Whereas feminism would attempt to explain that crisis (of legitimation that Lyotard has described) in terms of patriarchical ideology and the oppression of women and other minority groups, post modernism looks to other possible causes—particularly in the West's reliance on ideologies. —Humanism, History, Religion, Progress, etc. While feminism would argue that comman ideological position of all these 'truths' is that they are patriarchal, post modern theory...would be reluctant to isolate a single major determining factor." हिचकिचाहट (reluctance) इसलिए कि उसे उसी 'सम्पूर्णतावाद' का शिकार हो जाने का खतरा है, जिसकी वह आलोचना करती है। क्रीड ठीक ही कहती है कि उत्तर-आधुनिकता किसी तरह के विशेषाधिकार या समस्याहीन बिन्दु से बात करने की बात नहीं कहती। इसलिए वह उस विरोधाभास पर दृष्टि केन्द्रित करती है, जिसमें तमाम स्त्रीवादी विचारक अपने को पाती हैं, "While we regard patriarchical discources as fictions, we nevertheless proceed as if our position, based on a belief in the oppression of women, were somewhat closer to the truth." लेकिन तब उत्तर आधुनिकता का विशेषाधिकार युक्त स्थिति को अस्वीकार करना उसी प्रकार एक विचारधारात्मक स्टैंड है, जिस प्रकार स्त्रीवादियों का कोई स्टैंड लेना। यहाँ विचारधारा से मतलब सामाजिक व्यवहृतियों के साथ-साथ प्रतिनिधान की व्यवस्थाओं की सर्वसूचक जटिलता है। ऐसे विचारकों की कमी नहीं है जो इधर यह मानने लगें हैं कि उत्तर आधुनिकतावाद के साथ भी एक राजनैतिक एजेंडा जुड़ गया जिसे वामपन्थी और दक्षिणपंथी दोनों ही कभी

स्वीकार कर लेते हैं, तो कभी इनकार। यह एजेंडा संयोगवश बना एजेंडा नहीं है, बल्कि जटिलता और विवेचन के दोहरे निकूटन का परिणाम है। विखंडन के उत्तर आधुनिक विद्रुप (parodical) रणनीतियों का उपयोग करते हुए स्त्रीवाद कभी-कभी इस तरह के राजनीतिक एजेंडा में नहीं फँसता, क्योंकि एक तो उसकी अपनी जगह (position) होती है, दूसरे एक सत्य होता है जो कलात्मक व सांस्कृतिक व्यवहृतियों को समझने के रास्ते सुझाता है लैंगिक सम्बन्धों के आलोक में—चाहे वह सम्बन्ध निर्गाण के लिए हो या चुनौती देने के लिए। यही स्त्रीवादियों का महा-आख्यान है। यही उनकी शक्ति है और यही सीमा भी। इस तरह स्त्रीवाद उत्तरआधुनिक को प्रभावित भी करता है। दरअसल इधर उत्तर आधुनिकता का स्त्रीवाद से जुड़ाव दोहरा हुआ है। एक तरफ स्त्रीवादियों ने उत्तर आधुनिकता पर यह जोर बढ़ाया है कि उन्हें महा-आख्यानों की बिदाई की बात पर पुनर्विचार करना चाहिए—कम-से-कम लिंग की शब्दावली के सम्बन्ध में, जहाँ पुरुष का मतलब पुरुष न रह कर विश्वव्यापी, कहें मानववादी मनुष्य बन जाता है, जहाँ निजी और सार्वजनिक, व्यक्तिगत और राजनैतिक का विभेद स्थिर न रहकर प्रवहमान बन जाता है। दूसरे उत्तर आधुनिकतावाद स्त्रीवादी विचारकों के वर्चस्ववादी महाआख्यानों के बीच काम करते हुए उन्हें प्रभावशाली ढंग से चुनौती देने का मौका मिलता है—यह एक विडम्बनापूर्ण विरोधाभासी कर्म है। फिर भी दोनों का अन्तर स्पष्ट है। क्रिस विडन कहती है कि स्त्रीवाद राजनीति है, जबकि उत्तर आधुनिकतावाद राजनीति नहीं, स्थिति का दर्शन है।

स्त्रीवाद के प्रथम दौर की, यानी, आधुनिकतावादी दौर की आलोचना यह कहकर की गई है कि उसने स्त्री की प्रकृति को पुरुषवादी विचारधारा के अन्तर्गत पहचानने की कोशिश की गई थी, जिसके परिणामस्वरूप स्त्री और पुरुष की भिन्नता पर पाटा चलाकर उन्हें बराबर बनाने की कोशिश की गई थी। स्त्री को हर तरह से मर्द बनाने का प्रयत्न किया गया था। इसीलिए उसके कर्म को वैधता पुरुष के कर्म के अनुपूरक के रूप में स्वीकार किया गया था। इसकी एक स्वाभाविक परिणति यह थी कि पुरुष को स्त्री से श्रेष्ठ माना गया था, प्रतिदर्श माना गया था। उदारवादी मानववाद और मार्क्सवाद यही कर भी सकता था। वह डेकार्ट के द्विभाजी सम्बन्धों को स्वीकार करता था, जिसमें आत्मा और शरीर के विभाजन के साथ स्त्री और पुरुष का द्विभाजन भी सन्निहित था। पर जिस तरह से बिना शरीर के आत्मा का कोई अस्तित्व या मतलब नहीं था, उसी तरह बिना पुरुष के स्त्री का कोई अस्तित्व या मोल नहीं था। यह नित्शे था जिसने लिखा, "Supposing that truth is woman—what then? Is there not ground for suspecting that philosophers in so far as they have been dogmatists, have failed to understand women—that the terrible seriousness and clumsy importunites with which they have usually paid their addresses to truth, have been unskilled and unseemly methods for winning woman." यहाँ से स्त्री और पुरुष का अन्तर स्वीकार किया जाने लगा। उत्तर आधुनिककाल में इस विभेद पर जोर दिया गया, जिसमें स्त्री को पुरुष बनाने के बजाय उसे पूर्ण स्त्री बनाने की कोशिश की गई। और उसके लिए पुरुष की सत्ता से उसे मुक्त करने का अभियान चल। साथ ही स्त्री के स्वभाव के सारतत्त्ववादी स्टैंड को त्याग कर उसके भिन्न सामाजिक स्थितियों, संस्कृतियों और राष्ट्रों के प्रभावों को स्वीकार किया गया। देरिका इसी के आधार पर दो ध्रुवीय भिन्नताओं की जगह बहुल और बहुलतावादी भिन्नताओं पर जोर देता है। परिणामस्वरूप स्त्रीवाद, पुरुषवाद और यौनिकता पर बड़े क्रान्तिकारी ढंग से बात करने का रास्ता खुलता है। कुछ स्त्रीवादियों का कहना है कि यह स्त्री और पुरुष के विभेद को नजरन्दाज करने का बहाना है, पर वास्तव में यह बिना विरोधी स्थितियों के असंख्य भिन्नताओं को गोचर कराने का मौका देता है। इससे जाहिर होता है कि, "...a feminist renaissance is under-way...a shift in perspective far more extraordinary and influential than the shift from theology to humanism of the European Renaissance."—एड्रीना रीश।

यही बात इहाब हुसैन कहते हैं, "We deconstruct, displace, demystify the logocentric, ethnocentric, order of things."

स्त्रीवाद के दूसरे दौर की केन्द्रीय दार्शनिक सिमान द बोआर है। उसका जन्म फ्रांस के एक अच्छे परिवार में हुआ था, जिससे उच्च शिक्षा प्राप्त करने का भरपूर मौका मिला। ताजिन्दगी अविवाहित रही और ज्यां पाल सार्त्र के साथ गहरी मित्रता निबाही। मूलतः वह उपन्यासकार थी और चिन्तन में सार्त्र के वामपन्थी झुकाव वाले अस्तित्ववाद का पोषण किया, परिपूरण किया। स्त्रीवाद की दृष्टि से उसकी बहुचर्चित पुस्तक 'सेकेंड सेक्स' (1948) इसी दृष्टि से लिखी गई थी। उसमें उसने स्त्री के बारे में उस शाश्वत दृष्टि का विरोध किया था, जो स्त्री के भाग्य को ही तय कर डालती है। कहा था कि स्त्री की स्थिति अधीनस्थता की इसलिए है कि पुरुष उसे 'अन्य' (other) बनाकर रखता है, चाहे जीवन में हो या विवेचना में। इसीलिए उसे 'सेकेंड सेक्स' कहता है। उसका मानदंड पुरुषत्व है। उसे सिद्ध करने के लिए पुरुष को न तो कोई संहिता बनानी पड़ती है, न पुस्तक लिखनी पड़ती है, क्योंकि वह केन्द्रीय, विश्वव्यापी, सकारात्मक, निरपेक्ष और समदर्शी माना जाता है। इसके उलट स्त्रीत्व को नकारात्मक—यानी पुरुष नहीं है—अन्य माना जाता है। इसका जबर्दस्त विरोध करते हुए उसने लिखा था, "One is not born, but rather becomes, a woman. No biological, psychological or economic fate determines the figure that the human female presents in society, it is a civilization as a whole that produces this creature...described as feminine." ऐसा सिद्ध करने के लिए वह भरपूर शोध करती है, हालाँकि उसका इरादा अपनी पुस्तक को स्त्रीवादी पाठ बनाना नहीं था। वह जीव-विज्ञान, मनोविज्ञान, समाजशास्त्र, इतिहास, नृतत्त्वशास्त्र, शिक्षा, बालपन, तरुणाई, यौवन, वृद्धावस्था, सेक्सुअल इनिसिएशन, सन्तानोत्पत्ति, माँ, पत्नी, वेश्या, समलैंगिकता आदि कहाँ-कहाँ विचरण नहीं करती है अपना तर्क जुटाने के लिए और पुरुष वर्चस्व का खुलासा करने के लिए, जिसने स्त्रीत्व को अनुशासित किया है।

चूँकि बोआर एक अस्तित्ववादी दार्शनिक है, जो यह मानता है कि व्यक्ति अपनी स्वतन्त्रता व अस्तित्व के लिए स्वयं जिम्मेदार होता है, इसलिए वह अपनी गुलामी के लिए स्त्री को स्वयं जिम्मेदार मानती है। स्त्री यह अधीनता इसलिए स्वीकार करती है कि इसके एवज में उसे कुछ लाभ, सुरक्षा, सहूलियतें मिलती हैं और अपनी तमाम जिम्मेदारियों से बचने का बहाना।

अपनी एक और पुस्तक 'द एथिक्स आफ एंविग्यूइटी' (1947) में वह व्यक्ति की वास्तविक स्थिति एक-दूसरे के प्रति नैतिक जिम्मेदारी और एक सही अस्तित्व के साथ जीने के रास्ते में आनेवाली परिस्थितिजन्य बाधाओं की चर्चा करती है। यह पुस्तक दमन की स्थिति से लड़ने की एक विषद विवेचना प्रस्तुत करती है। चार जिल्दों में लिखी उसकी अपनी जीवनी भी इन दृष्टियों से अति पठनीय है।

सिमान द बोआर की आलोचना करते हुए कहा गया है कि उसने शरीर और मन के अन्तर को स्वीकार किया है—शरीर प्रकृतिप्रदत्त जैविक है, मन समाज-संस्कृति निर्मित। और मन का आधार शरीर को माना है—बिना शरीर के रहे मन कहाँ रहेगा? इससे पुरुष वर्चस्व से बचने की सम्भावना कमतर हो जाती है क्योंकि उसने स्त्री की चर्चा पुरुष के सन्दर्भ में, पुरुष से जोड़कर किया है। स्त्री के लिए पुरुष की जरूरत को बराबर महत्त्व दिया है। इसलिए स्त्रीवाद के पूर्ण दर्शन का निर्माण नहीं हो पाता। मोनिक ह्विटिग ने लिखा है कि सामान्यतः बोआर की स्त्री के बारे में धारणा को जैविकता पर आधारित माना जाता है, पर वह है पूर्णतः इतर लिंगी, एक लिंगी नहीं। समलैंगिकता पर अध्ययन के कारण लगता है कि यह अन्तर्वेशी है, पर वास्तव में वह स्त्री के स्वभाव को समझने के लिए पुरुष से एकत्व की माँग करता है। इसलिए वह समलैंगिक ओरिएंटेशन नहीं बन पाता। वह पुरुषपेक्षी व्यवहारवाद बन जाता है और स्थापित करता है कि समलैंगिक की मुक्ति तभी होती है जब वह स्त्री बनने से इनकार कर दे। यह एक तरह का सारतत्त्ववाद है, जिसे स्त्रीवाद का दूसरा दौर स्वीकार नहीं करना चाहता। इसी कारण परिवारवाद से निकाल कर स्त्री की सशक्तीकरण की बोआर की माँग कमजोर पड़ जाती है।

स्त्रीवाद और वैश्वीकरण

स्त्रीवाद का वैश्वीकरण से सम्बन्ध दो प्रकार से देखा जा सकता है। एक तो यह कि वैश्वीकरण ने कैसे स्त्रीवादी आन्दोलन को एकरूपता दिया है : विभिन्न देशों और क्षेत्रों में हो रहे आन्दोलन को एकसूत्रता और सहयोग दिया है तथा अन्तरर्राष्ट्रीय संगठनों ने उसमें क्या भूमिका निभाई है। दूसरे यह कि वैश्वीकरण ने स्त्रीवाद के लिए क्या नई अन्तर्वस्तु प्रदान किया है। पहले की चर्चा हम अन्यत्र कर आए हैं। यहाँ हम दूसरे पक्ष को देखेंगे।

कहा जाता है कि वैश्वीकरण से स्त्रीवाद का तीसरा चरण आरम्भ होता है। पहले चरण में स्त्रियों ने राजनैतिक क्षेत्र में पुरुष के समान जनतान्त्रिक प्रक्रिया में भाग लेने की माँग उठाई थी, जिसकी परिणति मताधिकार प्राप्त करने में हुई थी। सामाजिक क्षेत्र में घर से बाहर आ कर पारिश्रमिक पर काम करने की माँग की थी और पाया था। आर्थिक क्षेत्र में समान काम के लिए समान वेतन की माँग उठी थी। इन सबका सम्बन्ध आधुनिकता से या, जिसमें जोर लौकिक मामलों में स्त्री-पुरुष की भिन्नता को कम करना था। दूसरा दौर उत्तर आधुनिकता से सम्बन्धित था, जिसमें जोर हर क्षेत्र में पुरुष के साथ बराबरी पर था। आधार यह मान्यता थी कि स्त्री और पुरुष का विभेद जैविक न होकर सामाजिक निर्मिति है। पहले जैविक भेद पर जोर देकर पितृसत्ता, कहें पुरुषसत्ता की स्थापना की गई थी, कर्म के कुछ क्षेत्र सिर्फ स्त्रियों का बताकर और कुछ क्षेत्र सिर्फ पुरुष का, तथा उसका विभाजन इस तरह से किया गया था कि वर्चस्व अन्ततः पुरुष के पक्ष में जाता था। इससे लिंग भेद (gender) का क्षेत्र बनता था। इस संघर्ष में हथियार पुनः राजनीति ही था। तीसरे चरण में कहा जा रहा है कि स्त्री पुरुष से सामाजिक रूप से तो भिन्न है ही और उसे दूर किया ही जाना है, वह जैविक रूप से भी भिन्न है, इस भिन्नता की अपनी विशेषता है, जिसकी कुछ विशिष्ट परिणतियाँ हैं, जिसका सम्पूर्ण विकास और पूर्ति पुरुष के साथ बराबरी मात्र से नहीं, विशेषाधिकार प्रदान कर ही किया जा सकता है। इसकी दार्शनिक ब्रुक्स लिखती है, "The third wave feminism, i.e. post feminism is described as being the outcome of the shift within feminism from debates about equality to a focus on debates about difference." इस विचारधारा के प्रवक्ता "stand for challenging male bias in the socio-economy opportunities and understanding of embodiment, desire, linguistic usage, knowledge-making and other conceptual practices." इसलिए क्षेत्र सामाजिक से हट कर सांस्कृतिक बन गया है। और हथियार भी सांस्कृतिक है। पर इसका मतलब यह नहीं है कि राजनीति को पूरी तरह से खारिज कर दिया गया है। बल्कि सांस्कृतिक परिवर्तन के लिए राजनीति को सबसे कारगर हथियार माना गया है। इसका प्रयोग कर प्राइवेट स्फेयर और पब्लिक स्फेयर के भेद को विनष्ट करने के बजाय पब्लिक स्फेयर में बराबरी देने के साथ ही प्राइवेट स्फेयर में इस समरुपता की जगह उसके विभेद को, उसके विशेष गुणों को (Quality और Virtue दोनों ही अर्थों में) पहचानकर विशेष सामाजिक और राजनैतिक शक्ति प्रदान की जानी चाहिए। जब तक इस विशिष्टता की पहचान न की जाएगी बराबरी और लैंगिक विभेद दोनों की परिणति स्त्री की दासता में होगी।

इससे जाहिर है कि तीसरे दौर के स्त्रीवाद में पुरुष वर्चस्व से निजात पाने का जो प्रयत्न दूसरे दौर में था, वह बरकरार है। विभिन्न अध्ययनों में पाया गया है कि नीति-निर्माण में स्त्रियों को वही स्थान नहीं दिया जाता, जो पुरुषों को दिया जाता है। दुनिया की समस्त सम्पत्ति में स्त्री का स्वामित्व सिर्फ एक प्रतिशत है। दुनिया की गरीबी में उसकी भागीदारी सत्तर प्रतिशत है। अशिक्षितों में उसकी संख्या दो तिहाई है। पुरुषों जैसा काम करने पर भी पुरुष के बराबर उसे मजदूरी नहीं दी जाती। शिक्षा, नौकरी और स्वास्थ्य सम्बन्धी असमानता पिछड़े देशों में बढ़ती जा रही है। कुछ हिंसाएँ सिर्फ स्त्रियों के प्रति हैं, जैसे छेड़-छाड़, बलात्कार, काम करने के स्थान पर गलत व्यवहार, व्यभिचार के लिए खरीद-परोख्त, कम उम्र की लड़कियों के साथ यौन सम्बन्ध, जबरन विवाह, कन्या हत्या, दहेज के लिए हत्या, सम्मान के लिए हत्या, ड्रेस कोड, पर्दा-सिस्टम, घरेलू हिंसा, वृद्धावस्था की समस्याएँ। जाहिर है कि ये हिंसाएँ पुरुषों के प्रति होनेवाली हिंसाओं से भिन्न हैं और इन पर रोक बराबरी के आधार पर नहीं, विशेष प्रावधान बनाकर ही लगाई जा सकती है।

दूसरी तरफ वैश्वीकरण ने सूचना, संवाद, अभिव्यक्ति के जाल, जनसंख्या का एक इलाके से दूसरे इलाके में आने-जाने व स्थाई रूप से रहने बस जाने, आर्थिक स्वायत्तता तथा अपेक्षाकृत समृद्धि ने कई तरह की समस्याओं के साथ-साथ हिंसा से इतर नई तरह की समस्याएँ भी पैदा की हैं, जिसने स्त्रियों के भाग्य को विश्वव्यापी रूप से प्रभावित किया है। इसने नई तरह की आर्थिक, राजनैतिक, सामाजिक और सांस्कृतिक विषमताएँ रचा है, वर्चस्व की एक नई श्रेणीबद्धता रचा है, जो स्त्री दलन के नए आयाम खोलती हैं। उन्हीं को ध्यान में रखकर संयुक्त राष्ट्र संघ ने 1996 में एक प्रस्ताव पास किया है 'कंवेंशन आन द एलीमिनेशन आफ आल फार्म्स आफ

डिस्क्रीमिनेशन अगेंस्ट वुमेन' के नाम से, जिसमें दुनिया के तमाम देशों को हिदायत दी गई है कि वे स्त्री और पुरुष के बीच सामाजिक, आर्थिक और राजनीतिक भेद-भाव को समाप्त करने के प्रविधानों को अपनी-अपनी न्याय-व्यवस्था में समाहित करें। इसे तकरीबन 90% सदस्यों ने स्वीकार भी कर लिया है।

तीसरी तरफ स्त्रीवाद एक राजनैतिक, सामाजिक और सांस्कृतिक आन्दोलन न रहकर अकादमिक अध्ययन का एक नया और महत्त्वपूर्ण विषय बन गया है, जिसमें तमाम सैद्धान्तिक और दार्शनिक विवेचन प्रस्तुत हो रहे हैं। पितृसत्ता, पुरुषवर्चस्व, संरचनावाद, विखंडनवाद, उत्तर आधुनिकतावाद, विमर्श, उत्तर उपनिवेशवाद, पूर्व और पश्चिम का भेद, काले और गोरे का भेद, कई तरह के आर्थिक संस्तरण, पर्यावरण आदि को लेकर स्त्री प्रसंग में सैद्धान्तिकी रची जा रही है।

स्पष्ट है कि तीसरे और दूसरे दौर के स्त्रीवाद के बीच अन्तर को स्पष्ट करना निरन्तर कठिन होता जा रहा है क्योंकि सामाजिक विकास और चिन्तनधारा की तिथियाँ तय नहीं होतीं और नई समस्याओं के आगमन से पुरानी समस्याएँ समाप्त नहीं हो जातीं। इसलिए दलन-दमन की समस्या दूसरे चरण की समस्या होकर भी आज के तीसरे चरण की भी समस्या है। और वैश्वीकरण के कारण उसका स्वरूप और क्षेत्र और विस्तृत हो गया है।

वैश्वीकरण को परिभाषित करना कठिन है। देश व काल के रूप में वह दुनिया को समेट कर एक गाँव में परिवर्तित कर रहा है, आर्थिक रूप से वह इस गाँव को एक बाजार में अपचयित कर रहा है, उपभोक्तावाद की एक ऐसी नई संस्कृति रच रहा है, जिसमें उत्पादन आवश्यकता के अनुसार नहीं उत्पादन के आधार पर आवश्यकताओं का निर्माण और खोज विज्ञापनों के आधार पर की जा रही है, जिसमें स्त्री-देह का खासकर तीसरी दुनिया की देह का बाजारू इस्तेमाल हो रहा है जिसका, असर वहाँ की संस्कृति पर बहुत गहराई से पड़ रहा है। राजनैतिक रूप से अन्तरर्राष्ट्रीय स्तर पर राज्य की सम्प्रभुता खिसका कर कारपोरेट और बहुराष्ट्रीय कम्पनियों की सत्ता स्थानापन्नित पलित की जा रही है, तो देश के भीतर राज्य को अपने लोगों पर दबाव और मनमाफिक सुधार के यन्त्र के रूप में सशक्त किया जा रहा है। परिणति अमेरिका के सर्वव्यापी वर्चस्व में है। दर्शन के रूप में उदाहरण की एक नई व्याख्या प्रस्तुत की जा रही है। उसका जन्म और विकास आधुनिकता और पूँजीवाद के साथ हुआ था। उसने व्यक्ति की इयत्ता पर जोर दिया था। पृष्ठभूमि में नवजागरण और सुधारवाद की सोच थी। सामाजिक समझौते के सिद्धान्त के प्रणेता टामस हाब्स ने कहा था कि मनुष्य स्वभावतः पशुवत है जो निरन्तर लड़ता रहता है। किन्तु उदारवाद ने मनुष्य को अनिवार्यतः अच्छा और मानवीय विवेक की उच्चता से लैस बताया और उसकी

राजनैतिक घोषणा की। विचार की पद्धति और जीवन के ढंग के रूप में इसने तत्कालीन उदियमान व्यापारी वर्ग के आर्थिक, सामाजिक, राजनीतिक और धार्मिक आकांक्षाओं को प्रतिबिंबित किया था। व्यक्ति की स्वतन्त्रता उसका प्रमुख क्षेत्र और उद्देश्य था। इसने स्वामीविहीन मनुष्य की अवधारणा सामने रखी, जिससे ईश्वर की इच्छापूर्ति की जगह मनुष्य की इच्छापूर्ति पर बल दिया गया। किन्तु यह सबकुछ ईसाई समाज के बरक्स था और उपनिवेश बनाने वाले यूरोप के लोगों के लिए था। गैर-ईसाई और उपनिवेशितों के लिए उसका लाभ नहीं था। वैश्वीकरण ने इसे तोड़ा है। इसने दुनिया के तमाम भिन्न मतों पर ध्यान दिया है और दुनिया भर के लोगों के लिए एक सांचा बनाना चाहा है। परिणामस्वरूप इसने एक तरफ दुनिया भर के सारे लोगों के बीच अनुरूपता की वकालत की है तो वहीं उनके भेद को पहचानने और उसको बनाए रखने के लिए 'बहुलता' और 'पहचान' का दर्शन रचना चाहा है। इसने उदारवाद की जगह 'लिबरटैरियनिज़्म' का दर्शन रचना आरम्भ किया है। यह शब्द पहले भी था, पर तब इसका अर्थ स्वतन्त्र इच्छा में विश्वास था जो निर्धारणवाद (determinism) का विरोध कर आवश्यकतावाद (necessitarianism) पर जोर देता था। आज इसका अर्थ एक ऐसे व्यक्ति के रूप में साकार होता है जो सभी तरह के स्वभावगत और मूलप्रवृत्ति से संचालित व्यवहार को खंडित तो करता ही है, सभी तरह के धार्मिक विश्वासों, पारिवारिक बन्धनों, राज्य के द्वारा अपने कानूनों को मनवाने की क्षमता, आदि पर प्रश्न उठाता है। दूसरी तरफ यह हर व्यक्ति के दूसरे व्यक्ति से बिलगाव पर जोर देता है, चाहे वे कितना भी एक नस्ल, एक परिवार, एक पेशा, एक कानूनी व्यवस्था, एक राज्य, एक समाज, एक संस्कृति, एक धर्म के सदस्य हों। वे इन संस्थाओं के सदस्य तभी तक हैं, जब तक कि वे उनके नैसर्गिक अधिकारों की अभिवृद्धि करें। यदि वे उन पर रोक लगाते हैं तो व्यक्ति को उन्हें त्याग देने का पूरा अधिकार है। इसके पुरस्कर्ता राबर्ट नाज़िक हैं।

जाहिर है कि लिबरटैरियनिज़्म उपयोगितावाद से भिन्न ही नहीं, उसके विरुद्ध भी है, जो अधिकतम् लोगों के अधिकतम सुख की कामना करता है। यह तो हर व्यक्ति के लिए अलग-अलग सिर्फ अपने हित की महत्तम कामना करता है। यह साफ-साफ कहता है कि व्यक्ति के निजी अधिकारों को समूह के सामान्यहित के लिए सीमित नहीं किया जा सकता। इसकी परिणति अपने जटिल तर्कों के सहारे लुडविंग वान मिसेज और फ्रेडरिक वान हायेक खुले व्यापार और उन्मुक्त बाजार के अन्तिमतः समेकित पूर्णलाभ के पक्ष में करते हैं, जो राज्य की सत्ता और क्षमता को सीमित कर बहुराष्ट्रीय कम्पनियों और कारपोरेट प्रशासन का दर्शन रचता है। स्पष्ट है कि यह परिणति नाज़िक की स्थापना के विरुद्ध है। पर जैसा कि उत्तर आधुनिकता का लक्षण है, दोनों साथ-साथ हैं। इसका शमन करते हुए सैमुअल ब्रिटन लिखता है, "Although the aggregate benefit of the population is the only ultimate justification of policy, this is best interpreted as a maximization of individual autonomy and minimization of dependence on state." इन विवरणों के आधार पर लिबरटैरियन लोग अपने को minarchist' कहने लगे हैं जो मानते हैं कि राज्य को व्यक्ति पर कम-से-कम ध्यान देना चाहिए, सिर्फ चौकीदार की भूमिका निभानी चाहिए, क्योंकि व्यक्ति की ज्यादे बड़ी लड़ाई सामाजिक मानवों से है, धार्मिक विश्वासों से है, परिवार की संरचना से है और बाजार की शक्तियों से है जो कहीं राज्य से बढ़कर व्यक्ति की स्वतन्त्रता पर रोक लगाते हैं।

इस पूरे चिन्तन का गहरा प्रभाव स्त्रीवाद के अकादमिक चिन्तन और राजनीतिक आन्दोलन पर है। तीसरा दौर समतावादी स्त्रीवाद की जगह उदारवादी स्त्रीवाद पर जोर देता है। जैसा कि फ्रीडन ने कहा था समतावादी स्त्रीवाद का मतलब था कि स्त्री को भी पुरुष से जुड़ी वे सारी स्वतन्त्रताएँ मिलनी चाहिए, जिसका उपभोग वह करता है तथा सामाजिक जीवन के सभी महत्त्वपूर्ण क्षेत्रों में स्त्री को पुरुष के ही बराबर अधिकार और जिम्मेदारी प्रदान की जानी चाहिए। प्रथम दृष्टता लगता है कि यह बहुत ही सम्भाव्य और उपयोगी स्थिति है, यदि तमाम सफल पुरुषों का जीवन ध्यान में रखा जाए। इसके लिए बस इतना करना है कि स्त्री की भिन्नता के लिए बनाई गई सभी परम्पराओं और प्रचलनों को अस्वीकार कर दिया जाए तथा जिस तरह से पुरुष रहते हैं, उस तरह से रहने के लिए संघर्ष किया जाए। उदारतावादी (लिबरटैरियन) स्त्रीवाद मानता है कि उपरोक्त अवधारणा बहुत प्रभावी नहीं है, क्योंकि वह इन प्रश्नों से नहीं टकराती कि तब परिवार कौन चलाएगा, बच्चों का पालन-पोषण कौन करेगा, क्या परिवार जैसी संस्थाएँ समाप्त कर देनी चाहिए। यानी व्यक्तिगत जीवन क्षेत्र और सामाजिक जीवन क्षेत्र में संघर्ष है। इस संघर्ष के शमन के लिए एक उत्तर यह है कि इस मामले में पुरुष और स्त्री को बराबर जिम्मेदारी उठानी चाहिए, काम का बँटवारा लिंग के आधार पर न होकर सहूलियत के आधार पर होना चाहिए। यदि पुरुष ज्यादे कमाने के काम में नहीं लगा है तो उसे ही परिवार और बच्चों का काम करना चाहिए। दूसरा उत्तर यह दिया गया है कि स्त्री को घर से बाहर वही काम करना चाहिए जो परिवार और घर के काम में कम-से-कम बाधा डालें, हो सके तो, 'पार्ट टाइम' जाब करना चाहिए, उस समय में जो परिवार और बच्चों का काम निपटाने के बाद बचता है। तीसरा उत्तर यह रहा कि घर-परिवार जरूरी नहीं है, विवाह किया जाना भी जरूरी नहीं है, (चाहे वह कामेच्छा तृप्ति के लिए हो या सन्तानोत्पत्ति के लिए) यदि वह स्त्री के कैरियर में बाधक है। लेकिन तब इससे अकेली औरत, समलैंगिकता, हस्तमैथुन, पोर्नोग्रैफी, किराए की कोख व किराए का वीर्य, औरत द्वारा अकेले बच्चा गोद लेना आदि से जुड़ी समस्याएँ सामने आती हैं, जिनका उत्तर खोजना जरूरी लगता है। यही नहीं, सामाजिक जीवन में स्त्री की स्थिति हू-ब-हू पुरुष के बराबर कर देने पर भी उसका असमान

सामाजिक जीवन समाप्त नहीं हो जाता। बेल हुक्स इसे नस्ल और जाति के दायरे में देखती है। वह 'पिंक घेटो' 'ममी ट्रैक', 'हाट मम्मा' और 'ग्लास सिलिंग' की ओर ले जाता है।

ये प्रवृत्तियाँ समाज की संरचना को ही चैलेंज करने लगती हैं। इसको ध्यान में रखकर कैरोल पेटमैन एक चौथा उत्तर कर्तव्य और कर्म के पब्लिक स्फेयर और प्राइवेट स्फेयर के भेद को, उसमें प्राइवेट का स्थान नीचे होने की बात को अस्वीकार करते हुए कहती हैं कि दोनों बराबर के महत्त्वपूर्ण हैं और उनके ऊँचे-नीचे को स्वीकारना लैंगिक विचारधारा को स्वीकारना है, जो स्त्री की छवि पालन-पोषणी, घातक निष्क्रिय और निर्बल तक सीमित कर देती है और पुरुष की छवि को प्रतियोगी, अघातक, सक्रिय और बलिष्ठ तक विकसित कर देती है। स्त्री और पुरुष दोनों ही क्षेत्रों में गरिमामय भूमिका निभाएँ इसके लिए जरूरी है कि परिवार की संरचना नए सिरे से रची जाए। यह सांस्कृतिक परिवर्तन की ओर ले जाएगा। सुसान मोलर ओकिन इसे 'मानववादी उदारवाद (ह्युमैनिस्ट लिबरलिज़्म) कहती है, तथा स्त्री और पुरुष दोनों से एवं दोनों में परिवर्तन की अपेक्षा करती है। लिखती है, "Justice and equality in thc household are crucial, encompassing equal legal entitlement of partners to all earnings coming into households and the same standard of living for both in post-divorce households." 'इस एंड्रेगाइनस माडल आफ लाइफ' कहा गया है जो लिंग के आधार पर श्रम विभाजन का विरोध करता है।

इस स्थापना को इधर आगे बढ़ाते हुए स्त्रीवादी विचारकों ने कहा है कि औरतों के दलन का मुख्य स्त्रोत तनख्वाह पर काम करने के अधिकार से वंचित होना नहीं है, बिना तनख्वाह के जो काम वह करती है उसे नीची निगाह से देखा जाता है, कम-से-कम उसे वह महत्त्व नहीं दिया जाता जो वेतन पर काम करने को दिया जाता है। इसको इधर 'सांस्कृतिक स्त्रीवाद' कहा जा रहा है, जिसके कई तर्करूप विकसित हो रहे हैं। एक तो यहीं कि परिवार चलाने और घरेलू जीवन में सहयोग करने के परम्परागत भूमिका में स्त्री का सामाजीकरण उसके उन गुणों को विनष्ट कर देता है जो स्त्री की महान् शक्ति का कारण और स्त्रोत होता है। दूसरे यह कि स्त्री का दमन, जैसा कि मरियम यंग कहती है, उस बात में निहित है कि उसके विशिष्ट स्त्रीत्ववाले गुणों और कलापों को नकारा और अवमूल्यित किया जाता है वर्चस्ववादी पुरुष संस्कृति के उपकरण से। आवश्यकता है ऐसे नकारात्मक और विनष्ट करनेवाली उस पुरुष संस्कृति के ऊपर विजय प्राप्त करने की, जिसका आधार लाभ कमाना, प्रतियोगिता, आक्रामक रुख, हिंसा, युद्ध, आर्थिक और परिवेशगत तानाशाही है।

प्राइवेट स्फेयर और पब्लिक स्फेयर को एक स्तर पर लाने के विचार पर प्रहार करते हुए कुछ स्त्रीवादी विचारकों ने कहा है कि यह तो उसी मध्यवर्गीय पुरुष की

ऐतिहासिक आकांक्षा में ढलने की बात है, जो वर्चस्ववादी है और उसके लिए नई सामाजिक संरचना बस कैरियर बनाने के लिए है, जीवन के किन्हीं आधारभूत मूल्यों की ओर प्रचरण करने के लिए नहीं। मेरी डेली कहती है कि नया अभियन्त्रण "Re-claiming of the life-loving female energy." के लिए होना चाहिए। इसलिए पुरुष को ही प्रतिदर्श मानकर उसके बराबर अधिकारों के भोग को वह उचित नहीं मानती। अमेरिकी मार्क्सवादी विचारक नैंसी हार्टसाक का कहना है कि स्त्री की माहवारी, गर्भाधान, स्तनपान, बच्चों के प्रति चिन्ता, उत्कंठा, पालन, रजोनिवृत्ति आदि की पुरुषेतर अनुभूतियाँ सामाजिक जीवन को समझने की एक विशिष्ट आधार और दिशा देती हैं, जिसका उपयोग स्त्रीवादी आधारबिन्दु बनाने के लिए किया जाना चाहिए। वह औरतों के क्रियाकलाप के आधार पर पूरे समाज की नई परिभाषा और संरचना निर्मित करेगी।

जाहिर है कि यह स्त्रीवादी दृष्टिकोण उसी तरह एकतरफा है जिस तरह पुरुष की वर्चस्ववादी दृष्टिकोण। एक वर्चस्व का स्थानापन्न दूसरा वर्चस्व नहीं हो सकता। फिर कोई भी समाज किसी एकमात्र विश्वव्यापी आदर्श के आधार पर नहीं चल सकता। समानता और अधिकार के अमूर्त मानदंड अवास्वविक और दमित करनेवाले होते हैं क्योंकि वे सर्वांगीण सामाजिक, आर्थिक, लैंगिक, नस्ली और काया सम्बन्धी उन कारकों को ध्यान में नहीं रखते जो मनुष्य के विभिन्न मूल्यों, आकांक्षाओं और अवसरों का निर्माण करते हैं। यानी उसने उबरने के लिए प्राइवेट और पब्लिक स्फेयर बने रहने देना चाहिए। तब फिर उसकी परिणति जैसा कि नैंसी फ्रेजर कहती हैं, "The trick is to emaging a social world in which citizen's lives integrate wage-earning, care-giving, community activism, political participation and involvement in the association in life of civil society." फिर औरत की उस अनुभूति की भिन्नता क्या वास्तव में प्रामाणित है, जिसका उपयोग एक तरफ उनकी गुलामी के लिए तो दूसरी तरफ उनकी मुक्ति के बाद की नई जीवन शैली के लिए हो सकती है?

ये तमाम तर्क-प्रतितर्क हमारी समझ को गड्‌डमड्‌ड करनेवाले हैं। अकादमिक लोग निश्चय ही इससे बचने का रास्ता खोज निकालेंगे। फिलहाल हम इसकी सैद्धान्तिकी को उसके अनेक खंडों में से चार पहचान, ज्ञान का उत्पादन, जिम्मेदारी और पर्यावरणीय स्त्रीवाद के आलोक में देख सकते हैं।

प्राचीन और मध्य काल में आध्यात्मिकता और आधिभौमिकता पर जोर होने के कारण मनुष्य का सारतत्त्व 'आत्मा' माना गया। आधुनिक काल में जो भौतिकता और लौकिकता पर जोर बढ़ा तो 'आत्म' की जगह 'आत्मा' को सारतत्त्व माना गया। जड़े यूनान के लौकिक विचारों में थीं। अफलातून का केन्द्रीय पात्र सुकरात कहता है, "मैंने

अपना सारा समय तुम बूढ़ों और जवानों को यह बताने में लगा दिया है कि तुम्हारा प्राथमिक ध्यान शरीर और सम्पदा पर नहीं, अपनी आत्म के उच्चतम् कलाप पर लगाना चाहिए।' चूँकि 'आत्म' का प्रयोग निरन्तर आध्यात्मिक अर्थ में होता रहा है, इसलिए उसके भौतिक स्वरूप को उजागर करने के लिए 'आत्म' (Self) का प्रचलन आरम्भ हुआ। अस्तित्ववाद ने माना कि मनुष्य की अस्मिता साथ की वस्तुओं और व्यक्तियों के साथ होती है। चुनने की स्वतन्त्रता और क्षमता के साथ अपने कर्म की जिम्मेदारी स्वीकार करने से इस अस्मिता की पहचान बनती है। यानी वह व्यक्ति बाह्य से जुड़ कर अपनी उपस्थिति दर्ज करती है। उत्तर आधुनिक काल में इस 'आत्म की पहचान 'निज' (Personal) के साथ होती है। इसी 'निज' से व्यक्ति की पहचान बनती है। जेन्किन्स कहता है, "This is the essence of self, of personhood, of what kind of person one is." इसकी मीमांसा करते हुए कहा गया है कि यह 'पहचान' 'अस्मिता' से भिन्न होती है। अस्मिता स्वयं की होती है पहचान दूसरे करतें है। दूसरे पहचान में भिन्नता और अनुरूपता दोनों लगा रहता है। यदि आप भारतीय हैं जो जाहिर है आप पाकिस्तानी नहीं हैं, अमेरिकी नहीं है, चीनी नहीं हैं। इसी तरह आप भारतीय दूसरे भारतीयों के अनुरूप हैं।

स्त्रियों ने इस भिन्नता को पुरुष के बरक्स देखा है। देखा तो पुरुषों ने भी है, लेकिन तब उन्होंने इसे स्त्री के ऊपर वर्चस्व और उसके शोषण का आधार बनाया है। पुरानी इंजील में आदम हैव्वा से पहले धराधाम पर आता है और हव्वा को उसके सीने से बनाया जाता है, उसकी उदासी दूर करने के लिए। वह इतनी कमजोर है कि वह साँप (बुद्धि) के बहकावे में आ जाती है और स्वर्ग से उनका पतन हो जाता है। वे ही नहीं उनकी सन्ततियाँ भी 'perpetual sin' में डूब जाती हैं। जाहिर है कि एक तो स्त्री को स्वयं उसके लिए नहीं, पुरुष के लिए बनाया गया है; ऊपर से उसने ऐसा कर्म किया है कि उस पर और नियन्त्रण की जरूरत पड़ती है। लौकिक विचारक अफलातून अपने डायलाग मेनो और फिर रिपब्लिक में कहता है कि स्त्री का शरीर कमजोर होता है। बच्चा पैदा करने और उनको पालने के दौरान उसकी दृष्टि के केन्द्र में शरीर ही होता है, जिसे पार कर वह आत्मा की ओर उन्मुख नहीं हो पाती। आधुनिक काल में रूसो कहता है कि स्त्री और पुरुष के मन भी उसी प्रकार भिन्न होते हैं, जिस प्रकार उनका चेहरा, सीना और तलपेट। 'The search for abstract and speculative truth, for the principle and axioms in science, for all that tends to wide generalisations is beyond a woman's grab." बाद के विचारकों ने इस भिन्नता को बढ़ाया ही है। सन्तानोत्पत्ति, मासिक धर्म, गर्भधारण, स्तनपान पर चूँकि न तो जैविक स्तर पर, न ही तर्क के स्तर पर रोक लगाया जा सकता है, इसलिए यह भिन्नता हीनता की है। इस वर्चस्व निर्मिति को किस्कोस इस तरह से रखती है :—

"Father / Mother

Head / Heart

Intelligible / Palpable

Logos / Pathos

Form, convex, step, advance, semen, progress.

Matter, concave, ground stop where steps are taken

Holding and dumping—grounds.

Man

Woman"

और कहती है कि यह कहकर पुरुष वर्ग स्त्री की स्वाभाविक जैविकता को सामाजिक हीनता में बदलता है, जो एक निर्मिति (construct) है। यह निर्मित एक स्थिरता की ओर ले जाती है। यह स्थिरता एक तरफ वर्चस्व का दर्शन रचती है, तो दूसरी तरफ सभी स्त्रियों में अनुरूपता रचती है। जबकि होना यह चाहिए था कि यह अनुरूपता स्त्री और पुरुष में साम्य रचती और उसके माध्यम से स्त्री की मुक्ति।

सुसान बोर्डो कहती है कि इस भिन्नता का इस्तेमाल स्त्री मुक्ति के लिए करने के लिए एक दूसरी तरह की निर्मिति बनाने की जरूरत है। अफलातून की दृष्टि में यदि स्त्री देह है तो इसे देह का ही इस्तेमाल उसकी मुक्ति के लिए की जानी चाहिए। इसी से 'personal is political' की उत्पत्ति होती है। इसको आगे बढ़ाते हुए एड्रिन रिश कहती है कि 'वुमन' और फीमेल' में अन्तर कर स्त्री की भूमिका को इन दोनों क्षेत्रों में मूल्याँकित और निर्मित किया जाना चाहिए। शरीर और मन और ध्यान में रखकर किए अध्ययनों के मूल्याँकन को नकारते हुए वह स्त्री गात को ('site of strength, power, endurance and creativity, particularly with regard to its sexuality and capacity of motherhood." कहती है। इसके लिए वह स्त्री को अपने शरीर पर नियन्त्रण रखने के अधिकार की बात करती है, जिसकी परिणति वह विपरीत लिंगी सम्बन्धों को त्याग कर स्त्रियों के लिए समलैंगिकता और मैथुन की जगह भगनासा गर्दन की वकालत करती हैं। हस्तमैथुन के लिए तमाम उपकरणों के इस्तेमाल की बात करती है, जिससे शरीर का सुख बढ़ जाता है। बाढ़ के विचारकों ने इसे 'साइबोर्ग' की अवधारणा में रूपान्तरित कर दिया है। कहती है कि विपरीत लिंगी सम्बन्ध अन्ततः विवाह, सन्तानोत्पत्ति, मातृत्व, परिवार, घर आदि के माध्यम से पुरुष वर्चस्व निर्मित करता है, उसका दर्शन रचता है, सिर्फ स्त्री को परिवार नियोजन के लिए बाध्य करता है, बाँझ, बूढ़ी विधवा घर्षित और अविवाहित स्त्री को नीची निगाह से देखता है, स्त्री को अपने शरीर पर अधिकार नहीं देता और तरह-तरह से सताता है, 'through a wide variety of measures including clitoridictomy, infibulation, chastity belts, punishment including death for female adultery, lesbian sexuality, psychoanalytic denial of clitoris, stricture against masterbation, denial of maternal and post-menopausal sexuality, unnecesary hysterectomy."

रिश के तर्कों को आगे बढ़ाते हुए इधर के विचारकों ने बात रखी है कि स्त्रियों को अपनी यौनिकता, स्वास्थ्य समस्या आदि के अनुभवों पर खुलकर बात करनी चाहिए, पोर्नोग्रैफी पढ़नी चाहिए, गर्भधारण के लिए किराए की कोख और वीर्य को उचित मानना चाहिए वैधानिक ही नहीं नैतिक रूप से भी। इस विभिन्नता के आधार पर यह भी कहना शुरू किया है कि बच्चा पैदा करने और पालन करने की क्षमता और अनुभव का उपयोग अहिंसा, प्रशान्ति, पर्यावरणीय समस्या और बेहतर दुनिया की निर्मिति के लिए किया जा सकता है। रूडिक कहती है, "Maternal practice is a natural resource for peace politics." वहीं दूसरे विचारकों ने मातृ सत्ता, मम्मी, हाट मोम्मा आदि के अनुभवों के आधार पर कहा है कि यह जितना ही स्त्रियों को क्षमता देनेवाला है, उतना ही उस पर दबाव बनानेवाला भी है। मनोविश्लेषणवाद और उत्तरसंरचनावाद ने शरीर के मनोवैज्ञानिक, सामाजिक और वैधानिक स्थिति का पुनरावलोकन करना चाहा है।

स्त्री के पहचान का दूसरा पक्ष मनोविश्लेषण का है। फ्रायड ने स्पष्ट कहा था कि आत्म की, निज की पहचान उसके 'एम्बाडीमेंट' से जुड़ा है। अहम् यानी मैं की निर्मिति एक तरफ हमारा ध्यान रखनेवाले, पालन-पोषण करनेवाले-विशेषतः माँ—से धीरे-धीरे अलग होते जाने पर होती है, दूसरी तरफ जगत से और जगत में यानी व्यक्ति बाह्य से और मैं यानी अहम या मैं की निर्मिति अपने शरीर की सीमा जानने-पहचानने और इस तरह से विर्निमित शरीरों के आपसी सम्बन्धों को जानने के परिणामस्वरूप होता है। इस तरह शरीर और मन की भिन्नता पर जोर देने के बजाय मैं या निज के निर्माण के लिए शरीर के अनुभव पर जोर देता है। स्त्री और पुरुष की निजता की श्रेणीबद्ध विवरण प्रस्तुति का आधार वह शिश्न और शिश्न ईर्ष्या की अवधारणा को बनाता है। ओडिपस ग्रन्थि और अचेतन मन की शब्दावली में सोचते हुए वह आत्मगतता के बारे में कहता है भिन्नता का आरम्भ शिशु की अविलगाइत कामेच्छा से आरम्भ होती है, जिसकी जड़ में माँ का गात होता है। पुरुष शिशु सोचता है कि उसे माँ के गात से जो सुख मिलता है, उस पर पिता की उपस्थिति रोक लगा देती है। ऊपर से भय रहता है कि पिता कहीं उसे बधिया ही न कर दे। स्त्री शिशु सोचती है कि उसका बधिया तो पहले ही हो गया है। इसलिए वह माँ से विमुख होकर पिता की ओर (और उसके माध्यम से दूसरे पुरुषों की ओर) आकर्षित होती है इस भावना से कि वह उसे कामानन्द

दे सकेगा। इस तरह ओडिपस ग्रन्थि को भंगकर दो भिन्न लिंगों का मन के स्तर पर निर्माण होता है। युवा होने पर ये स्त्री और पुरुष घर के भीतर कामतृप्ति पर रोक के कारण दमित इच्छाओं का अचेतन संसार बनता है, जिसमें पुनः स्त्री और पुरुष के संसार में भिन्नता आती है।

अब फ्रायड कोई स्त्रीवादी विचारक नहीं है। उसके तर्कों का उपयोग बाद के मनोविश्लेषणवादियों ने पुरुष-वर्चस्व को न्यायोचित ठहराने के लिए किया है। ऊपर से मैक्डूगल की इस स्थापना का सहारा लिया है कि अपने बर्ताव में स्त्रियाँ अपनी मूल प्रवृत्तियों पर विवेक का रोक बहुत कम लगा पाती हैं, पुरुष की तुलना में उनका व्यवहार इसीलिए आवेगपूर्ण रहता है और बड़ी बौद्धिक ऊँचाइयों तक नहीं पहुँच पाती हैं। इससे परेशान होकर स्त्रीवादियों ने मनोविज्ञान की जमकर आलोचना की है। कहा है कि इन विचारकों को कामेच्छा और मूल प्रवृत्ति जैसी बातों में स्त्री और पुरुष में विभेद नहीं, ऐक देखना चाहिए था। मनोविश्लेषण और फ्रायड को लेकर उन्होंने कहा है कि उन्हें चाहिए था कि वे इस विभेद की प्रकृति, यौनिकता और यौन इच्छा का राजनैतिक, सामाजिक परिस्थितियों पर ध्यान, भौतिक प्रक्रिया और सांस्कृतिक प्रतीक का सम्बन्ध तथा पुरुष सत्ता के अचेतन उत्पाद को लखा जाना चाहिए था। नैसी चोदोरोव और कैरोल मिलीगन ने फ्रायड के विचारों को विकसित करते हुए कहा है कि स्त्री और पुरुष का यौन विज्ञान भिन्न तरह से विकसित होता है तो इसका निहितार्थ यह है कि दोनों में मूलभूत भिन्नता है और इससे दोनों की पहचान की स्वतन्त्र निर्मिति होती है। ओडिपस ग्रन्थि भंग होने पर पुरुष का विकास स्वतन्त्र, स्वतन्त्र क्रियाशील और आत्म निदेशित होता है और स्त्री का विकास सम्बन्धपरक और निष्क्रिय होता है। फ्रायड कहता है कि इससे पुरुषों में 'lesser sense of justice' उभरता है। चोदोरोव कहती है कि यह कोई समस्या नहीं है। स्त्रियों में तो 'a stronger basis for experiencing another's needs for feelings as one's own, or of thinking that one is so experiencing another's needs and feelings." विकसित होता है। यह एक सकारात्मक बात है। इसका मतलब है कि स्त्री में समानुभूति (empathy) की भावना विकसित होती है जो आत्म को और मजबूत करती है। वैश्वीकरण या तीसरी लहर इसको लेकर स्त्री के विशेषाधिकार का एक और तर्क रचती है। गिलियन कहती है कि स्त्री की ऐसी काममनोवैज्ञानिक विकास सम्बन्धों और सहआधारिता के लिए 'greater orientation' रचती है जिसका उपयोग दुनिया को बेहतर बनाने के लिए किया जाना चाहिए और उसके लिए स्त्री की विशेष स्थिति को स्वीकार कर विशेषाधिकार किया जाना चाहिए। नैंसी हार्टसाक इसको एक और भी अर्थ देती है। लिखती है, "The female construction of self in relation to others leads toward opposition to dualism of any sort, the valuation of concrete, everyday life, and the sense of variety of connectedness and continuities both with other persons and with the natural world."

मनोविश्लेषणवाद के विकास का एक दूसरा रूप सिस्कोस और इरिगर का है। फ्रांसीसी मनोविश्लेषणवादी जैक लाकां ने फ्रायड का पुनःपाठ संरचनावाद और उत्तर संरचनावाद के आलोक में देरिया के प्रभाव में किया था। लाकां और देरिदा दोनों ने ही भाषा कहें प्रतीक विमर्श का इस्तेमाल दो भिन्न तरीकों से दो भिन्न उद्देश्यों के लिए किया था अर्थ और विषमगतता के निर्माण (और उसके बाधा के लिए)। इसमें लाकां ने कहा था कि बच्चे का ओडिपस ग्रन्थि के साथ विकास भाषाई अर्थ-निर्मिति का भी विकास है। दोनों का संयुक्त प्रभाव "lead to the subject's realization that any identity (including her own) is inextricable from its relations of difference and similarity every other identity." परिणति यह है कि कोई भी पहचान न तो अपने आप में पूरी हो सकती है, न ही उसे पहचाना जा सकता है। परिणामस्वरूप पूर्णता प्राप्त करने की आकांक्षा के तहत व्यक्ति विभेद और स्थानापन्न के अन्तहीन चक्र में फँस जाता है। ये आकांक्षाएँ जोड़ की तलाश, सन्तान, सम्पत्ति, सम्मान, सामाजिक या राजनितिक शक्ति आदि के रूप में होती हैं। दूसरी बात यह कि देरिदा की तरह लाकां भी यह मानता है कि कोई भी पहचान चाहे पुरुष की हो या स्त्री की भिन्नता का एक अस्थाई और भंगुर प्रभाव होती है। और स्वयं यह पहचान भी असमस्यास्पद नहीं होती। यहीं से बात उठा कर उधर की फांसीसी स्त्रीवादी विचारक कहती हैं कि जिस तरह से पुरुष की पहचान भाषा और संस्कृति के माध्यम से बनती है, उसी तरह स्त्री की भी बनाई जानी चाहिए। पुरुष की निर्मिति यदि स्त्री पर प्रभुत्व जमाने के लिए है तो स्त्री की निर्मिति सिर्फ उससे बचने के लिए नहीं, उसे विशेष महत्त्व और स्थान देने के लिए की जानी चाहिए। इरिगरे लिखती है, "The question of language is closely allied to that of feminine sexuality. For I do not think that language is universal or neutral with regard to diffirence between sexes. In face of language constructed and maintained by men only, I raise the question of the specificity of a feminine language : of a language that would be adequate for the body, sex and the emaginary of women. A language which presents itself as universal and which is in fact produced by men only is this, not what maintains the alienation and exploitation of women in and by society?" शिश्न की एकलता और भगोष्ठों के द्वित्व को ध्यान में रखकर वह लिखती है,'' A language expressing their double morphology would be better able to relate to conditions of excess, fluidity and otherness than any language that stresses unity."

इससे आगे बढ़कर क्रिस्तोवा कहती है कि अभी तक के मनोविश्लेषण में स्त्री की कामुकता और काम अनुभव को छोड़कर काम किया गया है। न केवल उसे पूर्णता देने के लिए, स्त्री के अनुभव पर अतिरिक्त बल और तज्जन्य पहचान के लिए अब उस कामुकता और अनुभव को लेकर चलना होगा। उसे एन्द्रिक सुख और स्खलन आनन्द को आधार बनाकर 'Ecriture feminine' का दर्शन रचा जा रहा है जो स्थापित करता है, "What women need to be recognized as bodies with sexual attributes desiring and uttering and for men to rediscover the materiality of their own bodies. There should no longer be this separation sex/ language on the one hand, body/matter on the other."

इसकी परिणति एक सारतत्त्ववाद (essentialism) में होती है, जिसकी अपनी अच्छी/ बुरी परिणतियाँ हैं, जिसकी चर्चा हम यथा प्रसंग करेंगे। यहाँ हम हरावे के उत्तर संरचनावादी स्टैंड को नोट करते चलें। यह स्टैंड 'साइबोर्ग मैनिफेस्टो' है। इसका खुलासा करते हुए लिखती है, "A body that can only bc understood as bluring all the so called absolute differences (male/female) nature-culture, human-machine, to name a few : a cyborg...A cyborg world might be about lived social and bodily realities in which people are not afraid of their joint kinship with animals and machines, not afraid of permanantly partial identities and contradictary stand points." यानी यह साइबोर्ग सच्चे या तयशुदा पहचान की स्वप्नों की जगह खंडित, निर्माणाधीन और वर्णसंकर अनुभवों की बात वास्तव में किए गए जीवन के आधार पर करता है। इस तरह वह द्विभाजन की भूल-भूलैया से विमर्श को बाहर लाना चाहती है। यह तकनीक और सर्जरी से बनाया शरीर नैसर्गिक शरीर न होकर स्त्री और पुरुष के विभेद को मेट देता है।

उत्तर संरचनावादी मनोविश्लेषण के आधार पर बटलर एक तरफ सारतत्त्ववाद तो दूसरी तरफ विपरीत लिंगी सम्बन्धों की अनिवार्यता पर प्रहार करती है। कहती है कि स्त्री और पुरुष की भिन्नता की पहचान एक तरफ उनके आपसी विरोधी स्वरूप और दूसरी तरफ दोनों में अनिवार्य सम्बन्ध की देन होती है। बटलर यह तो स्वीकार करती है कि शरीर 'only appear, only indure and only live within the productive constraints of certain hightly gendered regulatry schemes.' लेकिन तब लैंगिकता की अभिव्यक्ति के पीछे कोई लैंगिक पहचान नहीं होती। संस्कृति-विरचित ऐसी कोई लैंगिक पहचान नहीं होती जो स्त्री और पुरुष सम्बन्धी दो विभक्त विषयों का आधार बनती है। जैसे भाषा और वास्तविकता का सम्बन्ध एक साथ ही मानकों को अनुशासित करनेवाली बातों से होती है, उसी तरह शरीर का। व्यवहार के मानक शरीर के कलाप और उत्पाद का निर्धारण उसी तरह करते हैं, जिस तरह व्यवहार की सम्भावनाओं को

शरीर निर्धारित करते हैं। यह सब कहकर बटलर यह स्थापित करना चाहती है कि 'शुद्ध शरीर चाहे अपना हो या किसी दूसरे का—को इस जगत में कहीं पाया नहीं जाता, उससे कहीं भी हमारी मुठभेड़ नहीं होती। उम्मीदों का एक चौकठा उनके बीच विचरता रहता है और यह चौकठा शरीर की संरचना, सांस्कृतिक मूल्यबोध और मानकों का गढ़ा होता है। रहस्य वहीं पैदा होता है जहाँ हम स्त्री या पुरुष के शरीर, को इस चौकठे के अनुसार बरतते हुए नहीं पाते हैं। वैश्वीकरण ने पहचान के लिए बहुलता का दर्शन रचा है। अकादमिक लोगों ने उसका आधार ज्ञान का उत्पादन और उपयोग में खोजा है। कहा है कि वह वस्तुगत, निरपेक्ष और अनुभव के निरीक्षण, विश्लेषण से बनता है और उसका इस्तेमाल सर्वांगीण विकास के लिए होता है। स्त्रीवादी अकादमिकों का कहना है कि ज्ञान की जिस निरपेक्षता और वस्तुगतता की बात तथाकथित वैज्ञानिक अनुभववादी दृष्टि हमारे सामने रखती है और जिसकी परिणति अन्ततः पुरुष वर्चस्व में होती है, वह गलत है, क्योंकि उसके निर्माण में स्त्री के अनुभव और कलाप की कोई भूमिका नहीं होती। वह पुरुष का अपने अनुभवों के आधार पर रचा ज्ञान होता है, जिसे वे सार्वदेशिक और सार्वकालिक बताकर स्त्री पर वर्चस्व बनाते हैं। इस विरोध का पहला स्फुरण जीवशास्त्र, चिकित्साशास्त्र और सामाजिक विज्ञान का अध्ययन करनेवाली स्त्रियों के लेखन में हुआ। उन्होंने पाया कि अमूर्त चिन्तन के लिए स्त्री की असमर्थता, बच्चों की पैदाइश और परवरिश तक सीमित उनकी क्षमता, मुर्च्छा, अतृप्त कामेच्छा, समलैंगिकता और अत्यधिक हस्तमैथुन के लिए भगनासा को शल्य द्वारा निकाल दिए जाने की मान्यता गलत है। वही बात विकासवादी मनोवैज्ञानिकों की स्थापनाओं पर भी लागू होती है, जो मानते हैं कि पारिवारिक हिंसा और पति का पत्नी के साथ बलात्कार पुरुष व्यवहार की सामान्य अभिव्यक्ति हैं। उसी तरह औरत की निष्क्रियता और अप्रतियोगी होना औरत व्यवहार की सामान्य अभिव्यक्ति है। स्त्री का अनुभव ऐसा कुछ भी सिद्ध नहीं करता। दरअसल ऐसा विमर्श इसलिए बन पाया कि उसमें स्त्री के अनुभव को शामिल नहीं किया जाता है। दूसरा स्फुरण हरावे का अध्ययन है। उसने पाया कि नरवानरविज्ञान (Primatology) का अध्ययन जब तक पुरुषों के हाथ में रहा उन्होंने माना कि प्राइमेट समूह में संसक्ति (Cohegen) शक्ति की श्रेणीवद्धता के आधार पर होती है, जिसकी जड़ें मनुष्य को शिकारी के रूप में सीमित कर देखने में गड़ी होती है। वही नस्ली शक्ति श्रेणीवद्धता की ओर ले जाता है। लेकिन जब स्त्री वैज्ञानिकों ने उस अध्ययन में प्रवेश किया तो पाया कि उससे सशक्त आधार तो माँ और बच्चों का आपसी सम्बन्ध है।

इन बातों को समाज विज्ञान में प्रवेश कराते हुए स्त्रीवादी अनुभववाद (Feminist empiricism) की धारणा रची। कहा कि जैविक आधार पर यह नहीं सिद्ध किया जा सकता कि स्त्री अमूर्त और सूक्ष्म तर्कणाशक्तिहीन है, कि वह मूल प्रवृत्ति से अधिक

अनुप्रेरित हो व्यवहार करती है और इसलिए नीतिनिर्धारक और निर्णय लेने जैसे काम नहीं कर सकती। ऐसा ज्ञान न तो वस्तुगत है, न ही विशिष्ट परिस्थितियों में सत्य है। सांद्रा हार्डिंग ने इसे आगे बढ़ाते हुए स्पष्ट किया है कि सही-सही वस्तुगत ज्ञान के लिए उसी बात पर, उसी सन्दर्भ में स्त्री और पुरुष दोनों के अनुभवों को टटोला जाना चाहिए। यही नहीं स्त्री के हित पर अलग से ध्यान दिया जाना चाहिए। इसी बात को इतिहास के अध्ययन के क्षेत्र में ले जाते हुए वारिंग कहती है कि उसके अध्ययन की वस्तुगतता के लिए सिर्फ मर्दों की क्रियाकलापों और आकांक्षाओं को ही नहीं, स्त्रियों के जीवन में आए परिवर्तन को भी विश्लेषित किया जाना चाहिए। अर्थशास्त्र के अध्ययन के लिए जरूरी है कि स्त्रियाँ जो काम बिना वेतन की करती हैं और परिवार के भीतर जो उत्पादन करती हैं उसे भी समाहित किया जाना चाहिए।

कुछ बात ज्ञान की वस्तुगतता की बात कर ली जाए। वस्तुगता का अर्थ यह लगाया जाता है कि ज्ञान निष्पक्ष होता है, एकदम सही (accurate) होता है और निश्चित होता है। निष्पक्ष होने के कारण वह कर्ता की पूर्वमान्यताओं से विरत होता है और जगत की निरपेक्ष जानकारी प्रदान करता है। कर्ता की सामाजिक भूमिका और व्यक्तिगत विन्यास (disposition) का उस पर कोई असर नहीं होता। उपरोक्त विवेचन से स्पष्ट होता है कि ये स्त्रीवादी विचारक स्त्री और पुरुष के बीच समता चाहती है और ज्ञान की वस्तुगतता में भी विश्वास रखती हैं। बस उसे और सही बनाना चाहती हैं, क्योंकि वे मानती हैं कि डाटा झूठ नहीं बोलते क्योंकि वे बिना किसी भेद-भाव के निरीक्षण के द्वारा प्राप्त किए जाते हैं और यह कि ज्ञान सिर्फ साक्ष्य के प्रति उत्तरदायी होता है। वे सिर्फ इतना चाहती हैं कि उस ज्ञान को सही करने के लिए स्त्री अनुभव और स्त्री वैज्ञानिक को अधिकाधिक भूमिका दी जानी चाहिए। किन्तु ऐसे स्त्रीविचारकों की कमी नहीं है जो स्पष्ट कहतीं हैं कि ज्ञान की वस्तुगतता होती ही नहीं। वह हमेशा सापेक्ष होता है और एक उद्देश्य के तहत रचा जाता है। वे स्त्री के वैकल्पित स्टैंड को चिह्नित कर यह बताना चाहती हैं कि ज्ञान को वस्तुगत और निरपेक्ष बनाने के बजाय स्त्री के विशेष को महत्त्व दिया जाना चाहिए। पुरुष की विश्वदृष्टि यदि पुरुष के लिए है तो स्त्री की विश्व दृष्टि स्त्री के लिए होना चाहिए। यह स्त्री को विशेषाधिकार दिलाएगा।

यानी ज्ञान मूल्यों के निर्माण का साधन है, जो जीवन चलाते हैं, अनुशासित करते हैं। ज्ञान वहीं तक वस्तुगत रहता है जहाँ तक वह नैसर्गिक संवृत्ति की बात करता है। गणित सबसे अधिक वस्तुगत होता है क्योंकि जीवन की जगह तर्क से अनुशासित होता है। भौतिकी इससे कम होती है, क्योंकि उसमें मैटर का, डेड ही सदी हस्तक्षेप होता है। रसायन उससे भी कम, जीव विज्ञान उससे भी कम और जीव विज्ञान में जितनी वस्तुगतता वनस्पतियों के अध्ययन में होती है, जीवधारियों यानी पशुओं के

अध्ययन में उससे भी कम। उसमें मनुष्य के अध्ययन में काफी कुछ मटियामेट हो जाता है—शरीर के अध्ययन में कुछ बचा भी रहता है तो मन और आत्मा के अध्ययन में गायब हो जाता है। सामाजिक जीवन और संस्थाएँ तो मान्यताओं पर चलते हैं, जिनका सम्बन्ध मूल्यों और मानकों के अनुसार बरतने से होता है और उनका आधार बहुत वस्तुगत नहीं होता। नस्ल, जाति, इलाका, भूगोल, ऋत्तु, संघर्ष, उत्थान, पतन जाने कितने प्रभावों से वह बनता है, जिन पर वस्तु की तरह न तो नियन्त्रण रखा जा सकता है, न ही यादृच्छित रूप में ढाला जा सकता है। एक बहुत ही जटिल तर्क जाल से गुजरते हुए कॉड कहती है, "Knowledge inevitably bears the mark of its human creators and their socio-political context, while contending that it is also constrained by the existence of an independent reality."

इस तरह की स्थापनाएँ कई समस्याएँ पैदा करती हैं। एक तो यही कि जब पुरुष निर्मित ज्ञान वस्तुगत नहीं है, तब स्त्री निर्मित ज्ञान वस्तुगत कैसे हो जाएगा। इसके उत्तर में स्त्री विचारक कहती हैं कि हम ज्ञान की वस्तुगतता की माँग ही कहाँ करते हैं? हम तो अपनी विशिष्टता, आत्म, निजता की बात करते हैं। उस पर पुरुष विचारकों का कहना है कि यह आप की आत्मगतता ही है जो आप को पुरुष से भिन्न करती है और वह भिन्नता आपको अधीनस्थता प्रदान करती है, क्योंकि जीवन-संघर्ष में आप वह भूमिका नहीं निभा पातीं जो पुरुष निभाता है। इसलिए लाख चाह कर भी आप उसके बराबर नहीं हो पातीं। विशिष्ट तो आप अपने अधीनस्थ स्थिति में भी बनी रहती हैं। दूसरे स्त्री की यह विशिष्टतावादी सोच इतनी अलग है कि उसका उपयोग दूसरे यानी स्त्रीतर लोग नहीं कर सकते। तब प्रश्न उठता है कि क्या इतने विभेदबोधी विरुद्धक ज्ञान को लेकर संश्लिष्ट सामाजिक जीवन रचा जा सकता है? समलैंगिकता, अकेले का जीवन आदि यही तो जीवन विरोधी प्रवृत्ति जाहिर करता है। तीसरे स्त्री के विशिष्ट ज्ञान को उसी के बूते पर तो ठीक माना जा सकता है, किन्तु तब वह बूता किसी और दूसरे ज्ञान के सही और उचित परिक्षण के लिए कोई मानदंड नहीं प्रदान करता। तब दोनों स्टैंडों को एक बराबर समीचीन या उचित अपने-अपने क्षेत्र में माना जा सकता है। जब तक उसे शुभेच्छा से रखा जाता है, तब तक ठीक है और एक सापेक्षता का निर्माण करता है। किन्तु यह सापेक्षता कोई ऐसी निरपेक्ष जगह नहीं छोड़ती जिसमें वे बाकई कोई काम कर सकें। और सामाजिक-राजनीतिक परिप्रेक्ष्य में तो कोई गुंजाइश ही नहीं बनती। तब ज्ञान सिर्फ ज्ञान के लिए बनकर रह जाता है। स्त्री विचारकों का कहना है कि यह तर्क ही गलत है। स्त्रीज्ञान का अलग उत्पाद ही है सामाजिक-राजनीतिक कार्यवाही के लिए, जिससे कि उसे पुरुष वर्चस्व से मुक्ति मिल सके। यह तर्क सारतत्त्ववाद की ओर ले जाता है, जिसक मतलब है सामाजिक संवृत्ति की जटिलता को किसी एक आयाम में ढाल देना। यह प्रत्यक्षवाद को ध्वस्त कर ज्ञान को

अनुपयोगी बना देता है। इससे बचने के लिए हार्डिंग 'मजबूत वस्तुगतता' की अवधारणा रचती हैं। हार्टसाक ने 'स्टैंडप्वाइंट की बात करते हुए कहा था कि वर्चस्व की स्थिति में रहनेवाले की भूमिका और क्रिया कलाप जगत और स्वयं उनके अपने बारे में समझ की सीमाएँ बना देता है। ऐसे में हाशिए के लोगों की समझ और दृष्टिकोण अन्वेषण के नए आयाम खोलती हैं जिसका प्रभाव सत्तासीनों पर भी पड़ता है। इसकी वस्तुगतता उनकी समझ की सीमा को तोड़कर एक नया वितान रचती है। निरपेक्षता से वस्तुगतता को अलग कर ज्ञान रचने वालों के हितों और मूल्यों को बेनकाब करती है। स्त्रीवाद के सन्दर्भ में यह ज्ञान को जनतान्त्रिक और समेकित करनेवाले मूल्यों में निरूपित करती है। इधर हार्डिंग के इस विचार की आलोचना इस आधार पर की जाती है कि यह ज्ञान मीमांसा को अविवेकपूर्ण और सापेक्ष बना देती है। उससे बचने के लिए एंटोनी और विट का कहना है कि, "Our ability to create accounts of the social world that are superior to any competing sexist (or classist, racist, heterosexist etc.) versions actualy depends on ridding knowledge of subjectvity." यानी सामाजिक जीवन का विवरण बनाने की हमारी योग्यता जो किसी भी प्रतिस्पर्धी यौनिक (वर्गीय, नस्ली, विपरीत लिंगी) पक्ष से उच्च है या वरिष्ठ है आत्मगत ज्ञान से वास्तव में युक्त हो जाने पर निर्भर करती है।

जाहिर है कि इस तरह के तर्क-वितर्क ज्ञान की ऐसी जटिल दुनिया रचते हैं कि एक तो उन्हें समझना कठिन है और यदि समझ में आ भी जाएतो उनका उपयोग करना और भी कठिन है। परिणामस्वरूप कुछ विचारकों का कहना है कि आत्मसाद करनेवाले (inclusive) ज्ञान की बढ़ोत्तरी करनेवाली खोजी पद्धतियों पर निगाह टिकाने से कहीं अच्छा है सत्ता द्वारा दलन करनेवाले प्रभावों को बहिर्गमन करनेवाली बातों का खुलासा किया जाए। यह समसामयिक विश्व को समझानेवाले ज्ञान की भाषा के अध्ययन की ओर ले जाता है। स्त्रीवाद में इसका उपयोग उन प्रतीकों, विमर्शों और सांस्कृतिक अभिव्यक्तियों के अध्ययन के लिए होता है जिनके सहारे यौनिक अधीनस्थता का निर्माण होता है। इसकी चर्चा हम अन्यत्र विस्तार से कर आए हैं। यहाँ इतना ही नोट करना काफी है कि स्त्रियों का बोलने और लिखने का ढंग कम आक्रामक, कम प्रतियोगी, अधिक टेंटेरिव, अधिक टोकाटोकी वाला और अनुदार होता है। इससे अपने तरह का सामाजिक प्रभाव बनता है। डेली कहती है कि स्त्री की भाषा उसकी प्रकृति के साथ विशिष्ट सम्बन्ध निकटता दिखानेवाली होती है। हो सकता है कि वह पुरुष को बहुत भावुक, कल्पनाशील, अतार्किक और अस्पष्ट लगे। पर वर्चस्व निर्माण में उसकी भी भूमिका है। पर्यावरणीय स्त्रीवाद उसी की देन है।

वैश्वीकरण ने पूरे जगत में चल रहे स्त्रीवादी आन्दोलन में एकता पैदा की है और उसको एक धरातल दिया है। वह अधरातल अनिवार्यतः सारतत्त्ववादी है। वह मानता

है कि पूरी दुनिया की स्त्रियों की समस्याएँ एक जैसी हैं और उसे सुलझाने के लिए एक ही तरह के नेतृत्व से काम चल जाएगा। माध्यम कानूनों में एकरूपता होगी। इधर के स्त्रीवादी विचारकों ने इस नेतृत्व का विश्लेषण कर पाया है कि यह मध्यवर्ग की गोरी औरतों द्वारा दिया जा रहा है। वैश्वीकरण का ही एक दूसरा पक्ष मानता है कि पूरे जगत में इतनी समरूपता नहीं हो सकती। स्थानीय, क्षेत्रीय, सांस्कृतिक आदि भिन्नताओं पर समुचित न्याय के लिए ध्यान दिया जाना जरूरी है। इससे स्त्रीवाद के आन्दोलन के लिए मध्यवर्ग और गरीब वर्ग, काले और गोरे, पूर्व और पश्चिम, उत्तर और दक्षिण, जनतान्त्रिक और साम्यवादी, शिक्षित और अशिक्षित, ईसाई और मुसलमान, उपनिवेशित और उपनिवेशक, अगड़े और पिछड़े, विकसित और विकासशील का विभेद सामने आया है। कहा गया है कि इन विभिन्नताओं के लिए नेतृत्व उन्हीं के बीच से उभरना चाहिए। गायत्री पीवाक ने इस पर प्रश्न उठाया है "Can subaltern speak?" जो गरीब है, अशिक्षित है, रंगभेद का शिकार है, शोषण का शिकार है, पिछड़ा है, अविकसित है वह चाहकर भी अपनी बात कैसे कह सकता है? इसलिए जरूरत है कि उसकी बात वह कहे जो अपेक्षाकृत समृद्ध है, जिसके पास समय है, साधन है, शिक्षित है, आगे बढ़ा है। वह सभी के लिए प्रतिनिधि का काम करेगी। इसका विरोध करनेवालों का कहना है कि यह नेतृत्व समस्या को न तो सही ढंग से समझ सकेगा, न ही सही ढंग से प्रस्तुत कर सकेगा। इसलिए नेतृत्व चाहे जैसा भी हो, इन समूहों के बीच से ही उभरना चाहिए जो धीरे-धीरे अपनी शक्ति प्राप्त कर लेगा। इस शक्ति को प्राप्त करने के बाद जैसा कि तालपड़े महन्ती कहती हैं एक गठबन्धन राजनीति का निर्माण होगा जिसका आधार कोई पहचानप्रणीत सामूहिक प्रतिनिधान न होकर अल्पसंख्यक समूहों और प्रतिसांस्कृतिक समूहों का ऐच्छिक संगठन होगा। इससे नस्लवादी और रंगभेदवादी पहचानों की जगह 'Women of third world' और 'women of colour' या गत्यात्मक आधार बनेगा। इससे प्रातिनिधान की क्षमता समाप्त नहीं हो जाएगी क्योंकि हर आन्दोलन में बातचित करने की क्षमता, समझौता करने की क्षमता की जरूरत पड़ती है और वह क्षमता पहचान से नहीं आती, काम करने से आती है। तीसरी दुनिया के सन्दर्भ में उमा नारायण कहती हैं कि दमनकारी स्थितियों की आलोचना और प्रतिरोध और उसके लिए स्त्री का प्रातिनिधान (woman agency) की माँग जाहिर करता है कि वे परम्परागत संस्कृति उससे जुड़ी व्यवहृति और नेतृत्व का ने निरोभ करती हैं (क्योंकि ने उस नेतृत्त से सन्तुष्ट नहीं है।) इसका एक अर्श गह भी है कि वे पश्चिम के भी स्त्रीवादी नेतृत्व से सन्तुष्ट नहीं हैं जो बाल विवाह, पर्दासिस्टम, कन्याभ्रूण हत्या, दहेज हत्या, सती प्रथा आदि की समस्या से सीधे-सीधे वाकिफ नहीं है। मेयर्स कहती है कि स्त्रीवाद के भीतर इस तरह के विभेद दरअसल 'स्वायत्त क्षमता' की ओर ले जाते हैं "Which is nothing more than a capacity to use a well developed, well co-ordinated repertoire of skills in self definitions and self direction across a diverse range of both everyday and crisis situation." फ्राई इसी को 'विक्टिम फेमीनिज़्म' कहती है, "The idea that women's actions are best explained by their status as victim of operation."

इस प्रातिनिधान की समस्या को उत्तर संरचनावादी दृष्टि से दार्शिनिकों ने देखा है। फ्रायड ने कहा था कि लोग जिसे 'आत्म' कहते हैं वह अक्सर ही खंडित रहता है, संघर्ष में लगा रहता है, आत्म से बाहर जाने का प्रयत्न करता है। परिणामस्वरूप उसे सच्चा आत्मज्ञान प्राप्त नहीं होगा। इसके आधार पर फूको कहता है कि दरअसल यह 'आरम्भ' एक विमर्शात्मक निर्मिति है और तमाम सामाजिक व्यवस्थाओं के प्रभाव के भीतर या नीचे उसके शुद्ध और स्वतन्त्र रूप को नहीं पाया जा सकता। "The self is more like the consolidated effect of all the discourses and social-expections that predate it." स्त्री की कोटि का अर्थ भी इसी विमर्शात्मक सन्दर्भ से बनता है। इसलिए उसका संघर्ष अपनी-अपनी संस्कृतियों के भीतर हो, अपने-अपने क्षेत्रों, रंगों, उपनिवेशों में हो या सबको सामूहिक बनाकर विश्व के स्तर पर हो, वह रहेगा विमर्शात्मक सन्दर्भ ही। महत्त्व इस बात का है कि उस विमर्शात्मक सन्दर्भ का इस्तेमाल स्त्री की बेहतरी के लिए कितना हो सकता है और उसे करता कौन है। माउफ कहती है कि जब तक स्त्रीवाद का अकादमिक स्वरूप जो विमर्श का दर्शन रचता है जब तक स्त्रीपने का वास्तविक सारतत्त्व नहीं खोज लेता, उसका अनुरक्षण नहीं कर लेता तब तक स्त्रीवादी राजनीति ऐसी कोई रणनीति नहीं बना सकती जो सार्वदेशिक, सार्वभौमिक हो। "The conception of solidarity and collective action need to rest on some notion of comman cause or comman identity, this does not have to be base in biology or metaphysics or socialization as such...Feminism, for me, is the struggle for the equality of woman. But this should not be understood as a struggle for realising the equality of a definable emperical group with a common essence and identity woman, but rather a struggle against the multifold forms in which the category 'woman' is construed in the subordination."

ऊपर जो हमने पहचान में समरूपता और भिन्नता की बात की थी, यह विवेचन उसी का उदाहरण है।

सवाल उठता है कि इस वैश्वीकरण के सन्दर्भ में स्त्रीवाद की जिम्मेदारियाँ क्या हैं? एक तो यह कि अन्याय, असमानता और पर्यावरण सम्बन्धी वर्चस्व पर विजय

प्राप्त करने के लिए अवधारणात्मक विमर्शात्मक प्रयासों को एक सन्दर्भात्मक या प्रसंगात्मक बिन्दु की जरूरत पड़ती है जहाँ से न्याय, समता आदि को पाया जा सके। इसकी अनिवार्य परिणति मनुष्य, परिवेश और मूल्यबोध के बारे में सामान्यीकरण बनाने में होती है, जिसके रास्ते में अनेकानेक बाधाएँ होती हैं। फिर इसकी प्रक्रिया उन शक्ति-सम्बन्धों के बाहर नहीं घटित हो सकती जो एक की कीमत पर दूसरे का विशेषाधिकार निर्मित करते हैं, कुछ को निकाल बाहर करते हैं और कुछ को बाहर से भीतर समाहित कर लेते हैं। तब ऐसा हो सकता है कि पुरुष की कीमत पर स्त्री का भाग्य बनाया जाए और स्त्रियों के भीतर ही एक ग्रूप की कीमत पर दूसरे को बेहतर बनाया जाए। ऐसे में स्त्रीवाद को इस तरह से इन परिणतियों को मानिटर करना पड़ेगा कि किसी तरह का असन्तुलन न पैदा हो, पक्षपात न दिखे और एक-दूसरे के अनुभवों से सीखा जा सके।

दूसरे दमन और दलन को समझने में विभिन्न तरह के वर्चस्वों, शक्ति संरचनाओं और उनके प्रभाव सम्बन्धों को ध्यान में रखना होता है। नस्ल, जाति, वर्ग, लिंग, योग्यता, प्रकृतिवाद आदि अपने आप में वर्चस्व की श्रेणीबद्धता नहीं निर्मित करते, किन्तु अन्तःसंक्रमण तो करते ही हैं। इसलिए स्त्रीवाद का स्वरूप किसी एक से न जुड़कर सबसे यथा प्रसंग जुड़ता है। चूँकि स्त्री का दमन बहुविध है, इसलिए वह तमाम दूसरी जिम्मेदारियों से भी जुड़ता है। इसके लिए परिवर्तन के आधार को विस्तृत करना होगा। कई तरह के गठबन्धन बनाने होंगे, साथ लेकर चलना होगा।

तीसरे बहुलता का उपयोग सिद्धान्त और व्यवहार की संरचना में किया जाना चाहिए। लेकिन तब बहुलता से तनाव और अस्पष्टता भी पैदा होती है, रणनीति और कार्यनीति के सवाल उठ खड़े होते हैं—यही कि इसमें कौन कितना देता है और क्यों देता है—और पुनः जाँच-पड़ताल की अनवरत जरूरत पड़ती रहती है। इनके शमन के सूत्र फिलहाल बन नहीं पाए हैं। स्त्रीवाद इस बहुलता की परिणतियों और जोखिम को समझने-पहचाने की शक्ति देती है।

चौथे स्त्रीवाद में जिम्मेदारी व्यक्तिगत भी है और सामूहिक भी। वह व्यक्तियों के जटिल अन्तः सम्बन्धों की ओर ले जाती है। अगर एक तरफ व्यक्ति अपने आप में अनूठा है तो दूसरी तरफ उसे मूलतः दूसरों के साथ रहना पड़ता है। तब राजनीति को व्यक्तिगत तक सीमित कर देना गलत होगा और बिना राजनीति के किसी सामाजिक परिवर्तन की कामना करना भूल होगी। इसलिए सभी तरह के स्त्रीवाद के लिए आवश्यक होगा कि एक तरफ वे किसी-न-किसी राजनीतिक प्रक्रिया से जुड़े, दूसरी तरह एक साझे उद्देश्य को ध्यान में रखकर विभिन्न देशों में चल रहे स्त्रीवादी आन्दोलनों से तालमेल बिठाएँ। यह व्यक्ति की जिम्मेदारी को सामूहिक बनाएगा। जिम्मेदारी सामूहिक सिर्फ इसलिए नहीं होती है कि व्यक्ति अकेले अपने बूते पर कोई

बड़ा सामूहिक परिवर्तन नहीं ला सकता, इसलिए भी होता है कि लोग साझी सामाजिक व्यवहृति में अनेक प्रकार से सन्नद्ध होते हैं।

अन्त में यह कि विभिन्न स्थितियों में रह रहे व्यक्ति विभिन्न प्रकार के व्यक्तिगत और सामूहिक जिम्मेदारियों के साथ होते हैं। इसलिए उनकी जिम्मेदारियों का स्तर भिन्न-भिन्न होता है। नस्ल, वर्ग, साम्राज्य, लैंगिक भिन्नता, प्रकृतिवाद आदि के द्वारा रचित वर्चस्व और दलन का सम्बन्ध विभिन्न प्रकार का होता है, जिसमें एक का विशेषाधिकार दूसरे के सामान्य अधिकार को सीमित करता है, खंडित करता है। इसकी सीमा को पार कर काम करना कठिन है। स्त्रीवाद बताता है कि इसके बावजूद यदि एक क्षेत्र में समझ विकसित हुई है, तो वह दूसरे क्षेत्र की समस्याओं को समझने का आधार बनती है। स्त्रीवाद को इसे मजबूत कर रखना होगा।

स्पष्ट है कि वैश्वीकरण ने स्त्रीवाद का ऐसा विमर्श रचा है कि वह अधिकाधिक जटिल होता जा रहा है अपनी सारतत्त्ववादी, सापेक्षतावादी और बहुलवादी प्रवृत्तियों के एक साथ उपस्थिति के कारण। उसका दार्शनिक पक्ष जटिलताओं को कम करने की जगह उसे बढ़ाता जा रहा है। व्यावहारिक पक्ष जहाँ विभिन्न आन्दोलनों में रुकावट पैदा कर रहा है, वहीं आन्दोलनों की विशिष्टताओं के छूट जाने का भय बना रहता है। विभिन्न अनुशासनों के अकादमिक लोग इन समस्याओं से उबारने के लिए रास्ते खोज रहे हैं।

चीन में स्त्रियों की स्थिति

कुछ दिन पहले अख़बारों में यह खबर छपी थी कि श्रीमती टी.शेरिड. सन् 1956 से चीन की संसद में तिब्बत से सदस्या हैं। इतनी लम्बी अवधि में उन्होंने एक बार भी कोई वक्तव्य संसद में नहीं दिया है, न ही तिब्बत के लोगों के बारे में कोई प्रश्न वहाँ उठाया है। एक दूसरी खबर यह छपी थी कि जनसंख्या को नियन्त्रित करने के लिए जब से गर्भपात को वैधानिक घोषित कर दिया गया है, तब से चीन में लड़कियों की संख्या कम होती गई है। अब स्थिति यह है कि ग्रामीण क्षेत्रों में अव्वल तमाम लड़कों की शादी हो नहीं पाती, यदि किसी की हो जाती है तो पूरे परिवार के लोग वधू की रखवाली में लगे रहते हैं, ताकि दूसरे परिवारों के लोग उसका अपहरण कर अपने घर के किसी लड़के से विवाह न करा दें। तीसरी खबर यह छपी थी कि इस बात पर गम्भीरता से विचार हो रहा है कि पहाड़ी क्षेत्रों में प्रचलित बहुपतिवाद की प्रथा मैदानी इलाकों में भी प्रचलित की जाए, जिससे कि तमाम लोगों को पत्नियाँ मिल सकें। एक चौथी खबर यह छपी थी कि वहाँ के मुसलमान लोग अपनी अलग पहचान के लिए चेतन हो रहे हैं और इसके लिए स्त्रियों का सहारा ले रहे हैं। वे बुर्का पहनने लगी हैं और गैर-मुसलमान से शादी करने पर प्रताड़ित की जाती हैं। स्पष्ट है कि चीन जैसे साम्यवादी देश में स्त्री की दशा जानने के लिए ये ही कुछ सुराग हैं। इससे स्पष्ट है कि चीन जैसे साम्यवादी देश में जहाँ स्वतन्त्रता की कीमत पर समानता प्रदान करने की बात कही जाती है, वहाँ स्त्रियों को पुरुष के बराबर होने की बात कौन कहे, मूलभूत रूप से अच्छी नहीं है। इससे अधिक विस्तृत ढंग से जानकारी जुड.चाड. की आत्मकथा 'वाइल्ड स्वान्स' से मिलती है, जिसका उपशीर्षक 'थ्री डाटर्स आफ चाइना' है। इसमें लेखिका ने अपनी नानी, माँ और स्वयं अपनी कथा, यानी स्त्रियों की तीन पीढ़ी की कथा 1909 से लेकर 1991 तक कही है, और उसके माध्यम से चीन की तत्कालीन सभी स्त्रियों की कथा। यह वह समय है जब चीन में राजसत्ता का अन्त होता है, आधा-अधूरा जनतन्त्र आता है, आपसी युद्ध होते हैं, बाहर से हमला होता है, साम्यवादी क्रान्ति होती है और पूरा देश देखते-ही-देखते एक तानाशाही में गुड़ुप हो जाता है। उसके समानान्तर उसके नानी का जीवन चलता है, जिसके पिता, जो एक स्थानीय पुलिस अधिकारी हैं, राजसत्ता की कृपा प्राप्त करने के लिए अपनी बेटी

को एक फौजी सेनापति (वार लार्ड) को रखैल बनाने के लिए धूमधाम से सौंप देते हैं, 15 साल की कमसिन उम्र में। उसके पहले तत्कालीन सौन्दर्य के मानदंड पर खरी उतरने के लिए उसके नाजुक पांवों में लोहे की जूतियाँ डाल दी जाती हैं, जिससे कि उसके पैर स्वाभाविक रूप से विकसित न हो सकें। उससे जो जीवन भर घाव बना रहता है, दर्द होता है, दुर्गंध आती है, उससे लोगों को कुछ नहीं लेना-देना। पुरुष लोग इसी बात से खुश हैं कि उसकी पत्नी, रखैल या प्रेमिका कितनी असहाय है। इस असहायता से वे कामोत्तेजित होते हैं। नानी का जीवन गृहयुद्ध, जापान से युद्ध और क्रान्ति के दौर और बाद में भी चलता रहता है। माँ का जीवन क्रान्ति के दौर में मुखरित होता है, और उसके माध्यम से स्त्रियों की दशा वर्णित होती है, जो सिर्फ इसलिए प्रताड़ित होती हैं कि उनके परिवार के लोगों पर कोमिन्ताड का समर्थक होने का सन्देह है, और उसके चलते उसके स्वयं क्रान्तिकारी होने को कोई खास महत्त्व नहीं दिया जाता। नौकरी में प्रोन्नति मिले, न मिले, उसे वर्गशत्रु कहकर बार-बार फजीहत में ढकेल दिया जाता है। फिर नई साम्यवादी व्यवस्था में बेटी यानी स्वयं लेखिका का जीवन आरम्भ होता है, जो उसकी माँ और नानी के अतीत से नियन्त्रित होता है। श्रम के मामले में स्त्री और पुरुष को बराबर कर दिए जाने से एक तरह कोमलगात होने के कारण यह बराबरी उसके लिए त्रासद बन जाती है, तो दूसरी तरफ बराबर के काम के लिए बराबर का वेतन और सम्मान नहीं मिलता, पुरुष प्रधानता के कारण। हम जीवनी के विस्तार में न जाकर चीन में स्त्री की स्थिति को कुछ सूत्रवत देख सकते हैं।

पुस्तक से पता चलता है कि आदिकाल से ही चीन के सामाजिक-राजनैतिक जीवन की इकाई परिवार रहा है। इसे कन्फूशियस ने पूरी तरह से स्वीकार किया था और लाओ त्ज़े ने बढ़ावा दिया था। समाज सामन्ती और पुरुषसत्तात्मक रहा है। श्रम का विभाजन लिंग के आधार पर रहा है और संस्कृति ने उसे बल प्रदान किया है, उसका दर्शन रचा है। स्त्री और पुरुष के कार्यक्षेत्र अलग-अलग रहे हैं और उसके लिए निर्णय लेने में दोनों स्वतन्त्र रहे हैं। किन्तु परिवार के लिए आवश्यकता पड़ने पर या कहीं टकराव होने पर पुरुषप्रधानता के कारण पुरुष की बात ही ऊपर मानी जाती रही है। घर का मालिक या कर्ता छोटा-मोटा अधिनायक होता रहा है। पर्दा-सिस्टम न होने के बावजूद घर के बाहर के लोगों के सामने स्त्रियों, खासकर युवा स्त्रियों को सामने पड़ने से मनाही रही है और खुदा-न-खास्ता सामने पड़ ही गईं, तो उन बाहरी पुरुषों से परिचय नहीं कराया जाता था। सार्वजनिक स्थलों पर सिर्फ पति-पत्नी ही साथ दिख सकते थे (और वह भी अच्छा नहीं माना जाता था, यहाँ तक कि थोड़ी देर हवाखोरी भी साथ-साथ नहीं कर सकते थे) यदि नहीं, तो कम-से-कम उनकी मंगनी तो अवश्य हो गई होनी चाहिए थी। यह व्यवस्था 1990 तक रही है। आज भी सामान्य आदमी यदि युवा लड़के-लड़की को एक साथ देखता है तो यही मानता है। ऐसी स्थिति न होने पर उन्हें नीची निगाह से देखता है।

प्रेम को कोई महत्त्व नहीं दिया जाता था और प्रेम-विवाह को बड़ी नीची दृष्टि से देखा जाता था। विवाह अभिभावक तय करते थे। उसमें घरानों की बराबरी को महत्त्व दिया जाता था। छोटे घराने की लड़की का विवाह यदि बड़े घराने में हो जाए तो यह लड़की के घराने का उन्नयन माना जाता था। यदि छोटे घराने में हो जाए तो पतन। कम उम्र के पुरुष का विवाह अपने से बड़ी उम्र की लड़की से हो सकता था। विवाह में स्त्री की सहमति की कोई भूमिका नहीं होती थी। लड़के के लिए दहेज लिया जाता था। गहने और कुछ तात्कालिक उपयोग का सामान स्त्री की निजी सम्पत्ति होती थी। बँटवारे में उसे इस स्त्रीधन के अलावा कुछ नहीं मिलता था। हाँ आवास और भोजन की व्यवस्था वे लोग करते थे जो पुरुष का धन लेते थे। स्त्रीधन स्त्रियों को ही जाता था, बेटी और बहुओं को। पुरुष एक से अधिक विवाह कर सकता था और ऐसा करने के लिए कोई परिस्थितिगत शर्त नहीं होती थी। एक से अधिक पत्नी रखना स्टेटस का द्योतक होता था। मुख्य पत्नी के सामने दूसरी पत्नियों की स्थिति गौण होती थी। मुख्य पत्नी का दबदबा सर्वत्र व्याप्त रहता था। इसका अन्दाजा इस बात से लगाया जा सकता है कि यदि सौतेली सासु खाना खा रही होती थी तो बहुएँ उसे ऐसे घूरती थीं कि उसका खाना खाना हराम हो जाता था। पुरुष कभी भी और बिना किसी कारण के भी तलाक दे सकता था। पत्नी भी तलाक के लिए पहल कर सकती थी। पर तब यह पति पर था कि वह तलाक दे, कि न दे। अक्सर यह तलाक पाने के लिए पत्नी की ओर से घूस दिया जाता था। तलाक चाहे जिसकी पहल पर हुआ हो, स्त्री को कुछ नहीं दिया जाता था। घर से ही निकाल दिया जाता था। जो स्त्रीधन और हथ-खर्चा उसे मिला होता था, उसे वापस ले लिया जाता था। यदि पति चाहे तो दया कर कुछ छोड़ भी सकता था।

तलाकशुदा औरतों और विधवाओं का पुनर्विवाह हो सकता था। चूँकि तलाकशुदा औरतों का विवाह बड़ी नीची निगाह से देखा जाता था, इसलिए वे ऐसा भरसक नहीं करती थीं। इसी तरह विधवा अपने पति की मृत्यु का कारण मानी जाती थी, इसलिए उसका पुनर्विवाह अधम माना जाता था। धार्मिक झाँकियों में उसे दो मर्दों के बीच आरा से चीरा जाना दिखाया जाता था। यदि वह पुनर्विवाह नहीं करती थी तो अशुभ के बावजूद उसे पति के कब्रिस्तान में दफनाया जाता था, पर तलाकशुदा औरत को नहीं।

पुत्र न पैदा करने पर पत्नियों को नीची निगाह से देखा जाता था। पति से वह कहाँ आता-जाता है, नहीं पूछा जा सकता था। पर स्त्री से पति पूछ सकता था। अक्सर वह पति से पूछ कर ही घर से बाहर जाती थी। अगर कोई स्त्री अपने शील की रक्षा नहीं करती थी, तो उसे धीरे-धीरे मार ही डाला जाता था। यदि पति किसी दूसरी पत्नी, रखैल, नौकरानी से उसके सामने ही सम्बन्ध बनाए तो वह टोक नहीं सकती थी। यदि टोके तो उसे घर से निकाला जा सकता था। शीलवन्त स्त्री का बस एक ही कर्तव्य था कि वह अपने पति को प्रसन्न रखे। सारी शिक्षा और संस्कार इसीलिए होते थे।

उम्मीद की जाती थी कि वह अपनी कोई इच्छा न रखे। अच्छी स्त्री वह होती थी, जिसकी न तो अपनी कोई भावना होती थी, न ही कोई अपना मत। परिणाम यह होता था कि घर का दबंग पुरुष अपने घर की तमाम स्त्रियों के साथ सम्बन्ध बना लेता था और वे खामोश रह जाती थीं। जुड. चाड. लिखती हैं कि कहावत थी, "अगर तुम्हारी शादी मुर्गे से हुई है तो मुर्गी की तरह रहो, कुत्ते से हुई है तो कुतिया की तरह रहो। पर शेर से हुई है तो शेरनी की तरह मत रहो।" मांचू लोगों की परम्परा में पति का आसन इतना पवित्र माना जाता था कि उस पर पत्नी नहीं बैठ सकती थी। इसका उलंघन होने पर पति उसे दंड देता था। सती प्रथा प्रचलित थी। पर उसके लिए कोई जोर-जबर्दस्ती नहीं थी। पत्नी या रखैल जो भी चाहे अफीम या ज़हर खाकर सती हो सकती थी। उसे पति या मर्द की कब्र में गाड़ा जाता था।

रखैलों की प्रचलन आम था। इसे स्टेटस का प्रतीक माना जाता था। कनिष्ठ अधिकारी वरिष्ठ अधिकारियों को रखैलें उपहार या घूस में देते थे। पर वंश-परम्परा रखैलों की सन्तानों से नहीं, विवाहित पत्नी की सन्तानों से चलती थी और सभी पत्नियों की सन्तानें समान होती थीं। इसलिए रखैलों के बच्चों की स्थिति बड़ी दयनीय होती थी। उनसे गौण वंश परम्परा चलती थी। रखैल के सम्बन्धी मर्द के सम्बन्धी नहीं माने जाते थे। पत्नियाँ कोशिश करती थीं कि रखैल की सन्तानें मर ही जाएँ। इससे बचने के लिए तमाम रखैलें पत्नियों के विरुद्ध षड्यन्त्र करती थीं। इसलिए धनी लोग पत्नियों और रखैलों को एक ही छत के नीचे नहीं रखते थे। यदि एक से अधिक पत्नियाँ हों तो यही व्यवस्था करने की कोशिश की जाती थी। पत्नी रखैल के बच्चे को अपना बच्चा बनाकर पाल सकती थी। तब बच्चा उसे ही 'माँ' कहता था, अपनी माँ को नहीं। चूँकि विवाह करना कर्तव्य माना जाता था, इसलिए पत्नी के प्रति पति के कुछ कर्तव्य होते थे। (पत्नी के अधिकार नहीं)। किन्तु रखैल आनन्द के लिए होती थी, इसलिए उसके प्रति कोई कर्तव्य नहीं होता था, सिवाय भरण-पोषण और आवास के। वह उसे कभी भी रख सकता था और छोड़ सकता था। तब वह आवास से निकाल सकता था और भरण-पोषण बन्द कर सकता था। अपने पुरुष की मृत्यु पर उसे उत्तराधिकार में कुछ नहीं मिलता था, सिवाय उनके चीजों के, जो अपने जिन्दा रहते नाम कर गया होता था। इसमें अचल सम्पत्ति नहीं आती थी। पर मुख्य पत्नी चाहे तो उसे घर में रख सकती थी, बेच सकती थी अक्सर वेश्यालय में, चाहे तो मार ही डाल सकती थी।

सम्पत्ति का उत्तराधिकार पुरुषों तक सीमित था। इसलिए बच्चे पिता से विद्रोह नहीं कर सकते थे। ऐसा करने पर पिता उनको घर से निकाल सकता था, और उत्तराधिकार से वंचित कर सकता था। चूँकि सम्पत्ति बेटों को दी जाती थी, इसलिए मृत बेटे की पत्नी को भी हिस्सा मिलता था। किन्तु तब वह अपने सन्तानों के लिए उसकी कस्टोडियन' होती थी। उसे बेच, हस्तान्तरित या विनष्ट नहीं कर सकती थी, क्योंकि उसे पति से कोई हिस्सा पाने की अधिकारी नहीं होती थी।

उस जमाने में कन्याओं की हत्या साधारण बात थी।

1938 में जब जापानियों ने चीन के कुछ हिस्सों पर अपना शासन पूरी तरह से स्थापित कर लिया तब शिक्षा पर नियन्त्रण बनाया। इसलिए विषयों और नैतिकता की पढ़ाई जापानी मूल्य बोध लादने के लिए की जाने लगी, जैसा कि भारत में मैकाले ने यूरोपीय विक्टोरियन मूल्य लादने के लिए किया था। हर शासक वर्ग चाहे वह देशी हो या विदेशी, ऐसा ही करता है। यही कारण है कि जब सरकारें बदलती हैं, तो शिक्षा भी बदलने लगती है, इतिहास लेखन भी बदलने लगता है। खैर, इसका एक परिणाम यह हुआ कि स्त्रियाँ घर से बाहर आने लगीं। जनसंख्या के इधर उधर करने, जापानियों के आने से उनकी देखा-देखी करने से ऐसा हुआ। परिणामस्वरूप लड़के-लड़कियों का मेल-जोल थोड़ा बड़ा। प्रेम विवाह की मात्रा और उसकी सम्भावना कुछ बढ़ी।

फिर भी जापानियों के लिए शिक्षा का मतलब था 'to become gracious wives and good mothcr' यानी शिक्षित स्त्री होने का मतलब था 'looking after a household, working and sewing, the tea ceremony, flower arrangement, embroidery, drawing and appreciation of art—to please one's own husband, to dress, to hair, bow and obey." इसलिए जापानियों के कब्जे में स्त्रियों की स्थिति में कोई बदलाव नहीं आया। उलटे जापानी लोग उनसे जबर्दस्ती शादी करते थे। यदि वे स्त्रियों के विरुद्ध अगराध करते थे, तो उनके विरुद्ध सुनवाई कम ही होती थी। वेश्यावृत्ति को बहुत बढ़ावा दे दिया गया था। स्त्रियों के लिए विश्वविद्यालयीय शिक्षा अभी भी एक सपना था।

बदलाव आना तय शुरू हुआ जब चीन में खूनी क्रान्ति आरम्भ हुई। और यह बदलाव बहुत सकारात्मक नहीं था। तो भी नारी-मुक्ति-नीति के तहत पार्टी ने घोषित कर दिया था कि स्त्री और पुरुष हर मामले में समान हैं। रखैलें पत्नियों के बराबर हैं। रखैलें और वेश्याएँ मुक्त हैं और उनके पुनरवास के लिए काम-धन्धे में वरीयता दी जाएगी। पत्नियाँ अपने पतियों से उसी प्रकार तलाक ले सकती हैं, जिस प्रकार पति उन्हें तलाक देता है। हालाँकि अशिक्षित और पिछड़े इलाकों में रहने के कारण वे इस अधिकार का प्रयोग शायद ही कभी कर पाईं।

क्रान्ति के दौरान यह स्पष्ट हो गया था कि चीन की कम्युनिस्ट पार्टी अब नया पैट्रीआर्क बन गई है। उसमें स्त्रियोचित गुणों का त्याग कर सैनिकोचित गुणों का अभिवर्धन आरम्भ हुआ। स्त्री और पुरुष का पोशाक एक जैसा बना दिया गया, जिसे पहनकर स्त्रियाँ 'सेक्सलेस क्रीचर' 'लगने लगीं। उन्हें अपने अंगों का उभार दिखाना

वर्जित था। बाल काफी छोटे कर दिए गए। सौन्दर्य प्रसाधनों का इस्तेमाल बूर्जुआ व्यवहार माना जाने लगा। बाद के वर्षों में तो सौन्दर्य से इतनी घृणा उपजा दी गई कि लान, बगीचे, फुलवारियाँ उजाड़ दी गईं। किसी अधिकारियों को सजे-सजाये मकान में रखना उसे बूर्जुआ बनाकर मजम्मत करने जैसा था।

स्त्री-पुरुष को प्रेम करने के लिए पार्टी से अनुमति लेनी पड़ती थी। हो रही क्रान्ति के दिनों में प्रेम को क्रान्ति के लिए बाधक माना जाता था, क्योंकि प्रेम में डूबे युवक-युवती क्रान्ति और पार्टी के सामूहिक काम की जगह अपने निजी काम को महत्त्व देने लगते थे। पार्टी कैडर की स्त्रियाँ प्रेम करते-करते बिना विवाह किए ही शारीरिक सम्बन्ध बनाती थीं तो इसे पहले नीची निगाह से देखा जाता था, फिर विचलन माना जाने लगा और उसके लिए सजा दी जाने लगी। पर पुरुष पर कोई लांछन नहीं लगाया जाता था। बाद में विवाह के लिए एक फार्मूला निकाला गया, जिसके तहत जरूरी था कि पुरुष की उम्र अट्ठाईस वर्ष से कम न हो, कम-से-कम सात वर्षों से पार्टी का सदस्य हो और पार्टी में उसका पद रेजिमेंट के कमांडर के बराबर हो। यानी शादी बड़े पार्टी ओहदेदार ही कर सकते थे। स्त्री के लिए जरूरी था कि वह पार्टी के लिए कम-से-कम एक वर्ष से काम कर रही हो। उम्र की सीमा निर्धारित नहीं थी। फिर भी उम्मीद की जाती थी कि वह बच्चा पैदा करने की उम्र की हो गई हो—हालाँकि पैदा नहीं करना था, क्योंकि बच्चे को पालने की जिम्मेदारी समाज की थी। और यह प्रश्न हमेशा बना रहता था कि क्या समाज बच्चा पालने के लिए तैयार है? फिर पत्नी पति की सहमति-असहमति की अपनी भूमिका थी। विवाह करने और बच्चा पैदा करने, दोनों को अपनी तरफ से पार्टी न तो तय कर सकती थी, न कोई निर्देश दे सकती थी। यदि सदस्य प्रार्थना करें तो पार्टी अनुमति दे सकती थी; न भी दे सकती थी—पार्टीहित को देखते हुए। लोगों के जीवन पर इतना नियन्त्रण था कि पति-पत्नी के बीच स्वाभाविक सम्बन्धों पर रोक रहती थी। हफ्ते में सिर्फ शनिवार की रात कुछ घंटों के लिए मिलने की छूट दी जाती थी। यदि कोई इस नियम को तोड़ता था तो उसे बूर्जुआ कहकर उसकी भर्त्सना की जाती थी। उनके लिए 'पर्सनल' भी पालिटिकल था। (यही कारण है कि जब हिन्दी कवि मुक्तिबोध कहते हैं कि 'बताओ पार्टनर तुम्हारी पालिटिक्स क्या है' तो कई पाठकों को इसमें तानाशाही नियन्त्रण की बू आती है।) 1956 आते-आते यह तय हो गया था कि देश के सभी व्यक्तियों को पार्टी के किसी-न-किसी अनुसंग से जुड़ा रहना जरूरी है। इसलिए यह नियम सब पर लागू होता था। अविबाहित युवक-युवतियों का सार्वजनिक स्थल पर मिलना जापानी बूर्जुआ व्यवहार माना जाता था। उसके लिए उन्हें चहेंटा जाता था। तब तक पूरे देश का रेजिमेंटेशन हो गया था। इस रेजिमेंटेशन के कारण स्त्रियों की भावनाओं पर बड़ा अत्याचार हो रहा था। क्योंकि पार्टी में पुरुषों का ही वर्चस्व था। परिणामस्वरूप आम लोगों में यह भावना घर करती चली

गई थी कि पार्टी के तमाम अधिकारी स्त्रियों के प्रति सद्व्यवहार नहीं करते। और कई तो सिर्फ रखैलें रखते हैं। कारण यह था कि पहले विवाह दो परिवारों के बीच संविदा की तरह होता था। हालाँकि उसमें कोई धार्मिक पक्ष नहीं होता था, कर्मकांड के लिए कोई जगह नहीं होती थी, फिर भी उस संविदा को कई उत्सवों और भोजों, उपहारों आदि के माध्यम से बहुप्रचारित किया जाता था। साम्यवादी व्यवस्था में यह दो व्यक्तियों के बीच समझौते की तरह हो गया था, जिसका पंजीकरण तो कर लिया जाता था, पर सामाजिक सेलेब्रेशन नहीं दिया जाता था। इसलिए आम लोगों के मन में सन्देह बना रहता था कि विवाह हुआ भी है कि ये 'लिव-इन रिलेशन' में रह रहे हैं। बच्चे पैदा करने पर मनाही इसे और पुष्ट करती थी।

बच्चा पैदा करने की स्थिति में स्त्रियों को बच्चे को जन्म देने के क्षण तक काम करते रहना पड़ता था और उम्मीद की जाती थी कि उसके बाद भी वह काम करती रहेगी—देहात की तमाम श्रमिक स्त्रियाँ ऐसा ही करती हैं, यह बहुप्रचारित करके रखा जाता था। 1956 तक साम्यवादी नैतिकता माँग करती थी कि माताओं को अपने बच्चे के प्रति बहुत प्यार नहीं जताना चाहिए। यहां तक कि उसे शारीरिक रूप से कम ही स्पर्श करना चाहिए। अन्यथा वे हियें लग जाएँगे, जिससे एक तरफ काम करने में बाधा पहुँचेगी तो दूसरी तरफ बालगृहों वगैरह में पालना कठिन होगा। एक तरफ माँ-बाप अपने बच्चे को प्राथमिकता देने में झुकते जाएँगे, तो दूसरी तरफ बच्चे—देश के भावी नागरिक—परिवारवाद को तरजीह देने लगेंगे। इस तरह का नातावाद समतामूलक साम्यवादी समाज के लिए बड़ा घातक होगा। ऐसा न करने पर माना जाता था कि पार्टी के प्रति सर्वाधिक प्रेम जताने की जगह स्त्रियाँ अपने बच्चों के प्रति प्रेम जता रही हैं।

यह भी देखने में आया कि पहले यदि शहरी स्त्रियाँ ग्रामीण स्त्रियों से घृणा करती थीं या बराबरी के स्तर पर व्यवहार नहीं करती थीं, तो अब देहाती, गँवार स्त्रियाँ अपने अनुभव की बिना पर शिक्षित, शहरी स्त्रियों को अधीनस्थ मानती थीं और अक्सर अत्याचार करती थीं। क्योंकि श्रम के लिए जनसंख्या की अदल-बदल के दौर में, या श्रम से सीखने की नीति के चलते श्रमिक स्त्रियाँ दबंग की भूमिका में आ जाती थीं। तब वे अपने 'प्राइड एंड प्रेमुडिज' के साथ पूरी तरह से हमला करती थीं, शहरी शिक्षित स्त्रियों को बूर्जुआ मानकर। प्रेम सम्बन्धी नैतिकता के उल्लंघन का बहाना बनाकर वे अपने विरोधियों को लताड़ती थीं।

जुड. चाड. कहते हैं कि 1960 के दशक में, जब पूरी दुनिया में परिवार-नियोजन को बढ़ावा दिया जा रहा था, चीन में इसे पूरी तरह से वर्जित कर दिया गया माओत्से तुङ के अमेरिको-फोबिया के कारण। माना गया कि बड़ी जनसंख्या अपने आप में एक बड़ी शक्ति है। इसलिए अधिक-से-अधिक बच्चा पैदा करने लिए प्रात्साहित किया जाने लगा। इससे तमाम स्त्रियाँ खास कर, गरीब, ग्रामीण और अशिक्षित इलाके और

संस्तरण थी, बच्चा पैदा करने की मशीन बन गईं। जो कम बच्चा पैदा करती थीं, उन्हें कम उर्वर और इसलिए अस्त्रियोचित मान कर नीची निगाह से देखा जाता था। पर यह जरूर हुआ कि उन्हें बच्चा पैदा करने के लिए छुट्‌टी मिलने लगी। उन्हें पालने के लिए अतिरिक्त छुट्‌टी की व्यवस्था की गई। पुष्टाहार और अस्पताल की सेवाएँ बढ़ाई गईं! धाय की व्यवस्था सरकार खुद करने लगी। मन पसन्द कपड़े पहनने और मनोरंजन करने की छूट दी गई। किन्तु माओ के मरने के बाद समय ने फिर पल्टी खाया। परिवार नियोजन पर जोर बढ़ा, क्योंकि इतनी बड़ी जनसंख्या के लिए भोजन जुटाना कठिन पड़ने लगा। इसमें अधिकतर स्त्रियों को ही स्टे-राइल किया जाता था। कन्या की भ्रूण हत्या होने लगी। अधिक बच्चा पैदा करनेवानी स्त्री को नीची निगाह से देखा जाने लगा। आज स्थिति ऐसी हो गई है कि सभी पुरुषों को पत्नियाँ नहीं मिल पाती हैं। परिणामस्वरूप स्त्रियों का अपहरण, दुराचार और वेश्यावृत्ति बढ़ी है।

क्रान्ति के दिनों से ही व्यक्तिगत सम्पत्ति की अवधारणा समाप्त कर दी गई थी। इसलिए किसी को उत्तराधिकार में सम्पत्ति पाने का सवाल ही नहीं रहा। यदि लूशाई ची और देंग शिआओ पेङ के समय में थोड़ी ज़मीन व्यक्तिगत खेती के लिए दी गई, तो वह व्यक्तिविशेष तक सीमित होती थी। उसे कभी भी लेकर किसी दूसरे को दिया जा सकता था। इसलिए उस पर हक नहीं बनता था। इसलिए उत्तराधिकार में दिए जाने का सवाल ही नहीं था। उसका उत्पादन सरकारी मंडिओं में बेचना होता था, जहाँ बहुत कम पैसे मिलते थे। इसलिए निजी धन नहीं बन सकता था। इसलिए चल सम्पत्ति में भी उत्तराधिकार की कम ही गुंजाइश रही। हाँ पुरुषों के कपड़े, फर्नीचर वगैरह बेटों को जाते हैं और स्त्री के कपड़े, गहने वगैरह बेटियों और बहुओं को। उसका भी कानून बहुत स्पष्ट नहीं है।

इधर आर्थिक उदारीकरण के दौर में सरकारी सम्पत्ति को उसके व्यवस्थापकों की निजी सम्पत्ति के रूप में विधिसम्मत बना दिया गया है। यह मल्टीनेशनल कारपोरेशनों के साथ काम करने की सुविधा के लिए किया गया है। उनके उत्तराधिकार की परिपाटी क्या बनेगी और उसमें स्त्री का क्या हिस्सा होगा, यह देखने की बात है। इस पर सूचनाएँ साफ नहीं हैं।

हाँ, उच्च शिक्षा में स्त्रियों की संख्या बढ़ी है और निरन्तर बढ़ती जा रही है। परिणामस्वरूप आज उदारीकरण के दौर में स्त्रियाँ व्यापार के क्षेत्र में बड़े-बड़े पदों पर आसीन हो रही हैं। पर सरकार, शासन और दल में ऐसा देखने को नहीं मिल रहा है। प्रोफेसनलों में उनकी संख्या बढ़ रही है।

एलेक्जेण्ड्रा कोलोन्ताई और रूस में स्त्रीवाद का विकास

चीन की ही तरह रूस में भी स्त्री की स्थिति को जानने के लिए फिलहाल हमारे पास प्रचुर सामग्री नहीं है। यहाँ भी हम एक आत्मकथा के सहारे कुछ बातों को नोट करना चाहेंगे। यह आत्मकथा एलेक्जेण्ड्रा कोलोन्ताई की है, जो तीन उत्थानों में लिखी गई थी, 1912 में 'एराउण्ड वर्कर्स यूरोप', 1921 में 'आटो बायोग्राफिकल एसेस' और 1926 में 'एम्स एंड वर्क्स आफ माई लाइफ' के नाम से। उस दौरान लेखिका ने ढेर सारे लेख भी स्त्री सम्बन्धी प्रश्नों को लेकर लिखा था। इनके आधार पर कैथी पोर्टर ने उसके जीवन की समग्र कथा 'एलेक्जेण्ड्रा कोलोन्ताई' के नाम से लिखी है, जिसमें स्त्री सम्बन्धी उसके विचारों और स्त्री मुक्ति के लिए किए गए संघर्षों की सारसंक्षिप्ति वहाँ मिलती है।

एलेक्जेण्ड्रा का जन्म फिनलैंड के एक रूसी सामन्त व जमींदार परिवार में 19 मार्च 1872 में हुआ था। 1888 में उसने शिक्षण के लिए डिप्लोमा प्राप्त किया था। 1890 में उनका सम्पर्क ब्लादिमीर कोलोन्ताई से हुआ और 1893 में विवाह। ब्लादिमीर रूसी सेना के एक सेनापति बने। इसके पहले 1892 में उसने 'कम्युनिस्ट मैनिफेस्टो' पढ़ लिया था। वह उससे इतना प्रभावित हुई थी कि 1899 आते-आते वह पूरी तरह से मार्क्सवादी बन गई थी। 1904 में वह लेनिन की सहयोगी बनी, पर 1906 में वह मेंशेविकों के साथ हो गई। 1917 की क्रान्ति के दौरान वह फिर लेनिन के साथ हो गई और स्त्री मोर्चे पर बहुत काम किया। वह लेनिन की सरकार में एक मात्र महिला मन्त्री बनी और उनके हवाले स्त्री कल्याण मन्त्रालय कर दिया गया। पार्टी के भीतर सत्ता संघर्ष के दौरान उन्हें कई देशों में राजदूत बनाकर भेजा गया। उसका नाम नोबेल शान्ति पुरस्कार के लिए प्रास्तावित हुआ, पर मिला नहीं। लम्बे समय तक उसने पार्टी के भीतर सन्देह और भय का घुटन झेला। ब्लादिमीर को छोड़कर उसने तीन और विवाह किया और कई पुरुषों के सम्पर्क में रही। स्त्री सम्बन्धी उनके विचार रूसी कम्युनिस्टों को कभी रास नहीं आया। उन्हें लगता रहा कि वह अपने आचरण को न्यायोचित ठहराने के लिए दर्शन रचती है जो बूर्जुआ स्त्रियों की मुक्तिकामी मानसिकता की देन है। उसकी मृत्यु 1952 में हुई, जिसे बहुत कम लोगों ने नोटिस किया।

एलेक्जेण्ड्रा कोलोन्ताई की जीवनी पढ़कर चार बातों का ज्ञान होता है— एक तो पुराने रूसी समाज में स्त्री की स्थिति, दूसरे कोलोन्ताई के स्त्री सम्बन्धी विचारों का विकास, तीसरे रूसी कम्युनिस्ट पार्टी के स्त्री सम्बन्धी विचार और चौथे स्त्रियों का अपनी मुक्ति के लिए संघर्ष।

रूस की स्त्रियों के परम्परागत जीवन के बारे में स्पष्ट पता चलता है कि दसवीं शताब्दी से लेकर 1917 की क्रान्ति तक स्त्री का जीवन एकरस रहा, चाहे वे ग्रामीण इलाके की, हों या नगरी इलाके की क्योंकि 1850 से पहले ग्रामीण और नगरी स्त्रियों के जीवन में बहुत फॉक नहीं था, सिवाय इसके कि नगर की स्त्रियाँ अपना धार्मिक जीवन जीते हुए घरों में कैद रहती थीं, और ग्रामीण स्त्रियाँ खेतों और खानों में काम करते हुए, पर्दे में चाहे नहीं भी रहे, शोषण में वे शहरी स्त्रियों से बढ़कर थीं। रूस में इसाइयत ने 10वीं शताब्दी में धीरे-धीरे घर बनाया था और बिंजेंटाइन चर्च के प्रभाव में आया था। उसे अन्धकार काल कहा जाता है। उस काल में स्त्री को बस ईर्ष्या की प्रतिमूर्ति और बच्चा जनने के लिए उपयुक्त साधन के रूप में रूसी संस्कृति में स्थापित किया गया था। 13वीं शताब्दी में जब तातारों ने रूस पर बार-बार हमला किया, तब बिंजेंटाइन चर्च ने इस सिद्धान्त को और पक्का किया कि स्त्री पुरुष की सम्पत्ति है, चाहे वह पुरुष पिता के रूप में, पति के रूप में या घर के मालिक के रूप में। परिणामस्वरूप जब 17वीं शताब्दी में मास्कोवाइट रूसी साम्राज्य संगठित हुआ और सर्फडम को वैधानिक बना दिया गया तो स्त्रियों के ऊपर पुरुष के अधिकार और पूर्ण शोषण को भी वैधानिक बना दिया गया। परिवार के कर्ता या मालिक को रूसी राज्य का एजेंट बना दिया गया, जिसे परिवार की स्त्रियों, बच्चों और दूसरे आश्रितों पर पूर्ण अधिकार प्राप्त था। पत्नी को पीटते रहने के सन्दर्भ में वहाँ के चर्च की संहिता में उस डंडे की यशगाथा कही गई थी, जो हर व्यवस्थित घर में पलँग के ऊपर टँगा होता था।

घर-परिवार में पुत्र का जन्म एक उत्सव होता था, वहीं कन्या का जन्म माता-पिता के रुदन और पूरे परिवार के शोकगीत में आवेष्टित होता था। परिणामस्वरूप प्रयत्न होता था कि चाहे वे विवाह के योग्य न भी हुई हो, जल्दी-से-जल्दी उसका विवाह कर छुट्टी पा लिया जाए। विवाह में सहमति और तलाक में पहल की बात ही नहीं उठती थी। पिता व पति की मृत्यु पर उसे उत्तराधिकार में कुछ नहीं मिलता था। तलाक पर कोई भरण-पोषण नहीं दिया जाता था। सिवाय पहनने के कुछ कपड़ों और कुछ बर्तनों के उसका किसी भी सम्पत्ति या वस्तु पर कोई अधिकार नहीं होता था। वह परिवार की किसी व्यवस्था, खासकर आर्थिक संचालन में कोई राय नहीं दे सकती थी। सन्ततियों पर भी कोई अधिकार नहीं होता था। कृषि कर्म में उसे वे सब काम करने पड़ते थे जो पुरुष करते थे सुअर व मधुमक्खी पालन को छोड़कर। ऊपर से घर-गृहस्थी

के भीतर का सारा काम अकेले करना पड़ता था। बोनस के रूप में उसे हमेशा गर्भिणी बनाकर रखा जाता था। शोधकर्ताओं ने खोज निकाला है कि 45 वर्ष की स्त्री कम-से-कम दस बार गर्भिणी जरूर होती थी और इसमें औसतन दो-तीन बार गर्भपात भी जरूर होता था अक्सर पति द्वारा पिटाई के दौरान। उसका स्वास्थ्य हमेशा गड़बड़ाया रहता था और बच्चों की मृत्यु दर काफी अधिक थी। इससे न तो उनका सामाजिक रुतबा बढ़ता था, न ही कोई आर्थिक लाभ होता था। इन बातों को इतना सामान्य माना जाता था कि इसकी चर्चा तक नहीं की जाती थी। कहावत थी : 'न तो मुर्गी कोई चिड़िया है, न ही स्त्री कोई व्यक्ति।'

यद्यपि कि रूस के परिवारों की संरचना का कोई माडल नहीं था—वह बहुत विविधता लिए होता था, तो भी दो पीढ़ियों के लोग एक साथ, एक छत के नीचे रहते थे, और जो परिवार जितना ही समृद्ध होता था, उसमें व्यक्तियों की संख्या उतनी ही अधिक होती थी, उसे उतना ही अधिक शक्तिशाली माना जाता था। युवा बहुओं के भाग्य में ससुर के साथ सोना लिखा होता था, विशेष कर जब उसका पति युद्ध के मोर्चे पर या फैक्ट्री पर काम करने के लिए लम्बे समय के लिए गया हो। ऊपर से सास इतना अत्याचार करती थी उन्हें बाध्य होकर अपना खाना अलग पकाना होता था, भले ही वह रहे उसी छत के नीचे।

19वीं शताब्दी में तमाम कृषक परिवार जो खेती के बूते जीवनयापन नहीं कर पा रहे थे, रुई के उद्योग में लगे। उसमें स्त्रियों को वह काम दिया जाता था, जिसमे हुनर की नहीं शारीरिक शक्ति की जरूरत पड़ती थी। वे खानों-खदानों में भी जाकर हाड़तोड़ मेहनत करने लगीं। सदी का अन्त आते-आते वे अपने घर के पुरुषों की तरह घर से बाहर जाकर मौसम के अनुसार मिलनेवाले कुछ महीनों के कामों को करने लगीं। फिर फैक्ट्रियों में जाकर नियमित काम करने लगीं। 1885 से 1911 के बीच पाया गया कि उनकी संख्या 7 हजार से बढ़कर 47 हजार हो गई है। रूस के साथ जापान के युद्ध से लेकर प्रथम महायुद्ध के समय उनकी संख्या 40% हो गई। पहले वे मेले-ठेले में अपने निजी खर्च के लिए वे वेश्यावृत्ति कर लेती थीं। अब शहरों में यह नियमित धन्धा बन गया। शदी के अन्त पर शहर के तमाम खाते-पीते घरों में गाँवों से आई स्त्रियाँ नौकरानी, आया और नर्स बनकर रहने लगीं। उन्हें पसन्द इसलिए किया जाता था कि सर्फ होने के कारण वे दबी-दबी और अनुशासित होती थीं, उनकी जरूरतें बड़ी सीमित होती थीं और बहुत कम मजदूरी पर सुलभ थीं। फैक्ट्री हो, या दुकान या घर उन्हें सोने के लिए एक कोना दे दिया जाता था, खाने के लिए बचा-खुचा जूठन, पहनने के लिए फटा-पुराना, सोने के लिए परित्यक्त बिस्तर जिसमें घुसकर मालिक लोग अक्सर दुराचार करते थे। गर्भिणी हो जाने पर घर से निकाल बाहर कर देते थे और दूसरी मजदूरन रख लेते थे। कुछ शहरों के चायखानों और दुकानों में उन्हें कुछ इज्जत जरूर

मिलती थी। कारखानों में उनका जमकर स्वागत इसलिए होता था कि कम मजदूरी पर भी वे पुरुषों के बराबर काम करती थीं, बात मानती थीं और सोने के लिए सुलभ रहती थीं।

1854 के सेवास्तोपोल की महाविपत्ति से स्पष्ट हो गया कि सभी प्रकार की मानव-मुक्तियों में किसानों की मुक्ति सबसे पहले और सबसे अधिक महत्त्वपूर्ण है। जब 1861 में यह मुक्ति मिली तो पुरुषों के साथ स्त्रियाँ भी अपनी जड़ों को त्यागकर शहरों की ओर भागीं रोजी-रोटी के लिए। इनमें गुलाम किसानों की स्त्रियाँ थीं, छोटे-मोटे दुकानदारों की स्त्रियाँ थीं, दरिद्र हो गए आभिजात्य घरों की स्त्रियाँ थीं। वे चाहारदीवारी के भीतर की धार्मिक दुनिया और मालिक के खेतों पर हाड़तोड़ मेहनत और गुलामी की दुनिया को धता बताकर भागी थीं और कुछ आर्थिक सुरक्षा खोज रही थीं।

उस जमाने में देहात का घर छोड़कर नगरों में रहने के लिए पासपोर्ट की आवश्यकता होती थी। स्त्रियों को वह अमूलन उपलब्ध नहीं होता था। इसलिए वे निरन्तर गिरफ्तार कर लिए जाने के भय में डूबी रहती थीं। इससे बचने के लिए वे अक्सर प्रेम के आधार पर विवाह कर लेती थीं। पर यह प्रेम धीरे-धीरे उपयोगिता में बदल गया। इससे कम्यूनों का जन्म हुआ, जिसमें स्त्री और पुरुष साथ-साथ रहने लगे। वहाँ औरतों ने अपने लम्बे बाल कटवा डाले, नीला चश्मा लगाने लगीं, खुलेआम धूम्रपान करने लगीं, तंग स्कर्ट और ऊँचे बूट पहनने लगीं। लोग उन्हें 'निहिलिस्ट' कहने लगे। इस पृष्ठभूमि में रूस में पहली बार स्त्री के सवाल पर बातचीत शुरू हुई। इसके तीन रूप थे। पहला रूप रूस के बाहर के स्त्रीवादी विचारकों के विचार पर आधारित था। ये स्त्रीवादी विचारक खाई-पीयी-अघाई घरों की औरतें थीं, जो हर क्षेत्र में पुरुष के बराबर होना चाहती थीं। उनका कहना था कि नए समाज में यदि नए पुरुष की अवधारणा विकसित हुई है, तो नई स्त्री की भी अवधारणा विकसित होनी चाहिए। विवाह में तलाक में, सम्पत्ति के उत्तराधिकार में, बच्चों पर अभिभावकत्व के मामले में शिक्षा में, नौकरी में, मताधिकार में उन्हें वही अधिकार मिलना चाहिए, जो पुरुषों को मिला है, यह अधिकार राज्य द्वारा प्रदान किया जाना चाहिए, तभी पुरुष सत्ता से मुक्ति मिलेगी। काम का बँटवारा लिंग के आधार पर नहीं, बराबरी व जरूरत के आधार पर होनी चाहिए और समान काम के लिए समान वेतन मिलना चाहिए। यह असमानता इसलिए है कि धर्म ने, समाज ने राजनीति ने, परिवार ने, कहीं परम्परा के आधार पर, तो कहीं कानून के आधार पर एक स्त्री को एक पुरुष के साथ बांध दिया है और उसकी सेक्सुएलिटी को नियन्त्रित किया है, भरसक उसे दलित ही कर दिया है। इसलिए उसे सबसे पहले इससे मुक्त किया जाना चाहिए। उसे अनेक पुरुषों के साथ सम्बन्ध बनाने

का वैधानिक अधिकार मिलना चाहिए। इससे परिवार टूटे, समाज टूटे, राज्य टूटे या धर्म का नाश हो, कोई फर्क नहीं पड़ता।

रूस की कम्युनवाली स्त्रियों ने इस विचारधारा को अपनाया। पहले उन्होंने स्त्री-वाद-विवाद समूह बनाया, जिसमें वे इन पर खुल कर बात करती थीं। बाद में उन पर अराजकतवादियों का प्रभाव पड़ा जो बाकुनिन के नेतृत्व में तेजी से अपने विचारों को फैलाते जा रहे थे। उनका कहना था कि मनुष्यों को दलित कहनेवाली सबसे शक्तिशाली संस्था राज्य है, जो ईश्वर की झूठ पर अवस्थित है। धर्म एक सामूहिक पागलपन है, जो दलित समूहों की चेतना की अश्लील उत्पाद है। स्वतन्त्रता या मुक्ति के लिए जरूरी है कि इस राज्य को उड़ा दिया जाए और इस तरह मनुष्य के जीवन से उसके प्राधिकार को समाप्त कर दिया जाए। उसकी जगह कृषकों और श्रमिकों के मुक्त संघ की रचना की जानी चाहिए, जिसमें स्त्री और पुरुष बराबरी के स्तर पर सहभागी की तरह रहें और हर तरह के आपसी सम्बन्ध बनाने के लिए स्वतन्त्र हों। वे दिहाड़ी पर काम करनेवालों को गुलाम मानते थे और इससे मुक्ति के लिए सम्पत्ति पर सबका सम्मिलित समान अधिकार मानते थे। बाकुनिन का कहना था कि जो सबसे ज्यादे दलित है, विद्रोह के लिए वही सबसे आगे बढ़ेगा। परिणामस्वरूप स्त्रियों ने समान शिक्षा, समान पेशा और समान वेतन की जगह राज्य व परिवार को विनष्ट करने के लिए विद्रोह का रास्ता अपनाया। तमाम लिखी-पढ़ी सामाजिक काम करनेवाली स्त्रियाँ शारीरिक श्रम और स्वास्थ्य पर एक-सा ध्यान देने लगीं। शादी-शुदा औरतों के लिए मुश्किल यह थी कि वे प्यार व स्वास्थ्य के बीच ताल-मेल नहीं बिठा पाती थीं, क्योंकि गर्भ-विरोध के साधन उपलब्ध नहीं थे। इसलिए उन्हें ब्रह्मचर्य की ओर मुड़ना पड़ता था। पर तब ये अराजकतावादी आतंकवादी स्त्रियाँ, जो क्रान्ति के लिए मुक्त शारीरिक सम्बन्ध अनिवार्य मानती थीं, इनका मजाक उड़ाती थीं। इसलिए उन्हें पर्याप्त अनुयायी नहीं मिल पाए। ऊपर से संगठन का न होना और व्यक्तियों की हिंसा उनके आन्दोलन को ले डूबा।

चिन्तन का तीसरा रूप मार्क्सवादियों का था। वे मानते थे कि समाज में विभाजन लिंग के आधार पर नहीं आर्थिक सम्बन्धों के आधार पर अमीर-गरीब के रूप में है, जिससे मनुष्य को अपने स्वभाव से दूर हो जाना पड़ा है। जब इस आर्थिक सम्बन्ध में परिवर्तन आएगा और दुनिया बेहतर होगी तो स्त्री की स्थिति अपने आप बदल जाएगी। उनके दार्शनिक मार्क्स की स्थापना थी कि नारी मुक्ति और उसकी काम-कलाप सम्बन्धी स्वतन्त्रता के लिए वर्ग सम्बन्ध और वर्ग संघर्ष अधिक उपयोगी ढंग है। एंजेल्स ने उसी स्थापना को आगे बढ़ाते हुए प्रस्तावित किया था कि स्त्री को पूर्ण और सच्ची मुक्ति तब मिलेगी जब वह सद्‌चरित्र, धर्म और नैतिकता के घेरे से बाहर आ, निजी सम्पत्ति की समाप्ति के बाद उत्पादन के कर साधनों पर जन के नियन्त्रण

के साथ-साथ एक पति-पत्नी वाले दमनकारी पारिवारिक सम्बन्धों के उद्देश्य को स्वीकार करेगी। जब स्त्री व पुरुष उत्पादन में बराबर के भागीदार होंगे, तब उन्हें इतना खाली समय मिल पाएगा, कि वे पूरी तरह से प्यार के सम्बन्ध विकसित कर सकेंगे। उससे पहले एक स्वतन्त्र मार्क्सवादी विचारक बेबेल ने स्त्री की स्थिति का अध्ययन करते हुए पाया था कि स्त्री का दमन दोहरा है—एक आर्थिक जो फैक्ट्री में होता है, दूसरा काम सम्बन्धी जो घर में होता है। भविष्य में उसे इससे मुक्ति तभी मिल सकती है, जब इसके विरुद्ध उसे अधिकार प्राप्त हो। बिना अधिकार के स्त्री इतिहास की एक कोटि नहीं बन पाएगी। उसके लिए स्त्री को स्वयं संघर्ष करना पड़ेगा। क्योंकि पुरुष स्त्री के प्रति तमाम सहानुभूति के बावजूद उसके दमन का हिस्सा रहे हैं, स्त्री के प्रति 'सह-अनुभूति' से नहीं गुजरे हैं। इसलिए अपनी स्थिति से उबरने के लिए बजाय पुरुषों की सहायता की प्रतीक्षा करने के संघर्ष करना चाहिए। यह उसी तरह है जिस तरह सर्वहारा अपनी मुक्ति के लिए बूर्जुआ की सहायता की प्रतीक्षा नहीं करते।

एलेक्जेण्ड्रा कोलोन्ताई के विचार इन तीनों तरह के चिन्तन से कुछ लेकर और कुछ छोड़कर बनाए गए थे। ऊपर से उसका अपना अध्ययन और अनुभव था। इसके विचार के दो चरण हैं। पहले चरण में वह काम, विवाह और परिवार का विश्लेषण पूँजीवादी सम्पत्ति सम्बन्धों के दृष्टिकोण से करती है और पाती है कि उसने मातृत्व की मूल प्रवृत्ति को एक बच्चा पैदा करने मात्र की प्रवृत्ति में अपचयित कर दिया है। अज्ञान और शारीरिक शोषण से स्त्री की मुक्ति एलेक्जेण्ड्रा की कारगुजारियों की प्राथमिकता थी। इसी को ठोस रूप देने के लिए वह क्रान्तिकारी समाजवादियों से जुड़ी। वह देख रही थी कि औद्योगिक यूरोप में किस तरह से स्त्री-पुरुष के सम्बन्ध बदल रहे हैं। एक मार्क्सवादी के रूप में वह मानती थी कि नारी मुक्ति अविभाज्य रूप से स्त्री-पुरुषों और स्त्रियों की पूँजीवाद से मुक्ति से जुड़ी है। इसी कारण वह अपने समय के नारीवादी आन्दोलन से अलग बनी रही जो मानते थे कि पूँजीवाद के भीतर ही शैक्षणिक और राजनैतिक सुधारों के माध्यम से नारी मुक्ति प्राप्त की जा सकती है। उसे लगता था कि सामाजिक प्रगति का जन्म वर्ग चेतना और वर्ग संघर्ष से होता है। वह सिर्फ शिक्षा से नहीं प्राप्त किया जा सकता, क्योंकि शिक्षा से मनुष्य के विचार और भावनाएँ तो बदली जा सकती हैं, पर वे सामाजिक संस्थाएँ नहीं, जो व्यक्ति के जीवन को चलाती हैं। और तानाशाह ज़ार के रूस में तो इस ज्ञान व शिक्षा के लिए कोई स्थान भी नहीं है।

उसी वक्त उनके विचारों पर दो स्त्री मार्क्सवादी विचारक व कर्मेठुओं का जबर्दस्त असर पड़ा। एक थी रोजा लक्जमबर्ग। उसने लिखा था कि, श्रमिकों की हालत दिन-प्रति-दिन खराब होती जा रही है, छोटे-छोटे उद्यमों की जगह उनको जोड़-जाड़ कर उद्यमों को बड़ा किया जा रहा है, जिसके परिणामस्वरूप मजदूर संगठनों की गतिविधि

सिसिफस का श्रम बनता जा रहा है, यानी व्यर्थ होता जा रहा है, क्योंकि वे अपनी स्थिति सुधारने के लिए अधिकाधिक बूर्जुआ विधि की माँग करने लगे हैं, जो मिलने वाला नहीं है। ऊपर से देशी पूँजी के पराकाष्ठा पर पहुँच जाने के बाद वे अपनी रक्षा और बचे रहने के लिए श्रमिकों को अधिकाधिक दयनीय हालत, बेरोजगारी व शोषण में घसीटते जा रहे हैं। इसलिए जरूरत है कि उनकी वर्ग चेतना को समृद्ध और सशक्त करने के लिए जन आन्दोलन चलाए

दूसरे हमारी कारगुजारियों का सम्बन्ध हमारे लिंग से नहीं है। इसके परिणामस्वरूप कोलोंत्ताई ने रूस की फैक्ट्रियों में काम करनेवाली स्त्रियों की स्थिति को उनके बीच में जाकर अध्ययन किया, उसके आधार पर अपने सिद्धान्त रचे और उसके लिए आन्दोलन चलाया।

दूसरा प्रभाव स्लारा ज़ेटकिन का था। अपने अध्ययनों से उसने पाया था कि स्त्री श्रमिकों की संख्या निरन्तर बढ़ती जा रही है और उसी अनुपात में उनका शोषण भी बढ़ता जा रहा है। इससे मुक्ति के लिए तमाम विचारकों की राय थी कि स्त्रियों को फैक्ट्री के काम से हटा दिया जाए। जेटकिन ने कहा कि इससे तो स्त्रियों को उनके पितरों, चाहे पिता हों, या पति या दूसरे अभिभावक को सौंप देना होगा, जिससे उनकी स्थिति बेहतर होने की जगह यदि और अधिक नारकीय न हो, तो भी पूर्ववर्ती शोषण की यथास्थिति तो बनी ही रहेगी। स्त्री की मुक्ति तभी सम्भव है, जब पूरे श्रमिक वर्ग की मुक्ति हो। इसलिए स्त्री को अलग से शिक्षित करने की जरूरत है, जिससे उसकी पूर्ण वर्ग चेतना विकसित हो सके। यह भी कि जब तक निजी सम्पत्ति, उत्तराधिकार के नियम और स्वामित्ववादी विवाह बरकरार रहेंगे, स्त्री श्रमिकों को अतिरिक्त सुरक्षा देनेवाले कानून कुछ खास नहीं कर पायेंगे। इसलिए सभी श्रमिकों की सुरक्षा के लिए एक समान नियम बनने चाहिए।

फैक्ट्री में स्त्रियों की स्थिति का अध्ययन करते हुए उसने पाया कि वहाँ सिर्फ उनके श्रम का ही शोषण नहीं होता, उनकी देह का भी शोषण होता है। वही हाल घरेलू नौकरानियों का भी है। घर-परिवार के भीतर उनके श्रम को उत्पादक श्रम नहीं माना जाता, इसलिए उन्हें कोई तवज्जह नहीं दिया जाता। फैक्ट्रियों आदि में उन्हें पुरुषों के बराबर पारिश्रमिक नहीं दिया जाता। इस क्षति की पूर्ति के लिए वे अतिरिक्त समय में काम करती हैं। यदि वे गर्भिणी होती हैं, तो भी उन्हें काम में कोई रियायत नहीं दी जाती। ऐसे श्रमिक स्त्रियों की कमी नहीं थी जो काम करते-करते ही बच्चा जन देती थीं। इससे दुःखद स्थिति यह थी कि बच्चा पैदा होने पर उनको काम से हटा दिया जाता था। परिणामस्वरूप बाध्य होकर वे बच्चों को कहीं फेंक आती थीं, या मार ही डालती थीं। कुपोषण के कारण जच्चे-बच्चे की मृत्यु वैसे भी अवश्यम्भावी थी। जो बच्चे बच जाते थे, उन्हें दादी-दादा के पास देहात पठा दिया जाता था। एलेक्जेण्ड्रा को

लगता था कि बच्चों को न केवल पालन-पोषण की सुविधा मिलनी चाहिए, बल्कि माँ-बाप का दैहिक स्पर्श भी मिलना चाहिए उनके सर्वोन्मुखी विकास के लिए।

तमाम स्त्रियाँ खेतों और खदानों में काम कर रही थीं और वहाँ वे अपने काम में इतना रम गई थीं, कि उन्हें यहाँ से हटाकर किसी दूसरे काम में लगाना अत्याचार सरीखा था। इसलिए जरूरत थी कि बजाय उन्हें वहाँ से हटाने के, उनके काम करने के वातावरण और उनकी स्थिति में सुधार किया जाए। पर उनकी संख्या इतनी तेजी से बढ़ती जा रही थी थोड़े-बहुत सुधारों का कुछ भी लाभ उन्हें नहीं मिल पा रहा था।

जो स्त्रियाँ अपने काम की जगह पर ही रुक जाती थीं, उससे एक फायदा यह होता था कि उनकी कमाई उनके पुरुष दारू-जुआ में नहीं उड़ा पाते थे। नुकसान यह था कि उनके काम के घंटे बढ़ जाते थे और दैहिक शोषण का शिकार भी बन जाती थीं। दोनों से उनका शरीरिक, मानसिक स्वास्थ्य खराब होता था।

अपने अध्ययन में कोलोन्ताई ने यह भी पाया कि प्यार व श्रम में यदि चुनना हो तो स्त्रियों का झुकाव श्रम की ओर था, क्योंकि इससे स्त्री का व्यक्तित्व और मुखर होकर उभरता था। यह उभार न केवल वास्तविक तृप्ति देता था, जीवन को और अधिक जीने योग्य बनाता था।

इनके आधार पर कोलोन्ताई के लेखन का उद्देश्य दोहरे मानदंडों का खुलासा कर स्त्रियों को अपनी स्वाधीनता के लिए प्रयास करने के लिए प्रेरित करना था। इसका मतलब पुरुषों के साथ पूर्ण समानता प्राप्त करना था। उनका मानना था कि समाजवादी समाज में स्त्री और पुरुष नैसर्गिक काम आकर्षण, सवेंगात्मक पूर्णता की तलाश और मैत्री की इच्छा के कारण एक-दूसरे से सम्बन्ध बनाएँगे, आर्थिक और कामतृप्ति की निर्भरताजन्य सुरक्षा की तलाश के कारण नहीं। इन तमान बातों की पृष्ठभूमि में कार्ल मार्क्स का यह कथन था, "The infinite degradation in which a human being exists for him or herself is expressed in the relationship between man and woman...the immediate natural and necessary relationship of one human being to another is the relationship between man and woman. In the natural special relationship, the human being's relation to nature is immediately his/her relationship to the human being, just as the relationship to human being his/her relationship to nature, his/her natural determination, thus the measure in which the human essence has become nature for the human being manifests itself sensually (i.e. reduced to of facts) in this relationship. Hence on the basis of this relationship one can judge the entire stage of development of human being. From the character this relationship one can conclude how far the human being, as species and as an individual being, has become him/herself and has grasped him/herself...This relationship also reveals the extent to which a human being's need has turned into human need, to which...he/she in his/her most individual essence is at the same time a social being.

कोलोन्ताई के लेखन, संगठनात्मक और आन्दोलनात्मक गतिविधियों का परिणाम था कि शोषित स्त्रियाँ 1901 में हड़ताल पर उतर आईं। उनकी माँग थी 'To protect young girls, primarily of working class, from the morally damaging conditions of their life."

कोलोन्ताई अभी भी इसी आधार को लेकर चल रही थी कि स्त्रियों की मुक्ति महत्तर मानव मुक्ति का हिस्सा है। लेकिन 1905 आते-आते स्पष्ट हो गया था कि श्रमिकों के लिए एक ही तरह के कानून के साथ-साथ एक ही तरह के मताधिकार की भी जरूरत है और यह माँग स्वयं स्त्रियों को करनी चाहिए। इसके लिए यदि पार्टी के भीतर अलग स्त्री संगठन की जरूरत पड़े तो उसे संगठित किया जाना चाहिए। इससे उन्हें राजनैतिक शिक्षा और सहभागिता प्राप्त होगी। वेश्यावृत्ति का अन्त होगा। कोलोन्ताई के प्रयत्नों से स्त्रियाँ फैक्ट्रियों के यूनियनों में पदों के लिए खड़ी होने लगीं और खुलकर राजनैतिक काम करने लगीं। आगे औद्योगिक अदालतों में स्त्रियों की नियुक्ति स्त्री कर्मचारियों की सुरक्षा के लिए अतिरिक्त उपाय, समान नागरिक अधिकार समान शिक्षा, समान रोजगार समान वेतन, पारिवारिक कानून में स्त्री-पुरुष की समानता और घरेलू नौकरानियों की नियुक्ति या प्रतिबन्ध आदि की माँग उठने लगी। वह क्रमशः जोर पकड़ती चली गई।

कोलोन्ताई और उसी की तरह सोचनेवाली तमाम स्त्रियों के विचार पुरुष मार्क्सवादी विचारकों—चाहे वे बोल्शेविक हों या मेंशेविक, क्रान्तिकारी समाजवादी हों या वैधानिक ढंग से परिवर्तन चाहनेवाले समाजवादी—को पसन्द नहीं आ रहे थे। प्रुधों और लासाल ने पहले ही औरतों को मजदूरी की बुराइयों से मुक्त करने के लिए उन्हें घर-परिवार से बांध कर रखना चाहते थे। पर जैसा कि हमने ऊपर देखा है, फर्स्ट इंटरनेशनल के बाद लिबनेश और बेबेल ने इसका विरोध किया। उनके बाद कात्स्की और फूनो का कहना था कि एंजेल्स ने एक पति-पत्नी वाद पर जो जोर दिया था, वह बूर्जुआ मनोविज्ञान के इस पक्ष पर जोर देने के कारण था कि स्त्रियाँ योनि-शुचिता, एक पुरुष के साथ लम्बे समय तक सहवास करने की इच्छा या सोद्देश्यता के कारण था। एंजेल्स ने अपनी पुस्तक की भूमिका में लिखा था कि नए मनुष्य के निर्माण को कारखानों में निर्मित हो रहे अस्तित्व के सम्बन्धों से अलगाया नहीं जा सकता। किन्तु आगे के अध्यायों में उसने इसकी चर्चा आगे बढ़ाने के बजाय, लैंगिक सम्बन्धों को

आर्थिक आधार से छिनगा कर ऐतिहासिक वास्तविकता की दृष्टि से बात करने के बजाय, अकादमिक अमूर्तता के आधार पर बात करने लगा। कहा कि आदिम समाज में जब परिवार के बाहर अतिरिक्त उत्पादन उपभोग के बाद बचने लगा तो इस निजी सम्पत्ति के निर्माण के दौरान स्त्री को घर के भीतर दास बना दिया और मातृ सुख को पतला करते-करते समाप्त ही कर दिया। उसे सामाजिक उत्पादन में हिस्सेदारी से काट ही दिया। उसे माँ व गृहणी तक सीमित कर दिया। राज्य ने इसी विचार को पुष्ट किया, संरक्षण दिया। यदि निजी सम्पत्ति को समाप्त कर दिया जाए तो स्त्री की मौजूदा स्थिति अपने आप समाप्त हो जाएगी, क्योंकि अब विवाह का आधार पुरुष की निजी सम्पत्ति बन गया है—उसी को देखकर स्त्रियों के विवाह होते हैं। बच्चों की परवरिश और निजी गृहस्थी को बनाए रखना सामाजिक उद्योग में बदल जाएगा और स्त्री सामाजिक उद्योग में बदल जाएगा और स्त्री सामाजिक उद्योग में शामिल होने के कारण अपने आप मुक्त हो जाएगी। गर्भ-निरोध के साधनों के विकास और मशीन के द्वारा उत्पादन के कारण लिंग के आधार पर श्रम-विभाजन बेमतलब हो जाएगा। इसलिए परिवार के अकर्मक स्वरूप पर बल दिया जाना चाहिए। इसके आधार पर एलेक्जेण्ड्रा कोलोन्ताई का कहना था कि एक तो लिंग के आधार पर श्रम विभाजन स्त्रियों के लिए बड़ा ही दमनकारी था, दूसरे पुरुष की दादागीरी सिर्फ उत्पादन का स्वरूप बदलने से समाप्त नहीं हो जाएगी, न ही लोगों के सम्बन्ध रूपान्तरित हो जाएँगे, न ही बिना संघर्ष के कामद प्रेम स्वतः जन्मने लगेंगे। उसके लिए राजनैतिक संघर्ष जरूरी होगा।

कोलोन्ताई पर हमला करनेवालों का कहना था कि एंजेल्स के प्रस्तावना वाली स्थापना को आगे बढ़ाना चाहिए। उससे स्पष्ट हो जाएगा कि नए मनुष्य की स्थापना स्त्री और पुरुष दोनों के लिए एक जैसी है और वह एक जैसे संघर्ष से ही उत्पन्न होगा। वह संघर्ष वर्ग संघर्ष है। दूसरे स्त्री के लिए अलग से भाग रखना इस संघर्ष को तोड़ना है। श्रमिकों की एकता को भंग करना है। इसलिए इस पर ध्यान नहीं दिया जाना चाहिए। द्वितीय इंटरनेशन के समय स्पष्ट हो गया था कि पूँजीवादी युद्ध और वर्गयुद्ध दो बाते हैं। पूँजीवादी युद्ध पूँजीवादी देशों में एक दूसरे का बाजार हड़पने के लिए है और उसके लिए अकूत श्रमशक्ति की तलाश की जा रही है। इससे श्रमिकों की स्थिति निरन्तर खराब होती जा रही है। ऐसे में स्त्रियों का अलग संगठन और विशेष प्रकार के माँग खतरनाक हैं।

जब जापान के साथ रूस का युद्ध हुआ तो कोलोन्ताई ने रूस की स्त्रियों की स्थिति का अध्ययन नए सिरे से आरम्भ किया। पाया कि जब तमाम पुरुषों को लाम पर भेजा जा रहा है, स्त्रियों को लग रहा है कि वे अकेले खेतों पर काम कर अपने परिवार का भरण-पोषण नहीं कर पायेंगी। वे शहरों में आकर काम तलाश करने लगीं

आभिजात्य वर्ग के लोग उन्हें...कहते थे उनमें से कुछ ही को काम मिला, वह भी कम पैसे पर लम्बे समय तक खटते रहने के लिए। जिनको नहीं मिला उनमें से कुछ वेश्यावृत्ति करने लगीं। बाकी बची औरतें युद्ध के खिलाफ उठ खड़ी हुईं और दंगा करने लगीं। उनको नेतृत्व फादर गोयन से मिला। एलेक्जेण्ड्रा उनके साथ थी। 3 जनवरी से 19 जनवरी की घटनाओं ने स्त्री व पुरुष श्रमिकों को बराबरी के स्तर पर काफी करीब ला दिया। उनकी सफलताओं से प्रभावित होकर कुछ शिक्षित स्त्रियाँ भी इस आन्दोलन में शामिल हो गईं। इनको लेकर जब 'यूनियन आफ वुमेन्स इक्वैलिटी' बनी तो कोलोन्ताई ने कहा, कि संघर्ष के दिनों में जरूरी नहीं है कि सिर्फ श्रमिक स्त्रियाँ ही भाग लें। दूसरे तबके की स्त्रियाँ भी इसमें योग दे सकती हैं। परिणामस्वरूप साम्यवादी और बूर्जुआ दोनों ही तरह के लोग उसके विरुद्ध हो गए। तो भी उसने स्त्रीवादी आन्दोलन में एक केंद्रियता तो प्राप्त ही कर ली। कहा कि बुजुआ स्त्रियाँ भी लैंगिक शोषण का शिकार होती हैं। इसलिए आर्थिक स्तर पर वे भिन्न वर्ग की सदस्य होने के बावजूद लिंग के स्तर पर शोषित स्त्री वर्ग की सदस्य होती हैं। किन्तु जिस स्तर पर श्रमिक वर्ग की स्त्रियाँ क्रूरता का शिकार होती हैं, बूर्जुआ वर्ग की स्त्रियों को थोडा कम झेलना पड़ता है। इसलिए श्रमिक वर्ग की स्त्रियों की माँग को फौरन पार्टी एजेण्डे में शामिल करा लिया जाना चाहिए। पर पार्टी इस माँग के प्रति ठंडी बनी रही। तब उसने कहा कि स्त्रियों को क्रान्ति में हिस्सा लेना अपनी ही मुक्ति, विशेषतः लैंगिक मुक्ति के लिए बेहद जरूरी है। इसे मार्क्सवादी सिद्धान्त का अभिभाज्य अंग माना जाना चाहिए। पार्टी ने फौरन इसे एक ख़तरनाक स्थापना करार दे दिया। उसे लगा कि ऐसा होने पर सर्वहारा वर्ग के भीतर प्रेसर की, दबाव की एक अलग उपस्थिति उठ खड़ी होगी, जो पार्टी को कभी भीतर से विभाजित कर सकती है। इसलिए पार्टी की सर्वोच्च कमेटी ने एलेक्जेण्ड्रा को 'स्त्रीवादी' कहकर भत्सना की गो वह इस तरह के किसी बाद के हमेशा विरुद्ध रही।

आगे भी जब स्त्रियों की माँगों में काम के घंटों की कमी, मैटरनिटी लीव, क्रेश, काम के समय बच्चे को दूध पिलाने की छूट, समान वेतन, यूनियन के चुनाव में मत देने से बढ़ कर पार्टी के चुनाव में और संसद के भी चुनाव में मत देने का अधिकार, बात कहने की स्वतन्त्रता, अवैध सम्बन्धों से उत्पन्न सन्तानों के वैधानिक अधिकार, राज्य द्वारा प्रदत्त लाइसेन्स के आधार पर वेश्यावृत्ति के प्रचलन का उन्मूलन, कृषक औरतों को खेती की ज़मीन में पुरुष की ही तरह बराबर का अधिकार, सह-शिक्षा, फौज में काम करने से छूट और फांसी की सजा की समाप्ति जैसी माँगे जुड़ गईं, तो पार्टी ने इसे कोई महत्त्व नहीं दिया।

मार्क्सवादी लोग मानते थे कि नैतिकता का निर्माण लोगों के वास्तविक पारस्परिक सम्बन्धों से होता है, उसका विकास सुनिश्चित सामाजिक-आर्थिक स्थितियों में होता

है, वही उसका कारण व उद्देश्य है। पर प्रोवोस्की जैसे बूर्जुआ विचारक कहते थे कि नैतिकता वर्गहित से ऊपर सर्वजन के हितों को ध्यान में रखकर निरपेक्ष और सारभौम ढंग से जन्मती व विकसित होती है। इसलिए बोल्शेविक नैतिकता की अवधारणा सीमित और वर्गहित से संचालित है। इसलिए अवरेण्य है। इसमें हस्तक्षेप करते हुए कोलोन्ताई ने कहा कि लोग नैतिक नियमों को सामाजिक समरसता बनाने व बनाए रखने के लिए निर्मित करते हैं। उनमें तमाम समूहों को बचा कर रखने का भाव भी सन्निहित होता है। ध्यान रहता है कि कोई व्यक्ति अपने हितों की पूर्ति इस तरह से नहीं करेगा कि यह समरसता और समूहहित विनष्ट हो जाए। क्रान्ति के दिनों में लोग पुरानी नैतिकता को अवश्य चुनौती देते हैं और आत्महित तथा सामाजिक हितों के बीच दर्दनाक टकराव अनुभव करते हैं। कांट व नीत्शे के व्यक्ति सम्बन्धी विचार इसी तनाव की देन हैं। किन्तु वे पूरे समाज का हित-साधन नहीं कर सकते, क्योंकि वे सामाजिक समरसता के नैतिक नियमों के अनुभववादी निरीक्षण की देन नहीं हैं, जो मार्क्सवाद का आधार है। इसलिए वर्गोपरि नैतिकता की बात नहीं की जा सकती। 'The social democrats believe that under the present social and economic relations in this particular stage of our historical development, the interests of the prolaetariat—and of no other class—correspond more closely than anything else to the highest and more general interest of the human race. That it is the leading principal of this, and no other class, that must closely coincide with moral criteria that are fundamental to everyone."

इन मूल्यों को संगति, एकता, आत्मबलिदान और व्यक्तिहित को समूहहित के अधीन कर देने के रूप में पहचाना जा सकता है। कैटागोरिकल इम्पैरेटिव' की जगह सोसल इम्पैरेटिव को महत्त्व देना है। 'As a good self-sacrifice, self-restraint and self-denial in the interests of society are seen by the positivists as moral only when natural necessity causes them to flow out of living social interests." यह भी कि, "When society as a whole is threatened from it may take, should recognise as moral, and the principle of non-resistance to evil must be seen as to greatest moral crime."

स्त्री की नैतिकता भी इसी से अनुशासित होती है।

1905 की क्रान्ति के परिणामस्वरूप रूस के बादशाह ने संसद की स्थापना की। उसमें स्त्रियाँ बस स्टोनो बन सकती थीं। इसने स्त्री आन्दोलनकारियों की मंशा पर पूरी तरह से पानी फेर दिया। इससे लड़ने के लिए डॉ. पोक्रोवस्काया ने 'वुमेन्स प्रोग्रेसिव पार्टी' की स्थापना की। कहा कि स्त्रियों की पार्टी सिर्फ स्त्रियों के लिए होनी चाहिए।

उसमें पुरुषों के लिए कोई स्थान नहीं होना चाहिए, क्योंकि तब पुरुष ही सारा लाभ हड़प लेंगे, स्त्रियाँ ताकती रह जाएँगी। यह भी कि फैक्ट्री में स्त्रियों की हालत में सुधार धीरे-धीरे किया जाना चाहिए और मत देने का अधिकार प्रदान किया जाना चाहिए। उस वक्त संसद व संसदीय प्रणाली से सम्बन्धति तमाम दल इतनी-सी माँग के प्रति सहानुभूति नहीं रखते थे। ऐसे में कोलोन्ताई स्त्रियों को सशस्त्र क्रान्ति से जुड़ने के लिए उकसाने लगी, क्योंकि विनाा सशस्त्र क्रान्ति के उनके हितों की रक्षा व संवर्धन अब असम्भव लगने लगा। लेकिन वहाँ की स्त्रियों की अलग भूमिका और विशेष माँगों पर सवाल उठते रहे। यह सुखद सम्भोग था कि संसद में एक उदारवादी नेता ने उनकी मताधिकार में बराबरी की माँग को एक प्रस्ताव के रूप में प्रस्तुत किया और कुछ सांसदों ने उनका समर्थन भी किया। उन दिनों जर्मनी से प्राप्त अनुभवों ने कोलोन्ताई को आश्वस्त किया कि स्त्रियों के लिए किया जा रहा उसका प्रयास सही है और पार्टी को चाहिए कि वह श्रमिक वर्ग की स्त्रियों के आन्दोलनकारी कर्म की स्वायत्तता बनाए रखते हुए श्रमिक वर्ग की स्त्रियों और पुरुषों के घड़ों को एक संगठन में मिला दे। किन्तु पार्टी स्त्रियों का एक स्वतन्त्र संगठन कौन कहे एक अनुसांगिक संगठन भी नहीं बनाने देना चाहती थी।

जो भी हो 1907 में एक 'आल रसियन वुमेन कांग्रेस' का आयोजन किया गया, जिसमें तय पाया गया कि महिलाओं का आन्दोलन न बूर्जुआ होगा, न ही सर्वहारा, बल्कि सबके लिए सम्मिलित रूप से होगा। यह एक बड़ी उपलब्धि मानी गई। इसके आधार पर 1908 में कोलोन्ताई ने घोषित किया कि सिर्फ वर्गहित के आधार पर स्त्रियों को सर्वहारा के आन्दोलन से नहीं जोड़ा जा सकता। उनके विशेष हित पर अलग से जोर देना ही होगा। पर इसे न तो बोल्शेविकों ने स्वीकार किया, न ही मेंशेविकों ने। इसका विरोध करने के लिए वेरा स्लुत्स्काया को आगे कर दिया। अपनी बात को अधिक गहराई और तार्किक रूप से रखने के लिए जब कोलोन्ताई ने अपनी पुस्तक 'द सोसल बेसिस आफ वुमेन क्वेश्चन, प्रकाशित कराई और एक बार फिर पुराने मार्क्सवादियों की तरह स्थापना रखी कि समाजवाद के लिए वृहत्तर संघर्ष में ही स्त्रियाँ पुरुषों के बराबर अपना स्थान प्राप्त कर सकती हैं। उनकी दासता आर्थिक कारणों की देन है और उसी से वह दूर भी होगी। समाजवादी संघर्ष में सहभागिता करनेवाली स्त्रियाँ ही भविष्य में मिलनेवाली बराबरी और स्वतन्त्रता की पृष्ठभूमि रचेंगी। इस संघर्ष में ही वे अपनी दास मनोवृत्ति को तिलांजलि देंगी और कदम-ब-कदम अपने व्यक्तित्व को रूपान्तरित करती जाएँगी। तभी वह स्वतन्त्रतापूर्वक, कहें मुक्त होकर प्यार भी कर सकेगी। इसी बात को आगे बढ़ाते हुए कोलोन्ताई ने दूसरी पुस्तक 'द सोसल बेसिस' में लिखा को स्त्रियों को लैंगिक चुनाव की पूर्ण स्वतन्त्रता होनी चाहिए और कोई सम्बन्ध कितने समय तक चलाया जाए उस पर स्त्री का विवेकाधिकार होना चाहिए। यह तभी

सम्भव है जब लैंगिक सम्बन्धों का आधार आर्थिक न हो। वेरा जैसे आन्दोलनकारी विचारकों को लगा कि यह निरा मुक्त सम्भोग की वकालत है जो कोलोन्ताई के निजी कलापों को न्यायोचित ठहराने के लिए प्रस्तुत किया गया है। उन दिनों इस तरह के कई उपन्यास भी लिखे गए थे। उनके बीच कोलोन्ताई की पुस्तकें दब गईं। ऐसा ही एक उपन्यास आर्टसिवारोकोव का 'सानिन' था, जिसमें बच्चों के साथ उन्मुक्त भोग और आत्महत्या की वकालत की गई थी। उसके आधार पर कई सेक्स क्लब भी बने थे और बलात्कार हुए थे, वेश्याओं की हत्याएँ की गईं थीं। परिणामस्वरूप कोलोन्ताई का उद्देश्य ही तिरोहित हो गया था।

आगे उसने अपने तर्कों को और प्रभावशाली बनाने के लिए जर्मनी में रहते हुए स्त्रीं की काम सम्बन्धी मनोविज्ञान का गहरा अध्ययन किया और पाया कि मैथुन में स्त्रियाँ सन्तान सुख, कहें मातृत्व से अधिक सम्भोग सुख की तलाश करती हैं। गर्भनिरोध के साधनों की कमी के कारण यह सुरक्षित नहीं रहता। इसलिए उनका संवेग दब जाता है और कई तरह की कुंठाओं और व्यवहार की जटिलताओं को जन्म देता है। कोलोन्ताई ने जब अपने इस विचार का प्रचार आरम्भ किया तो मातृवादियों ने इसका विरोध एक तो पुराने तर्कों के आधार पर किया, दूसरे नया तर्क यह दिया कि इससे प्रजनन यानी 'रिप्रोडक्श' में हड़ताल हो जाएगी, जिसका असर उसी तरह का होगा, जो 'प्रोडक्शन' में हड़ताल के कारण होता है। वह विश्व युद्ध के लिए बन रहे माहौल में लड़ाकू देशों के लिए घातक होगा। तीसरे यह उन्हें माल्थस के बूर्जुआ दर्शन की वकालत लगा इनके आधार पर कोलोन्ताई का विरोध करने के लिए हीली ब्राउन आगे आई। उन्हें अतिरिक्त बल प्रदान करने के लिए फ्रायड और नीत्शे के उन विचारों को उच्चरित करती थी, जिसका उपयोग यह कहने के लिए हुआ था कि स्त्री और पुरुष के लिए एक ही नैतिक काम संहिता प्रचारित की जानी चाहिए। यह भी कहती थी कि कुमारी मातृत्व, और बहु-पुरुष संसर्ग बुरी चीज नहीं है, क्योंकि वह राष्ट्र के कामावश्यकता की पूर्ति करती है। कोलोन्ताई ने अपनी अगली पुस्तक 'सोसाइटी एंड मदरहुड' में इसकी विवेचना रखी। उस पर बात करने से पहले यह नोट कर लेना जरूरी है कि अपने इंगलैंड प्रवास के दौरान कोलोन्ताई ने इलिस की पुस्तकें 'मैन एंड वुमैन' और 'साइकालोजी आफ सेक्स' पढ़ा था। उससे उसके अपने ये विचार दृढ़ हुए कि सेक्स के मामले में स्त्री को न केवल स्वतन्त्रता मिलनी चाहिए, पुरुष और स्त्री में समानता भी होनी चाहिए, मौके के मामले में, चुनने के मामले, अंगों की पसन्द के मामले में ही नहीं, मानसिक अवस्थिति के मामले में भी। उसमें जैविक विभिन्नता के साथ-साथ सामाजिक व काम-व्यवहार पर भी ध्यान दिया जाना चाहिए। इसे लगा कि पार्टी के भीतर इन पर खुल कर चर्चा की जानी चाहिए समाजवाद को इन प्रश्नों से कभी-न-कभी टकराना ही है। उसे यह भी लगा कि कामेच्छा और परिवार-नियोजन स्त्री का व्यक्तिगत क्षेत्र है तथा इसके लिए कानून की

नहीं, परिस्थिति और उपलब्धता की जरूरत है। यह भी लगा कि घर के भीतर लिंग के आधार पर काम का बँटवारा ठीक नहीं है। यह तब संत्रास का रूप ले लेता है, जब स्त्रियाँ फैक्ट्री में भी काम करती हैं। वहाँ वे इतना चुस जाती हैं कि प्यार करने के काबिल ही नहीं रह जातीं—न सौन्दर्य से, न शक्ति से।

'सोसाइटी एंड मदरहुड' में कोलोन्ताई ने इस बात का परीक्षण किया कि एक पति-पत्नीवाली जीवन भर का विवाह उस कोमलता और आकर्षण को नष्ट कर देता है, जो उसका आरम्भिक आधार होता है। उसकी एकरसता से ऊब कर पुरुष वेश्याओं के पास जाता है। उसमें सेक्स चाहे जितना हो प्यार नहीं होता। वेश्या के लिए वह धन्धा होने के कारण एक यान्त्रिक परिघटना बन जाता है, पैसा उसका आधार होता है, इसलिए उसमें न प्यार मिलता है, न तृप्ति। रखैल की बात थोड़ी भिन्न होती है। वह प्रेमिका हो सकती है, पर यदि उसका आधार धन हो जाए तो वह वेश्या के बराबर हो जाएगी। प्रेमिका के साथ सेक्स सम्बन्ध के अलावा, चाहे वह विवाह ही क्यों न हो, उस 'चार्म' को नष्ट कर देता है। इन तीनों ही स्थितियों में कामानन्द की जटिल आध्यात्मिक अनुमति की जगह नीच, शर्मनाक, भोड़ा, पाशविक अनुभूति होती है। कुछ उसी तरह की, जिस तरह की अनुभूति पुरुष जब शिश्न को हथियार बनाकर स्त्री पर हमला करता है, अपना वर्चस्व कायम करता है। सामान्य काम सम्बन्ध के दौरान स्त्री एक संगति और पूर्णता अनुभव करती है, पर वेश्यावृत्ति में और प्रेम में आर्थिक पक्ष जुट जाने पर स्त्री के पण्यवस्तु बन जाने पर ऐसी अनुभूति नहीं होती। पुरुष भी मानसिक स्तर पर सन्तुष्ट नहीं होता। इससे अच्छा तो हस्तमैथुन होता है, जो कम-से-कम दोनों की फैंटेसी को उभारता है, पूरा करता है। लिखती हैं "For woman who rejected the erotically unfulfilling prison of marriage and the consuming self-centered passion of the free union, there was an alternative to sexual loneliness—game love."

एक दूसरी बात वह यह लिखती है, "In erotic friendship with men, women satisfy all their longings for intensity and tenderness without drowning their ego or suppressing their independence, and learn other art of a new kind of love that require alternativeness, sensitivity, sharp awareness and profound penetration of partner's soul, rather than the eternal smiles and roses. Love need not be suffering, it can be bright and joytul so long as it is not based on money or blood ties. The human psyche can become increasingly sensitive and complex as it pass through successive monogamous relationships and an infinitily wide variety of new emotions and relationships, and so develops its capacity for a great love which is purified of jealousy. In the future, when the society assumes responsibility for care of mother and children, there is no doubt that love will become cult of humanity."

जब तक वह स्थिति नहीं आती तब तक स्त्री-पुरुष को एक ठंडे अध्यात्मिक अकेलेपन में पड़ा रहना है और सुखद भविष्य की दिवास्वप्न देखते रहना है। उसके बारे में उसने अपनी अगली पुस्तक 'द न्यू वुमेन' में लिखा कि नई तरह की अकेली औरत शहरों में काम करती वह अकेली औरत है, जो अपने छोटे कमरे में विवाह के बन्धन से दूर अकेले, आजाद, आत्मनिर्भर, लचीली जिन्दगी जीती, धूमिल वस्त्रों में रहती है। इस स्त्री का निर्माण आज के पूँजीवाद ने किया है, जो भूख की मारी अस्तित्व के लिए संघर्ष कर रही है और ऐसा करते हुए अपने वर्ग (श्रमिक व लिंग दोनों) के लिए लड़ रही है। उसी के कारण वह बूर्जुआ नैतिकता को धता बता रही है। उसका अहम् अब एक जीवन-पर्यन्त के जीवन साथी की तलाश व स्वामित्व नहीं रखता। "The new woman assumes a rejecting or indifferent attitude to the firm bond and is altogether in no hurry to pursue her love relationship in any particular, fixed or determined form. The state of being in love—of passionate love—or not transient period in her life." नई स्त्री संवेग के द्वारा नहीं, कर्म के द्वारा वह अपना सामाजिक व्यक्तित्व विकसित करती है, और इस व्यक्तिगत संघर्ष में वह वर्ग संघर्ष से जुड़ती है, उसका व्यक्तिगत मनोविज्ञान सामूहिक चेतना का भाग बन जाता है। नई स्त्री सामाजिक विचार-विज्ञान, अपनी इच्छा, अपने सृजन के साथ जीती है—प्रेमिका होने के पराए निसर्ग को सोखने के बजाय अपने वैयक्तिकता को उजागर करती है। शीलवन्ती बनकर रहने की जगह भौतिक आनन्द की माँग करती है। अपने जीवन में प्रेम को एक अधीनस्थ स्थान देती है।'' "Before us stand not a mate—the shadow of a man, before us stand a personality—a whole and human woman."

कोलोन्ताई का मानना था कि यह नई स्त्री प्रजनन के बाद कुछ महीनों तक शिशु को अपना दूध पिलाएगी। उसके बाद उसे पालने की जिम्मेदारी समाज की होगी जो क्रेश में रखकर सभी स्त्रियों के बच्चों को एक साथ पालते हुए सभी बच्चों से प्यार करेंगे और वास्तविक माएँ अपने-अपने काम पर लौट जाएँगी। क्रेश चलानेवाले लोग 'प्रोफेशनल' होंगे और माएँ कुछ हद तक उनकी सहायता करेंगी। क्रान्ति के बाद कोलोन्ताई जब मन्त्री बनीं तो इन बातों को कानून में ढाला।

क्रान्ति के दौरान उसने अनुभव किया कि स्त्रियों का एक अपना-अनुषांगिक संगठन पार्टी के भीतर होना ही चाहिए, जो एक तरफ क्रान्ति के लिए स्त्रियों को अलग से

संगठित कर पुरुषों के साथ काम कराये, दूसरी तरफ उनकी विशेष माँगों और हितों को 'हाइलाइट' करे। लेनिन समेत पार्टी के तमाम नेता इसके पक्ष में नहीं थे। वे सोचते थे कि स्त्रियों को उनकी दोहरी दासता से बाहर लाने की आवश्यकता तो है, किन्तु उसका स्वतन्त्र संगठन इसलिए नहीं बनना चाहिए, क्योंकि लौकिक रूप से वे अभी बहुत पीछे हैं और उनका औद्योगिक आन्दोलन के दौरान किसी तरह की अनुशासनहीनता दल के लिए हानिकारी होगा। दूसरे के परिवार को विनष्ट नहीं करना चाहते थे—समाज के लिए वे उसे आरम्भिक और आवश्यक इकाई मानते थे, भले ही नए समाज में उसका स्वरूप क्रान्तिकारी ढंग से परिवर्तित होकर उभरे—स्त्री की दासता से मुक्त, बराबरी के स्तर पर वर्ताव करने के लिए 'स्पेस' देते हुए। कोलोन्ताई जिस तरह की स्त्री मुक्ति की बात कर रही है, वह बूर्जुआ वर्ग का स्त्रीवाद है और उसका मुकाबिला किया जाना चाहिए। इसलिए स्त्रियों को उनकी अलग से माँगों के लिए उकसाया नहीं जाना चाहिए। चौथे वे कोलोन्ताई के चरित्र पर सन्देह करते थे और मानते थे कि उसका व्यक्तिगत आचरण तमाम सर्वहारा की स्त्रियों के लिए हानिकारक है। वह बूर्जुआ लेखकों द्वारा रचित है। इसे लेकर चलने से समाज के वृहत्तर तबकों में नेताओं के सम्मान पर बट्टा लगेगा, जनता का विश्वास गिरेगा और क्रान्ति करने में बाधा खड़ी होगी। पाँचवें दल की तमाम दूसरी स्त्री-नेतृयाँ कोलोन्ताई से ईर्ष्या रखती थीं। उन्हें लगता था कि इस तरह का संगठन बन जाने पर उसका नेतृत्व कोलोन्ताई के हाथ में चला जाएगा और वह लेनिन, त्रात्स्की, स्तालिन जैसी बड़ी नेता बन जाएगी और वे हाथ मलती रह जाएँगी। क्रान्ति के बाद लेनिन की सरकार में जब वह एक मात्र महिला मन्त्री बनी तो उनका सन्देह सही निकला। दूसरी तरफ यह भी सच हुआ कि स्त्रियों सम्बन्धी उनका विचार कि उनकी कुछ समस्याएँ पुरुषों से भिन्न हैं और उन पर अलग से ध्यान दिया जाना चाहिए ठीक था।

यहाँ से कोलोन्ताई के चिन्तन का दूसरा दौर आरम्भ होता है। अभी तक उसने स्त्री की समस्या को पूँजीवादी सम्पत्ति सम्बन्धों के आलोक में विश्लेषित किया था, जिसमें मातृत्व की मूल प्रवृत्ति पैदा करने की मूल प्रवृत्ति में अपचयित हो गई थी। श्रमिकों का राज्य स्थापित होने पर जिसमें सम्पत्ति, विशेषतः कृषि से जुड़ी सम्पत्ति का बँटवारा इस तरह से हो रहा था कि समाज और राज्य उसका 'कस्टोडियन' बनता जा रहा था, उसने सन्तानोत्पत्ति को सामाजिक कर्तव्य के रूप में विश्लेषित किया और उसके लिए आपसी सहमति से विवाह, विवाह का पजीकरण, अवैध बच्चों का वैध बच्चों के साथ समानता का अधिकार स्त्री की तरफ से तलाक की माँग आदि में उदारता आदि पर जोर दिया। पति-पत्नी के बीच प्रेम में बढ़ावा मिले और बच्चों को पैदा करने में कोई बाधा न हो, उसके लिए 'क्रेश', मातृत्व अवकाश, बच्चों के प्रति समाज के तमाम

लोगों का प्यार आदि की स्थापना पर जोर दिया गया। एक तरफ पति से, तो दूसरी तरफ बच्चों से मुक्त होकर तथा गृह-काम-काज को समाप्त कर दिए जाने पर स्त्रियाँ समाज के लिए अधिक उपयोगी हो जाएँगी। पुरुष के लिए अट्ठारह वर्ष और स्त्री के लिए सोलह वर्ष की उम्र तथा सगोत्रीय न होने के बन्धन के अलावा शारीरिक सम्बन्ध बनाने में कोई बाधा न रह जाएगी। अधिक उम्र की स्त्रियाँ कम उम्र के पुरुषों के साथ उसी तरह सम्बन्ध बना सकेंगी जैसे अधिक उम्र के पुरुष कम उम्र की स्त्रियों के साथ सम्बन्ध बनाते हैं। परिवार-नियोजन के साधनों के उपयोग की खुली छूट होगी। घर-परिवार न रहने पर 'प्राइवेट लेबर' समाप्त हो जाएगा। सब सामाजिक लेबर हो जाएगा। उसने पाया कि ऐसा समाज और संस्कार बनने में कई पीढ़ियाँ लगेंगी, जब पुरुष और स्त्री एक-दूसरे पर अपना 'एक्सक्लुसिव पोजेस्सन' नहीं समझेंगे। यह पूँजीवाद के व्यक्तिगत सम्पत्ति व प्रतियोगी मानसिकता की देन है। उसकी जगह मानवता के हित के आधार पर लैंगिक सम्बन्ध बनेंगे और बच्चे पैदा किए जाएँगे। इससे भावी मनुष्य का मनोविज्ञान ही बदल जाएगा। नई नैतिकता का जन्म होगा।

यह भी कि रूस के भविष्य की आश्वस्ति नई पीढ़ी से ही मिल सकती है, जो पूँजीवादी संचय का समाजवादी पर्याय है। इसलिए बच्चे पैदा करना एक सामाजिक कर्तव्य है। फिर बच्चों की देख-रेख से मुक्त होकर माता-पिता और परिवार के अन्य सदस्य न केवल अपने बच्चों की जगह तमाम दूसरे बच्चों का भी प्यार प्राप्त कर सकेंगे और उन्हें दे भी सकेंगे, और खुलकर देश के नव-निर्माण में भाग ले सकेंगे।

विचारकों ने विश्लेषित कर पाया है कि यह नया मनोविज्ञान न केवल उसके तीसरे पति दिवेन्को के व्यवहार से उत्पन्न भय के कारण था, क्रान्ति के दौर में तमाम स्त्रियाँ, जो पुरुषों के साथ अवैध सम्बन्धों में चली गई थीं, तमाम अवैध बच्चे पैदा हुए थे, उन्हें भावनात्मक और सामाजिक सुरक्षा प्रदान करने के लिए था। परिणामस्वरूप 1918 में जब बोल्शेविकों की पार्टी कांग्रेस में बहुत संघर्ष के बाद स्त्री का प्रश्न उठाया गया तो कोलोन्ताई ने पहले पुराने तर्कों—कि स्त्री राजनैतिक क्षेत्र में अभी पिछड़ी हुई है, इसलिए उसे सोवियत शक्ति में हिस्सेदार बनाने के लिए विशेष प्रयत्न और रेल की जरूरत है—के आधार पर अपनी बात रखी। परिणामस्वरूप ग्रामीण औरतों की अवमानना करनेवाले शब्द 'बाबा' पर रोक लगा दिया गया। लेनिन ने बड़े दबे स्वर में कोलोन्ताई से कुछ सहमति जताते हुए कहा, "If the bravest fighter on the civil war front returns home, and after a day hears nothing but complaints and grumbles from his wife day he will see her as his opponent of the struggle for Soviet power, her political unawereness can make even the fighter steeled in battle weaken, and if not go over to the counter-revolution, then at least give in to his wife and submit to her harmful influence." परिणामस्वरू

संगठन के पुरुष नेता ही नहीं, स्त्री-नेतृयाँ भी कोलोन्ताई के विरुद्ध हो गईं। और 'वुमेन्स कमीशन' में काम करना कठिन हो गया। अपने विचारों के समर्थन में उसने तीन निबन्ध लिखे, 'द न्यू मोरैलिटी एंड वर्किंग क्लास', 'सेक्सुअल रिलेशन एंड क्लास स्ट्रगिल' और 'आन एन ओल्ड थीम'। उन तीनों की स्थापना की संक्षिप्ति उसी के शब्दों में यह थी, "There is no bolt, no defence against sexual conflict...The waves of the sexual crisis are sweeping over the threshold are every bit as acute and heatfelt as the sufferings of the refined bourgeois world...one of the tasks confronting class as it attacks the beleaguered fortress of the future is undoubtly that of creating more healthy and joyful relations between the sexes...they can be changed, they can be based on the creative principles of friendship and sharing, rather than on some mere blind psychological force." एक दूसरे अंश में उसने लिखा, "When one speaks of sexual morality and the working class, one often needs with shallow argument that 'there is no place for this until the economic base has been transformed! 'as though the ideology of a class were built up only after the completion of sudden about-turn in social and economic relations which assures that class of the supremacy! the whole history of experience shows us that the ideology and also the morality, of a social group is created precisely in the course of this group's is laborious struggle again social powers hostile to it." एक तीसरे अंश में उसने लिखा, "The modern lover would sooner forgive any physical unfaithfulness than spiritual unfaithfulness and see any emotion experienced even outside a free relationship as the loss of his own treasure. Now that bourgeois morality whereby woman's personality was judged exclusively in terms of their connection to their sexual partner was recognised as degenerate, the new morality must view sexual relationships from the view point of the health partner and their possible offsprings."

अपने आगे के जीवन में कोलोन्ताई इन्हीं तीन बातों को लेकर चलती रही और उन्हें ठोस रूप देने के लिए, नए समाज में लागू करने के लिए प्रयास करती रही। आलोचकों ने उसे एक तरफ दुश्चरित्रता का दर्शन रचने वाला और नए मनुष्य के काम सम्बन्धों को 'डिजेनेरेट' करनेवाला कहा, तो दूसरी तरफ नए समाज की रचना में स्त्री की भूमिका का दर्शन दूसरे मानदंडों पर रचकर उनकी एकता के लिए विनाशकर्ता बताया। लेनिन के थोड़ा निर्बल पड़ते ही वहाँ सत्ता का संघर्ष आरम्भ हो गया। उससे

पार्टी में तीन धड़े बन गए। एक धड़ा मानता था कि सभी श्रमिक संगठनों को सरकार के अधीन होकर नए समाज के निर्माण के लिए काम करना चाहिए। इसका नेतृत्व लेनिन, जियाविनेव और बुखारिन कर रहे थे। दूसरा धड़ा कहता था कि क्रान्ति में सबसे अधिक भूमिका श्रमिकों की रही है, इसलिए उन्हें शासन से स्वतन्त्र और पार्टी की बात मानते हुए काम करना चाहिए। इसे 'वर्कर्स अपोजिशन' कहा गया क्योंकि वह 'न्यू इकोनामिक पालिसी' का विरोध करता था। न्यू इकोनोमिक पालिसी में खेती-बारी व उत्पादन में कुछ वैयक्तिक पूँजी और वैयक्तिक प्रबन्धन की छूट दी गई थी और शिक्षित विशेषज्ञों को महत्त्व दिया जाने लगा था। वर्कर्स अपोजिशन वाले इसे बूर्जुआ उत्पादन पद्धति मानते थे और विरोध करते थे। इसके नेता एलेवजेण्ड— के पूर्व पति श्ल्यापनिकोव और कुतुजोव थे। एलेवजेण्ड्रा कोलोन्ताई उनके साथ थी। तीसरा धड़ा त्रात्स्की और उसके समर्थकों का था जो मानता था कि श्रमिक संगठनों को उत्पादन की इकाइयों में बदल दिया जाना चाहिए और उसमें जो बूर्जुआ तत्त्व हैं उन्हें प्रबन्धन का काम देखना चाहिए जिनका निरीक्षण कमीसार करेगा। 'वर्कर्स अपोजिन' इस समझौतावादी दृष्टि का भी विरोध करता था। परिणामस्वरूप पार्टी के दसवें कन्वेन्सन में 'वर्कर्स आपोजिशन गुप' की हार हो गई जब ये दोनों धड़े मिल गए। उसके साथ ही पार्टी के भीतर सत्ता संघर्ष में कोलोन्ताई का पतन हो गया और राजनयिक के रूप में देश के बाहर रखा जाने लगा। स्वास्थ्य चौपट हुआ तो रूस आई जरूर, पर उसे कोई महत्त्व नहीं मिला। 1952 में जब उसकी मृत्यु हुई तो पार्टी की पत्रिकाओं और अखबारों में 'आविचुअरी' तक न छपी।

भारतीय स्त्रीवाद की एक झलक : रामविलास शर्मा के बहाने

रामविलास शर्मा के अध्ययन के माध्यम से हम भारतीय स्त्री की स्थिति के बारे में आदिकाल से लेकर अबतक की जानकारी प्राप्त कर सकते हैं। रामविलास शर्मा मार्क्सवादी विचारक हैं। मार्क्सवाद स्त्रियों की समस्या को दो बिन्दुओं से देखता है : एक परिवार के, दूसरे शोषण के। एंजेल्स मानता है कि परिवार समाज की आधारभूत इकाई है और बेहतर परिवार से ही उत्तम सामाजिक जीवन सम्भव है। वह पाता है कि अभी पारिवारिक जीवन में सन्तुलन नहीं है क्योंकि समाज में काम कर रही शक्ति शोषण है, जो जीवन को चौतरफा प्रभावित करके रखती है। इसमें मनुष्य अपने स्वभाव से विरत हो गया है, क्योंकि उसके श्रम का लाभ शोषक वर्ग हड़प लेता है। ऐसा अस्वाभाविक कर्म करने के कारण वह भी अपने स्वभाव से विरत हो गया है। जब वर्ग संघर्ष के बाद साम्यवादी समाज की स्थापना होगी, तब सबका जीवन स्वाभाविक हो जाएगा। यानी मार्क्सवाद के प्रणेता स्त्री के भाग्य को पुरुष के भाग्य से अलग कर नहीं देखते और मानते हैं कि जब सर्वहारा की स्थिति बदलेगी तब स्त्री की भी स्थिति बदल जाएगी। स्वयं परिवार में स्त्री की भूमिका अभी गौण है—वह पुरुष को बाहरी श्रम करने के लिए अवसर और सुविधा प्रदान करती है, बच्चों को जन्म देती है और उनका परिवरिश करती हैं, सम्भाव्य अवस्था में अतिरिक्त श्रम के लिए 'रिजर्व फोर्स' का काम करती है, उसका जीवन घर-गृहस्थी तक सीमित है और यदि घर के बाहर कमाई करती है तो वह सम्पूर्ण परिवार के लिए अतिरिक्त आमदनी है, वह कमाई उसके अपने के लिए नहीं है।

मार्क्सवाद के दूसरे दौर में विचारधारा पर जोर रहा। वैसे तो मार्क्स ने कहा था कि विचारधारा शासक वर्ग का छद्म है, पर उसके अनुयायियों ने कहा कि उसी प्रकार इसका इस्तेमाल सर्वहारा की मुक्ति के लिए किया जा सकता है। स्त्रीवाद के सन्दर्भ में इसका असर यह हुआ कि स्त्री की स्थिति उसकी जैविक विशेषता के कारण कम, पुरुष द्वारा आरोपित वर्चस्व के कारण अधिक है; नए समाज में यह वर्चस्व टूटेगा और स्त्री की स्थिति पुरुष की ही तरह, पुरुष के बराबर और बेहतर हो जाएगी।

इसको बल मार्क्सवादी चिन्तन के तीसरे दौर से मिला, जिसमें जोर श्रम और विचारधारा की जगह संस्कृति पर दिया गया। अन्तोनियो ग्राम्शी ने कहा कि एक ही क्षेत्र में एक ही समय में दो संस्कृतियाँ काम कर रही होती हैं, एक हावी वर्ग की, दूसरी उसका विरोध कर रहे वर्ग की। हावी वर्ग की संस्कृति वर्चस्व बनाकर रखती है, दूसरी उसे हटाकर अपना वर्चस्व कायम करना चाहती है। संस्कृतियों की अभिव्यक्ति उनके क्रियाकलाप में होती है, जो नित्य-प्रति के जीवन में परिलक्षित होती है। स्त्रीवाद पर इसका असर यह है कि स्त्री की स्थिति एक सांस्कृतिक निर्मिति बन जाती है—वह जैविक नहीं होती, सांस्कृतिक स्थिति में बदलाव से उसकी स्थिति बेहतर हो जाएगी।

रामविलास शर्मा के सामने ये तीनों विचार थे और था भारतीय इतिहास का पूरा परिदृश्य। स्त्री के सम्बन्ध में वे अपने विचार उन्हीं के आलोक में विभिन्न स्तरों पर विकसित करते हैं। वे विचार 'भारतीय संस्कृति और हिन्दी प्रदेश', 'गाँधी, अम्बेदकर, लोहिया और भारतीय इतिहास की समस्याएँ', 'भारतीय साहित्य की भूमिका', विराम चिह्न', 'निराला की साहित्य साधना', 'मेरे साक्षात्कार', और 'मार्क्सवाद और प्रगतिशील साहित्य' जैसी पुस्तकों में बिखरे पड़े हैं। वे कहते हैं कि सामाजिक जीवन की आधारभूत इकाई परिवार है और वही उसकी जीवन शक्ति है। उसका एक उद्देश्य है, और वह उद्देश्य है एक बेहतर सामाजिक जीवन। उसी ने मनुष्य को आदिम काल से बाहर निकाल कर आधुनिक काल में लाया है। वह सामाजिक जीवन तब तक बेहतर नहीं हो सकता, जबतक परिवार बेहतर न हो। परिवार बेहतर तब होगा जब स्त्री की स्थिति बेहतर होगी—जब वह पुरुष के बराबर होगी और उनके बर्ताव में सहयोग होगा, मुकाबिला नहीं। इसीलिए वे पश्चिम के उन तमाम स्त्रीवादी चिन्तकों का विरोध करते हैं, जो स्त्री में पुरुष के प्रति शत्रुता का भाव जगाने का काम करते हैं।

थोड़ा विस्तार में जाएँ तो हम पाते हैं कि वे भारतीय समाज में स्त्री की मौजूदा स्थिति के लिए सामन्तवाद को जिम्मेदार मानते हैं और वे सामन्तवाद को बुद्ध के समय से ही काम करते हुए पाते हैं। कहते हैं कि सामन्तवाद ने पितृसत्ता की स्थापना की। यह पितृसत्ता उत्पादन के क्षेत्र में काम करती रही, जहाँ एक मालिक परिवार के लिए कई आसामी परिवार काम करते थे, नौकर और नौकरानियाँ काम करती थीं। पहले यह काम गोत्र के भीतर होता था, फिर गोत्र के बाहर होने लगा। गोत्र से उनका मतलब इनका पूरे गाँव में सामुदायिक जीवन से है—जहाँ सबकी गायें एक साथ बंधती थीं। एक ही शरीर से बना गोत्र सीमित था—सिर्फ ब्राह्मणों में लागू था। उसे भी देखें तो जो घर का मालिक होता था, उसके अधीनस्थ परिवार के तमाम लोग होते थे। गोत्र का अर्थ जो भी हो आसामियों पर मालिक का अकूत नियन्त्रण और पूर्ण वर्चस्व होता था। वही वह घर के सदस्यों पर भी लागू करता था। और उसका सबसे खराब शिकार स्त्रियाँ होती थीं। इससे उनकी सत्ता अधीनस्थ की होती चली गई थी।

बौद्ध काल से पहले वैदिक काल के आरम्भ में गण समाज होते थे, जहाँ स्त्रियाँ लगभग हर क्षेत्र में पुरुषों के बराबर पुरुषों के समान व्यवहार करती थीं। गण दो तरह के थे—पुरुष प्रधान और स्त्री प्रधान। यदि पुरुष-प्रधान गणों में पुरुष कई स्त्रियों से सम्बन्ध बना सकता था, तो स्त्रियाँ भी बना सकती थीं। इस तरह के सम्बन्धों से उत्पन्न सन्तान शिक्षा, उत्तराधिकार आदि से वंचित नहीं होता था। सामवेद से जुड़े एक उपनिषद् में सत्यकाम की कथा आती है। जब वह आचार्य के यहाँ पढ़ने गया पढ़ने गया तो आचार्य ने उससे पिता का नाम पूछा। वह बता नहीं पाया। माँ से जाकर पूछा। माँ ने कहा कि जिन दिनों तू गर्भ में आया, उन दिनों मेरा संसर्ग कई पुरुषों से हो रहा था। इसलिए बता नहीं सकती कि तेरा पिता कौन है। मेरा नाम ज्वाला है आचार्य से कहना कि तुम ज्वाला का पुत्र जाबाल सत्यकाम है। सत्यकाम ने यही किया और आचार्य ने उसे विद्या प्रदान की। सालातोर का कहना है कि ऐसे प्रसंग अपवादस्वरूप हैं। और मानवता पर आधारित हैं। मुख्य प्रचलन यही था कि पुत्र पिता के नाम से जाना जाए। जो भी हो उद्दालक की कथा से पता चलता है कि एक स्त्री और एक पुरुष की विवाह-प्रथा बलपूर्वक स्थापित हुई थी। कथा इस प्रकार है : एक दिन एक ब्राह्मण ने पुत्र श्वेतकेतु के सामने ही उसकी माँ की बाँह पकड़कर चलने के लिए कहा। इस पर श्वेतकेतु को बड़ा क्रोध आया। पिता उद्दालक ने समझाया कि यह सनातन धर्म है। तब श्वेतकेतु ने यह नियम बनाया कि जो स्त्री अपने पति को तजकर व्यभिचार करेगी, उसे भ्रूणहत्या जैसा पाप लगेगा और जो पुरुष कुमारी, ब्रह्मचारिणी और पतिव्रता पराई स्त्री के साथ सम्बन्ध बनाएगा वह भी पाप का दोषी होगा। यह कथा महाभारत की है। इसमें पांडु ने आगे कहा है कि इस नियम के बावजूद पति की आज्ञा से पत्नी दूसरे के साथ सम्बन्ध बना सकती है सन्तानोत्पत्ति के लिए। कई विचारकों का कहना है कि श्वेतकेतु की कथा पांडु की नपुंसकता को अपवादस्वरूप न्यायोचित ठहराने के लिए गढ़ी गई है। उसी के आधार पर स्वामी दयानन्द सरस्वती ने नियोग को उचित ठहराया था।

मातृकुल प्रधान गणों में स्त्री पुरुष से अधिक स्वाधीन और महत्त्वपूर्ण दिखती है। अप्सराएँ ऐसे ही गणों का नेतृत्व करती लगती हैं। महाभारत की कुन्ती और द्रौपदी ऐसे ही समाजों की अवशेष लगती हैं, जहाँ पुरुष आता है और सन्तानोत्पत्ति के बाद चला जाता है। यही नहीं एक ही समय में कई-कई पति हो सकते हैं। इस तरह ये दो तरह के मातृकुल हुए। कई विचारकों का कहना है कि कुरु तो नहीं, पर पांडव लोग निश्चय ही ऐसे लोग थे जो आर्य संस्कृति के तो थे, पर आर्य वंश के नहीं। इसलिए उनके आचार-विचार का कुछ लोग विरोध कर रहे थे। चूँकि वे युद्ध में हार गए इसलिए पांडव लोगों की रीतियाँ समाज में हावी हो गईं और बढ़ती वर्णसंकरता को न्यायोचित ठहराने का आधार मिला। रामविलास शर्मा इस तर्क को स्वीकार करते नहीं दिखते। हाँ, ऐसी

स्त्रियों की बढ़ रही उच्छृंखलता के कारण समाज में, यानी परिवार में आ रहे विघटन के कारण एक स्त्री-एक पुरुष की अवधारणा बलवती होती गई—ऐसा स्वीकार करने लगते हैं। वाल्मिकि के रामायण ने इसमें महती योग दिया। आगे एक ही गोत्र में विवाह करने की मनाही हो गई। लेकिन तब इस व्यवस्था से सामन्तवाद की भी स्थापना हुई। यदि महाभारत की त्रासदी बहुपतिवाद है तो रामायण की त्रासदी बहुपत्नीवाद। यदि दशरथ की तीन रानियाँ नहीं होतीं तो वह घटना चक्र घटता ही नहीं।

खैर इस सामन्तवाद का असर बुद्ध के काल में बढ़ता दिखाई देता है। राम का एकपत्नीवाद और सीता का एकपतिवाद सिद्धान्त में चाहे जितना ऊँचा आदर्श रहा हो व्यवहार में काफी उच्छृंखलता थी। उससे भारतीय समाज ही नहीं राज्य व्यवस्था भी कमजोर पड़ने लगी थी। रामविलास शर्मा की निगाह में यह भी एक कारण था, जब बुद्ध अपने अनुयायियों को स्त्री से दूर रहने की बात करते हैं, क्योंकि वे अपने संघाराम की व्यवस्था तत्कालीन राज-व्यवस्था के अनुरूप ही कर रहे थे। अनाथपिंडिक के जेतवन में रहते हुए उन्होंने भिक्षुओ से कहा :— —

"भिक्षुओ! मैं और किसी दूसरे रूप को नहीं देखता जो पुरुष के चित्त को इस प्रकार दबोच कर बैठ जाता है, जैसे स्त्री का रूप। स्त्री का रूप भिक्षुओ! पुरुष के चित्र को दबोचकर बैठ जाता है।

भिक्षुओ! मैं और किसी दूसरे शब्द को नहीं देखता जो पुरुष के चित्त को इस प्रकार दबोच कर बैठ जाता है जैसे स्त्री का शब्द। स्त्री का शब्द भिक्षुओ! पुरुष के चित्त को दबोचकर बैठ जाता है।

भिक्षुओ! मै और किसी दूसरी गन्ध को नहीं देखता जो पुरुष के चित्त को इस प्रकार दबोच कर बैठ जाता है जैसे स्त्री की गन्ध। स्त्री की गन्ध भिक्षुओ! पुरुष के चित्त को दबोचकर बैठ जाती है।

भिक्षुओ! मैं और किसी दूसरे रस को नहीं देखता जो पुरुष के चित्त को इस प्रकार दबोच कर बैठ जाता है जैसे स्त्री का रस। स्त्री का रस भिक्षुओ! पुरुष के चित्त को दबोच कर बैठ जाता है।

भिक्षुओ! मैं और किसी दूसरे स्पर्श को नहीं देखता जो पुरुष के चित्त को इस प्रकार से दबोच कर बैठ जाता है जैसे स्त्री का स्पर्श। स्त्री का स्पर्श भिक्षुओ! पुरुष के चित्त को दबोचकर बैठ जाता है।" इत्यादि।

इसलिए स्त्री और पुरुष को एक दूसरे से दूर रहना चाहिए। इस तरह की कई कथाएँ जातकों में हैं। इससे भी बड़ी बात यह है कि बुद्ध स्त्री को पुरुष से हीन मानते हैं। कहते हैं : "भिक्षुओ! इस बात की सम्भावना नहीं है कि स्त्री अर्हत सम्यक सम्बुद्ध हो, इस बात की तनिक सम्भावना नहीं है। भिक्षुओ! इस बात की भी सम्भावना नहीं

है पुरुष अर्हत सम्यक सम्बुद्ध हो, पर इस बात की गुंजाइश है। भिक्षुओ! इस बात की सम्भावना नहीं है कि स्त्री चक्रवर्ती राजा हो सके, इस बात की गुंजाइश नहीं है। भिक्षुओ इस बात की सम्भावना नहीं है कि पुरुष चक्रवर्ती राजा बन सके, पर इस बात की गुंजाइश है।''

स्त्री की अपनी कमियों के कारण बुद्ध नहीं चाहते थे कि वे संघ में प्रवेश करें। पर वे संघ में प्रवेश कर गईं। जैसा कि उन्हें डर था, इससे संघ में दुराचार फैला और उसकी शक्ति क्षीण होती गई। सामान्य जन उससे दूर रहने लगे। इतना कि बख्तीयार खिलजी ने सिर्फ तीन सैनिकों के द्वारा हजारों लोगों के सामने गया के बौद्ध मठ को उजाड़ दिया। उससे पहले कुमारिल भट्ट और शंकराचार्य ने दर्शन और मत के स्तर पर बौद्ध धर्म को परास्त कर दिया था। बौद्ध लोग, मठाधीश और तपस्वी पौराणिक धर्मों के वैष्णव, शैव व तान्त्रिक शाखाओं की ओर मुड़े। वैष्णव मत में वे विष्णु के नवे औतार बनकर रह गए। शैव ने उनके योग पक्ष को लिया और तन्त्र ने तन्त्र पक्ष को। इससे सिद्धों, नाथों और तमाम वामाचारियों की फौज उठ खड़ी हुई। सभी मन्त्री साधने लगे, व्रजोली मुद्रा सिद्ध करने लगे। उससे ऊबे लोग व विचारक बुद्ध द्वारा बताये गए स्त्री से इस दुराव को कबीर तक इस तरह से पहुँचाया कि वे उसे 'माया' और 'नरक का ठौर' कह बैठे। साख्य ने पुरुष और प्रकृति की बात को पुरुष और स्त्री के रूपक में बांध दिया था, कहीं आकाश और पृथ्वी में। इसलिए स्त्री की पहचान प्रकृति और पृथ्वी बन गई और उसे अदबदा कर ब्रह्म, पुरुष या आकाश की तुलना में हीन ठहराया गया। उसे घरों में कैद कर पिता, पति और पुत्र की निगरानी में रख दिया गया, पर उसके साथ दुराचार कम नहीं हुआ चाहे घर में या घर के बाहर। रामविलास शर्मा कहते हैं कि व्यवहार में यह वर्चस्व चाहे जितना रहा हो, चिन्ता हमेशा उससे मुक्ति की रही। मीरा, लल्लद, अका महादेवी, आंडाल आदि ने अपनी रचनाओं में सिर्फ भक्ति की भावना व्यक्त नहीं की, नारी की पराधीनता और मुक्त जीवन बिताने की उसकी आकांक्षा भी व्यंजित की। अपनी मुक्ति के लिए उन्होंने सिर्फ ईश्वर से प्रार्थना ही नहीं की, सामाजिक संरचना में बदलाव के लिए सिफारिश भी की। तुलसीदास ने लिखाः

कह विधि सृजी नारि जग माहीं। पराधीन सपनेहु सुख नाहीं।।

इस स्थिति का कारण क्या है। धन पर उसका कोई अधिकार नहीं होना। मनुस्मृति और दूसरी स्मृतियों ने उसे उत्तराधिकार में कुछ प्रदान किया था। पर व्याख्याओं ने, खास कर मिताक्षरा ने उसे स्त्रीधन तक सीमित कर दिया। एक दूसरे व्याख्याकार जीमूतवाहन ने उसे अधिकार दिया। उन्होंने एक दूसरे स्कूल की स्थापना की— 'दायभग' की। वह स्कूल बंगाल में प्रभावी शायद इसलिए रहा कि वहाँ अतीत में मातृकुल थे और व्यवहार में उनके अवशेष कुछ दखल रखते थे। मिथिला के राजा दत्त

नारायण ने विद्यापति से 'विभागसार' नामक ग्रन्थ की रचना करवाई। उसमें स्त्रियों को उत्तराधिकार देने के लिए तर्क रखा गया कि विवाह के बाद स्त्री पुरुष की अर्धांगिनी बन जाती है। पुरुष मर जाता है तो स्त्री के रूप में उसका आधा अंग जीवित रहता है। उसके रहते भला दूसरों को कैसे उसके पति की सम्पत्ति मिल सकती है और यदि मिलती है तो भला उसे कैसे रोका जा सकता है? पुरुषों को यह नहीं सुहाया और वे सती-प्रथा ले आए।

सती प्रथा का विवेचन करते हुए हम पाते हैं कि इसके दो रूप हैं। एक रूप वह है जो स्त्री का अपने पुरुष पर अकूत प्रेम के नाते हैं। इस सन्दर्भ में पतिव्रता स्त्री ही सती कहलाती थी। अनुसूया, सावित्री, सीता ऐसी ही स्त्रियों हैं। द्रौपदी, कुन्ती वगैरह उस श्रेणी में नहीं आतीं। उनका पर पुरुष संसर्ग एक दूसरे तरह की सांस्कृतिक प्रचलन की देन थी, जो आर्यों की परम्परा में स्थान पा जाने के बावजूद ऊँची दृष्टि से नहीं देखी जाती थी।

विचारक बताते हैं कि इस बहुपुरुषवाद की परिणति चाहे वह एक-एक कर कई पतिओं वाला हो या चाहे सभी एक साथ—महाभारत में होती है और नैतिक सीख एक पुरुषवाद की मिलती है। ध्यातव्य है कि अशोक मौर्य के पहले तक दुर्योधन ही महाभारत का नायक माना जाता था और युधिष्ठिर खलनायक। बाद में स्थिति उलट गई तो महाभारत का पढ़ना वर्जित कर दिया गया। उसका स्थान भागवत पुराण ने ले लिया। इसी तरह रामायण बहुपत्नीवाद के परिणति का काव्य है। दसरथ की तीन रानियाँ न होतीं तो वह त्रासदी न घटती। उसकी भी सीख एक पत्नीवाद का है। दोनों ही ग्रन्थों की सीख एक स्त्री और एक पुरुष केन्द्रित परिवार की है।

लेकिन सती प्रथा का एक दूसरा रूप है मृतपति के साथ चिता पर चढ़ जाना। इसकी उत्पत्ति राजपूत काल में हुई और अपने अधिकांश में राजपुताने में, जब हारे हुए राजाओं, उनके परिवारों और सामन्तों की स्त्रियाँ समूह में चिता में भस्म हो जाती थीं। साथ में मृत पति की देह हो जरूरी नहीं। स्त्री का म्लेच्छों के हाथों में पड़ जाना सबसे बड़ा असम्मान समझा जाता था। यह प्रवृत्ति सामान्य जन के सोच में भी काम करने लगी। एक स्त्री का वलात ही नहीं, सहमति से भी किसी अवांछनीय के हाथों में पड़ जाना नीची निगाह से देखा जाने लगा—प्रतिष्ठा का सबक बन गया। कुछ विचारक कहते हैं कि इसी से बाल विवाह, कन्या हत्या, सिन्दूर और पर्दा सिस्टम हिन्दुओं में आया। पहले इतनी कट्टरता न थी। जो बारह प्रकार के सन्तानों की चर्चा स्मृतियों में है, उसमें एक "औरस" सन्तान को छोड़कर सभी विवाहेतर सम्बन्धों की देन हैं। बड़ी बात यह है कि उन्हें नामित पिता की सम्पत्ति में हिस्सा पाने का अधिकार है। यानी उन्हें सामाजिक स्वीकृति थी। पांडुरंग वामन जी काणे कहते हैं कि वे विभिन्न विजातीय समुदायों के चलन थे जो हिन्दू फोल्ड में स्वीकार कर लिए गए थे—एक

पक्के हिन्दू के आचरण में वे दोयन माने जाते थे, हालाँकि वे मानवता के तत्त्व से सिंचित थे। रामविलास शर्मा कहते हैं कि जो भी हो उनकी सामाजिक स्वीकृति थी। इसलिए वे स्त्रियों की अपेक्षाकृत स्वतन्त्र स्थिति के द्योतक हैं। डॉ. प्रभु कहते हैं कि वे स्वीकृतियाँ आपात स्थिति की मानवीयता पर आधारित स्वीकृतियाँ थीं, स्त्रीमुक्ति का नमूना नहीं। मैं कह सकता हूँ कि वे कुछ इसी तरह से हैं जैसे अभी-अभी चेनै हाईकोर्ट ने निर्णय दिया है कि बिना विवाह के ही लम्बे समय तक सहवास करने के कारण जो सन्तान उत्पन्न होते हैं, उन्हें माँ-बाप से सम्बन्धित सम्पत्ति में हिस्सा पाने का पूरा अधिकार है। उसने यह भी कहा है कि विवाह सम्बन्धी कर्मकांड सामाजिक दिखावे के लिए होता है, इसलिए उसकी बहुत जरूरत नहीं। यह स्थापना गलत है। हिन्दुओं में विवाह एक संस्कार है, उसे इतना लौकिक ढंग से नहीं लिया जा सकता। यही बात ईसाइयों, पारसियों, यहूदियों आदि में है। मुसलमानों में वह समझौता है सही, पर तब उसके लिए गवाह होने चाहिए और मेहर तय किया जाना चाहिए। इतना उदार निर्णय-नियम से तो भ्रष्टाचार फैलेगा।

राजाराम मोहन राय के हवाले से रामविलास शर्मा इस निष्कर्ष पर पहुँचते हैं कि स्त्रियों को बलात सती बनाया जाना पति की सम्पत्ति में उसके अधिकार से जुड़ा हुआ है। यदि दायभाग और विभागसार की व्यवस्था न होती तो इतना अत्याचार न होता। यह अत्याचार अंग्रेजों के शासन काल में बढ़ा है क्योंकि उसने सामन्तवाद को सुदृढ़ किया है और पुराने भारतीय कानून को लागू करने में कोताही करती है। उदाहरण है कुलीनों का बहुविवाह। इसके कारण एक वृद्ध पुरुष स्त्रियों को तारने के लिए कई-कई विवाह कर लेता है। जब वे मरते हैं तो विधवाओं की फौज खड़ी हो जाती है। दूसरे निचली कोटि के ब्राह्मणों, कायस्थों और कई शुद्र जातियों में कन्या धन लेने की परम्परा थी, जिसकी आड़ में लड़कियाँ बेची जाती थीं। खरीदनेवाले विलासी धनी लोग होते थे। उसको विवाह की आड़ मिली होने के कारण उनकी मृत्यु पर भी विधवाओं की फौज खड़ी हो जाती थी। उससे बचने के लिए विधवाओं को बलात जला दिया जाना और पुरोहित वर्ग को ऐसी हत्याओं को सती के रूप में महिमामंडित कर चलन और सामाजिक मान्यता देना स्त्री पर महा अत्याचार था। राजाराम मोहन राय ने ठीक ही इसके विरुद्ध अभियान चलाया और विलियम बैंटिंग के सहयोग से समाप्त कराया।

जो विधवाएँ बच जाती थीं, उनके साथ बहुत अत्याचार होता था। घर के भीतर ही उनसे बलात्कार होता था, घर के बाहर भी उनके रक्षक कम ही थे। अक्सर वे वृन्दावन, बनारस, पुरी खदेड़ दी जाती थीं और भीख माँग कर गुजारा करती थीं। घर में वे हर शुभ अवसर पर पल्ले के पीछे कर दी जाती थीं। उनकी मुक्ति विधवा विवाह से मिल सकती थी। इसके लिए आन्दोलन चले, कुछ राहत भी मिली, पर मुक्ति नहीं मिली।

स्त्रियों पर अत्याचार का एक दूसरा कारण अशिक्षा था। पहले वेदों को पढ़ना वर्जित किया गया, फिर तमाम दूसरे धर्मग्रन्थों को, फिर निरक्षर ही रखा जाने लगा। विधवाओं को कुछ भक्तिमार्गी ग्रन्थों को पढ़ने की छूट मिली तो उन्हें पोंगा बनाने के लिए। यदि खुदा-न-खास्ता कुछ ज्ञान मिल भी गया तो उस उम्र में जब वे कुछ कर नहीं सकती थीं। जाहिर है कि स्त्री मुक्ति के लिए स्त्री-शिक्षा अति-अनिवार्य है और उसका पाठ्यक्रम वही होना चाहिए जो पुरुष के लिए होता है।

रामविलास शर्मा इंगित करते हैं कि जो स्त्रियाँ श्रम करती हैं, वे श्रम न करनेवाली स्त्रियों की तुलना में अधिक स्वतन्त्र होती हैं। इसे समाज के निचले वर्ग में तो देखा ही जाता है, जो पुरुषों के साथ खेतों में काम करती हैं, उन ऊँचे तबकों और नगरों में भी देखा जाता है, जहाँ पढ़ी लिखी स्त्रियाँ पुरुषों के साथ दफ्तरों आदि में काम करती हैं। इसका एक कारण यह है कि वे आर्थिक रूप से स्वतन्त्र होती हैं। यह अच्छी बात है कि आजादी के बाद स्त्रियों को पति और पिता की सम्पत्ति में अधिकार दिया गया है और कानून की निगाह में स्त्री और पुरुष को बराबर कर दिया गया है। व्यवहार में यह फलीभूत तब होगा जब स्त्रियों को इस बराबरी को प्रदर्शित करने के लिए अवसर मिले और क्षमता का विकास हो। इसके लिए वे आरक्षण को एक कारगर अधिकार मानते हैं। लेकिन तब जब उसका लाभ समाज के अति पिछड़े वर्ग को मिले। यदि वह ऊँचे वर्ग तक सीमित होकर रह जाता है तो वह सामान्य स्त्रियों के प्रति अत्याचार होगा,

वे स्त्रियों की स्थिति बेहतर बनाने के लिए प्रेम-विवाह पर जोर देते हैं। कहते हैं कि इससे स्त्री और पुरुष में वास्तविक बराबरी स्थापित होगी। इससे कई सामाजिक कुरीतियाँ दूर होंगी, जैसे वर्ण-व्यवस्था, धर्म-व्यवस्था, दहेज-प्रथा, पर्दा सिस्टम, अशिक्षा, श्रम का शोषण वगैरह। श्रम के शोषण के बारे में कहते हैं कि अक्सर परम्परागत विवाहों की स्त्रियाँ जो कमाई करती हैं, उसे पुरुष ले लेता है। उससे उनकी स्थिति जस की तस रह जाती है। इससे तमाम कमाऊ स्त्रियाँ अविवाहित रहना चाहती हैं, जिससे कि वे अपनी कमाई अपनी मर्जी से खर्च कर सकें। इसे वे गलत मानते हैं। कहते हैं कि ऐसा जीवन आस्वाभाविक है। स्वाभाविक जीवन सामूहिकता की अपेक्षा करता है, जिसकी शुरुआत पारिवारिक जीवन से होता है। जो परिवार की सामूहिकता नहीं स्थापित कर पाया, वह भला बाहर क्या सामूहिकता स्थापित करेगा। करेगा भी तो वह यान्त्रिक होगा, भावनात्मक नहीं। वे बड़े संयुक्त परिवारों की कल्पना करते हैं जहाँ सिर्फ पति-पत्नी और दो बच्चे ही नहीं, माँ-बाप, भाई-बहिन, सास-ससुर, चाचा-चाची आदि के लिए भी जगह होती है। दूसरे अकेले रहना जैविक रूप से भी उचित नहीं है। उसके कई व्यक्तिगत और सामाजिक, शारीरिक और मानसिक विकृतियाँ पैदा होती हैं। समलैंगिकता, आत्मरति, वर्जित साहित्य का अध्ययन, क्रूर व्यवहार आदि उसकी देन बन सकती है।

प्रेम विवाह में स्त्री अधीनस्थ नहीं, साथी की तरह रहेगी, काम का बँटवारा लिंग के आधार पर नहीं, सहमति के आधार पर होगा और परिवार का अभियन्त्रण सहयोग से होगा—क्योंकि विवाह एक दूसरे को समझ कर, समझदारी पर आधारित होगा। वे प्रेम को एक क्षणिक आवेग नहीं, आपसी समझदारी की एक लम्बी प्रक्रिया मानते हैं। वे लेनिन की इस स्थापना के कायल हैं, "स्त्री-पुरुष का सम्बन्ध सिर्फ यौनिक नहीं होता। उसका सामाजिक पहलू सबसे महत्त्वपूर्ण है। प्रेम में दो जिंदगियों का सम्बन्ध होता है और उससे एक तीसरी

उत्पन्न होती है। इससे उसमें सामाजिकता का सवाल उठता है, जिससे समाज के प्रति कर्तव्य पैदा होता है। वह सहयोग है। सहयोग समाजवादी मूल्य है।"

इस सन्दर्भ में यौन-शुचिता पर भी उनके विचार द्रष्टव्य हैं। इस पर वे सीधे नहीं लिखते। यशपाल के उपन्यासों की आलोचना करते हुए लिखते हैं। यशपाल ने लिखा था कि आर्थिक बुनियाद के बदलने पर यौन सम्बन्धों की बुनियाद बदलती है। इसलिए यौन सम्बन्ध के बारे में वह मान्यता नहीं रह सकती जो सामन्त काल में था। सामन्त काल में हम पाते हैं कि स्त्री से तो उम्मीद की जाती थी कि वह अपने पुरुष के प्रतिनिष्ठावान् रहे, पर पुरुष से इस निष्ठा की उम्मीद नहीं की जाती थी। उलटे उसका जितनी अधिक स्त्रियों से सम्बन्ध होता था, उतना बड़ा हीरो उसे समाज मानता था। पूँजीवाद आने पर दोनों को बराबर की उच्छृंखलता का हक मिल जाता है। कम-से-कम माँग उठने लगती है। मार्क्सवाद उसमें हस्तक्षेप करता है। उसे यशपाल इस तरह से व्यक्त करते हैं, "स्त्री, पुरुष और विवाह के सन्दर्भ में मार्क्सवाद समाज के शारीरिक और मानसिक स्वास्थ्य के विचार से पूर्ण स्वतन्त्रता देता है, किन्तु उच्छृंखलता और गडबड़ या भोग को पेशा बना लेने को और उसके साथ अपनी वासना के लिए दूसरे व्यक्तियों और समाज की जीवन-व्यवस्था में अड़चन डालने को वह भयंकर अपराध समझता है। स्त्री-पुरुष के सम्बन्ध में मार्क्सवाद का रुख लेनिन की एक बात से स्पष्ट हो जाती है। लेनिन ने कहा था कि स्त्री पुरुष का सम्बन्ध शरीर की दूसरी आवश्यकताओं भूख, प्यास, नींद की तरह ही आवश्यक है। इसमें मनुष्य को स्वतन्त्रता होनी चाहिए। परन्तु प्यास लगने पर शहर की गन्दी नाली में मुंह डालकर पानी पीना उचित नहीं। उचित है, स्वच्छ गिलास से स्वच्छ जल पीना।" राम विलास शर्मा इसका विरोध करते हैं। कहते हैं कि लेनिन की बात को विल्कुल गलत ढंग से रखा गया है। उसे सिद्ध करने के लिए वे पूरी बात को उद्धरित करते हैं। लेनिन ने क्लारा जेटकिन से कहा था, "हालाँकि मैं मुहर्रनी सन्त नहीं हूँ, फिर भी मुझे नौजवानों की और कभी-कभी बुजुर्गों की भी यह तथाकथित नई सेक्स जिन्दगी एकदम पूँजीवादी मालूम होती है, पूँजीवादी चक्रों का ही प्रसार मालूम पड़ती है। हम कम्युनिस्ट प्रेम करने की स्वाधीनता से जो समझते हैं, वह उससे मेल नहीं खाती है। तुम्हें उस प्रसिद्ध

सिद्धान्त का पता होगा कि कम्युनिस्ट समाज में यौन इच्छाओं का, प्रेम का पूरा करना उतनी ही महत्त्वहीन और आसान बात होगी जैसे पानी का गिलास पीना। इस पानी के गिलास के सिद्धान्त ने हमारे नौजवानों को पागल बना दिया है। बहुत से नौजवान लड़के-लड़कियों के लिए यह घातक सिद्ध हुआ है। इसके अनुयायियों का दावा है कि यह मार्क्सवादी थ्योरी है। किन्तु धन्यवाद ऐसे मार्क्सवाद को जो समाज के, बौद्धिक जगत के तमाम संघटनों और परिवर्तन का सबब तुरन्त और सीधे-सीधे आर्थिक आधार में ढूंढ लेता है। बात इतनी सीधी नहीं है। एक था फ्रेडरिक एंजेल्स जिसने यह बात ऐतिहासिक भौतिकवाद के बारे में बहुत पहले कही थी।''

"मैं समझता हूँ कि पानी के ग्लास की थ्योरी पूरी तरह गैरमार्क्सवादी है और इसके अलावा समाजविरोधी भी है। यौन जीवन में साधारण कुदरत का ही ख्याल नहीं करना होता, सांस्कृतिक विशेषताओं पर भी विचार करना होता है कि वे ऊँचे स्तर की हैं कि नीचे के स्तर की। 'परिवार की उत्पत्ति' नामक ग्रन्थ में उसने दिखाया था कि आम यौन-वासना का विकास और एक नारी प्रेम में उसका संस्कार कितना महत्त्वपूर्ण है। स्त्री-पुरुष के परस्पर सम्बन्ध समाज के अर्थतन्त्र और शारीरिक माँग के बीच शक्तियों के घात-प्रतिघात का ही प्रतिफलन नहीं है जो शारीरिक पहलू से, चिन्तन में, अध्ययन द्वारा विलग हों। यह तर्कवाद है, न कि मार्क्सवाद कि हम इन सम्बन्धों में परिवर्तन को समाज की आर्थिक बुनियाद के साथ नत्थी कर दें और सम्पूर्ण विचारधारा से उसके सम्बन्ध को न देखें। निःसन्देह प्यास बुझानी चाहिए। लेकिन क्या कोई होश-हवास का आदमी साधारण परिस्थितियों में नाली में लेट जाएगा और बच्चों से पानी पियेगा, या ऐसे गिलास से पानी पिएगा जो बहुत से होठ लगाने से चिकना हो गया हो? लेकिन उसका सामाजिक पहलू सबसे महत्त्वपूर्ण है। पानी पीना बेशक किसी का निजी काम है। लेकिन प्रेम में दो जिन्दगियों का सम्बन्ध होता है और एक तीसरी नई जिन्दगी पैदा होती है। इससे उनमें सामाजिकता का सवाल उठता है, जिससे समाज के प्रति कर्तव्य पैदा होता है।

एक कम्युनिष्ट की हैसियत से मुझे पानी के गिलास की थ्योरी से जरा भी हमदर्दी नहीं है, हालाँकि उस पर प्रेम की तृप्ति का सुन्दर लेवेल लगा हुआ है। कुछ भी हो यह प्रेम की मुक्ति न तो नई है, न ही कम्युनिस्ट।''

जाहिर है कि यशपाल पूँजीवादी प्रेम सम्बन्ध को समाप्त करने के बजाय उसे ही भोड़े तरीके से मान्यता दे रहे थे। वे प्रेमचन्द रचित धनिया के प्रेम को महत्त्व देते हैं, जो दाम्पत्य जीवन के बीच विकसित होता है।

राम विलास शर्मा की निगाह स्त्री मुक्ति के उत्तर आधुनिकतावादी स्वरूप पर भी थी। उसके दो पक्ष हैं। यह कहना कि नारी भोग की वस्तु बनती जा रही है, विज्ञापनों में उसका इस्तेमाल इसी तरह से हो रहा है और फैशन को अभूत भोग के लिए प्रमोट

किया जा रहा है राम विलास शर्मा स्वीकार नहीं करते। वे कहते हैं कि इससे प्रभावित होनेवाले लोग दो प्रतिशत हैं और तमाम बाकी 98% लोगों को अधिकार है कि वे इसे अस्वीकार कर दें। दूसरा पक्ष स्त्री के बाजारीकरण से है। वे कहते हैं कि सामन्तवाद के बाद पूँजीवाद आया। सामन्तवादी समाज में बहुत से काम जोर-जबर्दस्ती कराए जाते थे। पूँजीवादी समाज में पैसे के बल पर कराये जाते हैं। इससे नैतिकता और नीचे गिरी है। यदि एक औरत को नौकरी या पदोन्नति पाने के लिए अपनी देह सौंपनी पड़े तो वह घोर अनैतिक कर्म है। यदि किसी कम्पनी के प्रमोशन के लिए उसे सौंपनी पड़े तो वह और भी अनैतिक है। इसी तरह समलैंगिकों को सेना में भेजना है। राम विलास शर्मा कहते हैं कि यह सब तभी समाप्त हो सकता है जब स्त्री इन पक्ष पर पुरुष का विरोध करे। वह विरोध तभी सम्भव हो सकता है, जब वह स्वतन्त्र हो, सिर्फ कानूनी रूप से, नहीं, आर्थिक रूप से शिक्षा के रूप से, चुनने के रूप से, प्रेम के रूप से। उदाहरण के लिए वे कहते हैं कि आजादी की लड़ाई में उन्हीं स्त्रियों ने हिस्सा लिया जो अपेक्षाकृत स्वतन्त्र थीं, जिनके परिवार के लोग उनके स्वतन्त्रता को स्वीकार करते थे।

हिन्दू धर्म में स्त्री की स्थिति

(1)

'डिस्कवरी ऑफ इंडिया' में पंडित जवाहर लाल नेहरू ने लिखा है कि 'हिन्दू धर्म' धर्म नहीं, जीवन पद्धति है। यह बात बहुत सही नहीं लगती है। यह धर्म होता है, जो जीवन-पद्धति तय करता है। धर्म के तीन अंग होते हैं : दर्शन; जो जीवन का उद्देश्य रचता है, कर्मकांड, जो जन्म से लेकर मृत्यु तक के संस्कार रचता है और पुराकथा, जो दोनों का खुलासा करती है। तीनों मिलकर व्यक्ति, समाज और विभिन्न संस्थाओं के आपसी सम्बन्ध और व्यवहृति को तय करते हैं। उनके आपसी सम्बन्धों की नीतियाँ और व्यवहार जीवन पद्धति रचते हैं, अनुशासित करते हैं। दरअसल पंडित नेहरू हिन्दू धर्म को अन्य कट्टरपन्थी मतों से अलगाना चाहते थे। जिन धर्मों की बुनियाद एक ईश्वर, एक उपदेशक और एक पुस्तक पर होती है, वे कट्टर और असहिष्णु होते हैं। ऐसे सभी मजूसी मत हैं। यूहूदी मत ईश्वर की एकता मानता है, उसका उपदेशक मूसा को मानता है और पुस्तक पुरानी इंजील है। ईसाई मत ईश्वर की एकता मानता है, उपदेशक ईसा मसीह को मानता है, जो इसका पुत्र भी है, पुस्तक नई इंजील है। इस्लाम ईश्वर की एकता स्वीकार करता है, मोहम्मद साहब को उसका उपदेशक, पैगम्बर मानता है और पुस्तक पवित्र कुरान है। ये सभी धर्म अन्य धर्मों को अपने से बाहर 'अन्य' मानते हैं, उनकी जीवन पद्धति को अपनी जीवन पद्धति के लिए अस्वीकार्य मानते हैं। ये सभी धर्म 'लेजिस्लेटेड' हैं। पर हिन्दू धर्म इस तरह की बात नहीं करता। वह 'विकसित' 'इवाल्वड' मत है। वह ईश्वर की बहुलता को मानता है, उपदेश और उपदेशकों की बहुलता को मानता है, पुस्तकों की बहुलता को मानता है। इसलिए वह एक ईश्वर, एक उपदेशक, एक पुस्तक पर आधारित धर्म को मत मानता है, इस तरह के तमाम मत हिन्दू धर्म में हैं। उन्हें सम्प्रदाय कहता है। इसलिए वह मतों के सह-अस्तित्व में विश्वास करता है, अपने अनुयायियों की संख्या बढ़ाने के लिए धर्म-परिवर्तन में विश्वास नहीं करता, व्यक्ति की व्यक्तिगत आस्था पर बल देता है। इसके विचारकों का कहना है कि इसके आधार पर मजूसी मतों को भी सम्प्रदाय माना जा सकता है। इसलिए वे 'अन्य' नहीं हैं। उनके द्वारा रचित जीवन-पद्धति को स्वीकार

किया जाता है। पंडित नेहरू का ध्यान इस बात पर था। इसलिए वे अन्य मतों से अलगाने के लिए हिन्दू धर्म को जीवन पद्धति कहते हैं।

हिन्दू धर्म द्वारा रचित जीवन पद्धति के दो काल-खंड हैं। एक वैदिक, दूसरा उसके बाद। इस बाद वाले के तीन रूप हैं—पौराणिक, जिसे भागवत भी कहते हैं, बौद्ध और जैन। इन दोनों कालखंडों में निरन्तरता बनी रही है। वैदिक काल-खंड में संहिता, ब्राह्मण, आरण्यक और उपनिषद् चार चरण हैं। इनमें संवेदनशील सर्वव्यापी अनुभूतियों की अभिव्यक्ति से लेकर गहरे दार्शनिक प्रश्नों के उत्तर की तलाश शामिल है, जो कर्मकांडों के माध्यम से जीवन को एक सुनिश्चित नियम में चलाने का प्रयत्न करती है एक आदर्श जीवन-पद्धति स्थापित कर। कुछ पुराकथाओं के माध्यम से उसकी जटिलता का खुलासा करती है। यह कालखंड बहुत पुराना है। सिर्फ व्याकरण के विकास का अध्ययन कर युधिष्ठिर मीमांसक कहते हैं कि आरम्भिक ऋक् नहीं भी तो दस हजार वर्ष पुराने हैं।

इस वैदिक जीवन पद्धति के बाद का दूसरा कालखंड पहले कालखंड के कुछ विरोध में उपजा, विशेषतः कर्मकांड के विरोध में। वह जीवन पद्धति बड़ी कठोर हो गई थी, जिसका अनुशरण करना सबके लिए सम्भव नहीं रह गया था। इसिलए उसमें स्खलन और विकृतियाँ पैदा हो रही थीं, आडम्बर बढ़ता जा रहा था। सबसे बड़ी विकृति हिंसा की थी, जिसका यज्ञों में बाहुल्य था। उसका विरोध करने के लिए तीन मत एक साथ उभरे। यह विरोध कोई एक रात में हुआ विद्रोह या क्रान्ति नहीं था। ऐसा ही एक मत जैनियों का था, जो विभिन्न समयों के चौबीस तीर्थंकरों द्वारा शनैः शनैः रची जा रही जीवन पद्धति थी, जो महावीर के नेतृत्व में पराकाष्ठा पर पहुँची। उसको माननेवाले वे क्षत्रिय थे, जो ब्राह्मणों से लड़ते-लड़ते पशत हो गए थे और उनमें से कुछ कमजोर तबके के लोगों को शूद्र की श्रेणी में ढकेल दिया गया था। राजवंशों के लोग अस्त्र-शस्त्र त्यागकर, वाणिज्य को अपना पेशा बनाया, अहिंसा को परम धर्म घोषित किया और एक नई जीवन पद्धति विकसित की। दूसरा मत बौद्धों का था। महात्मा बुद्ध बुद्धों की शृंखला में पच्चीसवें थे। यानी यह भी क्रमशः विकसित होता रहा था। यह मत मागधों, वृशालों, सिथियनों, असुरों, शकों, कुषाणों आदि विदेशी बाशिन्दों के साथ-साथ उन शूद्रों में जनप्रिय हुआ जो अनाचरिया माने जाते थे। तमाम बहार से आई जातियाँ सत्ता के लिए परम्परागत क्षत्रिय शासकों से लड़ती रही थीं और उन्हें ब्राह्मणों की क्षत्रियों से अपनी लड़ाई में उनका समर्थन प्राप्त था। क्षत्रियों के सत्ताच्युत हो जाने के बाद उनके सत्ता में आ जाने पर उन्हें स्थानापन्न क्षत्रिय मान लिया गया और उनका गोत्र, शिखासूत्र परम्परागत क्षत्रियों के ऋषि आदि से ब्राह्मणों द्वारा जोड़ दिया गया। तीसरा मत भागवतों का था। इस मत की स्थापना में कोई महावीर या बुद्ध की तरह का कोई एक बड़ा संन्यासी व्यक्तित्व नहीं था, उपदेष्टा नहीं था।

यह मत व्यासों, कवियों और इतिहास बखानने वाले विद्वानों द्वारा रचा गया, जिसका वर्णन पुराणों और इतिहास में हुआ, जो पुराने वैदिक मत की व्याख्या और पुरागाथा के रूप में विकसित हुआ। इसमें भी जोर अहिंसा पर था। स्वरूप वैष्णव था। हालाँकि कुछ पुराणों में शैवमत और देवीमत भी रचा गया और उसे एक तरफ बह्वद वैदिक मत और दूसरी तरफ मातृसत्तात्मक परम्परा के प्रचलन के रूप में रखा गया। बाद में इन दोनों को योग और तन्त्र में भी एक कर दिया गया साधना-पद्धति के रूप में। अधिक जनप्रिय वैष्णव मत ही रहा क्योंकि उसकी पैठ हर लोक और हर तरह के लोग के बीच में रही और वह बहुत राजाश्रयमुखापेक्षी नहीं रहा।

यह परा-वैदिक जीवन श्रुतियों की ज़गह स्मृतियों से व्यवस्थित होता रहा। इनकी संख्या बीस मानी जाती है, जिनमें मनुस्मृति और फिर याज्ञयवल्क्य स्मृति मुख्य मानी जाती हैं। इनमें कुछ पहले प्रचलित परम्पराओं का वर्णन है, कुछ तत्कालीन प्रचलित परम्पराओं का और कुछ हितों के टकराहट होने पर उनमें तालमेल बिठाने के निर्देश सिद्धान्त हैं। दूसरी स्मृतियाँ इनके पूरक के रूप में हैं, जो क्षेत्र के प्रचलन, परिवार के प्रचलन और समुदायों, जतियों के प्रचलन को संहिताबद्ध करती हैं। कालान्तर में जब हूणों का आक्रमण हुआ और उनके आगे तमाम व्यापारी लोग, सेना के मददगार कर्मचारी और पीछे-पीछे चरवाहे-लुटेरे आदि कबीले आए। हूण तो चले गए पर ये कबीले रह गए। इनमें प्रमुख गूजर थे, जो यहा के राजवंशों के नाश हो जाने पर लड़ने-भिड़ने वाला राजा बनते गए, राजपूत कहे जाने लगे। जो राजपूत नहीं बने, वे कृषक हो गए और शूद्र के रूप में मान्यता पाए। इन राजपूत राजवंशों को क्षत्रिय बनाने के लिए अर्बुदा देवी के संरक्षण में यज्ञ हुआ, जिससे भारतीय आदिमूल के अक्षत्रिय कुछ पवाँर के रूप में, गुर्जर लोग परमार के रूप में, यूनानी मूल के पहले चालुक्य फिर सोलंकी के रूप में और तमाम दूसरे चौहान के रूप में अग्निकुल के क्षत्रिय माने गए। अग्नि का सम्बन्ध सूर्य से जोड़ा गया और फिर वे कालारान्तर से सूर्यवंशी कहलाने लगे। जो इस यज्ञ में शमिल नहीं हुए, पर राजघराने के थे उन्हें भी सूर्यवंशी की मान्यता मिली। जिन्हें नहीं मिली, और उनमें आभीर प्रमुख थे वे चुद्रवंशी बन गए। तमाम वर्णसंकर लोग भी कहीं न कहीं स्थान प्राप्त कर लिए। जो नहीं कर पाए और राजघराने के नहीं थे, उन्हें शूद्र मान लिया गया। वे पशुपालन और कृषि करते रहे। ब्राह्मणों ने सभी घरानों को किसी-न-किसी पुराणपुरुष या ऋषि से जोड़ दिया।

इतने बड़े और बहुविध समाज को मनुस्मृति और उसके अनुपूरक स्मृतियों के बल पर अनुशासित करना सम्भव नहीं था। इसलिए क्षेत्र के आधार पर उसकी पाँच व्याख्याएँ कालक्रम में प्रचलित हुईं। एक था मिताक्षरा जो बनारस स्कूल के नाम से जाना जाता है और पूरे उत्तरी भारत में मान्यता प्राप्त है। दूसरा है दायभाग, जिसकी रचना जीमूतवाहन ने की थी और वह बंगाल में मान्यता प्राप्त है। बंगाल का मतलब

है पूरा बंगाल, उड़ीसा और पूरा असम। तीसरा है व्यवहार मायूख जो महाराष्ट्र में लागू होता है। महाराष्ट्र का मतलब है वर्तमान महाराष्ट्र, गुजरात, आधा सिन्ध, आधा उत्तरी कर्नाटक और आधा उत्तरी विभाजन के पहले का आन्ध्र। चौथा है मरुमान्ययम् जिसे मद्रास स्कूल कहते हैं। जो दक्षिण के बाकी बचे इलाकों पर लागू होता है। जब इससे भी काम न चला तब तमाम टीकाएँ और निबन्ध प्रचलन में आए। पाँचवा है मिथिला स्कूल इन चारों पर हावी तो मिताक्षरा ही रहता है। बस उत्तराधिकार व गोद लेने में कुछ अपवादों को मान्यता दी जाती है। इन स्मृतियों, व्याख्याओं, टीकाओं और निबन्धों में भिन्नता होने पर उनके शमन के लिए सिद्धान्त रचा गया कि मनुस्मृति सबसे ऊपर है। जहाँ याज्ञ्यवल्क्य स्मृति उसे पुष्ट करती है, वह सुप्रीम है, अन्यथा दूसरी स्मृतियों के प्रविधान क्षेत्र विशेष में लागू होंगे। निबन्धों और टीकाओं में विभेद होने पर सामान्यतः टीका को मान्यता मिलेगी, किन्तु यदि निबन्ध की रचना भिन्नता दिखाने के लिए हुई है तो उस इलाके में निबन्ध को मान्यता दी जाएगी और उन्हें गौण स्रोत माना जाएगा। स्मृति और श्रुति में टकराव होने पर श्रुति को प्रधानता दी जाएगी। पर इसका उपयोग शास्त्रार्थ और धर्म की व्याख्या के लिए अधिक हुआ, सामाजिक व्यवहार को अनुशासित करने के लिए कम। यह सब परम्परागत हिन्दुओं पर ही नहीं, जैनियों, बौद्धों, लिंगायतों आदि पर भी लागू होता रहा, क्योंकि इन मतावलम्बियों ने अपना अलग से विधिशास्त्र विकसित नहीं किया, सिर्फ अपनी जाति की परम्परा चलाते रहे। कुछ मामलों में क्षेत्र-परम्परा को प्राथमिकता दी गई, कुछ मामलों में कुल-परम्परा की। माना जाता था कि यदि कोई हिन्दू अपने मूल स्थान से हटकर कहीं और जा बसता है, तो अपने साथ अपने कुल और क्षेत्र की परम्परा ले जाकर बसता है। उसकी प्राथमिकता सिद्ध करने के लिए कहा जाता था कि लोक वेद पर हावी हो जाता है।

इन तमाम भिन्नताओं को समझाने के लिए जरूरी है कि भारत में प्रचलित वर्णाश्रम व्यवस्था को थोड़ा समझ लिया जाए। ऋग्वेद से विहित होता है कि आरम्भ में न तो वर्ण व्यवस्था थी, न ही आश्रम व्यवस्था। बाद में जब ऋषियों की संख्या प्रचुर हो गई और काफी संख्या में जब मन्त्र खोज लिए गए तो उन्हें बनाए, बचाए और अगली पीढ़ी को प्रदान करने के लिए शिक्षा की व्यवस्था हुई। यह ऋषि या आचार्य के घर पर होता था। ऋषि/आचार्य एक तरफ इन्हें अपने सन्तानों को बताता था तो दूसरी तरफ शिष्यों को। इस सीखने के चरण में सभी ब्रह्मचारी होते थे और उम्र आठ से पच्चीस वर्ष मानी जाती थी। एक ऋषि की ऐसी सन्तानें सीधे और शिष्य प्रकारान्तर से आचार्य के गोत्र से जुड़ते थे। जब उन मन्त्रों का उपयोग यज्ञ में होने लगा, ये मन्त्र जाननेवाले और उनका उपयोग करनेवाले लोग ब्राह्मण कहे जाने लगे। बाकी लोग यजमान कहे जाने लगे। मन्त्र जाननेवाला ब्राह्मण यदि यज्ञ में स्वयं उन मन्त्रों का उपयोग नहीं करता था और दूसरे ब्राह्मण को बुलाता था, तो यह भी यजमान हो जाता था और दूसरा ब्राह्मण पुरोहित।

ये ब्राह्मण, पुरोहित और यजमान अमूमन गृहस्थ होते थे और गृहस्थाश्रम की उम्र पच्चीस से पचास वर्ष होती थी। ये लोग विवाहित होते थे। इन आश्रमों में प्रवेश करने के लिए संस्कार होते थे—शिक्षा के लिए उपनयन और गृहस्थ के लिए विवाह। इसका मतलब यह नहीं है कि गृहस्थ के बाद आनेवाले आश्रम वानप्रस्थ (51 से 75 वर्ष) में यज्ञ-याज्ञ नहीं होते थे या नहीं कराये जाते थे। वे तो संन्यास (76 से 100 वर्ष) में भी किये-कराये जाते थे, क्योंकि यज्ञों का एक उद्देश्य मोक्ष प्राप्त करना भी होता था। गृहस्थ आश्रम से अन्तर यह माना जाता था कि वानप्रस्थ आश्रम में गृहस्थ अपनी गृहस्थी से क्रमशः विमुख होता समाज के काम में ध्यान लगाता था, गृहस्थी अगली पीढ़ी को सौपकर और धीरे-धीरे वह सांसारिकता से किनारा करता संन्यास के लिए अपने को तैयार करता था। ब्राह्मणों से इतर सामान्य जन पशुपालन करता था, किसानी करता था, आखेट करता था, जंगल से फल और दीगर सम्पदा जुटाता था। पशु पालन में गाय प्रमुख थी और कृषि में बैल की प्रधानता थी। इसलिए ये पूज्य होते गए। आखेट के श्रम और जोखिम से बचने के लिए दीगर पशुओं का पालन-पोषण होता था। बाद में सवारी के लिए घोड़े-ऊँट वगैरह पाले जाने लगे।

कालान्तर में इन ब्राह्मणों के दो बर्ग बन गए—एक वह जो स्थान विशेष में रहकर यज्ञ-याज्ञ करता-कराता था, दूसरा वह जो इनमें विघ्न डालनेवालों से लड़ता था। वह उनसे भी लड़ता था जो पशुओं और चारागाह पर हमला करते थे, पशु चुराते थे, कब्जा करते थे। वह ब्राह्मणों समेत सबकी सम्पत्ति की रक्षा करता था। उसके लिए अस्त्र-शस्त्र ग्रहण करता था। इन्हें क्षत्रिय कहा गया। पहले को ब्राह्मण ही कहा जाता रहा। जब क्षत्रिय दूर-दूर तब युद्ध करने जाने लगे और लम्बे समय तक अपने इलाके से बाहर रहने लगे, तब स्थानीय प्रशासन ब्राह्मण देखने लगे और उसके लिए नियम बनाने लगे। उन्हीं नियमों या प्रयोग दूर-दराज के इलाकों में भी शासन के लिए क्षत्रियों द्वारा होने लगा। जब कुछ बड़े राज्य बन गए और और देस-जवार में अपेक्षाकृत शान्ति लौटी तो क्षत्रियों ने स्थानीय ब्राह्मणों से पुनः सत्ता हस्तगत करने का प्रयास किया। उसके लिए आपसी लड़ाइयाँ होने लगीं। तमाम ब्राह्मण शिक्षा, यज्ञ और दान का धन्धा छोड़कर अस्त्र-शस्त्र ग्रहण करने लगे। परशुराम इनमें प्रमुख थे। इन्होंने क्षत्रियों को हराया और बाहर से आनेवाले हमलावारों का भी सहयोग लिया और उन्हें अपना शिखा-सूत्र देकर प्रकारान्तर से क्षत्रिय बनाया। भारत के मार्क्सवादी इतिहासकार करते हैं कि ऐसे बाहरी कबीले पाँच थे—इक्ष्वाकु, पुरु, कुरु, यदु और तुर्वसु जो कबीला जितना ही पहले आया वह उतना ही पूरब खिसकता गया एक तो उपजाऊ ज़मीन की तलाश में, दूसरे दूसरे कबीला द्वारा ठेलते जाने के कारण। गैर-मार्क्सवादी इतिहासकार इसे स्वीकार नहीं करते। वे कहते हैं कि ये पाँचों देशज आर्य ही थे, क्षत्रिय थे। बाहर से आने वाले तो असुर, बेबिलोनी, कैथी, मागध, पायथान, यवन, शक, कुषाण, हूण

बगैरह थे। ये उनमें से कुछ की उपस्थिति बुद्ध से पहले से ही नोटिस करते हैं, विशेषकर मगध, वैशाली और हिमालय की तलहटी के विशाल हिस्से में। ये तमाम नाग और नन्द जैसे वंश के राजाओं के साथ समानान्तर शासन करते हुए मिलते हैं। जातक कथाओं, रामायण, महापुराणों और महाभारत में भी इनकी चर्चा मिलती है। शूद्रों में जो अनाचारियों का संस्तरण मिलता है वह विजित दानवों, दस्सुओं, दासों, नागों, निषादों का समूह है। जो आचारी शुद्रों का संस्तरण है वह तमाम बाहरी कबीलों के राजन्य नेतृत्व से भिन्न, उससे बचे हुए लोगों का समूह है।

देवों में पहले इन्द्र की प्रमुखता थी। ये सुर थे। असुरों में वृत्त की प्रमुखता थी। कालान्तर में क्षत्रियों ने देवों के इन्द्र की जगह अग्नि को महत्त्व किया और उसी को अंगिकार कर चलने लगे तो ब्राह्मणों ने ब्रह्म की जगह शिव को प्राथमिकता दी, फिर विष्णु को। विष्णु के दस अवतार माने गए, जिनमें परशुराम, राम व कृष्ण प्रमुख है। जन बौद्धमत वैष्णव मत का अंग बना तो बुद्ध को भी एक अवतार मान किया गया। ये सभी भारतीय इतिहास के प्रमुख चरणों को उजागर करते हैं। ब्राह्मणों ने अपने लिए मांस व मदिरा का निषेध कर लिया, क्षत्रियों में यह चलता रहा। ब्राहाणों ने अपने को उच्च बताने के लिए इसका भी इस्तेमाल किया।

जब तमाम क्षत्रियों ने अस्त्र-शस्त्र रख दिया और अपेक्षाकृत शान्त वातावरण में व्यापार करना आरम्भ किया तो एक नया वर्ण वैश्य का बना। इसमें सिर्फ क्षत्रिय ही नहीं थे, कुछ ब्राह्मण भी थे, पशुपालक भी थे, कृषक भी थे। अबतक आर्य शब्द नस्ल का द्योतक होने से हटकर 'संस्कृति' का द्योतक हो गया था, तमाग विजातियों के शामिल हो जाने के कारण। भारतीय इतिहास के अन्धकार काल में जब तमाम बाहरी और भीतरी जातियों ने राजसत्ता प्राप्त कर लिया तो ब्राह्मणों ने उन्हें तमाम ऋषियों, पुराणपुरुषों और राजवंशों से जोड़ कर उनकी वंशावली तैयार की। सत्ता में होने के कारण उन्हें प्रकारान्तर से क्षत्रिय कहा और पहले के क्षत्रियों से अलगाने के लिए राजपूत कहा। जिन परिवारों के पास सत्ता नहीं थी और कृषि तथा दूसरे शिल्पों को अपनी जीविका का साधन बनाया, उन्हें शूद्र कहा गया। उन्होंने काफी हद तक ब्राह्मणों द्वारा रचित और आदर्श बनाई गई जीवन-पद्धति को स्वीकार कर लिया। जिन्होंने नहीं किया उनसे शूद्रों का एक दूसरा संस्तरण बना, जिन्हें आचारहीन माना गया और धीरे-धीरे अछूत हो गए। उनमें से अधिकांश यहीं के कोल, किरात, निषाद, भील, गोड़, सास्थाल, भर, मुसहर, पासी, मीना आदि थे। उनमें से जो लोग जंगलों में संक्रमित कर गए के बनवासी हो गए। ये तमाम स्टाक के लोग वर्ण में शूद्र होने वे वावजूद अपनी जाति, वंश की सीमाओं से भरसक बाहर नहीं आए, रोटी-बेटी के सम्बन्धों में, बल्कि उसे जोगाकर रखे। इसीलिए हम शूद्रों में ही नहीं, द्विजों में भी तमाम उपजातियाँ पाते हैं, उसके आधार पर ऊँच-नीच का भेद पाते हैं, परम्पराओं और व्यवहतियों में

फर्क पाते हैं। कुछ फर्क क्षेत्र के अनुसार भी पाते हैं। जातियों के कुछ संस्तरण और विभेद वर्णसंकरता के कारण भी बने। इन तमाम बातों से उनकी संख्या बढ़ती चली गई। आज भी यदि परिचय में किसी की जाति पूछने का प्रचलन है तो इसी पहचान को सही-सही जानने के लिए।

युद्ध के अलावा भी तमाम कबीले हिमालय के पार से पशुपालन, वाणिज्य और कृषि भूमि की तलाश में आते रहते थे और यहाँ के मैदानों में बसते रहते थे, जंगलों व पहाड़ों में विचरते रहते थे। इनमें से कुछ सूर्य कैलेंडर मानते थे, कुछ चन्द्र कैलेंडर। आभीर लोग गाय पालने पर बल देते थे, गूजर लोग भैंस पालने पर और गड़ेरिये दूसरे छोटे पशु भेड़-बकरी वगैरह पर। उनमें से जो राजपूत बने वे सूर्यवंशी व चन्द्रवंशी खेमे में गए। उनके राजन्य वर्ग के क्षत्रिय बनाए जाने की बात हमने ऊपर नोट की है। किन्तु चन्द्रवंशियों के लिए अलग से कोई यज्ञ नहीं हुआ। इसी तरह कुछ गूजरों ने इस यज्ञ को महत्त्व नहीं दिया और सूर्य का उपासक होने के कारण सूर्यवंशी माना चाहे वे गहलौत हों या कछवाहे उनमें मेवाड़ का घराना एक तरफ भीलों से युक्त माना जाता है तो दूसरी तरह ब्राह्मण के अनुलोम विवाह से। इसी तरह चन्देल अहीर व ब्राह्मण के प्रतिलोम विवाह की देन जाने जाते हैं। लोध-वनस्पर सत्ताधारी होने के बावजूद क्षत्रिय या राजपूत नहीं माने गए। कुछ स्वतन्त्र माइग्रेटी राजवंश भी थे। जैसे शाही वंश मूलतः तुर्की से था। उसका ब्राह्मण लाइन भूमिहार माना गया और क्षत्रिय लाइन मल्ल। इनका केन्द्र मझौली रहा। भूमिहारों का केन्द्र ग्राम हूँसेपुर, जिला सारण, बिहार था। बाद में वे तमकुही आ गए।

बाद में मुस्लिम कबीलों का आगमन हुआ। राजसत्ता से बढ़कर वे धर्म के मामले में आक्रमक थे। प्रेम से सूफी लोग और तलवार से शासक लोग हिन्दुओं का धर्म परिवर्तन करते रहे। इससे हिन्दू-धर्म में अनुदारता बढ़ी। अपने को बचाए रखने के दौरान बुराइयाँ बढ़ी। बाल विवाह, सतीप्रथा, जौहर, कन्या हत्या, पर्दा सिस्टम, सिन्दूर का प्रयोग आदि पराकाष्ठा पर पहुँच गया। इससे स्त्रियों की स्थिति निरन्तर दयनीय होती गई। रोक तब लगी जब अंग्रेज आए और उनके प्रतिकार में नवजागरण और पुनर्जागरण हुआ। अंग्रेज धर्म परिवर्तन पर कम और संस्कृति के परिवर्तन पर अधिक जोर देकर यहाँ के जीवन पद्धति को बदले। यह यन्त्र अधिक कारगर रहा। आज उनकी जीवन पद्धति हिन्दुओं को इतनी वारेण्य लग रही है कि वे अपना जीवन पद्धति और मूल्यबोध छोड़ते जा रहे हैं।

(2)

इस पूरे सामाजिक ऐतिहासिक विकास का प्रभाव भारतीय स्त्री कर पड़ा। ए.एस. अल्टेकर कहते हैं कि किसी सभ्यता की आत्मा को समझने के लिए स्त्री की दशा और स्थिति का अध्ययन सबसे समीचीन माध्यम है। सभ्यता का निर्माण बहुत हद तक

मनुष्य स्वभाव के सबसे बलशाली आवेगों पर नियन्त्रण से होता है। यहाँ सभी सभ्यताओं में जिस तरह से स्त्री वर्ग को पुरुष वर्ग के अधीन सभ्यताओं के आरम्भ से ही रखा गया था, उस तरह से किसी और वर्ग को नहीं रखा गया। इसी तरह इस वर्ग को जितनी स्वतन्त्रता व स्वायत्तता पुरुष वर्ग ने ऐच्छिक रूप से दिया उससे उस समाज में न्याय और समुचित व्यवहार की प्रौढ़ता का ज्ञान होता है। इनका तुलनात्मक अध्ययन सभ्यताओं की अच्छाई-बुराई को उजागर करता है। विवाह सम्बन्धी नियम और परम्पराएँ यह बताती हैं कि पुरुष स्त्री को सिर्फ पण्य वस्तु या युद्धविराम में मिली वैजयन्ती की तरह समझता है या कि पत्नी, जो व्यक्तिगत प्रसन्नता और सफल परिवारिक जीवन के लिए अनिवार्य है? योनि-शुचिता से जाहिर होता है कि समाज की नैतिक ध्वनि क्या है और क्या पुरुष यौनिक जीवन में अपने को भी उन्हीं मानदंडों पर कसे जाने का अधिकारी मानता है, जिन्हें उसने स्वयं स्त्रियों को कसने के लिए बनाया है? स्त्री को जिस सीमा तक अपने विवाह में राय देने का हक होता है, गृहस्थी की व्यवस्था चलाने में हक होता है, सम्पत्ति पर इसके अधिकार को स्वीकार किया जाता है, उससे आत्म पर, सम्पत्ति पर, स्वामित्व पर और शक्ति पर पुरुष की क्षमता का पता चलता है। जिस तरह से विधवाओं के साथ सलूक होता है, उसके आधार पर समाज की सहानुभूति क्षमता को आंका जा सकता है। शिक्षा के स्तर का पता इस बात से लगाया जा सकता है कि वह किस हद तक स्त्री को सुलभ थी और उसका स्वरूप क्या था। कला, संगीत, नृत्य, साहित्य, दर्शन आदि में उनकी दक्षता से उस संस्कृति की क्षमता का अवबोध होता है कि उसने उन्हें प्रवीणता प्राप्त करने के लिए कितना अवसर और सुविधा प्रदान किया। इसी तरह जो वस्त्र और आभूषण वे धारण करती हैं, उससे समाज की समृद्धि, वाणिज्य, निर्माण की कला और खनिज सम्पदा प्राप्त करने का क्षमता की पता चलता है। इसी तरह समाज में स्वतन्त्र विचरण करने की छूट की डिग्री और सामाजिक कामों में उसकी हिस्सेदारी उनकी स्वतन्त्रता, विश्वसनीयता, उपादेयता और प्रशासनिक क्षमता का द्योतक होता है। कर्मकांड में हिस्सेदारी और धर्मविद्या का ज्ञान धर्म के न्यायपरक स्वरूप और लिंग केन्द्रित पूर्वग्रहग्रस्तता को विहित करता है। दर्शन उनके प्रति मानसिक सम्मान का खुलासा करता है। बताता है कि उनको न्यायपूर्ण जीवन जीने देने के लिए क्या-क्या प्रयास हुए हैं। उनके जन्म से लेकर मृत्यु तक के संस्कार उनकी सामाजिक स्थिति की सूचना देते हैं।

डॉ. पन्धारीनाथ प्रभु कहते हैं कि तमाम समाजों और धर्मों में स्त्री की स्थिति उनके पारिवारिक विधि, विधान व परम्परा (Personal law) से जाने जा सकते हैं। ऐसे तमाम स्थल और मुद्दे हैं जो इसका खुलासा करते हैं। पहला बिन्दु यह है कि कन्या के जन्म को किस तरह से लिया जाता है—उसका स्वागत किया जाता है कि तिरस्कार? दूसरा है संस्कारों में उसका स्थान। ये संस्कार जन्म से लेकर मृत्यु तक सोलह हैं,

पर प्रमुख उपनयन और विवाह हैं। उपनयन का सम्बन्ध शिक्षा से है और विवाह का सम्बन्ध लौकिक और धार्मिक जीवन यापन से। और ये दोनों आपस में जुड़े हुए हैं। इनका सम्बन्ध वर्ण और आश्रम से भी है। यदि स्त्री का उपनयन संस्कार होता रहा है तो निश्चय ही वह शिक्षा ग्रहण करती रही है और नहीं होता है तो वह अशिक्षित रह जाती है। इसी तरह विवाह से स्थिति का पता इस तरह से चलता है कि विवाह का स्वरूप का है? हिन्दू धर्म में कालक्रम में आठ तरह के विवाहों को मान्यता दी गई, जिनमें चार हर तरह से उचित हैं, और चार हैं तो स्वभाव से अनुचित, पर हो गए को स्वीकार कर लेने के लिए उन्हें मान्यता दे दी जाती है बड़े अन्याय से बचने के लिए। स्त्री की स्थिति का पता इस बात से चलता है कि उसे पति को चुनने की या विवाह में सहमति जताने की, राय देने की कितनी स्वतन्त्रता है? इसका सम्बन्ध विवाह की उम्र से है। निश्चय ही यदि विवाह कम उम्र में होता है तो उसे चुनने, सहमत होने या मत देने की स्वतन्त्रता नहीं मिलती। यह तभी हो पाएगा जब उसे उपनयन संस्कार और ब्रह्मचर्य आश्रम से द्विज होने से गुजरना पड़ा हो। फिर विवाह विच्छेद का उसे कितना अधिकार है? उसे कितना गुजारा भत्ता मिलता है? बच्चों पर कितना अभिभावकत्व मिलता है? विधवाओं की पारिवारिक, नैतिक, सामाजिक स्थिति क्या है? सम्पत्ति में कितनी हिस्सेदारी मिलती है? पर्दा का कितना प्रचलन है? यह पर्दा का प्रचलन स्त्री को अधिकाधिक पुरुष पर निर्भर बनाता है। लौकिक जीवन में यह कितनी पति की सहधर्मिणी है और कितना स्वतन्त्र है? यज्ञ में कितनी और किस तरह की भागीदारी रखती है? पुनर्विवाह, सती प्रथा, नियोग की कैसी स्थिति है? वानप्रस्थ और संन्यास आश्रम के लिए उसे कितनी छूट है और उसका स्वरूप क्या है? वर्ण के आधार पर इन बातों में कितनी भिन्नता आती है? उसकी मृत्यु पर क्या संस्कार होते हैं? क्या वह स्वयं आत्मीयों का दाह संस्कार कर सकती है? ध्यान देने की बात यह है कि दाह संस्कार करने के अधिकार के क्रम के आधार पर सम्पत्ति में उत्तराधिकार तय होता है। डॉ. सर्वाधिकारी कहते हैं कि इसका उल्टा भी हो सकता है—सम्पत्ति में उत्तराधिकार के आधार पर दाह-संस्कार करने का अधिकार तय होता हो।

(3)

डॉ. यू.एन. घोषाल कहते हैं कि हिन्दू स्त्री की स्थिति को जानने के लिए भारतीय इतिहास को पहले दो भागों में बाँटना होगा—वैदिक और उत्तर वैदिक। फिर इन दोनों को भी दो-दो चरणों में बाँटना होगाः वैदिक को आदि काल से लेकर ईसा पूर्व 1500 तक पहला चरण, दूसरा चरण 1500 ई.पू. से 500 ई.पू. तक; उत्तर वैदिक को ई.पू. 500 ई. से ईसा बाद 500 तक और ईसा बाद 500 से 1800 तक।

वैदिक काल के आरम्भ में स्त्रियों की दो गति मिलती है। एक मातृसत्तात्मक समाज का, दूसरा पितृसत्तात्मक समाज का। मातृसत्तात्मक समाज में वंश माँ के नाम पर चलता हुआ पाया जाता है और वह कबीले की प्रमुख शासक के रूप में मिलती है। यह शासक चुनी हुई भी हो सकती है और वंश परम्परा से भी आई हुई। फिर वह आर्य स्टाक की भी हो सकती है और अनार्य स्टाक की भी। इन्हें हम युद्ध करते, मानव भक्षण करते, नाच-गान करते पाते हैं। कालान्तर में जब उनका समाज पितृसत्तात्मक हो गया या फिर पितृसत्तावालों ने उन्हें विजित कर अपनी संस्कृति में दीक्षित कर लिया तो इन प्रमुखों को कड़ी अवमानना मिली। मातृका, गणिका, वेश्या, अप्सरा आदि स्त्री अवमानना के शब्द बन गए। वे नारी की मुक्त और राजसत्तात्मक स्थिति की जगह पेशे के नाम बन गए।

पितृसत्तात्मक का वर्चस्व बढ़ जाने पर हम स्त्रियों के प्रति दो दृष्टिकोण पाते हैं। एक दृष्टिकोण यह है कि स्त्री पारलौकिक, लौकिक, शिक्षा और मन्त्ररचना के क्षेत्र में पुरुष के बराबर है। सामाजिक और पारलौकिक जीवन का आधार कुटुम्ब है और कुटुम्ब दम्पति से बनता है। दम्पत्ति, यानी पति-पत्नी। दोनों मिलकर सोमरस निचोड़ते हैं और साथ-साथ यज्ञ में आहुति देते हैं विश्ववारा, घोषा, लोपामुद्रा, सावित्री, अपाला, इन्द्राणी, सिकता, निवावरी आदि मन्त्रद्रष्टा हैं, ऋक की रचयिता हैं और दार्शनिक हैं। पति की अनुपस्थिति में गुरु आश्रम में शिष्यों को शिक्षा देती हैं। गार्गी और मैत्रेयी दार्शनिक विवादों और विमर्शों में भाग लेती हैं। शतपथ ब्राह्मण के अनुसार स्त्री और पुरुष बराबरी के स्तर पर गृहकर्म में भाग लेते हैं—एक गाड़ी के दो चक्के और दो बैल माने जाते हैं। यज्ञ में दोनों एक साथ आरोहण करते हैं। पुरुष मन्त्र का उच्चारण करता है तो स्त्री मन्त्र गाती है। शायद इसी से शुभ-अवसरों के गीत-लोकगीत आगे अस्तित्व में आए। ऐसा इसलिए है कि पत्नी पति की अर्द्धांगिनी है और उसमें भी 'बेटर हाफ' हैं (यह 'बेटर हाफ' कहीं मातृसत्तात्मक समाज से आई स्त्रियों तक तो सीमित नहीं था?) तो भी हम उसे पुरोहित, आचार्य, उपाध्याय, होता, उद्गाता बनते नहीं पाते। क्यों?

वहीं हम तमाम ब्राह्मण ग्रन्थों में पाते हैं कि स्त्री को विवेक के स्तर पर पुरुष से हीन माना गया है। क्योंकि वह अधिक संवेगमय होती है, मूल प्रवृत्तियों के आधार पर बर्ताव करती है, आन्तरिक सत्य को जानने के बजाय, बाह्यरूप को ही वास्वतिक मानती है। इसलिए वह मानसिक सन्तुलन से काम करने के बजाय आवेग में काम करती है, भावनाओं में बहकर। कथा आती है कि जब गायत्री स्वर्ग से सोमरस लेकर जा रही थी तो गन्धर्वों ने उसे नाच-गान दिखाकर सोमरस चुरा लिया। चोरी इसलिए हुई कि उसे एक कंजर्फ स्त्री ले जा रही थी। उसे पुनः प्राप्त करने के लिए दोनों ने फिर स्त्री का प्रयोग किया, क्योंकि गन्धर्व लोग स्त्री लोलुप होते थे। देवताओं ने 'वाक्'

को उनके पास भेजा जो उन्हें लुभाकर सोम लेकर चल दी। गन्धर्व उसके पीछे-पीछे आए और देवताओं से कहा, 'सोम तुम ले लो, वाक हमे दे दो।, देवताओं ने कहा कि ठीक है। 'पर वाक को तुम फुसलाकर ले जा सकते हो, बलात नहीं।' उसे फुसलाने के लिए गन्धर्वों ने गान आरम्भ किया। उससे प्रसन्न होकर जब वाक साथ जाने के लिए तैयार हुई, तो देवों ने वीणा बनाया और उसे बजाकर-नृत्य करने लगे। वाक् देवों के साथ आकर नाचने-गाने लगी और फिर उन्हीं के साथ चली गई। यानी स्त्री-स्थित मति की नहीं होती, अपना मत बार-बार बदलती है। वह नाच-गान की ओर आकर्षित होती है, जो हमारे संवेगों को उभारते हैं। वह स्वयं नाच-गान में अधिक दक्ष होती है। इन बातों को पुष्ट करने के लिए महाभारत और पुराणों में भी अनेक कथाएँ हैं। इसीलिए उसे धीरे-धीरे पिता, पति और पुत्र के अधीन बना दिया गया। इसका एक परिणाम यह हुआ कि जो स्त्री आश्रम व्यवस्था में पुरुष के बराबर होती थी, वह आश्रमों से बाहर होती चली गई! तो भी वात्स्यायन, शुक्र, वेदव्यास आदि उसकी शिक्षा की पूर्ण व्यवस्था की बात करते हैं। हाँ, वे स्त्री और पुरुष के पाठ्यक्रम में भेद करते हैं, और स्त्री की शिक्षा की व्यवस्था घर पर करने की बात करते हैं। लेकिन तब यह बात ब्रह्मचर्य आश्रम के बारे में हैं। गृहस्थ आश्रम में दोनों की भागीदारी और जिम्मेदारी बराबरी की है। लगता है कि वानप्रस्थ और संन्यास आश्रम स्त्रियों के लिए नहीं रह गया, क्योंकि वह जीवन-व्यवस्था बड़ी कठोर हो गई थी, जिन्हें शायद स्त्रियाँ झेल नहीं सकती थीं। फिर भी तमाम स्त्री संन्यासियों की चर्चा हमारे साहित्य में मिलती है। हम यह भी पाते हैं कि वह तमाम संस्कारों की अधिकारी नहीं रह जाती है। उपनयन संस्कार ऐसा ही है। पर विवाह के अवसर पर उसे द्विज बनाया जाता है। पाया जाता है कि गृहस्थ जीवन में उसका अपना जीवन स्वतन्त्र नहीं रह जाता, पति के साथ बँध जाता है। तब प्रश्न उठता है कि यह कैसे हो गया कि पुरुष का जीवन उससे स्वतन्त्र हो गया—वह एक से अधिक विवाह कर सकता है, विवाह विच्छेद कर सकता है, सामाजिक काम कर सकता है, पर विधवा दूसरा विवाह नहीं कर सकती, स्त्री विवाह-विच्छेद नहीं कर सकती, समाज में स्त्री नेतृत्व नहीं दे सकती।

स्त्री के प्रति दृष्टिकोण को हम देवियों के सन्दर्भ में भी देख सकते हैं। हम पाते हैं कि जिन देवताओं की हम पूजा करते हैं—चाहे वे हमारे पुरुषों के रूप में हों, पुराण पुरुषों के रूप में हों, ऐसे व्यक्तित्व हों जो अपने गुणों और कर्मों के नाते मनुष्य से ऊपर उठकर देव बन गए हैं, या चेतना के अवतरण हैं जिनकी स्मृति में पूरे देश में मन्दिर बनते रहे हैं—सदा ही युग्म में होते हैं : गौरी-शंकर, सीता-राम, राधा-कृष्ण, लक्ष्मी-नारायण और इनमें भी स्त्री, पहले है? वे आर्येतर देव हैं जो ग्रामों में नहीं होते, जैसे शनि, यम वगैरह। पर आर्यों के देविया अकेले भी होती है; जैसे लक्ष्मी, जगदम्बा, पार्वती, दुर्गा, सरस्वती वगैरह।

खैर ये तमाम बातें बाद की हैं। जिस काल का हम अध्ययन कर रहे हैं उस पर यदि थोड़ा विस्तार से दृष्टि डालें तो पाते हैं कि वैदिक काल में प्रथम भाग में जिसे ऋग्वैदिक काल कहा जाता है और जो मोटा-मोटी ईस्वी पूर्व डेढ़ हजार वर्ष तक आता है, सामान्य पुत्रों की तुलना में सामान्य कन्याओं का जन्म पर कुछ कम ही स्वागत होता दिखता है। फिर भी कुछ ऐसे माता-पिताओं की चर्चा मिलती है, जो सुशील और शिक्षित कन्या की प्राप्ति के लिए विशिष्ट यज्ञ-याज्ञ करते हैं। ऐसी कन्याएँ पुत्रों के समान ही शिक्षा के लिए ब्रह्मचर्य आश्रम में प्रवेश करती थीं, उनका उपनयन होता था और शिक्षा प्राप्त करके बिदुषी बनती थीं, मन्त्र देखती थीं, दार्शनिक परिचर्चा में भाग लेती थीं और उनके देखे मन्त्रों को संहिताबद्ध किया जाता था और दार्शनिक मतों को स्वीकार किया जाता था। सामान्यतः लड़कियों का विवाह तभी किया जाता था जब वे बालिग हो जाती थीं और उसका स्पष्ट लक्षण जननांगों पर रोमावलि का विकसित होना माना जाता था। विवाह का आधार अक्सर प्रेम होता था, जिसे माता-पिता की स्वीकृति मिलती थी। आदर्श विवाह एक धार्मिक संस्कार माना जाता था, जिसमें पति-पत्नी कुटुम्ब के सहस्वामी बनते थे। पूर्व वैदिक काल में प्रचलित बलात विवाह और तज्जन्य स्त्री 'एक वस्तु' की अवधारणा अभी शेष थी। इसलिए पति उसे जुए में दाव पर लगा सकता था। कहीं-कहीं कन्या के माता-पिता कन्या के लिए शुल्क भी स्वीकार करते थे। पर इनके विरुद्ध समाज में चेतना जागने लगी थी। वे बेरोक-टोक घूम सकती थीं। सामान्यतः यज्ञ पति पत्नी साथ-साथ करते थे, तो भी कुछ ऐसे यज्ञ-याज्ञ थे, जिसे स्त्री पुरुष से स्वतन्त्र होकर अकेले करती थी। पुरुष के अन्यत्र व्यस्त रहने पर या उपलब्ध न रहने पर वह कई गृह-यज्ञों को स्वयं करती थी, आग की रक्षा करती थी। प्रचलन एक पत्नीवाद का था, तो भी कुछ धनी और शासक परिवारों में यहाँ-वहाँ बहुपत्नीवाद पाया जाता था। संस्कार होने के कारण विवाह-विच्छेद नहीं हो सकता था। पूर्व वैदिक काल में सती प्रथा चाहे जितनी प्रचलित रही हो, वैदिक काल में उसका प्रचलन नहीं था। विधवा पुनर्विवाह कर सकती थी, क्योंकि पूर्वगति के न रहने पर उसके साथ किए गए करार स्वतः समाप्त हो जाते थे। विवाह न भी करे तो नियोग से सन्तानोत्पत्ति कर सकती थी। हाँ, उसे पति या पिता की सम्पत्ति में कोई हिस्सा नहीं मिलता था। पर गुजारा-भत्ता (जीअन) जरूर मिलता था। कारण यह था कि ज़मीन जाएदाद वही रख सकता था, जो उसकी रक्षा कर सके और स्त्री इस मामले में कमजोर थी। फिर ज़मीन उसकी होती थी जो मिल कर जंगल साफ कर आबाद करते थे। वह उन्हीं में बँटती थी। स्त्रियाँ तब सफाई-गुड़ाई में हिस्सा नहीं लेती थीं। ज़मीन तब परिवार या व्यक्ति की सम्पत्ति न होकर समूह की सम्पत्ति होती थी और उस समूह के स्त्री की सहभागिता नहीं मानी जाती थी। इस अधिकार से परिवार के तमाम पुरुष सदस्य भी वंचित होते थे। आर्यों के समाज में स्त्री शासक के रूप में कहीं नजर नहीं आती।

एक कारण यह था कि आरम्भ में आर्य लोग अकेले रहते थे, पूर्णतः स्वावलम्बी होकर रहते थे। मन्त्र का दर्शन करते थे तथा शिक्षा में लीन रहते थे। इसलिए राजत्व की भावना नहीं थी। वह तो तब पैदा हुई जब बगल की जातियाँ उनकी गाँवों का अपहरण करने लगीं, उनके यज्ञ-याज्ञ में विघ्न डालने लगीं, जिससे परिणामस्वरूप युद्ध होने लगा और इलाकाई प्रभुत्व के आधार पर राज्य बनने लगे। इसके लिए उनका आक्रामक होकर रहना जरूरी था, जो स्त्रियों के लिए कम ही सम्भव था! खैर, पति के न रहने पर वह अपने बच्चों की स्वाभाविक अभिभावक होती थी।

इस स्थिति की तुलना हम तब के उपलब्ध और बन रहे यूरोपीय समाज से कर सकते हैं। उस बर्बर काल में पुरुष स्त्रियों पर तानाशाह की हैसियत रखता था। आधा पेट भोजन, हाड़तोड़ श्रम और बलात काम सम्बन्ध बनाने का चलन था। उनको आसानी से तलाक दे दिया जाता था, त्याग ही दिया जाता था। बेच दिया जाता था और उसके लिए बाकायदे मंडी लगती थी, बेरोक-टोक मार डाला जाता था। वे बार-बार बच्चा पैदा करती थीं, बच्चे पालती थीं, भारी सामान ढोती थीं जब एक कबीला एक जगह से दूसरी जगह संक्रमण करता था। तब भुजबल का महत्त्व था और स्त्री नैसर्गिक रूप से इससे वंचित थी। उसके लिए किसी भी तरह की शिक्षा के लिए कोई व्यवस्था नहीं थी। वह किसी भी तरह के सामूहिक निर्णय में भाग नहीं ले सकती थी। राय नहीं दे सकती थी, अपने पति का स्थानापन्न नहीं बन सकती थी, दार्शनिक बहसों में हिस्सा नहीं लेती थी, युद्ध में हिस्सा नहीं ले सकती थी, विजेता वर्ज उसे ट्राफी की तरह हासिल करता था। पुरुष शिकार करता था, युद्ध करता था, इलाका कब्जा करने के लिए, स्त्री कब्जा करने के लिए। इतनी नफासत नहीं पैदा हुई थी कि वह स्त्री का अतिरिक्त महत्त्व समझे और सम्मान करे। उसे कोई अधिकार या विशेषाधिकार प्रदान करे। होरेस लिखता है, ''एथेन्स में स्त्री का प्रश्न इसलिए नहीं उठ सकता था कि उसे सब्जी-भाजी से अधिक नहीं माना जाता था। और स्पार्टा में इसलिए नहीं उठा सकता था कि शासकों और सेनापतियों के अलावा सभी स्त्री-पुरुष पशु से बस थोड़ा ही बेहतर माने जाते थे।'' रोमन विधि में स्त्री पर पुरुष का अधिकार वैसा ही होता था जैसा किसी भी सजीव वस्तु पर और स्त्री को अपनी सन्ततियों के साथ पितृ की अनवरत गुलामी में रहना पड़ता था। पुराने फिलिस्तीन में स्त्री वस्तु की तरह बेची और खरीदी जाती थी।'

यह तुलनात्मक अध्ययन कर सालातोर कहते हैं कि वैदिक भारत में उसकी स्थिति इससे कहीं अधिक अच्छी थी।

वैदिक काल के दूसरे चरण में स्त्री की स्थिति बदलने लगी। और उसकी दिशा उत्थान और पतन दोनों ओर थी। यद्यपि कि उसे पिता और पति की सम्पत्ति में

कोई अधिकार न मिला, पर उपहार के रूप में मिले चल सम्पत्ति (गहने, वस्त्र, खर्च के लिए मिले पैसे आदि) पर उसका अधिकार स्वीकार किया जाने लगा। इसे स्त्रीधन कहा गया। इस धन की वारिस स्त्रियाँ ही मानी गईं। उपनयन संस्कार होता था। और शिक्षा ग्रहण करने गुरुकुल में जाती थीं। विदुषी बनती थीं। पर कालक्रम में यह प्रथा क्षिण होने लगी। तब पिता, भाई, चाचा, मामा और अन्त में पति ही उसके शिक्षक के रूप में स्वीकार किए जाने लगे। परिणामस्वरूप धीरे-धीरे स्त्री-शिक्षा उच्च, राजत्ववाले और धनी परिवारों तक सम्भव व सीमित हो गया। इसने उनके यज्ञ-याज्ञ के अधिकार और विवाह में सहमति, राय देने की क्षमता आदि को संकुचित कर दिया। यह सब उनके पुरुष स्थानापन्नों और अभिभावकों द्वारा होने लगा। तो भी याज्ञों में सप्रयाग और सीतायाग वे स्वयं करती थीं। पति की अनुपस्थिति में वे नित्यप्रति के गृहयज्ञ और अग्निरक्षा का अनुष्ठान स्वयं करती थीं। सुबह-शाम मंगलगीत गाती थीं। विवाह का आधार अपने अधिकांश में अभी भी प्रेम था और ब्राह्मणों से अलग हुए क्षत्रियों में स्वयंवर होता था। ब्राह्मणों में कन्यादान ही उत्तम माना जाता था चाहे वह गृहस्थ आश्रम में प्रवेश के लिए हो, धार्मिक जीवन व्यतीत करने के लिए हो या यज्ञ करानेवाले को शुल्क के रूप में दिया गया हो। विवाह की उम्र न्यूनतम 16 वर्ष-17 वर्ष रहती थी।

इस दौर में तमाम आर्येत्तर लोग आर्य संस्कृति का हिस्सा बन गए थे। उनमें स्त्रियों में तलाक लेने की परम्परा थी। इसलिए सीमित सन्दर्भों में स्त्री को विवाह-विच्छेद की अनुमति मिलने लगी। सती प्रथा नहीं थी और विधवा को देवर या किसी अन्य अनुमन्य पुरुष से विवाह करने की कुछ छूट मिली हुई थी। नियोग पर नियन्त्रण होने लगा था। बाद में उपनयन संस्कार भी धीरे-धीरे बन्द होने लगा था। परिणामस्वरूप स्त्रियाँ धीरे-धीरे शूद्रवत् मानी जाने लगी थीं। उनकी शिक्षा व्यवस्था छिजती गई। पर्दा सिस्टम चलन में नहीं आया था, तो भी सामाजिक समारोहों में उनकी खुली भागीदारी घटती गई थी। स्त्रियों से उम्मीद की जाने लगी थी कि वे दस सन्तानें जरूर पैदा करें जो युद्ध में काम आए।

इस परिवर्तन के कारणों का मीमांसा कर पी.एन. सेन गुप्त जैसे विचारकों ने बताया है कि वैदिक काल के प्रथम चरण में जीवन बहुत जटिल नहीं था और लोग निश्चित स्थानों में पर स्थिर रूप से रहते थे। इसलिए स्त्री और पुरुष के काम में सहयोगिता और सहभागीदारी थी। बाद में राज्यों की स्थापना होने लगी। लोग एक तरफ युद्ध में जाने लगे, उन पर हमले होने लगे और दूसरी तरफ पशुपालन से बढ़कर कृषि का काम होने लगा। इसलिए समाज में काम का बँटवारा होने लगा। पुरुष युद्ध की ओर उन्मुख हुए, स्त्रियाँ कृषि की ओर। फिर आर्येतर लोग आर्य-जीवन पद्धति में समाहित होने लगे। इसलिए स्त्रियों पर धीरे-धीरे रोक लगने लगी।

जो लोग पश्चिम की जीवनपद्धति को हर स्थिति में भारतीय जीवनपद्धति या पूर्व की जीवनपद्धति से बेहतर मानते हैं, उनको शायद यह जानकर आश्चर्य होगा कि पेरिक्लीज के जमाने में स्त्री की स्थिति वही नहीं रह गई थी जो होमर के जमाने में थी। होमर के समय में उत्पादक के रूप में वह समाज की मूल्यवान सदस्य थी। वे गृहस्थी का पूरा भार उठाती थीं और उसमें पुरुषों और दासों का सहयोग नहीं लेती थीं। भारत की स्त्रियों की ही तरह वे वस्त्र बनाती थीं, पानी भरती थीं, जलावन इकट्ठा करती थीं, भोजन बनाती थीं। पैरिक्लीज के जमाने में दासता एक संस्था बन गई थी। घर का सभी काम दास करने लगे थे। खाली स्त्रियाँ दुराचार की ओर उन्मुख रहती थीं। इसलिए उन पर रोक लगने लगी। जिनके पति युद्ध में जाते थे वे अपनी पत्नियों को 'चेस्टीटी बेल्ट' में जकड़ कर जाते थे। स्त्रियाँ परजीवी बन गई थीं, इसलिए उनके सम्मान व स्वतन्त्रता में कमी आने लगी थी। भारत में स्त्री की स्थिति इसलिए भी बेहतर बनी रही कि धर्म ने मान्यता रखी थी कि जो स्त्री विवाहिता नहीं होती है, वह स्वर्ग नहीं जा सकती। यानी स्त्रियों के संन्यास और कुँआरी रहने पर रोक लगी। दूसरी तरफ यज्ञ में उसकी सहभागिता के कारण कुछ शिक्षा की अनिवार्यता अभी भी बनी हुई थी और उसके कारण विवाह भी कुछ देर से ही होता था, इसलिए स्वास्थ्य बेहतर होता था। बढ़ी उम्र के कारण वे विवाह में, गृह-व्यवस्था में अपना मत व्यक्त कर पाती थीं। वह कुछ हद तक मानी भी जाती थी। यह सब पश्चिम में सम्भव नहीं रह गया था।

(4)

हिन्दू जीवनपद्धति का दूसरा चरण वैदिक जीवनपद्धति की परिसमाप्ति से होता है। यह पौराणिक जीवनपद्धति कहा जाता है। वह वैदिक जीवनपद्धति में आ गई बुराइयों को दूर करने के लिए एक प्रतिरोध के रूप में उभरा था। जैसा कि हमने पहले नोट किया है, इनके तीन स्वरूप थे; एक भागवत, दूसरा बौद्ध, तीसरा जैन। उनके स्वरूप की कुछ चर्चा हम ऊपर कर आए हैं। तीनों में एक साम्य यह था कि तीनों अहिंसा पर जोर देते थे। वैदिक मत का उछिष्ट के रूप शैव मत में था, जो अभी भी यज्ञ-याज्ञ में हिस्सा को लेकर चलता था। मातृकुलों के अवशेष भी उनमें देवीपूजा, तन्त्र आदि के रूप में समाहित हो गए। पर उनका प्रभाव खुले समाज में कम ही रहा।

वैदिक जीवन पद्धति बहुत वैधानिक जीवन पद्धति नहीं थी। सारा काम परम्पराओं और अनुकरण के आधार पर होता था। इस उत्तरवैदिक काल में स्मृतियों का निर्माण हुआ, जिनमें एक तरफ अतीत के प्रचलनों को संग्रहीत किया गया था, दूसरी तरफ तत्काल प्रचलित व्यवहृतियों को संग्रहीत किया गया था। तीसरी तरफ वे निर्देश दिए गए थे, जिनका अनुपालन हितों में टकराव होने पर किया जानेवाला था। इनकी संख्या मोटा-मोटी बीस मानी जाती है, जिनमें मनुस्मृति और याज्ञवल्क्य

स्मृति प्रमुख है। अन्य स्मृतियाँ क्षेत्रों की, आगे आ रहे समाजों की, विशिष्ट जातियों, वगैरह की व्यवहृतियों को संहितावद्ध करती हैं और मनुस्मृति के सप्लीमेंट के रूप में काम करती हैं। सप्लीमेंट का काम इतिहास (महाभारत), काव्य (रामायण) और 18 पुराण भी करते हैं। बौद्धों और जैनों में अपना लीगल सिस्टम विकसित नहीं किया। वे मनुस्मृति को ही प्रमुखता से मानते रहे। अपवाद स्वरूप उन मतों को माननेवालों सम्प्रदायों के कुछ विशेष प्रचलनों को स्वीकार करते थे और स्मृतियों के कुछ प्रावधानों पर वरीयता देते थे।

इस काल के दो चरण हैं। पहला चरण ईस्वी पूर्व 500 से लेकर ईसाबाद 500 तक है। इसे सूत्रों, महाकाव्यों और आरम्भिक स्मृतियों का काल कहा जाता है। दूसरा चरण 500 ईस्वी सदी से 1800 ईस्वी सदी तक है, जब अंग्रेजों का वर्चस्व अधिकांश भारत पर हो गया और उन्होंने अपनी जीवन पद्धति यहाँ के लोगों पर लादना शुरू किया। इस काल को उत्तर स्मृति, टीका और निबन्ध काल कहा जाता है।

हम पहले चरण को लेते हैं। इस काल में स्त्री का सम्पत्ति पर अधिकार बढ़ा। पर उसके अलावा जीवन के हर क्षेत्र में उसका ह्रास हुआ। उसकी विवेचना करने से पहले यह नोट कर लेना जरूरी है कि यह काल आते-आते भारत के अधिकांश भाग पर आर्यों का नियन्त्रण हो गया था। तमाम स्थानीय विजित जातियाँ हिन्दुओं की सामाजिक संरचना में शूद्र के रूप में स्थान पा चुकी थीं। कालक्रम में बाहर से आनेवाली हमलाकर जातियाँ भी इस व्यवस्था में समाहित होती गई थीं। इससे शूद्रों के दो संस्तर बन गए थे—एक अनाचारियों का जो धीरे-धीरे अछूत बनते गए, दूसरे आचारियों का जो छूत बने रहे। स्वयं मूल आर्य जाति तीन वर्णों में विभाजित हो गई थी। उनमें से क्षत्रिय और वैश्य अनार्य जातियों की स्त्रियों से विवाह करने लगे थे। उन स्त्रियों का आचरण, स्थिति और उपस्थिति आर्य हिन्दू स्त्रियों को प्रभावित करने लगी थी। एक तरफ नौकरानियों के आ जाने से वे परजीवी में रूपान्तरित हो, दूसरी तरफ छीना-झपटी में फँसकर वे घर तक सीमित होने लगी थीं।

यज्ञ में इन अनार्य पत्नियों को वही स्थान नहीं मिलता था, जो आर्य पत्नियों को मिलता था। एक तो वे शिक्षित नहीं होती थीं, दूसरे वे भिन्न वर्ग की होती थीं। इस लिए यदि उन्हें किंचित स्थान मिलता भी था तो उनका काम स्थानापन्न स्त्रियाँ करती थीं। दूसरी तरफ अनार्य स्त्रियों को आर्य पत्नियों की तुलना में पति का अधिक प्रेम मिलता था, इसलिए आर्य स्त्री क्रमशः अलग-थलग पड़ती चली गई। यानी एक तरफ अनार्य स्त्री को यह स्थान नहीं मिला, जो आर्य स्त्री को मिलता था, दूसरी तरफ आर्य स्त्री का स्थान सीमित होता चला गया। दोनों ही कारणों से स्त्री की स्थिति कमजोर पड़ने लगी। एक समय ऐसा आया जब घोषित कर दिया गया कि सभी स्त्रियाँ धार्मिक अनुष्ठानों के लिए वर्जित हैं। ऋषि अश्वलावण ने यही व्यवस्था दी।

साथ ही वैदिक यज्ञ अधिकाधिक जटिल होते चले गए। इसलिए इसमें स्त्रियों की भूमिका बस प्रतीकात्मक रह गई। उस जटिलता में दक्षता प्राप्त करने के लिए बाईस तेईस साल तक अध्ययन जरूरी था। और तबतक स्त्री का अविवाहित रहना अति कठिन था। स्त्री की अपनी कामेच्छा तो थी ही, अपेक्षाकृत शान्त जीवन जीते हुए हिन्दू लोग विलासी होने लगे थे। तीसरे दूसरी जाति के लोगों की उपस्थिति के कारण स्त्रियों पर खतरे दिखते थे। इसलिए लड़कियों की उम्र में विवाह के लिए गिरावट आने लगी। पुत्र भी लौकिक कारणों से बढ़कर पारलौकिक कारणों से अधिक चाहा जाने लगा—पिंडदान करने के लिए, वंशवेली बढ़ाने के लिए, पितृऋण से मुक्त होने के लिए। इसलिए रजस्वता होते ही स्त्री विवाह के लिए काम्य हो गई। उपनयन संस्कार बन्द हो गया, बस विवाह के अवसर पर यज्ञ करने के लिए यज्ञोपवीत पहना दिया जाने लगा। परिणामस्वरूप शिक्षा भी बन्द होती चली गई। विवाह में सहमति और राय देने का अधिकार विलुप्त हो गया। गृहयज्ञों में भी उनके द्वारा किया जानेवाला मन्त्रोचारण बन्द होता गया। वे शुभगीत गाने लगीं। एक समय ऐसा आया जब कह दिया गया कि स्त्री के लिए विवाह ही उपनयन संस्कार भी है। इसलिए विवाह की उम्र घटाकर आठ या नौ वर्ष कर दी गई। पाँचवीं सदी आते-आते स्थिति यह हो गई कि लड़की का पिता के घर में रजस्वता होना पाप माना जाने लगा। उसे बारह वर्ष की उम्र तक विवाहित हो ही जाता था। क्षत्रियों में स्वयंवर प्रथा अभी भी चल रही थी। पर उसे ब्राह्मण लोग नीची निगाह से देखने लगे। उनकी देखा-देखी तमाम दूसरे वर्ण भी उसे नीची निगाह से देखने लगे। इन तमाम बातों की दुःखद परिणति यह हुई कि स्त्रियों को अयोग्य पतियों के साथ रहना पड़ने लगा। वे विद्रोह न कर दें, इसलिए सीख दी गई कि वे पति को परमेश्वर मानें, वह चाहे जैसा हो।

इस काल के मध्य तक विधवा-विवाह और नियोग के द्वारा सन्तानोत्पत्ति अनुमन्य रही। पर इनके विरुद्ध जनमत बनता चला गया और हम पाते हैं कि छठी शताब्दी आते-आते इस पर रोक लग गई। विवाह संस्कार के रूप में और कठोर माना जाने लगा और किसी भी हालात में विच्छेद और स्त्री का पुनर्विवाह वर्जित हो गया। विडम्बना यह थी कि पुरुष उस पर कुछ भी कलंक लगाकर त्याग सकता था, पर पति के तमाम दुराचरणों के बावजूद स्त्री उसे छोड़ नहीं सकती थी। यह सब इसलिए था कि अशिक्षित स्त्री अपने अधिकारों को न तो जानती थी और न ही कम उम्र की होने के कारण जमकर पति का विरोध कर पाती थी।

यहीं एक दूसरी प्रवृत्ति देखने को मिलती है। वह यह कि छोटे-छोटे की जगह बड़े-बड़े राज्य बन गए थे। उनके शासक अपनी भव्यता उजागर करने के लिए एकाधिक पत्नियाँ ही नहीं, एक पूरा हरम रखने लगे। उनकी देखा-देखी उनके सामन्त

भी वही काम करने लगे। धनी लोग भी वही काम करने लगे। परिणामस्वरूप समाज के उच्च वर्ग में स्त्री की प्रतिष्ठा और अधिकार संकुचित होता गया। उसका असर समाज के नीचले वर्ग पर भी पड़ा। काल क्रम में पूरा-का-पूरा स्त्री वर्ग अधिनस्थ की भूमिका में आ गया।

यहीं से पर्दा का प्रचलन भी, सीमित रूप से ही सही, आया। दूसरों को कुदृष्टि से बचाने के लिए ये सामन्त लोग स्त्रियों को छुपाकर रखने लगे। यानी उनका रहने का स्थान पहरे में रहने लगा, वे अपने को ढँक कर रखने लगीं, उनके आने-जाने पर प्रतिबन्ध लग गया, अकेले तो जा ही नहीं सकती थीं, उनका सामाजिक उत्सवों, मेले-ढेले व मन्दिरों में आना-जाना घटने लगा और मुसलमानी काल आने पर वे पर्दे की बू-बू बन गईं।

खैर ईसा पूर्व 200 से लेकर ईसा बाद 300 तक का समय भारतीय इतिहास का बड़ा ही बुरा समय है। डॉ. काशी प्रसाद जाएसवाल इसे 'अँधेरे का युग' कहते हैं। कहते हैं कि पंजाब और गंगा-यमुना के मैदान में इस वक्त 190 से 150 बी.सी. तक दिमित्रियस और मैनेंडर के नेतृत्व में ग्रीक आए और पटना तक छा गए। ईसा पूर्व 100 और ईसा बाद 50 के बीच बर्बर सीथियन और पार्थियन आए, जिन्होंने हिन्दुओं की संख्या के 50% को मार डाला और 25% को गुलाम बनाकर ले गए। इनमें स्त्रियों की संख्या पुरुषों से अधिक थी। फिर कुशाण और शक आए और बची- खुची जनसंख्या को रौंद डाला। वही काम हूणों ने किया। लोगों में इतना निराशा का भाव फैल गया कि वे लौकिक जीवन त्यागकर संन्यास की तरफ उन्मुख होने लगे। यही जिनों का, बौद्धों का, सिद्धों का, नाथों का, कापालिक, भैरव, कालमुखों का, बाद में संगठित दसनामियों का, अखाड़ों का समय बनता है। इससे त्रस्त होकर सचेतन विचारकों ने संन्यास की भर्त्सना की, जगत से भागना बताया। कौटिल्य ने मत रखा था कि जो व्यक्ति वृद्धावस्था से पहले, बिना अपने आश्रितों के लिए व्यवस्था किए संन्यासी होता है, उसे सजा दिया जाना चाहिए। कई स्मृतिकारों ने संन्यास को अनार्य प्रचलन करार दे दिया। महाभारत में एक क्षेपक के द्वारा भीम ने घोषित किया कि संन्यास समाज में हारे हुए व्यक्ति की शरणस्थली है।

इन तमाम बातों ने स्त्री की स्थिति को और गिरा दिया। संन्यास की भर्त्सना किए जाने के कारण विधवाएँ संन्यास नहीं ले सकती थीं। परिवार में रहकर सड़ सकती थीं। नियोग नहीं कर सकती थीं, भले आश्रयदाता उनके साथ नियमित बलात्कार करें। इसीलिए उनसे पुनर्विवाह करने की अनुमति छीन ली गई। कहा गया कि यदि एक बार विवाह कर लिया तो वह जन्म-जन्मान्तर तक अटूट हो गया। और यह लौकिक जगत का सुख छलावा है, जो मौजूदा भाग्य है और पूर्वजन्म की देन है। जरूरत है व्रत, उपवास करके इसे सुधारने की अगले जन्म के लिए। पुत्र की जरूरत नहीं है, क्योंकि

उससे, सिर्फ स्वर्ग मिलेगा, उच्च मुक्ति नहीं। यहीं हम सती प्रथा का पुनः आगमन पाते हैं लिखित सन्दर्भों में।

पर इसकी एक सुखद परिणति भी हुई । विधवा को जीवनयापन के लिए पति के धन में एक निश्चित हिस्सा दिया जाने लगा, जिसके बूते पर, यदि वह चाहे तो संयुक्त परिवार से अलग होकर रह सकती थी। कुछ स्मृतिकारों ने व्यवस्था दी कि यदि पति मृत्यु के पहले ही संयुक्त परिवार से अपना भाग लेकर अलग हो गया है तो स्त्री को वह पूरा भाग मिलेगा और यदि किसी तरह पुनर्विवाह कर लेती है तो भी वह भाग उसके साथ रहेगा।

इस काल के दूसरे चरण को लेते हैं। यह चरण 500 ईस्वी से लेकर 1800 इसवी तक माना जाता है। इस कालखंड में कुछ ही स्मृतियों की रचना हुई, जिन्हें उत्तर स्मृतियों के रूप में स्वीकार किया जाता है। हाँ पुरानी स्मृतियों की व्याख्याएँ और उन पर स्वतन्त्र निबन्ध खूब लिखे गए। इनके परिणामस्वरूप स्त्री के सम्पत्ति सम्बन्धी अधिकार में काफी वृद्धि हुई। मनुस्मृति की बनारस स्कूल की व्याख्या 'मिताक्षरा' जिसका लगभग पूरे भारत पर विधिक असर था, ने स्त्री को विधवा हो जाने पर पति की सम्पत्ति और संयुक्त परिवार में हिस्से पर पूरा अधिकार दिया, यदि वह मृत्यु से पहले परिवार से अलग हो गया हो। एक दूसरी व्याख्या जिसे 'दायभाग' कहते हैं और जो बंगाल में लागू था, यह भी कहा कि या संयुक्त परिवार से न भी अलग हुआ हो तो भी उसकी मृत्यु पर विधवा को पति का हिस्सा पाने का पूरा अधिकार है। जीमूतवाहन की इस व्याख्या ने बंगाली समाज में स्त्रियों की बड़ी दुर्गति की। पति की मृत्यु के बाद उसकी स्त्री को बलात पति की चिता पर चढ़ाकर और उसके ध्रुम के सहारे स्वर्ग भेज देने का प्रचलन जोरो से समाज में फैला। सती प्रथा का महिमामंडन होने लगा। यह तभी समाप्त हुआ जब आधुनिक काल में राजा राममोहन राय आए और विलियम बैंटिंग से मिलकर सती प्रथा के विरुद्ध कानून बनवाया। खैर जो विधवाएँ सती होने से बचना चाहती थीं, उन्हें अपना सब कुछ त्याग कर मथुरा-वृन्दावन आ जाना पड़ता था, निर्वासन का जीवन व्यतीत करने के लिए। वहाँ उन पर तरह-तरह के अत्याचार होते थे। यह परम्परा अभी भी कायम है।

12वीं शताब्दी तक मिताक्षरा स्कूल ने स्त्रीधन का क्षेत्र काफी बढ़ा दिया था। इसमें उत्तराधिकार और विभाजन से मिली सम्पत्ति को भी समाहित कर लिया गया था। सीमा यह थी कि वह उसे दान में नहीं दे सकती थी। किन्तु मद्रास स्कूल ने स्वीकार किया था कि वह अपना स्त्रीधन धार्मिक उद्देश्यों के लिए पूरी तरह से दान कर सकती थी और उसके लिए उत्तरभोगियों की अनुमति की कोई आवश्यकता नहीं थी।

सम्पत्ति के मामले को छोड़कर जीवन के सभी क्षेत्रों में स्त्री की दशा और बिगड़ती गई। उपनयन संस्कार हमेशा-हमेशा के लिए समाप्त हो गया। उपनयन न होने के कारण उसे हमेशा के लिए शूद्र घोषित कर दिया गया। इसलिए यज्ञ में उसकी भूमिका नगण्य हो गई। जहाँ जरूरत होती थी, वहाँ प्रतीक से काम चला लिया जाने लगा। शिक्षा का अधिकार जाता रहा। शादी की उम्र और कम हो गई और उसमें सहमति-असहमति जताने और राय देने का सवाल ही पैदा नहीं होता था। स्वयंवर समाप्त हो गया। उसके नाम पर बलात अपहरण होने लगे। संयोगिता का प्रकरण और आल्हा-ऊदल के कारनामें हमारे सामने है। इन सबका सम्बन्ध नाक की प्रतिष्ठा से जुड़ गया। इसलिए क्षत्रियों और राजपूतों में कन्याहत्या की प्रथा विकसित हुई। इसका जोर तब और बढ़ा जब मुस्लिम आक्रान्ता विजेता बनकर यहाँ रहने लगे। वे मानमर्दन के लिए विजितों की स्त्रियों पर बलात कब्जा करते थे, डोला माँगते थे। परिणामस्वरूप एक तरफ कन्या हत्या बढ़ा, तो दूसरी तरफ सामूहिक सतीप्रथा, जिसे जौहर कहते हैं, प्रचलन में आया। इतिहासकार राय चौधरी अपनी पुस्तक 'हिस्ट्री आफ राजपूत्स' में कहते हैं कि मुस्लिम शासन के कारण चार बुराइयाँ हिन्दू समाज में आईं। एक था कन्या हत्या की बढ़ोत्तरी। दूसरा था कन्या विवाह। 5-7 वर्षों की कन्याओं का विवाह कर माता-पिता उनकी रक्षा की जिम्मेदारी पति के परिवार पर टाल देते थे। यदि उनका अपहरण हो जाता था तो सम्मान पति के परिवार का नष्ट होता था, माता-पिता के नहीं। चूँकि मुसलमान लोग क्वांरी लड़कियों की तलाश में विशेष रहते थे, इसलिए भी बालविवाह होने लगा। लड़की क्वांरी नहीं है, इसे गोचर करने के लिए उसका सिमन्त सिन्दूर से भरा रखा जाता था, जिससे कि आततायी इसे असानी से पहचान ले। तीसरे पर्दा-व्यवस्था में बढ़ोतरी हुई। पहले वह किंचित समृद्ध शासक व आभिजात्य वर्ग तक सीमित था। पर अब वह पूरे समाज में फैल गया। एक कारण यह था कि चूँकि शासक मुस्लिम लोग थे और सामान्य जन अपनी संस्कृति शासक वर्ग को देखकर ढालता है, इसलिए उसने अनुकरण में पर्दा सिस्टम अपनाया। दूसरे मुस्लिम शासक अपने अधीनस्थ सामन्तों की बहू-बेटियों को अपने हरम के लिए माँगते थे। इससे बचने के लिए समान्यजन अपनी बहू-बेटियों को पर्दे में रखने लगे कि उन पर सामन्तों और मुस्लिमों की कुदृष्टि न पड़े और वे स्थानापन्न के रूप में पकड़ कर हरम में भेज दी जाएँ। चौथी बुराई सत्यनारायण की कथा की आई। अलाउद्दीन खिलजी ने नियम बना दिया था कि पाँच से अधिक हिन्दू एक स्थान पर जमा नहीं हो सकते। इससे बचने के लिए यह सत्यनारायण की कथा आई, जिसमें तमाम लोग इकट्ठा होकर सत्यापीर की कथा सुनते थे। यह सत्यपीर बंगाल का रहनेवाला था। चूँकि वह मुसलमान था, इसलिए उसके नाम पर इकट्ठा होने पर खिलजियों को

आपत्ति नहीं थी। यही कारण है कि दिल्ली सल्तनत के कमजोर पड़ने पर सत्यनारायण की कथा का पवारा तो रहा, पर कथा गायब हो गई। दक्षिण में दिल्ली के मुसलमानों का शासन उतना प्रभावशाली नहीं रहा और वहाँ के तमाम शासक धर्म परिवर्तन से मुसलमान बने होने के कारण उतने कट्टर नहीं थे, इसलिए कन्या हत्या, बाल विवाह, सिन्दूर, पर्दा सिस्टम जैसी बुराइयाँ वहाँ नहीं रहीं। यह भी गौर करने की बात है कि इस मुस्लिम दौर में स्त्रियों की शिक्षा में इतनी गिरावट आ गई कि वह कोठों तक सीमित हो गया चाहे वह नाच-गाना के रूप में हो, शायरी के रूप में हो या व्यवहार में प्रदर्शित औपचारिकता के रूप में हो। तमाम सम्भ्रान्त परिवारों के बच्चे वहाँ तहजीब सीखने के लिए भेजे जाने लगे। उनकी देखा-देखी सामान्य जन भी कोठे पर जाने लगे और वह कला-साहित्य की दुकान धीरे-धीरे देह व्यापार में बदल गई।

शासक वर्ग की देखा-देखी सामान्य जन में भी बहुविवाह का प्रचलन बढ़ा। कृषक समाज में इससे काम करनेवाले कुछ अतिरिक्त हाथ मिलने लगे। तकरार बढ़ने पर इन समाजों में विवाह विच्छेद अधिक सुगम हो गया। इससे स्त्रियों को मुक्ति नहीं मिली। बल्कि हालात और बुरी हो गई क्योंकि उन परित्यक्ताओं को कोई रखता नहीं था। सामाजिक मान्यता विकसित हो गई थी कि पति के घर से पत्नी की अर्थी उठती है इसलिए वे मायके जाकर नहीं रह सकती थीं। पति के सम्पत्ति में उनका अधिकार चाहे जितना हो, उसे दिलानेवाला कोई नहीं होता था। वे असहाय बनी दर-दर की ठोकर खाती थीं। कम उम्र में विवाह होने के कारण वे कम उम्र में ही माँ बन जाती थीं। इससे कई स्त्रियों की अकाल मृत्यु हो जाती थी। जो बचती थीं, उनका स्वास्थ्य इतना गिर जाता था कि समय से पहले ही बूढ़ी हो जाती थीं। ऊपर से पूरा भोजन भी नहीं मिलता था। बच्चों की मृत्यु की दर में बढ़ोतरी होती रहती थी। अतृप्त जिन्दगी जीने के नाते सास-बहू, देवरानी-जेठानी और ननद-भौजाई का कलह पराकाष्ठा पर पहुँची होती थी। न दिन को चैन, न रात को।

विधवाओं के ऊपर लोगों की लोलूप नजर न पड़े, इसलिए उनका बाल मुड़ दिया जाता था। बिना किनारे की सफेद साड़ी पहनाई जाती थी। जेवर पहन नहीं सकती थीं। भरपेट भोजन पर मनाही थी, कि जिससे उनमें कामेच्छा न जागे। ऊपर से रोज ही किसी-न-किसी बहाने ब्रत उपवास में व्यस्त रहना पड़ता था। अनुत्पादक होने के कारण उनका महत्त्व समाप्त हो गया था। शुभ अवसरों पर उन्हें किवाड़ के उस पार ढकेल दिया जाता था—उनका मुँह देखना पाप माना जाता था।

यही दुर्गति संन्यासी होनेवाली महिलाओं का था। जैनियों में उनके केश का लुंचन होता था। सफेद कपड़े पहनाकर भिक्षाटन के लिए भेज दिया था। बौद्धों और भागवतों में मुंडन होता था। गेरुवा वस्त्र या चीवर में वे भिक्षा के लिए भ्रमण करती थीं। इस दौरान वे कूटनी का व्यवहार करती थी, इसलिए लोक में उन्हें लुच्ची कहा जाने लगा

जो अवमानना का शब्द है। अक्सर मठाधीश लोग उन्हें रख लेते थे और उनके सहारे गृहस्थों की स्त्रियों पर डोरे डालते थे। इन कुकर्मों को न्यायोचित ठहराने के लिए अनेक पांथिक तर्क गढ़े जाने लगे थे।

एक अच्छा पक्ष यह था कि परिवार व समुदाय में मिलनेवाली प्रताड़ना से बचने के लिए धार्मिक जीवन जीना एक बेहतर विकल्प था। डॉ. प्रभु और डॉ. अल्टेकर कहते हैं कि स्त्रियाँ स्वभाव से पुरुष की तुलना में अधिक धार्मिक होती हैं। इस आवश्यकता की पूर्ति के लिए एक नए तरह के पौराणिक साहित्य का जन्म हुआ, जिसमें हिन्दू धर्म को अधिक पारिवारिक, सुगम और आकर्षक ढंग से प्रस्तुत किया गया। उसको पुष्ट करने के लिए कहानियाँ और उपाख्यान रचे गए। उनके वाचन के लिए पूरे देश में आन्दोलन होने लगे। इसने स्त्रियों को प्रकारान्तर से शिक्षित किया। कमी यह थी कि यह सदा अन्धविश्वास की माँग करता था। किन्तु तब यह भी ध्यान देने की बात है कि इस दौर में भारत के ही नहीं यूरोप में भी पुरुषों में विवेकवाद ह्रासोन्मुख था। वहाँ भी जोर विश्वास पर ही था, तर्क-वितर्क पर नहीं। यूरोप में तो तर्क-वितर्क 16वीं सदी में जड़ जमाना शुरू किया।

इस विवेकशीलता के पतन का ही परिणाम था कि यदि एक बार कोई स्त्री या पुरुष बलात ही सही, यदि अपने धर्म से च्युत हो जाता था तो उसे अपने धर्म में पुनः वापसी नहीं मिलती थी। अल्बरूनी जैसा बाहरी विचारक यह देखकर हैरान रह गया था कि बलात मुसलमान बना लिऐ गए और औरत के साथ बलात धर्षण के बाद उसे हमेशा के लिए धर्म और जाति निकाला दे दिया जाता था। उनकी लाख इच्छा के बावजूद उन्हें हिन्दू धर्म में वापस नहीं लिया जाता था। छुआछूत की असहिष्णुता इसी काल की देन है।

यदि हम इस दौर के स्त्री की स्थिति की तुलना तत्कालीन यूरोप की स्त्री की स्थिति से करें तो पाते हैं कि दोनों जगह हालात एक ही जैसे थे। यूरोप में भी तब स्त्रियों की शिक्षा पर पाबन्दी थी और वे चाहे पर्दे में न भी रहें, पर पुरुषों के सामने, चाहे वह घर में हो, या सामूहिक समारोहों में, पड़ना अच्छा नहीं माना जाता था। कन्या हत्या तो नहीं होती थी पर उनका जन्म स्वागतेय नहीं था। बलात विवाह होते थे और भिक्षुणी बनने के लिए उकसाया जाता था। विधवा को उपेक्षित जीवन जीना पड़ता था, हालाँकि उनका विवाह हो सकता था। उनका उत्तराधिकार अति सीमित था। कुछ समुदायों में तलाक सुगमता से मिल जाता था। पर इससे उनकी स्थिति बेहतर नहीं होती थी, बल्कि और खराब हो जाती थी, क्योंकि उनसे विवाह करने के लिए कोई आगे नहीं आता था। भारत की क्षत्रिय स्त्रियों की शादी थोड़ी देर से—14-15 वर्ष की उम्र में की जाती थी। एक तो युद्धरत होने के कारण पतियों के जल्दी मर जाने की सम्भावना रहती थी, इसलिए विवाह तभी होता था जब वे सम्भोग के योग्य हो जाएँ। दूसरे इस दौरान उन्हें

राज-पाट चलाने का प्रशिक्षण दिया जाता था, जिससे कि पति के मृत्यु होने पर और उसके उत्तराधिकारी के बालिग होने के दौरान वे अपनी जमींदारी बतौर अभिभावक चला सकें। यूरोप में ऐसी कोई गुंजाइश नहीं थी। यही नहीं, शिक्षित न होने के बावजूद भारतीय स्त्रियाँ सामान्य जन में धर्म व संस्कृति का अभिभावक व संवाहक मानी जाती थीं। क्योंकि उनका जीवन अधिक पवित्र, धार्मिक और आध्यात्मिक होता था। विवाह में यदि कन्या को राय देने का अवसर नहीं मिल पाता था, तो वर को भी नहीं मिल पाता था, क्योंकि उसकी उम्र 14-15 साल से अधिक नहीं होती थी। वह भी भरसक शिक्षित नहीं होता था। फिर माता-पिता देख-समझ कर ही रिश्ता तय करते थे और दी गई परिस्थितियों में वही उत्तम होता था। सबकी दशा एक जैसी होने के कारण कोई इस पर मुँह भी नहीं फुलाता था।

सन् 1800 आते-आते पूरे भारतवर्ष पर अंग्रेजों का आधिपत्य प्रत्यक्ष या अप्रत्यक्ष रूप से हो गया था। उन्होंने भारत को अपने राज्य में मिलाने की जगह अपना उपनिवेश बनाया। उसके पूर्ण शोषण के लिए उन्होंने अपने जीवन मूल्यों को शनैः-शनैः लादा। उनके मौजूदा मूल्य आधुनिक थे और अभी निर्माण और परीक्षण के दशा में थे। उनके दो स्रोत थे—एक नवजागरण का, दूसरा पुनर्जागरण का। पुनर्जागरण के मूल्य पुराने यूनान व रोम के मूल्य थे और नवजागरण के मूल्य प्रोटेस्टेंट जीवन पद्धति के। दोनों ने मिलकर समता, स्वतन्त्रता व भाईचारे का आख्यान रचा था। हालाँकि वे मूल्य अभी निर्माण के ही चरण में थे, तो भी उनसे मानवता की मुक्ति के नए रास्ते बन रहे थे। इससे भारतीय स्त्रियों का आनेवाले वर्षों में बड़ा भला हुआ। इसकी सम्यक विवेचना हम स्त्री सशक्तीकरण सम्बन्धी व्याख्यान में कर सकेंगे। अभी इतना ही नोट करना पर्याप्त होगा कि इन मूल्यों को पहले नव-शिक्षित, नव-धनाढ्य वर्ग ने स्वीकार किया जो न केवल शासक वर्ग की संस्कृति का अनुशरणकरता था, बल्कि विदेशी शासकवर्ग की सत्ता स्थापित करने में उनका सहयोगी था। यही वर्ग स्वतन्त्रता मिलने के बाद शासक वर्ग बना और उन मूल्यों का दृढ़ता से लागू किया। दूसरे परम्परा के आधार पर विधि-व्यवस्था चलाने की जगह विधायक शक्तियों द्वारा जान बूझकर बनाए गए कानून के आधार पर विधि व्यवस्था चलाने का चलन आया। परम्परा व निर्मित विधि में टकराव होने पर निर्मित विधि को वरीयता दी गई। इससे स्त्रियाँ की स्थिति उत्तरोत्तर बेहतर होती गई और तमाम सामाजिक बुराइयों पर रोक लगी। आज स्थिति यह है कि सामान्य नागरिक संहिता की माँग की जा रही है, जिससे कि सभी समाजों, मतों, क्षेत्रों और सभ्यता के विभिन्न चरणों पर विराजमान सम्प्रदायों के लोगों—क्या स्त्री, क्या पुरुष में बराबरी कायम हो। इससे स्त्री समाज का विशेष कल्याण होगा। जरूरत है जल्दी-से-जल्दी इस संहिता के निर्माण का।

(5)

अब हम स्त्रियों के प्रति सामान्य भारतीयों की दृष्टिकोण की बात कर सकते हैं। यह दृष्टिकोण बहुत जटिल है : स्त्रियों का स्त्रियों के प्रति—एक जाति की स्त्रियों का अपनी जाति व दूसरी जाति के स्त्रियों के प्रति, वह भी सामान्य और असामान्य स्थिति में; पुरुषों का स्त्रियों के प्रति : अपनी जाति की स्त्रियों के अलावा दूसरी जाति की स्त्रियों के प्रति वह भी सामान्य व असामान्य स्थिति में। यह जटिलता तब और बढ़ जाती है जब हमारा ध्यान इस बात पर जाता है कि एक ही काल, क्षेत्र और समाज में स्त्री के प्रति दृष्टिकोण में बड़ी भिन्नता हैं। जाहिर है कि यह बड़ा जटिल विवेचन है और इसके लिए समय हमारे पास नहीं है। इसलिए मैं कुछ मोटा-मोटी बातें सामान्य तौर पर कहूँगा।

इस सन्दर्भ में हम पाते हैं कि स्त्रियों के प्रति भारतीय पुरुषों का दृष्टिकोण विरोधाभासी है। जैसाकि हमने ऊपर कहीं नोट किया था कि एक तरफ उसे देवी मानकर पूजा करने की बात कही गई है, तो दूसरी तरफ उसे कमबुद्धि का प्राणी मानकर निरन्तर निगरानी में रखने की बात कही गई है। सम्भवतः इस दृष्टिकोण को तौलने का सबसे सुगम तरीका यह है कि आततायियों द्वारा घर्षित नारी के प्रति समाज क्या दृष्टि अपनाता है। इसे हम काव्य (रामायण) और इतिहास (महाभारत) दोनों में देख सकते हैं। सीता का जब रावण अपहरण कर ले गया और राम ने उसे मारकर सीता को पुनः प्राप्त किया तो सीता को अपनाने पर दो विचार मिलते हैं। एक विचार यह है कि राम ने उन्हें स्वीकार करने से मनाकर दिया, क्योंकि उन्हें उनके शीलवन्त रहने पर सन्देह था। इसलिए कह दिया कि उन्होंने रावण को बदला लेने के लिए मारा था, सीता को स्वीकार करने के लिए नहीं। स्वीकार करने के लिए जरूरी था कि वे कठिन परीक्षा दें, जिसे अग्नि परीक्षा कहा गया। उसी रामायण में आरम्भ से ही यह मिलता है कि उन्होंने रावण से लड़ाई सीता को पुनः प्राप्त करने के लिए की थी। अपहरण के घंटे भर के भीतर ही उन्हें जटायू से इस अनहोनी का पता चल गया था और वे सीता के उद्धार के लिए तुरन्त निकल पड़े थे। वे अपने सुखद पारिवारिक जीवन को पुनः प्रतिष्ठित करना चाहते थे और सीता का बड़ा सम्मान करते थे, क्योंकि जंगल के कठिन जीवन में उन्होंने बिना किसी हिचक के पूरा साथ दिया था। विद्वानों ने भाषा और भावभूमि की विषद मीमांसा कर स्पष्ट किया है कि यह दूसरा रूप ही सही है। पहला रूप क्षेपक की देन है जो समाज में बढ़ रही कट्टरता और अग्निपरीक्षा जैसे क्रूर कर्म को मान्यता देने के लिए रचना गया था। दूसरे इस तरह की परीक्षा का प्रविधान हमारे स्मृतिकारों ने नहीं बनाया है। और स्मृतियाँ ही कानून है, काव्य नहीं। स्मृतियों में स्पष्ट स्थापना रखी गई है कि यदि किसी स्त्री के साथ जबर्दस्ती हुई है तो उसके प्रति सहानुभूति और सौहार्द्य दिखाना चाहिए और अपने परिवार में शामिल कर लिया जाना

चाहिए, क्योंकि हर मासिक धर्म के बाद स्त्री पवित्र हो जाती है। यहाँ तक कि यदि इस अत्याचार के परिणामस्वरूप गर्भवती हो जाती है तो उसकी सन्तान को आक्रान्ता या किसी और के हवाले कर उसे अपना लिया जाना चाहिए। यहाँ तक कि धोखा, बलात्कार और अपहरण के द्वारा किए गए विवाह को भी आठ विवाहों में शामिल कर लिया गया है, भले ही वे उत्तम न माने जाते हों। यह धोखा, बलात्कार या अपहरण को न्यायोचित ठहराने के लिए नहीं, स्त्री को सम्मान देने के लिए है। इस पर वशिष्ठ, पारासर, अत्रि, वृहस्पति, देव और मत्स्य पुराण के विचार देखने योग्य है। वे कहते हैं कि स्त्री की रक्षा के लिए आत्मोत्सर्ग करना सबसे बड़ी वीरता है। उसके सीधा स्वर्ग मिलता है किसी अपराध के लिए स्त्री जो मृत्यु दंड नहीं दिया जा सकता। इसका अवमूल्यन तब हुआ जब मुसलमानी काल आरम्भ हुआ। इस अवमूल्यन का एक कारण यह था कि वे धर्म-परिर्वतन करते थे और ऐसे बलात सम्बन्ध उसके हथियार थे, एक बार जो इनके धर्म में आ जाता था, उसे छोड़ते नहीं थे। इससे बचने के लिए हिन्दू समाज में कट्टरता आई। इससे हिन्दू समाज का बड़ा अनहित भी हुआ। गुजरात के नाथ भीम को मार कर अलाउद्दीन खिलजी ने जब उसकी रानी कमला देवी से बलात विवाह कर लिया, तो उसने अपनी बेटी को भी दिल्ली उठा लाने के लिए उकसा दिया, जिससे कि उसका विवाह अलाउद्दीन के बेटे से हो सके। ऐसा उन्होंने इसलिए किया कि माँ के मुसलमान बन जाने पर बेटी का भाग्य भी हिन्दू समाज में अवरुद्ध हो गया। यदि वे जानती कि हिन्दू समाज उन्हें स्वीकार करेगा तो बेटी को उठा लाने की जगह वे स्वयं अलाउद्दीन की पकड़ से भागने की कोशिश करतीं। यही कारण था कि जब दाहर की बेटियों को कासिम ने सिन्ध पतन के बाद बगदाद के खलीफा के पास भेजा तो उन्होंने बदला लेने के लिए प्रचारित किया कि कासिम ने खलीफा के पास भेजने से पहले उसके साथ बलात्कार किया है। परिणामस्वरूप कासिम को मार डाला गया। उन्हें उम्मीद थी कि उन्हें छोड़ दिया जाएगा और वे सिन्ध लौट जाएँगी। पर कम उम्र की होने के कारण वे चलाकी नहीं कर सकीं। अपने झूठ को बता दिया और दीवार में चुन दी गईं। जो भी हो 15वीं सदी में माधवाचार्य यह कहते हुए पाए जाते हैं कि यदि किसी स्त्री ने जानबूझ कर भी एक-दो बार कदाचार किया है तो उसे क्षमा कर दिया जाना चाहिए और परिवार के अंग के रूप में साथ रखना चाहिए।

महाभारत में हम पाते हैं कि 'असम्भोगो जरा स्त्रीणाम्'। यानी स्त्री सिर्फ सम्भोग के लिए होती है। एक दूसरी जगह स्त्री स्वयं बताती है कि स्त्रियाँ स्वभाव से ही कितनी निष्ठाहीन और कामतृप्ति के लिए तत्पर रहती हैं, क्योंकि उनकी कामेच्छा पुरुष से मात्रा व तीव्रता दोनों में अधिक होती है। ऐसा पाली साहित्य में भी विहित किया गया है। इसका जब युधिष्ठिर विरोध करते हैं और कहते हैं कि ऐसा है तो क्यों स्त्रियों को पुरुषों के साथ और बराबरी के स्तर पर यज्ञों में भाग लेने के लिए उपदेश दिया गया है,

तो भीष्म कोई सम्यक जवाब नहीं दे पाते हैं। यह सब सोच दरअसल अन्धकार काल की देन है, जब पुराने मूल्य टूट रहे थे, देश में विजातियों का आगमन हो रहा था, मठों में दुराचार फैल रहा था, तन्त्र-साधना बढ़ रही थी। और ग्रामीण समाज नगर समाज की ओर भाग रहा था, जिससे तमाम उच्च जीवन मूल्य टूट रहे थे।

हम स्मृतियों की बात लेते हैं। मनुस्मृति में कहा गया है कि बचपन में पिता, यौवन में पति और वृद्धावस्था में पुत्र स्त्री का अभिभावक होता है और यह अभिभावकत्व दरअसल मालिकाना होता है। इसलिए स्त्री कभी स्वतन्त्र नहीं होती और "पराधीन सुख सपनेहु नाहीं।" इसे भारतीय समाज में पितृसत्ता का आधार वाक्य माना गया है। किन्तु यह गलत उद्धरण के कारण है। दरअसल दो श्लोकों का एकगुच्छ है जो आपस में सम्बद्ध हैं, और एक को दूसरे से काट कर उद्धारित करना सन्दर्भच्युत करना और अनर्थ करना है। तीनों श्लोक इस प्रकार हैं :

पिता रक्षति कौमारे भर्ता रक्षति यौवने।
रक्षति स्थविरे पुत्रा न भजेत्स्त्री स्वतन्त्रताम्।।
काले अदाता पिता वाच्चो वाच्यश्चानुययन्यतिः।
मृते भर्तरि पुत्रस्तु वाच्यो मातुरक्षिता।।

इस दूसरे श्लोक का अर्थ है कि यदि उचित समय पर कन्या का विवाह नहीं होता तो उसका दोष पिता पर जाएगा, यदि ठीक से देख-रेख नहीं करता है तो उसका दोष पति पर जाएगा और यदि वृद्धावस्था में माँ की रक्षा नहीं करता तो उसका दोष पुत्र पर जाएगा। स्पष्ट है कि मनु का इरादा स्त्री को स्वतन्त्रता से वंचित करना नहीं, निरन्तर रक्षा व सुरक्षा प्रदान करना था। यह दुनिया जैसी है, उसमें समाज और राज्य स्त्री की बहुत रक्षा नहीं कर सकते—उसके लिए निकट सम्बन्धियों को ही आगे आना पड़ेगा और इन श्लोकों में कुछ निकटतर सम्बन्धियों की जिम्मेदारी तय की गई है। इसीलिए इसका समर्थन याज्ञवल्क्य भी करते हैंः

रक्षेत्कन्या पिता बिन्नां पतिः पुत्रश्च वार्धके।
अभावे ज्ञातपस्त्वेसां न स्वातंत्र्यं क्वचित्स्त्रियः।।
इस पर टिप्पणी करते हुए अपरार्क लिखते हैंः
पक्षद्वयावसाने तु राजा भर्ता प्रभुः स्त्रियः।
स तस्या भरणं कुर्याद गृहणीयाच्य पथश्चुलाम्।।

सन्दर्भ से काटकर 'न भजेत्स्त्री स्वतन्त्रताम्' का अर्थ कालक्रम में यह लगाया जाने लगा कि वह अपनी पहल और जिम्मेदारी पर कोई भी काम नहीं कर सकती चाहे बच्ची

हो, युवा हो या वृद्धा। उसे पिता, पति व पुत्र की आज्ञा माननी ही है। इस व्यवस्था को व्यावहारिक बल तब मिला जब स्त्री को शिक्षा से वंचित कर दिया गया और कम उम्र में ही पत्नी बना, फिर माँ बनाकर और कमजोर कर दिया गया। वह पुरुष से शिक्षा, स्वास्थ्य, विवेक और सांसारिक अनुभव में हीन होती चली गई। इसलिए विचारकों को आगे आकर कहना पड़ा कि पुरुषों को उसकी रक्षा करना चाहिए, इसलिए नहीं कि वे बड़े बहादुर हैं, इसलिए कि वह अपनी रक्षा करने में बलवती नहीं रह गई है।

जिन लोगों ने इस सुरक्षा पक्ष को ध्यान में नहीं रखा, उन लोगों ने भी इस नकार को अक्षरशः नहीं लिया। स्वयं मनु ने गृहस्थी के मामले में स्त्री को बहुत अधिकार दिया। गृहखर्च पर नियन्त्रण स्त्री का था, रसोई व घर के साज-सज्जा की देख-रेख स्त्री करती थी, समय-समय पर होनेवाले धार्मिक और लौकिक क्रिया-कलापों पर उसकी राय ली जाती थी।

यदि यूरोप की स्थिति से तुलना करें तो पाते हैं कि वहाँ भी स्त्री को पुरुष के अधीन माना गया था, क्योंकि बाइबिल में स्पष्ट कहा गया है कि स्त्री को पुरुष की पसली से निर्मित किया गया है, इसलिए पुरुष की तुलना में गौण है। दूसरे शैतान ने पुरुष को नहीं, स्त्री को—आदम को नहीं ईव को बहकाया था। यानी बौद्धिक रूप से वह पुरुष की तरह सशक्त नहीं होती है, इसलिए पुरुष के अधीन रहना चाहिए। विचित्र यह है कि 585 ए.डी. में मैकान में एक धर्म संसद बैठी थी, जिसमें इस बात पर खूब बहस की गई थी कि क्या स्त्री मनुष्य है भी। सुखद यह है कि उसमें स्त्री को अन्ततः मनुष्य ही माना गया। मध्यकाल में शेक्सपीयर, दांते और मिल्टन जैसे कवि विचारकों ने स्त्री को पुरुष से हीन माना है। मिल्टन लिखता है कि स्त्री को हर हालत में बिना किसी हुज्जत के पुरुष की बात माननी चाहिए। ईव कहती है :

My Author and Disposer, what thou bidst,
Unargued I obey, so God ordains;
God is thy law, thou mine; to know no more,
Is women's happiest knowledge and her praise.

यहाँ तक कि रूसो ने, जिसने चीख-चीख कर कहा कि मनुष्य का जन्म तो स्वतन्त्र हुआ है, पर वह हर जगह बेड़ियों में जकड़ा हुआ है, स्त्री को बड़े ही निचले पावदान पर रखा। लिखा, "Girls should be early subjected to restraints. This misfortune, if it be really one, is inseparable from their sex" हन्ना मूर ने स्त्री की शिक्षा के सन्दर्भ में लिखा, "Girls should be led to distrust their own judgment, they should learn not to murmur at exploitation, they should be accustomed to expect and endure opposition. They should acquire submissive temper and forbearing spirit. They must endure to be thought wrong sometimes, when they cannot but feel that they are right" फ्रांस की क्रान्ति समानता देने के लिए हुई थी, पर उसने यह समानता स्त्री को नहीं दी। यहाँ तक कि क्रान्ति के बाद बनी एसेम्बली ने उसका पेटिशन पढ़ने से इनकार कर दिया था। लन्दन में हुए दासता-विरोधी सम्मेलन (1880) में अमेरिका से आए प्रतिनिधि मंडल को शामिल नहीं किया गया था, क्योंकि ब्रिटेन के प्रतिनिधियों को लगता था कि ऐसा करना खुदा के शब्दों की अवहेलना करना होगा। इंग्लैंड में 1888 तक स्त्रियों को चिकित्सा की शिक्षा नहीं दी जाती थी। आक्सफोर्ड विश्वविद्यालय में लड़कियों को प्रवेश तो दिया जाता था, पर 1920 तक कोई डिग्री नहीं दी जाती थी। बिडम्बना यह है कि उन्हीं अंग्रेजों द्वारा स्थापित कलकत्ता, बम्बई और मद्रास के प्रेसीडेंसी कालेजों और इलाहाबाद विश्वविद्यालय से ऐसी डिग्री देने की मनाही नहीं थी। कैंब्रिज में डिग्री तो दी जाती थी, पर उसके आधार पर यदि पुरुषों को मत देने का अधिकार प्राप्त था, तो उन्हें यह अधिकार नहीं दिया गया था। प्रथम विश्व महायुद्ध से पहले स्त्रियों को वहाँ मूलभूत राजनीतिक अधिकार प्राप्त नहीं था।

एक तीसरी बात वाराहमिहिर की है। उन्होंने अपने समय में उपलब्ध स्त्री-विरोधी वचनों की बड़ी आलोचनात्मक छान-बीन की। उन्होंने आरम्भ में ही इंगित किया कि जिन कमियों को स्त्री का स्वभाव बताया गया है, वे कमियाँ पुरुषों के भी स्वभाव में हैं। अन्तर यह है कि जहाँ स्त्रियाँ इन कमियों को दूर करना चाहती हैं, पुरुष ऐसा कुछ नहीं करते, उलटे उनका आनन्द लेते हैं। विवाह के अवसर पर की गई प्रतिज्ञाएँ स्त्री और पुरुष पर एक-सी लागू होती हैं। स्त्रियाँ उन्हें निभाने का प्रयत्न करती हैं। पुरुष नहीं करते, उलटे उन्हें तोड़ने में ही गौरव अनुभव करते हैं। तब काम-लिप्सा किनमें अधिक होती है— स्त्री में जो विधवा हो जाने पर भी पवित्रता का आचरण करती है, कि पुरुष में जो वासना तृप्ति के लिए एक से अधिक स्त्रियों से विवाह करता है, रखैल रखता है, वेश्वाओं के घर जाता है, और इस कर्म के लिए कभी पछताता भी नहीं है, उलटे समाज में मर्द होने का सम्मान पाता है? कोई पुरुष अपनी पत्नी की मृत्यु के बाद सती (या सता) क्यों नहीं होता, यदि दोनों एक ही व्यक्तित्व के दो अंश हैं? प्रेम में दोनों में से कौन अधिक सच्चा है? स्त्री को कमबुद्धि का, निरन्तर विचार परिवर्तन करनेवाली कहना वही बात है कि पहले लूट के माल को सुरक्षित जगह भेज दिया जाए और फिर निर्दोष लोगों से कहा जाए कि जो माल उन्होंने चुरा रखा है, उसे वापस कर दें।

वाराहमिहिर का कहना है कि कुछ विचारकों ने स्त्री को जो तुच्छ सिद्ध करने का प्रयत्न किया है, वह इसलिए नहीं कि वे स्त्री की तुच्छता में विश्वास करते थे, बल्कि इसलिए है कि संन्यास के लिए वे पुरुषों को प्रेरित करना चाहते थे, पारिवारिक जीवन

के प्रति उदासीन बनाना चाहते थे। कबीरदास ने कहा, "रज्जब तूने गज्जब किया, जो सिर पर बाधी मौर। चला था हरिजन को, किया नरक की ठौर।" तो इसके पीछे भी यही भावना थी—स्त्री-विरोध नहीं। ये संन्यास स्कूलवाले स्त्री को संन्यास में दीक्षित नहीं करना चाहते थे। योगवाशिष्ठ वाले ऐसे ही थे। संन्यास का जीवन बड़ा कठिन था और वासनाओं पर विजय पाना असम्भव के कुछ ही कम था। उनको लगता था कि स्वभाव से ही कोमल स्त्रियों के लिए वह असम्भव ही है। जो भी हो संन्यास स्कूल वाले मानते थे कि पुरुष में वासना का जन्म तभी होगा जब स्त्री साथ होगी। जब एक बार घर त्याग दिया जाएगा तो स्त्री भी त्याज्य हो जाएगी—वास्तविक संन्यास दिए जाने से पहले जरूरी था कि संन्यास लेनेवाला व्यक्ति अपनी पत्नी से भिक्षा लेकर आए—वह साथ न होगी तो कामना नहीं जगेगी। इसलिए स्त्री को तुच्छ बनाकर वर्णित किया गया था। बौद्ध कथाओं में भी इसका जिक्र मिलता है। इ-सिंग में कथा आती है कि नालन्दा में एक भदन्त राहुल मित्र रहते थे, जो अपनी माँ और बहन के अलावा अन्य किसी स्त्री का मुख नहीं देखते थे। उन्होंने ई-सिंग को बताया कि बिना ऐसा किए वे अपनी कामना पर नियन्त्रण नहीं कर सकते थे। तो भी उन्हें लगता था कि इस माँ-बहन के सहारे ही कहीं स्त्री की कामना न जागृत हो

इसलिए वे बड़े तनाव में रहते थे। वे बड़ी आसानी से मनु की हाँ में हाँ मिला सकते थे कि माँ, बहन और बेटी के भी साथ रहते हुए बड़ा ही सावधान रहना चाहिए, जैसे किसी भी स्त्री के साथ रहते हुए होता है। ऐसे माहौल में पले लोग स्त्री को तुच्छ माने तो कोई बड़ी बात नहीं। ऐसा इसलिए नहीं है कि स्त्री 'अस्तित्व के वृक्ष की बीज है। या 'नरक के द्वार को दिखाती जगमगाती जीवित मशाल' है—जैसाकि जैन मुनि हेमचन्द्र कहते हैं, बल्कि इसलिए है कि पुरुष अपनी वासना पर नियन्त्रण करने में निर्बल है, इसलिए स्त्री से दूर भागता है। हम पाते हैं कि जैन व बौद्ध भिक्षुणियों को पुरुष भिक्षु लम्पटता में घसीटना चाहते थे, जिसका उन्होंने विरोध किया, यह नहीं कि भिक्षुणियों ने भिक्षुओ को आकर्षित करने का प्रयत्न किया। स्त्रियों का निर्णय पुरुष के तुलना में अक्सर बड़ा बलवती मिला है।

स्त्रियों की छुद्रता और संन्यास के नियमों के पालन में दृढ़हीनता की बात हिन्दू धर्म में ही नहीं है, पश्चिमी औ मजूसी मतों में भी है। सुकरात ने कहा था, "Women is the source of all evil; her love is to be dreaded more than the hatred of the man; the poor youngman who seeks woman in the matrimony are like fish who go to meet the hook" स्वयं ईसा मसीह ने कहा था कि स्त्रियों से बहुत घनिष्ठता नहीं रखनी चाहिए भरसक बचना चाहिए। सन्त पाल ने कहा है, "It is good for a man not to touch a woman, marriage was a concession, a degradation to avoid fornication," टर्टलियन ने कहा था, "Woman is the gate of Hell, mother of all ills. She should blush with shame at the thought of her womanthood and live in perpetual penance for the sin of Eve." एक दूसरे सन्त ने लिखा है, "I have not felt any calamity more hurtful to man than woman. Oh assembly of women, verily you are mostly of the Hell on the day of Ressurection. You are Devil's geteway. You destroy God's image, Man." रेनसां के विशप मारबोड ने 11वीं सदी में कहा था, "Of the numberless snares that the crafty enemy spreads for us over all the hills and fields of the world, the worst and the one which one cannot avoid is Woman; sad stem, evil root, vicious fount, who persuaded our first parent to taste forbidden fruit? A woman who forced the father to defile the daughter? A woman." इस तरह के तमाम उद्धरण जे.एल. डेविस की पुस्तक A Short History of Woman में मिल जाएँगे। धार्मिक विचारकों से अलग तथा कथित वस्तुपरक विश्लेषण करनेवाले दार्शनिकों ने भी स्त्री के प्रति अपनी दुर्भावना दिखाई है। गिलबर्ट मुरे ने लिखा है, "To the average Athenian it was probably rather wicked for women to have any character, wicked for her to take part in public life, wicked for her to acquire learning. Even the great philosopher Aristotle thought that like slaves, artisans and traders, women should occupy a subordinate place. Their will is weak, virtueless, perfect and self-sufficient, and deliverative faculty rather inconclusive. Male by nature is superior and female inferior. The one rules and the other is ruled, and this principle of necessity extends to all mankind." रोमन विधि में पत्नी को अपनी बेटी के समान माना जाता था वैधानिक उद्देश्यों के लिए। इसलिए वह ईसा पूर्व 200 तक न तो बसीयत कर सकती थी, न गवाही दे सकती थी, न ही कोई समझौता कर सकती थी। वृद्धावस्था की पहुँची कई बच्चों की माँ भी अपने पुरुष सम्बन्धियों पर आश्रित रहती थी। चीन के दार्शनिक कन् फुत्सु ने उपदेश किया था कि स्त्री हमेशा पर निर्भर रहती है और हमेशा अपने पति व ससुर की बात मानकर चलती है। ईसाई विवाह पद्धति में पत्नी को अपने पति के निर्देश को हमेशा स्वीकार करने का वादा करना होता है। बाइबिल में स्पष्ट प्राविधान है कि स्त्री को कभी भी पुरुष पर अधिकार नहीं जताना चाहिए, हमेशा उसका अधीनस्थ बनकर रहना चाहिए क्योंकि एक तो धोखा आदम को नहीं, ईव को हुआ था, दूसरे स्त्री का निर्माण पुरुष की पसली से हुआ था।

किन्तु इन तमाम बातों के आधार पर हिन्दू वाङमय में स्त्री के विरोधाभासी विचारों को न्यायोचित नहीं ठहराया जा सकता। वे आत्मविरोधी भी हैं। यह कैसे है कि वह

एक साथ ही देवता भी है और प्रमदा भी है, वह सत्यन्वेषी भी है और दुर्बल चरित्र की भी है, वह घर की मालकिन है, पर उसी घर को चलाने के लिए स्वतन्त्र भी नहीं है। किन्तु तब क्या सच्चाई आत्मविरोधी नहीं हो सकती? यदि उसी बात को, उसी वस्तु को विभिन्न दृष्टियों से देखे तों विरोधाभास नहीं झलकता? हम पिछली सदी को देखे तो वह दो-दो महापुरुषों से त्रस्त रही। एटबम व हाइड्रोजन बम बना। करोड़ों लोग मारे गए। पर उसी सदी में संयुक्त राष्ट्र का निर्माण हुआ, उपनिवेश मुक्त हुए, मजदूरों की सरकारें बनी, छुआछूत समाप्त हुआ, स्वतन्त्रता व समानता एक वास्तविकता बनी, शिक्षा, सड़क, बिजली आदि का अकूत विकास और उत्पादन हुआ! तब पिछली सदी को क्या कहेंगे—नरक की ओर, कि स्वर्ग की ओर प्रयाण? भारतीय शास्त्रकारों और कवि-मनिषियों ने स्त्री की समस्या को विभिन्न परिस्थितियों में भिन्न-भिन्न ढंग से देखा है। चूँकि देश, काल और परिस्थिति बदलती रहती है, इसलिए उसी विषय पर कही बातें भी बदल जाती हैं और बाज वक्त विरोधाभासी लगती हैं। यह अच्छी बात है कि स्त्री की स्थिति की जाँचने-परखने के लिए बार-बार प्रयत्न हुआ। ऐसे में उसकी स्पिरिट को, चेतना को ध्यान में रखना चाहिए। यदि घर की स्थिरता और खुशहाली के लिए उसे सम्मान दिया जाना है तो कमजोर होने के कारण उसे सुरक्षा भी प्रदान की जानी है। स्त्री मनोविज्ञान के सवाल से दो-चार होने के लिए क्लाला क्लीन के विचारों को ध्यान में रखना चाहिए। उसने लिखा है : "In Freud's writings, we find on the other hand the wonder at the enigmatic women, the approach to feminine phychology, as a riddle to be solved and theory which views the development of femininty as a particularly difficult and complicated process, on the other hand there is the contempt for her inferior intellectual capacities, her greater vanities, her weaker sexual instincts, her disposition to neurosis and hysteria, and for her constitutonal passivity. Judgments on the strength or weakness of the sex-impulse in women (passed by Freud and other psycho-analysts) are not based on organic facts but are in accordance with a cultural pattern and milieu. They are also valid, most probably with corresponding modification, in every society with strong patriarchal tradition." यही बात स्त्रियों पर बात करनेवाले भारतीय मनीषियों पर लागू होती है। इन मनोविश्लेषवादियों के बीच एक नया स्कूल विकसित हो रहा है और उसे नृतत्त्वशास्त्रियों और समाजशास्त्रियों का समर्थन प्राप्त है, जो मानता है कि मनुष्यों के मानसिक विकास में भिन्नता उन सांस्कृतिक पैटर्नों के कारण भी आती है, जिसमें व्यक्ति का विकास होता है। इस तथ्य के स्वीकार्य ने कि विभिन्न समाजों में स्त्रियों की विभिन्न सामाजिक भूमिकाएँ रही हैं, जिनके परिणामस्वरूप उनका विभिन्न दृष्टिकोण

बना है और भिन्न-भिन्न प्रकार से उनकी मानसिक विशेषताएँ विकसित हुई हैं, देहयष्टि और जैविक संरचना पर आधारित विशेषताओं के निर्माण सिद्धान्त को विनष्ट कर दिया है। लेकिन तब डॉ. प्रभु का कहना है कि इस सामाजिक व सांस्कृतिक संरचना पर बहुत जोर देकर जैविक निर्मित के आधार पर जो स्त्री और पुरुष में भिन्नता है, उसे नजरन्दाज नहीं कर दिया जाना चाहिए। अधिक संगत बात यह होगी कि गुण (यानी स्वाभाविक जैविक-मनोवैज्ञानिक प्रदाय) और देश (यानी क्षेत्र या स्थान) व काल (यानी समय, काल-खंड) के सम्यक महत्त्व को स्वीकार किया जाए।

"The Judge, not only the Judged are influenced by the conditions of the place and time and react to be same, each in his own way. Also, there has been no full-length scientific study of the problem of the feminine psychology based on a cultural analysis of the natural as well as environmental differences between the sexes. Hence none of them can tell us much about the natural and universal psychological difference among the sexes."

इस्लाम में स्त्री की स्थिति

(1)

इस्लाम उन मजूसी मतों में से एक है, जो एक ईश्वर, एक उपदेशक और एक पुस्तक में विश्वास रखते हैं। सैयद अमीर अली कहते हैं कि देश और काल में जो भी भिन्नता आई हो, सभी मजूसी मतों की उत्पत्ति की परिस्थितियाँ एक जैसी थीं।

"The advent of this great teacher, whose life from the moment of his ministry is a verifiable record, was not a mere accident, an unconnected episode in the history of the world.The same causes, the same crying evils, the same earnest demand for an assured 'trust' in all—that supreme Power, which led to the appearance on the shores of Galilee, in the reign of Augustus Caesar, of a Prophet whose life is a tragedy, operated with a great force in the seventh century of the Christian era. The begining of the seventh century, as has been rightly said, was an epoch of disintegration-national, social and religious : its phenomenon were such as have always involved a fresh form of positive faith, to recall all wandering forces to the inevitable track of spiritual evolution.They all point to necessity of a more organic revelation of divine government than that attainted by Judaism or Christianity."

इस्लाम कबीलों के बीच विकसित मत है। कबीला का मतलब होता है रक्त सम्बन्ध से जुड़े मनुष्यों का ऐसा समुदाय जो सांस्कृतिक रूप से अभी कम विकसित हो पाया हो। यानी जिसमें अपने परिवार और क्षेत्र की परम्पराओं और जीवनमूल्यों का बोलबाला इस हद तक हो कि दूसरे की परम्पराओं और जीवन मूल्यों को स्वीकार करने की गुंजाइश कम ही हो और उन्हें संरक्षित रखना आन-बान-शान की वस्तु मानकर उनके लिए ता-जिन्दगी भिड़ा जाए। इसमें परम्परा का मतलब होता है ऐतिहासिक रूप

से निरूपित प्रचलन, कर्मकांड, सामाजिक नजीर, विचार, आचरण के नियम, आदि। प्रचलन का मतलब होता है विशिष्ट परिस्थितियों में बार-बार दुहराये जाते लम्बे अर्से से चले आ रहे व्यवहार के ढंग। मूल्य का मतलब होता है हमारे इर्द-गिर्द के जगत के बारे में सामाजिक रूप से स्वीकृत मान्यताएँ, जिन्हें प्राप्त करने के लिए व्यक्ति व समाज सतत प्रयत्नशील रहता है। प्राप्त न होने पर भी उनमें अटूट विश्वास रखता है, अपने आचरण को कसने का मानदंड मानता है चाहे वह अच्छे-बुरे के सन्दर्भ में हो, सुन्दर-असुन्दर के सन्दर्भ में हो, मनोरम व वरदान के सन्दर्भ हो आदि, जीवन को विकसित करनेवाले विधानों का स्त्रोत मानता हो, और जो नैसर्गिक और सामाजिक संवृत्ति में सहज ही अन्तर्भुक्त हो।

ये कबीले रेगिस्तान के थे और उनके दो रूप थे : एक नगरों में रहनेवाला, दूसरा घुर रेगिस्तानी देहात में। नगरों में रहनेवाले अधिकांशतः व्यापारी थे। वे दुनिया के तमाम दूसरे देशों, लोगों, संस्क्रतियों, मतों और जीवन पद्धतियों के जानकार थे। समृद्ध थे। कुछ हद तक सुसंस्कृत थे। फिर भी नशाखोरी, जुआ और नाच-गान में मस्त रहते थे। गायन और नृत्य व्यवसाय के रूप में प्रचलित थे। नर्तकियों के दल होते थे। वे बड़ी कुटिल होती थीं। धनी लोगों को ढूँढ़ा करती थीं और अपने छल-छद्म से उन्हें लड़ाती रहती थीं। यही काम कवि लोग कबीलों की गाथा सुना कर करते थे। नगरों से दूर थार में रहनेवाले घुमन्तू लोग थे, अपने गोत्र के प्रति अटूट लगाव रखते थे, सम्मान के प्रति अदम्य भाव रखते थे, बदला लेने की प्रवृत्ति उनके खून में थी और दूसरे मनुष्यों के जीवन के प्रति बहुत सम्मान का भाव नहीं रखते थे। दोनों ही तरह के लोगों की मिली-जुली प्रवृत्ति यह थी कि वे स्वतन्त्रता व सम्मान के प्रति बहुत चेतन थे और आध्यात्मिक चिद्विलास की तलाश करते थे। नस्ल के आधार पर उनके तीन ग्रूप थे। पहले और प्राथमिक कबीलों को अरब-उल-बैदा कहते हैं। उनमें हाम उपनिवेशों में रहनेवाले कुशा, सिरिया और फोइनिसिया से आए हुए आरमोनियन लोग थे, जो आदिवासियों को खदेड़ कर या विनष्ट कर अपनी बसगित बनाए थे। उनके बाद यही वहाँ के मूल बाशिन्दा बन गए। बाद में आनेवाली जातियों ने धीरे-धीरे इन्हें अपने में पचा लिया। ऐसी जातियों को अरब-उल-अरीबा या मुतारिबा कहा जाता है। ये शुद्ध सामी वंश के थे, अपने को कहतान या जोक्तान का वंशज मानते थे। ये दक्षिण की तरफ बढ़ते गए और इस क्रम में स्थानीय हेम लोगों को नष्ट करते गए। बाद में एक दूसरी जनजाति भी आकर उनमें मिल गई, जो अपने को इब्राहीम की सन्तान मानती थी। इसी कारण आज भी ये मुतारिबा लोग अपने दो पुरुखों को याद करते हैं, एक जोक्तन, अरफाक्षाद जो चाल्डिया के किनारे का था और दूसरा एबर (हेबर) जो फरात नदी के उस पार से आया था। यानी बेबीलोन के इराक-अरबी इलाके से आए थे। तीसरे को अरब-उल-मुस्तरिबा कहा जाता है। ये शामी इबराहीम की वे सन्ततियाँ हैं जो

मुतारिबा लोगों के बाद धीरे-धीरे इस इलाके में आईं कभी युद्ध करते हुए तो कभी शान्तिपूर्ण ढंग से बीरान इलाकों में बस्तियाँ बनाती हुईं। इन्होंने स्थानीय स्त्रियों से विवाह कर अपना घर बसाया था। ये अरिब मुतारिबा और मुस्तरिबा एक ही मूल के तीन शब्द हैं, जो इन जातियों के आगमन के तीन चरणों का खुलासा करते हैं। जाहिर है कि इन तीन जातियों में तमाम नस्लों की उपजातियाँ समाहित थीं, जिनकी अपनी परम्पराएँ और मूल्य थे। अरिबा में बनी-आद, बनी अमालिका, बनी सामन्द, और बनी जदीस, बनी तस्म, बनी नाहुम आदि शामिल थे। अन्य की चर्चा हम ऊपर कर आए हैं। आगे भी यथा प्रसंग करेंगे।

ये सभी कबीले मूर्तिपूजक थे और इनके अपने-अपने देव-देवियाँ थीं। ये देव-देवियाँ यहूदी मूल की थीं, सुलेमानी मूल की थीं, जोरोवास्टर मूल की थीं, मागी मूल की थीं, अहुरमज्द के मूल की थीं, ईसाई मूल की थीं, बौद्ध मूल की थीं, शैव मूल की थीं। ये कहीं लकड़ी की थीं, कहीं धातुओं की थीं, कहीं पत्थर की थीं, कहीं पेड़, पशु, कहीं पहाड़ के रूप में थीं। यानी बहुदेवतावाद और प्रकृतिपूजन प्रचलित था। दरअसल दो शब्द थे—एक अल्लाह, जो सबसे उच्च एक ईश्वर के लिए प्रचलित था, दूसरा इलाही जो इन छोटे और विचौलिए देवताओं के लिए प्रयुक्त होता था। अल्लाह का स्वरूप निराकार था, इलाही का इन मूर्तियों के रूप में साकार। मुख्य देवघर मक्का के काबा में था। इसकी मुख्य मूर्ति लाल गोमेद से बनी हुब्ल की थी, जिसके दायें-बायें सोने और चांदी से बने दो हिरन बैठे हुए थे। सामने इबराहीम और उनके पुत्र की मूर्ति थी। तीन सौ पैंसठ मूर्तियाँ, यानी एक-एक दिन के लिए एक मूर्ति इनके चारों तरफ बिखेर कर स्थापित की गई थीं। मन्दिर के प्रवेशद्वार पर उल्कापिण्ड का टुकड़ा रखा हुआ था, जो शिव लिंग का प्रतीक था और उसे पूज कर ही आगे बढ़ा जाता था। हर वर्ष एक निश्चित तिथि को अरब के सभी कबीलों के लोग वहाँ उपस्थित होते थे, पूजा करते थे, चूमते थे और निर्वस्त्र होकर मन्दिर की परिक्रमा करते थे। यह स्पष्ट नहीं है कि सभी स्त्री-पुरुष एक साथ निर्वस्त्र होकर परिक्रमा करते थे कि अलग-अलग, अलग-अलग समयों पर। इस काबा का प्रमुख बनना बड़े सम्मान की बात होती थी। पैगम्बर मोहम्मद साहब के जन्म के समय उस काबा के प्रधान उनके बाबा शायना अल-मुतालिक थे, जो अपने पद के नाते उस धार्मिक समुदाय के प्रमुख भी थे। वे इस्माइलियों के फिह वंश शाखा से थे, जिसे व्यापार करने के कारण कुरेश कहा जाता था। उनके एक पूर्वज कोशे को पाँचवीं सदी में मक्का का प्रमुख बनाया गया था और यह पद वंश परम्परा से शायबा को मिला था।

पैगम्बर मोहम्मद साहब का जन्म तब हुआ था जब विभक्त अरब समाज सामाजिक और अध्यात्मिक रूप से गर्त में समाता जा रहा था। उनके जीवनीकार म्योर ने लिखा है, "Before him lay his country bleeding and torn by fratricidal wars and inter-tribal dissensions, his people sunk in ignorance, addicted to absence rites and superstitions and with all there desert virtues, lawless and cruel...the dancing women, like there modern representatives the alamas and ghawazin of Egypt, moving from tent, to tent exciting the impetuous son of the desert by their songs and their merriment; the congregation of Corinthians who even did not pretend to the calling of music; the drunken orgies, frequently ending in brawles and bloodshed; the gaming table, at which the Meccan gambled from the night till morning; the bitter hatred and ill-feeling evoked by the pointed personalties of rival poets, leading to sudden affrays and permanent and disastrous quarrels, deepened the shadows of picture, and made a vivid impression on the orphan child Amina..the few who abandoning ancient beliett where groping in the dark for some resting place, represented a general feeling of unrest. In there mind there was nothing capable of the appealing to the humanity beyond themselves."

ऐसे में मोहम्मद साहब की आत्मा ऊँची उड़ान भर कर जीवन और मृत्यु, अच्छे और बुरे के भेद को जानकर विशृंखलता, अराजकता के बीच एक व्यवस्था तलाश रही थी। प्रोफेसर मुलर ने लिखा है, "And God's words uttered to his soul became at last the life-giving power of the world...the natural relations of Mohmet's was conception of the personality of God with the atmosphere of his age, is the only explanation of that amazing soberness and self-command with which he entertained his all absorbing visions...it could not have been accidental that the one supreme force of the epoch issued from the solitudes of that vast peninsula around which the tides of empire rose and fell. Every exclusive prophetic claim in the name of sovereign will has been a cry from the desert. The symbolic meaning given to Arabia by the withdrawlal of Christian apostle to commune with a power above flesh and blood, in Mohme become more than a symbol. Arabia was itself the man of the hour, the proft of Islam ets concentrated word. To the child of his exalted tradition, driven by secret compulsion out into the lonely places of the starry night, his mouth in the dust, the desert spoke without reserve."

ऐसे में मोहम्मद साहब ने अपने नए मत इस्लाम की स्थापना एक खुदा, एक पैगम्बर और एक किताब के आधार पर की। मत के आध्यात्मिक अर्थ में इस्लाम का मतलब ईश्वर की इच्छा के अधीन हो जाना है, लौकिक अर्थ में शान्ति की स्थापना है। उसके मानेवालों को मुस्लिम या मुसलमान कहा जाता है, जो संज्ञा और विशेषण दोनों है। एक तरफ वह इस्लाम मत का अनुगमन करनेवालों का बोध देता है, तो दूसरी तरफ कानून, संस्कृति, कला आदि की विशेषताओं को गोचर कराता है। अनुयायियों के लिए पाँच अनिवार्य कर्तव्य हैं, जिन्हें इस्लाम के तत्त्व के रूप में लिया जाता है

: (1) कलमा पढ़ना, (2) नमाज पढ़ना, (3) जकात, (4) रोजा और (5) हज। कुछ विचारक कलमा पढ़ना और नमाज पढ़ना को एक साथ मानते हैं। तब वे पाँचवा तत्त्व या कर्तव्य जेहाद मानते हैं। इसी तरह इस्लाम के पाँच आधार हैं, (1) स्त्रष्टा के प्यार, दया, शक्ति, अभौतिकता और एकता में विश्वास, (2) मनुष्यों के बीच भाई चारा और परोपकार, (3) वासनाओं पर नियन्त्रण, (4) समस्त विभूतियों को देनेवाले के प्रति हृदय से शुक्रिया और (5) इतर लोक में इस लोक के कर्मों का हिसाब-किताब। इस्लाम मानता है कि बिना मानवीय मध्यस्ता के धरती पर ईश्वर की इच्छा, आदेश और वचन लागू नहीं हो सकता। स्वयं मोहम्मद साहब वही मध्यस्त हैं। उनके बाद इमाम और खलीफा की संस्था चल पड़ी। दोनों एक ही आदमी होता है। जब वह नमाज पढ़ाता है तो इमाम कहा जाता है। दुनिया में तमाम लोग जो नमाज पढ़ाते हैं वे उसी के प्रतिनिधि होते हैं और इमाम कहे जाते हैं। वही व्यक्ति जब लौकिक नेतृत्व देता है, कानून लागू करता है तो खलीफा कहा जाता है। चौथे खलीफा अली की मृत्यु के बाद इस बात पर विवाद उठा कि अगला खलीफा मोहम्मद साहब के खून के वंश का हो कि कोई सच्चा अनुयायी। अली दोनों ही थे। वे मोहम्मद साहब के चचेरे भाई थे, पुत्र जैसे पालित थे और दामाद थे। जिन्होंने वंश पर जोर दिया उन्होंने अली के पुत्र और मोहम्मद साहब के नवासे (नाती) हस्न को इमाम घोषित किया पर उसके लिए मुस्लिम जमात की राय न ली, जो पहले चार खलीफाओं के समय में ली गई थी। अनुयायी पर जोर देने वालों ने कुरेशवंश के और मोहम्मद साहब के पट्टीदार मुआ-विया को खलीफा घोषित किया और उसके लिए जमात की राय ले ली। इससे इस्लाम दो खेमों में बट गया। उनमें समझौता कराने के लिए मुआविया ने हस्न को बुलाया पर धोके से कर्बला नामक स्थान पर मार डाला। उनके साथ के 71 अन्य लोगों की भी बड़ी पाशविकता से नृशंस हत्या कर दी गई। तब से इस्लाम दो खेमों में बट गया। मुआबिया के अनुयायी सुन्नी कहलाए क्योंकि वे सुन्ना को मानेवाले थे, हस्न के अनुयायी शिया क्योंकि वे वंशपरम्परा पर जोर देते थे। इसके 11 इमाम हुए। बारहवे अपने मृत पिता की तलाश में एक कारवां में घुस गए और अदृश्य हो गए। उनको महदी कहा जाता था। उनकी प्रतीक्षा शिया लोग अल् खाल्दून के समय तक करते रहे और प्रतिदिन लिवा लाने के लिए उस स्थान पर जाते रहे, जहाँ वे अदृश्य हुए थे। अल् खाल्दून ने इसकी अव्यावहारिकता को समझाया तो उन्होंने उस स्थान पर लिवा लाने के लिए जाना तो बन्द कर दिया किन्तु प्रतीक्षा आज तक करते हैं। सुन्नी लोगों में खिलाफत 14 खलीफाओं तक चलती रही। उसे उम्मैयाद कहा जाता था और राजधानी दमिस्क में थी। फिर अब्बासी लोगों के हाथ में चली गई। अब्बासी लोग भी हाशिम और कुरेश के ही वंश के थे और सैंतीस पीढ़ियों तक शासन किया। उस वंश को अब्बासी कहते हैं और राजधानी बगादाद थी। उन्हें तुर्की के उसमान ने अपदस्त

किया और उस्मानी वंश की स्थापना की। यह वंश 1924 तक सत्ता में रहा, जब कमाल पाशा ने खिलाफत को समाप्त कर दिया। उसके बाद कभी शान्तिपूर्ण ढंग से तो कभी युद्ध द्वारा खिलाफत स्थापित करने का प्रयत्न होता रहा है। शान्तिपूर्ण ढंग से स्थापित करनेवालों में भारत के मौलाना अब्दुल कलाम 'आजाद' भी रहे हैं। युद्ध द्वारा स्थिापित करनेवालों में आइ. यस. आइ. यस. के अलगाववादी हैं, जो पूरी दुनिया में आतंक मचाए हुए हैं। उसे समाप्त करने के लिए यूरोप के तमाम देश लगे हैं। उन देशों के बाशिंदे ईसाई हैं। पर हटिंगटन जैसे विचारक 1990 से चल रहे युद्ध को 'क्लैश आफ सिविलाइजेशन्स' कहते हैं, धर्म युद्ध नहीं। क्या इसलिए कि यह दुनिया क्रमशः अधिक लौकिक हुई है? यहाँ यह भी याद करना समीचीन होगा कि मिस्र वालों ने शीया लोगों के लिए फातीमी वंश के खलीफाओं का प्रचलन चलाया और उसमें आठ खलीफा हुए। इसी तरह स्पेन में मुसलमानी शासन की स्थापना होने पर सेरेसानिक खलीफाओं की परम्परा चली। भारत के मुगल सम्राट किसी खलीफा की अधीनता स्वीकार नहीं करते थे। फिर भी उन्होंने अपने को खलीफा घोषित नहीं किया। न ही नमाज की अगुआई की। हाँ नमाज के बाद उपदेशों में उनका नाम लिया जाता था। वे अपना राज-काज चलाने में दरबारी मुल्ला-मौलवियों की राय लेते थे। कितना मानते थे, यह दूसरी बात है।

भारत में इस्लाम दो तरह से आया, एक शान्ति पूर्ण ढंग से, दूसरा हमलावरों से। शान्तिपूर्ण ढंग से इस्लाम सबसे पहले मलाबार में आया। आठवीं सदी में अरब व्यापारी वहाँ आए और अपना उपनिवेश बना लिए। लगभग स्थायी रूप से रहते हुए उन्होंने स्थानीय औरतों से शादी कर ली और अपनी वंश-परम्परा बढ़ायी। ये स्त्रियाँ मातृ कुलात्मक समाज की थीं और मरुम्मख्यातयम् का अनुशरण करती थीं। इनमें वारियर, उन्नी, चकीयार, थिया, नम्बूदिरी आदि स्त्रियाँ थीं। इन्हीं से मिलती-जुलती और थोड़ी भिन्नता लिए अलिया संथानम का अनुशरण करनेवाली बिल्लव, बन्त मारावीर स्त्रियाँ (दक्षिण कनारा की) थी। इनके सन्तानों को मोपला कहा गया। ये लोग शरीयत का अनुशरण नहीं करते। सम्पत्ति का उत्तराधिकार स्त्रियों में जाता है और विवाह के ढंग तथा मान्यताएँ पितृसत्तात्मक समाजों से भिन्न है। शान्तिपूर्ण ढंग से मत परिवर्तन करनेवाले दूसरे लोग सूफी थे। उनके विचार हिन्दू रहस्यवादियों से काफी मिलते-जुलते थे। उसे तमाम अनाचारी शूद्रों ने अपना लिया, जो बौद्ध मत के विनाश के बाद पुनः हिन्दू मुख्य धारा में आ गए थे, पर दूसरे वर्ण के लोगों के व्यवहार से सन्तुष्ट नहीं थे। मुसलमान हो जाने के बावजूद इन्होंने अपनी कुछ सामाजिक और विधिक परम्पराओं को अक्षुण रखा। आक्रमणकारियों ने इस्लाम का प्रचार तलवार के बल पर किया। जेहाद का मतलब होता है इस्लामी राज्य की सीमा और इस्लाम के अनुयायियों की संख्या बढ़ाना। उन्होंने इसी भावना से यह काम किया। उनका दूसरा उद्देश्य मूर्तिपूजा

को नष्ट करना था। इधर तमाम वामपन्थी विचारक कहते हैं कि मन्दिरों पर आक्रमण में उनका उद्देश्य मूर्तिपूजा रोकना नहीं, मूर्तियों के नीचे जो खजाना गाड़कर रखा गया था, उसे हस्तगत करना था। जो भी हो अलाउद्दीन खिलजी, औरंगजेब और टीपू सुल्तान ने हिन्दुओं का बलात मत परिवर्तन कराया। इन तमाम मत परिवर्तनकारियों ने अपनी कुछ परम्पराओं और कानूनी पहलुओं को अक्षुण्ण रखा। जैसे सिन्ध के कच्छी बोहरा हिन्दुओं के दसावतार को मानते रहे और विवाह तथा उत्तराधिकार के मामले में मनुस्मृति की मराठी व्याख्या को अपनाये रहे। यही बात राजस्थान व हरियाणा में मेवाती मुसलमानों का रहा।

इस विवेचन के आधार पर भारत के मुसलमानी बाशिन्दों का स्वरूप क्या बनता है? विद्वानों का कहना है कि भारत में बाहर से आए मुसलमानों के पाँच समुदाय हैं— अरबी, ईरानी, अफगानी, तुर्क और मुगल। ये आभिजात्य वर्ग के हैं, अशरफ हैं, अपनी पवित्रता बनाए रखने के लिए हड्डी में खोटवाले यानी स्थानीय परविर्तित मतावलम्बियों के यहाँ भरसक बेटी का रिश्ता नहीं करते। परिवर्तित मतावलम्बियों में भी उच्च वंश और निम्न वंश के लोग हैं और उनका विभाजन भाषाई समुदाय के रूप में है। दूसरा विभाजन नगर और देहात के बाशिन्दों के रूप में है। नगर में आभिजात्य और शिल्पकार दो तरह के लोग रहते हैं। देहात में कृषक और उनकी जरूरत पूरा करनेवाले गरीब शिल्पकार रहते हैं। शिल्पकार और कृषक लोग निचले तबके के होने के करण अपनी हैसियत के हिन्दुओं से काफी घुल-मिल कर रहते हैं। अधिकांश तो अपने पूर्वमत के अनुसार हिन्दू ही रहे हैं। इसलिए इनमें सामाजिक व्यवहार में अनुरूपता है, जिसका प्रभाव स्त्रियों की स्थिति पर भी पड़ता है। जाति व्यवस्था, संयुक्त परिवार सम्बन्धी उत्तराधिकार के नियम उनके यहाँ देखे जा सकते हैं। इसी तरह कुछ मुसलमानी प्रथाएँ जैसे कृषि ज़मीन के विषय में पूर्वक्रयाधिकार (pre-emption), पर्दा सिस्टम आदि हिन्दुओं में भी प्रचलित है। भक्ति आन्दोलन पर जब सूफियों का प्रभाव बढ़ा तो हिन्दुओं के बीच बराबरी का भाव विकसित हुआ, जिसने कट्टरता और जाति व्यवस्था पर वैचारिक प्रहार किया। रोमिला थायर का कहना है कि इससे हिन्दू और मुसलमानों के बीच एकता और सौहार्द्र बढ़ा। परिणाम यह था कि जब अंग्रेज आए तो वे तमाम समुदायों को देखकर तय नहीं कर पाते थे कि हिन्दू हैं कि मुसलमान। और उनकी सम्पत्ति तथा विवाह सम्बन्धी मुकदमों को निर्णित करने से पहले उनका मत तय करते थे। यह भ्रम आज भी तमाम समुदायों, विशेषकर घुमन्तू तथा तथाकथित अपराधी कबीलों के बारे में हो जाता है। इसका अच्छा अध्ययन डॉ. आशाराम ने किया है। ठीक से न्याय हो सके इसके लिए अंग्रेज़ों ने मुस्लिम विधि की तमाम मौलिक पुस्तकों का अनुवाद अरबी, फारसी, तुर्की आदि से करवाया। चार्ल्स हैमिल्टन ने हिदाया का अनुवाद किया। सर विलियम जोन्स ने अल् सिराजिया का

अनुवाद किया। नील बेरी ने फतवा आलमगीरी के आधार पर 'डाइजेस्ट आफ मोहमडन ला' लिखा। पिछली सदी में सैयद अमीर अली, बदरुद्दीन तैय्यब अली, आसिफ अली फैजी, अब्दुररहीम, डी.एफ. मुल्ला ने भी काफी योगदान दिया। अदालतों ने अपने निर्णयों से इस कानून को दिशा दी, व्याख्या कर समृद्ध किया। इसी तरह आज मुफ्ती के फतवा को कानूनी राय की तरह और काजी के निर्णय को मान्य निर्णय के रूप में लिया जाता है।

भारत में अफगान और तुर्क बादशाहों ने 12वीं और 13वीं सदी में शरीयत लागू किया। ये बादशाह हनफी थे और मानते थे कि उलामा लोग धार्मिक और लौकिक कानून के विचारक हैं। इसलिए ये बादशाह अपने दरबार के उलामा द्वारा व्याख्यायित इस्लाम के मूल कानून को मुसलमानी प्रजा पर लागू करते थे। बाद में इनका निश्चित स्वरूप फतवा आलमगीरी और हिदाया से तय हुआ।

(2)

इस्लाम में स्त्री की स्थिति जानने से पहले यह नोट करना जरूरी है कि इस्लाम का ह्रद शरीया है, जो नैतिक व्यवहार का निदेशक है। वह स्वयं कानून नहीं है। वास्तविक कानून को 'फिक' कहते हैं। वह चार स्त्रोतों से प्राप्त किया जाता है कुरान, सुन्ना, इज़्मा और कयास से। स्वयं कुरान कानून नहीं है। यह ईश्वर का वचन है, जिसे मोहम्मद साहब ने फरिश्ता जब्रील के माध्यम से ग्रहण किया था और जिसे उनकी मृत्यु के कुछ समय बाद खलीफा उस्मान के समय में इकट्‌ठा कर लिपिबद्ध किया गया था। वह कानून का आधार है और सबसे उच्च आधार है। उस आधार में अरब की तमाम तत्कालीन खराब जीवन पद्धति और परम्परा से बचने का मार्ग है, तो तमाम स्थलों पर उनकी स्वीकृति भी है कुछ सुधारों के साथ। दूसरा स्त्रोत सुन्ना है। चूँकि ईश्वरीय नियम बिना मानवीय मध्यस्थता के—चाहे उपदेश के रूप में हो, स्वीकारोक्ति के रूप में हो, व्याख्या के रूप में हो, व्यवहार के उदाहरण के रूप में हो—जगत में प्रचलित नहीं होते, इसलिए महत्त्वपूर्ण स्त्रोत बन जाते हैं। सुन्ना का मतलब परम्परा होता है—'वह रास्ता जिस पर लोग दूसरे के पाँवों पर पाँव रखकर चलते आए हों।' आरम्भ में इस शब्द का प्रयोग जाहिलिया के समय की जनजातियों और सातवीं सदी के आरम्भ के मुसलमानों के प्रचलनों और व्यवहारों का बोध देने के लिए होता था। बाद में इसका प्रयोग पैगम्बर मोहम्मद के व्यवहारों और कुरान से इतर कही बातों के लिए होने लगा, जिसके लिए हदीस शब्द काफी प्रयोग होता है। विधि के रूप में सुन्ना का वही महत्त्व है जो पवित्र कुरान के सिद्धान्तों का। आठवीं सदी में यह सभी पुराने स्कूलों का आदर्श और सिद्धान्त बन गया, जिसे उनके प्रतिनिधियों ने प्रतिपादित किया। इसलिए आज इसका मतलब एक तरफ पैगम्बर मोहम्मद द्वारा रचित अपनी परम्परा होता है, तो दूसरी तरफ उन स्कूलों द्वारा अपनायी गई आजतक जीवित परम्परा।

तीसरा स्त्रोत इज़्मा है। इज़्मा का मतलब किसी विषय पर अपने समय के विधि विशेषज्ञों या विद्वानों की आपसी सहमति होता है। हनफी स्थूल ने इसका समर्थन यह कहकर किया है बदलते हुए समय के साथ कानून भी जरूर बदल जाना चाहिए, अन्यथा अन्याय होगा। मलकी स्कूल ने कहा है कि नए तथ्यों के सामने पड़ने पर नए निर्णय दिए जाने चाहिए। सहमति से इस्लामी कानून के विकास के प्रचलन ने इज्तेहाद को जन्म दिया, जिसका मतलब होता है अपनी तर्कणा के आधार पर शरीयत से नियम ढूँढ निकालना। नवीं सदी आते-आते कानून बनाने की इस तर्कणा पद्धति पर रोक लग गई और यह पुराने महान विद्वानों द्वारा प्रतिपादित नियमों तक सीमित हो गई।

कयास का मतलब तर्कणा के रूप में सादृश्यता का इस्तेमाल है। इससे नए सिद्धान्त का निर्माण नहीं होता, बस वह व्याख्या के नियम के रूप में काम करता है। यदि तर्क और सादृश्यता का प्रयोग कर यह सिद्ध किया जा सके कि नई स्थिति किसी ऐसी पुरानी स्थिति के अनुरूप है, जिसके लिए पहले किसी नियम के आधार पर निर्णय दिया जा चुका है, तो वह नियम इस नई स्थिति में भी निर्णय के लिए अपनाया जा सकता है—भले ही स्थिति तत्कालीन और नियम की भाषा पहले की स्थिति और भाषा से भिन्न हो। दरअसल नई स्थितियों से निपटने के लिए मलकी और शफीई स्कूलों ने इसका इस्तेमाल एक समझौते के रूप में किया था। 'तलफीक' की अवधारणा इसी क्यास का हिस्सा है, जिसका मतलब होता है विभिन्न स्त्रोतों से मिले विचारों को मिश्रित कर या पवन जोड़कर इच्छित नियम गढ़ लेना। डेरेट का कहना है कि इसी के आधार पर इधर मुल्लाओं और मौलानाओं द्वारा जारी फतवों का प्रयोग वैधानिक सिद्धान्त गढ़ने के लिए होने लगा है।

ये सुन्नी और शीआ शरीया की व्याख्या को लेकर विभिन्न उपशाखाओं में बँटे हुए हैं। सुन्नी मत अधिक अनुदार है। उसकी प्रमुख शाखाएँ महत्त्व और अनुयायियों की संख्या के आधार पर हनफी, मलिकी, शफीई और हनबली हैं। हनफी स्कूल की स्थापना अबू हनीफा ने कूफा में की थी। उनके अनुयायी इराक, सीरिया, तुर्की, मध्य एशिया और भारतीय उपमहाद्वीप में हैं। शिया लोग मानते हैं कि शरीया की अन्तिम व्याख्या ईमाम के द्वारा ही होती है, चाहे वह धार्मिक मामले में हो या लौकिक मामले में। शीआ स्कूल की स्थापना इमाम जफर ने किया था। बाद में इसकी कई शाखाएँ हो गईं, जैसे इथना, असारी, जफरिया, इस्माइली। इस्माइलियों की संख्या सबसे अधिक है और पूरा-का-पूरा ईरान इसे स्वीकार करता है। भारत में इस इस्माइली शाखा की दो प्रशाखाएँ हैं—एक दाउदी बोहरा, दूसरा खोजा (आगा ख़ानी)। दाउदी बोहरा की उत्पत्ति सुन्नी धर्मविद्वान के दमन के विरुद्ध हुई थी आठवीं सदी में। इसलिए उन्हें सुधारवादी, मुक्तिदायी और अति उदार माना जाता है। थोड़े अधिक अनुदार लोग उनसे अलग होकर आगाखानी खोजा बन गए।

(3)

हम इस्लाम में स्त्री की स्थिति पर आते हैं। मोहम्मद साहब के जन्म के समय अरब के कबीलों में स्त्री की क्या स्थिति थी, उसका खुलासा करते हुए सैयद अमीर अली लिखते हैं, "The pre-Islamic Arabs carried their aversion to woman so far as to destroy by burning alive many of their female children...dancing and singing was practiced by a class of woman occupying servile position, who were called Kiyan, whose immorality was proverbial and if they were held in the highest estimation because the richest chiefs paid public court to them...a widow, other than the mother was considered and integral part of patrimony and passed into the use of son...wife can be ousted any time from the home and may be captured again for sexual appeasement. And for that purpose any woman can be captured leading to feud in tribes."

कारण यह था कि एक तो लड़कियाँ कबीलों के युद्ध के काम नहीं आती थीं, दूसरे वे युद्ध का कारण बनती थीं, यदि उनका अपहरण हो जाता था, जो अक्सर होता था। किसी की लड़की उठा ले जाना व्यक्ति के ही नहीं पूरे कबीले के असम्मान का सबसे बड़ा कारण माना जाता था और उसका बदला लेने के लिए कई पीढ़ियों तक लड़ाई होती थी। इसलिए उन्हें जन्मते ही मार डालना अधिक सुविधाजनक लगता था।

स्त्रियों का वजूद वासना तृप्त करने के लिए और बच्चा पैदा करने के लिए माना जाता था। परिणामस्वरूप कबीले की सभी स्त्रियाँ सभी के लिए होती थीं। कम-से-कम कबीले के प्रमुख के लिए तो यही बात थी। अपनी माँ को छोड़कर सबके साथ सम्बन्ध बनाया जा सकता था। उन्हें जब चाहे तब पकड़ लिया जाता था और जब चाहे तब छोड़ दिया जाता था।

स्त्री को इस स्थिति से बाहर लाने के लिए कुरान में अट्ठारह आयतें आती हैं। सुन्ना में निम्न काव्यमय उक्ति आती है :

"Women are half of men.
Fear God in respect of women.
Heaven lies beneath the feet of mother,
The best among you is he who is honest for his family.
For my family, I am the best of you.

For most perfect man of religion is one
Who excels in character.
The best among you is he
Who gives the best treatment to his women folk.

इनके आधार पर मोहम्मद साहब ने स्त्रियों की स्थिति बेहतर की और बाद के न्यायविदों ने उसे आगे बढ़ाया। अल् खाल्दून ने कहा कि दो फलों को देखो तो उनके रूप, रंग, आकार, प्रकार, रस, खुशबू, सिरत आदि में भिन्नता मिलेगी। इस भिन्नता के आधार पर यह नहीं कहा जा सकता कि एक फल दूसरे से बेहतर है। स्त्री और पुरुष ईश्वर के बनाए दो भिन्न और अति उत्तम फल हैं। यह और अच्छी बात है कि दोनों एक दूसरे के पूरक हैं। उनसे उनकी मिठास और बढ़ जाती है।

पर वास्तव में इस्लाम में स्त्री की क्या स्थिति है इसे हम इस्लाम के स्त्री सम्बन्धी कानून और समाज में उसकी स्थिति से जान सकते हैं। इसे हम उसके जन्म, शिक्षा, विवाह-विच्छेद, सम्पत्ति का उत्तराधिकार, पर्दे का प्रचलन, आदि के सन्दर्भ में देख सकते हैं।

जैसा कि हमने ऊपर नोट किया अरब कबीलों में कन्या हत्या का प्रचलन था। मोहम्मद साहब और उनके अनुयायियों ने उस पर रोक लगानी चाही। लम्बे समय तक इसके लिए प्रयास होता रहा। आज भी दुनिया में ऐसे क्षेत्र हैं इस्लाम के अनुयायियों के, जिनमें कन्याहत्या की कुप्रथा व्याप्त है। यानी उन समुदायों में कन्या का जन्म बहुत स्वागतेय नहीं होता।

स्त्री की शिक्षा के बारे में बहुत स्पष्ट आदेश नहीं मिलता। पहले नौ वर्ष की उम्र तक लड़के व लड़कियाँ साथ-साथ स्कूलों में पढ़ती थीं। माना जाता था कि नौ वर्ष की उम्र में लड़कियों में यौवन के लक्षण गोचर होने लगते हैं। तब समृद्ध परिवारों में उनकी पढ़ाई अलग से होती थी। परिणामस्वरूप वे न केवल विद्वान, इतिहासकार, लड़ाइयों में भाग लेनेवाली, वरन् कुरान और हदीस की व्याख्या करनेवाली भी थीं। स्वयं मोहम्मद साहब की पत्नी और बेटी इसका उदाहरण हैं। पर गरीब घराने की लड़कियाँ विशेषकर गाँवों की हद से हद किसी तरह कुरान पढ़ लेती थीं, वह भी बिना उसका अर्थ समझे। भारत में आज भी वही स्थिति है।

उनकी शिक्षा के सम्बन्ध में एक अच्छी बात यह मिलती है कि उन्हें इस्लाम में सीधे दीक्षित करने की इजाजत है। मोहम्मद फारुख खां ने अपनी पुस्तक 'वेद और कुरान' में जाने किसका वचन उद्धरित किया है "ऐ पैगम्बर! जब तेरे पास कोई मुसलमान औरत आए और तेरी शिष्या बनना चाहे और कहे कि किसी चीज़ को अल्लाह का साक्षी नहीं ठहरायेगी, न चोरी करेगी न बदकारी, न लड़कियों की हत्या करेगी, न अपने हाथ-पाँव के बीच कोई अपवाद गढ़ेगी और न अच्छे कर्मों में तुम्हारी बेहुक्मी करेगी, तो इन शर्तों पर तुम उसे शिष्या बना लिया करो।"

इधर वैश्वीकरण के दौर में मुस्लिम स्त्रियों की स्थिति शिक्षा क्षेत्र में बेहतर हुई है। दुनिया के सिकुड़ने से, नए मूल्यों के निर्माण से, खुलेपन के प्रचार से और कमाई

के नए रास्ते बन जाने से उन्होंने पुरुषों के साथ ही उच्च और व्यावसायिक शिक्षा ग्रहण करना शुरू किया है, घर से बाहर जा नौकरियाँ करना शुरू किया है, उसके लिए दूर जाकर अकेले रहने का अभ्यास हो रहा है और थोड़ी आर्थिक समृद्धि मिलने के कारण अपने अधिकारों के प्रति वे जागरूक हुई हैं। किन्तु यह शहरी स्त्रियों तक सीमित है। दिक्कत यह है कि मुस्लिम समुदाय को नेतृत्व देनेवाले लोग इस नई व्यवस्था के विरोधी हैं। कह रहे हैं कि ये पश्चिम के मूल्य इस्लाम के मूल्यों के विरोधी हैं और ईसाई जीवन पद्धति लाद रहे हैं। इससे बचने के लिए वे अपने जीवन मूल्यों के प्रति सचेत कर रहे हैं। परिणाम यह हो रहा है कि जिन घरों से स्त्रियों के प्रति बुरे व्यवहार का प्रचलन समाप्तप्राय था, वहाँ वह नए सिरे से पनपने लगा है। स्थिति हास्यास्पद तब लगती है, जब हम पाते हैं कि आधुनिक वस्त्रों का, शृंगार प्रसाधनों का उपयोग करनेवाली औरतें उनका उपयोग कर अपने को आपाद-मस्तक बुर्के से ढक लेती हैं। यह ढकना मुस्लिम पहचान बनाने के लिए अनिवार्य कर दिया गया है। इस पर विस्तृत चर्चा आगे।

मुसलमान बनाए जाने के लिए बच्चों का खतना एक जरूरी संस्कार है। खतना पुरुषों का तो सर्वत्र होता है, पर अफ्रीका और मध्य-एशिया के कुछ समुदायों में स्त्रियों का भी होता है। पुरुषों में जहाँ लिंग के अग्रभाग के ऊपर की चमड़ी काट दी जाती है, स्त्रियों का भगनाशा और भगोष्ठ काटकर हटा दिया जाता है। उसके बाद ही वे मकतब जा पाती हैं। कहा जाता है कि खतना से स्त्रियों की कामेच्छा कम हो जाती है और इससे उनके भटकने का अवसर कम हो जाता है। इससे वे अधिक धार्मिक और पवित्र पारिवारिक जीवन बिता पाती हैं। पर यह बड़ी क्रूर प्रथा है, क्योंकि इसकी प्रक्रिया बड़ी ही कष्टदायी है। कई लड़कियाँ तो मर ही जाती हैं। जो बचती हैं उनका काम-जीवन बड़ा ही असन्तोषप्रद रहता है। इस प्रथा के विरुद्ध बार-बार स्त्रियों की आवाज उठती रहती है।

हम विवाह पर आते हैं। अरब लोग व्यापारी थे और उन्होंने समझौते के नियमों में महारत हासिल की थी। उन नियमों को उन्होंने विवाह समेत तमाम सामाजिक व्यवहृतियों में लागू किया। परिणामस्वरूप मुस्लिम विवाह एक दीवानी और जरूरत पड़ने पर भंग किया जा (सिर्फ पुरुष द्वारा) सकने वाला करार या समझौता या अनुबन्ध है। यहाँ नोट करने की बात यह है कि शरीया यद्यपि कि पितृसत्तात्मक परिवार संरचना पर आधारित है, वह आर्थिक संरचना पर आधारित नहीं है। भारत और यूरोप में, कहें हिन्दू धर्म और ईसाई मत में वह सामन्ती संरचना पर आधारित था। इसके चलते विवाह विच्छेद नहीं हो सकता था क्योंकि तब ज़मीन के बँटवारे की बात उठती। मुसलमानों में विवाह समझौता होने के कारण स्त्रियों के अधिकारों की स्थिति बेहतर होकर उभरती है। समझौते में दो पक्ष होते हैं—एक प्रस्तावित करता है, दूसरा उसे स्वीकार करता

है। मुस्लिम समुद्राय में प्रस्ताव अमूमन लड़के के पक्ष से जाता है, और स्त्री पक्ष उसे स्वीकार करता है। इसका बहुत ही कम अपवाद देखने को मिलता है। अक्सर यह काम विचौलिए करते हैं। फिर इस समझौते के उबारे-निकारे के लिए एक राशि (Consideration) तय होती है। कहा जाता है कि मेहर और दूसरी आर्थिक शर्तें कंसीडिरेशन का काम करती हैं। उपलब्धि के रूप में भी, दंड के रूप में भी। इसके आधार पर डेरेट और पारस दीवान जैसे पारिवारिक कानून के अकादमिक वेत्ता मुस्लिम विवाह को बेचीनामा (Sale) मानते हैं। वे कहते हैं कि इस्लाम के आगमन के पूर्व लड़की के माँ-बाप को बधू-शुल्क देने की प्रथा थी। वही प्रकारान्तर में इस्लाम में मेहर बन गया। पर बात ऐसी नहीं है, बधु शुल्क लड़की के माँ-बाप या अभिभावक को मिलता था। मेहर स्वयं वधू को मिलता है और अधिकांशतः विवाहविच्छेद होने पर। यह एक तरह से विवाहविच्छेद पर रोक लगाता है और विच्छेद हो जाने पर स्त्री को आर्थिक सम्बल देता है। खैर, इस विवाह के दो गवाह होते हैं, जो काजी के साथ कन्या के पास जाते हैं। काजी तीन बार विवाह की शर्तों और सम्बन्धित व्यक्ति का नाम मय पहचान उच्चारित कर उसकी सहमति तीन बार माँगता है। तीनों बार 'कबूल है' कहे जाने पर विवाह हो जाता है और उसे रजिस्टर में दर्ज कर लिया जाता है। उस वक्त कुरान की कुछ आयतें पढ़ी जाती हैं, पर इससे वह धार्मिक कृत्य नहीं हो जाता। वह सिर्फ अवसर को गरिमा प्रदान करने के लिए, आशीर्वाद देने के लिए, शुभेच्छा जताने के लिए होता है। विवाह के लिए कन्या की योग्यता के बारे में रिश्तों को सम्मान दिलाने की लिहाज से आता है, "अपनी माता, फूफी, बहन, बेटी, मौसी, भाई की बेटी, बहन की बेटी, दूध पिलानेवाली माँ, दूध की बहन, सास, तुम्हारे द्वारा पोषित स्त्रियों की बेटियाँ, बेटा की बहुएँ, दो बहनों से एक साथ विवाह करना तुम्हारे लिए निषिद्ध है।" व्यवहार में हम पाते हैं कि अब बरावा सिद्ध दूध का है—जिसका दूध पीया गया है और जिससे लड़के और लड़की दोनों ने दूध पीया है, उसको छोड़कर किसी से भी शादी होती है। निकट सम्बन्धियों के बीच शादी बड़ी उत्तम मानी जाती है। दूसरी बात यह कही गई है कि मुसलमान स्त्री-पुरुषों को मुसलमान स्त्री-पुरुषों से ही विवाह करना चाहिए। यदि किसी का मत इस्लाम से भिन्न है तो पहले उसे इस्लाम में दीक्षित कर लेना चाहिए, फिर विवाह करना चाहिए। कुरान में बचन है "और मुशरिक स्त्रियों से जबतक वे ईमान न लायें विवाह न करो। ईमान वाली एक लौंडी एक मुशरिक स्त्री से अच्छी है, यद्यपि कि वह तुम्हें भली लगती है। और मुशरिक पुरुषों से (अपनी स्त्रियों का) विवाह न करो, जबतक कि वे ईमान न लाये। ईमान वाला एक गुलाम एक मुशरिक पुरुष से अच्छा है, यद्यपि कि वह तुम्हें भला लगता है।" एक तीसरी बात यह है कि विवाह उन्हीं को करना चाहिए जो उसकी जिम्मेदारी उठाने के योग्य हैं। उन्हें विवाह इसलिए करना चाहिए कि, "वह निगाह को नीचा रखता है

और शर्मगाह की हिफ़ाजत करता है, काम वासना से बचाता है।'' जिनमें विवाह के बाद निगाह नीची रखने, शर्मगाह को बचाने और काम वासना पर नियन्त्रण करने की क्षमता नहीं है, वे विवाह न करें, यही अच्छा है। उससे परिवार में मनोवैज्ञानिक तनाव तो पैदा नहीं होगा। हदीस में यह बात भी आती है कि ''चार चीजों की बुनियाद पर औरत से शादी की जाती है—उसके माल की बुनियाद पर, उसकी खादानी शराफत की बुनियाद पर, अच्छी खूबसूरती की बुनियाद पर और उसके दीन की बुनियाद पर।'' पाँचवीं बात यह है कि विवाह में उम्र की बंदिश नहीं है। किसी भी उम्र की स्त्री से किसी भी उम्र का पुरुष शादी कर सकता है। बात यह है कि इस्लाम बहुपत्नीवाद स्वीकार करता है, बहुपतिवाद नहीं। पत्नियों की संख्या कितनी हो, इस पर विषाद है। मोहम्मद साहब ने उपदेश किया कि एक पुरुष एक समय में चार पत्नियाँ रख सकता है, वशर्ते वह सबके साथ बराबरी और न्याय का बर्ताव करे। इसके लिए प्रयुक्त शब्द 'अद्ल' है। इसकी व्याख्या को लेकर विवाद है। एक दल कहता है कि अद्ल का मतलब सिर्फ भोजन, वस्त्र और मकान की समानता की बात नहीं है प्यार, स्नेह और उत्साह भी है। अब प्यार, स्नेह और उत्साह स्वाभाविक तौर पर सबके लिए बराबर नहीं हो सकता—सबके प्रिफरेन्स के अपने मानदंड होते हैं। इसलिए इसको अधिक ठोस रूप देने के लिए कहा गया कि सम्भोग में बराबरी से इसका तात्पर्य है। अब इसके लिए भी अपने प्रिफरेन्सेस होते हैं। तब कहा गया कि इसका तात्पर्य स्त्री की तृप्ति और जब चाहे तब उसकी आकांक्षा की पूर्ति के लिए पति की उपलब्धि या उपस्थिति है। जो भी हो, जो अधिक व्यावहारिक विचारक हैं वे मानते हैं कि व्यावहारिक रूप से अद्ल का मतलब रोटी, कपड़ा, मकान में समानता है। कानून भी इसे ही स्वीकार करता है। पर व्यावहारिक रूप में पाया जाता है कि अद्ल की माँग दरअसल एक आदर्श है और वास्तव में पत्नियों के बीच पति पक्षपात करता है। हम पाते हैं कि मोहम्मद साहब ने स्वयं 14 विवाह किये। जब तक पहली पत्नी खादीजा रहीं, वे अकेले रहीं। पर उनकी मृत्यु के बाद मोहम्मद साहब ने एक-एक कर तेरह विवाह किया और एक दो को छोड़कर लगभग सभी एक साथ रहीं। इसलिए तमाम उदार लोगों का कहना है कि चौदह विवाह तक किया जा सकता है और चौदह पत्नियाँ एक साथ रह सकती हैं। यह काम व्यावहारिक रूप में नवाब, बादशाह और बड़े धनी लोग ही कर सकते हैं। एक पत्नी का पालन-पोषण ही एक सामान्य आदमी के लिए कठिन होता है, भला वह चौदह क्या रख पाएगा। आज यह काम मध्यपूर्व के बड़े-बड़े तेल व्यापारी ही कर पाते हैं। मोहम्मद साहब की पत्नियों खादिजा, सौदा, आएशा, हफ्सा, सलमा, हबीबा, जैनब, जुवैरिया, सफिया, मैमुना, मेरी आदि का नाम गिनाते हुए विद्वानों ने इन विवाहों के औचित्य पर प्रकाश डाला है। तबरी के हवाले से सैय्यद अमीर अली ने लिखा है, "The fact must be borne in the mind that the existence of the polygamy depends on circumstances. Certain times, certain conditions of the society makes its practice absolutely needful, for the preservation of women from starvation of utter destitution. If report and statistics speak true, the greatest proportion of mass of immorality prevalent in centre of civilization in the West arises from absolute destitution. Abbe Huc and Leady Duff Gordan have both remarked that in the generality of the cases sheer force of circumstances drives people to polygamy in the East."

लेकिन तब सवाल उठता है कि इन मानवीय कारणों से यदि मोहम्मद साहब अनेक विवाह करने की छूट ले सकते हैं, तो दूसरे क्यों नहीं? इस मुद्दे पर इस्लाम में स्त्री एक तरफ पुरुष की बराबरी की बात और दूसरी तरफ तमाम लोगों में बराबरी की बात की धज्जियाँ उठ जाती हैं। सातवीं बात यह है कि विवाह के लिए जाति सम्बन्धी ऊँच-नीच और धन सम्बन्धी ऊँच-नीच का ध्यान नही रखा जाता है। पर सच्ची बात यह है कि वहाँ भी नस्ल की शुद्धता के लिए हड्डी में खोट की तलाश की जाती है और धनी-गरीब के बीच व्याह अनमेल ही सिद्ध होता है, जीवन शैली और जीवन मूल्य की भिन्नता के नाते। यहाँ भी बराबरी की वकालत बहुत काम नहीं हाती।

जो भी हो, समय बीतने के साथ लोगों के विचारों में परिवर्तन आया है, सामाजिक और नैतिक परिस्थितियों में अन्तर आया है और बहुपत्नीवाद की प्रथा धीरे-धीरे समाप्त होती गई है या अनेक देशों में कानून के द्वारा वर्जित कर दी गई है। परिणामस्वरूप तमाम देशों के मुसलमान एक पत्नी पर निर्भर रहने लगे हैं, भले ही मत कई पत्नियों की अनुमति देता हो। भारत में यह स्वाभाविक व्यवहार बन चुका है। हाँ कानून द्वारा अभी यह वर्जित नहीं हो पाया है। कारण यह है कि दुनिया का सबसे बड़ा जनतन्त्र होने के बावजूद जनतान्त्रिक मूल्य अभी कमजोर है और छोटे-बड़े तमाम राजनैतिक दल अपने छुद्र स्वार्थों के लिए कमजोर कर ही रखना चाहते हैं। उनके लिए जाति और मत सत्ता के लिए संगठित करने का सुगम आधार है। इसके लिए बात विवेक के आधार पर नहीं, संवेग और भावना के आधार पर होती है। निकट भविष्य में यदि समान नागरिक संहिता बन सकी तो एक पत्नीवाद सर्वव्यापी भारतीयों का आचरण हो जाएगा।

शीआ लोगों में एक स्थाई और उसी समय कई अस्थाई विवाह, जिसे मुता कहते हैं और जो सिर्फ कुछ घंटों के लिए हो सकता है, मान्य होता है। जाहिर है कि यह मुता विवाह क्षणिक वासना पूर्ति के लिए है। विवाह के लिए मान्यता इसलिए है कि इस क्षण गर्भ में आए बच्चे को वैधानिक अधिकार मिल सके। और विवाहित स्त्री पर उंगली न उठ सके। निश्चय ही यह पब्लिक पालिसी और जन भावना के विरुद्ध आचरण है। तो भी इसको मान्यता स्वयं मोहम्मद साहब ने अपने मत प्रचार के आरम्भिक तीन वर्षों में दिया था। म्योर कहता है कि इसकी अनुमति समय की रुचि

और साथ के लोगों की इच्छाओं का सम्मान करते हुए दी गई थी। अन्यथा वे उसके विरुद्ध थे।

आठवें विवाह के समझौते में पहले से ही कुछ शर्तें डाली जा सकती हैं, हालाँ कि मोहम्मद साहब ने शर्तों के साथ विवाह को नीति-विरुद्ध माना था। इन विवाहपूर्व शर्तों के दो अंश और रूप हो सकते हैं। एक तो यह कि वैवाहिक जीवन किस तरह से चलेगा, दूसरा यह कि तलाक का स्वरूप क्या होगा। स्त्री यह शर्त रख सकती है कि पति यदि दूसरा विवाह करता है तो उसे अलग से आवास मुहैय्या कराया जाएगा। यदि पति यह शर्त पूरा नहीं करता तो स्त्री अपनी तरफ से तलाक दे सकती है। ऐसी शर्त विवाह हो जाने के बाद भी रखी जा सकती है। 1936 में हमीदा अली ने तमाम मुस्लिम स्त्रियों के संगठन की सहमति से विवाहोपूर्व शर्तों का एक प्रारूप तैयार किया था, जो बाम्बे ला जर्नल में छपा था। उसकी प्रमुख बातें ये हैं:—

(1) पहली शादी के बरकरार रहते पति दूसरी शादी नहीं करेगा।

(2) बिना पत्नी की सहमति के पति उसे वैवाहिक घर से बाहर नहीं कर सकता।

(3) पति एक छोटी निश्चित अवधि से अधिक वैवाहिक घर से बाहर नहीं रहेगा।

(4) पति और पत्नी घर के भीतर एक निश्चित स्थान पर रहेंगे।

(5) मेहर का कुछ हिस्सा विवाह के बाद तुरन्त देना होगा।

(6) पत्नी को एक निश्चित राशि मेवाखोरी, पानदान या गुजारा के लिए एक निश्चित अवधि के अन्तरालों पर देना होगा।

(7) पहले पति से यदि बच्चे हैं तो उनका भरण, पोषण, पालन करना होगा।

(8) पति पत्नी को उसके रिश्तेदारों से मिलने से मना नहीं करेगा।

सैय्यद अमीर अली का समर्थन इन शर्तों को प्राप्त था।

तलाक सम्बन्धी प्रत्यायुक्त अधिकार (Delegated power) जिसे तलाक तौफीज कहते हैं, को निकाहनामा में डाला जा सकता है। अच्छा होगा यदि हम यहाँ विवाह-विच्छेद सम्बन्धी नियमों को नोट कर लें। सामान्यतः मुस्लिम स्त्री को विवाह से मुक्त होने या पति को मुक्त करने का अधिकार नहीं है। इस अधिकार को पति देता है। इसके कई रूप हैं। एक तो स्त्री यह अधिकार निकाहनामा की शर्तों के अनुसार पा सकती है, जैसा कि हमने ऊपर कहा और यह अधिकार किसी तीसरे व्यक्ति को भी उन शर्तों के अनुसार दिया जा सकता है। तलाक का अधिकार वह आपसी सहमति से भी और विवाह के बाद भी प्राप्त कर सकती है। इसे मुबाराआ कहते हैं। इसका एक रूप खुला है। इसमें पत्नी अपने मेहर का कुछ अंश तलाक पाने की कीमत या अंश के रूप में छोड़ देती है। वी. हलाक इसकी न्यायोचितता के बारे में बड़ी मजेदार बात कहते हैं। पुरुष द्वारा तलाक दिए जाने पर स्त्री को मेहर मिलता है जो स्त्री की

कीमत है। यदि पुरुष को तलाक मिलता है स्त्री की ओर से तो उसे भी कुछ कीमत मिलनी चाहिए। दूसरे पुरुष द्वारा तलाक दिए जाने पर स्त्री के पक्ष में सम्पत्ति का एकतरफा हस्तानान्तर होता है जो वैवाहिक समय में पुरुष के ऊपर तक डिफाल्ट की तरह लटका होता है। तब वही स्त्री पर भी लागू होना चाहिए—यदि स्त्री और पुरुष कानून की निगाह में एक बराबर हैं। तीसरे विच्छेद में मेहर एक तोल-मोल करने का अवसर देता है। यह अवसर स्त्री के ही नहीं, पुरुष को भी मिलना चाहिए। Within the economy equation of Muslim marriage, 'Khul' was in a senseless of a depletion of the woman's property—because the payment by wife was not usually the delegated dowery her husband owned her, plus her waiting period allowance...it was the very financial promise made by the groom that was used the bargaining chip for 'Khul'"

जो भी हो खुला से इतना फायदा स्त्री को तो है ही कि वह पति के अत्याचार और घरेलू हिंसा से मुक्ति का एक रास्ता पाती है।

जैसा कि हमने ऊपर नोट किया मुस्लिम विधान में स्त्री को विवाह-विच्छेद का अधिकार प्राप्त नहीं है। पर मलिकी और शफाई स्कूल यह अधिकार स्वीकार करते हैं। ये स्कूल दरअसल उत्तरी अफ्रीका में प्रभावी हैं। वहाँ औरतें क्रूरता, भरण-पोषण नदियों पर लम्बे समय तक पति के घर से बाहर रहने पर, बधिया कर दिए जाने पर या नपुंसक हो जाने पर विवाह-विच्छेद प्राप्त कर सकती हैं। आसिफ अली फैजी और मौलाना अशरफ अली मानवी ने जब औरतों के तलाक सम्बन्धी अधिकार के लिए आन्दोलन चलाया तो सरकार ने 'डिजोलूशन आफ मुस्लिम मैरिज एक्ट 1939, पास किया। इसमें मलीकी कानून को स्वीकार करते हुए प्रविधान बनाया गया कि मुस्लिम औरतें पति के बहुविवाह, परस्त्रीगमन, कैद, नपुंसकता, क्रूरता और दो वर्षों तक गुजारा भत्ता न दिए जाने पर (यदि स्त्री किसी कारणवश पति से अलग रहती है) तलाक प्राप्त कर सकती है।

मुस्लिम औरतों को विवाह विच्छेद का कुछ अधिकार शरीया के बाहर भी दिया गया है। इन्हें लायन और फश्ख कहते हैं। लायन में यदि पति पत्नी पर परपुरुषगामिता का दोष लगता है और उसे सिद्ध नहीं कर पाता तो पत्नी उसके आधार पर अदालत से विच्छेद प्राप्त कर सकती है। यदि मुकदमे के दौरान पति परपुरुषगामिता के दोष को वापस ले लेता है तो पत्नी को तलाक नहीं मिल पाएगा। फश्ख में मुस्लिम औरत विवाह विच्छेद के लिए अदालत जा सकती है 'डिजोलुशन आफ मुस्लिम मैरिज एक्ट' के तहत।

इस्लाम में विवाह विच्छेद पर पुरुष का लगभग एकाधिकार रहा है। इस अधिकार के कई रूप हैं। पहला रूप तलाक है। इस शब्द की उत्पत्ति 'तलक्का' शब्द से हुई

है, जिसका मतलब है मुक्त कर देना—यानी स्त्री को विवाह के बन्धन से मुक्त कर देना। यह एक विस्तारित शब्द है, जिसमें स्वयं तलाक के कई अर्थ बनते हैं। इनमें तलाक-अल्-सुन्ना और तलाक-अल-विदाआ प्रमुख है। तलाक के लिए जरूरी है कि तलाक शब्द का उच्चारण स्पष्ट रूप से स्त्री के सुनने में तीन बार उच्चारित किया जाए। इस बात को लेकर विवाद है कि यह तीन बार उच्चारण एक साथ ही हो सकता है और फटाफट विवाह विच्छेद हो जाता है, कि यह तीन बार कुछ समय के अन्तरालों पर उच्चारित किया जाता है, जिससे कि स्त्री और पुरुष को अपने सम्बन्धों को ठीक करने का कुछ मौका मिल सके और विच्छेद तभी हो जब वैवाहिक सम्बन्ध रखना असम्भव हो जाए। इस दूसरे मत से उत्पन्न ढंग को तलाक-अल्-सुन्ना कहते हैं और वह पैगम्बर मोहम्मद साहब को स्वीकार था। मतभेद दूर करने के दो तरीके हैं। एक को अहसन कहते हैं, जिसमें पति जब स्त्री-ऋतुमति न हो तो कुछ अन्तरालों पर एक बार, फिर दूसरी बार, फिर तीसरी बार तलाक कहे और इद्दत की अवधि तक (यानी गर्भवती हो तो बच्चा पैदा होने के समय तक और न हो तो तीन माह तक) उससे शारीरिक सम्बन्ध न बनाए। वह समय पूरा होने पर विवाह-विच्छेद अपने आप लागू हो जाता है। हसन ढंग में ऋतुमति न होने के समय में कुछ-कुछ अन्तरालों पर तीन बार तलाक उच्चारित किया जाए। तीसरी बार उच्चारित करने पर विवाह अपने आप समाप्त हो जाता है। इन दोनों में भी मोहम्मद साहब ने पहले यानी अहसन ढंग को स्वीकार किया था, वह भी इसलिए कि अरबों में स्त्रियों के प्रति जो क्रूरता व्याप्त थी उस पर रोक लगायी जा सके। उस जमाने में वे तीनों बार तलाक-तलाक कह जाते थे, फिर बाद में उस स्त्री के साथ जबर्दस्ती करते थे, पत्नी बनाने के लिए नहीं, उसका मान मर्दन करने के लिए। इसकी परिणति यह हुई कि तलाक हो जाने के बाद वह पुरुष उस स्त्री से पुनः विवाह नहीं कर सकता था, जब तक कि स्त्री को हलाला न बनाया जाए। हलाला का मतलब होता था उसका किसी अन्य पुरुष से विवाह और उस विवाह में उस पुरुष द्वारा उस स्त्री के साथ वास्तविक सम्भोग, फिर तलाक और इदद्। तब जा कर कहीं पहला पुरुष अपनी पहले की पत्नी के साथ विवाह कर सकता था। यह कलाप दरअसल पुरुष का मानमर्दन करने के लिए होता था, क्योंकि तत्कालीन अरब समाज में किसी भी स्त्री के साथ सम्बन्ध बनाना उस पुरुष का सबसे बड़ा मानमर्दन करना होता था। पर इसकी परिणति दरअसल स्त्री के ही मानमर्दन में होती थी। यह विडम्बना ही है।

तलाक-अल्-विदा में भी तलाक-तलाक-तलाक एक साथ ही बिना किसी अन्तराल के ही उच्चारित कर दिया जाता है। और इससे तुरन्त विच्छेद हो जाता है। मोहम्मद साहब इसे खुला पाप समझते थे। फिर भी उनके अनुयायियों ने इसे स्वीकार किया है। फैजी लिखते हैं, "This form is bad in theology but good in law" इससे

स्त्रियों की स्थिति बड़ी खराब हो जाती है। इधर इस नियम के विरुद्ध खूब आवाज उठने लगती है और मुस्लिम समाज की बहुत बड़ी बुराई मानी जाने लती है। मौजूदा सरकार इसे समाप्त करने के लिए संसद में कानून लेकर आई है उच्चतम न्यायालय के एक निर्णय के आधार पर। इधर तो कुछ लोग तलाक में अहसन स्वरूप के भी विरुद्ध हैं और चाहते हैं कि कानून बनाकर उसे रोक दिया जाए।

विवाह-विच्छेद का दूसरा ढंग खुला कहा जाता है। इसमें पति इस बात की प्रतिज्ञा कर लेता है कि वह अपनी पत्नी से शारीरिक सम्बन्ध नहीं बनाएगा और यदि वह दरअसल चार माह तक सम्बन्ध नहीं बनाता है तो विवाह विच्छेद हो जाता है। स्त्री ऐसा काजी या पंचायत से घोषित कराने की अधिकारी हो जाती है। यदि वह इस चार माह के बीच सम्बन्ध बना लेता है तो प्रतिज्ञा बे मानी हो जाती है।

विवाह-विच्छेद का तीसरा ढंग जिहार है। इसमें पति घोषित कर देता है कि इसकी पत्नी आगे से उसकी माँ, बहन, बेटी या किसी अन्य स्त्री की तरह है, जिसके साथ शारीरिक सम्बन्ध नहीं बनाया जा सकता। तब स्त्री चाहे तो काजी या पंचायत के सामने जा विच्छेद को घोषित करा सकती है। यदि पुरुष इस घोषणा से मुक्त होना चाहता है तो उसे प्रायश्चित के रूप में अर्थदंड देना होता है या कुछ दिनों तक उपवास रखना होता है।

विवाह-विच्छेद के ये रूप मनुष्य कृत हैं। दूसरा रूप ईश्वर कृत है। पति या पत्नी की मृत्यु पर यूँ ही विवाह-विच्छेद हो जाता है और विच्छेदन की सभी परिणतियाँ लागू होती हैं।

हम मेहर पर आते हैं। यह कुरान द्वारा प्रदत्त अधिकार है। मौलाना मौदूदी का कहना है कि अरब कबीलों में जो वधू-शुल्क देने की परम्परा थी, मोहम्मद साहब ने उसे औरत के भविष्य की गारण्टी बनाकर मेहर में बदल दिया। वधू-शुल्क लड़की के माँ-बाप या अभिभावक को दिया जाता था। मेहर विवाह-विच्छेद होने पर स्त्री को दिया जाता है। वह उसके भविष्य की आर्थिक सुरक्षा होती है। एक तरफ यह वधू को सम्मान प्रदान करता है तो दूसरी तरफ पति की सम्पत्ति में उत्तराधिकार में जो कमी की जाती है उसकी क्षतिपूर्ति करता है। इसलिए मेहर की तय राशि वास्तविक होना चाहिए, प्रतीकात्मक नहीं। पुराना हनफी कानून मानता है कि वह दस दरहम होना चाहिए। किन्तु यह रकम आज वाकई बहुत कम है। शताब्दियों पहले यह रकम हजारों दरहम में तय होने लगी थी। फैजी और अब्दुररहीम का कहना है कि जो राशि विवाह के अवसर पर तय होती है उसे विवाह की निरन्तरता के दौरान कभी भी आपसी सहमति से बढ़ाया जा सकता है। इसी तरह सुल्तान बेगम के मामले में प्रिवी काउन्सिल ने निर्णय दिया था कि यदि मेहर की राशि इतनी बड़ी है कि पति की आर्थिक हैसियत उसे दे नहीं सकती तो उसे घटाया नहीं जा सकता—आपसी सहमति से भी घटाना अनुमन्य

नहीं है। यानी मेहर सोच-समझ कर तय किया जाना चाहिए, क्योंकि वह पति के एक तरफा विवाह-विच्छेद के अधिकार पर रोक लगाता है।

इस मेहर के दो रूप हो सकते हैं—एक मुअज्जल यानी तत्काल, दूसरा मुअज़्ज़ल यानी बाद का। यह दरअसल मेहर के दो भाग करता है—एक विवाह-विच्छेद पर दिया जाने का, दूसरा विवाह हो जाने पर विवाह के दौरान ही। खैर विवाह के दौरान तत्काल मेहर विवाह के तुरन्त बाद देय होता है, बाद वाला कुछ समय बाद। इस मेहर के न दिए जाने पर स्त्री तलाक के लिए अदालत जा सकती है। अदालतों ने कहा है कि (1) जरूरी नहीं है कि यह मेहर नकद ही दिया जाए। यह गहने, शेयर या किसी अन्य चल समत्ति के रूप में हो सकता है। (2) पति चाहे तो पारिवारिक सम्पत्ति में अपना हिस्सा, कोई मकान आदि भी मेहर को चुकता के रूप में दे सकता है। (3) पत्नी उस सम्पत्ति, उसके नकद मूल्य या उससे मिलनेवाले व्याज की मालिक होती है। (3) विवाह की निरन्तरता के दौरान पति ने पत्नी को कुछ राशियाँ दी हैं तो वह अपने आप मेहर का हिस्सा नहीं माना जाएगा। ऐसा मानने के लिए जरूरी है कि देते वक्त पति स्पष्ट रूप से स्पष्ट करे कि यह मेहर का हिस्सा है। (4) विवाह के दौरान पति मेहर का हिस्सा कभी भी बढ़ा सकता है और उसका ऐसा घोषित करना इस बात का पक्का सबूत होगा। पर वह राशि को घटा नहीं सकता। (5) यदि तत्काल मेहर की व्यवस्था की गई है तो वलीमा यानी शादी के बाद शारीरिक सम्बन्ध बन जाने के बाद भी स्त्री पति के साथ रहने से इनकार कर सकती है, यदि मेहर नहीं दिया जाता। (6) यदि मेहर विवाह के वक्त किसी कारणवश तय नहीं हुआ है तो भी तलाक के वक्त स्त्री इसकी माँग कर सकती है और वह राशि वास्तविक राशि होगी, औपचारिक नहीं। (7) यदि पति की मृत्य पर मेहर अदा नहीं किया जाता तो पत्नी को पति की सम्पत्ति और यदि संयुक्त परिवार है तो उसके हिस्से पर पूरा अधिकार हो जाता है। हिदायत उल्लाह का कहना है कि यह अधिकार अन्य प्रकार के विच्छेदों पर भी लागू होता है।

इन लम्बे विवेचनों के बाद मुस्लिम विवाह के संविदा स्वरूप पर कहा जा सकता है जैसा कि सर हेनरी मेन ने अपनी पुस्तक 'एंशिएंट ला' में कहा था, "The movement of progressive society has hitherto been a movement from status to contract." इस स्थापना के अनुसार पुरानी दुनिया में व्यक्ति अपने परम्परागत समूह में अपनी रुतबा से बँधा होता था, जबकि आधुनिक दुनिया में व्यक्ति को स्वायत्त इकाई के रूप में देखा जाता है, जो तमाम संगठनों से अपनी इच्छा के अनुसार स्वतन्त्र समझौते कर सकता है। इसलिए विवाह की संस्था भी रुतबा (Status) से हट कर संविदा बन गई। रुतवा होने के कारण विवाह स्थायी था उसे तोड़ा नहीं जा सकता था। समझौता हो जाने पर वह तोड़ने के योग्य हो गया। इधर फ्रीडमैन का

अपनी पुस्तक 'ला इन चेंजिंग सोसाइटी' में कहना है कि अब समझौता या संविदा के रूप में एक मानक अख्तियार करते जा रहे हैं। उनके प्रारूप पहले से ही प्रचलित हो गए हैं, जिन्हें बिना किसी संशोधन के स्वीकार किया जाने लगा है। इसलिए वे अब मनचाहे समझौते न होकर, स्टेटस का रूप पुनः लेते जा रहे हैं। मुस्लिम विवाह इससे अछूता नहीं है।

उधर एक नई प्रवृत्ति देखने को मिल रही है। मेहर तो विवाह में तय होता है, किन्तु उससे पहले दुल्हन के परिवार की तरफ से दुल्हे को क्या दहेज दिया जाएगा यह भी तय होने लगा है और वह मेहर से कई गुना अधिक होता है। यह दहेज न मिलने पर पति के परिवार में स्त्रियाँ खूब सताई जाती हैं। वे जलायी भी जाने लगी हैं और आत्महत्या भी करने लगी हैं। इससे उनकी स्थिति अधिकाधिक शोषित की होती जा रही है।

(4)

हम मुस्लिम स्त्रियों के उत्तराधिकार पर आते हैं। यद्यपि कि इस्लाम के तमाम सम्प्रदायों और उपसम्प्रदायों में उत्तराधिकार के नियमों में प्रचुर भिन्नता है, तो भी डी.एफ.मुल्ला के हवाले से कहा जा सकता है कि (1) पुत्रियों को पुत्रों के हिस्सा से आधा मिलता है। (2) पुत्र के हिस्सा में माता को 1/6 मिलता है और पिता को 1/3 (3) पत्नी को (और कई पत्नियाँ हों तो सबको मिल कर) पति को सम्पत्ति में 1/8 मिलता है।

जाहिर है कि उत्तराधिकार में स्त्री की स्थिति दोयम दर्जे की है। तो भी वह परम्परागत हिन्दू स्त्री से बेहतर रही है, जिसे भरसक कोई हिस्सा नहीं मिलता था। यही नहीं इस्लाम के आने के समय स्त्री की जो स्थिति थी, उसको ध्यान में रखने पर यह बड़ा सुधार लगता है। यह भी कि पुरुष को अपने हिस्से में से बच्चों की परिवरिश करनी पड़ती है। उनका विवाह करना पड़ता है, पारिवारिक कर्ज चुकाना पड़ता है। स्त्री पर ऐसा कोई दायित्व नहीं होता। हिन्दू नियम में तो स्त्रीधन स्त्री के अपने स्त्री उत्तराधिकारियों में वितरित होता था। पर पति के चल-अचल सम्पत्ति में वह जो हिस्सा पाती थी, विधवा की मृत्यु पर वह पति के उत्तराधिकारियों में वापस लौट जाता था। इसलिए वह बेच नहीं सकती थी, विनष्ट नहीं कर सकती थी, किसी को दे नहीं सकती थी—बस उसका लाभ ले सकती थी। मुस्लिम विधि में ऐसा नहीं है। वह पूरा मालिक होती है—किसी को भी दे सकती है, बेच सकती है। स्त्रियों और तमाम निर्भर लोगों को लाभ मिल सके, इसलिए कोई मुसलमान वसीयत द्वारा पुश्तैनी सम्पत्ति या स्वअर्जित सम्पत्ति को 1/3 से अधिक दान नहीं कर सकता। स्त्री को यदि अपने पहले पति से कोई सम्पत्ति—मेहर या उत्तराधिकार द्वारा—प्राप्त हुई है, तो वह बाद के पति

की सम्पत्ति का हिस्सा नहीं बन सकती। वह स्त्री की निजी सम्पत्ति होती है और उसकी व्यवस्था करने का अधिकार भी उसी का होता है। उत्तराधिकार में वह पहले पति के वारिसों को ही जाती है।

पत्नी का भरण-पोषण करना मुस्लिम पति का दायित्व है। पत्नी के अलग रहने पर यदि वह दो वर्षों तक उसे गुजारा भत्ता नहीं देता है तो वह विवाह-विच्छेद का पक्का आधार होगा। अन्यथा उसे अलग रहने के दिन से गुजारा भत्ता देना ही होगा। यही नहीं, यदि अदालत के सामने मामला आता है तो अदालत को तुरन्त गुजारा भत्ता देने की व्यवस्था करानी पड़ेगी, बिना उस बात पर विचार किए कि ऐसा प्रविधान निकाहनामा में किया गया था, कि नहीं या वह किन्ही अन्य कारणों से गुजारा भत्ता पाने की अधिकारी है, या नहीं। शाहबानू केस में तत्काल कहीं और जगह से गुजारा भत्ता का प्रविधान न मिलने पर अदालत ने क्रिलिनल प्रोसीजर कोड का सहारा लेकर उसे वह अधिकार दिया था। अफसोस कि इस अधिकार को और पुख्ता करने की जगह सरकार ने उस प्रविधान में ही संशोधन कर दिया, कठमुल्लों के सामने घुटने टेक कर।

मुस्लिम स्त्री को अपने पाँच साल के लड़के और आठ साल की लड़की पर अभिभावकत्व का अधिकार पति के न रहने पर भी है। पति के न रहने पर यह अधिकार तबतक है जब तक कि वे बालिग नहीं हो जाते। माँ के न रहने पर यह अधिकार, परिवार की अन्य स्त्रियों जैसे दादी, नानी, चाची, बुआ, आदि का होता है।

(5)

यह तो मुस्लिम स्त्री की वैधानिक स्थिति हुई और हमने देखा कि इस्लाम मत बराबरी का दावा करने के बावजूद किस तरह से स्त्री की स्थिति पुरुष की तुलना में दयनीय बनाकर रखता है। सामाजिक स्थिति में इस पितृसत्ता का आग्रह स्त्री की स्थिति और खराब करने की है। इस्लाम में पर्दा का प्रचलन आदि काल से है। वह मोहम्मद साहब के दिए उपदेश से आगे जाकर उसे और भी अधीनस्थ बना देता है। पैगम्बर साहब ने स्त्रियों से कहा था, "निगाहें नीची रखें। अपने गोपनीय स्थानों को ढककर रखें। जो प्रकट है उसके सिवाय अपने पति के सामने सौन्दर्य का प्रदर्शन न करें। अपने पति, पिता, ससुर, पुत्र, पति के पुत्र, भाई, भतीजा, भनजा, अपनी स्त्रियों, दासियाँ, आश्रिताएँ, न सम्बन्ध रखनेवाले पुरुष या बालक जो स्त्री भेद नहीं जानते, इन सबके सामने आने के अतिरिक्त अपनी ओढनी से सीना ढक लें। धम धम कर न चलें, जिससे कि छिपे जेवर आदि का आभास हो।"

सैयद अबू अला मौदुदी इसको न्यायोचित ठहराते हुए लिखते हैं कि इससे बढ़कर स्त्री को जो सिर से पाँव तक ढक दिया जाता है उसका कारण स्त्री की ही भलाई और

सुरक्षा है। इस्लाम से पहले के भी जमाने में यह प्रथा थी और इसलिए थी कि लोग स्त्रियों को देखकर उन पर हमला न करें, उन्हें उठा न ले जाएँ। तो भी एक कबीला दूसरे कबीले पर स्त्रियों के लिए हमला करता था। कबीलों के भीतर भी दुराचार व्याप्त था। उसे रोकने के लिए मोहम्मद साहब ने विवाह के लिए दूध के बरावा का सिद्धान्त रखा। चूँकि जाहिलिया की स्थिति से बाहर निकलकर तमाम कबीले इस्लाम के झण्डे तले एक हो रहे थे, इसलिए उम्मीद थी कि उनके हमले स्त्रियों पर पहले कम होंगे, फिर धीरे-धीरे समाप्त हो जाएँगे। उसमें पर्दा व्यवस्था की अपनी भूमिका होगी और उसने निभाया भी। पर वह पूरी तरह से समाप्त नहीं हो गया है। आज भी स्त्री की सुरक्षा के लिए उसकी वैसी ही जरूरत है। राहुल सांस्कृत्यायन लिखते हैं, ''शैतान भी अपना मतलब सिद्ध करने के लिए शास्त्र की दुहाई देता है। इसी तरह यह मुसलमान पुरुषों का सरासर अत्याचार है कि कुरान में वर्णित पर्दे की सीमा को लांघकर उन्होंने स्त्रियों को सात संगीन पर्दों में बन्दकर रखा है। कुरान ने तो विशेष श्रृंगार आदि के न दिखाई देने के लिए, कुछ विशेष अंगों को ढकने के लिए कहा है, किन्तु यहाँ लोगों ने सारे बदन को ढकने तक ही बस नहीं की, ऊपर से उन्हें सात तालों के अन्दर भी बन्द करना उचित समझा।''

भारत में जब मुस्लिम शासन की स्थापना हुई तो उनके दरबारी मुल्लाओं ने इस पर्दा व्यवस्था का सख्ती से पालन कराया। यहा तक कि पर्दा को कारण बनाकर रजिया सुल्ताना जैसी योग्य शासिका को नालायक पुरुषों को सत्ता सौंपने के लिए बाध्य ही नहीं किया गया मार डाला गया। इल्जाम लगाया गया कि उसका हब्सी गुलाम उसे घोड़ा पर चढ़ाते व्यक्त उसके अन्तः वस्त्रों में हाथ डालकर उसके गुप्तांगों को छूता है। तमाम शासक लोग अपनी स्त्रियों को हरम में रखते थे। उनकी सुरक्षा बलात नपुंसक बनाए गए खोजा लोग करते थे। स्त्रियों को कहीं आने-जाने नहीं देते थे। उनका मनोरंजन मीना बाजार में होता था। वहाँ भी शासक और दरबारी लोग दूसरों की स्त्रियों को अपनी वासना के लिए चुनते थे और बाद में अपनी दासियों और दलालों से अपने महल में बुलवाते थे। इसमें हरम में बहुत दुराचार फैलता था। औरतें स्वयं दुर्व्यसनों में लिप्त हो जाती थीं। और 'हरामी' गाली का शब्द बन गया।

उनकी देखा-देखी हिन्दू शासक भी अपने यहाँ पर्दा सिस्टम को बढ़ावा देने लगे। राहुल सांस्कृत्यायन ने लिखा है, ''गुरु तो गुड़ ही रह गए, चेला शक्कर हो गए। इसे बढ़े गौरव की बात समझकर उन्होंने मुसलमानों की इस रीति में और तरक्की की। पहले इन रीतियों को धनिक और बड़े आदमी कहे जानेवाले लोगों ने अपनाया, बाद में बड़े आदमी बनने की इच्छा वाले छोटे-लोगों ने अपनाया।...कहते हैं कि इस्लाम के कारण हिन्दुओं में चार कुरीतियाँ आईं—कन्या हत्या, कन्या विवाह, पर्दा सिस्टम और सिमन्त टीकन...।''

पर्दा सिस्टम ने स्त्री की शिक्षा को विनष्ट कर दिया। अपने अधिकारों के प्रति उनकी चेतना समाप्त हो गई। वे आर्थिक, राजनैतिक और सामाजिक-सांस्कृतिक रूप से पिछड़ गईं। इस सांस्कृतिक पिछड़ेपन के कारण वेश्यावृत्ति पनपी। वैसे तो कहा जाता है कि वेश्यावृत्ति संसार का सबसे पुराना धन्धा है और जाहिलिया के दौर में पराकाष्ठा पर था। पर जब घरेलू औरतों को पर्दे का बू-बू बना दिया गया तो उनमें नफासत और कलात्मकता की कमी आ गई। घरेलू स्त्रियाँ ऊबाऊ लगने लगी तो लोग कोठे पर जाने लगे। भारतवर्ष में इसकी प्रचुर व्यवस्था थी। इलाहाबाद में मीरगंज, बनारस में दालमंडी, गोरखपुर में बसन्तपुर, खूनी पुर, लखनऊ में चौक, दिल्ली में आज जो जी.बी. रोड़ का इलाका है, कलकत्ता में सोनागछी, बम्बई में भिंडी बाजार, इसके स्थाई अड्डे बन गए। पहले मीरगंज, दालमंडी, चौक जैसे स्थान संगीत और नृत्य के केन्द्र होते थे और गजल जैसी कविता विधा को प्रचार-प्रसार मिलता था, जहाँ एक स्थान से दूसरे स्थान को जाते हुए सैनिक और दीगर मुसाफिर अपनी थकान मिटाते थे, थोड़ा मनोरंजन करते थे। ये नृत्य, संगीतवाली औरतें एक साफ-सुथरा जीवन जीती थीं। किसी रईस की हो गईं, वह दूसरी बात थी। उनके यहाँ अच्छे-अच्छे लोग अपने बच्चों को दरबारी व्यवहार सीखने को भेजते थे। धीरे-धीरे यह गौण हो गया और वासनातृप्ति प्रमुख हो गया। वे भी धन खींचने लगीं। इससे कितने परिवार, व्यक्ति और धनी लोग तबाह हो गए, उसकी गिनती नहीं है। कुछ आज भी हो रहे हैं।

आज जब वह स्थिति नहीं रह गई है तो पर्दा व्यवस्था समाप्त होनी चाहिए। कितना अजीब लगता है जब हम देखते हैं कि उच्च शिक्षा ग्रहण करनेवाली लड़की बुर्का नहीं। तो गमछे से अपना मुँह ढँककर जिसमें सिर्फ आँखें दिखाई देती हैं स्कूटर चलाती जाती है, किसी बड़ी कम्पनी में अधिकारी स्त्री नकाब बोढ़कर प्रशासन करती है। इसके उत्तर में कुछ स्त्रियाँ कहती हैं कि शरीर के ढके रहने के कारण वे अधिक आश्वस्त होकर काम करती हैं, क्योंकि पुरुषों के घूरा-घूरी से बची रहती हैं। पर हमारा अनुभव उल्टा है। पर्दे से होने के कारण तमाम जिज्ञासुओं का घूरना बढ़ जाता है। कई इस्लामिक देश कहते हैं कि स्त्रियों को एक तो स्पोर्ट्स व खेलों में भाग नहीं लेना चाहिए। यदि लेती भी हैं तो उन्हें सिर से पाँव तक ढककर भाग लेना चाहिए। ये अतिरिक्त कपड़े उसकी क्षमता में कितना बाधा डालेंगी, इस पर ध्यान नहीं दिया जाता। जरा कल्पना करिए सानिया मिर्जा बुर्का ओढ़-पहन कर टेनिस खेलती तो क्या परिणाम होता। दरअसल यह पर्दा स्त्री को डी-सेक्स करने के लिए होता है, किन्तु यह उनके वजूद को ही समाप्त करने लगता है। इसके वकील हैं भी। अभी हाल ही में केरल के सुन्नी मौलाना कथनापर ए.पी. अबूबकर मुस्लीपर ने लैंगिग समानता को गैर-इस्लामी बताते हुए व्याख्यान दिया है कि स्त्रियाँ कभी भी पुरुषों के बराबर नहीं होती क्योंकि वे सिर्फ बच्चा पैदा करने के लिए होती हैं। उनमें मानसिक मजबूती और दुनिया को

नियन्त्रित करने की शक्ति नहीं होती, इसलिए वे पुरुषों के हाथों में होती हैं। वे संकट का सामना नहीं कर सकतीं। उनको पुरुषों के साथ बिठाकर पढ़ाना न केवल गैर-इस्लामी है, इस्लामी संस्कृति को खराब करने के पश्चिम और ईसाइयों के सुनियोजित अभियान का हिस्सा है। स्त्रियों को पर्दे में रहना ही चाहिए।

पर्दे के कारण स्त्रियाँ सामाजिक क्रियाकलाप में कम ही हिस्सा ले पाती हैं। समारोहों में जाती हैं तो स्त्रियों के ही बीच रहती हैं। वे स्त्रियाँ भी उन्हीं की तरह की बन्दिशों में रहनेवाली होती हैं, इसलिए वे मिलने-जुलने के बावजूद अपने अधिकारों और शोषण की बात नहीं करतीं और यदि कर भी पाती हैं तो उसे अमली जामा पहनाने का रास्ता नहीं मिल पाता इस पितृसत्तात्मक समाज में। पितृसत्ता के कारण ही एक पुरुष एक से अधिक स्त्रियों से सम्बन्ध बना लेता है, और उस पर उँगली नहीं उठती। पर यदि स्त्री विवाहित है तो वह तलाक का शिकार हो जाती है और यदि अविवाहित है तो जल्दी वर नहीं मिलता। परिपाटी ऐसी है कि ये दोनों ही बातें स्त्री को पदावनत कर देती हैं। दोष चाहे जिसका हो औरत को नीची निगाह से देखा जाता है। उसकी हर जगह फजीहत होती रहती है। वह स्त्री की स्थिति को नकार कर रखता है।

खुला समाज न होने के कारण स्त्रियाँ आपसी ईर्ष्या, द्वन्द्व में कुछ अधिक ही संलग्न रहती हैं और परिवार की खुशी तबाह होती है। शिक्षित न होने के कारण वे अपने अधिकारों के लिए समाज और अदालत में लड़ नहीं सकतीं। एक तो भारत में साक्षरता सरकारी आँकड़ों के अनुसार चाहे जितनी हो, शिक्षा बहुत कम है। उसमें मुस्लिम समाज अपनी अनुदारता के कारण और भी पिछड़ता जा रहा है। मकतब की अधिकांश शिक्षा स्त्री को बस किसी तरह कुरान पढ़ लेने तक, वह भी बिना अर्थ समझे सीमित रह जाता है। इसलिए वे अपने अधिकारों के प्रति जागरूक नहीं हो पातीं। जो इस खांचे से बाहर आकर शिक्षित हो पाती हैं और अपने अधिकारों के प्रति जागरूक, उन्हें पितृसत्ता मानने के लिए तैयार नहीं होता। ऊपर से अदालतों का खर्च इतना ज्यादे है और न्याय मिलने में इतना समय लगता है कि स्त्री का हौसला पहले ही टूट जाता है। न्याय मिलता भी है तो उसका कोई अर्थ नहीं रह जाता। कहने को तो इस्लाम ने औरतों को पिता, पति व पुत्र की सम्पत्ति में अधिकार बतौर उत्तराधिकार प्रदान किया है, पर बहुत कम औरतें उसे हासिल कर पाती हैं। भाई-बन्धु मार-पीटकर स्वयं ले लेते हैं। इसलिए बहुत कम औरतें आर्थिक रूप से सक्षम हो पाती हैं और जो हो पाती हैं वे इस पितृसत्ता के दबाव के कारण पंगा नहीं ले पातीं। राजनैतिक रूप से उनकी आवाज को उठानेवाला कोई नहीं है। उलटे वोट बैंक की राजनीति ऐसी है कि यदि कोई आवाज उठाए भी तो वह दबा दी जाती है। शाहबानू का मामला उसका ज्वलन्त उदाहरण है। तमाम राजनैतिक दल उन्हें इसलिए पिछड़ा रखना चाहते हैं कि इस समुदाय का व्यवहार एक झुण्ड की तरह हो, जिसे कोई तात्कालिक लालच

देकर या भावावेश उभार कर उनका तमाम मत हासिल किया जा सके। इन तमाम बातों के कारण मुस्लिम स्त्रियों की दशा अति दयनीय होती जा रही है। जब यह हालत शहरी इलाके की स्त्रियों की है, तो कल्पना कीजिए ग्रामीण इलाकों, विशेषकर विपन्न कृषि पर आधारित रहनेवाली स्त्रियों की दशा क्या होगी? जरा सोचिए, समान नागरिक संहिता बन भी जाए, पर उनके समुदाय के लोग नित्य-प्रति के व्यवहार में उसे न माने, तो न्याय के लिए भला कितनी स्त्रियाँ न्यायालय का दरवाजा खटखआ पायेंगी?

स्त्री और पुरुष में बराबरी नित्य-प्रति के धार्मिक कलाप में भी नहीं है। वे पुरुष के साथ कौन कहे, अपने और अपने साथ की औरतों के साथ मस्जिद में नमाज नहीं पढ़ सकती। कहीं-कहीं तो मस्जिद में जाने की ही वर्जना है। बस घर में मुसल्ला बिछा सकती है। धर्म गुरु कहते हैं कि ऐसी वर्जना धर्म के नाते नहीं हैं, वे चाहें तो मस्जिद में नमाज पढ़ सकती है। किन्तु सामाजिक रूप से उन्हें इसलिए अनुत्साहित किया जाता है कि वहाँ पुरुषों के संसर्ग में आने से दुराचार बढ़ेगा, कानून, व्यवस्था की समस्या उत्पन्न होगी। दूसरे पर्दा-सिस्टम की पब्लिक पालिसी तोड़ना गलत होगा। इधर शिक्षित औरतों में मस्जिद में जाकर नमाज पढ़ने की भावना बलवती हो रही है। 15 अगस्त 1997 को लखनऊ के आसिफी इमामबाड़े की मस्जिद में अंजुमन-ए-दुख्तारे जैनबी के आगाज पर पुरुषों के साथ नमाज पढ़ी तो एक ही खबर बनी कुछ उसी तरह कि भारत के प्रधानमन्त्री ने संयुक्त राष्ट्र में हिन्दी में भाषण दिया।

यहूदी स्त्री की स्थिति

यहूदी मत मजूसी मतों में प्राथमिक और सबसे पुराना है। यह ईश्वर की एकता, भूसा को उसका उपदेशक और तोरा को उसका धर्मग्रन्थ होने की बात को स्वीकार करता है। कोई ढाई हजार वर्षों से यहूदी लोग अपने वतन से निर्वासित होकर पूरी दुनिया में फैले रहे हैं। पर जहाँ भी रहे हैं, अपनी संस्कृति और जीवन-पद्धति को अक्षुण्ण रखे रहे हैं। इसलिए इन्हें बड़ा अनुदार माना जाता है तथा इनके ऊपर वैचारिक तथा शारीरिक आक्रमण होते रहे हैं। जर्मनी में नाजीवाद तो जैसे उन्हें एक नस्ल और समुदाय के रूप में नष्ट करने के लिए ही उभरा था। इसी के परिणामस्वरूप अमेरिका में बसे धनी यहूदियों के प्रयत्न से द्वितीय महायुद्ध के बाद इजराइल नामक राज्य की स्थापना हुई और दुनिया भर से यहूदी वहाँ जाकर बसे। उनमें प्रचुर मात्रा भारत से जा कर बसे लोगों की भी है। यहाँ हम भारत में रह रहे यहूदियों में स्त्री की स्थिति की चर्चा उनके वैधानिक और सामाजिक स्वरूप के आधार पर करना चाहते हैं।

भारत में तीन भिन्न प्रकार के यहूदी लोग रहते हैं। (1) कोचिन के यहूदी और वहीं बसे परदेशी यहूदियों के दो समुदाय, जो केरल के तटीय क्षेत्रों में रहते हैं। (2) बम्बई के इलाके में रहनेवाले दो समुदाय बेने इजराइल, यानी इजराइल के बेटे और बगदादी यहूदी रहते हैं। (3) पूर्वोत्तर भारत में, विशेषकर मणिपुर और मिज़ोरम की सीमा पर रहनेवाले कुछ लोग अपने को यहूदी मानते हैं, जिनमें से कुछ लोग इजराइल में जाकर बस भी चुके हैं। वे अपने को दाऊद की खो गई 12वीं शाखा की सन्तान मानते हैं, जो वहाँ से भागते-भागते शताब्दियों पहले यहाँ आकर बस गई थी। इनका इस्तेमाल कभी पूर्वोत्तर को अशान्त करने के लिए किया गया था, यह बताने के लिए कि वे भारत के अंग कभी रहे ही नहीं। मनोवैज्ञानिक रूप से लगता है कि जब द्वितीय महायुद्ध के बाद इजराइल नाम का एक नया देश बना और दुनिया भर के यहूदी वहाँ जा कर बसने लगे तो इधर की ईसाई हो गई तमाम जनजातियों के कुछ लोगों ने अपने को यहूदी घोषित कर इस नए राज्य में मिलनेवाले लाभ को लेना चाहा। उन्हें लगा कि इजराइल जाकर उनकी स्थिति अच्छी हो जाएगी। कुछ लोग गए भी और कुछ लोग

आज भी जाने का प्रयत्न करते हैं। कुछ सफल भी हो जाते हैं। पर उनके यहूदी होने पर सन्देह है, क्योंकि उनके आचरण में यहूदी जीवन पद्धति और मूल्यबोध की कोई झलक नहीं मिलती। वे चीन के शान प्रान्त से आई तमाम मंगोल कबीलों की ही तरह व्यवहार और आचरण करते हैं, उनका रूप-रंग भी आदिवासी तिब्बतो-बर्मियों जैसा है, भाषा की भी वही स्थिति है और ईसाई हो जाने के बाद ही उन्होंने यहूदियों के बारे में कुछ जाना-सुना है। उनकी स्त्रियों की दशा भी वहाँ की तमाम जनजातीय स्त्रियों जैसी है। वे हमारे अध्ययन के लिए प्रासंगिक नहीं हैं।

केरल और बम्बई के यहूदियों का भारत आगमन कई चरणों में हुआ। वे कई स्तरों पर स्थानीय भारतीय निवासियों के साथ घुले-मिले। इसलिए उनकी संस्कृति, भाषा और धार्मिक कलापों में खासी भिन्नता है। उनके भारत आगमन का सम्बन्ध उनके वास्तविक देश में आई विपत्तियों और धार्मिक तथा नस्ली लड़ाइयों से रहा। अधिकांशतः वे अपनी पहचान की कुछ ही बाहरी चिह्नों को सँजो कर रख पाए। अपनी पहचान के प्रति चेतन वे भारत में अंग्रेजी राज्य की स्थापना के बाद हुए और उसे बढ़ावा ईसाई अंग्रेजों से मिला—तमाम भारतीयों से उन्हें अलग कर भारतीय समाज में विभाजन पैदा करने, दिखाने के लिए।

कहा जाता है कि मलाबार तट में यहूदियों का प्रथम् आगमन जुडिया के राजा सोलोमन के समय में हुआ, टीक की लकड़ी, मसाला, हाथी-दाँत, मोर-पंख और काली मिर्च का व्यापार करने के सन्दर्भ में। दूसरा आगगन शरण पाने के उद्देश्य से था। यह घटना सन्, 70 की है, जब रोम ने जुडिआ को जीत कर सोलोमन (इस्माइल) के दूसरे मन्दिर को तहस-नहस कर दिया और तमाम यहूदियों को वहाँ से खदेड़ दिया। उन खदेड़े गए यहूदियों में से कुछ कांगानोर में स्थाई रूप से बस गए, जो तत्कालीन कोचिन (कुडुंगालुरु) राजा की रियासत में था। चौथी शताब्दी में कोचिन के राजा ने यहूदियों के नेता यूसुफ राबान को उनका राजकुमार घोषित कर अपना दरबारी बना लिया और तामपत्र पर लिखे दो शासनादेशों द्वारा कोगानोर और आस-पास का इलाका जमीन्दारी के रूप में दे दी। बदले में कुछ यहूदी राजा की सेना में भर्ती हो गए, कुछ खेती-बारी करने लगे और कुछ पुश्तैनी व्यापार में लगे रहे। बाद में उनका प्रभाव इतना हो गया कि स्थानीय हिन्दू राजा शनिवार को युद्ध नहीं करता था (शनिवार यहूदियों का पवित्र और छूट्टी का दिन होता है) और उनके गाँव को यहूदी राष्ट्र के रूप में मान्यता देता था। स्थानीय लड़के-लड़कियों का विवाह उनके यहां होता था, वे जूडो-मलयालम बोलते थे, अपना पूजा-स्थल निर्मित करते थे, खाने-पीने की अपनी वर्जनाओं का निर्वाह करते थे और साबाथ (शनिवार) को आराम करते थे। पर आचरण के अन्य मामलों में उनकी कट्टरता जाती रही। धार्मिक अनुष्ठान कराने के लिए उनका कोई रब्बी नहीं रह गया था। इन यहूदियों पर 1524 में मोपला (अरब से आकर बसे

मुसलमानों के वंशज) लोगों ने कालीकट के हिन्दू राजा के साथ मिलकर आक्रमण किया, इस बहाने के साथ कि यहूदी लोग उनके काली मिर्च के व्यापार में व्यवधान डालते हैं। यहूदी लोग भागकर कोचिन के हिन्दू राजा की शरण में गए। उसने बसने के लिए कोचिन में ही एक इलाका दे दिया। उसे आज यहूदीनगर कहते हैं।

परदेशी यहूदियों का आगमन यूरोप से हुआ, विशेषकर स्पेन, पुर्तगाल और हालैंड से, जब इन देशों के उपनिवेश बने। इन यहूदियों ने हमेशा अपनी पहचान एक तरफ ईसाइयों से, तो दूसरी तरफ स्थानीय यहूदियों से अलग रखी। उन्होंने कोचिन के यहूदियों के साथ मेल-मिलाप नहीं बढ़ाया। अपना अलग पूजा स्थल बनाया और रब्बी रखा। वे अपने साथ अपना तोरा ले आए थे और उसका कड़ाई से अनुपालन करते थे। जब अंग्रेजों ने इस इलाके को अपने राज्य में मिला लिया तो उनकी स्थिति और अच्छी हो गई। उनकी स्थिति देखकर बाद में तमाम यहूदी मध्य-पूर्व, उत्तरी अफ्रीका और स्पेन से आकर और बस गए। एर्णाकुलम और परूर उनके पसन्दीदा स्थान बने। इजराइल का नया राज्य बनने पर केरल के तमाम यहूदी वहाँ जाकर बस गए। आज इनकी संख्या नाममात्र की रह गई है।

बम्बई में बसे बेने इजराइली ईसा पूर्व दूसरी शताब्दी में गैलीली से भागकर आए। पेशे से वे तेली थे। कहा जाता है कि ईसा पूर्व 175 में आज की मुम्बई के पास एक नौका दुर्घटना हुई थी, जिसमें सिर्फ सात यहूदी जोड़े बचे रह गए थे। वे भागकर कोंकण इलाके में गए और मौजूदा मुम्बई के दक्षिणी इलाके के एक गाँव में बस गए। धीरे-धीरे उनकी सन्ततियों स्थानीय संस्कृति में पूरी तरह से घुल-मिल गईं और उस जमाने की स्थानीय बोली बोलने लगी। अलावा कुछ बाह्य चिह्नों के, उनकी पहचान पूरी तरह से समाप्त हो गई। उनकी पुनर्पहचान तब बनी जब अंग्रेजों के शासन में बगदाद से बड़ी संख्या में यहूदी 18वीं सती में आए और इन बाह्य लक्षणों के आधार पर उन्हें अपना भाई मानने लगे। वे अपने जैसा धार्मिक जीवन जीने के लिए उत्साहित करने लगे। इसके लिए कोचिन और बगदाद से शिक्षक बुलाये गए और 19वीं सदी के अन्त तक बम्बई में यहूदियों की एक बड़ी आबादी बन गई। 1942 में इनकी संख्या पचास हजार थी। ये धनी व्यापारी लोग थे और उनका गहरा असर भारतीय जीवन पर पड़ा।

किसी भी पुरानी विधि की तरह यहूदी विधि का स्रोत देववाणी है, जिसे मूसा ने सिनाई के पर्वत पर सुना। उन विधियों को पुरानी इंजील के आरम्भिक पाँच पुस्तकों जेनेसिस, एक्सोडस, लेविटिकस, नम्बर्स और देओतोरोनोमी में संग्रहीत किया गया है। इन्हें यूनानी भाषा में पेंटाचेउत कहते हैं, जिनका मतलब होता है, पाँच पुस्तकें। स्वयं यहूदी लोग इसे तोरा कहते हैं, जिसका अर्थ होता है विधि, निर्देश या दिशा सूचन। समय-

समय पर इन पुस्तकों की स्थापनाओं पर स्मृतियाँ और व्याख्याएँ लिखी गईं, जिससे कि उन्हें समसामयिक बनाकर स्थिति के अनुसार ढाला जा सके। इसे तालमूद कहते हैं, जिसका अर्थ होता है शिक्षण या दिशा निर्देश। कहा जाता है कि यह तालमूद भी एक तरह की देववाणी ही है, जो लिखित न रहकर जबानी ही एक पीढ़ी से दूसरी पीढ़ी को बताता जाता रहा है। इसे फिलिस्तीनी तालमूद कहा जाता है। आज के यहूदी कानून के दो स्तम्भ है—एक देववाणी के रूप में तोरा, दूसरा विकसित रूप में तालमूद। इस तालमूद का संग्रह 72 ईस्वी में हुआ था जुडिया में लाइत्स के द्वारा रोमन सम्राट वेस्पेसियन के शासन के दौरान। इसे बेबिलोनियन तालमूद कहा जाता है और यह शुरू से ही लिखित रूप में रहा है। इसके दो खंड हैं। पहले खंड मिश्नाह में धार्मिक और वैधानिक नियमों को रख गया है, जो पुरानी इंजील की अधिवृत व्याख्या है। दूसरा खंड गनारो पहले खंड का भाष्य है, जिसमें विभिन्न रब्बियों के मत संकलित हैं। इसलिए इसे रब्बियों का नियम भी कहते हैं। ये तीनों यानी मिश्नाह, फिलिस्तीनी तालमूद और बेबीलोनी तालमूद पुनः दूसरी, चौथी और छठी शताब्दी में लिखे गए, जिसे शुल्चन आरुच कहते हैं। इसके तीसरे खंड में पारिवारिक कानून संग्रहीत हैं, जिन्हें एमोन-हा-एजेर कहते हैं। आज दुनिया भर के यहूदी इसी का अनुशरण करते हैं।

भारत की अदालतें यहूदी कानून को रेवेरेंट मिलीजिनर द्वारा लिखित पुस्तक जेविश ला आफ मैरिएज एंड डाइवोर्स इन एंशिएंट एंड मार्डन टाइम्स' (द्वितीय संस्करण 1911) और रब्बी कुटुशिन की पुस्तक 'जेविश कोड आफ जुरिसप्रूडेंस' (1921) को आधार बनाकर लागू करती हैं। हम यहाँ इन्हीं की चर्चा करते हैं।

यहूदी विधान में विवाह एक धार्मिक कृत्य है, जो एक पति, एक पत्नी सम्बन्धी न तोड़े जा सकनेवाले अनुबन्ध सरीखा है। विवाह के लिए जरूरी है कि होनेवाले पति व पत्नी, दोनों अलग-अलग इस बात के लिए सहमति दें, सहमत होने की स्वस्थ मानसिक स्थिति में हो और वे वय प्राप्त व्यक्ति हों। तीनों में से किसी एक की कमी होने पर किया गया विवाह निरर्थक होता है—उसकी कोई कानूनी मान्यता नहीं होती। इसलिए पागल और अविकसित दिमाग के व्यक्ति विवाह कर ही नहीं सकते। पुराने तालमूद के अनुसार लड़की को 12 वर्ष और लड़के को 13 वर्ष का होना चाहिए। अपवादस्वरूप परिस्थितियों में, बाद में इसे लड़की के लिए घटाकर बारह से कम कर दिया गया था। ऐसी दशा में सहमति पिता देंगे। पिता के मृत हो जाने पर माँ, फिर भाई देगा। अपवादस्वरूप परिस्थितियाँ गरीबी से बचाना और संरक्षण देना हो सकती हैं।

उपरोक्त तीनों शर्तों की पूर्ति के बाद विवाह को पक्का करने के लिए पहले सगाई, फिर विवाह की धार्मिक औपचारिकता की पूर्ति की चौथी शर्त है। सगाई में भावी पति को भावी पत्नी को कुछ धन (रुपये) देना होता है। उसकी जगह वह कोई वस्तु भी

दे सकता है। प्रचलन में वह वस्तु धीरे-धीरे अँगूठी बन गई। आज तमाम हिन्दू लोग जो सगाई में अँगूठी पहनाते हैं, वह वहीं से फिल्मों के माध्यम से आया प्रचलन है। अँगूठी देते वक्त भावी पति को भावी पत्नी से कहना होता है कि, 'आज से तुम मेरी मंगेतर हो', या 'आज से तुम मुझसे विवाह के लिए अनुबन्धित हो, इजराइल और मूसा के विधान के अनुसार'। तब उपस्थित लोग कुछ धार्मिक वचन उच्चारित करते हैं, जो आशीर्वादस्वरूप होता है। यह भी हिदायत दी जाती है कि वास्तविक विवाह से पूर्व वे शारीरिक सम्बन्ध नहीं बनाएँगे। विवाह में स्त्री को 'चुप्पा' यानी विवाह मंडप से 'निसुइन' यानी सुहागगृह में ले जाएजाता है। इसका मतलब होता है कि विवाह का बन्धन बँध गया और अब शारीरिक सम्बन्ध बनाया जा सकता है। विवाह को पूरा होने के लिए इतना ही बहुत है, वास्तविक शारीरिक सम्बन्ध बनना जरूरी नहीं है।

अतीत में खेतुबा की परम्परा थी, जिसका मतलब होता था विवाह से पहले दुल्हा एक लिखित वचन देता था कि उसकी मृत्यु या विवाह विच्छेद पर एक निश्चित राशि उसकी सम्पत्ति से दुल्हन को दी जाएगी। यह यादृच्छित तलाक पर रोक लगाने के लिए था। 11वीं सदी में जब पति के विच्छेद सम्बन्धी अधिकारों पर रब्बेनु गोरशोम की सीनोद द्वारा रोक लगा दी गई, तो खोतुबा बस एक पुरानी परम्परा बनकर रह गया। दूसरे तमाम देशों के कानून स्त्री को कुछ अतिरिक्त अधिकार देने लगे, जिसके कारण इसका रहा-सहा महत्त्व भी जाता रहा। आज यह चलन में नहीं है।

आज यह पति का अनिवार्य कर्तव्य है कि वह अपनी हैसियत के अनुसार पत्नी का भरण-पोषण करे। यानी भोजन, आवास, वस्त्र, दवा-दारु की व्यवस्था करे, उसके साथ नियमित शारीरिक सम्बन्ध बनाए, उसकी रक्षा करे और अपहरण हो जाने पर अपहरणकर्ताओं से छुड़ाये, इसमें यह भी आता है कि वह उनके रुपयों की माँग को पूरा करे—ऐसा अरबों के साथ युद्ध के दौरान अक्सर होता था, और मृत्यु हो जाने पर उसका कफन-दफन करे। दूसरी तरफ स्त्री की कमाई पर उसका पूरा हक होता है। उसकी निजी सम्पत्ति (यानी पिता की तरफ से उत्तराधिकार में मिली सम्पत्ति) से होनेवाली आमदनी पर पूरा हक है। स्त्री की मृत्यु हो जाने पर उसकी सम्पत्ति पर पति का पूरा अधिकार मिल जाता है। यह सब इसलिए है कि वह स्त्री की आर्थिक आवश्यकताओं की पूर्ति करता है। इसकी परिणति यह है कि यदि पत्नी पति को उसके प्रति आर्थिकदायित्व से पूरी तरह से मुक्त कर देती है तो वह अपनी सम्पत्ति की पूरी मालकिन हो जाती है और अपनी निजी कमाई पर उसे पूरा अधिकार होता है।

पत्नी के लिए अनिवार्य है कि पति जहाँ रहे, वह वहीं जाकर उसके साथ रहे और ऐसा अपने भरण-पोषण के लिए ही नहीं, नियमित शारीरिक सम्बन्ध बनाने के

लिए जरूरी है। पर वह उस देश में जाने से इनकार कर सकती है, जिस देश की भाषा वह नहीं जानती। वह जहाँ भी रहती है, पति की घर-गृहस्थी की पूरी मालकिन होती है और यह सिर्फ व्यवस्था के लिए ही नहीं, निर्णय लेने के लिए भी है। पर यह उसका कर्तव्य है, अधिकार नहीं। पति के विचार यदि भिन्न हैं तो, पति के ही विचार को माना जाएगा।

11वीं सदी से पहले कहीं-कहीं किन्हीं परिस्थितियों में बहुपत्नीवाद का प्रचलन था। पर किसी भी परिस्थिति में बहुपतिवाद नहीं माना जा सकता था। 11वीं सदी में इसे समाप्त कर दिया गया और इस मामले में स्त्री-पुरुष के अधिकार बिलकुल बराबर हो गए। प्रचलन में देखा गया है कि किन्हीं देशों में पति की दूसरी पत्नी को मान्यता मिलती है, यदि उस देश का विधान उसकी सामान्यतः अनुमति देता है।

विवाह विच्छेद किसी एक के मृत्यु पर अपने आप हो जाता है। यह कारण प्राकृतिक है। मानव निर्मित विच्छेद तलाक से होता है। पहले इसके लिए 'गेट' नाम का धार्मिक अनुष्ठान करना पड़ता था। किन्तु 11वीं सदी में इसकी अनिवार्यता समाप्त कर दियी गई। अब तलाक आपसी सहमति से, पत्नी की अपील पर सक्षम अदालत से, या फिर जनभावना को ध्यान में रखकर कोर्ट द्वारा दिए गए आज्ञा से हो सकता है। आज विभिन्न देशों के (भारत समेत) कानूनों के अनुसार पति निम्न आधारों पर पत्नी को तलाक दे सकता है—

(1) स्त्री द्वारा परपुरुषगमन। इसे सिद्ध करना जरूरी नहीं, गम्भीर सन्देह का होना जरूरी नहीं। गौर करने की बात है कि यदि स्त्री का सम्बन्ध समलैंगिक है तो वह तलाक का आधार नहीं बनता।

(2) नैतिक सुरुचिता की सार्वजनिक अवहेलना।

(3) धर्म परिवर्तन, घर-गृहस्थी के कामों में यहूदी धर्म के नियमों की अवहेलना, जिसके कारण पति को अपनी इच्छा के विपरीत गैर-यहूदी जीवन जीना पड़े।

(4) एक वर्ष तक जान-बूझ कर हम बिस्तर न होना।

(5) पति यदि किसी दूसरे देश में रहता है, तो बिना किसी पर्याप्त कारण के उसके साथ जाने से इनकार करना और इस तरह से उसके शारीरिक सम्बन्ध बनाने के अधिकार की अवलेहना करना।

(6) पति या पति के पिता को पति के सामने अपमान करना।

(7) ऐसे रोग से ग्रस्त होना जो सहवास में बाधा डाले।

गौर करने की बात यह भी है कि पुराने जमाने में परपुरुषगमन ऐसा अपराध माना जाता था कि

रूप से पत्थर मार कर स्त्री को मार डाला जाता था।

विभिन्न देशों में पत्नी भी निम्न आधारों पर पति के विच्छेद प्राप्त कर सकती है—

(1) पति द्वारा परस्त्रीगमन। गौर करने की बात है कि यदि किसी पुरुष के साथ समलैंगिक सम्बन्ध है, या किसी अन्य स्त्री के साथ गुदामैथुन करता है, तो वह तलाक का कारण नहीं बनता।

(2) क्रूरता, (3) लम्बे समय तक साथ न रहना या सहवास नहीं करना।

(4) न ठीक होनेवाली ऐसी बीमारियाँ जो सहवास में बाधा डालती हैं, या घृणा पैदा करती हैं।

(5) ऐसा व्यापार या धन्धा करना, जिससे स्त्री को घृणा होती है।

(6) नशाखोरी की आदत।

(7) जेल की लम्बी सजा। लेकिन यदि वह जेल में रहते हुए भरण-पोषण कर सके ओर शारीरिक सम्बन्ध समय-समय पर बना सके, तब नहीं।

(8) भरण-पोषण आदि में कोताही।

भारत में जब अंग्रेजी राज्य की पूर्ण स्थापना हो गई तो हिन्दुओं और मुसलमानों के लिए तो हिन्दू और मुस्लिम कानून के अनुसार निर्णय देने का अधिकार अदालतों को दे दी गई, पर यहुदियों, पारसियों और ईसाइयों के लिए कुछ नहीं कहा गया। इसलिए उनके मुकदमों का निस्तारण 'Justice, equity and good conscience' के आधार पर होने लगा। ये एक प्रकार से इंग्लैंड में प्रचलित ईसाइयों के कानून होते थे। बाद में प्रिवी काउन्सिल ने स्पष्ट किया कि इन समुदायों पर सिविल ला तो लागू किया जा सकता है, पर धार्मिक विधि (Ecclesiastical law) नहीं। बाद में बम्बई, कलकत्ता, मद्रास और इलाहाबाद में हाई कोर्ट बनने के बाद लेटर आफ पैटेण्ट के द्वारा हिन्दुओं और मुसलमानों के साथ ईसाइयों और पारसियों को तो उनके पारिवारिक कानून के आधार पर उनके मुकदमों को निर्णीत करने का अधिकार दे दिया गया, पर यहूदियों को यह लाभ नहीं दिया गया। इसलिए अदालतों के सामने असमंजस की स्थिति बनी रही। वह आज भी है, क्योंकि उनके विधान को अभी तक संहिताबद्ध नहीं किया गया है।

सम्पत्ति के उत्तराधिकार के बारे में, चाहे वह पिता की सम्पत्ति में हो या पति के, स्त्री को पुरुषों के साथ बराबर का हिस्सा मिलता है। बच्चों का स्वाभाविक अभिभावक पिता होता है। उसके न रहने पर बाबा होता है। उसके भी न होने पर माता होती है। यदि कोई यहूदी स्त्री गैर यहूदी से विवाह करती है तो उनसे उत्पन्न बच्चे पिता के धर्म के अनुसार पाले जाएँगे, भले ही वह स्त्री विवाह के बाद भी यहूदी धर्म के पालन में

पक्की हो। इसी तरह यदि कोई यहूदी पुरुष किसी गैर यहूदी स्त्री से विवाह करता है तो अमूमन वह स्त्री भी यहूदी मानी जाएगी, तब तक जब तक कि इसके उलट सिद्ध नहीं किया जाता। उनसे उत्पन्न सन्तानें यहूदी ही मानी जाएँगी। यानी व्यवस्था पूरी तरह से पितृसत्तात्मक है।

आज भारत के यहूदियों की संख्या काफी कम हो गई है। पिछली जनगणना के अनुसार उनकी संख्या बमुश्किल पाँच हजार है। चूंकि यह समुदाय खूब शिक्षित है, नगर में रहता है और आर्थिक रूप से बेहतर है, इसलिए स्त्रियों की स्थिति दूसरे समुदाय की स्त्रियों से बेहतर है।

पारसी स्त्री की स्थिति

अदालतों ने माना है कि पारसी समुदाय कोई धर्म-आधारित समुदाय न होकर, नस्ल आधारित समुदाय है। इसलिए दूसरे धर्म के लोग अपना मत परिवर्तन कर इनमें समाहित नहीं हो सकते। इसी तरह पारसी लोग चाहें तो कोई भी मत अपना सकते हैं, उससे उनके नस्ल पर कोई प्रभाव नहीं पड़ेगा। वैसे वे जोरोवास्टर मत के अनुयायी हैं और जब तक यह सिद्ध नहीं हो जाता कि उनके समुदाय का व्यक्ति किसी और मत का अनुयायी है, वह जोरोवास्टर मत का ही माना जाएगा। इसी तरह यदि कोई पारसी किसी गैरपारसी से विवाह करता है, तो वह दूसरा विवाहित व्यक्ति पारसी नहीं हो जाएगा, क्योंकि धर्म तो बदला जा सकता है, पर नस्ल नहीं। इसी तरह राष्ट्रीयता के बदल जाने पर भी नस्ल नहीं बदलती। हाँ, यदि पुरुष पारसी है तो उसके बच्चे पारसी माने जाएँगे, पर यदि माँ पारसी है तो बच्चे पारसी नहीं माने जाएँगे, क्योंकि नस्ल का निर्णय पुरुष से होता है, स्त्री से नहीं।

आज भारत में करीब अस्सी हजार पारसी रह रहे हैं और पूरी दुनिया में करीब तीन लाख हैं। उनका आगमन सन् 636 में हुआ, जब खलीफा उमर ने फारस के बादशाह येज्देजिन्द को परास्त कर वहाँ के लोगों का बलात धर्म परिवर्तन करने लगा। वे दमन द्वीप से करीब पच्चीस मील दक्षिण रुके और स्थानीय राजा जदओ राने से पनाह माँगी। इसके साथ ही उन्होंने वादा किया कि वे उनके इलाके को समृद्ध कर देंगे। उन्होंने अपना वादा वाकई निभाया। राजा ने उन्हें निम्न शर्तों पर गुजरात के आज के जिला बलसाड़ में दिव द्वीप के पास एक विस्तृत उजाड़ इलाका बसने के लिए दे दिया—

(1) वे स्थानीय भाषा सीखेंगे और उसी में काम करेंगे।

(2) अपने धर्म ग्रन्थ का अनुवाद स्थानीय भाषा में करेंगे।

(3) उनकी स्त्रियाँ स्थानीय औरतों की तरह साड़ी पहनेंगी।

(4) विवाह में वे स्थानीय परम्परा के अनुसार वर-वधू के बीच गठबन्धन करेंगे।

(5) अपने सभी हथियार राजा को सौंप देंगे।

उन्होंने अपने पैतृक गाँव 'सारी' की स्मृति में 'नवसारी' गाँव बसाया। अधिकांश लोग खेती करने लगे। कुछ लोग कपड़े की बुनाई, बढ़ईगिरी, लोहारी और अन्य शिल्पकारी करने लगे। नवसारी के पास उड़वाड़ा में उन्होंने अपना पहला अग्निमन्दिर बनवाया और उसमें

अपने साथ लाये अग्नि को स्थापित किया। अपनी अलग पहचान बनी रहे, इसके लिए कुछ हिन्दू परम्पराएँ अपनाने के बावजूद विवाह अपने ही लोगों के बीच करने की प्रथा बनाई। दूसरी तरफ अनुदार हिन्दुओं ने भी उन्हें अपनी जाति-व्यवस्था में शामिल नहीं दिया। इससे वे आजतक एक अलग समुदाय के रूप में अपनी पहचान बनाकर रख पाए हैं।

आज उनके दो समूह हैं। बड़ा ग्रूप शेनसोई या शुहुर्सी कहलाता है। 1746 में कुछ लोग इससे अलग होकर एक दूसरा ग्रूप बनाया, जिसे खुद्मी कहा जाता है। इनकी संख्या आज दस बारह हजार के करीब है। जब बम्बई अंग्रेजों के हाथ में आया और वह बड़े पैमाने पर बसाया जाने लगा तो पारसी लोगों ने नए भवनों के निर्माण का ठीका लेना चालू किया, जिससे उन्हें बड़ी आदमनी हुई और देखते-ही-देखते वे बड़े धनी लोग हो गए। अंग्रेजों के साथ निकटता के कारण वे अंग्रेजी शिक्षा प्राप्त करने में, नए व्यापार करने में, उद्योग लगाने में अग्रणी रहे। करीब 70% लोग बम्बई में जाकर बस गए। एक तरफ वे ब्रिटिश शासन के मददगार रहे, तो दूसरी तरफ आजादी की लड़ाई में भी बढ़-चढ़कर भाग लिया। एक तरफ अस्पताल, विद्यालय, बगीचे आदि बनवाए, तो दूसरी तरफ व्यापार, उद्योग, विज्ञान और कला में अपनी शक्ति बढ़ाई। यह सब करते हुए अंग्रेजों के निकट होने के कारण वे अपना पारिवारिक विधान बचाकर रखने में कामयाब हो पाए। आरम्भ में उन्हें हिन्दू और मुसलमानों की तरह अपनी फैमिली ला को मान्यता नहीं मिल पाई थी। इसलिए वे यहूदियों की तरह 'जस्टिस, इक्वीटी एंड गुड कान्सियेंस' के अन्तर्गत ब्रिटिश कानून के माध्यम से ईसाइयों के विधान से अनुशासित होने लगे। किन्तु 1779 में तत्कालीन गवर्नर विलियम होर्नवी से पारसी पंचायत को मान्यता मिल गई। और उसके आधार पर 1789 में विवाह और तलाक के मामले में पारसी परम्परा को भी मान्यता मिल गई। उत्तराधिकार के मामले में जब बड़े बेटे को सारी सम्पत्ति देने का नियम (Law of Primogenitor लागू किया गया, तो पारसी समुदाय भड़क उठा, क्योंकि उसका परम्परागत नियम ऐसा नहीं था। परिणामस्वरूप 1836 में विवाह, तलाक और उत्तराधिकार के लिए एक कानून पास हुआ। विधवाओं को पति की सम्पत्ति में अधिकार दिया गया। बाकी सभी बच्चों को, चाहे वे लड़की हो या लड़का, (और उनमें से किसी के मर जाने पर उसके बच्चों को) बराबर का हिस्सा देने का प्राविधान किया गया। पर यह कानून सिर्फ बम्बई तक सीमित था। एक बड़ी दिक्कत यह थी कि बम्बई से बाहर रहनेवाले पारसियों की विभिन्न जगहों पर विभिन्न परम्पराएँ कार्यरत थीं। ऊपर से बम्बई में रहनेवालों की परम्पराएँ भी बहुत स्पष्ट नहीं थीं। इसलिए उपरोक्त विधान के बन जाने के बावजूद समस्याएँ जस की तस रहीं। तब समुदाय की माँग पर 1865 में दो कानून बनाए गए: (1) पारसी इन्टेस्टेट सक्सेशन एक्ट, और (2) पारसी मैरेज एंड डाइवोर्स एक्ट। इन्हीं से आज पारसी समुदाय का नियमन होता है। इनसे पारसी स्त्री की स्थिति को समझा बूझा जा सकता है।

इस कानून के कारण पारसी विवाह एक अनुबन्ध है। वह, 'एक पत्नी-एक पति' के सिद्धान्त पर आधारित है। परगमन को तलाक का आधार बनाया गया है, चाहे वह स्त्री द्वारा किया गया हो, या पुरुष द्वारा। वैवाहिक मामलों में समुदाय की सात सदस्यों वाली पंचायत के निर्णयों को विधिक मान्यता प्रदान की गई है। उत्तराधिकार के मामले में विधवाओं और बेटियों की स्थिति बेहतर हो गई है, क्योंकि उन्हें पति और पिता की सम्पत्ति में बराबर का हिस्सा दिया जाता है। विवाह वयस्कों का उनकी सहमति से होता है, तलाक के लिए कोई भी पहल कर सकता है, भरण-पोषण पाने का अधिकार स्त्री को है, विवाह भंग हो जाने पर अल्पवयस्क बच्चों पर उसका अभिभावकत्व रहता है। पर सात साल से बड़े हो जाने पर यह अधिकार पिता और उनके न रहने पर उनके परिवार के पुरुषों (बाबा फिर चाचा) को चला जाता है।

उनकी स्थिति में सुधार के और प्रयास बीसवीं सदी के चौथे और अन्तिम दशक में हुए। गौर करने की बात यह है कि ये सुधार की बातें पारसी समुदाय के पुरुषों द्वारा की गईं, उनमें पारसी स्त्रियों की स्वयं अपनी कोई भूमिका नहीं रही। इन पुरुषों का इरादा अपने समुदाय की स्त्री और पुरुषों को बराबर करना नहीं, अपने समुदाय के विधान की अलग पहचान बनाकर रखना था। और यह जताना था कि हम किसी भी यूरोपीय समाज से कम प्रगतिशील नहीं हैं। परिणाम यह है कि वहाँ बाल विवाह नहीं होता, विधवा विवाह हो सकता है, विवाह लड़के-लड़की की सहमति से होता है, दहेज प्रथा जैसी बुराई नहीं है, कन्या हत्या नहीं होती, दहेज के लिए स्त्रियाँ जलाई नहीं जातीं। स्त्रियाँ परिवार के भीतर और परिवार के बाहर पुरुष जैसा ही व्यवहार करती हैं, भले ही पोशाक में अन्तर हो। वही बात बच्चा गोद लेने के बारे में है। यानी अकेली औरत भी बच्चा गोद ले सकती है। तलाक सहमति से, किसी के खराब चाल-चलन के आधार पर, नपुंसकता के आधार पर, न ठीक होनेवाली बीमारी के आधार पर, लम्बे समय तक अलग या दूर रहने के आधार पर, क्रूरता के आधार पर, पारगामिता के आधार पर किसी भी पक्ष द्वारा लिया जा सकता है। आज सम्पत्ति पर स्त्री और पुरुष का बराबर का अधिकार होता है। और उसकी व्यवस्था आपसी सहमति के आधार पर की जाती है। व्यक्ति की अपनी कमाई परिवार की कमाई मानी जाती है और उसे खर्च करने का अधिकार पूरे परिवार को होता है। यदि नया व्यापार या उद्योग आरम्भ करना होता है तो पूरे परिवार की राय ली जाती है और तब परिवार का पैसा उसमें लगाया जाता है।

कुल मिलाकर कहा जा सकता है कि आज के समय को देखते हुए पारसी स्त्री की स्थिति तमाम भारतीय स्त्रियों के बीच बेहतर है और यह स्त्री के प्रयासों से नहीं, वहाँ के लिखे पढ़े प्रभावशाली पुरुषों के प्रयासों से हुआ है।

ईसाई स्त्री की स्थिति

ईसाई कहते ही हमारे सामने मुक्त, स्वतन्त्र, आधुनिक, शिक्षित, पश्चिमी सभ्यता में डूबे आदमी की छवि पड़ती है, जिसमें स्त्री और पुरुष बराबर दिखते हैं। यह छवि वास्तव में हमारे ऊपर शासन कर चुके गोरों की है, जो अपने उच्छृंखल व्यवहार के लिए कहते थे कि नेटिव और कुत्ते में कोई अन्तर नहीं होता, जिसके कि उनके सामने किसी बात के लिए शर्म किया जाए। ये गोरे चूँकि ईसाई होते थे, इसलिए उनकी यह छवि हम समस्त ईसाइयों पर चस्पा कर देते हैं। भारतीय मूल के ईसाइयों की छवि इससे कहीं भिन्न है और उसके कई रंग हैं। उत्तर-पूर्व के ईसाइयों के बीच स्त्री पुरुष की जिस समानता को हम लक्षित करते हैं, वह उनके जनजातीय परम्परा के निर्वाह, मंगोल नस्ल की संस्कृति को लेकर चलने के कारण है, जो अनूमन जनतान्त्रिक रहे हैं। तमाम कबीलों की उत्पत्ति मातृकुलात्मक पारिवारिक व्यवस्था से हुई और कुछ कबीले तो आज भी मातृकुलात्मक हैं। उसके नाते स्त्री की स्थिति विवाह और उत्तराधिकार के मामले में दूसरे समुदायों से थोड़ी बेहतर है। पर वहाँ भी काग का बँटवारा लिंग के आधार पर है, निर्णय लेने में दोनों लिंगों में बराबरी नहीं है और घरेलू श्रम का मूल्याँकन उत्पादन करनेवाले श्रम की तरह पैसे में नहीं होता। घरेलू हिंसा वहाँ भी है और फौज तथा प्रशासन ने तो काफी गदर मचा रखा है। गोंडवाने के आदिवासी ईसाई महिलाओं की स्थिति और भी खराब है। वे हिन्दू व मुसलमानी समुदायों से घिरे रहे हैं, उनसे उनका नित्य-प्रति का सम्बन्ध बना रहा है, जिसके माध्यम से उनकी बुराइयाँ आदिवासी समाज में प्रश्रय पाती रही हैं। वे और स्त्रियों की स्थिति पर प्रभाव डालती रही हैं। उससे ईसाई औरतें भी बच नहीं पाई हैं। रुलिंग क्लास का आचरण आदर्श मान लिए जाने के कारण उनकी जीवन-पद्धति प्रभावित होती रही है। तीसरे वे तमाम ईसाई, चाहे वे उत्तर भारत के रहे हों या दक्षिण भारत के, जो मत परिवर्तन कर ईसाई बने हैं वे अपने पूर्व मत की जीवन पद्धति, मान्यताएँ और प्रचलन अपनाये रहे हैं, जिससे स्त्रियों की स्थिति वैसे ही बनी रही है, खासकर सम्पत्ति के उत्तराधिकार के मामले में। उसमें पूर्व समुदायों की जो आपसी भिन्नता रही है, वह भी प्रभाव डाले हुए है। इसे हम केरल के सिरियाक और डोमिनिक ईसाई समुदायों में देख सकते हैं।

इनमें सिरियाक ब्राह्मण मूल के हैं, जो काफी हद तक अनुदार है। और प्रकारान्तर से मनुस्मृति की मरुमख्यायम् व्याख्या स्थानीय संशोधनों के साथ उत्तराधिकार के मामले में मानते हैं। हिन्दू धर्म में तो कानून बनाकर उनके प्रावधानों को पतला कर दिया गया है, पर वह ईसाइयों पर लागू नहीं होता। इसलिए वह पुरोगामी बना हुआ है। डोमिनिक लोग मछुआरा मूल के हैं, जिनके विधानों में कुछ उदारता और लचीलापन है, पर पिछड़ापन भी है। इसके अलावा स्वयं ईसाइयों के बीच कैथोलिक और प्रोटेस्टैंट विभाजन का अपना प्रभाव है। पर एक बात है। इन समुदायों के शिक्षित होने के कारण पर्दा व्यवस्था नहीं है, स्त्रियों को घर से बाहर जाकर पुरुषों की तरह नौकरी करने का प्रचलन है, कुछ हद तक अपनी कमाई स्वयं खर्च करने की भी छूट है, अविवाहित रह जाना किसी हीनता को जन्म नहीं देता वगैरह। हम यहाँ पूर्वोत्तर और गोण्डवाना आदि के ट्राइबल ईसाइयों को छोड़कर सामान्य ईसाइयों का अध्ययन उनकी पारिवारिक कानूनी स्थिति के आधार पर प्रस्तुत करते हैं।

ईसाई मत मजूसी मतों में संख्या बल पर इस्लाम के बाद दुनिया का सबसे बड़ा मत है। और पूरी दुनिया में इस छोर से उस छोर तक फैला हुआ है। यह एक ईश्वर, एक किताब और एक पैगम्बर की जगह एक उद्धारक, जो स्वयं ईश्वर का पुत्र है, में विश्वास करता है। इसके दो मुख्य रूप हैं, कैथोलिक जो प्राचीन है और प्रोरेस्टैंटट जो एक तरह से यूरोपीय ज्ञानोदय की देने हैं, इसलिए अपेक्षाकृत उदार है। पर इन दोनों के अनेक उपसम्प्रदाय हैं जो चर्चों के आधार पर संगठित होते हैं। उनमें कुछ धार्मिक व्याख्याओं का भेद है, जो जीवन पद्धति को प्रभावित करता है। इसके अलावा यूरोपीय साम्राज्य के प्रभाव में यह मत जब पूरी दुनिया में फैला तो उसे जनप्रिय और आकर्षक बनाने के लिए बजाय यूरोपीय जीवन पद्धति और मूल्य को हू-ब-हू और पूरा-का-पूरा लादने के स्थानीय विभिन्नताओं को स्वीकृति दे दी गई। कारण धार्मिक कम राजनैतिक अधिक था। कड़ाई से संहिताओं को लागू करने से विद्रोह होने का डर था। इसलिए तमाम समुदायों को आधुनिक शिक्षा और चिकित्सा आदि के माध्यम से शनैः शनैः उन्हें ईसाई फोल्ड में लिया गया।

भारत में ईसाइयों की संख्या 2.4 प्रतिशत है और अदालतों के अनुसार वे वास्तविक अल्पसंख्यक समुदाय है, जिन्हें कानूनी संरक्षण की जरूरत है अपने अस्तित्व और अपने संवर्द्धन के लिए। वे विभिन्न तरह के कर्मकांड और सांस्कृतिक प्रचलनों का अनुसरण करते हैं। उनको सामान्यतः तीन कोटियों में रखा जाता है। एक परम्परा कोटि अनुदार पश्चिमी एशियाई चर्च की है, जिनमें सिरो-मलाबार, सिरो-मलंकारा और मर थोमा चर्च आते हैं। दूसरा समुदाय रोमन कैथोलिक चर्च का है जो लैटिन कर्मकांड को मानता है। तीसरा सुधारवादी चर्चों का समूह है जिन्होंने दो समुदाय (अ) चर्च आफ साउथ इंडिया और (ब) चर्च आफ नार्थ इंडिया में बाँटकर रखा गया

है। चूँकि उत्तर-पूर्व की जनजातियों को संविधान द्वारा उनकी संस्कृति, परम्परा, प्रचलन और विधि को अनुरक्षित रखने की गारंटी दी गई है, इसलिए ईसाई होने और चर्च को अपने सामाजिक जीवन का केन्द्र मानने के बावजूद वे परम्परागत ईसाइयत से बहुत समेकित नहीं हुए हैं।

ये सभी मतपरिवर्ति लोग 19वीं सदी से पहले, परिवर्तनपूर्व के विधानों का अनुशरण करते थे, इसलिए इनका कोई समेकित या संयुक्त पारिवारिक विधान नहीं बन पाया था। 19वीं सदी के उत्तरार्द्ध में अंग्रेज, पुर्तगाली और फ्रांसीसी शासकों ने अपने-अपने उपनिवेशों में इनके विधान की रचना की। परिणाम स्वरूप कैथोलिक और प्रोटेस्टेंट उपमत के तमाम विरोधाभासी मान्यताओं के साथ-साथ स्थानीय मान्यताओं और उन शासक देशों की मान्यताओं का घालमेल होने लगा, जिससे उनकी स्थिति स्पष्ट और एक रूप होने की जगह भ्रमकारी होती चली गई। इनके चार स्पष्ट स्रोत थे—

(1) अंग्रेजों द्वारा बनाए गए विधान

(2) पुर्तगालियों द्वारा बनाए गए विधान

(3) फ्रांसीसियों द्वारा बनाए गए विधान

(4) स्थानीय परम्परागत नियम।

इसके अलावा ब्रिटिश टेटिटोरी के कैथोलिक ईसाई एक तरफ चर्च की संहिता को मानते थे, तो दूसरी तरफ विवाह विच्छेद के लिए इंडियन डाइबोर्स एक्ट 1869 का पल्ला पकड़ते थे।

जाहिर है कि भारत में ईसाइयों का नियमन करनेवाले विधान विरोधाभासी हैं और उनका विकास सीधी रेखा में नहीं हुआ है। एक तरफ उनका जीवन उन अग्रगामी नियमों से चलता है, जो तमाम भारतीय समाज के अभियन्त्रण के प्रतिदर्श (Model) रहे हैं। उनका आधार अंग्रेजों के अपने देश का कानून रहा है, जिसकी पृष्ठभूमि में एक तरफ रोमन कानून और विधिशास्त्र है, तो दूसरी तरफ इंग्लैंड का अपना कामन ला। दूसरी तरफ भारतीय ईसाइयों के विधान चूँकि सिर्फ अंग्रेजों के बनाए नहीं हैं, इसलिए उनमें रोमन विधिशास्त्र के साथ फ्रांस व पुर्तगाल के अपने विधान भी काम करते रहे हैं। तीसरी तरफ ये सभी विधान लम्बे समय तक अमल में बने रहे हैं, इसलिए वे अनुदार होते गए हैं। जबकि दूसरे समुदायों के विधान समय-समय पर बदलते हुए अधुनातन होते गए हैं, अधुनातन स्थितियों के अनुरूप होते गए हैं।

रोमन कैथोलिक लोगों के विवाह एक तरफ धार्मिक संस्कार हैं, तो दूसरी तरफ लौकिक अनुबन्ध हैं। विवाह चर्च में होता है, पर साथ ही उसे जन्म, मृत्यु और विवाह को पंजीकृत करनेवाले अधिकारी के यहाँ पंजीकृत भी कराया जाता है। इसलिए विवाह

विच्छेद सिर्फ चर्च के हुक्म से नहीं, दीवानी अदालत के निर्णय से सम्भव हो पाता है। वैसे संस्कार होने के कारण विवाह विच्छेद होना सम्भव नहीं है, क्योंकि धार्मिक अनुष्ठान द्वारा दो मांस के शरीरों को ईश्वर के आदेश और कृपा से एक कर दिया है, इसलिए कोई लौकिक शक्ति उसे विलग नहीं कर सकती। जोड़े में से किसी एक के दिवंगत हो जाने के बावजूद, वह जीवित व्यक्ति में प्रकारान्तर से अवस्थित रहता है। विवाह तमाम लोगों के सामने किया जाता है, यह बताने के लिए कि ईश्वर की क्रिया के अनुसार पति-पत्नी अब एक हो गए हैं। इसलिए विवाह करने से पहले चर्च से अनुमति लेनी होती है। यह विधान एक तरफ यहूदी नियम और दूसरी तरफ रोमन विधि के सम्मिलन से विकसित हुआ था। समाजशास्त्री कहते हैं कि ऐसा प्रविधान इसलिए बनाया गया था कि कबीलाई जीवन की तरह ढीला-ढाला काम-जीवन न जीया जाए, लौड़ियाबाजी और रखैल रखने की प्रथा पर रोक लगे। बिवाह में अनुबन्ध के भी तत्त्व हैं, यह इस बात से भी गोचर होता है कि 1563 में ट्रेंट में हुई काउंसिल ने तय कर दिया था कि (1) विवाह में स्त्री और पुरुष दोनों की अलग-अलग सहमति जरूरी है, (2) यह सहमति तभी दी जा सकती है, जब सहमति देने की क्षमता हो। यानी उन्हें वय प्राप्त होना चाहिए और मानसिक दशा ठीक होनी चाहिए। यानी वे पागल, मन्द बुद्धि न हों, उन पर कोई बाहरी दबाव हो। (3) विवाह एक पादरी तीन स्वतन्त्र गवाहों के सामने कराएगा। (4) उसके बाद चर्च का आशीर्वाद प्राप्त करना होगा। (5) विवाह के बाद उनमें शारीरिक सम्बन्ध बनना जरूरी है।

विवाह के संस्कार होने के कारण यदि कोई उसे नष्ट करता है तो वह दंड और प्रायश्चित दोनों का अधिकारी होगा। यानी विच्छेद पारलौकिक और लौकिक दोनों तरह का अपराध है। फिर भी तलाक की जरूरत तो पड़ती ही थी। इसके लिए सहमति और कन्ज्यूमेशन को आधार बनाकर दो कारण विकसित किए गए—एक को एनलमेंट कहते हैं, दूसरे को सेपेरेशन। एनलमेंट इस तर्क पर आधारित हुआ कि या तो विवाह सदा के लिए हुआ है, या फिर हुआ ही नहीं। कोई बीच की स्थिति नहीं बनती। सेपेरेशन का आधार यह था कि बिना कन्ज्यूमेशन के विवाह की प्रक्रिया पूरी नहीं हुई। इसलिए यदि दोनों पक्ष शपथपूर्वक कहता है कि कन्ज्यूमेशन नहीं हुआ है तो विवाहपूर्व की स्थिति में लौट जाना ही उचित है। धीरे-धीरे रोमन विधि का आप्तवाक्यांश 'Mensa et toro' इस तर्क में प्रवेश कर गया, जिसका अर्थ होता है कि यदि आवास और बिस्तर दोनों से पति-पत्नी अलग होकर रह रहे हैं तो वे विवाह सम्बन्ध से अलग हो गए हैं। इस विच्छेद के लिए जरूरी है कि वे एक विवेकपूर्ण समय तक अलग रहें। बाद में उसके लिए समय की कानूनी सीमा बाँध दी गई। इस अवधि में दोनों में से कोई किसी अन्य से विवाह नहीं कर सकता, न ही अदालत में या चर्च में सहवास के लिए प्रार्थना दे सकता।

फ्रांस में नेपोलियन ने अपने 1800 की संहिता में विवाह को पूरी तरह से अनुबन्ध बना दिया था, इसलिए वहाँ वह विच्छेद योग्य यूँ ही बन गया था। भारत में यह फ्रांसीसी उपनिवेशों में लागू किया गया। बाद में इसे अंग्रेजी इलाके में भी लागू किया गया। 1857 में 'मैट्रीमोनियल क्लाजेस एक्ट' बना, जिसने विवाह-विच्छेद की शक्ति चर्च के 'एक्लेजियास्टिकल कोर्ट' से लेकर दीवानी अदालत को दे दिया। इससे तलाक सबके लिए सम्भव हो गया। बता दिया गया कि यदि स्त्री तलाक लेना चाहती है तो पति के परस्त्रीगमन के साथ-साथ क्रूरता और डिजर्सन को सिद्ध करना पड़ेगा। अब परगमन ही सिद्ध करना बड़ कठिन होता है, तो क्रूरता और डिजर्सन को सिद्ध करना तो और कठिन रहा। पुरुष को सिर्फ परपुरुषगमन सिद्ध करना ही पर्याप्त है। जाहिर है कि यह प्राविधान स्त्री और पुरुष के अधिकारों में समानता स्थापित नहीं करता और स्त्री के विरुद्ध पक्षपातपूर्ण रहा। तो भी एक अच्छी बात यह थी कि यदि सेपेरेशन हो गया है तो स्त्री अपनी अलग सम्पत्ति पर पूर्ण अधिकार प्राप्त कर लेती थी। इसी कानून को आधार बनाकर 1869 में इंडियन डाइवोर्स एक्ट और 1872 इंडियन क्रिश्चियन मैरिएज एक्ट बना। वे कानून बने तो थे भारत में रहनेवाले अंग्रेजों के लिए, पर उन्हें प्रकारान्तर से नेटिव ईसाइयों पर भी लागू कर दिया गया, क्योंकि एक उपनियम में स्पष्ट व्यवस्था की गई थी कि भारतीय ईसाइयों का विवाह हर हालत में पंजीकृत कराना होगा। 1923 में विच्छेद में स्त्री को पुरुष के बराबर अधिकार देते हुए प्रविधान रचा गया कि उसे सिर्फ पुरुष की पारगामिता सिद्ध करनी होगी, अलग से क्रूरता और डिसर्जन नहीं। हाँ ये तलाक के अतिरिक्त दो आधार अवश्य होंगे। ये दोनों आधार पुरुष को नहीं दिए गए। इसलिए स्त्री की स्थिति पुरुष के विरुद्ध पूर्ण पक्षपात की हो गई। इसमें सुधार 1937 में हुआ जब स्त्री और पुरुष दोनों को विच्छेद के लिए यारगामिता, क्रूरता और डिसर्जन को आधार बना दिया गया।

इंडियन मैरिज एक्ट के लागू रहने से आजादी के बाद कई बड़ी समस्याएँ खड़ी हुईं। अदालतों ने साफ-साफ कह दिया कि जो कानून गोरों के लिए, यूरोपियों के लिए जानबूझ कर बनाया गया था, उसे भारतीयों पर लागू नहीं किया जा सकता। यह कोई तर्क नहीं कि दोनों ईसाई ही हैं। इसलिए उन कानूनों के आधार पर भारतीय ईसाई औरतें तलाक नहीं पा सकतीं। दूसरे स्त्री और पुरुष की पारगामिता में अन्तर है। इस पारगामिता के परिणामस्वरूप यदि कोई स्त्री बच्चा पैदा कर देती है तो उसके भरण-पोषण का भार पुरुष पर आएगा। पर यदि पारगामिता पुरुष के साथ होती है तो वह कोई गर्भ धारण नहीं करता और तब उसकी पत्नी पर किसी तरह का अतिरिक्त भार नहीं आता। अदालतों को लगा कि वह पुराना एक्ट अब व्यर्थ हो गया है और सरकार को चाहिए कि वह कोई नया कानून बनाए। पर ईसाइयों के कुछ तबकों की माँग के बावजूद ऐसा कोई कानून वोट-बैंक की राजनीति के चलते नहीं बना। दूसरे वे तमाम

निर्णय चूँकि प्रान्तों के उच्चन्यायालयों द्वारा दिए गए थे, इसलिए उनको देशव्यापी मान्यता नहीं मिली। परिणामस्वरूप आज ईसाई औरतों की स्थिति तमाम दूसरे भारतीय समाज की स्त्रियों की तुलना में खराब हैं। दो हजार एक में एक अच्छी बात यह हुई कि ईसाई औरतों को भी आपसी सहमति के आधार पर तलाक की सुविधा मिल गई। इन तमाम बातों से निजात तभी मिल सकती है जब समान नागरिक संहिता बने। दूसरे अदालत से विच्छेद हो जाने के छह माह के बाद उन्हें उच्चन्यायालय में जाना पड़ता था, अब नहीं जाना पड़ता। एक दूसरा क्षेत्र जहाँ ईसाई स्त्री की स्थिति हिन्दू आदि स्त्री से खराब है, वह यह है कि जहाँ दूसरी स्त्रियाँ पति से 1/2 गुजारा भत्ता पाती हैं, उन्हें 1/5 ही मिलता है।

1865 तक भारत में रहनेवाले ईसाइयों के उत्तराधिकार का नियमन या तो उन समुदायों के नियमों से होता था, जिसे छोड़कर वे आए थे, या फिर अंग्रेजों का अपने ब्रिटेन के कानून द्वारा। 1865 में उत्तराधिकार का नियम बना जरूर, पर वह एक तो अंग्रेजों के लिए था, दूसरे ब्रिटेन के कानून के अनुसार था। इसलिए वह भारतीय मूल के ईसाइयों में कम ही प्रचलित हो पाया और परम्परागत सामुदायिक कानून काम करते रहे। वही हाल फ्रांसीसी व पुर्तगाली उपनिवेशित इलाकों में था। अंग्रेजों के उत्तराधिकार को एकरूपता देने के लिए 1925 में दुबारा उत्तराधिकार कानून बनाकर पैतृक सम्पत्ति में बेटे व बेटी के अधिकार को बराबर कर दिया गया और हिन्दुओं जैसे कोपारसेनरी अधिकार को समाप्त कर दिया गया। किन्तु पति की सम्पत्ति में क्या अधिकार हो, उसे स्पष्ट नहीं किया गया। चूँकि यह कानून भारतीय मूल के ईसाइयों पर नहीं लागू होता था, इसलिए उनके यहाँ कोपारसेनरी व्यवस्था चलती रही और आज भी चल रही है। जबकि हिन्दुओं में यह कोपारसेनरी 1955 में हिन्दू सक्सेशन एक्ट और बाद के भी कुछ कानूनों में समाप्त कर दिया गया है, ईसाइयों में अभी भी चल रहा है। इसलिए सम्पत्ति के मामलों में भी ईसाई औरतों की स्थिति हिन्दू और मुस्लिम औरतों से खराब है। यही स्थिति त्रावनकोर और कोचिन के इलाकों में हैं, जहाँ का समाज मातृसत्तात्मक है। 1910 के त्रावनकोर क्रिश्चियन सक्सेशन एक्ट में लड़की का हिस्सा या तो पचास हजार रुपया या सम्पत्ति के एक चौथाई, दोनों में जो कम हो, तक सीमित था। यही प्रविधान कोचिन के क्रिश्चियन सक्सेशन एक्ट 1922 में था बेस 1/5 को 1/3 बना दिया गया था। दोनों में यदि लड़की के भाई न हो तो बाकी पूरी सम्पत्ति पुरुष के निकटतम पुरुष सम्बन्धियों में बटते हैं। इससे मुक्ति दिलाकर स्त्री की स्थिति बेहतर करने के लिए मद्रास हाईकोर्ट के एकल जज ने 1954 में निर्णय दिया था कि आजादी के बाद त्रावनकोर और कोचिन के राज्य समाप्त हो जाने के बाद उनके कानून भी समाप्त हो गए। इसलिए वहाँ की ईसाई स्त्रियों का उत्तराधिकार इंडियन सक्सेशन एक्ट

के अनुसार चलेगा। किन्तु इस निर्णय को मद्रास हाईकोर्ट के ही फुल बेच ने उलट दिया और कहा कि भारतीय ईसाई न तो उन स्थानीय कानूनों से शासित होते हैं, न ही इंडियन सक्सेशन एक्ट से, न ही हिन्दू सक्सेशन एक्ट से, बल्कि अपने-अपने इलाकों के परम्परागत विधि से अनुशासित होते हैं, जो उनके पुरुषों के धर्म परिवर्तन से पहले लागू होती थी। इसलिए पुत्र को सारी सम्पत्ति मिलती है और लड़कियों को कुछ नहीं मिलता। उच्चतम न्यायालय ने भी संविधान की धारा 14 और 15 के अन्तर्गत उन परम्परागत प्रावधानों का परीक्षण करने से इनकार कर दिया। ऐसे में जरूरत है एक समान नागरिक संहिता की, जो इस तरह के पक्षपात से निजात दिलाए। लेकिन सरकारें वोट बैंक की राजनीति के चलते इसके लिए कदम नहीं उठा रही हैं। जरूरत है एक देशव्यापी आन्दोलन की इसके लिए जो राजनैतिक दल नहीं, विभिन्न मतों के लोग स्वयं करेंगे।

शूद्र स्त्रियों की स्थिति

(1)

शूद्र स्त्रियों की स्थिति एक तरफ पितृसत्तात्मक समाज से निर्धारित है, तो दूसरी तरफ वर्ण-व्यवस्था में शूद्र की स्थिति से। वर्ण-व्यवस्था में शूद्र सबसे निचले पायदान पर अवस्थित है और उसकी स्त्री तब और नीचे ढकेल दी जाती है, जब पुरुष सत्ता उसका शोषण करती है। उसकी स्थिति तब बेहतर होगी जब एक तरफ शूद्र की स्थिति बेहतर होगी, तो दूसरी तरफ पितृसत्ता का वर्चस्व समाप्त होगा। पितृसत्ता सम्बन्धी बातें हम अनेक जगह कर आए हैं। यहाँ कुछ शूद्र सम्बन्धी बात करते हैं।

सामान्य जन 'जाति' शब्द का प्रयोग करते हैं, शास्त्रों में 'वर्ण' शब्द आया है। इन दोनों का ही अंग्रेजी अनुवाद 'Cast' है। रामविलास शर्मा और पूरनचन्द्र जोशी जैसे मार्क्सवादी विचारक 'जाति' शब्द का प्रयोग राष्ट्रीयता के अर्थ में करते हैं और भारतीय राष्ट्र में कई क्षेत्रीय राष्ट्र समाहित मानते हैं, जिनका आधार भाषा है, जैसे बंगाली जाति, हिन्दी जाति, द्रविड़ जाति वगैरह। 'कास्ट' के लिए वे 'जात' शब्द प्रयोग करने का सुझाव देते हैं। किन्तु अभी ये अर्थ मान्य नहीं हुए हैं। हम 'कास्ट' के लिए जाति शब्द का ही प्रयोग करेंगे। हमें लगता है कि जाति शब्द का प्रयोग वर्ण शब्द के प्रयोग से अधिक समीचीन है। वर्ण से विशिष्टीकरण और संकुचन का बोध होता है। उसका तद्‌भव रूप 'वरन' है, जिसका अर्थ भिन्नता और अलगाव का तत्त्व लिए होता है। जाति में युक्तन और समाहित होने (assimilation) का बोध होता है, जो जाति के निर्माण का ढंग है भी।

व्यवस्था के रूप में यह जाति या वर्ण भारतीय संस्कृति की निजी विशेषता मानी जाती है, जो लोगों का व्यक्तिगत और सामूहिक यानी इकाई के रूप में व्यक्तिबाह्य कर्तव्य निर्धारित करती है, उनका काम और पेशा निर्धारित करती है, व्यवस्था में उनका संस्तरण निर्धारित करती है, 'स्टेटस' निर्धारित करती है। जाहिर है यह व्यक्ति की समानता व स्वतन्त्रता में रोड़ा अटकाती है। डॉ. राजबली पांडेय ने वर्ण-व्यवस्था पर लिखा है, "चार श्रेणियों में विभक्त मानव धर्म। यह सामाजिक संस्था है। इसका अर्थ है प्रकृति के आधार पर गुण, कर्म और स्वभाव के अनुसार समाज में अपनी वृत्ति

(व्यवसाय) का चुनाव।...श्रम विभाजन पहले व्यक्तिगत था, जो पीछे पैतृक हो गया।...धर्म पर जोर देनेवाले वर्ण व्यवस्था को दैवी मानते हैं। नृतत्त्व पर जोर देनेवाले वर्ण का आधार नस्ल, कबीला या प्रजाति मानते हैं।''

वर्ण का प्रचलित अर्थ रंग है। यजुर्वेद में आता है कि पहले एक ही वर्ण था। उस एक से दो वर्ण हुआ। दूसरे से तीसरा वर्ण हुआ। फिर उसमें चौथा वर्ण आकर मिला। ऋग्वेद में आता है कि आरम्भ में दो ही वर्ण थे। वे वर्ण गोरे और काले थे। गोरे से तीन वर्ण उत्पन्न हुए जो श्वेत, लाल और पीले हुए। ब्राह्मण श्वेत थे, क्षत्रिय लाल थे और वैश्य पीले। ये रंग आर्यों के थे, जो द्विज थे। बाकी काले थे, जो अनार्य थे, द्विजता उनके लिए नहीं थी। वे शूद्र थे। यहाँ एक बात समझ में नहीं आती कि सफेद आर्य से लाल और पीले आर्य कैसे उत्पन्न हो गए? जरूर उनके रक्त में मिलावट हुई। इस समस्या का समाधान रखते हुए कुछ यथार्थवादी इतिहासकारों ने मान्यता रखी है कि आर्यों ने भारत में बाहर से आकर बसने के सिद्धान्त को यदि एक बार टाल भी दिया जाए कि आरम्भिक आर्य कालान्तर में ब्राह्मण के रूप में पहचाने जाने लगे तो जो क्षत्रिय और वैश्य हैं, उनका आगमन जरूर बाहर से है। वे कहते हैं कि क्षत्रिय बनने वाले पाँच कबीले तुर्बसु, रघु, यदु, कुरु और पुरु बाहर आकर बसे, जिनके हाथ में राजसत्ता रही। इसी तरह वैश्य बननेवाले कबीले धावा बोलने वाले कबीलों के आगे और पीछे चलते आए जो एक तरफ धावा बोलने वाले सैनिकों की जरूरतों को पूरा करते थे, तो दूसरी तरफ लूट के माल को खरीदते-बेचते थे। उनके एक नेता का नाम पता है अग्रसेन। बाकी को भी खोजा जा सकता है। ये कबीले पश्चिम से आए और जो पहले आए, उनको बाद में आनेवाले पूरब की तरफ ढकेलते गए। यही कारण है कि जनक लोग मौजूदा बिहार तक गए, रघु लोग पूर्वी उत्तर प्रदेश में सीमित रहे, यदु लोग पश्चिमी उत्तर प्रदेश में रहे, कुरू लोग हरयाणा, पंजाब में और पुरु लोग सिन्ध व पश्चिमी पंजाब में। वैश्य लोग पूरे देश में फैले रहे। क्षत्रिय कुलों का विभाजन सूर्य वंश और चन्द्रवंश में इसलिए था कि समय की गणना के लिए वे सूर्य और चन्द्र की परिक्रमा का अलग-अलग प्रयोग करते थे। इसी के आधार पर मध्य एशिया में गोचारण करनेवाले आज भी सूर्यकुल और चन्द्रकुल में बाँट कर रखते हैं और अरबी अक्षरों की ध्वनि व पहचान सूर्य और चन्द्र विभाग के रूप में होती है। सभी क्षत्रिय अन्ततः अपने को मनु की सन्तान मानते हैं। कारण यह है कि सभी मनुष्यों में अपनी जड़-अपने आदि पुरुष को जानने की इच्छा होती है, जिसका अन्त किसी एक पुरुष पर होता है। यह एकता की भावना को बलवती करती है। किन्तु ये बातें भारतीय वाङ्मय के अतः स्रोतों पर खरी नहीं उतरतीं। वहाँ स्पष्ट रूप से आता है कि यदि क्षत्रियों का कोई एक आदि पुरुष खोजा जाए तो वह मनु है। मनु के एक पुत्र थे इक्ष्वाकु। उनसे सूर्यवंश चला। मनु की एक पुत्री थी इला। वह छह माह पुरुष रहती

थी जो छह माह स्त्री। पुरुष अवस्था में उसकी जो सन्ततियाँ हुईं वे सूर्यवंशी हुईं और स्त्री अवस्था में जो सन्ततियाँ हुई वे चन्द्रवंशी। इन चन्द्रवंशियों में ही तुर्बसु यदु, कुरु और पुरु हुए। जनक और रघु एक ही वंश के हैं, सिर्फ सूर्यवंश के कारण नहीं, आदि पितृ के भी कारण। इसी तरह यदु और पुरु चन्द्रवंश के आधार पर ही नहीं, आदि पुरुष पुरुरवा के आधार पर भी एक ही वंश के हैं। कौरव पौरवों से ही निकले हुए हैं जैसे कौरवों से पांडव निकले थे। ब्राह्मणों के बारे में साफ-साफ मिलता है कि वे गौतम, भारद्वाज, गर्ग आदि सात ऋषियों के सन्तान हैं, जो प्राथमिक थे और उनसे टूटकर क्षत्रिय अलग हुए थे। दरअसल यथार्थवादी इतिहासकार पुरातन इतिहास की रचना मध्यकालीन इतिहास की प्रेक्षा पर करते हैं। मान्यता है कि राजपूतों की उत्पत्ति अर्बुदा देवी के सामने एक यज्ञ कर अग्नि से हुई थी। इसलिए उनको अग्निवंशी कहा गया। अग्नि से पहले पवार लोग निकले जो वस्तुतः भारतीय मूल के शबर-पुलिन्द शासकों की सन्ताने थें, जो कहीं-कहीं सत्ता में होने के बावजूद कालान्तर में श्रीहीन हो गए थे। दूसरे सोलंकी थे जो यूनानी मूल के शासक थे, जिन्हें चालुक्य के नाम से जाना जाता था, पर विदेशी होने के कारण सम्मान कम ही दिया जाता था। तीसरे प्रतिहार थे, जो वास्तव में गूर्जर थे और हूणों के पीछे-पीछे पशुचारण करते आए थे और प्राकारान्तर में कुछ इलाकों में शासन करने लगे थे। चौथे चौहान थे जो पुराने राजकुलों के श्रीहीन हो गए सन्तान थे। कुछ लोग उन्हें पशुपालक और गूर्जरों का ही एक रूप मानते हैं, जो कहीं-कहीं सत्तासीन थे। भारत में चूँकि शासक वर्ग क्षत्रिय ही माना जाता है, इसलिए उन्हें प्राकारान्तर से स्थानापन्न क्षत्रिय मान लिया गया। पुरोहितों ने उनका गोत्र, शिखा-सूत्र तय कर दिया। अग्नि को सूर्य से जोड़कर वे अपने को सूर्यवंशी कहने लगे। उनकी देखा-देखी कुछ और शासक लोग भी जो अग्नि यज्ञ में शामिल नहीं हुए थे, अपने को सूर्यवंशी मान लिया। जो सूर्यवंशी नहीं बने, वे चन्द्रवंशी बन गए। जो राजवंश के नहीं थे वे शूद्रों में समाहित हो गए। वास्तविक क्षत्रिय या तो ब्राह्मणों और विजातियों से लड़ते-लड़ते मर-खप गए थे, या फिर जैनी बन वैश्य हो गए थे। दरअसल यह इतिहास की समस्या है। हम यहाँ समाजशास्त्र से जुड़ी बात कर रहे हैं।

जो भी हो, इतना स्पष्ट है कि आदिकाल में गोरे और काले दो वर्ण थे। गोरे आर्य थे और काले अनार्य। इनकी आपसी लड़ाई में गोरे जीते। विजित वर्ण के रूप में काले उनसे मिले। उनमें एक विभाजक रेखा बनी रही। ये विजित होनेवाले तीन प्रकार के लोग थे—दास, दस्यु और दनुज। दस्यु भारत के बाहर से आनेवाले कबीले थे, जो आर्यों से कभी पशुधन के लिए, कभी कृषि-भूमि के लिए, तो कभी चरागाह के लिए लड़े। दास भारत में आर्यों के साथ-साथ रह रहे वे कबीले थे जो अपने विस्तार के दौरान टकराते रहे। और दनुज अपने अधिकांश में वनवासी थे, जिनकी आर्यों समेत तमाम दूसरे कबीलों से लड़ाई होती रहती थी।

इस चतुर्वर्ण को एकता प्रदान करने के लिए ऋग्वेद के पुरुष सूक्त में आता है कि इन चारों वर्णों का निर्माण एक पुरुष के विभिन्न अंगों से हुआ। वह पुरुष ब्रह्मा था। उसके सिर से ब्राह्मण, भुजाओं से क्षत्रिय, उदर से वैश्य और पावों से शूद्र की उत्पत्ति हुई। दरअसल यहाँ एक जटिल व्यवस्था का रूपक गढ़ा गया है। एक दूसरा रूपक महाभारत में यह कहकर गढ़ा गया कि सतयुग में सभी ब्राह्मण थे, क्योंकि सभी यज्ञ करते थे और कराते थे, विद्या देते थे और लेते थे, दान करते और कराते थे। बाद में यह देना और लेना दो पेशा के रूप गें विभक्त हो गया, तो त्रेता युग में दो वर्ण बन गए ब्राह्मण और क्षत्रिय। अमूमन क्षत्रिय लेनेवाला होता था, दान को छोड़कर और विद्या नहीं देता था और यज्ञ नहीं कराता था। ब्राह्मण का विशेष कर्तव्य शास्त्र से जुड़ा था, क्षत्रिय का शस्त्र से, क्योंकि इलाके की सुरक्षा आवश्यक हो गई थी और नए इलाकों की जरूरत पड़ने लगी थी। क्षत्रिय यदि युद्ध में होता था तो क्षेत्र की व्यवस्था ब्राह्मण करता था। एक समय ऐसा आया जब व्यवस्था में वर्चस्व के लिए लड़ाई होने लगी। इससे ब्राहाणों ने भी शस्त्र ग्रहण करना आरम्भ किया और क्षत्रियों ने शास्त्र रचना वगैरह। यह लड़ाई परशुराम और रावण तक चलती रही। उसे सैद्धान्तिक समर्थन शैव व वैष्णव मत के पराभव और उत्थान से मिलती रही। द्वापर में क्षत्रियों के कर्म क्षेत्र का जब विस्तार हुआ, तो उसके दो धड़े बन गए एक रक्षक का, दूसरा वाणिज्य का। गोचारण और कृषि तो चलते ही आ रहे थे। इससे वैश्य समुदाय की उत्पत्ति हुई। कालान्तर में सामाजिक व्यवस्था अधिक जटिल, विस्तृत और विकसित हो गई, तो सेवकों की जरूरत और महत्त्व बढ़ा। वे उत्पादक, कृषक व शिल्पी के रूप में काम करने लगे। इन्हें ही शूद्र कहा जाने लगा।

इसे न्यायोचित ठहराने के लिए दर्शन से मदद ली गई। दर्शन ने, विशेषकर सांख्य ने स्थापना रखी थी कि मनुष्य का सारतत्त्व उसकी आत्मा है, जिसके तीन गुण होते हैं और तीनों गुण कमोबेश एक साथ रहते हैं: सत, रज और तम। यदि वे अलग-अलग यानी निरपेक्ष रहते हैं, तो यथास्थिति बनी रहती है। हरकत तब होती है, जब उनमें विक्षोभ होता है, जब वे एक-दूसरे से मिलते हैं। हर व्यक्ति में एक गुण की प्रधानता होती है, जो उसकी प्रकृति, फिर उसकी जाति तय करती है। अधिक सत में यदि थोड़ा रज मिलता है तो उसे धारण करनेवाला ब्राह्मण होता है। एक कम सत में यदि अधिक रज मिलता है तो उसे धारण करनेवाला क्षत्रिय होता है। अधिक रज में यदि थोड़ा तम मिलता है, तो उसे धारण करनेवाला वैश्य होता है। यदि कम रज में अधिक तम गिलता है, तो उसे धारण करनेवाला शूद्र होता है। चूँकि आत्मा में तीनों गुण कुछ-न-कुछ मात्रा में सभी में उपस्थित रहते हैं, इसलिए पूरी सामाजिक संरचना की एकता बनी रहती है। वे सभी सामाजिक मूल्यबोध को समझते हैं और तदनुरूप बरतते हैं। कठिनाई यह है कि व्यक्ति इच्छापूर्वक इन गुणों के अनुपात को बदल नहीं सकता, इसलिए एक

जाति से निकल कर दूसरी जाति में जा नहीं सकता। दूसरे जाति आनुवांशिक होती है, तो क्या यह तीनों गुणों का अनुपात भी उसी रूप में आनुवांशिकतः अगली पीढ़ी को प्रदत्त होता है? बिना इस पर ध्यान दिए स्मृतियों और पुराणों ने मनुष्य के जातिकर्म को स्पष्टतः तय कर दिया और भाग्य का दर्शन रच दिया।

उस पर प्रहार करने के लिए जब इधर पश्चिमी प्रभाव में समाजशास्त्रीय और नृतत्त्वशास्त्रीय अध्ययन किया गया तो कुछ भिन्न प्रकार की मान्यताएँ और बातें सामने आईं। अंग्रेजों ने अपने विदेशी शासन को न्यायोचित ठहराने के लिए जो प्राच्यवाद का दर्शन रचा, उसमें स्पष्ट मान्यता रखी गई कि भारत में जो भी शासक लोग बसते हैं वे बाहर से विभिन्न स्थानों पर आए। पहले आर्य इक्ष्वाकुगण थे जो फरात की उत्तरी उपत्यका सुमेरिया से होते हुए गान्धार से सीधे सप्तसिन्धु प्रदेश में आए और वहाँ से गंगा-यमुना को लाँघते हुए विदेह भूमि पर फैल गए। विन्ध्य-गंगा की उपत्यका में उनका निषादों यानी मालय या नागवंशियों से सांस्कृतिक समन्वय हुआ। उनकी संस्कृति वस्तुतः आर्य-निषाद संस्कृति है और उनकी सांस्कृतिक नदी है गंगा। ये सूर्यवंशी थे और सारे नागवंशियों पर शासन किया। काव्य ग्रन्थ रामायण उन्हीं के सन्दर्भ में हैं।

दूसरे आर्यगण चन्द्रवंशीय थे जो चले तो थे फरात-सुमेरिया उपत्यका से ही, किन्तु भारत में आए ईरान, मध्येशिया तुषारिस्तान, फिर पश्चिम लौटते हुए दक्षिण जा जम्बूद्वीप में आए। वहाँ जम्मू , कश्मीर, हिमांचल प्रदेश में प्रवेश कर उत्तर कुरु की रचना की और किन्नर-किरात लोगों पर शासन किया। उनकी पूर्वज मात्रिकाएँ अप्सराएँ यही किन्नर-किरात बालाएँ थीं। फिर वे यमुना नदी के पथ से दक्षिण में उतरे और दक्षिण कुरु व पाँचाल देशों पर शासन किया। वहाँ शबर, पुलिंनद, द्रविड आदि बसते थे। इनकी संस्कृति आर्य किरात थी। उनकी नदी यमुना और काव्यग्रन्थ महाभारत है, जो दरअसल इतिहास है। ये दोनों ही आर्य-कभी ब्राह्मण बनकर तो कभी क्षत्रिय बनकर शासन करते रहे। अगर बात यहीं तक रहती तो शायद चल जाती, पर इन्होंने दूसरे उत्थान में घोषित कर दिया कि ये काले, नीले, धूमिल, पीले लोग भी बाहर से आए। मानो भारतवर्ष की धरती मनुष्य से खाली थी, सिर्फ जंगल था, जिसमें पशु और पक्षी रहते थे। इसको न्यायोचित ठहराने के लिए कल्पना कर ली कि सभी मनुष्य और सभी प्रकार के मनुष्य सिर्फ एक जगह कैस्पियन सागर के किनारे मध्येशिया में प्रकट हुए और वहीं से पूरी दुनिया में फैले। शक, सिथियन, पार्थियन, यवन, कुषाण, हूण, गूजर, आभीर आदि आते रहे। पुराने लोगों से मिलकर उनका शासक वर्ग क्षत्रिय बनता रहा और बाकी शूद्र बनते रहे। कोई-कोई पुजारी ब्राह्मण बन जाता था—शाकलद्वीपी ब्राह्मण ऐसे ही हैं, तो बनिज करनेवाला वणिक। यह आत्मसाद करने की धारा तब टूटी जब मुस्लिम शासक आए। उन्होंने हिन्दू धर्म और सांस्कृतिक व्यवस्था को अपनाने की जगह इस देश के वासियों पर अपना धर्म और सांस्कृतिक व्यवस्था लादने

का प्रयास किया, जिससे काफी रगड़-घिस्स हुई और दोनों में अपनी-अपनी तरह की कट्टरता पनपी। अब अंग्रेजों को खुदा ने 'ह्वाइट्स मैन'स बर्डेन' के साथ इस पिछड़े देश में भेजा है, जो इन्हें सभ्य बनाएँगे। जब उनका प्रत्यक्ष राजनैतिक शासन था, तब वे यह काम बहुत प्रभावशाली ढंग से नहीं कर पाए, क्योंकि एक तो हिन्दू-मुसलमान उनके कब्जे का विरोध करते रहे, दूसरे जब कब्जा हो गया तो वे आजादी की लड़ाई लड़ने लगे। अब आजादी के बाद उनका वर्चस्व अप्रत्यक्ष (आर्थिक) हो गया है, पर खुश हैं कि इस उत्तर आधुनिक काल में वे अपना सांस्कृतिक वर्चस्व अधिक तेजी से कायम करने में सक्षम हैं। जबकि उन्हीं के मानव-संरचनाशास्त्र ने वैज्ञानिक ढंग से इंगित किया है कि दुनिया के तमाम इलाकों में अलग-अलग होमोस्पानिस विकसित होकर मनुष्य बने। तब भला भारत कैसे वह अभागा देश था, जहाँ किसी तरह के मनुष्य विकसित नहीं हुए—सभी बाहर से आकर बसे? भूशास्त्रियों ने स्पष्ट बताया है कि मौजूदा भारत खंड तीन तरह के चट्टानों और पाँच तरह के भू-भागों से निर्मित हुआ है, जो दूर-दूर से सरकते आकर एक में जुटकर एक इकाई बने। उन खंडों पर उस धरती के बाशिन्दे भी आए, जो मैदानी भागों में सिन्धु के पश्चिमी तट से लेकर गंगा के मैदानों की पेटी में आर्य रहे। भाषा वैज्ञानिक अध्ययन बताता है कि वहीं से वे हिमालय पार कर उत्तर की ओर फैले और भिन्न संस्कृति का निर्माण किया। नीग्रोवाइट लोग दक्षिण के पठारों और मैदानों में रहे, जिनके कई स्वतन्त्र समूह थे पठारों के आगमित फॉरमेशन के अनुसार। मध्य भाग गोंडवाने में नाग व गोंड जाति समूह थे। उत्तरी मैदानों में निषाद, नाग, शबर, पुलिन्द आदि बसते थे जो संघर्षों के परिणामस्वरूप कभी जंगलों में चले गए कभी पहाड़ों पर। हिमालय और उसकी पेटी में किरात व किन्नर लोग थे। पूर्वी इलाकों में, ब्रह्मपुत्र की चोटी और पहाड़ों में कई तरह की मंगोल कबीले बसते थे। सांस्कृतिक रूप से उनका सम्मिश्रण होता रहा है और आर्य-निषाद, आर्य-किरात, आर्य-द्रविण, निषाद-किरात, निषाद-द्रविण, किरात-द्रविण, शबर-आर्य, शबर-पुलिन्द, शबर-द्रविण, शबर-किरात, पुलिन्द-निषाद, पुलिन्द-द्रविड़, पुलिन्द-आर्य जैसे अनेकानेक युक्त बने हैं। उनमें उत्तर पूर्व, पश्चिम से आकर अनेक जातियाँ समय-समय पर घुलती-मिलती रही हैं। इससे भारत में एक मिली-जुली संस्कृति का निर्माण हुआ है। यह मिलना-जुलना बहुत ढीला-ढाला न रह कर पुख्ता पुष्टन रहा है और आज इनके तत्त्वों को बिलगाना लगभग असम्भव है कभी नस्ल के रूप में तो कभी संस्कृति के रूप में।

अंग्रेजों के छद्म को भारतीय विद्वानों ने आरम्भ में ही लक्षित कर लिया था। अंग्रेजों के ही ज्ञान के हथियारों का इस्तेमाल करते हुए उन्होंने पाया कि अतीत में कल्पना जहाँ तक वैज्ञानिक ढंग से जाती है, वहाँ से स्पष्ट होता है कि भारत में कई तरह की जातियाँ सृष्टि के आदिकाल से ही बसती हैं।

कहनेवाले कहते हैं कि जब चार ही वर्ण बने तो आज हजारों जातियाँ कैसे बन गई हैं? दरअसल वर्ण से बात पूरी नहीं होती है, इसलिए जाति शब्द प्रचलन में आया। यह एक तरफ पेशावाला रूप इंगित करता है तो दूसरा नस्लवाला (भले ही कितना भी मिश्रण हो गया है, पुरुष की लिनिएज नस्ल को लोकेट करती रहती है।) आज एक ही जाति के भीतर हजारों उपजातियाँ कैसे बन गईं? यह विकास की देन है। आर्यन फोल्ड में जब दूसरे कबीले के लोग मिलते हैं, तो एक तरफ अपनी पहचान बनाए रखने के लिए अपनी उपजाति बनाते हैं और एक पेशा अपनाते हैं। इससे वे जाति का अविभाज्य हिस्सा बन जाते हैं और पेशे की गारंटी रहती है और अपनी पहचान भी बनी रहती है। व्यवस्था की इतनी उदारता 'अन्य' किसी संस्कृति में विकसित नहीं दिखती। उन संस्कृतियों में 'अन्य' को हमेशा के लिए नष्ट कर अपनाया जाता है, जबकि हिन्दू संस्कृति में उन्हें 'अन्य' के साथ अपना बनाकर रखा जाता है। यही कारण है कि ब्राह्मण में अनेक ब्राह्मण संस्तर है। कनौजिया है, उनसे निकले सरयूपारी हैं, अन्य क्षेत्र और वहाँ के कबीलों से इस फोल्ड में आए गौढ़ है, चितपावन है नम्बूदरी, शाकलद्वीपी हैं। गंगा के क्षेत्र से जाकर अन्य क्षेत्रों में बसे जिजौतिया हैं, सनाढ्य है, बंगाली हैं, मैथिल हैं, अइयर हैं, उड़िया, गुजराती, मराठी, दाक्षिणात्य हैं। संन्यासी हो गए ब्राह्मण पुनः गृही बने तो अथीथ है। सबका गोत्र, शिखा-सूत्र, देवता, पाद, देवी, अग्नि निश्चित और स्पष्ट है। क्षत्रियों में सूर्यवंशी, चन्द्रवंशी, यदुवंशी, अग्निवंशी आदि के बारे में ऊपर नोट कर आए हैं। यही हाल वैश्यों और शूद्रों का है। उनकी उत्पत्ति की कथा, कबीलों को महत्त्व दिलानेवाले पुरुष, आदि पुरुष, नदी, क्षेत्र, कर्म, कर्तव्य सभी स्पष्ट रूप से संरक्षित हैं। वे बचपन से परिवार की परम्परा के अनुसार बिना किसी अतिरिक्त शिक्षा के अपने पेशे में जो विशेषज्ञता हासिल करते रहे हैं, वह काबिले-तारीफ है। कम-से-कम उन्हें बेरोजगारी का दंश तो नहीं भोगना पड़ता। उनकी मजदूरी अवश्य ही बहुत कम है।

यह बात लगभग तय हो जाने से स्पष्ट लगता है कि सिर्फ ये काले लोग ही भारत के मूलवासी और इस तरह से आदिवासी नहीं हैं। बस उनके सभ्यता का स्तर अविकसित और जो वनों में रहते हैं, उनकी कबीलाई है। इसलिए उन्हें भारतीय संविधान में अनुसूचित जाति और अनुसूचित जनजाति कहा गया है। इनके जो हिस्से मुख्य धारा यानी आर्यों से मिल गए, वे बाहरी कबीलों से आकर मिले लोगों के साथ संयुक्त रूप से वर्ण के रूप में शूद्र कहा गया।

इतनी बड़ी भूमिका आप लोगों की कुछ जिज्ञासा शान्त करने के लिए रखी है। विस्तार से बात करने के लिए तो कई खंडों की पुस्तक प्रस्तुत करनी पड़ेगी। बिना भारतीयों का समाजशास्त्र जाने, कुछ विदेशी सूत्र वाक्यों के आधार पर बौखलाना बहुत उचित नहीं है।

(2)

शूद्रों के दो भाग रहे हैं। एक भाग वह, जिसने हिन्दू धर्म की तमाम मान्यताओं, प्रचलन, आचार और व्यवहार को काफी हद तक स्वीकार कर लिया था। इनका काफी हद तक मेल-मिलाप उच्च वर्ण के लोगों के साथ हो गया था। उनको छूत कहा जाता रहा है, जिसका मतलब है कि इनका छुआ पानी पीया जाता है, घर के तमाम भीतरी कामों में सहयोग लिया जाता है, कई हिन्दू संस्कार करने-कराने में उनका हाथ होता है, अधिकार होता है, जिसमें ब्राह्मण पुरोहित लोग हिस्सा लेते हैं, कराते हैं। दूसरा भाग उन लोगों का रहा है, जिन्होंने हिन्दूधर्म की जीवन-पद्धति, मान्यता, प्रचलन, आचरण को ठीक-ठीक स्वीकार नहीं किया था, जिनका खान-पान इस तरह का था जो अन्य लोगों को रास नहीं आता था, और पेशा भी ऐसा था कि कुछेक को छोड़कर किसी विशेष दक्षता की आवश्यकता नहीं पड़ती थी। इसलिए लोग उनसे दूरी रखते थे। उसके लिए अक्सर उन्हें गाँव के बाहर या परिधि पर बसाया जाता था। उन्हें अनाचरिया कहा जाता था, अछूत कहा जाता था। इस बिलगाव के कारण कुछ लोग उन्हें पंचम वर्ण कहना चाहते थे।

आजादी की लड़ाई के दौरान जब भारतीय राष्ट्रीयता को नए सिरे से गढ़ने की बात चली, जिसका आधार सांस्कृतिक एकता बनाई जा रही थी, तब इन अछूतों के कुछ नेताओं ने राष्ट्रीयता और आजादी की लड़ाई का विरोध यह कहकर किया कि बिना उन्हें अलग-राज्य या विशेष दर्जा दिए यदि अंग्रेजों ने आजादी भारतीयों को सौंप दी तो वे द्विजों के अधीन हो जाएँगे। दूसरी तरफ उन्हें अछूत कहे जाने पर भी ऐतराज था। गाँधी जी ने इस इच्छा की पूर्ति के लिए 'हरिजन' कहा। जब भारत का संविधान बना तो छुआछूत को समाप्त कर दिया गया और विशेष सुविधा देने के लिए, कहिये आरक्षण देने के लिए इन्हें चिह्नित करने के लिए 'सिड्यूल कास्ट' यानी 'अनुसूचित जाति' कहा गया, क्योंकि इस उपवर्ण के उपजातियों की एक लिस्ट बनाई गई थी, जिसमें आए दिन कुछ जोड़ा जाता है, सुविधाएँ देने के लिए। इसी तरह शूद्रों के दूसरे घड़े को जिन्हें छूत माना जाता रहा है, कुछ सुविधाएँ देने के लिए (यानी आरक्षण देने के लिए) जब मंडल कमीशन की सिफारिश लागू की गई तो उन्हें 'पिछड़ी जाति' कहा गया 'अनुसूचित जाति' से अलगाने के लिए। अब दोनों ही तरह के शूद्रों को आरक्षण मिला हुआ है, पर वे अपने को एक नहीं, राजनीति में विरोधी मानते हैं। तमाम हरिजनों को 'हरिजन' नामकरण पसन्द नहीं आया और वे अपने को 'अम्बेदकरिया' कहने लगे, क्योंकि उनकी लड़ाई को सिद्धान्त और नेतृत्व देनेवाले पुरुष डॉ. बाबासाहब भीमराव अम्बेडकर थे। अम्बेडकर ने बाद में बौद्ध मत स्वीकार कर लिया था। उनकी देखा-देखी तमाम शूद्रों ने भी बौद्ध मत स्वीकार कर लिया। पुराने बौद्धों से अलगाने के लिए और आरक्षण का लाभ लेने के लिए वे अपने को 'नवबौद्ध' कहने लगे। जो बौद्ध नहीं

हुए वे अपने को और सभी अछूतों को चाहे वे बौद्ध ही क्यों न हो गए हों 'दलित' कहने लगे। उत्तर भारत में रामविलास पासवान और सुश्री मायावती इसकी प्रवक्ता हैं। दक्षिण में अभी यह शब्द बहुत प्रचलित नहीं हुआ है। अब उन्हें अछूत कहा जाए, अनुसूचित जाति कहा जाए, अम्बेदकरिया कहा जाए, हरिजन कहा जाए, दलित कहा जाएउससे चिह्नित वही लोग होते हैं।

इनकी भलाई के लिए डॉ. भीमराव अम्बेडकर के किए चिन्तन को संक्षेप में यहाँ देख लेना समीचीन होगा। उनका मानना है कि वर्ण व्यवस्था का आधार धार्मिक है। धर्म के तीन पक्ष होते हैं, दर्शन, कर्मकांड और पुराकथा और तीनों एक-दूसरे का समर्थन करते हैं। अपने समन्वित रूप में वेदों में हम पाते हैं कि वर्ण व्यवस्था पर सभी वेदों के विचार एक तरह के नहीं हैं। सामवेद में वर्णों की चर्चा नहीं है। ऋग्वेद में इसकी एक रूपता नहीं है। आरम्भ में दो ही वर्ण की बात है, पर पुरुष सूक्त में चार वर्ण हो जाते हैं। यह विरोधाभास है। इसी तरह यजुर्वेद और ऋग्वेद के पुरुष सूक्त में एकरूपता नहीं है। यजुर्वेद के दो भाग हैं। शुक्ल भाग वे वाजसनेयी संहिता में वर्णों के सन्दर्भ में जो कहा गया है, तथा कृष्ण यजुर्वेद की तैत्तरीय संहिता में वर्णित वर्ण की उत्पत्ति और व्यवस्था के सन्दर्भ में जो कहा गया है, वह एक दूसरे से भिन्न है और दोनों ऋग्वेद से भिन्न हैं। इसलिए इन्हें प्रामाणिक वचन नहीं माना जा सकता। यहाँ पर हमें यह कहना है कि वेदों का संहिता साहित्य हजारों वर्षों में बना है। युधिष्ठिर मीमांसक भाषा वैज्ञानिक अध्ययन कर बताते हैं कि शब्दों के ध्वन्यात्मक बदलाल और अर्थ-प्रचलन का जो रूप है वह पाँच हजार वर्षों का हो सकता है। यह बदलाव युग प्रचलन के कारण आता है। इससे स्पष्ट है कि ऋग्वेद के आरम्भ में जो अन्तर है, वह अपने-अपने समय के प्रचलन और मान्यताओं को कोटिबद्ध करने के कारण है। यही कारण ऋग्वेद और यजुर्वेद की भिन्नता के पीछे है। यजुर्वेद को शुक्ल संहिता आर्यों की है तो कृष्ण संहिता के आर्येतर बातों को समाहित किया गया है। ये भिन्नताएँ इसी कारण हैं। कोई भी समाज स्थिर नहीं रहता। परिवर्तनों को आत्मसात करना उसे प्रामाणिक बनाता है। किन्तु इसके कारण मूल स्थापना की स्थिति नहीं समाप्त हो जाती। इसकी केंद्रियता को ध्यान में रखकर चलना चाहिए।

अम्बेडकर दूसरी बात यह कहते हैं कि वर्ण-व्यवस्था का दर्शन सम्पूर्ण मानव समाज के हित को लेकर नहीं रचा गया। इस दर्शन में सवर्ण और सवर्णों में ब्राह्मण सदैव लाभप्रद स्थिति में रहे। इसके प्रतिकार में कहा गया कि वह युग धर्म था और दर्शन उसके पार नहीं जा सकता था। उसने इसी को रिकार्ड किया। इसके उत्तर में अम्बेडकर का कहना था कि दर्शन में कल्पना का भी अंश होता है, जो आदर्श रचता है। वही आदर्श पहले रचा जाता है, फिर उसे व्यावहारिक स्तर पर प्राप्त किया जाता है, तो वही यथास्थिति को ही आदर्श बना दिया जाता है। शूद्रों के सन्दर्भ में भारतीय

दर्शन ने यही किया है। पहले शूद्रों के प्रति प्रचलित हेय भावना को ही आदर्श माना गया। रही-सही कमी को भविष्य का आदर्श रचकर पूरा कर दिया गया।

तीसरी बात वे यह कहते हैं कि किसी भी अच्छे दर्शन के लिए यह जरूरी नहीं है कि वह व्यावहारिक स्तर पर सफल हो। हो सकता है कि भारतीय धार्मिक दर्शन दर्शन के स्तर पर आदर्श हो, पर व्यावहारिक स्तर पर वह अस्पृश्य जातियों, दलित या शूद्र के लिए अमानवीयता का प्रतीक बन गया। मनुस्मृति ने उसे कानूनी रूप दिया। शूद्रों के लिए यह चातुर्वर्ण व्यवस्था न केवल अवैज्ञानिक और अव्यावहारिक थी, व्यावहारिक होने पर उसने न केवल शूद्र पुरुषों बल्कि नारी जगत का भी पूर्ण शोषण और दोहन किया। वे न केवल सवर्णों के घर की चाकरी करती रहीं, बल्कि ऐसी दासी बनती गईं कि उनकी नाजायज सन्ततियों को जन्म दिया, जिससे वर्ण संकरों की लाइन लग गई। यह अभिशाप था।

चौथी बात उन्होंने यह कही कि इस स्थिति से मुक्ति तभी मिल सकती है, जब वर्ण व्यवस्था का नाश हो। वर्ण व्यवस्था का नाश तभी हो सकता है, जब शूद्रों का अपना राज हो। अपना राज से उनका मतलब एक स्पष्ट अपनी 'टेरिटोरी' और शासन व्यवस्था से था। राउंड टेबुल कांफ्रेंस के दौरान जब वह सफलता नहीं मिल पाई तो उन्होंने 'वेटेज' और आरक्षण की माँग रखी। उसके लिए आन्दोलन किया। गाँधी जी के साथ पूना पैक्ट किया, जिसके परिणामस्वरूप जब आजादी के बाद भारत का संविधान बना तो शूद्रों के लिए अनुरक्षित संसदीय क्षेत्र और नौकरियों में 15 वर्ष के लिए आरक्षण का प्रविधान रखा गया। इससे कितना दलितों का भला हुआ और कितना वोट-बैंक की राजनीति में निहित स्वार्थ को बढ़ावा देकर उनका बंटाधार किया, यह अलग बात है।

पाँचवीं बात अम्बेडकर ने यह कही कि चूँकि जाति व्यवस्था हिन्दू-धर्म से जुड़ी हुई है, इसलिए यदि हिन्दू धर्म से बाहर हो जाए जाए तो यह अपने आप समाप्त हो जाएगी। इसे व्यावहारिक जामा पहनाने के लिए वे मृत्यु से पहले बौद्ध मत स्वीकार कर लिए। उनकी देखा-देखी तमाम दूसरे शूद्रों ने उसे अपनाया और यह प्रक्रिया वार्षिक उत्सव के रूप में आज भी जारी है। पर क्या इससे शूद्र की स्थिति बेहतर हो गई? शूद्रों के भीतर एक अपनी जाति व्यवस्था है, जिसमें एक उपजाति दूसरे से उच्च समझती है। छूत शूद्रों में मौर्य और कुशवाहा एक ही रैंक के हैं, पेशा में भी और दीगर आचरण में भी। लेकिन कुशवाहा अपने को भारतीय मूल का समझता है और मौर्य को विदेशी (ग्रीक या शक मूल का)। इसलिए अपने को सुपिरियर मानता है। पर मौर्य विदेशी मूल के होने के कारण अपने को शासक वर्ग का मानता है और कुशवाहा से सुपिरियर मानता है। बातचीत से पता चला कि कुशवाहा अपने को शैव मानता है, मौर्य अपने को पूर्व बौद्ध। इसलिए कहीं कुशवाहा अपने को उच्च मानता

है तो कहीं मौर्य। इसी तरह अछूतों में वाल्मीकि अपने को हलखोर से उच्च मानता है, चमार अपने को वाल्मीकि से उच्च मानता है, पासी अपने को चमार से उच्च मानता है, खटिक अपने को पासी से उच्च मानता है। यही नहीं अपनी ही उपजाति के भीतर एक घड़ा दूसरे से उच्च मानता है। वाल्मीकियों की एक शाखाा लालबेगी है जो मृत पशुओं को उठाकर ले जाती है। दूसरे वाल्मीकि उन्हें नीची निगाह से देखते हैं। चर्मकारों में जूता बनानेवाला मोची अपने को मरे जानवर का खाल खींचने वाले चमार से ऊँचा मानता है। यह ऊँच-नीच इतना अधिक है कि एक उपजाति दूसरी उपजाति का छुआ नहीं खाती-पीती है।

डॉ. अम्बेडकर अछूतों की समस्या का हल शिक्षा में देखते थे। उनका कहना था कि जब अछूत शिक्षित हो जाएँगे और वह शिक्षा वही होगी, जो सवर्णों को दी जाती है, तो इससे जातियों का भेद-भाव मिटेगा। अछूतों की आर्थिक स्थिति बेहतर होगी। वह उनकी सामाजिक स्थिति को बेहतर करेगा। अछूतों की इस शिक्षा की व्यावहारिक व्यवस्था करनेवाले एक दूसरे मराठी विचारक ज्योतिबा फूले और उनकी पत्नी सावित्री बाई फूले थीं। ये माली जाति के थे जो महाराष्ट्र में अछूत माने जाते हैं। इनके भी विचार को यहाँ नोट कर लेना समीचीन होगा। वे अंग्रेजों की प्रशंसा इसलिए करते थे कि वे शासक वर्ग के होकर भी छुआछूत में विश्वास नहीं करते थे और सबकी एक समान शिक्षा की बात करते थे। इसलिए ब्राह्मण अंग्रेजों का विरोध करते थे। कहते थे कि अंग्रेज अछूतों से अपना खाना बनवाता है और उनकी शिक्षा का प्रबन्ध करता है। फ्रेजर ने अपने संस्मरणों में लिखा है कि भारत में अंग्रेज अछूतों से खाना इसलिए बनवाता था, क्योंकि वह गोमांस और सुअर का मांस दोनों खाता था। यदि मुसलमान बावर्ची रखता था तो वह सुअर का मांस पकाने से इनकार कर देता था। यदि उच्चवर्ण का शूद्र या अन्य जाति का बाबर्ची रखता था तो वे दोनों तरह का मांस पकाने से इनकार कर देते थे, भले ही बकरा, हिरन आदि का मांस पका दें। फिर हिन्दू या मुसलमान बावर्ची रखने पर बर्तन और घर की सफाई के लिए दूसरा नौकर रखना पड़ता था, क्योंकि वे बर्तन या घर नहीं साफ करते थे। खर्च बढ़ जाता था। अछूत हर तरह का मांस पका देता था और घर भी साफ कर देता था। अंग्रेजों के शासन की अच्छाई इसी बात से लक्षित होती है, कि उसके राज्य में प्रेमचन्द की कहानी 'कफन' के पात्र घीसू और माधव जैसा पात्र पैदा होते थे, जो शोषण के फलस्वरूप अमानवीय बन जाते थे। दरअसल महाराष्ट्र में नवजागरण राजनैतिक और सामाजिक सन्दर्भों में बँटकर हुई, जबकि बंगाल और उत्तरी भारत में एक साथ युक्त होकर हुई। इसलिए महाराष्ट्र में इस तरह का विरोधाभास देखने को मिलता है।

ज्योतिबा फूले के शिक्षा सम्बन्धी दर्द का कारण इस तथ्य में निहित है कि अंग्रेजो ने 1821 में पुणे में एक संस्कृत कॉलेज के स्थापना की थी, जिसमें सबको शिक्ष

दी जाती थी। कट्टरपंथी सवर्ण मराठी इस सर्व शिक्षा के विरोधी थे और शूद्रों को संस्कृत कत्तई नहीं पढ़ने देना चाहते थे। उन्हें डर था कि वे वेद पढ़ने लगेंगे, जो शूद्रों के लिए फिलहाल वर्जित था। इस कॉलेज में पढ़नेवालों को जाति निकाला का दंश झेलना पड़ता था। ज्योतिबा फूले इस प्रवृत्ति के विरोधी थे। उस वक्त सवर्णों के यहाँ भी स्त्री शिक्षा पर पाबन्दी थी, तो शूद्रों की स्त्रियों की स्थिति की सहज ही कल्पना की जा सकती है। इसे समाप्त करने के लिए उन्होंने पहले स्वाध्याय किया, फिर अपनी पत्नी को पढ़ाया, फिर दोनों ने मिलकर स्त्रियों को पढ़ाने का बीड़ा उठाया, खुद पढ़ाया और स्कूल खोला।

उनकी दूसरी मान्यता यह थी कि यदि एक स्त्री पढ़ेगी तो वह अपने बच्चों को पढ़ायेगी, उनमें अच्छे संस्कार डालेगी। इस तरह उस परिवार की अगली पीढ़ी बेहतर होकर उभरेगी। ये पढ़े लिखे स्त्री-पुरुष छुआछूत, वर्ण व्यवस्था, जाति प्रथा, पुनर्जन्म, सामाजिक कुरीतियाँ आदि का विरोध करेंगे। इससे लोगों में समानता स्थापित होगी, स्वतन्त्रता का बोध विकसित होगा, सामाजिक न्याय की स्थापना होगी और मानवतावादी व्यवहार का भाव जगेगा। इसके लिए उन्होंने 'सत्य शोधक समाज की स्थापना की।

उनके विद्यालय खोलने का प्रयासों का कट्टरपन्थियों द्वारा बहुत विरोध हुआ, पर वे डिगे नहीं और उस सामन्ती मानसिकता का डट कर विरोध किया, जान का खतरा उठाकर।

अब ज्योतिबा फूले ने तो अंग्रेजों की तरफदारी कर और भीमराव अम्बेडकर ने हिन्दू धर्म को त्याग कर ही दलितों के उत्थान की सम्भावना खोजी, पर जगजीवन राम ने हिन्दू धर्म में रहते हुए और मुख्यधारा की राजनीति करते हुए दलितों के उत्थान के बारे में सोचा। उन्होंने दलितों की समस्या को आर्थिक, सामाजिक और धार्मिक परिप्रेक्ष्य में देखा और इतिहास को उसका आधार बनाया। कहा "वर्णव्यवस्था और उसके परिणामस्वरूप छुआछूत की प्रथा भारत की एक अनूठी वास्तविकता है, जिसकी जटिलता आसानी से समझ में नहीं आती। वर्ण व्यवस्था की जड़ें अतीत के अन्धकार में कहीं छुपी हुई हैं और इसी कारण समाजशास्त्र के विद्वान इस विषय पर एकमत नहीं हो पाते कि जाति भेद की इस अनोखी प्रथा का आरम्भ कैसे हुआ और वह किस प्रकार विकसित हुई।" वे फिर कहते हैं, कि जो लोग भारत में बाहर से आए, यदि उनके पास स्त्रियाँ थीं, तो वे विवाह आपस में ही करते थे। पर अधिकांश कबीलों में स्त्रियाँ नहीं होती थीं, इसलिए वे स्थानीय स्त्रियों से विवाह करते थे। मानते थे कि स्त्री चाहे जिस जाति की हो, पवित्र होती है, उससे विवाह किया जा सकता है। पर यह दोयम दर्जे का विवाह माना जाता था। काल क्रम में विकसित समाज में एक त्रिवर्ण और फिर एक चौथा वर्ण उपजा, जिसमें वर्ण का मतलब था एक विशेष सामाजिक कृत्य और संस्कृति तथा जीवनशैली का अपना-अपना अलग स्तर। जब बाहरी

आक्रमणकारियों और स्थानीय बाशिन्दों में झगड़े, लड़ाई, रक्तपात बढ़े तो भेद-भाव बढ़ना भी आरम्भ हुआ और वह बढ़ता ही गया। उसने व्यवसाय सम्बन्धी भेद-भावों को जन्म दिया और उसमें कट्टरता आरोपित की। इसमें चौथे वर्ण को तमाम अधिकारों से वंचित कर दिया गया और उन्हें शूद्र कहकर गाँव के बाहर रहने के लिए बाध्य कर दिया गया। वे ही आज के अछूतों के पूर्वज हैं। आज उनमें हजारों उपजातियाँ हो गई हैं। उनमें से कुछ को अलग कर पंचम वर्ण बनाकर अस्पृश्य की कोटि में रखा गया है।

जगजीवन राम पुनर्जन्म और कर्मफल के सिद्धान्त की कटु आलोचना करते हुए कहते हैं कि यह दर्शन एक तरफ शूद्रों को निचले पायदान पर रखने के लिए और दूसरी तरफ उनके एक घड़े को अस्पृष्य बनाकर रखने के लिए हथकंडा की तरह है। लिखते हैं, "प्रारम्भ में वर्ण सामाजिक कृत्य और सांस्कृतिक स्तर का प्रतीक था, बाद में यह विचार प्रचारित कर दिया गया कि वह ईश्वर प्रदत्त व्यवस्था है। उसे उचित ठहराने के लिए पुनर्जन्म, कर्म और माया के सिद्धान्तों से सहायता ली गई, एक शक्तिशाली और प्रभावशाली मुट्ठीभर लोगों के वर्चस्व को न केवल उचित ठहराने के लिए, उसे स्थापित करने के लिए भी।" इनके माध्यम से दलितों के मन में यह बैठाना था कि उनकी वर्तमान स्थिति सवर्णों का निर्माण नहीं पुनर्जन्म का फल है, और इससे उबरने का प्रयत्न नहीं किया जाना चाहिए। यदि दलितों, वंचितों, अछूतों, शोषितों का वास्तविक कल्याण करना है तो तमाम विचारकों, धर्म गुरुओं, नेताओं को इस दर्शन पर प्रहार करना चाहिए, तब हिन्दू धर्म के भीतर उनकी स्थिति सामान्य होगी। यह लड़ाई हिन्दू धर्म के भीतर ही रहकर लड़ी जानी चाहिए। अन्यथा हिन्दू धर्म के बाहर जाने पर वे 'अन्य' बन जाएँगे और ये 'मैं' लोग उनसे कन्नी काट लेंगे। दूसरे मत का व्यक्ति मान कर उनसे वैसी ही दूरी बनाकर रखेंगे जैसे वे इस देश में रह रहे विभिन्न मतावलंबियों के साथ बनाकर रखते हैं। और समस्या धरी-की-धरी रह जाएगी।

जगजीवन राम का यह भी कहना था कि इस वर्ण व्यवस्था का विरोध समय-समय पर होता रहा है। महात्मा बुद्ध से लेकर स्वामी दयानन्द सरस्वती तक इसकी लम्बी परम्परा है। पर यह व्यवस्था ध्वस्त नहीं हो पाई, क्योंकि इसे ध्वस्त करनेवाले लोगों के अनुयायी एक स्वतन्त्र मत के रूप में मठबद्ध होते रहे, इसलिए वे हिन्दू धर्म के भीतर एक मत बनकर रह गए। जरूरत है अलग से कोई मत न बनकर, हिन्दू धर्म के भीतर रह कर ही इसे ध्वस्त करने का प्रयास किया जाए। जनतन्त्र ने इसके लिए अच्छा अवसर दिया है, जिसमें प्रत्येक योग्य व्यक्ति का वोट एक बराबर है, चाहे वह सवर्ण हो या चौथा वर्ण, स्त्री हो या पुरुष। संविधान ने छुआछूत को समाप्त कर दिया है और सबको बराबरी का अधिकार स्वतन्त्रता के साथ प्रदान किया है। इनका उपयोग शूद्रों की बेहतरी के लिए किया जाना चाहिए। शिक्षा वह दूसरा कारक

है जिसका उपयोग इस जाति-पाँति वाली व्यवस्था को तोड़ने के लिए किया जाना चाहिए। उसने कमजोर करना तो आरम्भ ही कर दिया है। इसी को आगे बढ़ाते हुए डॉ. सीताराम ने कहा था कि अछूतों को चाहिए कि वे अन्तर्जातीय विवाह करें। लड़कों का विवाह करना थोड़ा कठिन होगा, इसलिए लोगों को चाहिए कि अपनी लड़कियों का विवाह उच्च वर्ण के लोगों में करें और उसके लिए प्रेम-विवाह को प्रोत्साहित किया जाना चाहिए। उसे रोकना तो कत्तई नहीं चाहिए। जब रोटी-बेटी की सीमा हटेगी तभी जाति-पाँति छूटेगी। लड़कों को चाहिए कि वे अपनी उपजातियों की सीमा तोड़कर तुरन्त विवाह करना आरम्भ कर दें।

जगजीवनराम की सोच आशावादी थी। उन्होंने अपनी पुस्तक 'भारत में जातिवाद और हरिजन समस्या' की भूमिका में लिखा था, "अनुसूचित जातियों का मुक्ति आन्दोलन आरम्भ हो चुका है। उसके रास्ते में बहुत-सी कठिनाइयाँ और रुकावटे हैं। उनका शत्रु उनसे कहीं अधिक शक्तिशाली है। परन्तु उन्हें अनवरत रूप से संघर्ष करना ही पड़ेगा। तभी मानवता दासता से मुक्त हो सकेगी।

आज मदन, कँवल भारती और कुछ हद तक श्योराज सिंह बेचैन इसी विचार को लेकर चल रहे हैं।

ज्योतिबा फूले, डॉ. भीमराव अम्बेडकर और जगजीवन राम अछूतों के मसीहा थे, पिछड़ी जातियों के मसीहा डॉ. राममनोहर लोहिया थे। वे रेडिकल समाजवादी थे और मानते थे कि भारत में वर्ग संघर्ष नहीं वर्ण संघर्ष होगा, क्योंकि देश धनी-गरीब में कम जातियों में अधिक बटा है, और उसका दंश गरीबी से अधिक शूद्रता का है—गरीबी का सम्बन्ध कहीं न कहीं जाति और उसमें भी शूद्रता और पिछड़ेपन के कारण है। इस लड़ाई का उद्देश्य अन्ततः जाति व्यवस्था को ध्वस्त करना है, क्योंकि मनुष्य और मनुष्य में भला क्या अन्तर? किन्तु यह उद्देश्य तभी प्राप्त हो सकता है, जब पिछड़ी जातियाँ एक सूत्र में बंधकर मजबूत हों, सत्ता प्राप्त करें और उसके माध्यम से वर्ण व्यवस्था पर प्रहार करें।

डॉ. लोहिया इतिहास के चक्रात्मक स्वरूप में विश्वास करते थे। वे मानते थे कि इतिहास का एक चक्र कुछ जातियों के लिए बेहतर स्थिति लेकर आता है, और कुछ के लिए खराब। कालक्रम में यह दशा पुनः पलट जाती है और जिनकी खराब दशा होती है, उनकी अच्छी होने लगती है और जिनकी अच्छी है, उनकी खराब होने लगती है। बौद्ध मत ने आरम्भ में शूद्रों की दशा बेहतर की और द्विजों की खराब की। शुंगों के समय में द्विजों की दशा फिर ठीक हुई और शूद्रों की खराब हो गई। बौद्ध मत पर कालक्रम में ब्राह्मणों का कब्जा हो गया, तब शूद्रों की स्थिति वैष्णव मत के भक्त

कवियों ने बेहतर करनी चाही। आज जनतन्त्र उनकी स्थिति बेहतर करना चाहता है। आजादी की लड़ाई के दौरान गाँधी ने उसके लिए बहुत प्रयास किया। दूसरे नेता जहाँ अछूतों तक सीमित होना चाहते थे, समाजवादी नेता अछूतों के साथ-साथ पिछड़ी जातियों के उद्धार के लिए भी प्रयासरत थे।

डॉ. लोहिया का कहना था कि शूद्रों में अति शूद्र स्त्रियाँ हैं और इस मामले में पूरी स्त्रीजाति की स्थिति वही है—क्या शूद्र क्या सवर्ण। कारण पर्दा सिस्टम और अशिक्षा है। स्त्रियाँ जब घर से बाहर आएगी तभी उनकी स्थिति बेहतर होगी। इसे हम कुछ हद तक कृषक परिवार की स्त्रियों में देख सकते हैं, जो घर-बार के काम के सम्बन्ध में निर्णय लेने में राय देती हैं और आसानी से विवाह विच्छेद कर पाती हैं।

चौथी महत्त्वपूर्ण बात उन्होंने यह कही कि अपनी मुक्ति की लड़ाई हर व्यक्ति स्वयं लड़ता है। पिछड़ों को अपनी लड़ाई स्वयं लड़नी है। चूँकि यह लड़ाई अकेले नहीं लड़ी जा सकती, इसलिए अपने जैसे लोगों के साथ गोलबन्द होना है। अपने जैसे लोगों की तलाश अपनी जाति में आसानी से हो जाती है, क्योंकि एक जाति के भीतर सभी की स्थिति कमोबेश वही होती है। उसे आधार बनाकर दूसरी जातियों में अपने समर्थक व सहयोगीढूँढे जाते हैं। उनसे एकता स्थापित कर लड़ाई को बेहतर, प्रभावशाली और सर्वव्यापी बनाया जाता है।

पाँचवीं बात उन्होंने यह कही कि आधुनिक युग में सामाजिक परिवर्तन राजनैतिक सत्ता के माध्यम से तत्काल, आसानी से और प्रभावशाली ढंग से हो सकता है। चूँकि भारत एक जनतन्त्र बन गया है और उसमें पिछड़े और अछूतों की संख्या काफी बड़ी है, इसलिए वे यदि एक हो जाएतो आसानी से राजनैतिक सत्ता प्राप्त कर सकते हैं और उसका उपयोग अपनी स्थिति में परिवर्तन के लिए कर सकते हैं। इसके लिए उन्हें चाहिए कि भारतीय संविधान में प्रदत्त अधिकारों का वे महत्तम प्रयोग करें। स्त्रियों को भी अपनी लड़ाई के लिए यही करना पड़ेगा। उन्होंने अपने भाषण में कहा था, "जाति तोड़ो, मातृभाषा चलाओ, हिमालय व पर्वत बचाओ, छूआछूत मिटाओ, भूमि सेना बनाओ, हरिजन बस्तियों में सहभोज करो, नर-नारी को समान बनाओ और पिछड़े लोगों को विशेष अवसर दो।"

अप्रासंगिक नहीं होगा यदि हम यहाँ प्रसिद्ध साहित्यकार और काफी हद तक गाँधी की ओर मुके विचारक गिरिराज किशोर के विचारों को नोट कर लें, जिन्होंने भारतीय उच्च शिक्षा संस्थान, शिमला से एक फेलोशिप पर दलितों पर अध्ययन किया था और एक पुस्तक 'दलित-विमर्श : सन्दर्भ गाँधी' लिखा था। वे कहते हैं कि दलित अवधारणा का चलन हमारे यहाँ पश्चिम के नीग्रो-विमर्श की तर्ज पर आई, भले ही उसका आधार भारतीय धार्मिक मान्यतों की रूढ़ि है। पश्चिम में यह एक मानसिकता की देन है, जहाँ जाति व्यवस्था नहीं है। और इस मानसिकता की जड़ें इतनी गहरी

हैं कि जब जार्ज बर्नार्ड शा से 1936 में बम्बई में पूछा गया कि भारत में प्रचलित अस्पृश्यता के बारे में आप की क्या राय है, तो उन्होंने बड़ी बेबाकी से उत्तर दिया था, ''ब्रिटेन या अमेरिका में प्रचलित अस्पृश्यता के मुकाबिले यह कुछ भी नहीं है।'' चूँकि यहाँ यह प्रचलन के रूप में है, इसलिए यहाँ आसानी से बदला जा सकता है। वहाँ मानसिकता के रूप में है, इसलिए वहाँ बदलना काफी कठिन होगा। प्रचलन की तुलना में मानसिकता अधिक अनुदार होती है।

दूसरी बात गिरिराज किशोर यह कहते हैं कि पश्चिम में अस्पृश्यता रंग भेद पर आधारित है। हमारे यहाँ वर्ण की बात कहे जाने के बावजूद वह संस्कृति पर आधारित है। संस्कृति पर आधारित होने के कारण अभी तक इसका गहरा विश्लेषण नहीं हो पाया है। फिर इस संस्कृति में भी धर्म का तत्त्व अधिक बलवती होने के कारण समाजशास्त्रीय पद्धति बहुत ढंग से विश्लेषण-कर्म नहीं कर पाती। शुचिता, पाप-पुण्य और अन्य रूढ़िगत मान्यताएँ इसका अभिन्न अंग हैं। जबकि नीग्रो-विमर्श नल्स तक सीमित है। इसलिए अधिक विश्लेषित है। उस विश्लेषण को दलित-विमर्श पर घटा देना दरअसल समस्या का समाधान नहीं, उससे आंख मून्द लेना होगा। वहाँ पर सीधे-सीधे मान लिया गया है कि गोरे श्रेष्ठ है, भिन्न हैं, इसलिए उन्हें चैलेंज नहीं किया जा सकता, और चैलेंज करने पर हिंसा चाहे जितना हो, उससे मुक्ति नहीं पाई जा सकेगी। भारत में शूद्र या दलित उसी वर्ण व्यवस्था के अंग हैं, इसलिए आपसी सहमति और जनतान्त्रिक समाधान के अवसर अधिक हैं और अहिंसात्मक ढंग से उसकी बुराइयों को शनैः-शनैः विकासशील ढंग से समाप्त किया जा सकता है। और वह प्रक्रिया चल भी रही है और काफी तेजी से चल रही है। चूँकि पुराना कर्मकांड तेजी से समाप्त हो रहा है, इसलिए यह व्यवस्था भी तेजी से समाप्त होगी। दिक्कत तब हो रही है जब राजनैतिक शक्ति का इस्तेमाल इसे समाप्त करने की जगह सत्ता हासिल करने और सत्ता मिल जाने के बाद उसमें बने रहने और अपने परिवार तक ही सत्ता को सीमित कर देने के लिए हो रहा है।

तीसरी बात यह है कि पश्चिम के गोरे लोग मानते हैं कि काले लोग निर्बुद्धि हैं, जबकि गोरे लोगों के पास समस्त बुद्धि है। भारत में जाति व्यवस्था नीचे के लोगों को निर्बुद्धि नहीं मानती, अनाचंरिया मानती है। यानी नीचे के लोगों का आचार बेहतर हो जाए और बेहतर का मतलब सवर्णों के अनुरूप हो जाए तो समस्या कुछ हद तक यूँ ही समाप्त हो जाएगी और आगे समाप्त होते जाने की सम्भावना बनी रहेगी।

चौथी बात वे यह कहते हैं कि दोनों जगह समस्या के मूल में एक आर्थिक कारण है। यदि आर्थिक स्थिति बेहतर हो जाए तो काले-गोरे का भेद सांस्कृतिक व्यवहार के स्तर पर बेहतर हो जाएगा। इसकी सम्भावना भारत में अधिक है। तमाम नीग्रो आर्थिक रूप से समृद्ध होने के बावजूद गोरों के साथ बराबरी का व्यवहार नहीं अर्जित कर पाते

हैं। पर भारत में आर्थिक स्थिति बेहतर होने पर वे सवर्णों का न केवल सम्मान पाते हैं, उनके साथ उठने-बैठने लगते हैं। राजनैतिक भागीदारी ऐसी है कि चरण सिंह, देवगौड़ा (और अब नरेन्द्र मोदी) प्रधान मन्त्री बने, जैल सिंह राष्ट्रपति बने, जगजीवन राम उप प्रधानमन्त्री बने, कई राज्यों में मुख्यमन्त्री दलित और पिछड़ी जाति के लोग बने। और आज तो लगता है कि संख्या बल के कारण वे ही सत्ता में रहेंगे। प्रशासन में आरक्षण के कारण ही सही दलितों और पिछड़ों की भरमार है। विधायिका में उनकी स्थिति सर्वविदित है। स्थिति खराब है तो गरीब लोगों की, और सवर्णों की उनसे भिन्न नहीं है।

पर इसका मतलब यह नहीं है कि शूद्रों की दशा इतनी अच्छी हो गई है कि उन पर विशेष ध्यान देने की जरूरत नहीं है। वास्तविकता यह है कि उनकी दशा आज भी बहुत खराब है, भले ही उसको सुधारने के लिए शिक्षा, आरक्षण, आर्थिक सहूलियत आदि के माध्यम से निरन्तर प्रयास हो रहा है।

(3)

भारतीय संविधान में अनुसूचित जातियों की सामाजिक असमर्थताओं के निराकरण के उद्देश्य से उन्हें सुरक्षा व संरक्षण प्रदान करने की व्यवस्था की गई है। वह स्त्री व पुरुष पर एक समान लागू होती है। इसके निम्न प्रावधान मुख्य हैं :—

(1) धारा 18 के अनुसार अस्पृश्यता का अन्त कर दिया गया है और उसका किसी भी रूप में व्यवहार का निषेध कर दिया गया है। उससे उपजी किसी भी अयोग्यता को लागू करना कानून द्वारा दंडनीय अपराध माना जाएगा।

(2) धारा 46 के अनुसार अनुसूचित जातियों और जनजातियों और अन्य कमजोर वर्गों की शिक्षा, अर्थ सम्बन्धी हितों का संवर्धन और सामाजिक अन्याय तथा हर प्रकार के शोषण से रक्षा की जाएगी।

(3) धारा 25(ख) के अनुसार सामाजिक कल्याण और सुधार के लिए और सार्वजनिक प्रकार की हिन्दू धार्मिक संस्थाओं को हिन्दुओं के सभी वर्णों और अनुभागों के लिए खोल दिया गया है।

(4) धारा 29(2) के अनुसार राज्य द्वारा पोषित या राज्य की निधि से सहायता प्राप्त सभी शिक्षण संस्था में प्रवेश से किसी भी नागरिक को केवल धर्म, मूलवंश, जाति, भाषा या इनमें से किसी एक के आधार पर वंचित नहीं किया जा सकता।

(5) धारा 14 के अनुसार कानून के सामने सभी व्यक्ति बराबर हैं और सबको एक-सा कानून का संरक्षण प्राप्त होगा।

(6) धारा 15 के अनुसार धर्म, मूलवंश, जाति, लिंग या जन्म स्थान के आधार पर व्यक्तियों में विभेद नहीं किया जाएगा।

(7) धारा 23 के अनुसार बलात-श्रम और दुर्व्यवहार पर रोक लगा दी गई है। बाल श्रम को समाप्त कर दिया गया है। और इनका उलंघन विधि द्वारा दंडनीय अपराध होगा।

(8) धारा 39 (क) के अनुसार समान न्याय और निःशुल्क विधिक सहायता राज्य सुनिश्चित करेगा। तन्त्र इस तरह के काम करेगा कि सभी को समान अवसर मिले। देखेगा कि आर्थिक तंगी या किसी अन्य अयोग्यता के कारण कोई नागरिक न्याय पाने से वंचित न रह जाए। उनके लिए निःशुल्क कानूनी सहायता की व्यवस्था की जाएगी।

(9) धारा 49 के अनुसार राज्य जनता के दुर्बल वर्गों की, विशेषतः अनुसूचित जातियों और जनजातियों की शिक्षा तथा अर्थ सम्बन्धी हितों की विशेष सावधानी से अभिवृद्धि राज्य द्वारा की जाएगी और सामाजिक अन्याय और सभी प्रकार के शोषण से रक्षा की जाएगी।

(10) राज्यों की अनुसूचित जातियों की संख्या के अनुपात से उनके व्यक्ति को लोकसभा तथा विधान सभा में कुछ सीटे सुरक्षित रहेंगी। यह प्रविधान पहले 20 वर्ष के लिए था। फिर उसे बढ़ाकर 2000 तक कर दिया गया था। अब 2020 तक है। संसद में अभी 79 और विभिन्न विधान सभाओं में 557 स्थान उनके लिए सुरक्षित हैं।

(11) इसी तरह सरकारी नौकरियों में उनका कोटा आरक्षित है।

(12) शिक्षण संस्थाओं में भी उनका कोटा संरक्षित है। छोटे दर्जों में मुक्त कापी, किताब देने की भी व्यवस्था है।

(13) उनके कल्याण व उत्थान के लिए पृथक विभागों की स्थापना की गई है। जिला स्तर पर हरिजन कल्याण निदेशालय बनाया गया है।

(14) मंडल कमीशन की सिफारिशों को लागू कर पिछड़ी जातियों को नौकरी व शिक्षा में आरक्षण दिया गया है।

(4)

शूद्रों के इन दोनों धड़ों की स्त्रियों की स्थिति पर हम आते हैं तो पाते हैं कि वह बहुत कुछ उनके धन्धे से निर्धारित है। यह सर्वमान्य है कि उनका श्रम विभाजन लिंग के आधार पर है। स्त्रियाँ अमूनन घर के भीतर का काम करती हैं और पुरुष घर के बाहर का काम। दोनों ही धड़े या तो स्वयं अपने खेत पर किसानी करते हैं, या दूसरों के खेतों पर मजदूर के रूप में कृषि कर्म करते हैं। तब इनकी स्त्रियाँ घर का काम निपटाने के अतिरिक्त या तो कृषि कर्म में अपने पुरुषों का सहयोग करती हैं, या दूसरे के खेतों में जाकर मजदूरी करती हैं। उनसे पुरुष की तुलना में हल्का काम लिया जाता

है और कम मजदूरी दी जाती है। यानी उनके प्रति नजरिया विभेद का है। वे अपनी मजदूरी का बहुत अल्प भाग ही अपनी मर्जी से और अपने ऊपर खर्च कर पाती हैं। उनकी कमाई पुरुष की ही कमाई का हिस्सा माना जाता है, अक्सर पुरुष उसे ले लेता है, उसे अपने अनुसार घर के कामों में या अपने ऊपर खर्च करता है। अक्सर तो वह उनके पैसे से दारू पीता है, दारू पीकर काम पर नहीं जाता, अपना वर्चस्व जताने के लिए या कमा कर लाने के लिए उनकी पिटाई करता है। अनाचारियों में यह व्यवहृति कुछ अधिक ही है।

औरतों के घर से बाहर जाकर काम करने का परिणाम यह है कि उनमें पर्दा-सिस्टम नहीं है, या बहुत कम है। जब विवाह होकर स्त्री आती है तभी कुछ वर्षों के लिए वह इसे अपनाती है। बच्चा पैदा हो जाने पर या बाहर काम पर जाने के साथ ही यह समाप्त हो जाता है। पर इसका मतलब यह नहीं है कि वह घर-गाँव के बूढ़े सम्मानित लोगों से अपनी बराबरी करती हैं। उनके सामने थोड़ा सिर अवश्य झुकाती है। यह ससुराल में होता है, मायके में नहीं।

अनाचारिया होने और पर्दा सिस्टम नहीं के बराबर होने के कारण इनमें विवाह विच्छेद आसानी से हो जाता है। यदि मायका मजबूत हो तो वे पुरुष के अत्याचार का मुकाबिला कुछ अधिक प्रभावशाली ढंग से कर पाती है। उनमें विधवा विवाह भी सम्भव होता है। लेकिन विवाह बाल्यकाल में होने के कारण उसमें उनकी कोई आवाज नहीं होती। कन्या हत्या नहीं होती। अभी तक दहेज प्रथा नहीं रही है। पर उनके शिक्षित और समृद्ध होते जा रहे परिवार इसे अपनाते जा रहे हैं। इसलिए कहीं-कहीं वधू हत्या भी देखने को मिल रही है, जो पहले एकदम नहीं था, क्योंकि विच्छेद आसानी से हो जाता था। इधर प्रेम का रोग बढ़ा है। इससे पंचायतों ने दंड का अधिकार प्राप्त कर लिया है। फिर धोका मिलने पर आत्महत्याएँ और कभी-कभी सम्मान के नाम पर हत्याएँ होती पाई जा रही है।

कमोबेश यही स्थिति पिछड़े वर्ग की स्त्रियों की भी है। किन्तु उनके आचार सवर्णों के अधिक करीब होने के कारण कड़ाई के स्थल अधिक हैं। राजनैतिक जागरूकता बढ़ने के कारण उनके अपने समाज की जागरूकता बढ़ी है। उससे कट्टरता आ रही है। पर साथ ही उनमें शिक्षा बढ़ रही है। सरकार विभिन्न प्रकार की सहूलियतें देकर इसे उत्साहित कर रही हैं। इससे स्त्री और पुरुष के हित में संघर्ष हो रहा है और उससे अपने हानि लाभ है। पर यह संक्रमणकाल है। उम्मीद है इसका परिणाम बेहतर होगा।

दूसरे तमाम शूद्र शिल्पकार हैं। शिल्प कर्म का विभाजन उपजाति के आधार पर है। उनमें भी अलग विभाजन लिंग के आधार पर है। घर का काम करने के बाद स्त्रियाँ पुरुष के शिल्प कर्म में सहयोग करती हैं। किन्तु वह सहयोग पैसे या पारिश्रमिक के रूप में दर्ज नहीं होता।

यह भी देखने में आता है कि कुछ शिल्प सिर्फ पुरुषों के लिए है जैसे जूता बनाना, लोहारी, बढ़ईगिरी, बाल काटना, वगैरह। इसी तरह कुछ शिल्प सिर्फ स्त्रियों के लिए है जैसे कुछ घरों में कपड़ा बुनना, सिलाई, बुनाई, कढ़ाई करना।

स्त्रियाँ अपने घर में पुरुष सत्ता के शोषण का शिकार हैं, तो दूसरी तरफ उनकी स्थिति उनकी जाति से बँधी हुई है। जब वे घर के बाहर होती हैं तो अपनी जाति की सीमा के साथ बाहर होती हैं। वह जाति सम्बन्धी शोषण का शिकार तो होती ही हैं लिंग सम्बन्धी शोषण का भी शिकार होती हैं। जिनके खेतों और कारीगरी गें लम्बे समय तक काम करती हैं, वे उनका दैहिक शोषण करते हैं। अगर लोगों के घरों में भीतरी काम करती हैं तो वहाँ भी दैहिक शोषण की शिकार होती हैं। सामन्ती व्यवस्था में तो स्थिति यह थी कि उनका डोला अक्सर जमीदार के घर उतरता था। नहीं उतरता था तो पहली रात बिताने का अधिकार जमीदार का होता था। शायद वह उनके मानमर्दन के लिए था कि वे जमींदार का काम करने से इनकार करने का साहस न कर पायें। अक्सर वे चुप रह जाती हैं। क्योंकि यदि वे अपने घरों में अपने शोषण की बात करें तो पुरुष पहले उसी की पिटाई करता है। शोषण करनेवाले से लड़ता है तो यदि शोषक दबंग हुआ तो वह लड़नेवाले पुरुष की पिटाई तो करता ही है, स्त्री को भी काम से हटा देता है। ऐसी स्थिति में पुलिस भी कम ही मदद कर पाती है। एक तो क्राइम कम दिखाने के नाम पर उसे भगा ही देता है, और यदि किसी तरह प्राथमिकी लिख भी लेता है, तो समझौता कराकर, कुछ ले देकर मामला रफा-दफा कर देता है। कानूनी प्रक्रिया इतनी जटिल, खर्चीली, लम्बी और अश्लिल है कि कम ही स्त्रियाँ ऐसे न्याय के लिए हिम्मत बांध पाती हैं।

इनका अध्ययन देहाती व शहरी क्षेत्र के आधार पर भी किया जा सकता है। शहर में आ जाने पर पर्दा सिस्टम तो पूरी तरह से समाप्त हो गया है, पर अन्य बातें तो वैसी ही है। अक्सर वे भवन-निर्माण में पुरुषों के साथ काम करती हैं, घरों में नौकरानियों की तरह काम करती हैं, शाक-भाजी बेचती हैं, फेरी लगाती हैं। पर उससे इनका शोषण कम नहीं हुआ है। जो शिक्षित होकर नौकरी करने लगी हैं या छोटा-मोटा व्यापार करने लगी हैं, उनकी स्थिति थोड़ी अच्छी है। किन्तु पुरुष वर्चस्व और जाति कलंक का साथ वहाँ भी है। उनका लिंग भेद का शोषण और जाति भेद का शोषण तभी समाप्त होगा जब समान नागरिक संहिता बनेगी।

उत्तर-पूर्व की जनजातियों की स्त्रियों की स्थिति

'ट्राइब' शब्द का अनुवाद हमारे यहाँ 'आदिवासी' और 'जनजाति' दो रूपों में हुआ है। 'आदिवासी' वाला अर्थ अंग्रेजों ने लगाया अपने शासन को न्यायोचित ठहराने के लिए। यह बताने के लिए कि ये आदिवासी लोग भारत के मूल बाशिंदा हैं और उन पर शासन करनेवाले आर्य समेत तमाम लोग बाहर से आए हुए हैं। अब यदि हम अंग्रेज लोग बाहर से आकर यहाँ के तमाम लोगों पर शासन कर रहे हैं, तो क्या बुरा कर रहे हैं? दरअसल यहाँ के लोगों को सभ्य बनाने की जिम्मेदारी उनके ऊपर ईश्वर ने डाल रखी है और वे उसी का अनुपालन कर रहे हैं। स्वतन्त्र शोधों ने अब सिद्ध कर दिया है कि भारत में आर्य समेत कई नस्ल के लोग भारत में अनादि काल से ही रह रहे हैं। यानी आर्य बाहर से नहीं आए हुए हैं, बल्कि तमाम दूसरे नस्लों के लोग यहाँ बाहर से आकर बसते गए हैं और कुछ जंगलों में रहते गए हैं। इसलिए उन्हें 'जन जाति' कहा जाना चाहिए। वास्तव में 'ट्राइब' शब्द का लगभग सटीक अनुवाद 'कबीला' है, जो संस्कृत से इतर मूल का होने के कारण इधर प्रचलन से बाहर होता गया। शायद इसलिए भी कि 'कबीला' कहने पर एक घुमन्तूपने का बोध होता है, जबकि तमाम जनजातियाँ अपने-अपने इलाके में स्थाई रूप से बसी हुई हैं। वे अपने दर से बदर तब होती हैं, जब एक दूसरी जनजाति उसे बलात दबाती हुई उनके इलाके पर काबिज होती हैं और उन्हें और आगे जाने के लिए ठेल देती हैं।

हमारे संविधान में इन कबीलों के लिए 'अनुसूचित जनजाति' शब्द का प्रयोग किया है, उन्हें कुछ विशेषाधिकार देने के लिए। कबीले का मतलब होता है अन्तर्जात आद्य परस्पर निर्भर और निष्ठावान जीवन जीनेवाले एक झुंड के लोग जो अपने को एक पुरुखे का वंशज मानते हैं, पूरे समुदाय के लिए एक ही परम्परा और प्रचलन व्यवस्था में बँधा पाते हैं, अपनी एक विशिष्ट संस्कृति का अनुगमन करते हैं, अपनी खास भाषा का प्रयोग करते हैं, अपनी जाति के भीतर ही वैवाहिक सम्बन्ध बनाते हैं और या तो घुमक्कड़ होते हैं या फिर जंगलों में, या जंगलों के पास बसते हैं। डॉ. वी. झाझा का कहना है कि उनके लिए आदिवासी, बनवासी, जनजाति या अनुसूचित जनजाति कहना पर्याप्त नहीं है। कर्मा ओरांव और एम.सी. बेहेरा जैसे अध्ययनकर्ताओं

का कहना है कि इन जनजातियों का पिछड़ापन अनुसूचित जातियों से भी अधिक है। हाशिए के लोगों में ये अन्तिम छोर पर पड़ते हैं। तब उनमें स्त्रियों की स्थिति कितनी सोचनीय होगी यह सोचने की बात है, क्योंकि सामाजिक संरचना में उनकी स्थिति दोयम दर्जे की है। वहीं एम.एन. चौधरी जैसे सर्वेक्षकों का कहना है कि अंग्रेजों के आने से पहले सामान्य रूप से कबीलों का जीवन और उनमें विशेष रूप से स्त्रियों की स्थिति देश के तमाम दूसरे समुदायों की तुलना में बहुत अच्छी थी, क्योंकि उनका जीवन पूरी तरह से जनतान्त्रिक था और उनके जीवन-मूल्यों में अनावश्यक सामाजिक बन्धन, शोषण और रोक-टोक को स्थान नहीं दिया जाता था। इलाके के बाहर की शक्तियाँ उन पर नहीं के बराबर नियन्त्रण रखती थीं। समकालीन पर्यावरण और परिवेश के साथ उनका जीवन गुम्फित था; स्त्रियाँ अर्थव्यवस्था, संस्कृति और परम्परा सम्बन्धी निर्माण में मुख्य भूमिका अदा करती थीं। उन्हें समाज के कार्यों में निर्णय लेने का अधिकार प्राप्त होता था। वे आत्म-निर्भर और स्वतन्त्र जीवनयापन करती थीं। एलविन और हेमेनडार्फ का कहना था कि उनमें उत्तरपूर्व के कबीलों की स्त्रियों का जीवन और भी मुक्त था, क्योंकि विवाह और सन्तानोत्पत्ति के मामले में उन पर कोई दबाव नहीं होता था, कन्या का जन्म नीची निगाह से नहीं देखा जाता था, दहेज लड़की के लिए तय होता था, निजी सम्पत्ति की अवधारणा न होने के कारण स्त्री पुरुष समान थे। यदि कुछ लौकिक कामों में स्त्री की भागीदारी वर्जित थी तो कुछ दूसरे लौकिक कामों में पुरुष की भागीदारी। इसी तरह यदि कुछ धार्मिक अनुष्ठानों में स्त्री भाग नहीं लेती थी तो कुछ अनुष्ठानों में पुरुष भी नहीं लेता था। युवा अवस्था में दोनों के लिए अलग-अलग युवागृह होते थे, जो दोनों की सत्ता के अलग-अलग केन्द्र होते थे और जब पूरे कबीले पर विपदा आती थी तो दोनों सहयोगी की तरह काम करते थे। स्वाति ठाकुर ने लिखा है, "The position of women in North-East society is different in comparison to those living in other parts of India. Women enjoy greater mobility and visibility than women of other communities in country. The more egalitarian tribal culture of North-East region, coupled with the absence of some rigid practices prevalent in other parts of India, like purdah and dowry, certainly gives women of the region an edge over other women in terms of right. The concept of solidarity amongst women's groups is fairly strong. Violence that women face at domestic level is clearly less as compared to those residing in the rest of the country." होकिसे सेमा कहते हैं कि उत्तर-पूर्व की स्त्रियों की स्थिति को मुख्य धारा की दृष्टि से ठीक-ठीक नहीं समझा जा सकता, क्योंकि ये मंगोल वंशज हैं और इनके जीवनमूल्य आर्यों और नीग्रो लोगों से भिन्न हैं। लेकिन हम चीन के सन्दर्भ में जुंग चान की आत्मकथा के विश्लेषण से

जान पाए हैं कि वहाँ की स्त्रियों की स्थिति बेहतर नहीं रही है। हेमलेट बरे का कहना है कि इस बेहतरी का कारण मातृसत्तात्मक, कम-से-कम मातृगोत्रोत्मक समाज का होना है (जो कभी मातृसत्तात्मक था।) यह बात भी आंशिक रूप से ही सही है, क्योंकि स्त्रीवंशवाद खासी, जयन्तिया, गारो, सिक्किम की दो जनजातियाँ लाप्चा और भूटिया और असम में कछारियों की कुछ उपजातियों में ही रहा है और उनकी मातृसत्ता तो कभी की तिरोहित हो चुकी है। सलाम इरिन कहती हैं कि यह विभेद दरअसल कबीलाई और गैर-कबीलाई विभाजन के कारण है। कबीलों में स्त्री, पुरुष की समानता काफी हद तक कायम रही है, चाहे वह आर्थिक पिछड़ेपन के कारण ही क्यों न हो। दूसरे संस्कृति में एक उच्च नैतिक मूल्य सिर्फ आदर्श ही नहीं, व्यवहार के स्तर पर प्रगति करता रहा है। तथाकथित अगड़े समाजों के मूल्य यहाँ आने के कारण स्त्रियों की दशा यहाँ निरन्तर खराब होती जा रही है। लिखती हैं "The Hindu tradition envisages a woman occupying an important position in the household where she is loved and respected—but she remains in a state of constant tutelage—as a girl she is subject to the tutelage of her father, as a wife to the tutelage of her husband, as a widow to tutelage of her eldest son. This tradition has gone some change over a period of centuries and the last form of tutelage has disappeared to a great extent with the rise of nuclear households—the eldest sons as also other adult children are too busy persuing both independent lives and careers. The Manipuri tradition is in its essential similar to the Indian tradition, but right from beginning of the Manipur's recorded history, women as individual and groups have exercised power and authority in different ways in different historical periods."

हम पाते हैं कि पुराने जमाने में जब जीवन जटिल नहीं था, मणिपुरी स्त्रियाँ किसी भी जनजातीय समाज की स्त्री की तरह स्वतन्त्र थी। यद्यपि कि श्रम विभाजन लिंग के आधार पर था, समाज पितृसत्तात्मक और राजवंशी सामन्तवादी था, घर के भीतर के सभी मामले में वह स्वतन्त्र थी और उसमें पहल करती थी। उससे सम्बन्धित हर मामले में उसकी न केवल राय ली जाती थी, निर्णय में भी महत्त्वपूर्ण भूमिका निभाती थी। नाच-गान और पति के चुनाव में वह स्वतन्त्र थी। तलाक के लिए पहल कर सकती थी। वधू-शुल्क के आधार पर उसका सम्मान भी काफी था। कई कुलों में तो भावी पति अनेक वर्षों तक उसके परिवार में रहकर बिना पारिश्रमिक के काम करता था। दरअसल इस मामले में शोषण पुरुष का होता था। किन्तु पुरुषप्रधान समाज होने के कारण वंश पिता के नाम पर चलता था, बच्चों पर पिता का प्राथमिक अधिकार होता था, वे ही सम्पत्ति के उत्तराधिकारी होते थे। स्त्री की स्वतन्त्रता की कटौती इस कारण

भी होती थी कि समाज बहुत पहले सामन्ती बन गया था—वहाँ राजवंश की स्थापना ईशा-पूर्व ही हो चुकी थी और तेरहवीं सदी के बाद उसका बड़ा कठोर वर्चस्व बन गया था। इसलिए शासक वर्ग के पुरुष एक से अधिक विवाह कर सकते थे, पर स्त्री नहीं। उनकी सभी पत्नियों की हैसियत एक जैसी नहीं होती थी। यह स्थिति तब और खराब हो गई जब हिन्दू वैष्णव मत का प्रवेश हुआ। यद्यपि कि पर्दा सिस्टम वहाँ नहीं आया, तो भी तमाम सामाजिक और धार्मिक अनुष्ठानों में बराबरी का हक जाता रहा।

इस्लाम का प्रवेश इसके बाद हुआ। सत्तरहवीं शताब्दी में तमाम युद्धबन्दी यहाँ लाये गए, जिनके साथ स्त्रियाँ नहीं थीं। राजा खावेंगा ने उन्हें स्थानीय स्त्रियों से विवाह करने की अनुमति दे दी। परिणामस्वरूप इस्लाम व मणिपुरी परम्पराओं और नियमों का घाल-मेल आरम्भ हुआ। नया समाज परिवार आधारित बना, जिसमें कृषि उत्पाद के मामले में स्त्रियों की भूमिका महती बन गई। पर सामाजिक कार्यों में पवित्र कुरान के नाम पर रोक लग गई। इस्लाम में विवाह समझौता माना जाता है, किन्तु उसमें मेइतेई लोगों के कुछ प्रचलन जोड़ दिए गए। बहुपत्नीवाद आया तो, किन्तु प्रचलन बहुत ही कम रहा। ग्रामीण इलाकों में पुरुषों के साथ खुलकर मिलने-जुलने पर रोक लग गई। यदि वह किसी गैर मुस्लिम से शादी कर लेती थी या कर लेती है तो उसका जाति निकाला हो जाता था, पर ऐसा करने पर मुस्लिम पुरुष का नहीं। स्त्री का कर्तव्य हर तरह से अपने पुरुष को खुश रखना बन गया, इसलिए उसकी भूमिका अधीनस्थ की बन गई। किन्तु बुर्का का प्रचलन प्रवेश नहीं कर पाया। परिणामस्वरूप उसके काम और आवागमन में बाधा नहीं पड़ा। पर 19वीं सदी में जब अपनी पहचान के नाम पर मुसलमानों में प्रतिक्रियावाद का बोलबाला बढ़ा तो पर्दा प्रथा तेजी से विकसित हुई। शिक्षा पर रोक लगी। पर आर्थिक क्रियाकलापों पर रोक नहीं लगी। इससे उनमें एकता बनी, जिससे परिणामस्वरूप 1939, 1990, 2009 आदि के आन्दोलनों में उन्होंने सामूहिक रूप से हिस्सा लिया। तो भी उन्हें अपने पसन्द के मर्द के साथ विवाह करने, परिवार का अभियन्त्रण करने, तलाक लेने या पुनर्विवाह करने का स्वतन्त्र अधिकार नहीं है, जो पहले कबीलाई समाज में था। मधु राजपूत लिखती हैं, "According to the deity Imoinu, an ideal woman is one who is faithful to her husband, who regards her husband divine and worships him, who obeys orders and is submissive to husband, who eats when husband has eaten. The shaping of such an ideal woman begins from childhood with the active collaboration of the mother. The daughter is brought up in such a way that she always feels inferior to her brother." रीता कामेई लिखती हैं, "Muslim women in Manipur are at a great disadvantage compared to their counterparts in other communities Rigid patriarchy, social customs and traditions, like restriction on movement, early marriage and misused personal laws particularley on divorce, adoption and guardianship of children, maintenace and inheritance have hindered the social empowerment of woman." इसी तरह सैयद अहमद लिखते हैं, "Even though theoratically a divorced wife is entitled to provisions of maintenance, in realty divorced women hardly get these benefits. They even fail to get Mehr promised in Nikahnama."

(2)

उत्तर-पूर्व की स्त्रियों की दशा का अध्ययन बहुत ही जटिल काम है, क्योंकि उनका स्वरूप एक-सा नहीं है। गुहा जैसे विचारकों का कहना है कि उत्तर-पूर्व में पहले निग्रिटो वंशवालों का प्रवेश हुआ, फिर प्रोटो-आस्टालोइडों का। मंगोलाइड लोग सबसे बाद में आए, जिन्होंने सबको लगभग आत्मसाद कर लिया। इनके दो समूह थे पैलियो मंगोलाइड और तिब्बतोमंगोलाइड। इस तीसरे के उदाहरण कोच और उनसे जुड़े कबीले और चूतिया (बड़-कछारी) और उनसे जुड़े कबीले हैं असम के मैदानी भाग में। तमाम जातियाँ पहाड़ी हैं और शान प्रान्त से आए तिब्बतो-बर्मी हैं, कुछ मैदानों में रहनेवाले 'ताई' हैं जो गीली ज़मीन में धान की खेती करते हैं। इन सबके विकास का स्तर भिन्न-भिन्न है। कुछ जातियाँ मातृसत्तात्मक, कहें अब मातृवंशात्मक हैं, तो कुछ पितृसत्तात्मक। कुछ के यहाँ व्यक्तिगत सम्पत्ति की अवधारणा है और उनमें भी चल और अचल सम्पत्ति का विभाजन है, तो कुछ के यहाँ सम्पत्ति की अवधारणा समुदाय व समूह से सम्बन्धित है। कुछ जनजातियाँ हिन्दुओं और मुसलमानों (यानी मजबूत सांस्कृतिक-धार्मिक समुदायों) से घिरी हैं, उनके सम्पर्क में हैं और कुछ उनसे दूर हैं। अधिकांशतः पहाड़ी कबीले ईसाई हो गए हैं। इसके कारण भी उनके विकास के स्तर में मिलता है। फिर अंग्रेजों के आने से पहले, अंग्रेजों के समय और फिर स्वतन्त्रता प्राप्ति के बाद की स्थितियों में भिन्नता है।

(3)

हम पहले मातृसत्तात्मक समाजों को लेते हैं। इनमें प्रमुख खासी, जयन्तिया (प्ना जिन्हें सिंतेङ भी कहते हैं) और गारो हैं जो मेघालय में रहती हैं। इनमें खासी और जयन्तिया एक ही जनजाति के दो अंग है। जयन्तिया लोग हिन्दुओं के काफी करीब अंग्रेजों के आने के पहले ही होते चले गए थे। इसके साथ ही राजशाही कायम होने के कारण वे अपने का तथाकथित रूप से अगड़े मानने लगे, पर स्त्री की स्थिति अधीनस्थ की होती चली गई क्योंकि उस समाज में हिन्दू आचार-विचार और जीवन मूल्य का प्रभाव

बढ़ गया। वह अधिकाधिक पितृसत्तात्मक होता चला गया। तो भी मातृसत्ता के अवशेष बचे रहे। खासी लोग पहले अपनी कबीलाई संस्कृति में सिमटे रहे, फिर ईसाई होते चले गए। इस धर्मपरिवर्तन ने अपने घोल से उनकी मातृसत्ता को पतला करता चला गया और आज वह समाज मातृकुलात्मक बनकर रह गया है।

जे.एन. चौधरी जैसे विचारकों का कहना है कि खासी लोग न केवल भाषा में, वंश से भी प्रोटोआस्ट्रालोइड लोग हैं और उनमें भी आस्ट्रो-एशियाटिक। लेकिन गुहा जैसे विचारकों का कहना है कि वे पैलियो मंगोलाइड हैं वंश के आधार पर, जो एक तरफ हिन्द-चीनी और दूसरी तरफ आस्ट्रो-एशियाटिक खून के वर्णसंकर हैं। दास जैसे विचारकों का कहना है कि आस्ट्रोलाइडो के बाद आनेवाले मंगोलों ने जाति के स्तर पर आस्ट्रोलाइडों को अपने में समाहित कर लिया। पर उनकी भाषा बनी रही। जनजाति अपनी लोक कथाओं और जनश्रुतियों के आधार पर मानती है कि आरम्भ में ईश्वर ने सोलह परिवारों को बनाया और उन्हें अपने साथ स्वर्ग में रखा। तो भी उन्हें अधिकार था कि वे एक सोने की सीढ़ी के सहारे स्वर्ग से धरती पर उत्तर सकें और फिर धरती से स्वर्ग को वापस जा सकें। उस सीढ़ी का निचला सिरा 'सोहयतब्लेङ' पर्वत को छूता था, जिसका मतलब स्वर्ग की नाभि होता है। कुछ समय बाद सात परिवारों ने धरती पर रहने की इच्छा जताई। ईश्वर ने उनकी इच्छा का सम्मान किया और सीढ़ी को ऊपर खींच लिया। तब से वे सात परिवार, जिन्हें ख्री हिन्नेऊत्रेय कहते हैं, धरती पर रहने लगे। आज के खासी-प्ना लोग उन्हीं की सन्तान हैं। जो भी हो विचारक आज इस बात पर एकमत हैं कि यह जाति हिन्दचीन के मोन-ख्मेर से चलकर पटकोई के रास्ते पहले असम की घाटियों में आई और वहाँ से मौजूदा खासी-जयन्तिया पहाड़ियों में।

'खासी' शब्द में 'खा' का मतलब होता है 'सन्तान' और 'सी' का मतलब होता है 'आदि माता'। यह बात उनकी सामाजिक संरचना में अन्तर्भुक्त है क्योंकि उनका परिवार माँ के इर्द-गिर्द घूमता है और वंश परम्परा माँ से चलती है। वह पारिवारिक सम्पत्ति का अभिभावक होती है और उसकी मृत्यु के बाद वह उसकी सबसे छोटी बेटी को मिल जाता है। यदि बेटी न हो तो उसके ठीक बड़ी बहन को, उनके न होने पर उसकी सबसे छोटी जीवित बेटी को जाता है। यह परम्परा कई पीढ़ियों तक ऊपर जाती है। बहनों को भरण-पोषण के लिए हिस्सा पाने का अधिकार होता है। विवाह के बाद पुरुष पत्नी के घर जाकर रहता है। आत्मसृजित सम्पत्ति को पति-पत्नी अपनी इच्छा के अनुसार बाँट सकते हैं, पर परम्परागत सम्पत्ति को नहीं। ईसाइयत के आ जाने के बावजूद इस नियम में परिवर्तन नहीं हो पाया है क्योंकि वे आरम्भ में सिर्फ एक पुरुष और एक स्त्री (आदम और हौवा) को स्वीकार न कर सात परिवारों की बात स्वीकार करते हैं। इसलिए सम्पत्ति विशेषकर खेती की ज़मीन समाज की होती है और

उस पर व्यक्तिगत अधिकार नहीं माना जता। फिर भी कुछ लोग जंगल साफ कर अपनी ज़मीन बनाते हैं। शादी स्त्री के मन के अनुसार होती है। तलाक और पुनर्विवाह तथा सन्तति पर पूरा हक होता है। वंशावली माँ के नाम को लेकर चलती है। स्त्री का जन्मना दुर्भाग्य नहीं, सौभाग्य माना जाता है। परिवार की आर्थिक व्यवस्था में पति से अधिक मामा का योगदान होता है। पहले जब राजवंश थे तो स्त्री स्वयं राजा होती थी। इसी तरह वह कुल की पुजारिन होती थी। बाद में राजा की जगह मामा लेने लगे वह सिर्फ पुजारिन रहने लगी। कालान्तर में उसकी पुजारिन की भूमिका भी गौढ़ होती चली गई। पहले उसे इन दोनों क्षेत्रों में निर्णय लेने का पूरा अधिकार था। उसकी देखा-देखी तमाम सामान्य स्त्रियाँ भी नीतिगत निर्णय में भागीदार होती थीं। बाद में उनकी भी स्थिति बदल गई। सामान्य पुरुष लोग भी राजा की नकल करने लगे। आज राजनीति में पुरुषों का वर्चस्व है। आज खासी स्त्रियाँ कहती हैं, ''बाग तो मुर्गा ही देता है। मुर्गी तो अण्डा देती है।'' आज मैदानों से आकर लोग खासी स्त्रियों से विवाह कर लेते हैं, जिससे कि उन्हें वे विशेषाधिकार मिल सकें जो 'खासी हिल्स आटोनोमस डिस्ट्रिक्ट काउंसिल एक्ट' के कारण मिले हुए हैं। इधर खासी पुरुष स्त्रियों के बराबर अधिकार की माँग करने लगे हैं। इसलिए वहाँ की लिखी-पढ़ी स्त्रियाँ समान नागरिक संहिता का विरोध करती हैं, क्योंकि उससे उनके परम्परागत विशेषाधिकार नष्ट हो जाएँगे। डी.के. वर्मा का कहना है, "These aspirations for power and privilege are rooted not in educational development and related indicators but independent decision making (empowerment) and dignity about the self within the entire collectivity in matrimonial tribal communities."

गारो लोग बोडो (बड़) लोगों के कोच शाखा के समवर्ती हैं। बोड़ो भाषा में गारो' शब्द का मतलब होता है 'जो छोड़कर जा चुके हैं।' कुछ गारो विचारकों का कहना है कि वे लद्दाख के पार के किसी इलाके से तिब्बत के रास्ते धीरे-धीरे असम के पश्चिमी इलाके में आए और वहाँ से दक्षिण की गारो पहाड़ियों में जाकर बस गए। दूसरे विचारकों का कहना है कि वे चुतीया लोगों की ही एक शाखा है, जो ब्रह्मपुत्र के दक्षिणी किनारे चलते-चलते यहाँ आकर बसे। इसलिए तिब्बतो-बर्मी मूल के है। जो भी हो उत्तर के गारो और आस-पास के असमिया लोग उन्हें 'अचिक' कहते हैं, जबकि दक्षिण के गारो और आस-पास के बंगाली लोग इन्हें 'मन्दे' कहते हैं। इसके आधार पर कहा जा सकता है कि इनकी दो वंश शाखाएँ हैं, जिनमें से एक हो सकता है कोच से निकली हो और दूसरी चूतीया-बोड़ो से।

गारो समाज भी पहले मातृसत्तात्मक रहा होगा और आज भी मातृकुलात्मक तो है ही। इसलिए खासी समाज की तमाम विशेषताएँ वहाँ मौजूद हैं। अन्तर यह है कि परिवार में माँ-बाप अविवाहित बच्चों के साथ कुछ विवाहित लड़कियों के पति बच्चे

भी रहते हैं। माँ-बाप उनमें से किसी एक लड़की को अपना उत्तराधिकारी चुनते हैं और जरूरी नहीं है कि वह उनकी सबसे छोटी लड़की ही हो। तब इस लड़की को अपने पति के साथ स्थाई रूप से अपने माँ-बाप के घर में रहना होता है। लड़का जो कुछ भी कमाता है वह शादी से पहले माँ और बहन का और शादी के बाद पत्नी और सास का होता है। उनकी मृत्यु के बाद बेटी का। तो भी घर-परिवार की व्यवस्था पुरुष के हाथ में होती है। कभी-कभी यदि यह दामाद कड़ी उम्र का होता है और ससुर के मर जाने पर घर का कर्ता बनता है तो अक्सर अपनी सास के साथ अवैध सम्बन्ध बना लेता है। यदि बात बहुप्रचारित न हो तो यह बहुत बुरा नहीं माना जाता। किन्तु कभी-कभी परिवार में बड़ा तनाव पैदा होता है। खैर विवाह, तलाक और सन्तति के मामले में स्त्री को पूरी स्वाधीनता होती है और विवाह के बाद माँ के घर में वह साधिकार रहती है अपने पति व बच्चों के साथ। पहले परिवारों के मुखिया हुआ करते थे और गाँव का कोई नियुक्त मुखिया नहीं होता था—कोई भी अपनी योग्यता के बल पर गाँव को नेतृत्व देने लगता था। ऐसी कोई स्त्री भी हो सकती थी। वे मुखिया जनजाति में रहने के बावजूद स्वायत्त होते थे। जब अंग्रेज आए तो वे गाँव का एक मुखिया स्वयं नियुक्त करने लगे। तब तक गारो लोग झूम खेती छोड़कर मैदानों में स्थाई खेतों में खेती करने लगे थे। उनसे लगान प्राप्त करने के लिए अंग्रेज लोग लश्कर नियुक्त करने लगे। परिणामस्वरूप स्त्रियों का महत्त्व घटता गया, क्योंकि एक तो इन पदों पर स्त्रियों की नियुक्ति नहीं होती थी, दूसरे मातृकुलात्मक परिवार पुरुषप्रधान होता चला गया। ईसाइयत के आगमन से यह पुरुष वर्चस्व और बढ़ा। शिक्षा के क्षेत्र में भी वे पिछड़ती गईं। खासी हिल्स के साथ उनका शासन मिला देने पर भी वही स्थिति बनी रही। आज मेघालय राज्य बन जाने पर भी वही स्थिति है। आधुनिक शिक्षा, बाहर से आता घन और स्त्रियों का दूसरे समुदाय के लोगों से बढ़ता सम्बन्ध नए तरह के तनावों का कारण बन रहा है। वहाँ स्त्रियों के लिए अधिक अधिकार की माँग उठने लगी है।

मैदानों में रहनेवाली मातृगोत्रात्मक जनजातियों में हम राभा लोगों की चर्चा कर सकते हैं। हिन्दू-धर्म के प्रभाव में आकर अब वह पूरी तरह से हिन्दू हो चुकी हैं। इसमें भी इसके दो रूप हैं। एक वैष्णव, दूसरा शैव। इसमें शैव रूप अधिक पुराना है। कुछ विचारकों का कहना है कि यह जाति चूतिया लोगों के दक्षिणी शाखा से निकली है जो पहले गारो हिल्स में रहती थी और गारो लोगों के आ जाने के बाद नीचे उतर आई। दूसरे लोग कहते हैं कि ये गारो लोग ही हैं जो पहाड़ से उतरकर राभा बन गए। तीसरे लोग कहते हैं कि अलीपुर द्वार के रास्ते तिब्बत की तरफ से अपेक्षाकृत काले मंगोलाइड असम के पश्चिमी मैदानों में उतरे। कालान्तर में उनके कई खंड हो गए, जो कोच, भेस, राभा आदि के नाम से जाने गए। हमें लगता है कि यह जाति पूर्व से कछारी और उत्तर से कोचों के देशान्तरण से मिल-जुल कर बनी। आज भी इनमें

सात उप समूह हैं, जिन्हें रोङ्दानी, मेतारी, कोंच, पती, दहुरी, तोतला, और हन कहते हैं। गजेटियर में रोङ्दानी, पती, मैतारी, कोच, वितोलिया, दहुरिया और सोहङा लिखा मिलता है। सभी की लोक कथाओं में अपनी-अपनी उत्पत्ति की अलग-अलग कथाएँ हैं। जो भी हो, इनमें रोङ्दानी को उच्च स्थान प्राप्त है, और उनका पती और मैतारी में विवाह करना उत्तम माना जाता है। दूसरों में विवाह करने पर सौ रुपया दंड देना पड़ता है। इससे जाहिर है कि पहले तीन उत्तम कुल हैं और एक स्टाक के हैं और हो न हो चूतिया मूल के हों। दूसरे चार कोच मूल के हैं और निम्न माने जाते हैं। यह समाज पहले मातृसत्तात्मक मातृ-कुलात्मक था—इसका पता इस बात से चलता है कि इसकी आदि और प्राथमिक देवी 'सारीपाक' है जो सन्त क्रिमीचू की पत्नी है। यह सन्त कुछ-कुछ निरपेक्ष ब्रह्म की तरह है। सापेक्ष ब्रह्म उसके अट्ठारह भाइयों में सबसे छोटा नूमिल है, जिसने गोचर जगत और पृथ्वी की रचना की। पर पूजा के लिए स्थान 'सरीपाक' को ही मिला।

आज भी विवाह में स्त्री और पुरुष की सहमति बराबर की होती है। बेटी का जन्म बुरा नहीं माना जाता। अब गोत्र पिता के नाम पर चलता है। विधवा और विधुर विवाह होता है। उसी परिवार में होने पर जेठ और बड़ी साली से विवाह अस्वीकार माना जाता है। धनी पुरुष अब बहु-विवाह कर लेते हैं, पर स्त्रियाँ नहीं करतीं। वैसे चोरी-छुपे वे भी कई सम्बन्ध बनाती हैं और स्त्रियों के बीच इसे अच्छा भी माना जाता है। वैसे विवाह के बाद खुले समाज में शील को बहुत महत्त्व दिया जाता है। शादी से पहले के सम्बन्धों की चर्चा नहीं की जाती। परस्त्रीगमन या परपुरुषगमन के लिए कोई विशेष सजा नहीं है। बस भेद खुलने पर बड़ी नीची निगाह से देखा जाता है। क्वाँरी लड़की को यदि किसी से गर्भ ठहर जाए तो विवाह करना पड़ता है। वधु-शुल्क का प्रचलन है। विवाह-विच्छेद आसान है और इसके लिए स्त्री या पुरुष कोई भी पहल कर सकता है। इसके लिए कुछ औपचारिकताओं का निर्वाह करना पड़ता है। सम्पत्ति का उत्तराधिकार बहुत स्पष्ट नहीं है। एक तो वे हिन्दू व मुसलमान राजाओं, जमींदारों के आसामी के रूप में खेती करते रहे हैं। इसलिए शायद ज़मीन पर उनका पुख़्ता अधिकार नहीं होता था। दूसरे अचल सम्पत्ति उनके पास अधिक नहीं होती थी। शादी के बाद बेटों को अपना अलग घर बनाते जाना होता था और लड़कियाँ पति के घर चली जाती थीं। फिर भी माँ के विधवा हो जाने पर पुत्रों को और फिर पुत्रियों को उसके तथा उसके साथ रहनेवाले बच्चों के लिए घर बनाना होता है। उसमें वे आते-जाते-रहते रहते भी हैं। परिवार टूटने पर सबसे बड़े बेटे को डेढ़ हिस्सा और दूसरे बेटों को बराबर-बराबर एक हिस्सा दिया जाता है। स्त्रियों को हिस्सा नहीं मिलता। पर वे घर में रह और खा पी जरूर सकती हैं। इससे लगता है कि स्त्रियों को गुजारा मिलता है, हिस्सा नहीं। विवाह टूटने पर बच्चों पर पिता का अधिकार रहता है और माँ उन्हें एक उम्र तक ही साथ

रख सकती है। यह सब शायद हिन्दू प्रभाव के चलते हैं। अतीत में उन्हें अधिक स्वायत्तता, स्वतन्त्रता मिली रही होगी।

हम पितृसत्तात्मक समाजों पर आते हैं। उसमें भी मैदान की जनजातियों और उनमें भी हिन्दुओं के पास की जातियों को लेते हैं। उनके बीच मुसलमान तो रहते हैं, पर उनकी जीवन पद्धति का प्रभाव उन पर नहीं के बराबर है।

असम दो प्रमुख घाटियों में बटा है ब्रह्मपुत्र की घाटी और सूरमा की घाटी। इनके तीन क्षेत्र हैं पूर्वी असम का इलाका, पश्चिमी असम का इलाका और दक्षिणी कछार का इलाका। एक इलाका नार्थ कछार और मिकिर हिल्स का भी है। इनमें बसनेवाली जनजातियों के दो समूह हैं—एक चूतिया लोगों का, दूसरे अहोम लोगों का। असम में कुछ जनजातियों का आगमन पूर्वी हिस्से में उत्तर-पूर्व की तरफ से हुआ था और पश्चिम के इलाके में उत्तर से। ये लोग अधिकांशतः काले मंगोलाइड थे। उत्तर-पूर्व में इन्हें चूतिया कहा गया। इनकी राजधानी सदिया के पास रही, जहाँ वे कई सौ वर्षों तक राज करते रहे। 1228 में उन पर शान इलाके के अहोमो का हमला हुआ, जिन्होंने इनके कुछ इलाकों को जीत लिया और कुछ इतर स्थानीय जातियों को या तो अपने में पचा लिया या खदेड़ दिया। कोई दो सौ वर्षों तक उनकी आपस में लड़ाई चलती रही और चूतिया लोग पश्चिम की तरफ खिसकते रहे। वे स्थानीय आस्ट्रिकों के साथ घुलते-मिलते गए और नए-नए कबीले बनाते गए। अन्तिम प्रहार में जब चूतिया लोग अपना इलाका लगभग पूरी तरह से खाली करके पश्चिम की ओर भागे तो ब्रह्मपुत्र की बाढ़ आड़े आई। बहुसंख्यक लोग नदी के उत्तरी किनारे के सहारे आगे बढ़ते रहे और कालचक्र में कूच बिहार तक पहुँचे। उन्हें बड़ (Bodo) कहा गया। उनके अनेक निवास स्थान और टुकड़े होते गए, जो स्थानीय कबीलों में बदल गए स्थानीय लोगों से घुल-मिल कर। सम्भवतः राज घराने के कुछ लोग कूच विहार तक पहुँचे और उत्तर से आए लोगों से मिलकर अपने राज्य की स्थापना की। जो लोग ब्रह्मपुत्र को पारकर दक्षिणी किनारे के साथ बढ़े वे नार्थ कछार हिल्स की पहाड़ियों, सूरमा नदी की घाटियों और ब्रह्मपुत्र के किनारे गोआलपाड़ा और गारो हिल्स तक पहुँचे। इन्हें कछारी कहा गया। इनके साथ सम्भवतः मुख्य राजघराना था, जिसने पहले दीमापुर और बाद में कछार जिले में रहकर शासन किया। वह 1832 में नष्ट हो गया। रहा-सहा अवशेष 1852 में समाप्त हो गया। ये लोग भी स्थानीय लोगों से मिल गए और कई-कई कबीलों में बट गए। इन पर हिन्दू धर्म का रंग बड़ लोगों की तुलना में काफी चढ़ा और काल क्रम में कई कबीले पूरी तरह से हिन्दू हो गए। उन्हीं लोग में राजघराना भी था। सिलचर, सिलहर, मैंमन सिंह आदि जिलों के तमाम बंगाली उन्हीं लोगों की सन्तान हैं। ध्यातव्य यह है कि इस विभाजन के बावजूद ब्रह्मपुत्र के उत्तर और दक्षिण के कबीले उत्तर, दक्षिण आते-जाते रहे, घुलते-मिलते और बिलखते रहे।

विचारकों ने बड़ लोगों को सात प्रमुख कबीलों में वर्गीकृत किया है :— (1) बड़ (2) राभा, (3) मेच, (4) धीमाल, (5) कोच, (6) सोला मिनिया, (7) महलिया, फूलपड़िया और सरनिया का एक समूह। इसी तरह कछारी लोगों को 6 ग्रूपों में रखा है : (1) दीमासा, (2) हजोई, (3) लालूंग, (4) गारो, (5) हाइजोंग, (6) तिप्पेरा। आधुनिक काल में बड़ और कछारी लोगों को संयुक्त रूप से कछारी ही कह दिया जाता है, वहीं सभी कछारी लोगों को बड़ नहीं कहा जाता। उन्हें चूतिया भी नहीं कहा जाता, क्योंकि इस नाम से वह जाति कुछ पाकेटों, कुछ गाँवों में रहती पाई जाती है। हिन्दू धर्म के प्रभाव में ये अपनी पूजा पद्धति और विश्वास को अक्षुण रखते हुए वैष्णव की तुलना में तान्त्रिक शाक्त और शैवों के अधिक करीब रहे और उसका अपना परावर्तित रूप बनाया।

अहोम लोग शान प्रान्त से सिङफो लोगों के साथ आए। चूतिया लोगों को हराने के बाद उनका केन्द्र खिसकते-खिसकते जोरहाट आ गया, जहाँ कई बौद्ध कबीले रहते थे। एक समय कोच राजा नर नारायण ने अपने भाई व सेनापति चिल्हा राय के साथ अहोमो को हरा कर शिवसागर में अपनी सत्ता कायम की, पर वह जल्दी ही समाप्त हो गया। अहोम लोग पहले शैव रहे, फिर शंकरदेव के प्रभाव में वैष्णव हो गए। इनमें बिखराव चाहे जितना आया हो, वे उप-कबीलों में नहीं रहे, शासकीय श्रेणीबद्धताः चाहे जितनी आई हो। अंग्रेजों के अधीन होने के बाद इन्होंने अपनी भाषा और वंश विशुद्धता के बल पर पुनः संगठित करना आरम्भ किया और उसका इस्तेमाल बंगाली संस्कृति के हावी होने के विरुद्ध किया। इन्होंने मनुस्मृति की दायभाग व्यवस्था को बंगालियों की तरह अपना कर अपना जीवनयापन आरम्भ किया, साथ ही कुछ अपनी जातीय विशेषताओं को भी चलने दिया। इसलिए हिन्दू धर्म की कई एक विकृतियाँ इनमें नहीं आ पाईं। इतनी विविधताओं पर सरपेटिया ढंग से बात करना अन्याय होगा, और विस्तार से बात करने का समय यहाँ नहीं है। तो भी इतना तो कहा जा सकता है कि इनमें यदि एक तरफ जाति व्यवस्था की विकृतियाँ आईं तो दूसरी तरफ रोक भी लगी रही। बाहर से आए ब्राह्मण, बौद्धमत से आए कायस्थ और शूद्र जरूर बने। पर जाहिर है कि ये बाहरी तत्त्व हैं।

असम में सांस्कृतिक परिघटना में स्त्रियों को बराबर का स्थान मिलता रहा। पर्दा सिस्टम नहीं पनपा। विवाह अपनी जाति के भीतर मुक्त रूप से स्त्री या पुरुष की पहल पर होता रहा। भरसक तलाक की नौबत नहीं आती, पर तब दोनों को अधिकार है और स्त्री को कुछ सुरक्षा प्रदत्त है। बच्चों पर पुरुष का अधिकार होता है और वंश व जाति उसी के नाम पर चलती है। सम्पत्ति में स्त्री को उत्तराधिकार में कम ही मिलता है। श्रम का विभाजन लिंग के आधार पर है। कुछ बड़े घरानों को छोड़कर महत्त्वपूर्ण विषयों में उनकी राय ली जाती है और भरसक उसका सम्मान किया जाता है। बाल

विवाह नहीं होता, विधवा विवाह होता है, पर उसे थोड़ा नीची निगाह से देखा जाता है। स्त्री से शील की अधिक अपेक्षा की जाती है। प्रेम विवाह भी जाति के भीतर ही स्वीकार होता है और सामाजिक श्रेणीबद्धता को ध्यान में रखा जाता है। पर छुआछूत नहीं रहा।

बड़ और कछारी लोगों में पितृसत्ता कायम होने के बावजूद माँ-पत्नी और बेटी-बहिन को विशेष सम्मान दिया जाता है। हर महत्त्वपूर्ण मामले में परिवार की स्त्रियों की राय ली जाती है और उन्हें बराबर का स्थान दिया जाता है। कोई बाहरी यदि घर में आता है तो गृहस्वामी गृहस्वामिनी से तुरन्त परिचय कराता है और उसके देखरेख की जिम्मा गृहस्वामिनी पर होता है। घर के भीतर उसका राज्य होता है। हथकरघा और धान की रोपाई पर उसका एकाधिकार होता है। किन्तु पुजारी वर्ग के लोग शारीरिक श्रम से गुरेज करते हैं, इसलिए उनकी स्त्रियों को अधिक काम करना पड़ता है। विवाह प्रेम के आधार पर अपनी जाति के भीतर उचित माना जाता है। स्त्री के कुछ अनुष्ठानों में पुरुष हिस्सा नहीं लेते, पुरुष के कुछ अनुष्ठानों में स्त्री। अन्य तमाम बातें वही हैं, जो मैं राभा लोगों के सन्दर्भ में कह आया हूँ।

(5)

पहाड़ी जातियों में नगा और मिज़ो प्रमुख हैं। ये शान इलाके के तिब्बतोबर्मी मंगोलाइड हैं। नागाओं के 31 कुल हैं, जिनमें से कुछ मणिपुर में भी रहते हैं। इनमें अंगामी, सेमा, आओ, थांगकुल, जिर्लियाङ, लोथा, कोन्याक, चाखेसाङ, रेङमा, थिमपुंकर, काल्या, कोङन्यू, चाङ, सांलाङ, फोम, जेमे, लियांगमेई, रोङपेई, खेङजुम, आदि मुख्य हैं। इनका शारीरिक संगठन, स्वभाव और आचरण ही नहीं, ग्राम्य-व्यवस्था, सामाजिक संगठन, परम्परा व प्रचलन, संस्कृति और बोली भी भिन्न-भिन्न है। वैसे तो सभी ईसाई हो गए हैं और उत्पत्ति भी एक ही जगह खेज़े केनेमा को मानते हैं, तो भी उनके विकास के चरण और वर्तमान स्थिति भिन्न है। इसके बावजूद कुछ सामान्यीकरण किया जा सकता है। उसके आधार पर निश्चयपूर्वक कहा जा सकता है कि इनके स्त्रियों की स्थिति सामान्य हिन्दू, मुस्लिम और मैदानों की तमाम जनजातियों की स्त्रियों की तुलना में बेहतर रही है। वहाँ दहेज, दहेज के लिए स्त्री-दहन, सती प्रथा, कन्या हत्या, बाल-विवाह कभी नहीं रहा। विवाह और विच्छेद में स्त्री की स्थिति पुरुष की ही तरह रही है। विवाह का आधार प्रेम रहा है। समाज के समतामूलक होने के कारण किसी ऊंच-नीच या वर्जना का मान नहीं रहा है। विवाह के बाद उनकी रक्षा करना पति का ही नहीं, पूरे कुटुम्ब का दायित्व रहा है और कभी-कभी तो पूरी जनजाति इसे अपना कर्तव्य मानती है। उन्हें 'पुरखाइला' (सुसाध्यी facialitator) कहा जाता है, क्योंकि पारिवारिक और कभी-कभी गाँव के अन्य

परिवारों के साथ कुटुम्बियों के संघर्ष में वे मध्यस्थ की भूमिका निभाती रही हैं। यही नहीं 'हेड-हंटिंग' के जमाने में अक्सर बहादुरी सम्बन्धी विवाद उठ खड़े होने पर उसका निर्णय स्त्रियाँ ही करती थीं। युद्ध के पराकाष्ठा पर पहुँच जाने पर दोनों पक्षों की स्त्रियाँ बीच में आकर बेहिसाब खून खराबे को रोकती थीं, क्योंकि स्त्रियों को कोई नुकसान नहीं पहुँचाया जा सकता था। फसल की कटाई हो जाने के बाद वे 'फुडंजुफिलुआ' देवी की पूजा करती थीं। उसके लिए एक आसन 'पामखोङ अलग रखा जाता था, जिस पर कोई पुरुष बैठ नहीं सकता था। आज ईसाइयत के जमाने में इसी की स्मृतिस्वरूप वहाँ मातृ दिवस मनाया जाता है। मातृसम्मान की परम्परा मोरंग जाति में भी है। उसकी एक रानी पेइहिगा के नेतृत्व में हुए आन्दोलन के परिणामस्वरूप कोई एक शताब्दी पूर्व एम-बोङ कटाई की परम्परा समाप्त कर दी गई थी। इस परम्परा के अनुसार जिस स्त्री को नैसर्गिक रूप से बच्चे को जन्म देते वक्त अतिरिक्त परेशानी होती थी, उसे घर से बाहर कर दिया जाता था और जन्म देने की प्रक्रिया में कोई मदद नहीं की जाती थी। यदि ऐसी स्त्री मर जाती थी तो उसकी शवयात्रा में कोई हिस्सा नहीं लेता था। ऊपर से उसकी इस्तेमाल की गई वस्तुओं को अशुभ मानकर बाहर फेंक दिया जाता था। इस कौम के लोग दूसरी कौम में विवाह नहीं कर सकते थे। पर इनकी रानी ने 1975 में इसे रोक को समाप्त करा दिया। 1981 से पहले जब तक जाति का राजा धान नहीं लगा लेता था, दूसरे लोग धान नहीं लगा सकते थे। मौजूदा रानी ने 1982 में इस प्रथा को भी समाप्त कर दिया है। जेलियाग्रोङ नागाओं में स्त्री हर तरह से घर की मालकिन होती है, परिवार के मामले में निर्णय लेने से लेकर खरीद-परोख्त तक के क्षेत्र में।

फिर भी घर के बाहर के मामलों में उनका कोई अधिकार नहीं होता। तमाम पुरुष केन्द्रित धार्मिक अनुष्ठानों में वे हिस्सा नहीं ले सकतीं। किसी धार्मिक संगठन का प्रमुख नहीं बन सकती। कहीं-कहीं तो वेदी के पास नहीं आ सकती। युद्ध के समय में अपने पति के पास सो नहीं सकती। उसे कोई रहस्य की बात नहीं बताई जा सकती। तमाम जातियों में वह युद्ध में किसी तरह से भी हिस्सा नहीं ले सकती। तर्क यह दिया जाता था कि पुरुष की तीन आत्माएँ और तीन प्रेत होते हैं, जबकि स्त्री की दो आत्माएँ और तीन प्रेत होते हैं। इसलिए वह पुरुष से कमतर होती है। युवागृह के जमाने में स्त्रियों के युवागृह अलग होते थे। उन्हें पुरुषों के युवागृह में आने की अनुमति नहीं होती थी। कुछ ऐसे भी नृत्य थे, जिनमें स्त्रियाँ भाग नहीं ले सकती थीं। पर कहीं-कहीं युद्ध के दौरान आपूर्ति और घायलों की सेवा सुश्रुसा में पूरी मदद करती थीं। तो भी वह पुरुषों का शाल नहीं ओढ़ सकती थी। उनकी बांह नहीं छू सकती थी। उन्हीं हथियारों को भी नहीं छू सकती थीं। कहीं-कहीं वह पुरुषों के सामने पालथी मार कर नहीं बैठ सकती थीं। बड़े-बूढ़ों के सामने बाल नहीं खोल सकती थीं।

ईसाइयत के बावजूद आज हम पाते हैं कि चर्च के मानले उनकी स्थिति अधिनस्थ की है। अभी हालिया वर्षों में ही उन्हें 'प्रिस्ट' बनने की अनुमति मिली है। वहाँ भी उन्हें महत्त्वपूर्ण और निर्णय लेने सम्बन्धी संगठनों में नहीं रखा जाता। समस्त नागा जातियों की एक कौंसिल 'हो हो' है। स्त्री इसकी भी सदस्या नहीं बन सकती। पंचायती राज्य व्यवस्था में स्त्रियों को 33% आरक्षण मिला हुआ है। पर उसमें भी वे स्वतन्त्र रहकर काम नहीं कर पातीं। वहाँ भी प्रधान-पति होते हैं। असेम्बली में भी सिर्फ एक या दो महिला चुनाव जीत कर गई हैं। पार्लियामेंट में सिर्फ एक, वह भी नामांकित होकर। उसकी भी वहाँ कोई आवाज नहीं है।

नागा समाज पितृ सत्तात्मक है। काम का विभाजन लिंग के आधार पर है। अधिक श्रम का काम पुरुष करते हैं, कम श्रम का काम स्त्रियाँ। भावना सहयोग का है, टकराव या सत्ताहरण में नहीं। बच्चों का गोत्र पिता के आधार पर चलता है। अचल सम्पत्ति पुत्रों को जाती हैं। किन्तु माओ लोगों में पिता की अचल सम्पत्ति में कुछ बेटियों को दे सकता है। तमाम जातियों में पिता अपनी निजी कमाई में से कुछ हिस्सा बेटियों को दे सकता है। इस सम्पत्ति का वह बेटी चाहे जैसे उपभोग भी कर सकती है। यदि वह कोई व्यवस्था न करके जाए तो उसकी मृत्यु पर उसके सबसे बड़े भाई को वह अपने आप चली जाएगी। यदि भाई की मृत्यु हो गई हो तो वह उसके सबसे बड़े बेटे को चली जाएगी।

मिज़ो लोगों में प्रमुखतः ग्यारह जनजातियाँ हैं, जिनमें प्रमुख लुशेई, राल्टे, पाइते, पोई, तलाई, लिंकोर, लाखेर और चकमा हैं। इनमें, पाइते कूकी हैं और चकमा बौद्ध। ये दोनों बहुत पिछड़े माने जाते हैं। समाज पितृसत्तात्मक है और इस मामले में नागा लोगों की तमाम बातें इन पर भी लागू होती हैं। कन्या-शुल्क की प्रथा है और विवाह के लिए कन्या को भागने की प्रथा रही है। तलाक आसान है। विधवा को सुरक्षा है। अवैध बच्चे बहुत नीची निगाह से नहीं देखे जाते और उनके पालन-पोषण की जिम्मेदारी माँ पर होती है। पिता को दंड-शुल्क देना पड़ता है। स्त्री को पिता व पति की अचल सम्पत्ति से कुछ नहीं मिलता, सिवाय भरण-पोषण के, जबतक वह उनके घर में रहती है। राजनीति में उसकी हिस्सेदारी नहीं के बराबर है। गाँव व चर्च के मामलों में उससे राय भरसक नहीं ली जाती है। पर शिक्षा बेहतर है। नुलारिम का प्रचलन होने के कारण अविवाहित लड़कियों की बड़ी इज्जत होती है। श्रम का विभाजन लिंग के आधार पर है और वह हलके-फुलके काम ही करती है।

इन इलाकों में कूकी लोग भी हैं। वे नगा और मिज़ो लोगों से पिछड़े माने जाते हैं। उनकी जनसंख्या भी बिखरी हुई है। स्त्रियाँ घर चलाने के मामले में स्वायत्त होती हैं और उसके लिए हड़तोड़ श्रम करती हैं, जबकि श्रमविभाजन में लिंग को आधार माना जाता है। विवाह व तलाक के मामले में उन्हें वही अधिकार प्राप्त है जो पुरुषों को और

दोनों मामलों में वे स्वयं पहल कर सकती हैं। पिता व पति की सम्पत्ति में अधिकार नहीं होता। कन्या-शुल्क के नाम पर तो कहीं-कहीं उन्हें बेच ही दिया जाता है और बराबरी का अधिकर धरा रह जाता है। माना जाता है कि वे पिता व भाई के लिए उपयोगी होती है। विवाह के बाद वह उपयोगिता पति के लिए हो जाती है। इस तर्क का विरोध करनेवाले लोग भी हैं जो कन्या-शुल्क को कन्या के स्टेटस से जोड़ते हैं। वह नकद न देकर वस्तुओं के रूप में दिया जाता है। इसलिए वह उपहार है, कीमत नहीं। मैं स्वयं कूकी समाज में नहीं रहा हूँ, इसलिए बड़े अधिकार से मैं अपनी बात नहीं रख सकता। तलाक को नीची निगाह से देखा जाता है, क्योंकि मृत्यु पर तलाकशुदा व्यक्ति की लाश मुख्य दरवाजे से न निकाल कर, दीवार में एक नया छेद बनाकर ले जाए जाता है। एक और प्रथा 'लोङमान' की है, जिसे 'शव की कीमत' कहा जाता है। स्त्री के मरने पर पति के घरवाले उसके मायकावालों को पैसा देते हैं, जिसे पिता, भाई या उनके बच्चों में, एक के न रहने पर दूसरे प्राप्त करते हैं। यह पैसा उस स्त्री के पुत्रों को भी दिया जाता है। माना जाता है कि यह उसके और उसके मायके वालों के लिए सम्मान सूचक कर्म है। यदि स्त्री को पुत्र नहीं हुआ होता है तो उसके मृत शरीर को कोई शुल्क नहीं दिया जाता। धान की उगाही के लिए स्त्रियों को 'चाङ आई' का अनुष्ठान करना होता है। इसे पुरुष नहीं कर सकता। ईसाइयत के आगमन के बाद जो भी परिवर्तन आया हो, मुश्किल से किसी एक या दो स्त्री को पास्तर बनाया गया है। उसका भी वहाँ के पुरुषों के द्वारा काफी विरोध हुआ है। अब वहाँ स्त्रियों ने राजनीति में हिस्सा लेना शुरू किया है और अकीम अनल और ल्हीङ जानेङ गाङ्टे टेरिटोरियल काउंसिल में 1958 व 1962 में सदस्य बनी थीं। किम गाङ्टे 1998 में सांसद बनी थीं। नाम चाकिङ नेन 2012 में विधायक चुनी गई हैं।

(6)

आज के अरुणाचल प्रदेश में, वहाँ की पहाड़ियों और मैदानों में कोई 90 जनजातियाँ रहती हैं और विकास और सभ्यता के भिन्न-भिन्न चरणों पर हैं। इनमें से अधिकांश सीधे पूर्वी तिब्बत से आए दबते रंग के मंगोलाइड हैं। मुश्किल से 10% लोग तिब्बतो-बर्मी हैं। सबने स्थानीय नीग्रोवाइटों को अपने में शामिल कर लिया है, चाहे वह वैवाहिक सम्बन्धों के कारण हो या साथ रहने के कारण हो। मोनपा, शेरदुकपेन (थाङ वथेओ) मिसिङ, सलुङ, आका, खोवा, डफला, खामती, खाम्पटी, खाम्पा, माम्बा, खाखूरिन व मेओर, सिङफो और चकमा (जो बिहार से आए हीनयानी थेरावादी हैं) कामेङ डिविजन में है और महायान बौद्ध मत के वज्रयान शाखा का अनुसरण करते हैं। इसी तरह तमाम बौद्ध लोग या तो गेलुक पा के अनुयायी हैं या फिर नियङ मपा के रूप कुछ लोग बर्मा के भी अनुयायी हैं। आपातानी, तागिन, हिलमिरी, निशी,

निशाङ सुभानसीरी डिवीजन में रहती हैं और अपने स्थानीय विश्वास व मत को लेकर चलती हैं। आदि समुदाय के गालोङ, पदम, पासी, बोरी, बोकर, पाइलिबो, रायो और मिलाङ तथा ईदू समुदाय के ईदू, दिगारु और मिजी (इन तीनों को मिलाकर मिसमी भी कहा जाता है) सियाङ डिविजन में रहती हैं। आदी लोगों के दो ग्रूप हैं—एक पदम-मिनयाङ, जिनमें पदम, पासी, मिनयाङ, बोरी, ताङगम, आसिङ और पाङोई आते हैं, दूसरा गालो, जिनमें रामो, बोकर, पाइकेयो, और गालो आते हैं। मिजू, दिगारु, खामती व सिङफो लोहित डिविजन में रहते हैं। इनमें सिङफो ताई मूल के हैं। वांचू, नोकटे, सिङफो और ताङसा तिरप डिविजन में रहते हैं। ताङसा लोगों के अपने बारह कुल हैं, जो अपने को एक-दूसरे से स्वतन्त्र मानते हैं। ये तमाम जातियाँ अपना एनिमिस्टिक मत लेकर चलती हैं। कहीं-कहीं पर शैव, शाक्त और वैष्णव मत का भी प्रभाव देखने को मिलता है।

ये सभी समाज पुरुष प्रधान हैं। श्रम का विभाजन लिंग के आधार पर है। वंश परम्परा पुरुष के नाम पर चलती है। उत्तराधिकार बेटों तक सीमित होता है। इधर स्त्री अपनी स्वअर्जित ज़मीन पर काबिज रह सकती है, पर हस्तान्तरित नहीं कर सकती, क्योंकि ज़मीन पूरे समुदाय की मानी जाती है। स्त्री को निर्णय लेने का अधिकार नहीं के बराबर होता है। वे 'केवाङ' जैसी (जिन जातियों में यह संस्था है) राजनैतिक, प्रशासनिक और न्यायिक संस्था की कार्यवाही में भाग नहीं ले सकतीं। केवाङ में गाँव में सभी युवा पुरुष अपने आप सदस्य बन जाते हैं। इसी तरह जनजातियों के नियमों, परम्पराओं, प्रचलनों आदि की सुरक्षा करनेवाली संस्था 'गाव' (जिन समुदायों में होती है) की भी वे सदस्य नहीं बन सकतीं। आपातानियों में इस तरह की संस्था का नाम 'बुइलियाङ' है। पुरोहित को 'न्यीवू' कहते हैं। उस पद पर कोई स्त्री आसीन नहीं हो सकती। हाँ चाहे धार्मिक हो या कृषि सम्बन्धी, सभी नृत्यों-गानों में वह पुरुष के साथ और पुरुष के बराबर हिस्सेदारी करती है। वह युद्ध में नहीं जा सकती। इसमें उसकी वीरता की कमी कम, दूसरे पक्ष द्वारा उठा, लिए जाने की सम्भावना अधिक काम करती है। दूसरी कौम के लोग स्त्रियों का अपहरण न कर लें, इसलिए जारो लोग अपनी स्त्रियों के चेहरे को गरम लोहे से दाग विकृत कर देते हैं। विवाह कबीले के भीतर ही वैध माना जाता है। उसमें अपने पति को चुनने की पूरी स्वतन्त्रता उसे होती है। विच्छेद आपसी सहमति से सम्भव है और उसमें पति पत्नी में से कोई भी पहल कर सकता है। अल्प वयस्क बच्चे माँ के साथ रह सकते हैं, पर वयस्क होने के बाद पिता के यहाँ चले जाएँगे। वंश परम्परा पिता के नाम पर चलती है। विधवा व परित्यक्ता को गुजारा मिलता है, पर अधिकार के रूप में नहीं, दान के रूप में। वह शिकार पर नहीं जा सकती, जंगली जानवरों से रक्षा के लिए बनने वाली बाड़ (लूरा) के निर्माण में हिस्सा नहीं ले सकती। इनसे जुड़े सामूहिक भोज 'मोपिन' और नृत्य 'तापू' में हिस्सा

नहीं ले सकती। वह स्वयं कोई सामूहिक भोज नहीं दे सकती। पहले कुछ समूहों में युवागृह का प्रचलन था। वह उनमें भी नहीं जा सकती थी। घर के भीतर जाने के लिए दो सीढ़ियाँ होती हैं, एक पुरुषों के लिए, दूसरी स्त्रियों के लिए। स्त्रियाँ पुरुषों की सीढ़ियों का इस्तेमाल नहीं करतीं, जबकि पुरुष स्त्रियों की सीढ़ियों का इस्तेमाल कभी-कभार कर ले तो उसे बुरा नहीं माना जाता। कुछ समुदायों में स्त्रियाँ बाँस की टोकरी नहीं बना सकतीं—ऐसा करना पुरुष की आयु का क्षय माना जाता है।

(7)

लगे हाथ हम सिक्किम की जनजातियों की भी बात कर लेते हैं। यहाँ की जनजातियों के तीन मुख्य समुदाय हैं। इनमें सबसे पुराने 'रोङ' लोग हैं, जो सम्भवतः एक नगा जनजाति है और दक्षिण-पूर्व से आई है। इन्हें नेपाली लोग 'लेप्चा' या 'लाप्चा' कहते हैं। दूसरा समुदाय मोरिया लोगों का है, जो तिब्बत के खाम प्रान्त के मूल निवासी हैं, जिन्हें तिब्बत में 'खामपा' कहा जाता है। इन्हें लेपचाओं पर शासन करने के लिए उनकी सहमति से तीन बौद्ध भिक्षुओ के संयुक्त प्रयास से लाया गया। तीसरा समुदाय लिम्बू लोगों का है। इनके दो गोत्र हैं एक मूल गोत्र, जिनके माँ और बाप दोनों ही वाराणसी के ब्राह्मण माने जाते हैं। वे शताब्दियों पहले बरास्ता तिब्बत यहाँ आए थे। दूसरे ल्हासा-गोत्री, जो उपरोक्त प्रकार के मूल गोत्री पिता और तिब्बती माता की मिली-जुली सन्तान हैं। इनके अलावा नेपाल से आकर बसे नेपाली लोग हैं। इनमें से एक समुदाय जो गुरुंग, मरमी, खाम्ब और माँगर को मिला कर बनता है, लिम्बू लोगों के करीब है। ये कई उत्थानों में सिगत्सी, पेनाम, नोरपू, ख्यांगत्से आदि से आकर बसे हैं। दूसरा समुदाय राई, जिमदार, कामी, छेत्री, नेवार, दर्जी आदि लोगों को मिलाकर बनता है, जो सिक्किम में काफी बाद में आकर बसे हैं। इन दोनों ही तरह के नेपालियों का आचरण, जीवन मूल्य और नियम मुख्य नेपाल के लोगों की ही तरह हिन्दुओं की तरह है। लिम्बू लोग भी उनके काफी करीब हैं।

लेपचा और मोट लोगों के नियमों को पहले आठ, फिर तेरह और फिर इक्कीस समूहों में रखा गया है। माना जाता है कि ये अन्ततः मनुस्मृति पर आधारित हैं क्योंकि उनको विधि का आदि विधायक राजा 'मे-लोङ-दोङ' यानी मनु है, जो महात्मा बुद्ध से पहले हुआ था। उसी को बाद में 'कुन-गा-ग्याल-सान' (जन्म 1182 ईस्वी) और फिर 'दे-सी-साङग्य ग्या-त्सो' (जन्म 1653 ईस्वी) ने संहिताबद्ध किया। इनमें अपराध सम्बन्धी नियम, दंड, साक्ष्य और प्रक्रिया के नियम स्त्री और पुरुष पर एक-सा लागू होते हैं। दीवानी मामलों में विवाह बहुपतिवादी होता है। सबसे बड़े भाई की पत्नी सभी छोटे भाइयों की स्वाभाविक पत्नी होती है। इनसे पैदा हुए बच्चे बड़े भाई के बच्चे माने जाते हैं। यदि छोटे भाई अपनी शादी अलग करते हैं, तो बड़े भाई छोटे भाई की पत्नी

से सम्बन्ध नहीं बना सकते, पर छोटे भाई बनाते हैं। इनसे पैदा हुए सभी बच्चे जिनकी वह व्याहता है, उसके बच्चे माने जाएँगे। तीन सगे भाई तीन सगी बहनों से व्याह कर सकते हैं और सभी एक साथ एक-दूसरे के पति-पत्नी होंगे। सबसे बड़ी बहन के बच्चे सबसे बड़े भाई के, मझली बहन के बच्चे मझले भाई के और सबसे छोटी बहन के बच्चे सबसे छोटे भाई के बच्चे माने जाएँगे, चाहे वे जिससे पैदा हुए हों। यदि तीनों में से किसी एक या दो के बच्चे होते हैं तो उनका विभाजन आपसी सहमति से होगा। इसी तरह कोई भी आदमी अपनी पत्नी को कुछ समय के लिए किसी दूसरे आदमी को उधार दे सकता है। ऐसी स्थिति में जिससे जो बच्चा पैदा होगा, वह उसका होगा। इसी तरह एक स्त्री एक ही समय में अपने पतियों से भिन्न किन्हीं अन्य एक या एकाधिक पुरुषों से शादी कर सकती है। ऐसी स्थिति में जो बच्चा जिससे होगा, उसका बच्चा माना जाएगा। विवाह से पहले भी वह बच्चा जन सकती है। पर इसके लिए उसे दंड भरना होता है। ऐसा बच्चा, यदि वह बाद में विवाह नहीं करती है तो वह उसी पुरुष का माना जाता है। यदि वह उसी पुरुष से विवाह कर लेती है, तो वह बच्चा उसका हो जाता है। यदि वह किसी अन्य पुरुष से विवाह करती है, तो ऐसा बच्चा उसके मायकेवालों के पास रहता है। और वह उस परिवार का बच्चा माना जाता है। पर सम्पत्ति में कोई हिस्सा नहीं दिया जाता है। ऐसी स्थिति मिजोरम में भी है। वहाँ भी कुंआरी लड़की का बच्चा पैदा करना बहुत बुरा नहीं माना जाता। यदि बच्चा पैदा करनेवाला पुरुष उससे शादी कर लेता है तो ठीक, अन्यथा, उस पर आर्थिक दंड लगता है। आर्थिक दंड देकर वह मुक्त हो जाता है और बच्चा लड़की के माँ-बाप के परिवार का माना जाता है। पर उस परिवार की सम्पत्ति में कुछ नहीं पाता। बहु-पतिवाली स्त्री के पास जाने का नियम यह है कि पतियों की संख्या के अनुसार कभी दिन तो कभी महीने आपसी सहमति से बाँट लिए जाते हैं। यदि बँटवारा नहीं हुआ रहता तो जो स्त्री के कमरे में जाता है वह अपना जूता या कोई अन्य पहचान दरवाजे पर छोड़ देता है, जिससे कि किसी के आगमन से रति भंग न हो। विवाह सम्पन्न होने के दो चरण होते हैं। पहले में लड़का और उसके घरवाले लड़की और उसके घरवालों को उपहार देते हैं। यह दरअसल वधूशुल्क होता है, जो वस्तुओं के रूप में दिया जाता है। बदले में लड़की के घरवाले लड़के के घरवालों को दावत देते हैं। दूसरे चरण में गाँवबूढ़ा देवों को एक कटोरा मद चढ़ाता है, और दूसरा कटोरा वर-वधु को देता है प्रसाद के रूप में। उन्हें स्वयं आशीर्वाद भी देता है। इस कर्म में... लोग हिस्सा नहीं लेते। यानी विवाह एक लौकिक कर्म होता है। शादी ममेरी और फुफेरी बहन से की जा सकती है, पर चचेरी बहन से नहीं। हाँ दो पीढ़ियों के बाद सगे भाइयों की सन्ताने भी आपस में विवाह कर सकते हैं। विवाह-विच्छेद बड़ी आसानी से हो सकता है और उसके लिए कोई भी पहल कर सकता है। पर तब पति को 18 झो (एक झो बराबर

लगभग एक आउंस) तक सोना देना पड़ता है यदि विच्छेद के लिए वह पहल करता है। कभी-कभी उसकी मात्रा विवाह के लम्बे बरसों के आधार पर तय होती है—जितनी लम्बी अवधि उतनी मात्रा बढ़ती जाती है। यदि स्त्री पहल करती है तो उसे 12 झो सोना और वस्त्र देना पड़ता है। वह विवाह के अवसर पर दिए गए आभूषणों को अपने साथ ले जा सकती है। नहीं तो उनके मूल्य के बराबर पति नकदी देगा। हाँ, आभूषण वह तभी ले जा सकती है, जब उसने कोई गलती न की हो। यदि बच्चे हैं तो पुरुष सभी लड़कों को ले लेगा और स्त्री लड़कियों को। ऊपर से पति को हर बच्चे के पीछे पत्नी को पांस से पंद्रह झो सोना देना होगा, जिसे 'दूध का दाम' कहते हैं।

भाइयों के बीच विभाजन होने पर माँ-बाप से राय ली जाती है कि वे किसके साथ रहेंगे। यदि इसमें कोई विवाद हो जाए तो गोटी डालकर फैसला किया जाता है। यदि कोई लड़का पढ़ने जाता है तो परिवार की सम्पत्ति में से सबसे पहले उसका खर्च अलगा दिया जाता है फिर विवाहित लड़कों की निजी सम्पत्ति अलगा दी जाती है। तब पिता की सम्पत्ति सबमें बराबर बाँटी जाती है। कोई बेटा मर गया होता है तो उसका हिस्सा पोतों को दिया जाता है। फिर पोतों के बच्चों में। पुत्रों आदि के न होने पर उसके भाइयों को और देनेवाले यदि चाहे तो पिता की बहन को, उनके न होने पर मामा को, फिर मौसी को (यदि देनेवाले चाहें)। इनके न होने पर सम्पत्ति के तीन टुकड़े किए जाते हैं। कफन-दफन का खर्च निकाल कर दूर के रिश्तेदारों को एक हिस्सा, दूसरा लामा को, तीसरा राजा को मिलता है। यदि दूर के रिश्तेदार भी नहीं हैं तो पहले कफन-दफन का हिस्सा निकालकर आघा लामा को और आधा राजा को जाता है। जाहिर है कि सम्पत्ति में स्त्री को भरसक कोई हिस्सा नहीं दिया जाता उत्तराधिकार के रूप में।

स्त्री के विरुद्ध अपराध के विशेष नियम में हैं। यदि किसी ने राजा या लामा की स्त्री के साथ-चाहे व विवाहिता हो या रखैल-गमन किया है, तो न्यायाधीश के विवेक पर उसे देश निकाला दिया जा सकता है, हाथ काटा जा सकता है, शिश्न काटा जा सकता है, चाहे यह गमन स्त्री की सहमति से ही क्यों न हुआ हो। ऊपर से शिश्न और अंडकोश के बराबर के वजन का सोना देना होगा। यदि पुरुष ने अपने से उच्च वर्ग की किसी स्त्री के साथ बलात सम्बन्ध बनाया है तो तीस आउंस सोना उसके रिश्तेदारों को देना होगा और चार आउंस राजा को। कुछ दूसरे सामान भी देने पड़ेंगें। यदि उसने अपने ही वर्ग की स्त्री के साथ बलात सम्बन्ध बनाया है, तो दो या तीन या आउंस सोना देना होगा और साथ में कुछ अन्य चीजें। यदि अपने वर्ग के नीचे की स्त्री के साथ सम्बन्ध बनाया है तो जो पंचायत तय करेगी वह देना होगा। यदि स्वयं स्त्री ने पुरुष को सम्बन्ध बनाने के लिए उकसाया है, या अपनी इच्छा से चोरी-चोरी उसके पास गई है, तो पुरुष को सिर्फ एक आउंस सोना देना होगा और तीन

अन्य वस्तुएँ। यदि किसी विवाहिता ने किसी विवाहित को सम्बन्ध बनाने के लिए उकसाया है तो स्त्री को 7 वस्तुएँ देनी होंगी। यदि यात्रा में स्त्री-पुरुषों का कोई आपसी सम्बन्ध बन गया है, तो किसी को कुछ नहीं देना होगा।

(8)

उपरोक्त विवेचन सरसरी है। उससे जाहिर होता है कि उत्तर-पूर्व की विभिन्न जनजातियों की स्त्रियों का रुतबा क्षेत्र व जाति के आधार पर बहुलरूपी है। तो भी इतना साफ-साफ कहा जा सकता है कि समाज व परिवार के कलाप में उनका योगदान बहुत अधिक रहा है—और कहीं-कहीं तो पुरुषों से बढ़कर—चाहे वह निर्णय लेने के स्तर पर हो या कार्यवाही के स्तर पर। वह तमाम दीगर इलाकों की जनजातियों की स्त्रियों की तुलना में बेहतर रहा है। पितृसत्तात्मक जनजातियों में सम्पत्ति के अधिकार की मनाही के बावजूद उसे अच्छी सामाजिक सुरक्षा व संरक्षण प्राप्त रहा है। लिंग के आधार पर श्रम-विभाजन के बावजूद समाज लिंग के मामले में समतामूलक रहा है। स्त्री और पुरुष के काम में एक-दूसरे का हस्तक्षेप नहीं रहा है और समाज में तथाकथित अगड़े समाजों की श्रेणीबद्धता तथा जन व्यवस्था से उत्पन्न बुराइयाँ यहाँ नहीं रही हैं। उनका श्रम निःशुल्क माने जाने के बावजूद चूँकि उनका उच्च जीवन मूल्य समाज और परिवार को सौहार्द और समरसता से चलाने का रहा है—पुरुष को खामख्वाह अरि मान कर समाज और परिवार को तोड़ने का नहीं, जैसा कि आज तमाम बूर्जुआ स्त्रीवादी विचारक मन्तव्य रख रहे हैं अपना नया मानदंड गढ़ने के लिए। जीवन के विविध क्षेत्रों में उनका योगदान स्वायत्त व स्वतन्त्र रहा है। पारिवारिक जीवन की व्यवस्था में उनकी प्राथमिकता, उसके अभियन्त्रण के सन्दर्भ में निर्णय लेने की स्वतन्त्रता तथा सामाजिक-सांस्कृतिक धरोहर के अनुरक्षण और संवर्धन की जिम्मेदारी, जनजाति की पहचान बनाए रखने में उनकी भूमिका परिवेश व पर्यावरण के संरक्षण और परिवर्धन में उनका योगदान, नृत्य व गान में बराबर की भागीदारी, पति चुनने की स्वतन्त्रता, कन्या-शुल्क की व्यवस्था, तलाक प्राप्त करने की पहल, गुजारा-भत्ता की व्यवस्था, एक उम्र की सीमा तक बच्चों का अभिभावकत्व, आदि ऐसे पहलू हैं, जिन पर मुख्य धारा की स्त्रियाँ ईर्ष्या कर सकती हैं।

किन्तु समय की मार ने उनकी स्थिति खराब करना शुरू कर दिया है। वर्जिनियस झाझा लिखते हैं, "Tribal society in the post independence era has been witnessing to unprecedented change, which has been most marked in respect of culture, mode of making a living and social differentiation. These bearings on women's status in society and gender relations has been far-reaching." गैर जनजातियों यानी तथाकथित अगड़े समुदायों से बढ़ता सम्पर्क,

नगरीकरण, स्त्री और पुरुष दोनों की नकद कमाई, दूर-दूर जाकर पढ़ाई, कानून द्वारा लादा गया बेमेल सशक्तीकरण, जंगल सम्बन्धी कानून, नई पंचायती राज्य-व्यवस्था, निरन्तर बढ़ता जाता आतंकवाद, वगैरह ने उनकी परम्परागत स्थिति को स्खलित किया है। उससे सामाजिक दलन, आर्थिक व शारीरिक शोषण और राजनैतिक भेदभाव बढ़ा है। उस स्थिति का अध्ययन कर नोडब्री ने लिखा है, "...although women shoulder heavy economic responsibilities, commensuration with men, the tribal customary laws like those of non-tribal societies deny them equal right to property. The system of inheritance amongst most tribes is invariably in favour of men. In general women are entitled only to maintenance right, and expense for marriage while men inherit land and all other movable and immovable properties. Even in societies that follow the matrilineal principle of descent and inheritance where the woman is focal point of household organisation, when it comes to the allocation of right over land, a sharp distinction is maintained between 'ownership' and 'control'. While ownership of land is transmitted through women, control invariably lies with men. This is true among particularly all the matrilineal groups in north-east India, such as the Khasis, Jaintias, Garo, Laloong and Koch. Similarly in the patrilineal system, where women have access to land, they mostly enjoy usufructory rights only while proprietary and managerial rights with men. Indeed, in majority of cases, women's right to land are contingent on a variety of factors such as subject to their remaining unmarried, have no brothers, are widowed or marry a prescribed kin."

स्थानिकता, सांस्कृतिक परिवेश और ऐतिहासिक अनुभव के आधार पर वे तमाम दूसरी स्त्रियों की तुलना में भिन्न रही है। परिणामस्वरूप परिवर्तन की शक्तियों तथा कारकों, पैटर्नों तथा डिजाइनों, राज्य की नीतियों तथा कार्यक्रमों का असर और परिणाम न तो समानवर्ती रहा है, न ही शुभकारी। नैला कबीर ने अपनी पुस्तक 'रिवर्स्ड रिएलीटीस : जेंडर हायरार्की इन डेवलपमेंट थियरी' में लिखा है, "Reductionist theories within the mainstream social sciences have given rise to the reductionist practices and in turn reflecting the reductionist methods as far as gender issues in development." इसी बात की व्याख्या दूसरे शब्दों में डी. सुन्दरम और भी अच्छे ढंग से करते हैं। लिखते हैं, "The issues of the status of the tribal women within a distinct version of dual structures, namely representational structure and the constitutive structure within which any of the develoment stakeholders have to look into the issues of the tribal women may be considered differently. According to this women alone as a social category are of representational structure which is made up of the constitutive structures like relational inequality, as an example, between men and women, called a gender relations."

पिछले 40-42 वर्षों से मेरा जो उत्तर-पूर्व के लोगों से सीधा सम्पर्क रहा है, उसके अनुभव के आधार पर कह सकता हूँ कि जनजातियों के बारे में सरकार की नीति स्पष्ट नहीं है। अभी यह भी नहीं तय हो पाया है कि उन्हें मुख्य धारा के लोगों के साथ जोड़कर रखना है कि उनकी अलग पहचान बनाकर रखती है। अगर दोनों का घाल-मेल बनाकर रखना है, तो कितना-कितना लेना और कितना-कितना छोड़ना है। यदि उनका आधुनिक और आर्थिक अर्थों में विकास करना है तो उसका माडल क्या होना चाहिए—अमेरिकन कि जपानी, रूसी कि चीनी, नेहरुवियन कि कोई और—इस पर न तो कभी बहस हुई है, और न ही कभी तमाम जनजातियों के लोगों की राय जानने की कोशिश हुई है। हर जगह एक तदर्थवाद हावी रहा है। एडहाकिज़्म के बूते पर जब, जहाँ, जैसे और जितनी जरूरत पड़ी है, औद्योगीकरण, नगरीकरण, वैश्वीकरण एकदम से उन पर थोप दिया गया है। परिणामस्वरूप विकास और सशक्तीकरण के तमाम सामान्यीकृत नियम और ढंग, जो अगड़े समुदाय के लोगों को ध्यान में रखकर बनाए गए हैं, उन पर भी बलात लाद दिए गए हैं। कभी सोचा ही नहीं गया है कि ये भिन्न समुदाय के लोग उसे धारण करने, या उसका लाभ उठाने के योग्य हैं भी कि नहीं। बस विकास के नाम पर तमाम खानापूर्ति कर उनके जल, ज़मीन और जंगल को छीना जा रहा है, सरकारी आतंक के सहारे। उसके प्रतिकार में उनका विद्रोह खड़ा हो रहा है, जिसे जन का आतंकवाद कहकर चौतरफा दमन किया जा रहा है। लोगों को विस्थापित किया जा रहा है, न केवल रोटी-रोजी की जुगाड़ से, उन गाँवों से ही खदेड़ दिया जा रहा है, जहाँ वे रहते रहे हैं, बिना उनके पुनर्वास की कोई लागू हो सकनेवाली योजना बनाए कभी राजस्व अधिकारियों द्वारा, कभी वन अधिकारियों द्वारा, कभी खान अधिकारियों द्वारा, कभी उद्योग अधिकारियों द्वारा, कभी पुलिस द्वारा, कभी सेना द्वारा और कभी-कभी तो किसी एन.जी.ओ. द्वारा। और कितने ही फिज़ो, लालडेङा, शर्मिला आरोम, ब्रह्मा, परेश वरुआ मारे मारे फिर रहे हैं, इस दुर्नीति का मुकाबिला करते हुए। इन दोनों तरह की हिंसा में मरन तो स्त्री की ही है।

इन दुर्नीतियों के कारण उन समतामूलक समाजों में वर्ग-विभेद पैदा हो रहा है और उस वर्ग का आधार धर्म, लिंग और नई वर्ण संरचना बन रही है। कैरियरिज़्म, विकास व मवाजा के लिए मिले धन का बन्दरबाँट और उससे उत्पन्न नवधनाढ्य वर्ग चाहे

स्थानीय हो या बाहरी, राजनैतिक दुराग्रह और राजनेताओं का नौकरशाहों, माफिया और धन पशुओं से अपवित्र गठबन्धन, प्रशासनिक क्रूरता, घरेलू हिंसा, स्त्री की कमाई छीन लेने का बढ़ता प्रचलन, शराब खोरी, एक ही छत के नीचे रहने की परम्परा का विनाश, बच्चों के अभिभावकत्व पर संघर्ष, लिंग के आधार पर काम के विभाजन की परम्परा टूटने से उत्पन्न विशृंखलता, विस्थापन, काम दिलाने के नाम पर दूर ले जाकर दैहिक, आर्थिक शोषण, व्यक्तिगत सम्पत्ति की अवधारणा का आगमन, भोजन की कमी और उसको दूर करने के नाम पर हो रही ठगी, गिरता स्वास्थ्य और उपचार के नाम पर धाधली, प्रधानपति, जंगल सम्बन्धी नए कानून, आदि सभी मिलाकर एक ऐसा तनाव पैदा कर रहे हैं जो वहाँ के जीवन की समरसता नष्ट कर रहा है। स्त्रियों को अधिकार दिलानेवाले, बाहरी सामाजिक संगठन, गैर सरकारी संगठन, जो तथाकथित रूप से स्थानीय लोगों के सहयोग से चलते हैं, स्त्रियों की भला करने की जगह उनका शोषण कर रहे हैं। सेल्फ हेल्प ग्रूपों उनका जीवन बेहतर करने की जगह और नरक बना दिया है। डॉ. एस.एन. चौधरी ने इनका विस्तृत अध्ययन कर लिखा है, "In many remote tribal areas it is difficult to trace of the presence of an effective groups. Groups that claim to be engaged in capacity building are criticised for prefering to work in developed areas, if located in tribal areas they are engaged in other types of activities i.e. those activities which ensure their own survival and development. Only those organisations which choose to protest against the functioning of state and industrial house in the area are relatively closer to the heat of the tribal masses."

इस विकास ने समाज को रूरल और अरबन एरिया में बाट दिया है। अरबन एरिया की ओर भागने की अन्धी दौड़ मच गई है। फिर भी स्त्रियों के सन्दर्भ में कहा जा सकता है कि जो रूरल एरिया में हैं वे स्वतन्त्रता और स्वायत्तता के मामले में अरबन वालों की तुलना में बेहतर स्थिति में हैं, जब तक कि उन्हें आधुनिकता की, कहें आज उत्तर आधुनिकता की हवा नहीं लगती, जो परम्परागत जीवन को कौन कहे, किसी भी तरह के जीवन-मूल्य को चन्द लोगों की बेहतर आर्थिक स्थिति के लिए रौंद देती है। उसी के लिए आज अगड़े इलाकों में भी किसानों की ज़मीन छीनी जा रही है, जिसके लिए स्वयं सरकार दलाल की भूमिका निभा रही है। यह हवा लगते ही उनका जीवन अरबनवालों से भी गया-गुजरा हो जानेवाला है। कल्पना तो वैश्वीकरण और विश्व स्तर की मिल जाती है, पर धारण करने की सामर्थ्य स्थानीय के लिए भी नहीं बची होती। लिहाजा सांस्कृतिक विस्थापन होता है, जिसकी सबसे अधिक मार स्त्री सहती है।

आप्रासंगिक न होगा यह कहना कि कानून का पता तब चलता है जब वह टूटता है और उसके लिए जब कोई दावा ठोकता है और वह दावा ठोकनेवाला कोई समर्थ

व्यक्ति होता है। अन्यथा जीवन अपने सामान्य ठर्रे पर चलता ही रहता है। दूसरे कानून भला तभी कर पाता है जब लोग उसको स्वीकार करने के लिए तैयार और समर्थ होते हैं। जनजातियों में यह ताकत अभी भरी जानी है। जब तक वह भरी नहीं जाती, ये तमाम कानून बस 'इंस्ट्रुमेंट आफ क्लास डामिनेशन' बनकर रह जा रहे हैं। यह यूँ ही नहीं है कि तमाम सचेत ट्राइबल स्त्रियाँ कह रही हैं कि इन विकास और पंचायती राज के तमाम कानूनों से पहले 'यूनीफार्म सिविल कोड' बनना चाहिए, जिससे कि स्त्री-पुरुष के अधिकार रुतबा, सामर्थ्य और कल्पना एक जैसी हो जाए। तभी ऐसे सशक्तीकरण के कानून कुछ कर सकते हैं।

इंसर्जेंसी और स्त्रीवाद

भारत में कई विद्रोही इलाके हैं और उनका स्वरूप हर जगह भिन्न है। इसलिए उनका स्त्रीवाद से सम्बन्ध भी भिन्न-भिन्न है। इस पर्चे में मैं अपनी बात दो तरह से कहूँगा एक व्यक्तिगत अनुभव के आधार पर, दूसरा सैद्धान्तिक आधार पर।

विद्रोही इलाके का एक रूप कश्मीर और पंजाब का है। उसे आतंकवाद कहते हैं। उसमें स्त्रियों की भागीदारी नहीं के बराबर है। यदि है भी तो शरण देने के लिए, हथियार और चिट्ठी पहुँचाने के लिए, कभी-कभी भूमिगत लोगों को खबर देने के लिए। इसलिए वहाँ स्त्री विमर्श के लिए जगह नहीं बनती है। दूसरा क्षेत्र पूर्वोत्तर का है। वहाँ कुछ हिस्सों में बाकायदा लड़ाई चल चुकी है और कुछ हिस्सों में आज भी चल रही है। उसे इंसर्जेंसी कहते हैं। उनमें स्त्रियों की कुछ सक्रिय भूमिका बनती है। उसे इस विमर्श की जद में लाया जा सकता है। अब पूर्वोत्तर में जो इलाके इंसर्जेंसी से प्रभावित हैं, उनमें कम-से-कम आपस में भिन्न ८० से ९० जनजातियाँ शामिल हैं, जिनकी ग्रुपिंग राज्यों के आधार पर होती है। इस राज्य के आधार पर भी उनमें काफी विविधता है। जैसे मेघालय में मुख्यतः तीन जनजातियाँ हैं, खासी, जयन्तिया और गारो और उनके भीतर अनेक उपजातियाँ हैं जो अपनी पहचान अब कुछ ईसाइयत के प्रभाव में लगभग खो चुकी हैं। इसमें खासी और जयन्तिया मातृकुलक हैं, कभी दोनों एक थीं, पर हिन्दू धर्म के प्रभाव के अनुपात में कुछ भिन्न हो गई थीं, अब ईसाइयत के प्रभाव में लगभग एक हो रही हैं। गारो लोग अब पितृसत्तात्मक हैं, हालाँकि मातृसत्ता के कुछ तत्त्व अभी भी बरकरार हैं। इनमें कुछ ईसाई हैं, कुछ हिन्दू धर्म के करीब रहते हुए अपना मत माननेवाले। मेघालय में इंसर्जेंसी नहीं है। एक-दो स्पिटर ग्रूप हैं, पर वे कहीं से भी प्रभावी नहीं हैं। अब चूँकि मेघालय का अधिकांश समाज मातृकुलात्मक है तो उम्मीद की जा सकती है कि राजनीति में स्त्रियों का दखल काफी होगा। इसलिए भी कि पहले सत्ता की अधिष्ठात्री गोत्र माता होती थी, उत्तराधिकार सबसे छोटी बेटी को जाता था। उसका मामा राज्य का कटोडियन होता था। धीरे-धीरे वह वास्तविक शासक बन गया, स्त्री राजा प्रतीकात्मक हो गई। चूँकि तब धर्म और राज का पद एक में ही सन्निहित था, इस परिवर्तन के बाद उसमें फांक आया। स्त्री राजा धर्म राजा बन

गई। धीरे-धीरे उसका पद भी प्रतीकात्मक हो गया और असली पुजारी लिंगदोह लोग हो गए, जो उसके रिश्तेदार होते थे, उनके नाम पर धार्मिक कृत्य करते थे। फिर भी सामान्य लोक जीवन में मातृ सत्ता बनी रही। आजादी के बाद सत्ताइस खासी राज्यों, और कई गारो प्रिंसीपैलिटियों के समाप्त हो जाने के बाद हमारे जैसे बाहर के लोगों में यह विचार स्वाभाविक ढंग से आता था कि राजनीति में वहाँ स्त्रियों की बड़ी भूमिका होगी। 1973 में मैं वहाँ गया और कोई एक दशक तक वहाँ रहा तो अलावा वोट डालने के किसी भी स्त्री को किसी राजनैतिक गतिविधि में शामिल होते नहीं देखा। जब मैं उनकी भाषा बोली में पारंगत हो गया और उनके बीच मुक्त होकर विचरने लगा, वे भी इतना खुल गए कि अपनी बात स्पष्ट रूप से कहने लगे तो मैंने पूछा, "यहाँ की स्त्रियाँ सांस्कृतिक रूप से मुक्त होने के बावजूद, शिक्षित होने के बावजूद राजनीति में हिस्सा क्यों नहीं लेतीं, तो सभी ने एक खासी लोकोत्ति दुहरा दी, "मुर्गी चाहे कितनी मोटी ताजी हो, कहाँ-कहाँ भी घूम आए, बाग तो मुर्गा ही देगा।" यानी वहाँ कि स्त्रियाँ मानती हैं कि राज-काज पुरुषों के क्षेत्र का काम है, स्त्रियों के क्षेत्र का नहीं। यह हाल यदि खुली राजनीति के क्षेत्र में है, तो यदि वहाँ भूमिगत संघर्ष होता तो उसमें स्त्री की भूमिका को स्वतः समझा जा सकता है।

इंसर्जेंसी का पुराना इलाका नागालैंड रहा है। जब मैं वहाँ गया तो भूमिगत राजनीति कई घड़ों में बट गई थी। कुछ घड़े अभी भी लड़ना चाहते थे, उसके लिए चीन जाते थे प्रशिक्षण, धन और हथियार प्राप्त करने। कुछ घड़े आत्मसमर्पण कर चुके थे, कुछ करने की प्रक्रिया में थे। दोनों ही तरह के लोगों के बीच विचरते हुए मैंने पाया कि उसमें स्त्रियाँ नदारत हैं। नागाओं का समाज पितृसत्तात्मक है, किन्तु उसमें स्त्री की भूमिका बराबरी की है, घर गोत्र और गाँव के सभी फैसले मिल-जुल कर लिया जाता है और उनके अनुपालन में बराबर की भूमिका होती है। किन्तु खुली राजनीति में और चुनाव में आज भी उनकी सीधी भागीदारी नहीं के बराबर है, जबकि इसकी शिक्षा का प्रतिशत लगभग 100 है। वही बात इंमर्जेंसी में भी है। सन् 74 में एक चीन जा रही टुकड़ी पकड़ी गई थी कोई 80 लोगों में उसमें तीन लड़कियाँ थीं। उन्हें लड़ाई का प्रशिक्षण देने के लिए नहीं, चीनी भाषा सीखने के लिए ले जाए जा रहा था, जिससे कि वे दुभाषिए का काम कर सकें। यानी इंसर्जेंसी में उनकी भूमिका नहीं के बराबर थी। जब मैं टूटी-फूटी नंगामी सीख गया और लड़के-लड़कियों से खुलकर बात करने लगा तो दोनों ने स्पष्ट कहा लड़ने-भिड़ने का काम पुरुषों का है। पुराने जमाने में जब युवागृह होते थे, गाँव की सुरक्षा और व्यवस्था का काम उनके जिम्मे होता था, तब भी लड़ने का काम मर्द ही करते थे। सिर काट कर वे ही ले आते थे।

मिजोरम में मैं लम्बे समय तक रहा और वहाँ के राजनीतिक जीवन में अधिक प्रभावशाली भूमिका अदा की। वहाँ की इंसर्जेंसी भी अधिक घातक थी। वहाँ छोटी

बड़ी 10-12 जनजातियाँ बसती हैं, पर लुशाई अधिक प्रभावशाली हैं। वे ही रोल-माडल का काम करते हैं। समाज पितृसत्तात्मक है, तो भी सामाजिक, आर्थिक और सांस्कृतिक जीवन में स्त्री व पुरुष दोनों की भूमिका बराबर है। ग्राम स्तर के राजनैतिक जीवन में भी यही बात है, पर राज्य स्तर पर उनकी भूमिका आजतक नदारत है। यही बात भूमिगत इंसर्जेंटों के जीवन में भी रहा है। वहाँ एक प्रचलन है नुलारिम की, जिसमें अविवाहित युवक शाम को अविवाहित लड़कियों के घर जाते हैं, आपस में मजे करते हैं। यह पुराने युवागृह जालबूक परम्परा का अवशिष्ट है। किन्तु इतना प्रभावशाली है कि बिना इसके कोई रहता नहीं, रहा ही नहीं जाता। जब इंसर्जेंसी आई तो भूमिगत पुरुष ही हुए स्त्रियाँ नहीं। जब लड़ाई की तीव्रता कुछ कम हुई तो लड़के गाँवों में नुलारिम के लिए जाने लगे। इससे मुखबीरी हो जाती थी और वे पकड़ लिए जाते थे। इसमें कमी करने के लिए कुछ लड़कियाँ भूमिगतों के कैंपों में रखी जाने लगीं। किन्तु तब वे हथियार नहीं उठाती थीं, बस खाना बनाती थीं, पानी-लकड़ी लगती थी, और सबका मनोरंजन करती थीं। उनसे कोई जटिलता नहीं पैदा हुई कि स्त्री विमर्श की बात चलती। वहाँ के समाज में बिना विवाह की पैदा हुई सन्तान उतनी बुरी नहीं मानी जाती। इसलिए यदि ऐसा होता तो भी कोई समस्या पैदा न होती। गनीमत कि ऐसा एक भी केस मेरे सामने नहीं आया। समस्या तो गैर मिजो से पैदा हुई सन्तान को होती रही है।

उल्फा और बोडो इंसर्जेंटों में स्त्रियाँ हैं। पर मिलिशिया में सिर्फ पुरुष हैं। स्त्रियाँ समाज में रहकर काम करती हैं और कवर लिए फ्रंट संगठनों में काम करती हैं। इसलिए आपसी सम्बन्धों पर कोई स्त्रीवादी दृष्टिकोण अभी तक वहाँ विकसित होती नजर नहीं आई है।

यह दृष्टि और विमर्श दरअसल नक्सलाइटों के बीच विकसित होती नजर आ रही है। क्योंकि उनमें स्त्रियों की भागीदारी काफी है। कहना न होगा कि नक्सलाइटों के विभिन्न इलाके और स्तर हैं, जिसके कारण उनको एक में समेट कर बहुत कारगर बात नहीं कही जा सकती। पंजाब, दिल्ली, उत्तर प्रदेश, झारखंड, बंगाल, आसाम, छत्तीसगढ़, महाराष्ट्र, आन्ध्र, केरल आदि के लोगों में सांस्कृतिक स्तरों और रूपों की जो विविधता है, उसका असर भूमिगत स्त्री-पुरुषों के व्यवहार पर असर डालता है। दूसरे मिलिटेंसी का भी असर है। 64 घड़ों में अधिकांश अब खुली और चुनावी राजनीति करते हैं, इसलिए उनमें जटिलता खूब कम है और स्त्रीविमर्श सामान्य विमर्शों की तरह है। जटिलता भूमिगतों में विशेषकर सी.पी.एल.एल. (माओवादी) में हैं। मैं एक केस स्टडी के रूप में अबूझमाड़ को लेकर अपनी बात आगे कहता हूँ।

एलिएनेशन के मामले में मार्क्स और एंजेल्स ने वर्ग पर जोर दिया था और वर्ग का निर्धारक आर्थिक और उत्पादन से जुड़े सनों को माना था। उसमें स्त्री और पुरुष

की स्थिति एक जैसी मानी गई। उसमें बाद के विचारकों ने यह जोड़ा कि स्त्री की स्थिति पुरुष से बदतर है श्रमिक वर्ग में भी और पूँजीवादी वर्ग में भी। और उनकी समस्या पर अलग से तरजीह दी जानी चाहिए।

भारत में इसका विकास देखें साम्यवादी आन्दोलन में उनकी भूमिका कभी अलग से रेखांकित नहीं रही है। हिस्सेदारी भी कम रही है। लेकिन जब तेलंगाना आन्दोलन हुआ तो हम पाते हैं कि स्त्रियों के तमाम जत्थों ने खुलकर भाग लिया। जागृति का यही कारण था कि जब नक्सलाइट आन्दोलन के प्रभाव में, गो उससे भिन्न होकर टी.नागी रेड्डी ने अपना आन्दोलन चलाया तो स्त्रियों की भागीदारी बहुतायत से देखने को मिली। श्रीकाकुलम् के आन्दोलन में वे पुरुषों के साथ बराबर से लड़ाई में शामिल हुईं। पिपुल्स वार ग्रूप में वे खूब सदस्य बनीं और घर छोड़कर कैम्पों में रहने लगीं भूमिगत रूप से। जब पिपुल्स वार ग्रूप और एम.सी.सी. मिलकर सी.पी. माओवादी का गठन किए तो इनका प्रभावक्षेत्र बढ़ गया, अधिक प्रभाव शाली हो गए और नेपाल से लेकर लंका तक एक मुक्त पट्टी के निर्माण में जुट गए जो विभिन्न आदिवासियों के इलाके से होकर जाती है।

गौर करने की बात है कि इतनी स्त्रियों और इतने समय से कार्यरत स्त्रियों के होने के बावजूद उनकी प्रेजिडियम और केन्द्रित समिति में कोई स्त्री नहीं हैं। हाँ जो सबसे आधारभूत इकाई है, दलम् उसके लिए नियम है कि आठ सदस्यों में से कम-से-कम दो स्त्रियाँ जरूर रहेंगी। इसी तरह क्षेत्रीय, जिला और मंडलीय कमेटियों में यद्यपि कि उनकी संख्या निर्धारित नहीं है, किन्तु उनकी उपस्थिति काफी है। पर प्रान्तीय समितियों और उससे ऊपर वे एकदम से अदृश्य हो जाती हैं। सवाल उठता है कि क्यों? क्या वे अक्षम मानी जाती हैं? क्या ऐसा पुरुष वर्चस्व के चलते हैं? क्या पितृसत्तात्मक मनोवृत्ति से उसका नेतृत्व ऊपर नहीं उठ पाया है? वह स्त्रीविमर्श को किस दृष्टि से देखता है? उस दृष्टि का विकास किस तरह से हो रहा है?

इन तमाम प्रश्नों का उत्तर ढूढ़ने से पहले यह नोट करना जरूरी है कि क्रान्तिकारी भूमिगत संगठनों में पश्चिम में स्त्रियों की भूमिका पर्याप्त और प्रभावशाली रही है। उनके ऐतिहासिक विस्तार में न जाकर यदि हम अज्ञेय की आरम्भिक कहानियाँ ध्यान में रखें तो कुछ बातें स्पष्ट हो जाती हैं। वे कहानियाँ भूमिगत संगठन में स्त्री की भूमिका और उसका भारतीय इच्छित पक्ष रचती है। अज्ञेय स्वयं भूमिगत क्रान्तिकारी आन्दोलन से जुड़े हुए थे। उनके ऐसे लेखन की तत्कालीन पृष्ठभूमि में चन्द्रशेखर आजाद और भगत सिंह का दल तो था ही बंगाल की अनुशीलन पार्टी भी थी। उसका एक बढ़िया इतिहास दो अध्यायों में राजीव गाँधी सम्पादित 6 खंडों में कांग्रेस के इतिहास में दर्ज हैं। गौर करने की बात है कि शरतचन्द्र चट्टोपाध्याय ने भी एक उपन्यास लिखा है "पथ के दावेदार" किन्तु उसमें स्त्रियों की भूमिका पर विमर्श बनता नजर नहीं आता

है। यही बात यशपाल की दादा कामरेड में भी है। यह भी गौर करने की बात है कि चन्द्र शेखर आजाद सीधे-सीधे भूमिगत जिन्दगी में स्त्री की उपस्थिति स्वीकार नहीं करते थे। भूमिगत क्रान्तिकारियों के वैवाहिक जीवन को क्रान्ति में बाधक मानते थे। यशपाल से मनमुटाव का यह भी एक कारण था।

किन्तु पिपुल्स वार ग्रूप और अब माओवादियों के सग रह रही स्त्रियों के नाते पुरुष से जो जटिल सम्बन्ध बन रहे हैं, उनसे जो समस्याएँ बन रही हैं, उसको लेकर है, दूसरा स्त्रीवादी आन्दोलन पर जो उनकी दृष्टि है उसको लेकर है। हम पहले दूसरे को लेते हैं।

माओवादियों के बीच विचारधारा तय करनेवाले मानते हैं कि स्त्रीवाद इस आप्तवाक्य पर आधारित है कि, जो कुछ निजी है, स्त्री के लिए वही राजनीति है—Personal is political," यू. विंध्या इस पर लिखती हैं, ''यह फिकरा पश्चिम के नारीवादी आन्दोलन से लिया गया है और व्यक्ति के रूप में स्त्री के निजी और आत्मपरक अनुभवों को बड़े-बड़े मुद्दों के सन्दर्भ में अहमियत देता है। इससे स्त्रियों को तरह-तरह के विमर्शों, बहसों और आलोचनाओं में उतरने की गुंजाइश मिलती है। वे अपने मनोभावों, कामनाओं, देह व व्यक्तिगत रिश्तों से जुड़े निजी और सामाजिक जीवन के दबे हुए कोनों में झांक पाती हैं। यह प्रक्रिया स्त्री अनुभव की विशेषता के साथ-साथ सांस्कृतिक और सामूहिक अस्मिता की जरूरतों के प्रति भी ग्रहणशील हैं।'' कामरेड लोग इसे स्वीकार नहीं करते। कहते हैं कि क्रान्ति की सफलता वलिदान की भावना पर आधारित होती है। इस तरह का विमर्श वैयक्तिक आकांक्षाओं को बीच में डालकर उस भावना को कमजोर करता है। यह सिद्धान्त यौनस्वच्छन्दता को प्रोत्साहित करनेवाला है, जो क्रान्तिकारी आन्दोलन को कमजोर करनेवाली और वर्गचेतना को नुकसान पहुँचानेवाली बहुत बड़ी साम्राज्यवादी साजिश की देन है। बनवासियों के जंगल, जीवन और जल का दोहन करनेवाली बहुराष्ट्रीय कम्पनियों के आगमन के साथ ही यह स्त्रीवाद की अवधारणा इस देश में आई है, जिससे कि अस्मिता और विकास के छद्म में यह नव-उपनिवेद और और आर्थिक शोषण लादा जा सके।

विडम्बना यह है कि ये ही कामरेड लोग शहरों और कस्बों में स्त्रियों के अलग आनुसांगिक संगठन बनाकर रखते हैं और संघर्ष का मुद्दा स्त्री के खिलाफ होनेवाली व्यक्तिगत हिंसा—घर के भीतर होनेवाली हिंसा, बलात्कार और यौन उत्पीड़न—को बनाया है। जमीदारों, फारेस्टगार्डों, पुलिस द्वारा ग्रामीण और आदिवासी स्त्रियों के साथ अक्सर किए जानेवाले दुराचार को व्यापक किसान और मजदूर आन्दोलन से जोड़ा जाता है और इनका इस्तेमाल शासक वर्ग के शक्तिशाली घटकों और ताकतवर जातियों के खिलाफ किया जाता है।

इन दोनों विचारों को हम एक ही दस्तावेज में देखते हैं जो 1995 में तैयार किया गया था, पहला स्त्री छापामार अधिवेशन के दौरान, और जिसे समय-समय पर आज भी विभिन्न जिला समितियाँ दुहराती हैं। दरअसल आज कामरेड लोग एक क्रान्तिकारी, जुझारू नई कार्यकर्ता स्त्री की छवि निर्मित करना चाहते हैं, जो पुरुष कार्यकर्ताओं के साथ कन्धा से कन्धा मिलाकर चलनेवाली हो। उसे उत्पीड़न, बदसलूकी, समाज व परिवार द्वारा उपेक्षा के विरुद्ध कठिन संघर्ष के बीच रचा जाना है। इस नई स्त्री से सामाजिक कार्यवाई के जरिये सच्ची मुक्ति का आश्वासन मिलेगा। तब इसके दो उद्‌देश्य साफ हैं। एक तो यह कि आत्मपरकता के दल-दल में फंस चुकी 'स्त्रीवादी' स्त्री की छवि का प्रतिकार करेगी। दूसरे इसके जरिये दिखाया जा सकेगा कि संगठन के भीतर लैंगिक सम्बन्धों की प्रकृति गैर-शत्रुतापूर्ण है।

यह व्यवहार में कुछ दूसरी व्यावहारिक समस्याएँ पैदा कर रहा है। निरन्तर साथ रहने के कारण विपरीत लिंगी कामरेडों में यौनिक सम्बन्ध हो जाना स्वाभाकि है। इससे समस्या तबतक नहीं है, जब तक कि यह दूसरों में ईर्ष्या न पैदा करे और संगठन की एकता न भंग हो। ऐसा होने पर बड़े कामरेड लोग इसका विरोध करते हैं, नैतिकता के नाम पर नहीं, उद्‌देश्य से विचलन के नाम पर। दूसरी समस्या तब होती है, जब गर्भ ठहर जाए। चूँकि कुमारी मातृत्व की अवधारणा उनके यहाँ नहीं है, इसलिए वे इसकी निंदा करते हैं। तब लग सकता है कि विवाह हो जाए तो यह गुत्थी सुलझ जाएगी। वे इसे भी हतोत्साहित करते हैं। कहते हैं कि इससे तो व्यक्तिगत हित को पार्टी के हित की तुलना में वरीयता देना है। फिर यह विचलन है। आप यहाँ लड़ते आए हैं कि परिवार बसाने। परिवार बसाने पर रोजी-रोटी और बच्चों की पढ़ाई, आवास आदि के लिए इन्तजाम करना होगा। इसलिए शादी दल से बाहर जाकर ही करें। वहाँ तमाम शादीशुदा लोग बच्चा इसलिए नहीं पैदा करते कि उनका दायित्व कौन निभाएगा। वे कहते हैं कि वे बच्चा तभी पैदा करेंगे, जब समाज उनकी जिम्मेदारी ले, समाज उसे पाले जिससे कि वे अपना मुख्य कार्य कर सकें। स्त्रियों का स्टैंड दूसरा है। वे कहती हैं कि परिवार नियोजन के साधन अपनाने की छूट होनी चाहिए और मातृत्व से जुड़ी समस्याओं के समाधान के लिए इंफ्रास्ट्रक्चर बनना चाहिए। इस पर नेतृत्व का कहना है कि इस भाग-दौड़ की जिन्दगी में इसकी व्यवस्था करने का मौका मिला कहाँ है। अस्पताल बनेगा तो पहले घायल और बिमार सदस्यों के इलाज के लिए, गर्भपात व बच्चा पैदा करने के लिए नहीं। प्रति उत्तर में महिला कामरेड कहती हैं कि इस भाग-दौड़ के जीवन में जो कुछ महीनों और दिनों का है, क्या सुख के कुछ क्षण नहीं निकाले जा सकते। उनसे तमाम कामरेड सहमति जताते हैं।

सेक्सुअल सम्बन्धों का एक पक्ष और है। कई सत्ताशीन कामरेडों ने छोटे कामरेडों की पत्नियों पर कब्जा कर लिया है। यदि सहमति से नहीं हुई है, तो पति को मरवाकर

किया है। इससे असन्तोष है। कई मुखबिर इसीलिए पैदा हो गए हैं। बंगाल के हीरो कामरेड किशन इसी तरह से मारे गए हैं। उड़ीसा के प्रान्तीय नेता पंडा इसी चक्कर में पार्टी से अभी हाल ही में निकाले गए हैं।

अबूझमाड़ में एक विशेष स्थिति है। वहाँ नेतृत्व देनेवाले लोग आन्ध्र के हैं, बाकी लोग स्थानीय हैं। वहाँ के मड़िया, मुड़िया और कुछ गोंड इलाकों में घोटुल की प्रथा रही है। घोटुल में कुआरे लोगों के बीच यौन सम्बन्ध हो जाना स्वाभाविक रहा है। उसका लाभ उठाकर नेतृत्ववर्ग वालों ने उनकी लड़कियों और स्त्रियों पर कब्जा कर लिया है। इससे दोनों पक्षों में बड़ा तनाव पैदा हुआ है। आज भी वे स्थानीय औरतों पर अपना वर्चस्व कायम करते हैं। सलवा गुडुम जो माओवादियों का खूनी विरोध करती हैं, के अस्तित्व में आने का एक खास कारण यह भी है।

यद्यपि कि इन तमाम परिस्थितियों का विसद अध्ययन डॉ. विन्ध्या ने नहीं किया है, तो भी उन्होंने यह जो सामान्य स्थापना रखी है कि इन तमाम प्रश्नों का हल कामरेडों को ही खोजना है। ताकि विचारधारात्मक स्टैंड और व्यवहार में जो फांक है, उससे उबरा जा सकता है। और यह स्त्री विमर्श को उपेक्षित करके नहीं हो सकता। परिणामस्वरूप पार्टी के सेक्सुएलिटी विमर्श का सन्दर्भ स्त्री-पुरुष द्वारा विचारधारात्मक लिहाज से सही व्यवहार करने की दृष्टि से जुड़ जाता है। यही प्रवृत्ति और आगे चलकर इस चिन्ता में बदल जाती है कि कहीं निजी संसार में पुरुष के आचरण पर ज्यादा जोर देने से सार्वजनिक प्रश्नों की उपेक्षा न हो जाए। ऐसे ही सन्दर्भ के प्रति टोरिल मोई लिखती हैं, "हो सकता है कि दो आपस में मिलकर एक हो गए हों, पर ऐसा कभी नहीं होता कि उनके समागम से कहीं कुछ 'बनती' हो। उससे तो हर हाल में 'बनता' ही है।"

रचनाकारों के बीच क्रान्तिकारी आन्दोलन की कोशिश है कि देह, स्त्री की सेक्सुएलिटी और निजी रिश्तों पर दिए जानेवाले नारीवादी जोर का मुकाबिला करते हुए अपने साहित्य में स्त्री की छवि एक क्रान्तिकारी विषय वस्तु के रूप में स्थापित की जाए। इसे लेकर तीन उपन्यास तेलुगू भाषा में हमारे सामने पड़ते हैं। दो उपन्यास वोल्गा के लिखे हैं। नाम हैं 'राजकीय कथालु' और 'प्रभोगम्'। तीसरा है पद्मका का लिखा 'आडवी पुत्रिका'। संयोग से अभी तीनों का हिन्दी अनुवाद उपलब्ध नहीं है और तेलुगू मुझे आती नहीं। बहुत ढूँढने पर भी पहले दो उपन्यास मुझे मिल नहीं पाए। तीसरा गोवा विश्वविद्यालय के प्रोफेसर रोहिताश्व के पास मिला। उन्होंने उसे पढ़कर सरसरी तौर पर उसका अनुवाद करते हुए जो सुनाया उससे लगा कि यह एक स्त्री कामरेड वनजा की आपबीती है। वह एक निरक्षर और मजदूर स्त्री है, जो कामरेडों के सम्पर्क में आकर बन्दूकधारी दलम् की सदस्य बन गई। वहीं कुछ लिखा-पढ़, फिर

एक टुकड़ी के नायक की पत्नी बन गई। अपने पुराने जीवन के पुनरावलोकन के दौरान वह बचपन से ही डाल दिए गए स्त्री-पुरुष के भेद को याद करती है और दल की जीवन से तुलना कर पाती है कि यह बेहतर है। वह एक बच्चे को जन्म देती है, किन्तु गिरफ्तारी के कारण वह छूट जाता है। इससे उसे पहले अपराधबोध होता है, फिर सीख मिलती है कि सामूहिक कर्म के लिए व्यक्तिगत जीवन की कुर्बानी देनी ही होगी और यह एक उच्च मूल्य है। दूसरी बात यह भी रेखांकित होती है कि बस्तर के आदिवासी विशेषकर स्त्रियों पर तेलुगूभाषी लोगों द्वारा अपने मूल्यों को लादना पितृसत्तात्मक है, जिसका विरोध किया जाना चाहिए, भले ही वह स्वयं यह विरोध नहीं करती।

पुस्तक को पढ़-सुन कर जो छाप पड़ी वह यह कि यह सुसंगत ढंग से लिखी एक साहित्यिक कृति नहीं बन पाई है। ढीला-ढाला रहकर भी यह एक प्रायोजित उद्देश्य और विश्लेषण की ओर जाती है, इसलिए कलात्मक सन्तुलन नहीं है। स्वयं एक कामरेड नेन्नेला ने इसकी समीक्षा करते हुए लिखा है कि क्रान्तिकारी संगठन जिम्मेदारियों के लैंगिक विभाजन के बारे में साफ नहीं हैं और उनकी यह समस्या स्त्रियों को, खासकर शहरी शेल्टरों में अधीनस्थ बनाकर रखती है। यानी स्त्री विमर्श से जो वे परहेज करते हैं वह ठीक नहीं है। पूरा विमर्श सामने लाकर स्थिति को स्पष्ट समझकर नीति बनानी चाहिए। यह काम इस उपन्यास में हो सकता था, लेकिन हो नहीं पाया। मुझे भी लगता है कि इस लड़ाई में स्त्रियों की भूमिका अभी सहायक की ही है। इसीलिए उन्हें दल के शीर्ष नेतृत्व में नहीं लिया गया है। फिर बहुत जोखिम भरे काम उन्हें नहीं सौंपें जाते, मानव बम उन्हें चाहे जितना बना दिया जाए। इसे लेकर हिन्दी में अभी कुछ भी खास नहीं लिखा गया है। बस्तर को लेकर एक उपन्यास राजीव रंजन प्रसाद का 'आमचो बस्तर' आया है, लेकिन वह बस्तर की समस्या को एक लम्बे ऐतिहासिक पृष्ठभूमि में देखता है और इस मामले में वह सफल भी है। पर भूमिगत आन्दोलन की तमाम बारीकियों से वह नहीं टकराता। इसलिए इस तरह का विमर्श वहाँ उभर नहीं पाता।

वात्स्यायन का कामसूत्र और स्त्रीवाद

वात्स्यायन रचित 'कामसूत्र' का अध्ययन स्त्रीवादी दृष्टिकोण से काफी रुचिकर होगा। यह काम आरम्भ हो चुका है और मेरे सामने कुमकुम राय और मीरा नायर के विचार हैं। उन्होंने किस 'पाठ' का प्रयोग अपने अध्ययन के लिए किया है, वह मैं नहीं जानता। किन्तु उससे विशेष फर्क नहीं पड़ता। सभी संस्करणों का 'टेक्स' वही है। अन्तर है सम्पादकों की दृष्टि का कि उन्होंने वह पाठ किसके लिए तैयार किया है। उसे स्पष्ट करने के लिए उन्होंने लम्बी-लम्बी भूमिकाएँ लिखी हैं। पहला पाठ रिचर्ड बर्टन का है। दरअसल उन्होंने कामसूत्रों का पुनरुद्धार किया है। विभिन्न इलाकों में टुकड़ों-टुकड़ों में फैली सामग्री को उन्होंने संकलित कर, उनकी पूर्वा बिठाकर उसका सम्पादन और व्याख्या 1886 में प्रकाशित कराई, जिससे यह लुप्त ग्रन्थ पाठकों के सामने आया। बर्टन विक्टोरियन नैतिकता की अवधारणा और उससे जुड़ी यौनिकता की धारणा के खिलाफ़ थे और उसमें जो एक स्त्री-पुरुष के जीवनव्यायी सम्बन्ध की वकालत थी, वह उन्हें ढोंग लगता था। उन्हें लगता था कि स्त्री और पुरुष किसी भी पशु की तरह बहुगामी होते हैं और उन्हें कड़ाई से एकगामी बनाकर रखना अस्वाभाविक है। उनका स्वयं का जीवन बड़ा उन्मुक्त था और मुकाम समलैंगिकता की ओर था। इसलिए उन्होंने न केवल कामसूत्रों में वर्णित इस सम्बन्ध पर बहुत जोर दिया, अल्जीरिया में प्रचलित 'फरफ्यूम्ड गार्डेन' का भी अनुवाद और सम्पादन करने के दौरान इस पक्ष पर खूब जोर दिया। इससे उनकी पत्नी इतनी चिढ़ती थी कि इस अंश को निकाल कर ही उसके दूसरे संस्करण के प्रकाशन की अनुमति दी। कामसूत्र के बारे में क्या किया, पता नहीं चलता।

इससे स्पष्ट है कि बर्टन ने 'कामसूत्र' को उपरले दर्जे के अंग्रेजों को पढ़ने के लिए उपलब्ध कराया यह बताने के लिए कि विक्टोरियन सेक्सुएलिटी की अवधारणा गलत है। उससे अच्छे तो भारत के लोग हैं, जिनका आचरण कोई दो हजार वर्षों से मुक्त रहा है, वह उनकी मूर्तियों, चित्र कलाओं, ललित साहित्य और तमाम तरह की तान्त्रिक साधना पद्धतियों से ही नहीं, शास्त्र सम्मत वास्तविक जीवन-व्यवहृति से भी प्रमाणित है।

बर्टन के समीक्षकों ने इसके आधार पर दो बातें कहीं। एशियाटिक सोसाइटी के जर्नल में लिखते हुए जोनाथन ने कहा कि बर्टन ने भारतीयों की जो छवि रची है, वह जाहिर करती है कि ये पिछड़े लोग हैं। कभी इनकी ऐसी संस्कृति रही होगी जिसका एक रूप 'कामसूत्र' है। वह अंग्रेजों के अपने व्यवहार के लिए किसी काम का नहीं। उलटे मौका देता है कि उन्हें सभ्य बनाने के लिए। उसके लिए एकनिष्ठ व्यवहार पर जोर दिया जाए और जरूरत पड़ने पर कानून की मदद ली जाए। आखिर यहाँ के नवाबों और राजाओं के हरम और रनिवास इतनी स्त्रियों से भरे होने से यहाँ के निवासियों को क्या मिला है। उनका अनुकरण कर तो ये कमजोर और निर्वीय होते गए हैं। इस स्थापना में क्या सच्चाई है, वह अलग से विचारणीय है। यहाँ मैं इतना कहूँगा कि यह हो रहे और चले आ रहे आर्थिक शोषण पर खामोश हो जाने जैसा है।

इसी बात को आगे बढ़ाते हुए जान डीन ने लिखा था कि यही वह जगह है जहाँ ब्रिटेन के हुकुमत को हस्तक्षेप कर सभ्य बनाने के 'ह्वाइट्स मैन' के 'वर्डेन' का निर्वाह करना चाहिए। संयुवत परिवार की जगह छोटा एक पति-पत्नी केन्द्रित परिवार पर जोर दिया जाना चाहिए, बहुपत्नी को अपराध करार दिया जाना चाहिए। उसे गुजारा-भत्ता भी न दिया जाना चाहिए, तलाक के कानून कठोर होने चाहिए, वगैरह।

स्त्रीवादी विचारकों ने उस भूमिका में बर्टने के स्त्री विरोधी मानसिकता कोढूँढ निकाला है। स्त्री की प्रकृति पर बर्टन ने लिखा है, "कुछ स्त्रियाँ जन्मना वेश्या होती हैं, और समाज के प्रत्येक वर्ग में अपनी इस प्रकृति के मुताबिक ही आचरण करती हैं। कुछ लेखकों ने ठीक ही कहा है कि हर स्त्री की प्रकृति में वेश्या के पेशे की कुछ-न-कुछ झलक जरूर होती है। इसी सामान्य नियम के तहत वह पुरुष के साथ स्वयं के मिलाप की भरसक कोशिश करती है।" कुमकुम राय का कहना है कि इस आख्यान से बर्टन ने न केवल स्त्री की स्वायत्तता पर प्रहार किया है, उसकी एक गलत छवि रची है और भारतीय जीवन के विमर्श को गलत पटरियों पर खड़ा किया है। इसमें 'सेक्सुएलिटी' के प्रश्न का सामना करने के बजाय उससे पलायन किया गया है। उसे पौर्वतीय करार देकर 'अन्य' में रूपान्तरित कर, दूरी कायम कर पुस्तक में व्याख्यायित कामाचारों का विशिष्ट सामाजिक सन्दर्भ या तो पृष्ठभूमि में डाल दिया गया, या फिर उसे समस्याहीन ढंग से स्वीकार कर लिया गया।

दूसरा पाठ ए.सी.उपाध्याय का है, जिन्होंने साठ पृष्ठ की एक लम्बी भूमिका लिखी है। उससे स्पष्ट होता है कि यह पुस्तक किन लोगों को सम्बोधित है। लिखा है, "यह पुस्तक चिकित्सा और कानून के पेशे में लगे लोगों, विद्वानों और भारतविद्या, मनोविज्ञान और समाजविज्ञानों के शोधर्थियों के लिए उपयोगी है।" अब कामसूत्रों में स्त्री और पुरुष के सेहत से सम्बन्धित कुछ बातें जरूर हैं खान-पान और सफाई से जुड़ीं पर वहाँ ऐसा कुछ नहीं है कि यौन-रोग या विकार हो जाए तो उसके आधार

पर दवा-दारु हो सके। कुछ आसनों के प्रयोग में सावधानी बरतने की बात कही गई है। उसे न बरतने पर कुछ विकार हो सकते हैं। नसें फट सकती हैं, हड्डी टूट सकती है। इस फटने-टूटने पर क्या उपचार किया जाए, उसकी चर्चा शायद किंही लुप्त सूत्रों में हो। उपलब्ध सूत्रों में तो नहीं है। इसी तरह वकीलों के लिए भी कोई सामाग्री नहीं है। हाँ मनुष्य का जो मनोविज्ञान वहाँ रचा गया है, उसे कहीं साक्ष्य के रूप में प्रयोग करने की बात उठ सकती है। लेकिन वह आधा-अधूरा है, और समकालीन सामाजिक-मनोवैज्ञानिक खोजों से तो कहीं भी मेल रखनेवाला नहीं है। इसलिए कितना उपयोगी होगा, कहा नहीं जा सकता है। हाँ, इलाहाबाद हाईकोर्ट के एक प्रतिष्ठित दिवंगत वकील पी.सी. चतुर्वेदी ने हरवंश कौर बनाम ए. मुखर्जी के मामले में मुखर्जी द्वारा दिए गए उत्पीड़न के प्रतिरोध में हरवंश कौर ने जो सिसकारियाँ भरी थीं, उसे कामकला का कामसूत्री अंग बताकर मुखर्जी की रक्षा करनी चाही थी। पर अदालत ने उसे स्वीकार नहीं किया था। उसका उपयोग भारतविद्या के लिए हो सकता है। हुआ भी है। किन्तु स्त्रीवादियों का कहना है कि वहाँ जो स्त्री की छवि रची गई है वह पितृसत्तात्मक समाज की छवि है, जहाँ स्त्री अधिनस्थ के रूप में है। सिर्फ गणिका वाले अध्याय में उसकी छवि कुछ स्वतन्त्रता और कहीं-कहीं पुरुष पर बढ़त लिए हुए है। पर वह छवि पूरी तरह से नायिका की छवि नहीं बन पाती, जैसे नायक की है। उलटे वेश्या होने के कारण 'प्रोफेसनल' और हेय है। वह कामक्रिया में उस मंशा से हिस्सा नहीं लेती जो बराबरी और प्रेम रचता है। इसलिए वह स्त्री विरोधी है।

तीसरा पाठ जी. खन्ना का है। उनका पुस्तक सभी के पढ़ने के लिए है, सिर्फ इसलिए नहीं कि उनकी जिज्ञासा शान्त हो, इसलिए भी है, कि वह वैज्ञानिक है। इस वैज्ञानिकता पर जोर लम्बे समय से होता आया है और उसके लिए आसनों वाले अध्याय को केन्द्रीय बनाया गया है। बताया गया है कि ऋग्वेद की ऋचाओं, पुराणों, काव्यों, जैन और बौद्ध वाङमय ही नहीं, यूनानी और रोमन सामाजिक प्रचलनों, आदिवासी समाजों की व्यवहृतियाँ और तमाम नृतत्त्वशास्त्रीय शोध उससे मेल खाते हैं। कामसूत्र को वैज्ञानिक करार देने के लिए उसे आधुनिक तक करार दे दिया गया। एस.सी. उपाध्याय ही नहीं उनसे पहले मुल्कराज आनन्द ने अपनी पुस्तक 'कामकला' में सम्भोग के दौरान और सम्भोग के लिए की जानेवाली हिंसा का स्वाभाविक और इसलिए मान्य करार दे दिया। लिखा गया, "आज के पुरुष इसे निश्चित तौर पर समझते हैं कि स्त्री द्वारा आंसू बहाना और रोना साधारण बात है। आँसू बहाकर, रो कर, पुरुष के साथ सहयोग न कर वह, सिर्फ दिखावा करती है। अन्दर-ही-अन्दर उसकी इच्छा उलटी होती है।" स्त्रीवादियों का इस पर कहना है कि इसने स्त्री यौनिकता की बड़ी यान्त्रिक समझ गढ़ी है। उसका अनुशरण करने पर तो घरेलू हिंसा का कोई आधार ही नहीं बनेगा। माना कि सेक्स में आत्मपीड़न और परपीड़न की एक

भूमिका होती है, लेकिन उसे विकृति के रूप में लिया जाता है। मीरा नायर कहती हैं कि इस हिंसा से बचने के लिए आज की प्रबुद्ध औरतों में समलैंगिकता और आत्मरति की प्रवृत्ति बढ़ती जा रही है। उसका कारण सिर्फ आधुनिक जीवन शैली में कमाऊ स्त्री का अकेले होते जाना ही नहीं है।

'चौथा पाठ एलेन दानील्यू का है। उन्होंने लिखा है, "कामसूत्र का नजरिया यथार्थपरक और व्यावहारिक है। वह बिना किसी लाग-लपेट और पाखंड के यौन जीवन के सभी पहलुओं की जानकारी देता है। इसमें विवाह, विवाहेतर सम्बन्ध, वेश्यावृत्ति, समूह में की जानेवाली यौन क्रिया, परपीड़क कामुकता, स्त्री और पुरुष के समलैंगिक प्रवृत्तियों और प्रतिलैंगिक वस्त्र सज्जा जैसे विषयों के बारे में चर्चा शामिल है। कामसूत्र का पाठ एक ऐसे भारत का मोहक चित्र प्रस्तुत करता है, जिसके यौनिकता से सम्बन्धित खुलेपन के कारण श्रृंगारिकता की बेहद उन्नत अभिव्यक्ति सामने आई।...यह सेक्स तकनीकों और आनन्द भोग से सम्बन्धित दुनिया की सबसे प्राचीन और सर्वाधिक पढ़ी जानेवाली निर्देशिका है।"

कामसूत्र के भीतर हम पैठते हैं तो पाते हैं कि हमारे यहाँ काम एक पुरुषार्थ माना गया है। पुरुषार्थ शब्द के प्रयोग से ही स्त्रीवादी विचारक इस मत के हो जाते हैं कि तब उसका सारा सोच पुरुष प्रणीत, पुरुष के पक्ष में जानेवाला और स्त्री के विरुद्ध होगा, कमसे कम स्त्री के स्त्री के रूप में पहचान के लिए नहीं ही होगा। कामसूत्र का स्वरूप है भी कुछ ऐसा ही जिसे हम आगे देखेंगे। अभी यहाँ यह नोट करना समीचीन है कि पुरुषार्थ जीवन के लक्ष्य माने गए हैं। इनके चार स्वरूप हैं, धर्म, अर्थ, काम और मोक्ष। अब इनमें मोक्ष की कोटि अलग है, सिर्फ इसलिए नहीं कि उसे सर्वोत्तम पुरुषार्थ माना गया है, इसलिए भी कि बाकी बचे तीन पुरुषार्थ भी अन्ततः उसी की साधना करते हैं, इसलिए उसके अधीनस्थ हैं। इसका एक अर्थ यह भी है कि तमाम पुरुषार्थों में यदि संघर्ष हो तो अन्ततः मोक्ष की ही चलेगी। बाकी बचे तीन पुरुषार्थों में धर्म सबसे ऊपर है, फिर अर्थ है, फिर काम है। अर्थ के दो स्वरूप हैं, राजनैतिक और आर्थिक। काम के भी दो स्वरूप हैं काम क्रिया और कलाएँ। चूँकि पुरुषार्थों का संचालन शास्त्र से होता है, इसलिए उनकी एक परम्परा है। धर्मशास्त्रों में स्मृतियाँ आती हैं, जिनकी संख्या कम-से-कम बीस है। ये विभिन्न काल और स्थान में विभिन्न स्मृति कारों के द्वारा रची गई हैं, इसलिए देश-काल सापेक्ष्य हैं। चूँकि भारतीय जन देश और काल में विचरण करते रहते हैं, इसलिए उनके आदि देश का और जहाँ उपस्थित हैं, उस देश-काल में टकराव होता है। उस टकराव में न्याय करने के लिए तमाम बातों के बीच दो बातें प्रमुख है। एक तो यह कि यदि विवाद परिवार, कहे कुल के भीतर है तो आदि की परम्परा को, प्रचलन को, मान्यता को वरीयता दी जाएगी। इससे इतर यदि समाज से कोई टकराव है तो वहाँ के उस समाज की चलन, परम्परा,

मान्यता को वरीयता दी जाएगी। उसके लिए यदि कुलपरम्परा को कोई त्याग देता है तो समाज के लिए बुरी बात नहीं। दूसरे स्मृतियों में मनुस्मृति को प्रधानता मिली हुई है। याज्ञवल्क्य, स्मृति उसकी कमी को, जहाँ वह मौन है, पूरा करता है। यदि तमाम स्मृतियों का आपस में और फिर मनुस्मृति से टकराव पैदा होता है, तो मनुस्मृति को ही प्रधानता दी जाएगी। बाकी सब खारिज हो जाएँगी।

यही बात दूसरे पुरुषार्थों के शास्त्रों पर भी लागू होता है। अर्थशास्त्र की परम्परा में कौटिल्य के अर्थशास्त्र को वरीयता प्राप्त है। यह इसलिए भी है कि दूसरे अर्थशास्त्रियों की चर्चा तो मिलती है, पर उनके ग्रन्थ नहीं मिलते। यहाँ-वहाँ उद्धरण मिलते हैं। यही बात कामशास्त्र के लिए भी है। तमाम दूसरों के परम्परागत ग्रन्थ नहीं मिलते। वात्स्यायन का भी आधा-अधूरा ही मिलता है। फिर भी प्रधानता उसे ही प्राप्त है।

शास्त्र होने के कारण एक और बात पर ध्यान जाता है। वह यह कि वह एक सामुदायिक सांस्कृतिक जीवन के अखंड ज्ञान का सिर्फ एक खंड है। यानी वह एक एकता के साथ संयुक्त है। उसका अस्तित्व एक खास क्रमदशा पर ही गोचर है। इसलिए हरेक शास्त्र में उसके आरम्भ होने पर कुछ इस तरह का आमुख आता है : 'अथातो ब्रह्म जिज्ञासा', 'अर्थशाब्दानुशासनम्'। काम सूत्रों के लिए है, 'अथ काम जिज्ञासा'। यह आप्त वाक्य चौखम्भावाले संस्करण में भी है, और वेंकटेश्वर प्रेस बम्बई वाले संस्करण में भी। इसका अर्थ है, ''यहाँ से शुरु होता है काम के प्रति जिज्ञासा, उसकी चर्चा।' यानी कोई अखंड ज्ञान चर्चा होती चली आ रही है, जिसमें काम सम्बन्धी ज्ञान का प्रकरण यहाँ से आरम्भ होता है। इसी तरह अन्त की भी चर्चा होती है। हर पुस्तक के अन्त में 'इति' लिखा जाता था। भरसक श्लोकों की संख्या और उसके प्रवाचक और श्रोता का नाम भी दिया होता है। इनके माध्यम से कोशिश होती है कि क्षेपक न आने पाए। क्षेपक आने से शास्त्र दूषित हो जाता है। क्षेपक वे लोग डालते हैं जो उस ज्ञान के वास्तविक अनुयायी नहीं होते। उस क्षेपक के सहारे वे कुछ विपथगामिता के साथ अपने को अनुयायी सिद्ध करना चाहते हैं, या फिर अपने ज्ञान के उस पक्ष का जो मूल टेक्स से मेल नहीं खाता उसके सहारे वे वैधता सिद्ध करना चाहते हैं। अब कामसूत्र का अभी तक पूरा टेक्स सामने नहीं पड़ा है। जो पड़ा है उसी से बहुत कुछ मूल संस्कृत के रूप में गायब होता जा रहा है, क्योंकि जोर आसन, चुम्बन, आलिंगनवाले अंश पर बढ़ता जा रहा है। इसलिए उसमें क्षेपक कहा हैं, यह खोजना मुश्किल है। एक बात जरूर है कि कामशास्त्र ही एक ऐसा शास्त्र है, जो गद्य और पद्य दोनों में लिखा है। स्त्रियों से सम्बन्धित बातें अनिवार्यतः पद्य में हैं। पुरुषों से सम्बन्धित बातें अधिकतर गद्य में हैं और कुछ पद्य में। इस संरचना से आज के विखंडन वादियों के इस प्रस्ताव को बल मिल सकता है कि रचना-अभिव्यक्ति के मामले में

स्त्रियों की स्वाभाविक भाषा पद्य होती है, पुरुष का गद्य। विद्यानिवास मिश्र का कहना था, कि जो बातें गद्य में हैं, दरअसल वे पुनः रचना हैं, क्षेत्रीय भाषाओं में जो सूत्र अनुदित होकर चले गए थे, वे उनका पुनः अनुवाद हैं। वह कुछ ऐसे ही हैं जैसे अश्वघोष के 'बुद्धचरित' का दूसरा खंड चीनी भाषा के टेक्स से पुनः अनुवाद कर बनाया गया है, क्योंकि मूल संस्कृत पाठ कहीं नहीं मिलता।

स्त्रीवादियों ने 'कामसूत्र' का अध्ययन इस तरह से किया है कि उससे स्त्री की छवि क्या बनती है? एक तो यह कि उसे मोक्ष से मोड़ देने के कारण काम की भूमिका अधीनस्थ की हो जाती है, और उसे पुरुष नायक से जोड़ देने के कारण स्त्री की भूमिका दोहरी अधीनस्थ हो जाती है। परिणाम यह है कि मुल्कराल आनन्द जैसा प्रगतिशील खेमे का विचारक टिप्पणी करता है, "काम सूत्र का ज्ञान न केवल देह के विविध सुखों को भोगने का रास्ता खोलता है, कामक्रिया की गोपनीयता के साथ जुड़ी हुई तमाम गन्दगी को भी साफ कर देता है। मोक्ष प्राप्त करने के बाद वैसे भी मस्तिष्क में कोई प्रच्छन्न कामना नहीं रहनी चाहिए।"

कामसूत्र सात खंडों में विभक्त है। वास्तव में वे सात अध्याय हैं। पहला अध्याय साधाणीकरण है जो काम सम्बन्धी सामान्य बातों और व्यवहारों की चर्चा करता है। जैसे बनावट के आधार पर चार तरह की स्त्रियाँ होती है, पद्मिनी, चित्रणी, शंखिनी और हस्तिनी, योनि की गहराई के आधार पर तीन, मृगी, बड़वा और हस्तिनी। पुरुष बनावट के आधार पर चार होते हैं, शशक, मृग, वृषल और अश्व। शिश्न की लम्बाई के आधार पर शशक, वृषल और अश्व। गौर करने की बात यह है कि उनकी कोटियाँ पशुओं के आधार पर है और आचरण में समरूपता अपेक्षित है। यानी मनुष्य की अपनी कोई स्वतन्त्र कोटि नहीं है। दूसरा अध्याय सम्प्रायोगिकधिकरण का है, जिसमें इतर लिंगी सहवास के विविध चरणों और प्रकारों का वर्णन है। वहाँ भी व्यवहार तमाम पशुओं के सादृश्य पर वर्णित है। आसनों के बारे में बर्टन की टिप्पणी है, "इस तरह हमारे सामने चित लेटी हुई स्त्री की हालत में सम्भोग के पचास प्रकार, पार्श्वीय मुद्रा में बारह प्रकार, बैठी हुई मुद्रा में तेरह प्रकार, खड़ी हुई मुद्रा में 16 प्रकार, झुकी हुई मुद्रा में इक्कीस प्रकार और विमोल मुद्रा में बारह प्रकार आते हैं।" यह अतिरंजना है। यौगिक और तान्त्रिक आसन चौरासी बताये गए हैं। इसलिए सम्भोग के आसन उससे अधिक नहीं हो सकते। उसमें भी तीन चौथाई आसनों का प्रयोग उनकी मुद्रा के कारण संसर्ग में लाया ही नहीं जा सकता। वे चित्र और मूर्ति में ही कला के रूप में रचे जा सकते हैं। बाकी सब गप्प है।

कुगकुग राय कहती हैं कि मैथुन के विभिन्न रूपों के वर्गीकरण और वर्णन से स्पष्ट हो जाता है कि कामसूत्र किस प्रकार पुरुषत्व और स्त्रीत्व की बनावट अलग-अलग तरीके से करता है। जननांगों के मिलन को जिस तरह से नाम दिए गए हैं उनका सीधा

सम्बन्ध मैथुन में स्त्री की भूमिका या स्थिति से है। वे स्त्री की यौनिकता को निश्चेष्ट करार देते नजर आते हैं।...क्रियाशीलता पुरुष से अपेक्षित है, और स्त्री को आधार बनाकर छोड़ दिया गया है। उसकी सेक्सुएलिटी को नियन्त्रित करने के लिए आप्त उक्ति रची गई है कि उसका भोजन पुरुष से दोगुना और कामना बारह गुना होती है। इसलिए दबाकर रखना जरूरी है। विस्फोट हो गया तो अनर्थ हो जाएगा।

तीसरा खंड कन्या सम्प्रयुक्तक है। इसमें पत्नी के चुनाव के लिए निर्देश हैं। पति के चुनाव के लिए निर्देश कहीं नहीं है। विवाह का एक स्वीकृत रूप स्वयंवर रहा है। तब इसके लिए भी गुंजाइश होनी चाहिए थी। पर मान लिया गया है कि जो पुरुषोचित काम करेगा, कन्या के पिता की कोई इच्छा पूरी करेगा, कन्या अपने आप उसे चुन लेगी। सीता व द्रौपदी का स्वयंवर ऐसा ही था। स्वयंवर क्या था सिर्फ कहने को था—सब पहले से तय था। बस उस तय का नाटक होना था।

चौथा अध्याय भार्याधिकाराधिकरण है, जिसमें पत्नी के कर्तव्यों को गिनाया गया है। उसके अधिकारों की कोई चर्चा नहीं है। पाँचवा अध्याय परादिरकाधिकरण है, जिसमें दूसरे की पत्नियों के साथ सम्बन्ध बनाने के फार्मूले हैं। स्त्रियाँ कैसे परपुरुषों को फँसाएँ इसकी चर्चा नहीं है। इस मामलें में भी स्त्री पुरुष में समानता नहीं है। पहल पुरुष ही करेगा, स्त्री को बस घुटने टेकना है। छठा अध्यायण वैशिकाधिकरण है। यहाँ स्त्री कुछ मुक्त है और पहल भी करती है। किन्तु वह पैसा कमाने के लिए है, एक तरह से तन का व्यापार है। हेय है। अन्तिम खंड औपनिषदिशिकाधिकरण है, जिसमें उन गुप्त फार्मूलों का वर्णन है, जिनका उपयोग कर यौनगतिविधियों में सफलता सुनिश्चित की जा सकती है। समलैंगिक सम्बन्धों की चर्चा के लिए कोई अलग खंड नहीं है। वह दूसरे अध्याय में ही अन्तर्मुक्त है।

कुमकुम राय ने अपने विश्लेषण में दिखाया है कि कामसूत्र पुरुषसत्ता, कहे पितृसत्ता की वकालत करता है। उसकी सारी संरचना नायक के हित है। उसमें एक ऐसा परिवार उभरता है जिसके केन्द्र में नायक है। और यह नायक तानाशाह है। वह तमाम स्त्रियों से जाएज नाजायज सम्बन्ध बना सकता है, वही स्त्रियों को कामकला की शिक्षा दे सकता है, उन्हें हासिल करने की योजनाएँ बना सकता है, उसके लिए कला का उपयोग उपकरण की तरह कर सकता है। स्त्रियों को पहल करने का कोई हक नहीं है, गणिका को छोड़कर। उलटे उसको दुश्चरित्रता की पूर्ति में सहायक होना है। उसके लिए स्त्रियाँ सुलभ वस्तु की तरह हैं। उसका प्रजनन से कोई सम्बन्ध नहीं है। स्त्रियों की सेक्सुएलिटी को दबाकर रखा जाना है। वे सम्मान से जुड़ी हैं, इसलिए उन्हें बन्धन में रखना है, अन्यथा ऊँच-नीच की श्रेणी गड़बड़ा जाएगी।

एक और बात गौर करने की है। कामसूत्र में एक धारणा स्त्री क्षेत्र की भी है। वह ग्राम नारी और स्त्री क्षेत्र की चर्चा करता है। वहाँ लैंगिक सम्बन्ध उलट गया होता है।

एक स्त्री कई युवकों के साथ सम्भोग करती है। वह अपने क्षेत्र की राजा भी होती है। इसलिए वह स्वच्छन्दता पा जाती है। पर सूत्रकार उसे नीची निगाह से देखता है, कुछ-कुछ वेश्या की या कुलटा की तरह। तब उसकी स्वच्छन्दता पुरुष की स्वच्छन्दता सरीखी नहीं रह जाती। शायद इसीलिए इन क्षेत्रों को आर्चाव्रत से बाहर देखा गया है—आन्ध्र व महाराष्ट्र में, बल्ख और वाल्हीक में। यानी उन्हें दूरस्थ करार देकर मुख्य धारा से बाहर कर दिया गया है।

मीरा नायर कहती हैं कि कामसूत्र नायककेन्द्रित इस हद तक है कि वह पुरुष को स्त्री पर जोर जबर्दस्ती करने का अधिकार देता है, पर स्त्री को उसका विरोध करने का भी नहीं। विरोध वह रोकर, चीत्कार कर, चिल्लाकर कर कह सकती है, पर वह भी कुछ इस तरह से कि उससे पुरुष की कामोत्तेजना बढ़े। ऐसा करते हुए स्त्री को यह भी मौका देना है कि वह उसे मनाए और अन्ततः सम्भोग करे।

कामसूत्र पर अभी और अध्ययन होना चाहिए।

शेख नफ्जवी का 'पर्फ्यूम्ड गार्डेन'

वात्स्यायन के 'कामसूत्र' की ही तरह अरबी में एक पुस्तक 'एर् रोद एल आतर नेजाता एल खातर' है, जिसे रिचर्ड बर्टन ने ही 'द परफ्यूम्ड गार्डेन' के नाम से तभी अनूदित किया था, जब 'कामसूत्र' का अनुवाद किया था। इसके पहले वह 'अरबियन नाइट्स' का अनुवाद कर चुका था। 'परफ्यूम्ड गार्डेन' के लेखक शेख नफ्जवी हैं, जो अपने समय के प्रसिद्ध हकीम और साहित्यकार थे। उन्होंने सोलहवीं सदी में किसी समय टयूनिस के बादशाह अब्दुल अजीज के वज़ीर (जिनका नाम नहीं दिया है) के लिए यह पुस्तक तैयार की थी। इसके पहले उन्होंने एक और पुस्तक सन्तानोत्पत्ति और जच्चा-बच्चा के स्वास्थ्य के सम्बन्ध में लिखी थी, जिसका अनुवाद 'द टार्च आफ द वर्ल्ड' के नाम से मिलता है। दोनों पुस्तकों का उद्देश्य कामकला को एक विज्ञान के रूप में प्रस्तुत करना था, यह साहित्य या कला की वस्तु बन गई—यह दूसरी बात है। उन दिनों दरबारों में कामकला व सन्तानोत्पत्ति को शिक्षा व संस्कृति का अनिवार्य अंग माना जाता था। उस वक्त की कला और साहित्य में शारीरिक सौन्दर्य, प्रेम और कामानन्द पर अपेक्षित ध्यान दिया जाता था, और उसे ईश्वरीय संरचना का आधारभूत व स्वाभाविक अंग माना जाता था। इस पुस्तक में मनुष्य के कामकलाप को स्वाभाविक इच्छा के रूप में देखा गया है, कामाँगों का वर्णन किया गया है, काम-तकनीकों व मुद्राओं का वर्णन किया गया है और कुछ बातें स्वास्थ्य से भी सम्बन्धित लिखी गई हैं। जैसा कि पुस्तक का स्वरूप है, और जिन परिस्थितियों में वह लिखा गया था, उससे नहीं लगता कि वह जन-सुलभ था, या जन को सुलभ बनाने के लिए रचा गया था। वह दरबार की वस्तु थी, पढ़ी गई होगी तो आभिजात्य और धनाढ्य वर्ग के ही बीच, जन के पास कुछ बातें मुँहा-मुँही ही पहुँची होंगी। और वह भी मनोरंजन या रस-रंग के ही रूप में। पर इसका दोष लेखक को नहीं दिया जा सकता—जमाना ही वैसा था।

पुस्तक में बाईस अध्याय हैं, जो इस तरह से हैं :—(1) प्रशंसनीय पुरुषों के बारे में, (2) प्रशंसनीय स्त्रियों के बारे में, (3) तिरस्कार योग्य पुरुषों के बारे में, (4)

तिरस्कार योग्य स्त्रियों के बारे में, (5) सन्तानोत्पत्ति के बारे में, (6) सम्भोग के लिए समुचित परिस्थितियाँ, (7) सम्भोग के लिए हानिकारक स्थितियाँ, (8) पुरुषों के जननांगों के रूप व नाम, (9) स्त्रियों के जननांगों के रूप व नाम, (10) पशुओं के जननांगों के रूप व नाम, (11) स्त्रियों की धोखेबाजी व षड्यन्त्र, (12) स्त्री व पुरुष को जानने के लिए कुछ इधर-उधर की बातें, (13) सन्तानोत्पत्ति के कलाप के दौरान आनन्द के कारण, (14) बांझ-औरत के गर्भाशय का वर्णन और उसका उपचार, (15) गर्भपात में उपयोगी औषधियाँ, (16) पुरुष की नपुंसकता के कारण व उपचार, (17) कुछ समय के लिए बाधित पुरुषत्व, (18) पुरुष जननांग को बड़ा, कड़ा व मजबूत बनाने के उपाय, (19) स्त्री जननांग को संकुचित करने और और दुर्गंध को दूर करने के उपाय, (20) गर्भावस्था सम्बन्धी कुछ जानने की बातें व गर्भ में पल रहे बच्चे के लिंग निर्धारण सम्बन्धी कुछ जानकारियाँ, (21) इस पुस्तक का उपसंहार, और (22) समलैंगिक सम्बन्धों पर बातें। यह अन्तिम अध्याय स्त्रियों का स्त्रियों के साथ सहवास सम्बन्ध, पुरुष का पुरुष के साथ गुदा मैथुन और पुरुष का स्त्रियों के साथ गुदा मैथुन से सम्बन्धित था। उसमें जो कहानियां वर्णित थीं, वे मिसेज बर्टन को इतनी अश्लील व वीभत्स लगीं कि बर्टन के मरते ही उन्होंने उस अध्याय को छापने की अनुमति रोक ली और बाद में नष्ट ही कर दिया। जो लोग आज समलैंगिक सम्बन्धों की वकालत कर रहे हैं, क्लब बना रहे हैं, प्रदर्शन कर रहे हैं, कानूनी अधिकार प्राप्त कर रहे हैं, उन्हें यह बहुत बुरा लगेगा और एक अपूर्णनीय क्षति की तरह दिखेगा। किन्तु श्रीमती बर्टन 'विक्टोरिया नैतिकता' के जमाने की स्त्री थीं। उन्हें बुरा लगना उसी तरह स्वाभाविक था।

नफ़्ज़वी ने अपने विषय की विवेचना वैज्ञानिक ढंग से नहीं की है। उन्होंने जितना मुख्य-विषयों पर बातें की हैं, उससे अधिक किस्से-कहानियाँ भरा है, जिससे मनोरंजन चाहे जितना हो, मनुष्य के अन्तर्मन और व्यवहार का खुलासा चाहे जितना हो पर स्वास्थ्य, सन्तानोत्पत्ति और आदर्श पारिवारिक जीवन पर बहुत प्रकाश नहीं पड़ता। वात्स्यायन के 'कामसूत्र' से तुलना करें तो हम पाते हैं कि वह एक शास्त्र है, इसलिए उसमें बातें बड़े ही चुस्त-दुरुस्त ढंग से रखी गई हैं। उसमें सिर्फ लेखक का अपना निरीक्षण, परीक्षण, सामान्यीकरण ही नहीं है, परम्परा से चली आ रही तमाम दूसरे विचारकों का निरीक्षण, परीक्षण और सामान्यीकरण है। इसीलिए उसमें तमाम कौमों और नस्लों के काम-कलाओं का वर्णन आसानी से मिल जाता है, कहानियाँ नहीं। दूसरे भारत में 'काम' एक पुरुषार्थ रहा है, जो अन्ततः मोक्ष का एक माध्यम बनता है। इसलिए बात अपेक्षित गम्भीरता के साथ कही जाती है। सिर्फ एक दरबार तक या सिर्फ चन्द लोगों तक सीमित कर एक व्यक्ति की लिखी पुस्तक वह ऊँचाई और गम्भीरता नहीं प्राप्त कर पाती। इसे हम स्त्रियों और पुरुषों के जननांगों के वर्णन में स्पष्ट पाते

हैं। लगता है कि लेखक ने कोई अंग देखा, उसका जो प्रभाव उसके मन पर पड़ा, उसके आधार पर उसका नाम दे दिया, कुछ विशेषताओं का वर्णन करते हुए। किन्तु 'कामसूत्र' में यह वर्णन एक तो स्त्री और पुरुषों को चार कोटियों में रख कर--जिसका आधार पशु-परानी है, उनके अंग की गहराई और लम्बाई आदि के आधार पर रखा है, दूसरे काम-व्यापार के दौरान उनके व्यवहार को भी आधार बनाया गया है। यह कल्पना नहीं, लम्बे समय तक निरीक्षण से प्राप्त होता है। इसी तरह सम्भोग के कलाप और आसनों का वर्णन कल्पना और सीमित अनुभव के आधार पर नहीं, प्रदीर्घ अनुभव (जिसमें दूसरों के अनुभव का भी समावेश आता है) और निरीक्षण पर आधारित है। आसनों का वर्णन तो योग और तन्त्र के आधार है। यह और बात है कि 5-6 आसनों को छोड़कर अन्य व्यावहारिक नहीं हैं। नफ़ज़वी के भी 5-6 आसन ही व्यावहारिक हैं, भले ही 35 आसन की बात करते हैं। किन्तु उन अव्यावहारिक आसनों के वर्गीकरण का कोई समुचित वैज्ञानिक आधार नहीं दिखता। इसी तरह सम्भोग की क्रिया से पहले के फोर प्ले, जिसमें आलिंगन, चुम्बन, परिरम्भन आदि आते हैं, का कोई वर्णन नहीं है या फिर चलाऊ वर्णन है। इसी तरह सम्भोग-क्रिया के दौरान के मनोविज्ञान का भी विवेचन नहीं है। चिकित्सा सम्बन्धी जो बाते हैं, वे सतही हैं और उसके रोगियों को, या प्रसूताओं को कितना भला हो पाता होगा, इस पर सन्देह है। भारतीय कामशास्त्र में समूह सम्भोग और वेश्याओं की भी प्रचुर चर्चा है। पर पर्फ्यूम्ड गार्डेन में इसकी कोई चर्चा नहीं है। जबकि वहाँ के समाज में इसका वर्णन मिलता है। बाबर ने अपने बाबरनामा में तासकंद की लड़ाइयों और कई अन्य उत्सत्व के अवसरों पर बादशाह द्वारा आयोजित सामूहिक सम्भोगों का वर्णन है, जिसमें कुलीन घटाने के स्त्री-पुरुष खुलकर हिस्सा लेते थे। दरअसल सामन्तवाद का एक लक्षण यह भी है कि बड़ा पदवाला छोटेपद वाले के घरों की स्त्रियों के साथ यौन-सम्बन्ध बनाते थे—किसी को छोटा बनाकर रखने का यह ढंग था। 'कामशास्त्र' में वेश्याओं सम्बन्धित अंश स्त्री की दृष्टिकोण से लिखे लगते हैं और उसमें स्त्री को अपेक्षाकृत स्वायत्तता दिखाई देती है और कामकलाप के लिए पहल करती लगती है। यह और बात है कि यह स्वायत्तता और पहल दरअसल कमाई के लिए है—धन्धे के अनिवार्य चरण की तरह।

पूरी पुस्तक पुरुष की प्रधानता की दृष्टि से लिखी गई है, और स्त्री की अवमानना करने का कोई स्थल नहीं छोड़ा गया है। स्त्री की छवि रचते हुए बताया गया है कि उसका सारा व्यवहार काम केन्द्रित होता है। महरबा की कहानी बताते हुए नफ़ज़वी लिखता है, She was philosopher. When It was querried, in what part of woman's does her mind reside, She replied, 'Between her thighs.'

"And where her enjoyment?"

"In the same place."

"And where the love of men and the hatred of them?"

"In the Vulva...."

"Where, in a woman, are located knowledge, love and taste?"

"In the eye, the heart, and the vulva."

इसीलिए स्त्री के दुराचारी हो जाने की अधिक सम्भावना रहती है। उससे बचाने के लिए उसे पर्दे में रखना चाहिए। बाहर निकले तो उसे सिर से पांव तक एक ही कपड़े में ढंक कर रखना चाहिए, जिससे कि पुरुष उसके सौन्दर्य को देखकर उसके पीछे न पड़ें। किन्तु तब पर्दा क्या इस बात की गारण्टी देता है कि वह दुराचारी बनने से बची रह जाएगी? उसको इतना प्रपंच रचना आता है, छल करना आता है कि उसके चरित्र को त्रिया-चरित्र कहा जाता है। पुस्तक में वर्णित तमाम कहानियाँ इसी को पुष्ट करती हैं। स्त्री की खतना की परम्परा इसी को आधार बनाकर चली।

इसके विपरीत पुरुष दूसरों पर विजय प्राप्त करता है, और विजय प्राप्त करते-करते साम्राज्य बनाता है। वह तो ठीक है, पर जो 500-700 स्त्रियों को हरम में रखता है, वह क्या है? स्त्री कितनी भी दुराचारी हो जाए इतने पुरुष तो नहीं रखती। और फिर दुराचारी स्त्री को ही क्यों कहा जाता है? पुरुष को क्यों नहीं? इसलिए न कि यह पुरुष रचित संसार है, पुरुष रचित नैतिकता का स्वरूप है! यह पुरुष पक्षधरता इस बात में ही लक्षित होता है कि वह कम उम्र की देहयष्टि में भी छोटे काया की स्त्रियों को पसन्द करता है, क्योंकि वह उसे पूरी तरह से रौंद सके। आदर्श पुरुष के रूप में उसे लक्षित किया गया है, जो भारी-भरकम हो, विशाल व लम्बे-चौड़े काया का हो। तभी वह स्त्री पर राज कर सकेगा।

जाहिर है कि यह पुस्तक कुल मिलाकर पुरुषों के मनोरंजन के लिए 'कॉक एंड बुल स्टोरी' ही है। इसमें वैज्ञानिकता का नितान्त अभाव है।

स्त्री कामसूत्र

स्त्रीवादी विचारकों का मानना है कि वात्स्यायन का 'कामसूत्र' और शेख नफ़जवी का 'पर्फ्यूम्ड गार्डेन' पुरुषों की रतिक और वर्चस्ववादी दृष्टि से लिखी गई पुस्तकें हैं। तब स्वाभाविक जिज्ञासा होती है कि स्त्रियों ने अपनी दृष्टि से कैसा कामसूत्र रचा होगा, या रचना चाहेंगी? पर ऐसी कोई पुस्तक नहीं मिलती जो स्त्री की रतिक दृष्टि से काम्य पुरुष की विवेचना करे या पुरुष पर अपने वर्चस्व को दिखाए। अभी हाल में सन् दो हजार में एक पुस्तक डॉ. विनोद वर्मा का 'नारी कामसूत्र' के नाम से राधाकृष्ण प्रकाशन, दिल्ली से आई है जो उपरोक्त दृष्टि से पढ़ने के लिए जिज्ञासा पैदा करती है। डॉ. विनोद वर्मा एलियोपैथिक और आयुर्वेदिक पद्धति की चिकित्सक हैं, दोनों का तुलनात्मक ज्ञान रखती हैं और उनका झुकाव भारतीय दर्शन और पारिवारिक जीवन की ओर है। इसलिए यह पुस्तक घरेलू स्त्री के स्वास्थ्य को ध्यान में रखकर भारतीय दर्शन की पृष्ठभूमि प्रदान करते हुए व्यावहारिक उपयोग के लिए लिखी गई है। तो भी यह स्त्रीवाद के कई प्रश्नों से टकराती है और अपने विचार रखती है। पर उपरोक्त आवश्यकता की पूर्ति नहीं करती।

डॉ. वर्मा यह मान कर चहती हैं कि स्त्री और पुरुष में जैविक भिन्नता है, प्रजनन के क्षेत्र में उनकी भूमिका अलग-अलग, पर अनुपूरक है, गृहस्थी में भी उनकी भूमिका की अपनी रूपरेखा है। किन्तु यह सब स्त्री की अधीनता का कारण नहीं बनता, भूमिका चाहे जितनी भिन्न हो। अधिकांश अधीनता संस्कृति की देन है। यह अत्यन्त चिन्ता का विषय है कि आधुनिक मनोविज्ञान तथा मनोचिकित्सा में इस भिन्नता का ध्यान नहीं रखा गया है तथा स्वास्थ्यरक्षा के क्षेत्र में गम्भीर त्रुटियाँ की जा रही हैं। इन क्षेत्रों में अधिकतर धारणाओं तथा मानदंडों का विकास पुरुषों द्वारा किया गया है। पाश्चात्य समाज सहित पूरा विश्व स्त्री के व्यक्तित्व के सूक्ष्म आयाम को नहीं पहचानता और उनकी विशिष्ट समस्या को अलग से समझने के बजाय पुरुष दृष्टि को लाद देता है। यह अव्यवस्था तब और बढ़ जाती है जब स्त्रियों से उनके कुछ ऐसे मौलिक अधिकार छीन लिए जाते हैं, जिनके लिए प्रत्येक राष्ट्र के सभी नागरिकों के साथ बिना लिंग-भेद किए बरताव किया जाना चाहिए। विडम्बना यह है कि उन्हें प्राप्त करने के लिए उसके लिए संघर्ष

करने के लिए स्त्रियाँ अपने को बिलकुल पुरुष की तरह बना लेना चाहती हैं। यह एक भ्रम है। यह भारी अव्यवस्था भी उत्पन्न करती है; क्योंकि स्त्री तथा पुरुष मौलिक रूप से अपने स्वभाव में भिन्न होते हैं। उन्हें अपने के रूपों की भिन्नता को ध्यान में रखकर समान होने के प्रयास के बजाय उन विशिष्ट भागों व आवश्यकताओं पर ध्यान दिया जाना चाहिए जो उनकी निजी है। स्त्रियाँ मूल रूप से पुरुषों से अधिक शक्तिशाली तथा गहरी होती हैं। यह तथ्य उनकी भावनाओं, अनुभवों, रचनात्मक व विनाशक शक्ति तथा उनकी कामुकता—सभी पर लागू होती है। इसे सतही रूप से केवल जीवन की परिस्थितियों के प्रति दृढ़ बने रहने के सन्दर्भ में नहीं समझा जाना चाहिए।

स्त्री की अपनी विशेषता को व्याख्यायित करने के लिए वे उसके अस्तित्व के तीन रूपों की सैद्धान्तिक चर्चा करती हैं। वे रूप हैं निर्माण, विनाश तथा विवेक। निर्माण के सम्बन्ध में वे कहती हैं कि उसकी प्रजनन शक्ति उसे दूसरे लिंग से पृथक व विलक्षण बनाती है। और वह पृथकता व विलक्षणता केवल जैविक पक्ष-मासिक-धर्म चक्र, गर्भ धारण, भ्रूण की सेवा और जन्म के बाद शिशु को दूध पिलाना और अन्य देख-रेख तक ही सीमित नहीं है, उसका मानसिक व सांस्कृतिक पक्ष भी है, जैसे धैर्य, त्याग, सहनशक्ति, दयालुता, देख-भाल, संरक्षण, स्थिरता आदि। ये गुण उसके प्राकृतिक स्वभाव के अंश हैं, जो सिर्फ शिशु जन्म तक सीमित नहीं हैं। संस्कृति के निर्माण में इन गुणों की बड़ी भूमिका है। इसी तरह विनाश—जो मासिक-धर्म चक्र में शरीर के स्तर पर निहित होता है, वह मानसिक व सांस्कृतिक स्तर पर दुःख, आक्रामकता, अनिश्चितता, घबराहट आदि को जन्म देता है—की अपनी भूमिका है। इन दोनों के सन्तुलन—एक का दूसरे में संगुम्फित होना—को स्वीकार कर लिया जाए तो जिद्दीपन, क्रोध, पागलपन, अवसाद, आक्रामकता तथा स्वार्थ जैसे आधुनिक विनाशकारी प्रवृत्तियों से छुट्टी पाई जा सकती है। यही विवेक है। इसमें वुद्धिमत्ता, विभेद, अन्तःप्रज्ञा, अन्तर्दृष्टि, स्थिरता तथा सन्तुलन का समावेश रहता है। जब स्त्री अपने सृजनात्मक तथा विघटनकारी आग्रहों पर अपनी इच्छा और मस्तिष्क द्वारा सन्तुलन रखती है तो बुद्धिमत्ता का रूप विकसित होता है, अन्यथा उसका ह्रास होने लगता है।

अपनी बात को समृद्ध पीठिका प्रदान करने के लिए वे भारतीय अतीत और पुराकथा की ओर मुड़ती हैं। बताती हैं कि भारत में स्त्रियों की तीन कोटियाँ दिखाई देती हैं। एक सिर झुकाकर गाय की तरह रहनेवाली जैसे सीता, सावित्री वगैरह। दूसरा अपने अधिकारों के लिए और फिर जीवन तथा समाज में अपनी भूमिका के लिए प्रचंड रूप धारण करनेवाली, जैसे काली, चंडी। तीसरा स्वरूप पंचकन्याओं का है, जो दोनों में सन्तुलन रखनेवाली है, जैसे कुन्ती, द्रौपदी, अहल्या, तारा और मन्दोदरी। हमारा आदर्श ये ही रही है। ऐतिहासिक पृष्ठभूमि में देखें तो गार्गी ही नहीं, रजिया सुल्तान,

चांदबीबी, चितूर की महारानी, झाँसी की रानी, वगैरह। जो बात वे नहीं कह पाती हैं, वह हिन्दू समाजशास्त्र और तज्जन्य मनोविज्ञान से सम्बन्धित है। अतीत में भारत में पुरुषसत्ता के समानान्तर स्त्रीसत्ता के भी समाज रहे हैं और उसकी स्वायत्तता व विकास के स्तर भिन्न-भिन्न रहे हैं। मिथकीय सन्दर्भों में उर्वशी, मेनका, रम्भा ऐसे ही समाजों की शासक रही हैं। काली, ताड़का, समया माई, सुरसा भी थोड़ा भिन्न संस्कृति लिए समाजों की उपज रही हैं। कालान्तर में जब पितृसत्ता का वर्चस्व बढ़ता गया तो मातृसत्ता मातृकुल तक सीमित होती चली गई और ये स्थानीय देवियाँ बनकर रह गईं।

जो भी हो, स्त्री की विशिष्टता को ध्यान में न रखने के कारण पश्चिम की स्त्रीवादी आन्दोलन स्त्री को पुरुष के बराबर या भरसक पुरुष बनाने में ही लगा रहा, जबकि होना चाहिए था उसे विशिष्ट बनाना। लौकिक सन्दर्भों में मताधिकार, लिंग के अनुसार काम का विभाजन न करना, निर्णय लेने की क्षमता, कानून के सामने बराबरी का अधिकार आदि उसे अधिकांश जगह मिल गया है, या मिलता जा रहा है। बराबरी का मतलब अवसर की समानता या बराबरी से है। अब आगे जरूरत है कि उसे विशिष्ट बनाया जाए।

स्त्री और पुरुष के सांस्कृतिक निर्माण की चर्चा करते हुए वे बताती हैं कि हर स्त्री में कुछ पुरुषोचित गुण होता है और हर पुरुष में कुछ स्त्रियोचित गुण। इस बात को ध्यान में न रखकर जब स्त्री व पुरुष का सांस्कृतिक निर्माण होता है, तो इससे न केवल व्यक्ति का व्यक्तित्व पूरी तरह से विकसित नहीं हो पाता, कालान्तर में समाज में भी विकृति आती है। अक्सर पुरुषों को कठोर तथा दृढ़ रहने की तथा विनम्रता की सारी अभिव्यक्तियों को नकारने की शिक्षा दी जाती है, भले ही कोमलता या विनम्रता के गुण उनमें जन्म से ही प्रभावी क्यों न हों। उन्हें 'मर्द' बनना सीखाया जाता है। अपने भावनाओं को व्यक्त करने की छूट नहीं मिलती। यह प्रतिरोध उत्पन्न करता है और जीवनदायिनी शक्ति के प्रवाह को बाधित कर कई प्रकार के शारीरिक और मानसिक रोगों को जन्म देता है। समलैंगिकता के बीज यहीं छुपे होते हैं। इसी तरह स्त्री में पुरुष तत्त्वों की पूर्ण और सही अभिव्यक्ति ना हो पाने के कारण उनका विकास असन्तुलित हो जाता है। उनकी भूमिका माता तथा पत्नी तक सीमित कर देने के कारण प्रतिक्रियात्मक विद्रोह को जन्म देता है, जिसकी परिणति आज इस स्थापना में दिखती है कि मातृत्व की अभिव्यक्ति को अस्वीकार करना ही नारी की स्वतन्त्रता है। नरों के समान बन जाना स्वतन्त्रता या मुक्ति है। वे अपने प्रति प्रकट की आनेवाली सौन्दर्य प्रशंसा, सहानुभूति आदि को दुत्कारती है। पर यह वास्तविक मुक्ति नहीं है। वास्तविक मुक्ति तो शारीरिक, मानसिक तथा आध्यात्मिक शक्ति के विकास में है। शारीरिक शक्ति प्राप्त करना अत्यन्त अनिवार्य तथा प्राथमिक आवश्यकता है, क्योंकि अच्छे स्वास्थ्य के बिना किसी उच्चर मूल्य को प्राप्त करना कठिन है। भरण-पोषण मनुष्य

की मूलभूत आवश्यकता है। इसके बाद ही मानसिक शक्ति का विकास होता है। मानसिक शक्ति आध्यात्मिक मार्ग की पूर्वापेक्षित आवश्यकता है। आध्यात्मिक अनुभूति की प्राप्ति के लिए व्यक्ति को अपनी विचार-प्रक्रिया पर नियन्त्रण करना होता है। मस्तिष्क ही मस्तिष्क को नियन्त्रित करता है। यह केवल मानसिक प्रयास द्वारा ही सम्भव है कि व्यक्ति शरीर की तथा भौतिक आवश्यकताओं से ऊपर उठकर आध्यात्मिक अनुभव के क्षेत्र में प्रवेश करे।

डॉ. विनोद वर्मा की स्थापनाओं के दो पक्ष हैं—सैद्धान्तिक और व्यावहारिक। सैद्धान्तिक पक्ष को वे सांख्य दर्शन पर आधारित करती हैं और व्यावहारिक को योग तथा आयुर्वेद पर।

दर्शन की मूलभूत समस्या यह है कि जगत की उत्पत्ति पदार्थ से हुई है कि चेतना से? भौतिकवादी मानते हैं कि जगत की उत्पत्ति पदार्थ से हुई है और चेतना उसमें एक चरण के रूप में आती है। वहीं आदर्शवादी विचारक यह मानते हैं कि जगत की उत्पत्ति चेतना से हुई है और भौतिक जगत यानी पदार्थ उसमें एक चरण के रूप में आता है। इससे जीवन को दो उद्देश्य प्राप्त होते हैं। आध्यात्मिक लोग मानते हैं कि जगत एक चरण होने के नाते आया है, असली जीवन चेतना का है और जीवन का उद्देश्य महाचेतना को रिअलाइज कर उससे मिल जाना है। भौतिकवादी मानते हैं कि चेतना और उसके नाते सभी जीवनमूल्य मनुष्य के सुख के लिए हैं, जगत के केन्द्र में मनुष्य है और इसलिए मनुष्येतर जो कुछ भी है, उसके अधीन है, नहीं है, तो किया जाना चाहिए। जीवन का उद्देश्य महत्तम् भोग है। सांख्य इन दोनों से भिन्न, पर दोनों को आधार बनाकर मानता है कि इस दृश्य जगत की उत्पत्ति सृष्टि-आत्म पुरुष और सृष्टि-तत्त्व प्रकृति से सन्योजन से हुई है। पुरुष आत्म चेतना है, जो प्रकृति का सक्रिय तत्त्व है। यह वह तत्त्व है जो प्रकृति में जीवन का प्रवेश कराता है। प्रकृति निष्क्रिय होती है। उसके तीन अवयव हैं सत्त्व (यानी सत्य, नैतिकता, सौन्दर्य तथा सन्तुलन के गुण), रजस (यानी शक्ति तथा प्रेरणा के गुण) और तमस (यानी वह गुण जो नियन्त्रित और प्रतिबद्ध करता है और गति में अवरोध उत्पन्न करता है)। इन सभी विशेषताओं के बावजूद प्रकृति सक्रिय नहीं होती—उसकी इच्छा ही नहीं होती, क्योंकि वह स्वभावतः निष्क्रिय है। सृष्टि प्रकृति और पुरुष के मिलन से ही सम्भव है।

ये तीन गुण किसी त्रिभुज की तीन भुजाओं के समान हैं। प्रत्येक गुण दूसरों से सम्बन्धित है तथा किसी एक में अतिवृद्धि या न्यूनता दूसरे दो गुणों को प्रभावित करती है। तीन गुणों में सन्तुलन रखना विपरीत गुणों के जोड़ों में सन्तुलन बनाए रखने की अपेक्षा अत्यन्त कठिन है। इसलिए इन तीन गुणों को चीन के यिंग तथा याङ के या हिब्रू परम्परा के याह व येह के, जो ऊर्जा के दो विपरीत ध्रुव समझे जाते हैं, समकक्ष नहीं समझा जाना चाहिए। वास्तव में विपरीत गुणों के जोड़ों के सन्तुलन को समझना

अधिक सुगम है, इस त्रयी के सम्बन्ध को समझने को तुलना में। जोड़ों में निहित गुण तराज़ू के पलड़े जैसे होते हैं, जिसमें सन्तुलन बनाए रखने के लिए किसी एक पलड़े का भार दूसरे से अधिक नहीं होना चाहिए। किन्तु यह स्थिति पलड़ों के भार को घटा-बढ़ा कर ही प्राप्त की जा सकती है। किन्तु इस त्रयी का सन्तुलन इस प्रकार नहीं प्राप्त किया जा सकता। उदाहरण के लिए ध्यान या मनन द्वारा प्राप्त स्थिरता गतिशीलता का विपरीत पद तो है, परन्तु यह स्थिरता तमस की स्थिरता का रूप नहीं है, जो निद्रा द्वारा आती है। निद्रा का अनुभव शारीरि स्तर पर होता है। मस्तिष्क उस समय भी कार्यरत रहता है। किन्तु ध्यान या मनन से प्राप्त स्थिरता में मस्तिष्क की सारी गतिविधियाँ थम गई होती हैं। यह अनुभव पूर्ण रूप से एक भिन्न स्तर पर घटित होता है तथा यही अध्यात्म है।

यहाँ यह नोट कर लेना जरूरी है कि भारतीय दर्शन में स्त्री को प्रकृति और पुरुष को पुरुष कहा गया है। इनके युक्तन के दो रूप हमारे यहाँ मिलते हैं। एक तो अर्धनारीश्वर का। इसके अनुसार पुरुष में भी नारी तत्त्व बना रहता है और नारी में भी पुरुष तत्त्व होता है। इनकी मात्रा विभिन्न लोगों में घट-बढ़कर रहती है। डॉ. विनोद वर्मा उस पर ध्यान देकर सम्यक विकास की बात करती हैं, जिसे हमने ऊपर नोट किया है। तन्त्र सम्बन्धी भौतिकवाद इसी अर्धनारीश्वर की स्थापना पर आधारित है। पर वह भौतिक लौकिक जीवन के लिए नहीं, आध्यात्मिक साधना के लिए है, वह भी गुप्त रूप से। इसलिए स्त्रीवाद को रचने में उसकी कोई भूमिका नहीं है। युक्तन का दूसरा रूप यह है कि पुरुष तत्त्व सक्रिय होता है जो स्त्री को उर्वर कर सृष्टि रचता है। स्त्री निष्क्रिय रूप से उसे धारण कर पुष्ट करती है, जन्म देती है, पालन करती है, फिर अलग हो जाती है। इस जैविक सत्य की सांस्कृतिक परिणति यह है कि पुरुष सक्रिय होकर स्त्री पर अधिकार प्राप्त करता है, स्त्री निष्क्रिय होकर उसकी अधीनस्थ हो जाती है और अन्ततः काम का विभाजन लिंग के आधार पर हो जाता है। समस्त स्त्रीवादी आन्दोलन इस अधीनस्थता के विरुद्ध चला है। तमाम स्त्रीवादी विचारक कहती हैं कि भारतीय दर्शन का यह पक्ष पुरुष वर्चस्व का सिद्धान्त रचता है। इसे अस्वीकार किया जाना चाहिए।

जो भी हो, डॉ. विनोद वर्मा आगे बताती हैं कि पुरुष और प्रकृति के संयोजन से तीन मुख्य तत्त्वों की उत्पत्ति होती है : (1) विवेक जो भेद या अन्तर करने की शक्ति है, (2) 'मैं' यानी विशिष्टता प्रदान करनेवाला तत्त्व। इस 'मैं' की अनुभूति में गोचर जगत यथार्थ का रूप धारण कर लेता है। (3) मस्तिष्क यानी सोचने की शक्ति। ये तीनों मिलकर पाँच सूक्ष्म तत्त्वों को जन्म देते हैं—ध्वनि, स्पर्श, रूप, स्वाद, तथा गन्ध। इन तत्त्वों के कारण ब्रह्माण्ड उस 'मैं' की तुलना में वास्तविक बन जाता है, जिसे विशिष्टता प्रदान करनेवाला तत्त्व बन जाता है। इन्हीं तत्त्वों के माध्यम से यह सम्भव

है कि 'मैं' उस ब्रह्माण्ड को, जो पाँच मूल तत्त्वों—आकाश, वायु, अग्नि, जल तथा पृथ्वी—से निर्मित हुआ है, समझने में सफल होता है। इन्हीं पाँच सूक्ष्म तत्त्वों से पाँच इन्द्रियाँ—श्रवण, संवेदन, दृष्टि, स्वाद, तथा गन्ध—सम्बन्ध होती हैं। इन्हीं पाँच इन्द्रियों से क्रिया के पाँच रूप—अभिव्यक्ति, नियन्त्रण, गति, मल-निष्कासन तथा प्रजनन—सम्बद्ध हैं। इस प्रजनन के सन्दर्भ में 'काम' की चर्चा आरम्भ होती है। डॉ. विनोद वर्मा महाभारत भाग-1, परिच्छेद 74, श्लोक 51-52 को उद्धरित करते हुए कहती हैं कि नारी पर ही इन्द्रिय सुख, आनन्द तथा नैतिकता निर्भर है। नारी उस पवित्र क्षेत्र के समान है, जिसमें मानव का जन्म होता है। ऋषियों में भी इतनी शक्ति नहीं है कि वे बिना नारी के प्रजनन कर सकें। इसलिए एक अत्याचारी नर को भी नारी के प्रति निष्ठुर नहीं होना चाहिए। वे आगे कहती हैं कि 'काम' का अर्थ है वह इच्छा, जिससे 'कामना' की उत्पत्ति होती है। इसलिए वह कामुकता तक सीमित नहीं होता। उसका उदात्तीकरण सामाजिक सम्बन्धों को ही नहीं, कला व संस्कृति को जन्म देता है।

इस 'काम' के सम्बन्ध में वे त्रिदोषों की चर्चा करती हैं। जिस प्रकार सत्त्व, रजस और तमस मस्तिष्क के गुण और क्रिया-कलाप हैं, उसी प्रकार वात, पित्त और कफ शरीर के सन्दर्भ में त्रिदोष हैं। ये विभिन्न कामुक क्रियाओं को समन्वित करते हैं। यदि त्रिदोष सन्तुलित अवस्था में नहीं है तो काम का परम आनन्द प्राप्त करना सम्भव नहीं है। 'वात' काम में ठहराव लाता है। यदि वह दूषित हो जाए तो काम में दीर्घकालीन आनन्द नहीं आता। 'पित्त' काम शक्ति देता है। इसके दूषित हो जाने पर काम में तीव्रता जाती रहती है और काम-ऊर्जा का अभाव हो जाता है। काम-स्राव में 'कफ' का होना आवश्यक है। इसकी कमी से पुरुष की काम-क्रिया प्रभावित होती है, और स्त्री बाँझ पन की शिकार हो जाती है।

इसलिए व्यावहारिक रूप से काम और आयुर्वेद का सम्बन्ध जानना अनिवार्य है। वह बताता है कि हम सभी का जन्म विभिन्न परिस्थितियों में तथा स्वास्थ्य की अलग-अलग दशाओं में हुआ है। यह पिछले कर्मों यानी माँ-बाप की स्थिति का परिणाम है। आयुर्वेद में इसे ही 'दैव' कहते हैं। फिर भी हम अपने वर्तमान कर्मों के बल पर अपनी स्थिति को सुधार या बिगाड़ सकते हैं। इसे 'पुरुष्कार' कहते हैं। अच्छा स्वास्थ्य बनाए रखने के लिए दैव व पुरुष्कार में परस्पर समन्वय होना चाहिए। इसका अर्थ यह है कि स्वास्थ्य-सम्बन्धी हमारा वर्तमान कर्म हमारी वर्तमान परिस्थितियों पर निर्भर है। हम सभी को अपने शरीर के दुर्बल भागों पर ध्यान देना चाहिए। यदि व्यक्ति की काया बलवान है तो इसका अर्थ यह नहीं है कि व्यक्ति लापरवाह हो जाए। प्रत्येक व्यक्ति को अपना शरीर शक्तिशाली बनाए रखने का प्रयास करना चाहिए तथा वृद्धावस्था तक उसे सशक्त बनाकर रखना चाहिए। यह योग की तरफ ले जाता है।

यहाँ योग का मतलब शरीर-मुद्रा यानी आसन तथा प्राणायाम से है। योग आत्मानुशासन तथा व्यक्ति के मस्तिष्क की क्रियाओं पर नियन्त्रण रखने की शिक्षा देता है। योग के उपायों के द्वारा व्यक्ति अपने मस्तिष्क की शक्ति को इच्छित दिशा में मोड़कर आध्यात्मिक शक्ति जगाना सीखता है। कामाभिव्यक्ति को विकसित करने तथा काम शक्ति का संचालन करने के लिए विभिन्न योग-क्रियाओं का प्रयोग किया जा सकता है। प्राणायाम का नियमित अभ्यास सहनशीलता एव काम-शक्ति को बढ़ाता है, इच्छाओं पर नियन्त्रण रखने में मदद करता है और स्तम्भन शक्ति में वृद्धि करता है। गर्भवती स्त्रियों को अपनी प्राणधारक श्वांस को अपने शिशु के कल्याण के लिए लगाना चाहिए। इसका प्रयोग रोगोपचार के लिए भी हो सकता है। आसनों का प्रयोग शरीर को लचीला बनाता है, योनि व गर्भाशय का कायाकल्प करता है। स्त्रियों की आम वीमारियों को दूर करता है।

पुस्तक के परिशिष्ट में डॉ. विनोद वर्मा ने स्त्रियों की मुख्य स्वास्थ्य सम्बन्धी समस्याओं—मासिक-धर्म, गर्भावस्था, स्तनपान, रजोनिवृत्ति, आदि पर—प्रकाश डाला है और आयुर्वेदिक व होमियोपैथिक उपचार बताया है। इसी तरह कायाकल्प और बाजीकरण के बारे में लिखा है।

डॉ. विनोद वर्मा ने अपनी पुस्तक सम्पूर्णतावादी दृष्टिकोण (holistic point of view) से लिखा है और परिवार को जीवन का केन्द्र मानकर लिखा है। इसलिए इनमें अकेली स्त्रियों की समस्याएँ, समलैंगिकता की समस्याएँ, आत्मरति की समस्याएँ आदि की चर्चा नहीं है। वे आधुनिक समाज के लोगों में सम्पूर्ण और हितमय जीवन शैली के प्रति सामाजिक चेतना जागृत करना चाहती हैं। बताना चाहती हैं कि काम चेतना उनके अस्तित्व का सिर्फ एक भाग नहीं, अन्य भागों से जुड़ी चेतना है। इसे पुरुषों को स्वीकार करना चाहिए और नारी के अस्तित्व को एक अलग इयत्ता देना चाहिए। दूसरे यह भी बताना है कि स्त्री का जितना अनहित पुरुष के द्वारा होता है, उससे कम दूसरी स्त्रियों द्वारा नहीं होता। दूसरे लिंग को दोषी कहकर वे वास्तविकताओं का सामना करने से कतराती हैं। इस प्रतिस्पर्धात्मक समाज में हम चाहे स्त्री हों या पुरुष, सबको कठिन परिश्रम करना पड़ता है। स्त्रियों द्वारा स्त्रियों का शोषण होने का तथ्य वेश्यावृत्ति के तथ्य से उजागर होता है। वृद्ध स्त्रियाँ लड़कियों से धन्धा करवाती हैं। संसार के अनेक भागों में सास द्वारा बहुओं को यातना दिया जाना, ननद द्वारा भाभी और देवरानी-जेठानी द्वारा एक दूसरे के संसार में आग लगाना, अनेक स्त्रियों में लड़का प्राप्त करने की तीव्र इच्छा, बालिकाओं के साथ यातनापूर्ण व्यवहार आदि इसके अन्य उदाहरण है। पश्चिमी देशों में भी उच्च शिक्षा प्राप्त अभिभावक अपनी पुत्रियों को व्यावसायिक विद्यालयों में शिक्षा प्राप्त करने के लिए उत्साहित नहीं करते, जबकि पुत्रों के लिए वे ऐसा परम आवश्यक समझते हैं। पुस्तक लिखे जाने का तीसरा कारण यह है कि

आत्म-चेतस पुरुषों का स्त्री-जीवन के विभिन्न रूपों को समझने का मार्ग-दर्शन हो सके, उनके आपसी सम्बन्धों में सन्तुलन, सुसंगति तथा परिपूर्णता आ सके। पुस्तक के अन्तिम छः अध्याय काम-क्रिया के बारे में है। यह विषय भी दोनों के लिए समान रूप से महत्त्वपूर्ण है। इसका मुख्य उद्देश्य स्त्रियों को आत्मविश्वासी और शक्तिशाली बनाना है। न तो वे पुरुषों के लिए निष्क्रिय सामाजिक सहयोगी हैं, न ही काम-क्रिया में निम्नस्तर की भागीदार हैं। यदि वे पुरुषों के बराबर नहीं हैं, तो पुरुष भी उनके बराबर नहीं हैं। वे एक-दूसरे से भिन्न और एक दूसरे के पूरक हैं। यह जरूरी नहीं कि स्त्रियों का दमन तथा शोषण पुरुषों द्वारा संगठित होकर वैध तरीके से किया जाए। इसलिए समस्या का समाधान पुरुषों से झगड़ा करके या उन्हें दोषी ठहराकर नहीं, अपनी सामाजिक व्यवस्था के दोषों को दूर करके होगा। उसके लिए दार्शनिक व मूलभूत आधार को बदलना होगा, और उसके लिए स्त्री और पुरुष दोनों को आगे आना होगा।

इन तमाम कामों के निष्पादन के लिए पूरी पुस्तक सूत्र शैली में लिखी गई है, और सूत्रों की थोड़ी व्याख्या भी की गई है। सूत्र किसी सिद्धान्त की संक्षिप्त और सारगर्भित अभिव्यक्ति होते हैं। भारत में यह शैली कोई पाँच हजार वर्ष पहले अपनाई गई थी, जब स्थापनाओं को लिपि में न ढाल कर याद कर रखा जाता था। यूनान में भी ईसा से कोई पाँच सौ वर्ष पहले हिप्पोक्रेटीज ने सूत्रों की रचना की थी। डॉ. विनोद वर्मा के सूत्र इस प्रकार हैं :—

पहला भाग : नारीत्व का बोध

1. इस ग्रन्थ की रचना नारी और नर, दोनों के उपयोग के लिए अनुकूल वातावरण उत्पन्न करने के लिए की जा रही है।
2. नारी समाज की सबसे छोटी इकाई के बीज-स्वरूप है तथा उसके असन्तोष से वर्तमान और भविष्य में संशय एवं अस्त-व्यस्तता आ जाती है।
3. नारी को चाहिए कि वह संसार में शान्ति तथा सन्तुलन बनाने के लिए अपनी सुरक्षा का मार्ग तथा अपने हित का उपाय स्वयं ढूंढे।
4. अपनी शक्ति को बढ़ाने में ही नारी का हित है।
5. शक्ति तीन प्रकार की होती है : शारीरिक, मानसिक तथा आत्मिक।
6. शक्ति उसके अपने प्रयत्न से ही बढ़ेगी।
7. प्रयत्न करना सबके लिए अनिवार्य है, उनके लिए भी जो जन्म से सुन्दर और धनवान है।
8. नारी की सच्ची सुन्दरता उसकी शक्ति में है, न कि बाह्य रूप में।
9. शारीरिक तथा मानसिक कोमलता और शक्ति समकालिक है।
10. चित्त के स्थिर होने से एकाग्रता आती है और एकाग्रता से आत्मज्ञान।

11. आत्मज्ञान से इन्द्रियों द्वारा काम की पूर्ण तृप्ति होती है और आत्मा का साक्षात्कार होता है।

दूसरा भाग : नारी तत्त्व और नर-तत्त्व में सन्तुलन

1. नर और नारी की मूल प्रकृति में अन्तर का कारण उनमें नारी तत्त्व के और नर-तत्त्व के अनुपात की भिन्नता है। जन्म से लिंग और योनि की भिन्नता और बाद में अन्तःस्रावों में भिन्नता उनके भिन्नता को शारीरिक व मानसिक स्तर पर बनाकर रखता है।
2. नारी-तत्त्व तथा नर-तत्त्व त्रिगुणात्मक तथा तीनों गुण की मात्रा में भिन्नता उनके भेद के कारण है।
3. नारी-तत्त्व और नर-तत्त्व के अनुपात में भिन्नता के कारण नारी व नर की मूल प्रकृति में अन्तर होता है।
4. मातृत्व नारीत्व का एक अभिन्न अंग है तथा वह केवल सन्तानोत्पत्ति से सम्बन्ध नहीं रखता।
5. नारियों की स्वतन्त्रता तथा स्वाधीनता एवं नरों का प्रभुत्व अपने अन्दर के मातृत्व भाव को अस्वीकार करने में नहीं होता।
6. सृष्टि के त्रिगुणात्मक होने के कारण गुणों का अनुपात सदैव बदलता रहता है।
7. मनुष्य को अपना पूरा मनोबल तथा अपनी बुद्धि तीनों गुणों का सन्तुलन बनाए रखने के लिए लगानी चाहिए।
8. सृष्टि के सन्तुलन के लिए आवश्यक है कि नारी व नर अपने को एक-दूसरे का पूरक समझें, न कि अलग-अलग खंड।
9. नर अपने में पहले से अधिक गुण को बढ़ाए तो उसमें रजोगुण का अंश अत्यधिक हो जाता है जो उसे नारी और बच्चों से दूर कर रोगों का कारण बनता है।
10. अगर नारी भी यही करे तो उसका भी यही दुष्परिणाम होता है।
11. नारी-नर में कामपूर्ति और सहचरता के लिए गुणों को स्वतन्त्र रूप में प्रकट करना तथा एक-दूसरे के गुणों के लिए सद्भाव रखना अनिवार्य है।

तीसरा भाग : आर्तव का काम से सम्बन्ध

1. अपने जीवन को सुचारु रूप से चलाने के लिए नारी को मासिक धर्म के कारणों तथा प्रक्रिया के विषय में वैज्ञानिक जानकारी प्राप्त करनी चाहिए।
2. मासिक-धर्म की अवधि में नारी में शारीरिक तथा मानसिक परिवर्तन होते हैं; अपना सन्तुलन बनाए रखने के लिए उसे पूरा प्रयत्न करना चाहिए।

3. काम की भावना, आकांक्षा तथा उत्तेजना में महीने के भिन्न-भिन्न भागों में दोषों की भिन्नता के कारण अन्तर होता है।
4. नर को यह भिन्नता अच्छी तरह समझ लेनी चाहिए तथा स्थिति को कोमलता से सम्हालना चाहिए।
5. रजस्वला स्त्री को संसर्ग नहीं करना चाहिए, व्यक्तिगत रूप से विचार करते हुए इस दिशा में सावधानी से काम लेना चाहिए।
6. नारी को चाहिए कि वह मासिक धर्म के कष्टों से छुटकारा पाने के लिए बड़े ध्यान से अपनी समस्याओं का अध्ययन कर उनके उपचार का प्रयत्न करे।
7. आर्तव में कोई भी परिवर्तन हो तो उसकी ओर तुरन्त ध्यान दे एवं बुद्धिमान वैद्य की सलाह से उसका उपचार करे।
8. स्वस्थ नारी के रजःस्राव का रंग लाल होता है तथा दुर्गन्ध रहित होता है तथा दाग नहीं छोड़ता।
9. गर्भ-निरोध का दायित्व नर और नारी दोनों पर है। यदि नारी सन्तान नहीं चाहती तो गर्भ-निरोध के उपाय के बिना संसर्ग न करें।
10. प्रायः 45 व 55 वर्ष की आयु के बीच आर्तव बन्द हो जाता है, किन्तु वात दोष होने के कारण यह पहले भी बन्द हो सकता है।
11. आर्तव बन्द हो जाने से नारी की काम भावना में अन्तर नहीं आता। किन्तु आर्तव समाप्ति से पहले का काल स्वास्थ्य के प्रतिकूल होता है तथा इसके लिए उपचार और चिकित्सा की आवश्यकता पड़ सकती है।

चौथा भाग : गर्भ और प्रसव का काम से सम्बन्ध

1. गर्भावस्था तथा प्रसव दोनों नारी-जीवन की महत्त्वपूर्ण घटनाएँ हैं। इनका काम से सीधा सम्बन्ध मानना चाहिए।
2. गर्भ धारण से पहले नारी को चाहिए कि वह स्वस्थ्य जीवन बिताए, योगाभ्यास तथा ओषधि द्वारा अपने गर्भाशय को निर्दोष, जोड़ों को लचीला और मन को सुदृढ़ बनाए।
3. गर्भवती होने पर नारी में दो आत्माएँ निवास करती हैं। उसको चाहिए कि अपने मनोबल से वह अपने अन्दर विकसित हो रहे जीव से अनुरूपता बनाकर रखे।
4. गर्भावस्था में शरीर के तीनों दोषों का अनुपात बदलता रहता है। अतः अपने तथा बच्चे के भावी स्वास्थ्य के लिए उनका सन्तुलन बनाए रखने का अत्यधिक प्रयत्न करना चाहिए।
5. गर्भवती नारी को अपने स्तनों का विशेष ध्यान रखना चाहिए, क्योंकि वे उसके नवजात शिशु के भोजन का एकमात्र स्रोत बनेंगे।

6. गर्भावस्था में नारी को अपनी कामेच्छा से ध्यान हटाकर अपना सारा ध्यान और बल भावी शिशु की ओर नहीं लगाना चाहिए।
7. अपनी मानसिक शक्ति से प्रसव के लिए तैयार होकर रहना चाहिए क्योंकि वह दर्द, विच्छेद और खुशी का अनुभव लिए रहता है।
8. बच्चे को जन्म देने के बाद स्त्री को अपना शारीरिक व मानसिक सन्तुलन बनाए रखना चाहिए तथा भावना की दृष्टि से सिर्फ बच्चे के साथ व्यस्त नहीं रहना चाहिए।
9. स्तनों से दूध ठीक से निकलना चाहिए। न निकलने पर व स्त्री व बच्चे दोनों के लिए हानिकारक होता है।
10. बच्चे के जन्म के कुछ समय बाद स्त्री और पुरुष को अपनी पारस्परिक मैत्री और काम-भावना को सावधानीपूर्वक नया मोड़ देना चाहिए।
11. अपनी काम-शक्ति पुनः प्राप्त करने के लिए स्त्री को बच्चे के जन्म के बाद स्वास्थ्यवर्धक तथा बाजीकरण द्रव्यों का प्रयोग करना चाहिए।

पाँचवा भाग : नारी के तीन रूप

1. नारी के भिन्न-भिन्न रूपों की गहराई तथा शक्ति के सब पहलू समझ लिए जाने चाहिए।
2. नारी के अस्तित्व के तीन रूप हैं—निर्माण, विनाश तथा विवेक।
3. तीनों गुणों के अनुपात की भिन्नता ही त्रिरूप का कारण है।
4. असन्तुलित तथा दोषपूर्ण जीवन जीने की बाध्यता अनेक शारीरिक तथा मानसिक रोगों का कारण बन जाती है।
5. उससे उत्पन्न उग्रता तथा विनाश दूसरों के दुःख तथा समाज में असन्तुलन का कारण बन जाते हैं।
6. सत्त्व के बल से नारी को अपनी शक्ति बढ़ानी चाहिए, दृढ़ संकल्प रहना चाहिए।
7. परिवार तथा समाज को चाहिए कि वह नारी के तीनों रूपों को मान्यता दे।
8. काम के स्तर पर भी नारी के तीनों रूपों की अभिव्यक्ति होनी चाहिए।
9. असन्तुलन की निरन्तरता से कामेच्छा का अन्त हो जाता है, क्योंकि यह तो गुणों से ही उत्पन्न होती है।
10. अपनी स्थिति को सुधारने के लिए कोई समय-असमय नहीं होता। पर उसके लिए भरपूर प्रयत्न और अनुशासन की आवश्यकता होती है।
11. परिस्थितियों में परिवर्तन तथा नए उत्साह के साथ कार्यों में संलग्न हो जाने से सफलता मिलती है।

छठा भाग : शारीरिक शक्ति का काम से सम्बन्ध

1. कामपूर्ति के लिए शरीर का हित प्राथमिक है, क्योंकि यह इसका साधन है।
2. नियमित रूप से आन्तरिक व बाह्य शुद्धि करने से स्फूर्ति प्राप्त होती है तथा सुन्दरता बढ़ती है।
3. त्रिदोष-सन्तुलन से ओज बढ़ता है, काम शक्ति बढ़ती है।
4. नारी व नर दोनों के लिए शारीरिक शक्ति को बढ़ाना जरूरी है।
5. नियमित रूप से शरीर की मालिश करने से त्वचा की विषय-भोग क्षमता बढ़ती है।
6. सुवासित शरीर आकर्षण का कारण बनता है।
7. इन्द्रियशक्ति को बढ़ाने का उपाय करना चाहिए।
8. शरीर के अंगों का लचीलापन लावण्य, स्वास्थ्य और सम्भोग क्षमता बढ़ाता है।
9. अभ्यास के द्वारा योगासन सिद्ध कर लेना चाहिए।
10. प्राणायाम के अभ्यास से भिन्न-भिन्न स्तरों पर कामशक्ति की वृद्धि होती है।
11. विभिन्न स्तरों पर अनुरूपता महत्त्वपूर्ण है। इसमें शारीरिक साम्यता प्राथमिक है।

सातवाँ भाग : मानसिक शक्ति का काम से सम्बन्ध

1. काम की गहन अनुभूति के लिए मानसिक शक्ति को बढ़ाना चाहिए।
2. मैथुन के समय मानसिक शक्ति दूसरे के मन तथा शरीर के भाव को समझने में लगानी चाहिए।
3. अवरुद्ध मनःस्थिति से काम-भावना का भी अवरोध होता है।
4. नर-नारी में एक-दूसरे के लिए एकत्व की भावना होनी चाहिए।
5. चित्त की एकाग्रता से तेज और आकर्षण बढ़ता है।
6. मनोबल के उपयोग से काम-शक्ति को कल्पना द्वारा व्यर्थ नहीं होने देना चाहिए।
7. शंका, भय और संशय कामपूर्ति में बाधक है। मनोशक्ति से इनका शमन करना चाहिए।
8. नित्यता का भाव एक भ्रम है, जो मन में नहीं रखना चाहिए।
9. वर्तमान क्षण में अपने पूरे मनोबल से लीन होने का अभ्यास करना चाहिए।
10. सहयोगी के चुनाव के समय उसकी शारीरिक तथा मानसिक अनुरूपता पर ध्यान देना आवश्यक है।
11. काम सम्बन्धों द्वारा बहुदर्शन अनुभूति प्राप्त करने के लिए दोनों सहयोगियों में आदर, सहानुभूति, अनुकंपा तथा सद्भाव होना चाहिए।

आठवाँ भाग : वातावरण तथा रीतियों का काम से सम्बन्ध

1. सत्त्व व तमस की अधिकता होने से नारियाँ अपनी काम भावना को मन्द गदि एवं सौम्यता से अभिव्यक्त करती हैं।
2. रजस की अधिकता होने के कारण पुरुष का स्वभाव इसके विपरीत होता है।
3. काम में एक लय होने तथा उसके प्रबल अनुभव के लिए प्रारम्भ में धैर्य तथा मंथरगति आवश्यक है।
4. उपयुक्त वातावरण से लक्ष्यप्राप्ति में सरलता होती है।
5. प्राकृतिक दृश्यों तथा अन्य आनन्दवर्धक अनुभवों से नारी आश्वस्त तथा निःशंक हो जाती है तथा काम-भाव प्रबल रूप से प्रकट करती है।
6. इससे उसका रचनात्मक पक्ष प्रोत्साहित होता है तथा वह क्रियाशील और कुशल हो जाती है।
7. अपने रचनात्मक भावोदय के कारण वह नर का सत्त्व उत्तेजित करती है, जिससे उसकी ग्रहण शक्ति बढ़ती है।
8. इससे नारी की भावना और भी प्रबल हो जाती है तथा उसकी प्रभूत शक्ति प्रवाहित होने लगती है।
9. विविध रीतियों से यह अनुभूति दीर्घकालीन की जा सकती है।
10. योग की विधियों से कुंडलिनी शक्ति भी जागृत की जा सकती है।
11. मनुष्य की अथाह सृजन-शक्ति के प्रयोग से सहयोगियों को अपनी व्यक्तिगत रीतियों का निर्माण करना चाहिए।

नवाँ भाग : काम में विविधता तथा लय

1. सभी इन्द्रियों की तृप्ति एवं काम-सुख के लिए नर और नारी दोनों की साधना तथा श्रम आवश्यक है।
2. यद्यपि कामेच्छा तथा काम-सुख स्वाभाविक हैं, किन्तु मनुष्य अपनी वुद्धि और बल के द्वारा इनमें वृद्धि या ह्रास कर सकता है।
3. सब सुखों में काम-सुख सर्वोपरि माना जाता है। कल्पना से ही भोग कर उसे व्यर्थ नहीं करना चाहिए।
4. काम में लय तथा विविधता लाने के लिए शरीर तथा मानसिक शक्ति बढ़ाने के लिए पूर्व वर्णित उपायों का प्रयोग करना चाहिए।
5. कुछ लोग भ्रमवश यह सोचते हैं कि कामोत्तेजना शरीर के कुछ विशेष अंगों तक ही सीमित है।

6. योगाभ्यास आदि से विभिन्न अंगों को क्रियाशील बनाना चाहिए तथा सम्भोग के समय उनका उपयोग करना चाहिए।
7. काम-ज्ञान केवल पुस्तकों व तर्क से नहीं प्राप्त किया जा सकता।
8. काम में विविधता के अनुभव के लिए नए ढंग तथा उपाय को अपनाना आवश्यक है।
9. नारी व नर द्वारा लम्बे समय तक किए गए पारस्परिक सहयोग एवं प्रयत्न से ही काम का पूर्ण अनुभव होता है तथा काम-ज्ञान प्राप्त होता है।
10. इसके लिए सहज, स्वाभाविक होना आवश्यक है।
11. काम में सहजता व स्वाभाविकता तभी आती है, जब बाकी जीवन में भी ऐसा ही हो।

दसवाँ भाग : कायाकल्प तथा बाजीकरण विधियाँ

1. विश्व में प्रत्येक वस्तु परिवर्तनशील है तथा मनुष्य का शरीर काल से प्रतिबद्ध है।
2. बुद्धिमान व्यक्ति को सुखी जीवन के लिए विधिपूर्वक कायाकल्प करना चाहिए।
3. कायाकल्प के लिए नियमित रूप से पंचकर्म क्रियाएँ, योगाभ्यास, बलवर्धक द्रव्यों का सेवन आदि करना चाहिए।
4. कायाकल्प मानसिक स्तर पर भी आवश्यक है।
5. इन सब उपचारों से सुख और पूर्णता का अनुभव होता है।
6. काम में शारीरिक परिपूर्णता तथा गहन अनुभव के लिए यह उपचार आवश्यक है।
7. बाजीकरण का ठीक अर्थ तथा महत्त्व समझ लेना चाहिए।
8. देश, काल और आवश्यकता के अनुसार ही बाजीकरण पदार्थों का सेवन करना चाहिए।
9. बाजीकरण तथा कामसादक पदार्थ काम-जीवन में सन्तुलन लाने के लिए प्रयोग किए जाने चाहिए।
10. कायाकल्प में प्रयुक्त होनेवाले पदार्थ ओजस को बढ़ाने के कारण बाजीकरण भी हो सकते हैं।
11. बाजीकरण पदार्थों के सेवन से पहले जो कुछ कामसादक हो, उसको दूर करना चाहिए।

ग्यारहवाँ भाग : काम का आत्मज्ञान से सम्बन्ध

1. काम में इन्द्रियाँ बहुत गहरे रूप से अपने विषयों में आसक्त होती हैं।

2. इस आसक्ति के बाद किंचित् आनन्द की अनुभूति होती, जिसमें आत्मभाव का अनुभव होता है।
3. मानसिक प्रयत्न द्वारा इन्द्रियों के चरम अनुभव से अतीत होकर मनुष्य को आत्मज्ञान का अनुभव होता है।
4. प्रयत्न तथा अभ्यास से आत्मानुभूति द्वारा प्राप्त अनुभव का आनन्द बढ़ाया जा सकता है।
5. बाह्य रूप तथा विचार आदि की भिन्नता होने पर भी हमारे अन्दर का जीव या आत्मा—जो जीवन-शक्ति का कारण है—सबमें एक ही है तथा अपरिवर्तनीय व अविनाशी है।
6. काम द्वारा आत्म-ज्ञान का अनुभव करने के लिए चित्त की एकाग्रता, शरीर का लचीलापन तथा प्राणायाम का अभ्यास आवश्यक है।
7. काम द्वारा आत्म-ज्ञान प्राप्त करने के लिए इन्द्रियों की पूरी आसक्ति आवश्यक है।
8. इन्द्रियों से अतीत अनुभव करने का ध्येय मन में रखकर काम से इन्द्रियों की आसक्ति बढ़ानी चाहिए।
9. इन्द्रियों से परे का अनुभव आत्मदर्शन होता है।
10. आत्मदर्शन से अनन्तता का अनुभव होता है।
11. आत्मज्ञान से प्राप्त असीमित शक्ति का प्रयोग मानव कल्याण के लिए करना चाहिए।

स्पष्ट है कि यह पुस्तक विशेष रूप से स्त्रियों को उनके जीवन के विभिन्न पक्षों में मार्ग दर्शन के लिए लिखा गया है। इसमें न केवल नारी की इच्छाओं, अनिच्छाओं, आर्तव सम्बन्धी समस्याओं, का वर्णन है, बल्कि पुरुष दृष्टि से छिपे उनके काम-जीवन से सम्बन्धित तमाम दीगर बातों का खुलासा है। आधुनिक नारियों की समस्याओं तथा हमारे युग के बदलते पहलुओं के सन्दर्भ में भी नारी व नारीत्व को देखा गया है। लेखिका ने त्रिगुण पर आधारित एक नए सिद्धान्त का प्रतिपादन करते हुए नारी तत्त्व तथा नर तत्त्व के आधार पर नर-नारी की मूल प्रकृति के अन्तर को रेखांकित कर, उनको प्रतिस्पर्धी नहीं, अनुपूरक सिद्ध किया है।

भारत में सेक्सुएलिटी पर एक अध्ययन

'सेक्सुएलिटी' का अनुवाद हमारे यहाँ 'यौनिकता' किया गया है। पर यह अनुवाद पूरी बात नहीं दर्शाता है, वास्तव में इसका अनुवाद 'कामेच्छा' होनी चाहिए। स्त्रीवादियों का मानना है कि सभी संस्कृतियों, सभ्यताओं, समाजों, नस्लों, धार्मिक समुदायों, भौगोलिक क्षेत्रों आदि में स्त्री की कामेच्छा पर पुरुष की कामेच्छा की तुलना में अधिक रोक लगाई गई है और ऐसा पुरुष सत्तात्मक और स्त्री-सत्तात्मक दोनों समाजों में किया गया है। इस तरह से उसका शोषण किया गया है और उसके व्यक्तित्व को, चाहे वह शारीरिक स्तर पर रहा हो या मानिसक स्तर पर, बढ़ने नहीं दिया गया है। इसे न्यायोचित ठहराने के लिए कहा गया है कि स्त्री की कामेच्छा पुरुष की तुलना में अधिक और लम्बे समय तक बनी रहनेवाली होती है। इसलिए यदि उसे खुली छूट दे दी जाए तो तमाम जटिलाएँ और अनर्थ पैदा होगा। हमारे यहाँ लोक में कहावत है कि स्त्री क्षुधा पुरुष की तुलना में दुगनी होती है, बल चार गुना होता है और कामेच्छा आठ गुनी होती है। यही कारण है कि मध्य-पूर्व और उत्तरी अफ्रीका के तमाम समुदायों में, जहाँ स्त्रियों का खतना प्रचलित है उनके भगोष्ठों और भगनासा को काट काट कर निकाल दिया जाता है, जिससे कि उनकी कामेच्छा प्रचंड न हो सके और वे सहवास का पूरा आनन्द न उठा सकें। यह सब किस मानदंड पर कहा गया है, किसने यह तुलनात्मक अध्ययन किया है, उसके पीछे मंशा क्या रहा है, पता नहीं चलता। जीवविज्ञानी बतलाते हैं कि मनुष्य में पुरुष के जननांग बाहर की तरफ निकले होते हैं, इसलिव वह अधिक सक्रिय और आक्रामक होता है। स्त्री के जननांग भीतर और छिपे होते हैं, इसलिए वह काफी हदतक निष्क्रिय और 'रिसेपियेंट' होती है। अगर जैविक रूप से यह स्थिति है तो इसका असर उसको मानसिक निर्मिति पर भी होगी, तब वर्चस्ववादियों की मंशा यही रही होगी कि इसके माध्यम से स्त्री को अधीनस्थ की हैसियत में रखा जाए और उसे जीवन की वे बड़ी उपलब्धियाँ न प्रदान की जाए जो पुरुष अपने लिए चाहता है। इसके आधार पर सभी समाजों में ऐसे कामशास्त्र गढ़े गए हैं जो पुरुष की प्रधानता को ही प्रमाणित करते हैं, जैसा कि हमने पिछले वक्तव्यों में देखा था। होना तो यह चाहिए था कि आज की स्त्रीवादी विचारक स्त्री की दृष्टि से एक

नए कामशास्त्र की रचना करती, किन्तु वैसा अभी तक हो नहीं पाया है। हमने हिन्दी में लिखी एक पुस्तक का जिक्र ऊपर किया है, किन्तु वह स्वास्थ्य और शिशुपालन से अधिक सम्बन्ध रखता है, कामेच्छा की अनुभूति और उसकी तृप्ति से कम।

हमारे समय में पश्चिम में कामेच्छा के बारे में बहुत अध्ययन हुए हैं और अखबारों में आए दिन कुछ-न-कुछ सर्वे के परिणाम प्रकाशित होते रहते हैं। वे अध्ययन दो तरह के दिखाई पड़ते हैं। एक में स्त्री की कामेच्छा, और कामकलाप के बारे में जानकारियाँ प्रदान की गई होती हैं। इसके लिए एक तरफ स्त्री को उच्च वर्ग, मध्यवर्ग और निम्न वर्ग में बाँट कर रखा गया होता है, उसके लिए आधार आर्थिक और सांस्कृतिक दोनों को बनाया गया होता है और कहीं-कहीं दोनों को अलग-अलग बनाया गया होता है। फिर विवाहित और परिवार के साथ रहनेवाली स्त्रियों और अविवाहित या अकेले रहनेवाली स्त्रियों में विभेद किया गया रहता है। इसी तरह कमासुत और आत्मनिर्भर तथा परनिर्भर स्त्रियों में अन्तर किया गया रहता है। एक अन्तर शिक्षित और अशिक्षित का भी देखने को मिलता है और उसके आधार पर मानसिक और शारीरिक श्रम करनेवालों की। दूसरी तरफ तृप्ति के लिए विपरीत लिंगी सम्बन्ध, समलैंगिक सम्बन्ध, हस्त मैथुन, मुख मैथुन, अश्लील साहित्य का अध्ययन, अश्लील चलचित्रों का अवलोकन, खुलकर आपस में काम सम्बन्धी बात करने की प्रवृत्ति, आदि का अध्ययन मिलता है। और इन तमाम कलापों को मुक्ति का माध्यम माना गया होता है।

हमारे यहाँ इस तरह का अध्ययन खूब कम हुआ है और हिन्दी में तो नहीं के बराबर है। मेरे सामने एक ऐसा ही अध्ययन अंग्रेजी में डॉ. अंजना सन्धीर का पड़ा है, जो मनोविज्ञान में डाक्टरेट की उपाधि के लिए प्रस्तुत शोध ग्रन्थ है। उसे गुजरात विश्वविद्यालय, अहमदाबाद में 1988 में सबमिट किया गया था और शान्ति प्रकाशन, रोहतक (हरियाणा) से 1994 में छपा था 'पैटर्न्स आफ वुमेन सेक्सुएलिटी इम्फ्लुएंसिंग सोर्सल-परशनल फैक्टर्स' के नाम से। पुस्तक का शीर्षक गलत है क्योंकि उन्होंने कामेच्छा का प्रभाव सामाजिक और व्यक्तिगत व्यवहार पर नहीं आंका है, उलटे सामाजिक-आर्थिक और शिक्षा के प्रभाव को स्त्रियों की कामेच्छा और तृप्ति के विश्लेषण के लिए किया है। यह विश्लेषण विवाहित स्त्रियों के बारे में है, जिसकी उम्र 25 से 40 वर्ष की है और जो स्वस्थ वैवाहिक जीवन व्यतीत करती हैं। सांख्यिकी दो मेडिकल कालेजों के काम-विभाग और पाँच प्राइवेट क्लीनिकों से प्राप्त करने के साथ-साथ साक्षात्कारों से जुटाया गया है। वह सब कितना प्रामाणिक हैं, कहना कठिन है। प्रसिद्ध कवि विश्वरंजन ने जब वह पुस्तक पढ़ी थी तो उनको लगा था कि यह मनगढ़न्त है। किन्तु अंजना

सन्धीर के शोध-निर्देशक डा.पी.एच. रावल, अध्यक्ष, मनोविज्ञान विभाग, गुजरात विश्वविद्यालय, प्रोफेसर प्रमोद कुमार, अध्यक्ष मनोविज्ञान विभाग, सरदार पटेल विश्वविद्यालय, वल्लभ विद्यानगर, डॉ. प्रकाश कोठारी, प्रोफेसर सेक्सुअल मेडिसिन, जी.एस. मेडिकल कालेज बम्बई आदि का कहना है कि वे सच्चे हैं। इसमें पाँच सामाजिक-व्यक्तिगत कारकों—विवाह की शैली (स्वेच्छा से प्रेम-विवाह और माता-पिता द्वारा तय विवाह), स्त्री की उम्र (25 से 30 वर्ष और 30 से 40 वर्ष) शिक्षा का स्तर (स्नातक व परास्नातक), रोजगार की स्थिति (कामकाजी महिला और गृहिणी), और आर्थिक स्थिति (1988 में पचास हजार प्रति वर्ष से अधिक और कम) को ध्यान में रखकर अन्तःप्रविष्ट मैथुन (V) और भगनासा मर्दन (C) की दृष्टि से अध्ययन किया गया है। और पाया गया है कि ये पाँचों कारक अन्तः प्रविष्ट मैथुन (V) को प्रभावित नहीं करते, पर भगनासा मर्दन (C) को प्रभावित करते हैं। इन तमाम स्त्रियों का स्वस्थ वैवाहिक जीवन कम-से-कम पाँच वर्षों का रहा है, उम्र 25 से 40 वर्षों की रही हैं, मुम्बई और अहमदाबाद जैसे महानगरों की रहनेवाली रही है, जाति, धर्म, नस्ल, भाषाई इलाका आदि का विभेद ध्यान में नहीं रखा गया है, इनमें से कुछ गृहिणी रही हैं और कुछ कामकाजी और लगभग सभी बच्चों वाली रही हैं। अपने अध्ययन में उन्होंने यह भी पाया है कि पुरुषों की यह धारणा कि यदि पुरुष स्त्री के ऊपर रहकर मैथुन करे तो वे अधिक तृप्त होती हैं, बहुत सही नहीं है। दरअसल स्त्री कामसुख मैथुन से अधिक भगनासा मर्दन और सम्भोग के पहले के कलापों आलिंगन, चुम्बन, मर्दन, नख-दन्तक्षति, संघर्षण आदि में अधिक आनन्द पाती है। चौथे यह आनन्द शिक्षित, आर्थिक रूप से स्वतन्त्र, प्रेमविवाह की हुई, धनी घराने की मुक्त, कामकाजी और आर्थिक रूप से स्वतन्त्र, मुक्त होकर घूमने-फिरने वाली, अश्लील साहित्य और सिनेमा देखनेवाली औरतें अधिक प्राप्त करती हैं। अच्छा होगा यदि उनके जटिल निष्कर्षों की संक्षिप्ति यहाँ देख ली जाए।

1. मैथुनपूर्व क्रीड़ा के तकनिकों का प्रयोग दोनों तरह की इच्छावाली स्त्रियाँ कामेच्छापूर्ति के लिए करती हैं। हालाँकि उनके चुनाव में व्यक्तिगत स्तर पर भिन्नता होती है। इनमें प्रमुख हाथ से स्तन और कुचाग्र का मर्दन होता है, फिर तमाम अंगों को थपथपाना और गर्दन तथा कान को सहलाना। भगनासा मर्दन चाहनेवाली स्त्रियाँ अधिक देर तक और अधिक मात्रा में मैथुनपूर्व क्रीड़ा को पसन्द करती हैं।

2. अन्तःप्रवेश पसन्द करनेवाली स्त्रियाँ विभिन्न प्रकार के आसनों के प्रति कम उन्मुख होती हैं, जबकि भगनासा मदर्नवाली होती हैं। अतः प्रवेश पसन्द करनेवाली स्त्रियाँ अपने ऊपर पुरुष की स्थिति को अधिक पंसद करती हैं, जबकि भगनासा मर्दन पसन्द करनेवाली स्त्रियाँ स्वयं पुरुष के ऊपर होना

अधिक पसन्द करती हैं। वे गुदा मैथुन, मुख मैथुन, खड़े होकर या बैठकर रत होना भी बहुत पसन्द करती हैं।

3. करीब 78% औरतें चरम की अनुभूति पंद्रह सेकेंड से भी कम समय के लिए अनुभव करती हैं, चाहे वह अन्तः प्रवेश से सम्भव हो या भगना सामर्दन से। फिर भी यह पाया गया है कि अन्तः प्रवेश से मिली तृप्ति अधिक देर तक बनी रहती है, भगना सामर्दन से मिली तृप्ति के बनिस्बत।

4. अन्तः प्रवेश पसन्द करनेवाली स्त्रियाँ अश्लील चलचित्र और साहित्य अधिक पसन्द करती हैं। वे जितना ही अधिक शिक्षित होती हैं, उतना ही अधिक पढ़ती हैं। उनकी वर्जनाएँ अधिक शिथिल होती हैं और फैंटेसी अधिक विस्तृत।

5. सभी औरतें स्वभावतः चरम सुख प्राप्त करने की तीव्र इच्छा रखती हैं और अधिकांशतः प्राप्त भी करती हैं। जो नहीं करती हैं वे रुग्ण मानसिकता की होती हैं और उन्हें ठंडी औरत (frigid) कहा जाता है। वे कुछ-कुछ धार्मिक स्वभाव की होती हैं और रतिकर्म को पाप समझती हैं। जिन्हें उत्तेजित होने के बावजूद तृप्ति नहीं मिलती उन्हें 'निम्फोमैनियाक' कहा जाता है। यह भी पाया गया है कि भगनासा मर्दन पसन्द औरतों को अन्तः प्रवेश से कम ही सुख मिलता है। चरम की अनुभूति शिक्षित औरतों में अधिक होती है और वे खुलकर व्यक्त करती हैं। शायद इसलिए कि उनकी वर्जनाएँ टूट गई होती हैं या पाट दी गई होती हैं और वे कल्पनाशील होती हैं।

6. बीस से तीस साल उम्र की औरतें सप्ताह में तीन बार और तीस से चालीस साल की औरतें दो बार संसर्ग पसन्द करती हैं। गरीब वर्ग की औरतों को इच्छा न होने के बावजूद उन्हें अधिक बार सम्भोग के लिए बाध्य होना पड़ता है, क्योंकि उनके पति इसे ही अपने मनोरंजन का सुगम और प्रधान साधन समझते हैं। अधिक बच्चों के होते जाने पर औरतों की कामेच्छा कमतर होती जाती है।

7. अधिकांश औरतों को पन्द्रह से तीस मिनट लगता है चरम पर पहुँचने में। किन्तु इसमें मानसिक स्थिति की अपनी भूमिका होती है। अन्तःप्रवेश पसन्द औरतों को चरम पर पहुँचना अधिक आसान होता है।

8. विवाह के बाद 50% हस्तमैथुन छोड़ देती हैं। बाकी 25% स्त्रियाँ पहला बच्चा हो जाने के बाद। किन्तु कुछ औरतें इसे जीवन भर अपनाएँ रहती हैं। उनकी मात्रा भगनासा मर्दन पसन्द करनेवाली औरतों में अधिक होता है। स्त्रियाँ

हस्तमैथुन या तो स्नानागार में करती हैं या फिर सोने के कमरे में। ये स्थान उन्हें अधिक सुरक्षित लगते हैं।

9. हस्तमैथुन के लिए वे (1) वाइब्रेटर, (2) लम्बी गर्दन वाली शैम्पू की बोतल, (3) लैबोरेटरी ट्यूब, (4) अधपका केला या बिलायती बैगन, (5) मध्यमा उंगली या (6) दो उँगलियों का प्रयोग करती हैं।

10. अधिकांश औरतें कामक्रीड़ा के लिए रात और बहुत मद्धिम रोशनी पसन्द करती हैं। वे एकदम निर्वस्त्र होना पसन्द नहीं करती। माहवारी के दौरान अमूमन मना करती हैं। दिन में मैथुन करना कम ही पसन्द करती हैं।

11. विवाह की रीति का अन्तःप्रवेश मैथुन पर कोई प्रभाव नहीं पड़ता, पर भगनासामर्दन पर पड़ता है।

12. इसी तरह अन्तःप्रवेश मैथुन पर उम्र का प्रभाव नहीं पड़ता, किन्तु भगनासा मर्दन पर पड़ता है। प्रौढ़ औरतें इसे अधिक पसन्द करती हैं।

13. अन्तःप्रवेश मैथुन पर कामकाजी महिला होने का असर नहीं होता, पर भगनासामर्दन पर होता है। कामकाजी महिलाएँ इसे अधिक पसन्द करती हैं।

14. इसी तरह आर्थिक स्थिति अन्तःप्रवेश को प्रभावित नहीं करती, पर भगनासामर्दन को करती है। धनी औरतें इसे अधिक पसन्द करती हैं। यदि उनके पुरुष कमजोर हों तो वे दूसरों से अन्तः प्रवेश की माँग अधिक करती हैं। यह पैटर्न गरीब और निचले तबके की औरतों में भी देखने को मिलता है।

15. शिक्षा का असर अन्तःप्रवेश मैथुन पर पड़ता है और वे गर्भाधान को एवाएड करती हैं। इसके लिए वे गर्भनिरोध का प्रयोग अधिक इच्छित ढंग से करती हैं। किन्तु इसका असर भगनासामर्दन पर नहीं पड़ता।

इस तरह से कोई 75 निर्णय डॉ. अंजना सन्धीर ने निकाले हैं और उपरोक्त बातें हमने सिर्फ नमूने के तौर पर रखें है। जाहिर है कि यह अध्ययन सीमित और एकतरफा है। इसे दूर करने के लिए पुरुष कारक को भी संज्ञान में लेना होगा। इसके अलावा, धर्म, जाति, नस्ल, भाषाई समुदाय, नगरीय और ग्राम्य-जीवन, उनकी मान्यताओं आदि को ध्यान में रखना होगा। जैसे कि ईसाई मत के तमाम मतान्तरिक समुदायों में मुख मैथुन वर्जित है। इसका क्या असर स्त्रियों की कामेच्छा पर पड़ता है? हिन्दू धर्म में भी वात्स्यायन खुलकर मुख मैथुन की चर्चा नहीं करते और तब वह वर्जना की तरह लगता है। पर कोणार्क और खजुराहो के मन्दिरों में मुख मैथुन के दृश्य दिखाए गए हैं। इन मन्दिरों में स्त्रियों और पुरुषों की आकृतियों में भिन्नता है। मूर्तिकला विशेषज्ञ मानते हैं कि यह भिन्नता स्थानीय लोगों को अधिक मुखरता से दिखाने के कारण है, किसी अमूर्त सिद्धान्त के आधार पर आदर्श

देहयष्ठि दिखाने के प्रयत्न से हटकर है। तब यह अध्ययन होना चाहिए कि वे कौन विजातीय लोग हैं, जिनमें यह प्रचलन था और कैसे वह देश की मुख्य धारा में प्रवेश पा गया कि कोका पंडित ने मुख मैथुन को सम्भोगपूर्व क्रीड़ा का अनिवार्य रूप मान लिया। मुसलमानों में खतना का प्रचलन है। वह कैसे कामेच्छा को प्रभावित करता है, उसका भी अध्यन होना चाहिए। समकालीन जीवन की जटिलता और वनवासियों के जीवन का ठहराव और उन्मुक्त वातावरण किस तरह की भिन्नता पैदा करता है, उसका भी अध्ययन होना चाहिए। सैनिकों के जीवन को और विभिन्न आयु-वर्ग की स्त्रियों पर भी विस्तृत अध्ययन होना चाहिए। ये तमाम बातें सेक्सुएलिटी के अध्ययन के विभिन्न आयाम खोलेंगे।

पर्यावरणीय स्त्रीवाद

पर्यावरणीय स्त्रीवाद को परिभाषित करते हुए ग्रेटा गार्ड ने लिखा है, "पर्यावरण, स्त्रीवाद और समाजवाद से अन्तःदृष्टि प्राप्त करते हुए पर्यावरणीय स्त्रीवाद का आधारभूत आमुख वह विचारधारा है जो नस्ल, वर्ग, यौनिकता और क्षमताओं जैसे दमन को प्राधिकार प्रदान करती है। वही विचारधारा प्रकृति के दमन को भी प्राधिकार करती है।" इसी बात को ज्वायस नेलसन दूसरी तरह से कहती हैं, "पर्यावरणीय स्त्रीवाद पर्यावरण और स्त्रीवाद के पाटने में पुल का काम करती है : विश्लेषण के उन तटों को जो दशकों से अगल-बगल पड़े रहे हैं बिना अनिवार्यतः अन्तर्ग्रथित हुए। स्त्रीद्वेषी समाज और पर्यावरण का संकट पैदा करने के हद तक प्रकृति का या धरती माँ का दोहन करनेवाले समाज के बीच सम्बन्ध को उजागर कर पर्यावरणीय स्त्रीवाद ने पितृसत्तात्मक रूपावली में दरार को रेखांकित किया है।" इस तरह पर्यावरणीय स्त्रीवाद सभी प्रकार के दमन के अन्त की माँग करती हैं और तर्क रखती हैं कि स्त्री (या किसी भी दमित समूह) को मुक्त करने का अभियान तबतक सफल नहीं हो सकता, जबतक कि प्रकृति या धरती माता को मुक्त कराने के लिए उसी के बराबर अभियान न चलाया जाए।

स्त्री पर शरीर और प्रकृति की छाया पितृसत्ता ने शताब्दियों से डाल कर रखा है। अपनी जैविक लय और घरेलू परिस्थिति में स्त्री अक्सर ही प्रकृति के निकट पड़ती है। उजाड़, असभ्य स्थिति, आदिमयुगवाद, अनिर्मित स्थिति जैसी धारणाओं के बीच पुरुष-निर्मित समाज के बीच स्त्री को सभ्य बनाने के लिए पुरुष की आवश्यकता थी, प्रकृति से दूर ले जाकर ईश्वर के राज्य में, कहें पितृसत्ता को नैतिकता और सामाजिक नीति के देश में। इसी से उस श्रेणीबद्ध द्वन्द्ववाद का जन्म हुआ। स्त्री और पुरुष सिर्फ भिन्न और एक दूसरे के विरुद्ध ही नहीं है, स्त्री पुरुष के अधीन है। अपनी इच्छा के अनुरूप स्त्री की प्रकृति को दबा कर ढालना कुछ उसी प्रकार है, जिस प्रकार वह पृथ्वी के मौलिक वातावरण पर यन्त्र और प्राविधि से नियन्त्रण करता है। जो इस अधीनता का विरोध करता है वह आशंका, भय और बुराई की भावना निर्मित करता है। इस तरह पुरुष और स्त्री के बीच, तथा पुरुष और प्रकृति के बीच शोषण के स्तर पर समानता देखी जाती है।

19वीं सदी में स्त्री के बारे में जो सामान्य अवधारणा थी उसे व्यक्त करते हुए जार्ज मेरेडिथ ने लिखा था, "I expect women will be the last thing civilized by men." 1989 में (यानी बीसवीं सदी के ढलते वर्षों में) उर्सुला लेगुन ने लिखा, "Where I live as a women is to man a wilderness. But to me it is home." पर्यावरणीय स्त्रीवाद का विकास इन दो अतियों के बीच हुआ है। मेरेडिथ के कथन का विश्लेषण कर स्पष्ट किया गया है कि नृतत्त्व केन्द्रित सभ्यता के लिए यह पुरुष के अकड़ का द्योतक है, जो स्त्री का वस्तुकरण करता है और अपनी सोच से स्त्री का निर्माण करता है। स्त्री का यह निर्माण आधुनिक काल की ही देन नहीं है। पश्चिम में ज्ञान आधारित सामाजिक निर्मिति के दो स्त्रोत हैं—एक लौकिक यूनानी दर्शन, दूसरा पारलौकिक मजूसी धर्म। यूनान में जनतन्त्र का आधार पुरुषवादी तर्क और विवेक है, जहाँ स्त्री को जनतन्त्र से, कहें राज्य-व्यवस्था से बाहर रखा जाता है। कारण यह है कि नगर राज्य उस अर्थव्यवस्था पर आधारित है जो घर के बाहर अस्तित्ववान रहती है और इसलिए वह घर की अर्थव्यवस्था ही नहीं, पूरे घर का ही अवमूल्यन करती है, जो उसका बनाया स्त्री का क्षेत्र होता है। गौर करने की बात यह है कि वे ही यूनानी दार्शनिक समाज और प्रकृति में सम्बन्ध देखते हैं। इसी तरह बाइबिल में 'जेनेसिस' से सम्बन्धित तीन अध्यायों में हुक्म यह है कि धरती का कोना-कोना जीत लिया जाए और सभी जीवित प्राणियों पर प्रभुत्व स्थापित कर लिया जाए। इसमें प्रकृति और स्त्री दोनों समाहित हैं। पुरुष की प्रभुता की स्थापना तभी हो जाती है, जब आदम की उत्पत्ति पहले होती है और ईव को आदम के लिए आदम के सीने से चीर कर बनाई जाती है। वह सांप के साथ सहमति रचती है, ज्ञान प्राप्त करती है, काम ज्ञान से ही उसका मूर्तन होता है। पर उसकी परिणति जन्नत से निकाल कर जहन्नुम में पहुँचा देने की होती है। 'जेनेसिस' दरअसल भविता (beings) की श्रेणीबद्ध शृंखला बनाता है, जिसमें इश्वर सबसे ऊपर है, शैतान और प्रकृति सबसे नीचे। बीच में मनुष्य है। जब उसका पतन होता है, तब वह ईश्वर के इलाके से च्युत होकर प्रकृति के इलाके में आ जाता है, जो स्वभावतः स्त्री के नजदीक का इलाका है। वह ईश्वर पूरी धरती को श्राप देता है क्योंकि मनुष्य के काम ज्ञान के कारण मनुष्य का अपना अस्तित्व बन जाता है। स्त्री और प्रकृति का रूपकप्रणीत सम्बन्ध यहीं से बनता है।

गौर करने की बात यह है कि लगभग सभी मतों में पुरुष ईश्वर का प्रातिनिधान होता है और स्त्री प्रकृति की। जो प्रभुता स्थापित करनेवाला होता है उसे पुरुष कहा जाता है, जिस पर प्रभुत्व स्थापित की जाती है वह स्त्री होती है। पुरुष और स्त्री का सम्बन्ध ईश्वर और प्रकृति का सम्बन्ध माना जाता है। प्रकृति का मतलब धरती

हो जाता है जो धारण करती है पुरा चराचर। स्त्री गर्भ धारण करती है और प्रकृति कही जाती है।

सत्तरहवीं सदी का विज्ञान का अंग्रेज दार्शनिक प्रांसिस बेकन ने प्रकृति को स्त्री माना और कहा, "She must be bound and made a slave, put in constraint and molded by the new men of science." प्रकृति पर इस आधिपत्व ने प्रगति और विकास का उद्देश्य-दर्शन रचा और स्त्री पर उसने 'विक्टोरियन मोरैलिटी' का कहर बरपाया। उर्सुला के कथन में इसी से मुक्ति की कामना है। वह जंगली प्रकृति से स्त्री को समेकित कर जाहिर करती है कि रहने का सही स्थान—घर—वही जंगली प्रकृति है, जहाँ स्त्री रहती है।

पिछले 70 और 80 के दशकों में कुछ पर्यावरणीय स्त्रीवादी विचारकों ने स्त्री और प्रकृति के बीच कुछ सकारात्मक सम्बन्धों की चर्चा की। स्त्री-पुरुष सम्बन्धों में प्रभुता की विवेचना में उन्होंने स्त्री को अधिक सौम्य और प्राकृतिक जगत के प्रति अनुरक्षणी स्वभाव वाला बताया तथा पुरुष को अधिक आक्रामक और नियन्त्रण रखने वाला। कुछ दूसरे विचारकों ने स्त्री और प्रकृति के बीच आध्यात्मिक सम्बन्धों को खोजा। उन्होंने यन्त्रवाद और जैवशक्तिवाद में विभेद ही नहीं, विरोध देखा। स्त्रीवादी जैवशक्तिवादी थे। इसलिए उन्होंने पृथ्वी केन्द्रित स्त्रीवादी विचार के लिए एक विस्तृत अवधारणा रची। इसके तीन पक्ष हैं। (1) अन्तर्वर्तिता (Immanance) जो मानता है कि हर सर्जना में पवित्रता अन्तर्भुक्त होती है। (2) अन्तः सम्बन्धिता (Inter-connections) कि जीवित जगत के सभी अंश अन्तः सम्बन्धित हैं। (3) अनुकंपा (Compassion)—जो हमसे भिन्न हैं, इतर हैं, उनके प्रति उत्तरदायित्व समझने की योग्यत—हम जैसे अपने जीवन का मूल्य देते हैं, उसी तरह दूसरों के जीवन को भी देना। ये जगत में कलाप के लिए आदेश की तरह हैं, एक ऐसा क्रियावाद, जिसमें व्यक्तिगत, राजनैतिक और आध्यात्मिक एक हो जाता है। इसके आधार पर उन्होंने स्त्री और प्रकृति को शक्ति प्रदान करने की बात कही। कुछ लोगों ने यह भी कहा कि श्रम के लैंगिक विभाजन में स्त्री का जो बच्चा पैदा करने और पालने का विशिष्ट काम मिला है, वह प्राकृतिक संवृत्ति (Phenomena) और ऋतुचक्र को समझने का बेहतर मौका देता है। इसके आधार पर कहा गया कि प्रकृति की मुक्ति स्त्री की मुक्ति के साथ जुड़ी है क्योंकि स्त्री पर प्रभुता की जो विचारधाराएँ हैं, वही प्रकृति पर भी प्रभुता की विचारधाराएँ हैं। पितृसत्ता, साम्राज्यवाद, नस्ल, वर्ग और सांस्कृतिक प्रभुता के जो सिद्धान्त स्त्री के लिए हैं, वही प्रकृति के लिए भी हैं। इन्हें सूचीबद्ध करते हुए कारेन वारेन लिखती हैं :—

(1) स्त्रीवाद अपने न्यूनतम रूप में यौनिकता, लिंगवाद का अन्त करनेवाला आन्दोलन है। (Feminism is minimally a movement to end sexism)

किन्तु

But

(2) यौनिकवाद/ लिंगवाद का अवधारणात्मक रूप से प्रकृतिवाद से सम्बन्ध है (Sexism is conceptually linked with naturism).

(यानी अमानवीय प्रकृति की अनुचित प्रभुता —unjustified domination of nonhuman nature)

इस तरह

Thus

(3) स्त्रीवाद प्रकृतिवाद को समाप्त करने का आन्दोलन (भी) है। (Feminism is (also) a movement to end naturism)

वारेन पितृसत्तात्मक दमन के उस चौखटे को रेखांकित करती हैं, जो लैंगिक और प्रकृतिपोशी शृंखलाबद्ध द्वन्द्ववाद (पुरुष-स्त्री, मानव-प्रकृति) रचित शक्ति व विशेषाधिकार युक्त है। वह स्त्री और प्रकृति के उन गहरे ऐतिहासिक मकड़जालों को भी रेखांकित करती है, जिनसे अनुचित व्यवहारों, नीतियों, सिद्धान्तों और संस्थाओं का जन्म होता है तथा जो उन्हें लागू करने के लिए शक्ति प्रदान करते हैं। प्रभुता का यह तर्क द्वन्द्ववादी चिन्तन के परिचित आरोपणों का अनुमोदन करता है, अधीनस्थों पर प्रभुतावाली ताकतों व विशेषाधिकारों के अनुचित प्रयोग को लाइसेंस देता है, उसे सामान्य बनाता है। उससे आपस में काटनेवाले (intersecting) मानवीय व मानवेतर अन्य के बहुआयामी सम्बन्ध प्रभावित होते हैं : इस कथन के आधार पर कि कोई विश्वव्यापी विषयी (subject) नहीं होते।

इन्हीं निर्णयों पर आस्ट्रेलियाई विचारक वाल प्लूमउड उपनिवेशीकरण के तर्क से पहुँचती है। कहती है कि पश्चिमी सभ्यता में 'स्वामी पहचान' (Master Identity) वाली प्रभुता-कोटि से 'विवेक' बाहर होता है। यौनिक, नस्ली, जातीय और पर्यावरणीय उपनिवेशीकरण व निम्नीकरण (inferiorization) का प्राधिकार दमित से ही मिल जाता है अविवेकी आरोपण के जरिये। गौर करने की बात यह है कि प्लूमउड के चिन्तन में इन प्रक्रियाओं में केन्द्रीयता स्वामी का है, पुरुष का नहीं जो द्वन्द्वी सम्बन्धों के बीच उसकी आधारिता को नकार कर चलती है और इस तरह 'स्वामी पहचान' के लिए अन्य को अवमूल्यित करती है, निकाल कर चलती है, उपकरण बनाती है और एकरूपता प्रदान करती है। उसका जोर इस बात पर है कि इस तर्क पर स्त्रीवादी प्रतिक्रिया जो उसे पूर्ण मनुष्य की कोटि से बाहर करती है, उस 'स्वामी पहचान' से संगति बिठा लेती है और भूल जाती है कि न तो मनुष्यों का कोई हिस्सा दास होता है, न ही मनुष्य प्रकृति का मालिक। इसलिए तमाम स्त्रियों समेत पुरुषों को चाहिए कि

वे सभी (सिर्फ लिंगवादी नहीं) अनुचित श्रेणी बनानेवाले वादों का विरोध करें और बताएँ कि तमाम द्वन्द्व सम्बन्धों में अन्तर तो होता है, पर उससे कोई श्रेणी नहीं बनती, और न ही श्रेणी उनका आधार होती है। उनका सम्बन्ध अन्तः आधारिता का होता है। वह कहती है कि पुरुष-स्त्री, विवेक-स्वभाव, पश्चिमी-गैरपश्चिमी जैसे तमाम द्वन्द्वात्मक सम्बन्ध तर्क आधारित सम्बन्धों के छद्म होते हैं और जिन भिन्नताओं की वे पहचान कराते हैं वे अन्तः सम्बन्धित होते हैं।

यौनिकता और प्रकृतिवाद में सम्बन्ध देखनेवाले अधिक भौतिक रूप से यह सम्बन्ध मानवीय जीवन को प्रकृति पर्यावरण पर आधारित होने के अतर्भुक्त अन्तः सम्बन्ध में देखते हैं। पितृसत्तात्मक व्यवस्थाएँ मानवीय मूर्तन के लिए प्राकृतिक पर्यावरण के उन पक्षों पर जिम्मेदारी डालते हैं, जिनका सीधा सम्बन्ध स्त्री से होता है। कहते हैं कि पर्यावरण पर हुआ नुकसान स्त्री को बहुत ज्यादे होता है। इस नुकसान में कुछ भिन्नता हो सकती है। जैसे पश्चिम के देशों में स्त्री की विशेष जिम्मेदारियाँ बच्चा पैदा करने व परवरिश करने तक सीमित होती है। विकसनशील देशों में इसके साथ-साथ खेती करने, लकड़ी-पानी इकट्ठा करने की भी जुड़ जाती है। और सबका सम्बन्ध प्रकृति से है। पर्यावरण आधारित मूर्तित शरीर की जरूरतों की भौतिक वास्तविकता और समाज निर्धारित स्त्री-पुरुष की लैंगिक भूमिका का भिन्नक असर एक-दूसरे को काटते चलते हैं। लिंगवाद और प्रकृतिवाद—स्त्री और प्रकृति के विरुद्ध अनुचित पूर्वाग्रह—मानवीय मूर्तन और प्रकृति दोनों की गलत समझ आपस में जुड़े हुए हैं।

शारीरिक श्रम में लगी गरीब देशों की स्त्रियों को ध्यान में रखकर स्त्रीवादियों ने जब उपरोक्त तर्कों का इस्तेमाल उनके विवेचन के लिए किया है तो पाया है कि प्रभुता निर्माण के बारे में ये स्थापनाएँ काफी सही हैं। जीवन को चलाने के लिए प्रकृति पर तत्काल आधारित होना उनकी मजबूरी है। इसलिए पर्यावरणीय स्त्रीवाद को पूरा समर्थन मिलना चाहिए। विकास के नाम पर जंगलों का विनाश, नदियों पर बनते बांध और कृषि का औद्योगीकरण भोजन शृंखला में स्त्री की भूमिका को विनष्ट कर देता है। भारतीय स्त्रीवादी पर्यावरणविद् वन्दना शिवा ने कहा है कि पश्चिम की पुरुष प्रभुता के साथ उत्पादन व विकास के पूँजीवादी ढंग ने मिलकर स्त्री के मूर्तन और श्रम के साथ-साथ प्रकृति का भयंकर दोहन किया है। पश्चिमी कृषि-पद्धति का भारत में विकास कुविकास (maldevelopment) है। उसने लैंगिक विचारधारा और लाभ को आधार बनाकर जो आर्थिक मान्यताएँ रची हैं, उसने अधिक मानवीय मान्यताओं वाले अर्थशास्त्र को नष्ट कर दिया है। इससे गरीबी का संकट पर्यावरण का संकट बन गया है। अपने परिवार की अत्यन्तिक आवश्यकताओं की पूर्ति में स्त्री और प्रकृति के आंगिक और जीवन को पुनर्नवा करनेवाले कलाप को अनुत्पादक और अप्रासंगिक माना

जाने लगा है। और ऐसा माननेवाले प्रौद्योगिकी और अध्ययन तक सीमित रह जानेवाले वैज्ञानिक हैं।

वन्दना शिवा के विचार बहुत हद तक जर्मन पर्यावरणविद मारिया मेस (Maria Mies) के विचारों से प्रभावित हैं। मारिया मेस मार्क्सवादी-स्त्रीवादी हैं, जिन्होंने अपने विचार को मनुष्य और पर्यावरण के बीच के सम्बन्ध को पूँजीवाद के विश्लेषण के बीच विकसित किया है। उनका कहना है कि पूँजीवाद लगातार उपनिवेशवाद, लिंगवाद और प्रकृतिवाद को पश्चिमी वर्चस्व, श्रम के लैंगिक विभाजन और शासक वर्ग के लिए प्राकृतिक सम्पदा के दोहन के तहत बढ़ावा देता है। इसलिए स्त्री, प्रकृति और पिछड़े देशों का शोषण वैश्विक पितृसत्ता और पूँजी संचय का अंग है।

इन तमात विचारों के आधार पर कहा जा सकता है कि प्रकृति और पर्यावरण अनिवार्यतः स्त्रीवादी मुद्दा है क्योंकि प्रकृति/ के विनाश के साथ ही स्त्री जीवन का जोखिम बढ़ जाता है। घरेलू जीवन की आवश्यकताओं की पूर्ति के लिए स्त्री का प्रकृति के साथ जुड़ा रहना जरूरी होता है। इसलिए स्त्रीवादियों की जिम्मेदारी पर्यावरणवादी है और साम्राज्यवाद, नस्लवाद, वर्गवाद आदि के विरुद्ध है। उनका संघर्ष गोरे लोगों के पितृसत्तात्मक पूँजीवाद वैज्ञानिक और तकनीकी, औद्योगिक और सैनिक व्यवस्थाओं के विरुद्ध है। वैकल्पिक शोषण विहीन तथा पोषणीय स्त्रीवादी अर्थव्यवस्था के समर्थन में है।

वारेन और प्लूमउड की उपरोक्त स्थापनाओं का विश्लेषण शक्ति के उस मकड़जाल का सम्बन्ध आधारित ज्ञान का निर्माण करता है जिसमें स्त्री का विषम जीवन अवस्थित है। दिक्कत यह है कि समकालीन स्त्रीवाद-पूर्व समाजों में हम पाते हैं कि जब वर्चस्व के या प्रभुता के आपस में काटनेवाले सम्बन्ध विभिन्न दिशाओं में खींच-तान करते हैं, तब कोई त्रुटिहीन पर्यावरणीय स्त्रीवादी कलाप प्रस्तुत होते नहीं देखते। उदाहरण के लिए यह स्पष्ट नहीं हो पाता कि स्त्री के बचाव के लिए लिंगवादी/यौनिकतावादी दर्शन जरूरी है कि पर्यावरणवादी? दिक्कत यह भी है कि परिवर्तन किस तरह से लाया जाए? वर्चस्व या प्रभुता के अन्तःगुम्फित संरचना में व्यक्तिगत समझ अपने आप में पर्याप्त नहीं होती। सामूहिक मुक्ति अभियान में व्यक्ति की अपनी स्थिति—जो सामान्यीकरण को खारिज करती है—बाधा की तरह होती है। प्रकृति का विनाश कर मनुष्य के विकास की बृहत्तर योजना लगाू करना एक बात है, स्त्री के लिए बचाकर रखना दूसरी बात है। इसके बरक्स यदि हम वन्दना शिवा और मेस के विचार को रखते हैं तो क्या वे उसी सम्पूर्णतावाद की ओर जाती नहीं लगतीं? स्त्री के लिए उनका पर्यावरण पर जोर क्या दूसरे गम्भीर मुद्दों से ध्यान नहीं भटकाता है? क्या उनका बताया स्त्री और पर्यावरण का सम्बन्ध बहुत टाइट नहीं है? इन तमाम लोगों के विचार में स्त्री मुक्ति प्रकृति को, पर्यावरण को बचाने से शर्त की तरह जुड़ जाता

है। उसको लेकर चलनेवाला आन्दोलन स्त्रीमुक्ति के लिए कम, पर्यावरण को बचाने के लिए अधिक बन जाता है। वहाँ पर सदियों से रचा स्त्री के और प्रकृति के स्वभाव की एकरूपता काम नहीं देती, चाहे वह यौनिकता के द्वारा तय हो या संस्कृति के द्वारा। यह स्त्री और प्रकृति दोनों को सारतत्त्ववाद और प्रकृतिवाद की ओर ले जाता है, जो एक तरफ दोनों की सम्भावनाओं को सीमित करता है, तो दूसरी तरफ दोनों के विभेद को। इसलिए कुछ स्त्रीवादियों ने पर्यावरणीय स्त्रीवाद को सिरे से अस्वीकार कर दिया है।

स्त्रीवाद और साहित्य आलोचना

एक बात पहले ही स्पष्ट कर दूँ कि स्त्रीवादी लेखन स्त्रियों द्वारा स्त्रियों के बारे में किया गया लेखन है, और स्त्रीवादी साहित्य आलोचना उसका स्त्रीवादी स्त्री आलोचकों द्वारा किया गया अध्ययन है। दूसरे स्त्रीवादी आलोचना सारतत्त्व भी है और पद्धति भी है। वह 1960 के दशक से चले स्त्रीवादी आन्दोलन के दूसरे दौर की सीधी देन है। वास्तव में इस आन्दोलन का आरम्भ ही साहित्य चर्चा से है, क्योंकि इसने इस बात को तलाशने पर जोर दिया कि साहित्य ने उसकी क्या छवि रची है। ऐसा उसने वहाँ स्त्री की रची छवि को तोड़ने के लिए किया। उस प्राधिकार और संगति को तोड़ने के लिए किया, जिससे उनके नित्यप्रति के व्यवहार और मन की दशा पर व्यावहारिक प्रभाव पड़ता था।

स्त्रीवाद की विवेचना में अनुकूलन और सामाजीकरण की महती भूमिका है। उसके निर्धारण के लिए तीन शब्द प्रयुक्त होते हैं—'स्त्रीवाद', 'स्त्री' और 'स्त्रियोचित'। त्रोलमोई कहती है कि 'स्त्रीवाद' वास्तव में एक राजनैतिक अवधारणा है, जो स्त्रियों के अधिकार पर जोर देती है। 'स्त्री' का सम्बन्ध उसके जैव रचना से है, और 'स्त्रियोचित' एक सांस्कृतिक निर्मिति है, कुछ सुनिश्चित व्यवस्थाओं के साथ। स्त्रीवाद की शक्ति दरअसल इस दूसरे और तीसरे विभेद में है। इसलिए स्त्री की जो प्रस्तुति साहित्य में मिलती है, वह उसके सामाजीकरण का सबसे महत्त्वपूर्ण पक्ष है, क्योंकि वही दूसरी स्त्रियों (और पुरुषों) के लिए स्त्री की भूमिका का प्रतिदर्श रचता है, उद्‌देश्य और आकांक्षा रचता है। उदाहरण के लिए स्त्रीवादी आलोचक इंगित करती हैं कि 19वी सदी के उपन्यासों में स्त्री को बड़ी ही मजबूरी में कमाने के लिए निकलते दिखाया जाता है। यानी वह रोजी कमाने के लिए भी स्वतन्त्र नहीं मानी जाती थी। यदि उसे स्वतन्त्र दिखाना होता था तो थियेटर की अभिनेत्रियों का जीवन सामने लाया जाता था, जो अपने मन से विवाह कर सकती थीं। फिर भी उनका सामाजिक स्तर और रुतबा उनके पति के स्तर और रुतबे से तय होता था। वे कुछ स्वतन्त्रता और खुशी तो पाती थीं, पर तब उन्हें ढीले चरित्र का माना जाता था। स्वतन्त्रताकामी स्त्रियों को इस कलंक से बचने के लिए शरतचन्द चट्‌टोपाध्याय के नारी पात्रों को कितना झेलना पड़ता था इसका अध्ययन अभी बाकी है।

यह स्थिति 60 के दशक में थी। 70 के दशक में कुछ परिवर्तन आया। उस पुरुष सत्तात्मक समाज पर हमला आरम्भ हुआ जो स्त्री और पुरुष की मानसिकता तय करता था और जो अदबदा कर स्त्री तथा पुरुष के बीच असमानता की ओर ले जाता था। इसके लिए पुरुषों के लेखन में रची स्त्री की छवि की मीमांसा की जाने लगी। प्रभावशाली और 'टिपिकल' स्त्री चरित्रों को लेकर पुरुष वर्चस्व पर प्रहार किया जाने लगा।

80 के दशक में जबर्दस्त परिवर्तन आया। एक तो स्त्रीवादी आलोचना अधिकाधिक सर्वस्वोत्तमग्राही बनी। यानी उसने दूसरे अनुशासनों जैसे मार्क्सवाद, संरचनावाद, भाषाशास्त्र आदि से प्रेरणा और अन्तर्वस्तु ग्रहण किया। दूसरे पुरुषों के जगत पर हमला करने के बजाय, स्त्री के जगत और दृष्टिकोण की खोज आरम्भ की। विनष्ट और दमित कर दिए गए स्त्री के अनुभव के पुनर्निर्माण पर जोर दिया गया। तीसरे साहित्य के, विशेषकर उपन्यास और कविता के इतिहास का पुनर्लेखन कर, उपेक्षित स्त्री रचनाकारों को सामने लाया जाने लगा।

इन तमाम विकासों को सिद्धान्त में ढालते हुए एलान शोवाल्टर ने कहा कि 1970 का परिवर्तन पुरुष-रचित पाठ (Andro-text) की तरफ से स्त्री रचित पाठ (Gyno-text) की ओर था। इसे उसने 'गाइनो-क्रिटिसिज़्म' कहा, जिसमें स्त्री लेखन का इतिहास, विषयवस्तु, शैली, विधा और संरचना का अध्ययन आता है। इसके साथ ही नारी रचनाशीलता की मनोगतिकी, स्त्री के व्यक्तिगत तथा सामूहिक जीवन कालिक उन्नति (Career) की पारगामिता (Trajectory), स्त्री लेखन की आधुनिक विकास-परम्परा और मूल्यांकन के नियमों का रचा जाना आता है। उसने आधुनिक स्त्री लेखन के इतिहास को तीन चरणों में बाँटा। पहला चरण 1840 से 1880 तक का है, जिसको 'फेमिनिन फेज' कहा। इसमें स्त्री लेखकों ने प्रभावशाली पुरुष लेखकों के कलामानकों और सौन्दर्य के स्तरों का अनुकरण किया। दूसरा चरण 1880 से 1920 तक का है, जिसे 'फेमिनिस्ट फेज' कहा। इसमें थोड़ी उग्रता और पुरुषों से अलगाव लक्षित होता है। तीसरा चरण 1920 के बाद का है, जो स्त्रियों के निजी अनुभव की अभिव्यक्ति उनके लेखन का सारतत्त्व मानता है। कहा जाता है कि शोवाल्टर ने यह विभाजन स्त्रीवादी आलोचना की शब्दावली तय करने के लिए किया था, जिससे कि आगे प्रामाणिक सिद्धान्त रचा जा सके। दूसरे इसके द्वारा वह स्त्रीवादी आलोचना के विकास को दिखाना चाहती थी, जिससे कि उसकी पुरातनता लक्षित हो, उसका सम्मान बढ़े।

इस पूरे परिदृश्य को विश्लेषित करें तो हम पाते हैं कि स्त्रीवादी आलोचना के तीन विशेष क्षेत्र हैं—पहला सिद्धान्तों की भूमिका का, दूसरा भाषा की प्रकृति का और तीसरा मनोविश्लेषण का।

सिद्धान्त की चर्चा 1970 के दशक में अस्तित्व में आई। शुरू से ही इसमें आंग्ल-अमेरिकन और फ्रांसीसी आलोचकों में भेद है। फिर आंग्ल और अमेरिकी आलोचकों में भेद है। जिन देशों में अंग्रेजों का शासन रहा, वहाँ जो अंग्रेजी में लिखा गया, उसको देखने के लिए भी वहाँ के आलोचकों ने एक दृष्टि विकसित की। वह अपने विभेद के साथ आंग्ल-अमेरिका का ही एक रूप माना जाता है। दुनिया की तमान भाषाओं की स्त्रीवादी आलोचना इन्हीं दो आलोचनाओं का तालमेल और घालमेल है।

ऐंग्लो-अमेरिकन आलोचक मौजूदा 'क्रिटिकल थियरी' पर काफी सन्देह करती हैं और बहुत ही चौकन्ना होकर उसका इस्तेमाल करती हैं। वे परम्परागत आलोचना की अवधारणाओं को लेकर चलती हैं, जिसमें विषयवस्तु, मोटिफ, और चरित्र-चित्रण आता है। वे साहित्यिक यथार्थ को स्वीकार करती हैं और साहित्य को स्त्रियों के जीवन और अनुभव की प्रस्तुति मानती हैं जिन्हें वास्तविकता के बरक्स माँपा जा सकता है, मूल्याँकित किया जा सकता है। वे मानती हैं कि एक-एक पाठ का गहन अध्ययन और अर्थ-विश्लेषण किया जाना चाहिए। उनका एप्रोच और प्रक्रिया बहुत कुछ उदारवादी मानववाद के करीब पड़ता है, हालाँकि कि वे ऐतिहासिक डाटा और डायरी, संस्मरण, जीवनी, सामाजिक और ओषधि विज्ञान जैसे साहित्येतर सामग्री को भी संज्ञान में लेती हैं। इस पद्धति का प्रतिनिधि शोवाल्टर मानी जाती हैं। दूसरी आलोचकों में सान्द्रा गिलबर्ट, सुसान गुबर, पैट्रिसिया स्टब्स और रसेल ब्राउन स्टेव हैं।

जाहिर है कि ये सभी अमेरिका की हैं। ब्रिटेन की आलोचकों की दृष्टि इनसे भिन्न है। उनका झुकाव समाजवाद की ओर है। उसमें भी वे सांस्कृतिक भौतिकवाद को लेकर चलती हैं। इसलिए मार्क्सवाद के करीब हैं। इसका अस्तित्व 1980 में आया और कोरा काप्लान तथा कैथरिन वेल्स ने इसे नेतृत्व दिया। काप्लान 'मार्क्सिस्ट फैमिनिस्ट लिटरेचर कलेक्टिव' की सदस्य थीं, जो सिद्धान्ततः राजनीति की ओर उन्मुख था। इसलिए साहित्य आलोचना में भी राजनीति का स्वर मुखर था। कैथरिन वेल्स 'लिटरेचर टीचिंग पोलिटिकल कलेक्टिव' से जुड़ी थी, जो एक पत्रिका निकालता था और बैठकें करता था, जिसमें शक्ति, भाषा और लिंग पर अधिकाधिक चर्चा होती थी। उसकी आलोचना उसी के आलोक में विकसित हुई।

फ्रांसीसी स्कूल के आलोचकों में जुलिया क्रिस्तोवा, हेलेन शिक्सो और लूसी इरिगाराय हैं। वे उत्तर संरचनावाद और मनोविश्लेषण का अधिकाधिक प्रयोग करती हैं। इसलिए देरिदा, फूको और लाकां का प्रभाव उन पर स्पष्ट है। इसीलिए उनका सैद्धान्तिक पक्ष भी खूब मजबूत है। वे यह मानकर चलती हैं कि साहित्यिक पाठ मूलतः कभी भी वास्तविकता की प्रस्तुति नहीं होती, न ही व्यक्तिगत अनुभूति की सूक्ष्मता का एक-एक ऐसा पुनरुत्पाद, जो व्यक्तिगत आवाज की अभिव्यक्ति दे। इसलिए ये आलोचक साहित्य पर सीधे आने से पहले उसके प्रतिनिधित्व, दार्शनिक प्रश्न,

मनोविज्ञान और भाषा से टकराते हैं। इनमें क्रिस्तोवा पहले से ही यह मानकर चलती हैं कि, "Woman can never be defined." एक दूसरी बात गायत्री स्त्रीवाक इस तरह से रखती हैं, कि स्त्री अन्ततः 'सबाल्टर्न' का हिस्सा है और पूछती हैं। "Can subaltern speak?" वे स्वयं ही जवाब देती हैं कि नहीं, उसके लिए किसी और को बोलना पड़ेगा।

भाषा और स्त्रीवादी आलोचना पर आते हैं तो पहला प्रश्न यह उठता है कि क्या स्त्री की कोई अपनी भाषा होती है? उर्दू के साहित्यकार शरर कहते हैं कि होती है। उसे लखनऊ की तहजीब में पली औरतों, बेगमों के पत्रों, और अन्य लेखन में देखा जा सकता है। ग़ज़ल की जो विधा है, वह स्त्रियों की बात-चीत की विधा है। उसमें कोमलता, भावुकता, गेयता और अप्रत्यक्ष रूप से बात करने की अपेक्षा रहती है। कड़े व्यंजनों का प्रयोग नहीं किया जाता। रुदन और वियोग, प्रेमाभिव्यक्ति और उसकी अस्वीकृति लगभग स्थाई भाव होता है। पुरुष से स्त्री का भाषा का अन्तर तब और स्पष्ट हो जाता है, जब हम गालियों को देखते हैं। एक पुरुष दूसरे पुरुष को वही गाली नहीं देता जो स्त्री को देता है। इसी तरह एक स्त्री दूसरे स्त्री को वही गाली नहीं देती जो पुरुष को देती है। यह भिन्नता हँसी-मजाक, औपचारिक व्यवहृति और भाषण तक में देखी जाती है। वर्जीनिया उल्फ इसके ठीक उलट यह कहती हैं कि भाषा की उत्पत्ति चाहे जैसे भी हुई हो, उसका प्रयोग पुल्लिंग केन्द्रित होता है। इसलिए जब स्त्री उपन्यास लिखने बैठती है, तो पाती है, "There is no comman sentence ready for her use." पुरुष एक स्वाभाविक गद्य लिखता है, "Swift but not slovenly; expressive, but not precious; taking their own limit, without ceasing to be common property (for men)." उसमें एक सन्तुलन और वाग्मिता भरा शृंखला होता है। उसे चार्लोट ब्रोतें और जार्ज इलियट जैसे स्त्री लेखकों ने अपनाना चाहा, किन्तु असफल रहीं। इसीलिए जेन आस्टिन को अपनी भाषा विकसित करनी पड़ी। उसके वाक्यांशों के जोड़ ढीले हैं और उतने सन्तुलित नहीं हैं। इन्हीं स्थापनाओं के आधार पर डेल स्पेंडर ने 1980 में अपनी पुस्तक 'मैन मेड लैंग्वेज' में स्थापित किया कि सिर्फ गद्य ही नहीं, स्वयं भाषा पुरुषवाची होती है, और स्वभाव से ही पक्षहीन नहीं होती—वह पितृसत्ता के अभिव्यक्ति का माध्यम होती है। इसी में यह बात भी सम्पृक्त है कि स्त्री की एक अपनी भाषा होती है, जिसे पुरुष वर्चस्व ने दबा कर रखा है। अब जरूरत है उसे मुक्त करने की। यदि मानक भाषा पुरुषवाची है, तो उससे इतर भाषा स्त्रीवादी होगी। फ्रांसीसी सिद्धान्तकार हेलेन सिस्को 'एरिच्यूर फेमिनिन' (Erichure Feminine) कहती है, जो एक ढीले-ढाले व्याकरणात्मक संरचना में शब्दों को अर्थ की मुक्ति-क्रीड़ा के लिए सुविधा प्रदान करती है। लिखती है, "It is impossible to define a feminine practice of writing, and this is an impossibility which will remain, for the practice can never be theroized, enclosed, coded....it will alway surpass the discourse that regulates the phallocentric (male-dominated) system; it does and will take place in areas other than those subordinated to philosophies—theoretical dominations. It will be concieved of by subjects, who are breakers of automatisms, by peripheral figures that no authority can ever subjugate."

जाहिर है कि इस भाषा की प्रयोगकर्ता तर्क की सीमा के उस पार अस्तित्ववान रहेगी। वह निरन्तर विरोध की अराजक स्थिति में स्थाई योद्धा की भूमिका अख्तियार कर शक्ति के केन्द्र पर निरन्तर चक्कर काटती मिलेगी। वह हाशिए का एक ऐसा व्यक्ति बनकर रहेगी, जिसे मुख्यधारा में लाकर कभी भी आधीन नहीं बनाया जा सकता। सिस्को कहती है कि इस तरह का लेखन स्त्री की विशेष देहयष्टि के कारण होता है, जिसका उत्सव हर लेखिका को मनाना चाहिए। लिखती है, "Women must write through their bodies, they must invent the impregnable language that will wreck partition, classes and rhetorics, regulations and codes, they must submerge, cut through, get beyond the ultimate reserve discourse, including the one that laughs, at the very idea of pronouncing the word 'silence'...Such is the strength of woman that, sweeping away sentence, breaking that famous thread (just a tiny little thread, they say) which acts for men as a surrogate umbilical cord."

मैंने जब अरुन्धती राय का 'छोटी-छोटी चीजों का देवता' पहली बार पढ़ा था तो यही लगा था कि वह बहुत ही खराब व्याकरण असंगत भाषा में लिखा गया है। किन्तु सिस्को की दृष्टि से देखने पर यह एक नायाब रचना लगती है। हिन्दी अनुवाद करते वक्त नीलाभ ने वैसी भाषा का अनुसरण नहीं किया है। उसे शुद्ध और परिमार्जित कर दिया है। क्या यह ठीक हुआ है? अरुन्धती राय उसे ठीक मानती हैं और यह अनुवाद उन्हें बहुत पसन्द है। तब क्या मेरा यह सन्देह ठीक है कि उन्हें सही अंग्रेजी नहीं आती और उनकी वही अंग्रेजी है?

जो भी हो, एक्रीचर फेमिनिन स्वभावतः अतिक्रमणकारी, नियमों का उल्लंघन करनेवाली और मदोंमत्त होती है।

सिस्को की उपरोक्त स्थापना कई समस्याएँ पैदा करती है। जैसे यह स्थापना कि शरीर वाक्पटुता, नियमों, संहिताओं, जैसे सामाजिक व लैंगिक अनुकूलनों से मुक्त होता है—कम-से-कम अन्तर्वेशित तो होता ही है, एक अनिवार्यतावाद की ओर ले जाता है। इस अनिवार्यतावाद को स्त्रीवाद के साथ तालमेल बिठाकर रखना मुश्किल है, क्योंकि स्त्रीवाद इस बात पर जोर देता है कि वह एक सामाजिक निर्मिति है, एक

नैसर्गिक अस्मिता नहीं। वह सीमान द बोआर की इस स्थापना को लेकर चलता है, "One is not born as a women, one becomes a woman." यदि वह सामाजिक निर्मिति है तो विभिन्न संस्कृतियों में वह भिन्न-भिन्न होगी। उसका सामान्यीकरण एक असम्भव काम होगा।

सवाल यह भी उठता है कि वे कौन औरते हैं जो अपने शरीर से लिखती हैं? गायत्री स्पीवाक् कहती हैं कि वह 'सबाल्टर्न' की कोटि की है और सबाल्टर्न स्वयं नहीं बोल सकता। तो यह उसके लिए बोलनेवाला कौन है, जो उसके आत्मगत की जगह, उसके शोषण की जगह अपने निजी शरीर की बात बोलती है? यह जबर्दस्ती की अनिवार्यता उसके ऊपर कौन डालता है और क्यों डालता है?

जुलिया क्रिस्तोवा भी एक्रीचर फेमिनिन की बात करती है। कहती है कि दो तरह की भाषा होती है, एक प्रतीकात्मक (Symbolic) दूसरी सांकेतिक (Semeiotic) प्रतीकात्मक भाषा का सम्बन्ध सत्ता, व्यवस्था, दमन, नियन्त्रण और पितृसत्ता से होता है, जिसे हम परिवार, मानक व्यवहार, मानक वर्ग, मनोवैज्ञानिक विमर्श आदि में पाते हैं, जो अन्ततः फासीवादी विचारधारा की विशेषताओं में तब्दील हो जाता है। भाषा का यह प्रतीकात्मक पहलू इस कपोलकल्पना को स्वीकार करता है कि आत्म स्थिर और एकीकृत होता है। इसे वह 'a language with a foreclosed subject or with a transcendental subject ego' कहती है। किन्तु संकेत भाषा तर्क या व्यवस्था से अनुशासित नहीं होती। स्थानच्युति से, विचलनों से, संक्षिप्तीकरण से अनुशासित होती है। इसलिए वहाँ वाक्याँशों का सम्बन्ध बहुत ही ढीले-ढाले और 'एट रेंडम' ढंग से होता है, जिससे अभिव्यक्ति की सम्भावनाओं का रेंज बढ़ जाता है। अपनी बात पर बल देने के लिए वह अफलातून के टिमाइयस से यह उद्धरण पेश करती है, "a state of language anterior to World." अफलातून इसे 'चोरा' (Chora) कहता है, जिसका सम्बन्ध पैतृक या जनकोचित से न होकर भौतिक से होता है। क्रिस्तोवा को संकेत भाषा गद्य की विशेषता न लग कर काव्य की विशेषता लगती है। विडम्बना यह है कि इस भाषा का प्रयोग करनेवाले अधिकांश कवि मर्द हैं और क्रिस्तोवा अध्ययन भी उन्हीं का करती है।

इस पर हम यही कहना चाहेंगे कि प्रतीकात्मक और संकेतात्मक दो तरह की भाषाएँ न होकर एक ही भाषा के दो पक्ष हैं और इन पक्षों का निर्माण लेखन में प्रयोग से, यानी शिल्प के कारण हुआ है। दोनों ही हर दिए हुए नमूने में एक साथ रहते हुए पाए जाते हैं। लाकां इन्हें चेतन और अचेतन जैसे दो पक्ष के रूप में लेता है। कहता है कि प्रतीकात्मक एक व्यवस्थित सतह की तरह होता है स्पष्ट भिन्नता और निर्मित संरचना के क्षेत्र में, जिनके माध्यम से भाषा काम करती है। संरचनावादी इसे ही 'भिन्नता का जाल' कहते हैं। इसे सास्यूर ने स्थापित किया था। यह चेतन पक्ष है। अचेतन

पक्ष वह है जो भाषा में तैरते संकेतों, यूं ही बनते सम्बन्धों, जोड़ों, प्राविधानों, सन्निकटताओं, दुर्घटनाओं, फिसलनों, आदि के रूप में सदैव वर्तमान रहता है। यह भाषा का उत्तर संरचनावादी पक्ष है। विखंडन की प्रक्रिया द्वारा इस अचेतन को चेतन पर सन्निध कर पाठ में निहित सतह के अर्थ में क्रियाशील विरोधाभाषी प्रवाहों को तलाशा जाता है। तार्किक और स्थिर संरचनाओं में विच्छेद पैदा करनेवाली इन क्षिप्रताओं को स्वप्न में, कविता में, उस प्रयोगवादी आधुनिकतावादी लेखन में पाया जाता है, जहाँ, इरादा भाषा को तोड़ने-मोड़ने या विकृत करने का होता है। कुमिंग्स यह काम अपनी कविता में सम्बन्ध बनाने वाले शब्दों को हटा कर करता है। हिन्दी कवि अद्याप्रसाद दीक्षित यही काम सूप् और तिङ को हटा कर करते थे। सुमित्रा नन्दन पन्त 'जा रहा है' की जगह 'जा रहा' लिखते थे। यह काम गद्य में नहीं किया जा सकता। लाकां की यह बात स्वीकार कर ली जाए तो मानना पड़ेगा कि यह दो तरह की भाषा नहीं, एक ही भाषा का दो पक्ष है। उनमें जो अन्तर दिखता है और विचलन की ओर जाता दिखता है, वह इसलिए है कि भाषा स्वभाव से ही आविष्कारक और उपजमनोधर्मी होती है। यदि हम क्रिस्तोवा की बात स्वीकार कर लें तो वह भाषा रह ही नहीं जाएगी।

लाकां की बात को अन्ततः स्वीकार करने का कारण है। क्रिस्तोवा लाकां के इस बात को लेकर चलती है कि भाषा के दो क्षेत्रों, बिम्बवादी और प्रतीकवादी, में अन्तर होता है। भाषा का बिम्बवादी क्षेत्र, शिशु के भाषा प्रयोग से पूर्व का जो चरण होता है, जिसे 'preioedipal stage' (जन्म लेने से पहले का चरण) कहते हैं, उसमें काम करता है। तब उसका आत्म गात में सन्निहित होता है और आत्म के अलावा वहाँ जो दूसरे पक्ष होते हैं उससे अलग नहीं हुआ रहता है। शिशु अभी इडेन गार्डेन जैसे क्षेत्र में विचर रहा होता है, जहाँ न तो इच्छा होती है, न अभाव। प्रतीकवादी क्षेत्र को वस्तुतः राजनैतिक रूप से विध्वंसक या दबाकर रखने वाला माना जाता है, जो सरकार, सांस्कृतिक मूल्यों, भाषा के व्याकरण आदि के सहारे काम करता है। यह चरण तब शुरू होता है जब बच्चा बोलने लगता है और इनके प्रति सचेत होने लगता है।

स्त्रियों की यह संकेत की दुनिया और भाषा कुछ स्त्रीवादियों को अनन्त सम्भावनाओं का प्रेक्षागृह लगता है। स्त्री की अपनी वर्तमान छवि और उसके इर्द-गिर्द की दुनिया के लिए एक नया और बेहतर विकल्प दिखाई देता है। वहीं कुछ दूसरे विचारकों को लगतमा है कि इससे तो बुद्धि और तर्क के जगत को पूरी तरह से मर्दों के हवाले कर देना होगा और स्त्री को भावनाओं, प्रपन्न मति, पराबौद्धिक और निजी दुनिया से ही सन्तोष करना पड़ेगा। भाषा की ऐसी छवि के कारण ही स्त्री लेखन और उसकी आलोचना में बड़ी मारामारी है।

मनोविश्लेषण से स्त्रीवादी आलोचना का सम्बन्ध इतना ही नहीं है। केट मिलेट ने अपनी पुस्तक 'सेक्सुअल पालिटिक्स' में फ्रायड की निन्दा यह कहकर की थी कि

उसने जो कुछ भी लिखा पुरुष की दृष्टि से लिखा और उसकी परिणति अदबदाकर पितृसत्ता में हुई। स्त्री-विचारकों को चाहिए कि वे न केवल उसका विरोध करें, एक नया स्त्रीप्रणीत मनोविश्लेषण रचें। वह काम कुछ स्त्रियाँ कर ही रहीं हैं, चौकानेवाली बात यह है कि जुलिया मिशेल ने 1974 में इसके विरुद्ध अपनी पुस्तक 'साइकोएनेलिसिस एंड फेमिनिज़्म' लिखी। उसमें उसने फ्रायड के पक्ष को मिलेट के ही तर्कों पर कसा। मिलेट ने यौनिकता और लिंगवाद में अन्तर किया था। यौनिकता को उसने जैविक और नैसर्गिक गाना था, लिंगवाद को रचित, प्राप्त किया हुआ, अस्वाभाविक। सिमान द बोआर ने भी यही बात कही थी, 'One is not born a woman, one becomes a woman.' बोआ का इरादा यौनिकता की राजनीति गढ़ने की थी। मिलेट उसी को आगे ले जाती है। इस पर मिशेल कहती है कि फ्रायड ने स्त्रीपने को स्वाभाविक या नैसर्गिक नहीं कहा है। स्त्री और पुरुष का विभेद बचपन से ही सीखा-सिखाया जाता है, अनुभवों और सामान्जस्य की जरूरतों के आधार पर। इसलिए यह प्राप्त किया हुआ है। शिश्न-इष्या की धारणा को वास्तविक शिश्न के अर्थ में न लेकर सामाजिक शक्ति और उससे प्राप्त बढ़त के रूप में लिया जाना चाहिए। इसी के आधार पर सांद्रा गिल्बर्ट और सुसन गुबर सामाजिक बधियाकरण की बात करती हैं। एक के अनुसार दुनिया में स्त्री की स्थिति बधिया कर दिए गए पुरुष जैसी है। उसे उसका शिश्न और अंडकोश प्रदान किया जाना चाहिए। दूसरे की माँग यह है कि पुरुषों को सामाजिक सोपान में बधिया करके रखना चाहिए, जिससे कि स्त्री और पुरुष बराबर हो जाएँ।

जैन गेलाप अपनी पुस्तक ''फेमिनिज़्म एंड साइकोएनैलिसिस'' (1982) में मनोविश्लेषण को फ्रायड की दुनिया से निकाल कर लाकां की दुनिया में लाती है। उसके लिए एक तर्क यह गढ़ती है कि फ्रायड की दुनिया में जो अगोचर है, वह लाकां की दुनिया में गोचर हो जाता है। फ्रायड के लिए शिश्न एक अंग है, पर लाकां के लिए वह शक्ति का प्रतीक है। गो लाकां की दुनिया में मर्द प्रभुता लिए विचरते हैं, तो भी ऐसे मर्दों की कमी नहीं, जो स्त्रियों की ही तरह वंचित हैं। क्योंकि शिश्न प्रतीक को कोई भी पूरी तरह से नहीं प्राप्त कर सकता। तब हम कह सकते हैं कि शक्ति का भी एक पिरामिड होता है और विभिन्न संस्तरणों के लोग उसके विभिन्न उच्चीकृत स्थानों पर रहते हैं। गैलोप का यह भी कहना है कि लाकां के लेखन और भाषणों में जो खिलन्दड़पना होता है, शब्दों को तोड़कर नया अर्थ लेने का जो ढंग होता है, तर्क के ऊपर और बाहर चले जाने का जो करिश्मा होता है, वह संकेत भाषा का ही तो रूप है। इसलिए उसकी भाषा स्त्रीवादी है।

जैविलन रोज अपनी पुस्तक 'द हाँटिंग आफ सिल्विया प्लथ' फ्रायड के मनोविश्लेषण को पुनः स्थापित करती है। उसका इरादा स्त्रीवाद की अन्तर्दृष्टि, मनोविश्लेषण और राजनीति को आपस में सम्बद्ध करना है। उसने भी इस बात पर

जोर दिया है कि लैंगिक अस्मिता संस्कृति की रचना है। इसके लिए वह तमाम स्त्रियों के जीवन से अन्तःसाक्ष्य देती है और उनके द्वारा किए गए प्रतिरोध को महत्त्व देती है।

जाहिर है कि स्त्रीवाद का चिन्तन आज काफी जटिल हो गया है। इसलिए भी कि फ्रायड और लाकां को जो स्वीकृति फ्रांसीसी और अंग्रेज विचारकों में मिली है, वह अमेरिकन और उससे प्रभावित दूसरी भाषा के साहित्य विचारकों में नहीं मिली है। एलान शोवाल्टर के विचारों को तो हमने ऊपर देखा ही है, जेरी एलाइन फ्लीगर लिखती है, "I was fascinated and troubled by Lacan's characterization of the phallus as the Signifier of Signifieres, as well as by his infamous statements' 'There is no sexual relation' and 'Woman does not exist'. Thus I was relieved and greatful when faminists such as Jacqueline Rose and Jane Gallop, in the late seventies and early eighties, perfomed ingenious and persuasive readings of Lacan as critic of phallocracy, rather than advocate."

स्टेफन हीव का कहना है कि जरूरत मनोविश्लेषण के क्षण को छोड़ने की नहीं, उसको पाने की है। अमेरिका में अभी तक का अनुभव बताता है कि अधिकांश कोशिश उसे नजरन्दाज करने की होती रही है, लेकिन अब पार जाने के लिए हो रही है। शायद ऐसा इसलिए है कि अमेरिकी मध्यवर्ग में मनोविश्लेषण पहले से ही स्वीकृत है और दूसरे देशों की तुलना में कुछ अधिक ही स्वीकृत है। इसलिए वहाँ के विचारक इसमें कुछ खास सम्भावना नहीं देखते रहे हैं। फिर मनोविश्लेषण को एक विशेष प्रकार के संस्कृतिप्रणीत विमर्श के रूप में देखा जाता रहा है। इसलिए भी वे इसके प्रति आकर्षित नहीं रहे हैं। लेकिन अब वहाँ की अकादमियों में 'अन्य' को सुनने का प्रचलन बढ़ा है, विशेषकर उस 'अन्य' को जहाँ फ्रायड और लाकां की चर्चा नहीं रही है। इसलिए अब वे आकर्षित हो रहे हैं।

स्त्री सशक्तीकरण : दर्शन, मुद्दा, प्रयास

(1)

स्त्री सशक्तीकरण के लिए चेतना जरूरी है। चेतना व्यक्ति में होती है। वह चेतना एक तरफ अपनी ओर होती है, दूसरी तरफ पर की ओर। अपनी तरफ की चेतना अपनी अस्मिता, उससे जुड़ी आवश्यकता, उसकी पूर्ति के साधन और उसमें आनेवाली बाधाओं से जुड़ी होती है। पर की तरफ की चेतना न केवल दूसरों को अपनी तरह समझाने की युक्ति सुगम करती है, उससे हो रही टकराहट में कौन सहयोगी है, और कौन विरोधी, इसका भी पहचान कराती है। वह यह भी बताती है कि किसका उपयोग कर अपनी स्थिति दृढ़ की जा सकती है और किसका प्रतिकार कर। तब स्पष्ट है कि स्त्री की सशक्तीकरण के लिए (1) आत्मचेतना और (2) समाज की चेतना, दोनों की आवश्यकता है। यह भी गौर करने की बात है कि ये दोनों तरह की चेतनाएँ अपने में एक-दूसरे से काट कर रखी जानेवाली चेतनाएँ नहीं, बल्कि अतःप्रवाहित होनेवाली चेतनाएँ हैं, क्योंकि उनका लक्ष्य व्यक्ति होता है और उसी में तथा उसी के प्रति केन्द्रित रहती है। समाज से थोड़ा हटा लेने पर व्यक्ति व्यक्ति बना रहता है और समाज की ओर उन्मुख होते ही वह समाज का घटक व्यक्ति बन जाता है। यह पारस्पारिकता ही न केवल उसकी रक्षा करती है, उसका विकास भी करती है।

व्यक्ति व समाज दोनों ही जड़ नहीं चेतन होते हैं। जड़ उसे निहित स्वार्थ बनाते हैं, जो दोनों का उपयोग अपने साधन के रूप में करते हैं, साध्य के रूप में नहीं। वे व्यक्ति व समाज, दोनों को साध्य नहीं बने रहना देते। इसका बहुत अच्छा विश्लेषण कार्ल मार्क्स ने किया है। वह कहता है कि चेतना के तिरोधान से व्यक्ति का परकीयन हो जाता है। इसका मतलब है कि वह अपने स्वभाव से कट जाता है : वह वह नहीं रह जाता, जो वह है। यह क्योंकर होता है? इसके उत्तर में कार्ल मार्क्स बताता है कि उत्पादन के साधनों में परिवर्तन होने से व्यक्ति की जरूरतों और सामाजिक सम्बन्धों में परिवर्तन आता हैं। यानी कार्यप्रणाली की नूतन विधियाँ नई सोच, नए विचार और नई मानसिकता को जन्म देती हैं। भूख के साथ-साथ अन्य प्रवृत्तिगूलक आवश्यकताओं ने विभिन्न प्रकार की आविष्कारों को जन्म दिया। उसकी पृष्ठभूमि में व्यक्ति और समाज

के स्तर पर एक तरह की चेतना काम करती रही। यदि आरम्भिक आदिम अवस्था में व्यक्ति व उसका समाज पेड़ से गिरे फल और मरे जानवर को खाकर भूख शान्त करता था तथा किसी भी पेड़-पालो या चट्टान के पीछे, कंदरा के भीतर बसेर ले लेता था, वासना की तृप्ति के लिए किसी के भी साथ सम्बन्ध बना लेता था और प्रवृत्ति के चलते सन्तानों का संरक्षण और पालन-पोषण कर लेता था, तो उत्तर आदिम काल में उसने ढेला, पत्थर, धनुष-बाण का निर्माण कर लिया। इससे उसका सामाजिक जीवन थोड़ा संगठित हुआ। परिवार नहीं तो कुल गोत्र का निर्माण समूह से कुछ अलगा कर किया गया। उसके बाद की अवस्था पशु-पालन और कृषि की है और इसमें स्त्रियों की महती भूमिका है, अन्वेषण के स्तर पर भी लागू करने के स्तर पर भी। और संवर्धन करने के स्तर पर भी। यहीं से शायद लिंग के आधार पर कुछ काम का बँटवारा भी आरम्भ हुआ। इस दौर में आदमी ने आग की उपयोगिता को जान लिया था और उस पर नियन्त्रण की क्षमता भी प्राप्त कर ली थी। उससे न केवल वह पका हुआ खाना खाने लगा था और शरीर को ताप देने लगा था, धातु गलाना भी जान गया था, जिससे विकास और प्रगति का रास्ता बनने लगा। इससे सामाजिक संगठन और संकुचित होकर परिवार की ओर बढ़ चला था। वह परिवार आज का न्यूक्लियस परिवार न होकर एक संयुक्त परिवार था, जिसमें कई पीढ़ियाँ और कई उपशाखाएँ साथ रहती थीं। यह उसे बल देता था, सामर्थ्य देता था, सुरक्षा देता था, अधिक उत्पादन का साधन था, कब्जा करने का अवसर देता था। इसलिए जब अतिरिक्त ज़मीन और उसके लिए अतिरिक्त मनुष्य की जरूरत पड़ी तो सामन्तवाद आया। यदि पहले मुखिया कोई चुना हुआ व्यक्ति होता था तो अब वंश के आधार पर बनने लगा, अक्सर परिवार का उपलब्ध प्रथम पुरुष चाहे पैट्रियार्क हो या योद्धा। इससे राज्य आया, टेरिटरी की अवधारणा आई, दूसरे के श्रम और दूसरों की स्त्री समेत गुलामों के अपहरण की भावना आई, अन्तःराज्यीय सम्बन्धों के लिए प्रचलन बने। व्यवस्था कहीं इन्हें सम्वर्धित करने के लिए थी, तो कहीं उन पर रोक लगाने के लिए थी। उसके लिए कानून और हथियार बने। सर हेनरी मेन कहते हैं कि हाथ से चलाई जानेवाली चक्की के दौर में समाज सामन्तवादी था। भाप से चलनेवाली चक्की वह समाज बनाती है, जिसमें प्रभुत्व औद्योगिक पूँजीपति का होता है। तब कानून का, समझौतो का वर्चस्व बढ़ जाता है, समझौता करनेवालों और कानून बनानेवालों का वर्चस्व बढ़ जाता है, युद्ध में अति उपयोगी हथियारों का वर्चस्व बढ़ जाता है, खेती में उपयोगी औजार गौण हो जाते हैं। समय और दूरी को बस में करनेवाले उपकरण और साधनों का वर्चस्व बढ़ जाता है। दुनिया छोटी होती जाती है और इसकी सम्पूर्णता पर शासन करने की इच्छा बलवती होती जाती है। व्यापार मिल्कियत की भावना लाता है, पर पुरुषप्रणीत होता है, जो स्त्री को छोटा करता है। कार्ल मार्क्स कहता है कि इस विकास से दुनिया भर के समाज

में दो वर्ग बन जाते हैं, एक 'हैव' का, दूसरा 'हैव नाट' का। स्त्री 'हैव नाट' का ही आनुसंगिक होती है। जब इस 'हैव नाट', जिसे वह 'प्रोलेटेरिएंट' कहता है की मुक्ति होगी, तब स्त्री की भी मुक्ति होगी। उसका भाग्य अपने वर्ग से बधा हुआ है। इधर के समाज का विश्लेषण कर फ्रीडमैन जैसे विचारक कहते हैं कि नई तकनीक से दुनिया का संकुचन इतना बढ़ गया है कि वह एकध्रुवीय ही नहीं, एक गाँव, बल्कि गाँव के बाजार में तब्दील हो गई है। उस पर नियन्त्रण करना अतिसुगम हो गया है। चन्द व्यापारी धरानों के हाथों में वह फँस गई है। वे ही घराने हमारे सम्बन्धों को ही नहीं, सम्पूर्ण 'लाइफ पैटर्न' को नियन्त्रित करने लगे हैं। कई अन्य विचारकों का कहता है कि आज नौबत ऐसी आ गई है कि ये घराने चाहें तो हमारे शरीर में 'चिप्स' फिट कर एक केन्द्रीय प्रणाली से नियन्त्रित करके रख सकते हैं, उससे मनचाहा काम करा सकते हैं। यदि वह उनकी बात न माने तो अपने 'रिमोट' का इस्तेमाल कर उसे अपनी प्रणाली ने निकाल कर उसे इतना अकेला और असहाय बना सकते हैं कि वह अस्तित्वहीन हो जाएगा, भरसक घुटकर मर ही जाएगा । इस नियन्त्रण के एवज में व्यक्ति को कुछ सुविधाएँ देकर एक बेहतर दुनिया का निवासी कह संज्ञापित करते हैं और कारोबारी दास बनाकर रखते हैं। ज़िजेक और सदोक कहते हैं कि जो भी हो उस व्यवस्था ने स्त्री को पुरुष के बराबर, बल्कि उसी के जैसा होने का मौका दिया है, क्योंकि इस व्यवस्था ने चाहा है कि उसके साधन सिर्फ पुरुष ही न हो, स्त्री भी हों, जिससे उनकी मोनोटोनी टूटे। यदि स्त्रियाँ उनसे अलग होकर बची रहीं तो कहीं ऐसा न हो कि इस व्यवस्था के विरुद्ध संघर्ष छेड़ दें। उन्हें पुरुष से लड़ाकर रखना है, जिससे कि वे आपस में उलझे रहें और बहुराष्ट्रीय कम्पनियों के शोषण पर ध्यान न जाए।

चेतना ही व्यक्ति व समाज में बदलाव लाती है। गत्यात्मकता उसके स्वभाव में निहित होती है। उसके साथ नत्थी है शक्ति, अधिकार और अर्थ। अर्थ का मतलब अर्थवत्ता न धन दोनों है। ये तीनों ही वे शक्तियाँ और साधन हैं, जो स्त्री को उसकी पहचान और अर्थ प्रदान करते हैं। अनादि काल से स्त्री इन्हीं के अभाव में पुरुष सत्ता के अधीन रही है। अधिकार, धन और शक्ति के बिना वह अपनी अर्थवत्ता खोकर पूरी तरह से पुरुष पर आश्रित रही है, पुरुष चाहे पिता के रूप में हो, पति के रूप में हो, पुत्र के रूप में हो या किसी अन्य अभिभावक के रूप में। इनके अभाव में उनकी स्थिति निम्न वर्ग की नारकीय जिन्दगी से भी गिरी हुई है। उसे आज अपनी अस्मिता का अर्थ ही नहीं मालूग।

चेतना पर यह नियन्त्रण चेतना के विस्फोट की ओर ले गया है। स्त्री के सशक्तीकरण के प्रयासों ने इंगित किया है वह न केवल स्त्री की अपनी चेतना से आएगा, उस चेतना को समाज द्वारा स्वीकृत किए जाने पर आएगा। स्त्री निजी स्तर पर चाहे जितना चेतन रहे, यदि वृहत्तर समाज उसे स्वीकार नहीं करता तो वह बस

संघर्ष बनकर रह जाएगा। मूर्त रूप ग्रहण कराने के लिए उसे पारस्परिक बनाना ही होगा।

इस स्वचेतना, परचेतना और पारस्परिकता का निर्माण शिक्षा, आर्थिक स्वावलम्बन और व्यवस्था की त्रयी से प्राप्त किया जाएगा। शिक्षा के अधिकार के प्रति जब स्त्री जागरुक होगी और समाज उसे स्वीकार करेगा और प्रदान करने के लिए यत्न करेगा तो यह सशक्तीकरण की ओर बढ़ेगा। आर्थिक स्वावलम्बन से वह उन अधिकारों के लिए लड़ने की ओर उन्मुख होगी, सक्षम होगी और धन की प्रचुरता होने पर समाज उसे देने में हिचकिचायेगा नहीं। व्यवस्था से न केवल पर्दा सिस्टम, लिंग के आधार पर कम विभाजन का खात्मा होगा, बराबर के काम के लिए बराबर पारिश्रमिक, अवसर की समानता, चुनने की स्वतन्त्रता, इन तमाम बातों के उलंघन पर न्यायालय का दरवाजा खटखटाने का अधिकार मिलेगा, भाई-चारा की स्थापना होगी।

भारतीय परिप्रेक्ष्य में इन पर आगे मूर्तरूप से चर्चा करने के लिए जरूरी है कि हम कुछ विचारकों के विचारों को देख लें, मुद्दों को लोकेट कर लें और उनके समाधान के लिए अब तक हुए प्रयासों की समीक्षा कर लें। उसके पहले यह नोट कर लेना जरूरी है कि भारत का समाज एक तरफ चार वर्णों में बँटा है, और चौथे वर्ण के अपने दो धड़े है; दूसरी तरफ वह चार आर्थिक श्रेणियों में बँटा है, धनी वर्ग, उच्च मध्यम वर्ग, निम्न मध्यम वर्ग और निम्न वर्ग; तीसरी तरफ तीन क्षेत्रों में बँटा है, आदिवासी क्षेत्र, ग्रामीण क्षेत्र और शहरी क्षेत्र—यह शहरी क्षेत्र छोटे नगर और महानगर में बटा है; चौथी तरफ औद्योगिक वर्ग, कृषक वर्ग, मजदूर वर्ग और जंगल पर आधारित वर्ग है। वह उत्पादक वर्ग, उपभोक्ता वर्ग, व्यापारी वर्ग, वेतनभोगी वर्ग और अर्थ विंचित वर्ग में बँटा है। स्त्रियों का भाग्य अपने वर्गों के साथ बँधा है। दूसरी तरफ स्त्री होने के कारण उनका अपना बहुस्तरीय संयुक्त वर्ग भी है। इसलिए जटिलता बहुत है और सबकी समस्याएँ, उनके प्रति जागरूकता, और समाधान के प्रयास एक जैसे नहीं हैं।

(2)

विजय द्वारा राजनैतिक सत्ता प्राप्त करने के बाद अंग्रेजों ने ज्ञान द्वारा भारत के लोगों को नियन्त्रित करने का दुश्चक्र आरम्भ किया। उसके लिए उन्होंने प्राच्यवाद का दर्शन रचा बताया कि पश्चिम के देश सभ्य हैं—वे सभ्यता को लेकर चलने वाले देश हैं; पूर्व के देश संस्कृति को लेकर चलनेवाले हैं, इसलिए पिछड़े हैं, क्योंकि संस्कृति विगत सभ्यता होती है, जीवित और जीवन्त नहीं, जड़ होती है। जड़ समाज का मतलब होता है चेतनाहीन समाज। इसमें तब और वृद्धि हो जाती है, जब वह समाज अशिक्षित हो गया हो। यह ईश्वर की विशेष अनुकम्पा है इस देश पर कि यहाँ के निवासियों को सभ्य बनाने के लिए अंग्रेजों को भेजा है। वे इस कर्तव्य का निर्वाह गोरे लोगों पर

डाली गई अतिरिक्त भार के रूप में पूरा करेंगे। इसके लिए वे अपनी शासन व्यवस्था, शिक्षा व्यवस्था, आकर्षक नई जीवन शैली, मतपरिवर्तन, प्रलोभन तथा मध्यम वर्ग निर्मित करेंगे, लागू करेंगे। इसमें दीक्षा पाकर देखते-ही-देखते शिक्षित लोगों का एक नव-मध्यम वर्ग उठ खड़ा हुआ इसके अनुपालन और समर्थन के लिए। अब यदि किसी बात को समर्थन मिलता है, तो तत्काल ही उसके कुछ विरोधी भी उठ खड़े होते हैं। कुछ लोग सीधे-सीधे विरोध करते हैं अपने ही पुराने हथियारों से, जो बहुत कारगर नहीं होता। कुछ दूसरे लोग यह प्रहार अरि के अस्त्रों से ही करते हैं और अधिक सफल होते हैं। भारतीय नवजागरण के पुरोधा राजा राममोहन राय ऐसे ही मनीषी थे।

अंग्रेजों ने जो इलाका सबसे पहले गुलाम बनाया, वह बंगाल था। वही सबसे पहले अंग्रेजों के गहरे सम्पर्क में आया। चूँकि वहीं शोषण सबसे अधिक हुआ, इसलिए उसी ने सबसे पहले गुलामी के विरुद्ध सिर उठाया। अंग्रेजों ने बंगाल में कलकत्ता को अपना केन्द्रीय स्थल बनाया था, इसलिए प्रतिरोध के आरम्भिक स्वर वहीं से उठे। उन्नीसवीं सदी के प्रथम चरण में कलकत्ता में सक्रिय भारतीयों के तीन गुट थे। पहले गुट में रूढ़िवादी लोग थे, जो पुराना भारतीय स्वरूप हू-ब-हू बनाकर रखना चाहते थे। उसमें आनेवाले किसी भी परिवर्तन का, विशेषकर यदि वह विदेशियों द्वारा किया जा रहा हो, विरोध करते थे। इनके संगठन का नाम 'धर्मसभा' था और इसमें नेता राजा राधाकान्त देव थे। दूसरा गुट भारतीय परम्परा में पूर्ण आस्था के साथ उनकी पुनर्व्याख्या पर जोर देनेवाला था, जिससे कि तत्कालीन जीवन पद्धति को समसामयिक परिस्थिति के अनुकूल बनाया जा सके। यह गुट पहले गुट का जमकर विरोध करता था, और तीसरे गुट को थोड़ा समर्थन देता था। इसके नेता ईश्वरचन्द्र विद्यासागर थे। तीसरा गुट अंग्रेजों के ज्ञान-विज्ञान, साहित्य, उपासना पद्धति, मूल्यबोध, जीवन दर्शन और बर्ताव के अनुसार भारतीय समाज को ढालकर, उसका मुकाबिला करनेवाला था। इसके लिए वह भारतीय अतीत पर एक नूतन दृष्टि डालता था। इसके नेता राजा राममोहन राय थे, जिन्होंने ब्रह्म समाज की स्थापना की। इनका जमकर विरोध पहला गुट करता था, दूसरा गुट कुछ हद तक समर्थन करता था।

उस वक्त की परिस्थितियों और सोच की दशा का विश्लेषण करते हुए प्रसिद्ध इतिहासकार डॉ. आर.सी. मजूमदार कहते हैं कि तब भारतीय संस्कृति और यूरोपीय संस्कृति के संघात से सम्पूर्ण देश में उथल-पुथल मची हुई थी। नए मूल्यों का प्रादुर्भाव हो रहा था और प्राचीन रुढ़ियाँ, परम्पराएँ और अन्धविश्वास ढीले पड़ रहे थे। किन्हीं क्षेत्रों में टूट ही जा रहे थे। आस्थावादी और प्रगतिवादी विचारधारा में जंग छिड़ी हुई थी कि किसे ग्रहण करें और किसे त्यागें। ऐसी अवस्था में जब अतीत के तत्त्व टूटते हैं, तो वे पूरी तरह से अपना अस्तित्व खोते नहीं। दूसरी तरफ नई सभ्यता और संस्कृति से उत्पन्न होती सोच एक भिन्न प्रकार की मानसिकता रचती है। इन दोनों को जो अपना

कर चलता है वह केन्द्रीय व्यक्ति बन जाता है। राजा राममोहन राय ऐसे ही व्यक्ति हैं। उनके नेतृत्व में समाज व धर्म में सुधार सम्बन्धी जो आन्दोलन हुआ उसने भारतीय जनता की उदीयमान राष्ट्रीय चेतना और उनके बीच पश्चिम के उदारवादी विचारों के प्रचार के परिणामस्वरूप नवनिर्माण का कार्यक्रम बना। सामाजिक क्षेत्र में वर्ण व्यवस्था में सुधार फिर जातिप्रथा का उन्मूलन, औरतों के लिए समान अधिकार, बाल विवाह प्रथा का उन्मूलन, सतीप्रथा का उन्मूलन, विधवा विवाह की स्वीकृति व प्रचलन, सामाजिक व कानूनी असमानता का विरोध, सबके लिए नई शिक्षा आदि का स्वर मुखरित हुआ।

पुरानी शिक्षा परिपाटी के सन्दर्भ में राजा राममोहन राय का मत था कि एक तरफ वह व्यक्ति को भाग्यवादी बनाता है तो दूसरी तरफ स्त्री को कूप-मंडूक। नई शिक्षा के माध्यम से स्त्री न केवल अपने परिवार और सन्ततियों का कल्याण करेगी, वृहत्तर समाज का भी भला करेगी। इसके लिए उन्होंने स्त्री के अधिकारों को संहिताबद्ध करने के लिए और उसके लिए आन्दोलन छेड़ने के लिए 1822 में एक पुस्तक ही लिखी। उसमें उन्होंने स्पष्ट किया कि स्त्री की सशक्तीकरण के लिए शिक्षा बेहद जरूरी है, वह शिक्षा वही होनी चाहिए, जो पुरुषों को दी जाती है, भले ही स्त्रियोचित कुछ व्यावहारिक पक्षों के लिए विशेष शिक्षा की अलग से व्यवस्था की जाए। इसी से जागरुक होकर स्त्री अपना विश्व स्वयं गढ़ सकती है।

वैसे तो व्यक्तिगत स्तर पर सती प्रथा और सामूहिक स्तर पर जौहर प्रथा शताब्दियों से प्रचलित थी और धार्मिक अनुशंसा प्राप्त थी, पर हिन्दुओं और मुसलमानों में युद्ध थमने के बाद जौहर प्रथा यूँ ही समाप्त हो गई थी। किन्तु सती प्रथा जारी थी। बंगाल में यह अधिक प्रबल थी, क्योंकि मनुस्मृति की दायभाग व्याख्या के चलते वहाँ विधवा को पति की सम्पत्ति में निजी अधिकार मिल गया था, जिसे उसके पुरुष कुटुम्बी देना नहीं चाहते थे। बंगाल में विधवाओं की संख्या भी बहुत थी, क्योंकि एक तो बाल विवाह होता था, जो अक्सर ही अनमेल होता था—अधिक उम्र के पुरुष के साथ कम उम्र की स्त्री ब्याह दी जाती थी, दूसरे पुरुष एक से अधिक विवाह करते थे। उसके मर जाने पर कई स्त्रियाँ एक साथ विधवा हो जाती थीं। फिर वहाँ की जलवायु ऐसी थी कि अक्सर महामारियाँ फैलती थीं, जिससे लोग थोक के भाव मरते थे। विधवा विवाह पर पाबन्दी थी। इसलिए प्रभावशाली घरानों में स्त्रियों को अक्सर बलात मृत पति के साथ जिन्दा जला दिया जाता था और अन्य घरानों में उन्हें वृन्दावन और काशी भेज दिया जाता था कृष्ण और शिव की भक्ति करने के लिए। वहाँ उनके साथ जमकर दुराचार होता था। काशी में तो कुछ सीधे कोठे पर बिठा दी जाती थीं। राजा राममोहन राय ने इस सती प्रथा के विरुद्ध 1819 से आन्दोलन चलाया, जिसके दबाव में विलियम बैंटिक ने 1829 में सती प्रथा समाप्त करने का कानून पास कर दिया। इसी

तरह उन्होंने बाल विवाह के विरुद्ध आवाज उठायी। स्त्री को पति की सम्पत्ति में और विवाहित न होने पर पिता की सम्पत्ति में हिस्सा पाने के अधिकार के समर्थन में आन्दोलन चलाया। भले ही इन्हें कानूनी मान्यता उनके जीवन काल में नहीं मिल पाई, बाद में तो मिली ही। इन तमाम बातों के लिए उन्होंने ब्रह्म समाज की स्थापना की। उस संस्था ने बहुत से सामाजिक सुधार किये। बंगाली स्त्रियाँ सिले वस्त्र नहीं पहनती थीं। उनकी धोती अक्सर पारदर्शी होती थी। ब्रह्म समाज से जुड़ी स्त्रियाँ धोती के नीचे पेटीकोट (जिसे साया कहते थे), ब्लाउज और अंगिया पहनने लगीं। कई स्त्रियों ने इससे उत्पन्न सुख की मुक्त चर्चा की है। उलटे पल्ले की धोती पहनने के ढंग से उनकी खूबसूरती खिल उठी। ये स्त्रियाँ पढ़ने जाने लगीं और नए विचारों से लैस हो अपनी अस्मिता रचने लगीं। वे ही आगे क्रान्तिकारियों और गाँधीवादी आन्दोलनकारियों के साथ जुड़ी, आजादी की लड़ाई में स्त्रियों की भागीदारी को पुख्ता किया। इन स्त्रियों के अन्तर्जातीय विवाह के लिए 'ब्रह्म समाज मैरिज एक्ट' पास कराया गया, जो बाद के कई वैवाहिक कानूनों का माडल बना।

राजा राममोहन राय और उनके अनुयायियों ने भारत को पाश्चात्य सभ्यता, संस्कृति और शिक्षा के रंग में रंगने का प्रयास किया। स्वामी दयानन्द सरस्वती ने भारतीय संस्कृति का पुनर्निर्माण वैदिक आधारों पर कर सामाजिक और धार्मिक संकीर्णताओं की आलोचना करते हुए अन्धविश्वासों, कुप्रथाओं, वर्ण-व्यवस्था, मूर्तिपूजा आदि पर सशक्त प्रहार किया और स्त्री पुरुष समानता की नूतन जीवन पद्धति का प्रचार किया। इसीलिए उनके आन्दोलन को पुनर्जागरण कहते हैं। उसके लिए उन्होंने आर्य समाज की स्थापना की।

दयानन्द सरस्वती का मत था कि स्त्री और पुरुष एक से अधिक विवाह कर सकते हैं, पर एक पति या पत्नी के रहते हुए नहीं। यदि स्त्री और पुरुष में विवाह के बाद संसर्ग नहीं हो पाता है, स्त्री बाँझ है या पुरुष नपुंसक तो वे अलग हो सकते हैं। विधवा स्त्रियों का विवाह होना चाहिए। यदि वे न करें तो वे नियोग द्वारा सन्ततियाँ पैदा कर सकती हैं। ये नियोग करनेवाले पुरुष स्त्री के पति के परिवार के वे पुरुष होंगे जो उसके साथ विवाह की अर्हता रखते हों। वे चाहे तो स्वजातीय लड़के को गोद ले सकती हैं।

उन्होंने मूर्ति पूजा, तीर्थाटन और व्रत का विरोध किया। कहा कि ये स्त्रियों को मन्द बुद्धि बनाते हैं। उन्होंने स्त्री शिक्षा पर विशेष बल इसलिए दिया कि वे स्वतन्त्र होकर पुरुष के समान अपनी अस्मिता की रचना करें। इसके लिए उन्होंने स्त्री और पुरुष की शिक्षा का पाठ्यक्रम एक-सा रखा। यह और बात है कि उनके अनुयाइयों ने स्त्री और पुरुष के लिए अलग-अलग स्कूल खोले। उन्होंने पर्दा के चलन का विरोध किया और कहा कि यह विदेशी मुस्लिम शासकों की देन है। उन्होंने स्त्री को गृहकामों

तक सीमित रखने का भी विरोध किया। उन्होंने बाल विवाह, वृद्ध विवाह और वहु विवाह का जमकर विरोध किया। उन्हीं के प्रयासों के परिणामस्वरूप बाल विवाह पर रोक लगाने वाला 'शारदा एक्ट' पास हुआ।

राजा राममोहन राय ने यदि भारत के पुनर्निर्माण के लिए पश्चिम के माडल पर बल दिया और दयानन्द सरस्वती ने भारतीय वैदिक माडल पर, तो स्वामी विवेकानन्द ने दोनों के समन्वय पर बल दिया, वह भी वैज्ञानिक आधार पर। इस वैज्ञानिकता का आधार स्वयं विज्ञान और धर्म के सामंजस्य में देखा। लिखा कि धर्म मानता है कि हर कलाप का एक कारण होता है। एक देवदूत सूर्य के लिए जिम्मेदार है, दूसरा देवदूत चन्द्रमा के लिए।...ऐसे कारणों की भरमार है। विज्ञान भी मानता है कि हर कलाप का एक कारण होता है। दोनों में अन्तर यह है कि धर्म जहाँ कारण को कलाप के बाहर खोजता है, विज्ञान उसके भीतर ही खोज लेता है। धर्म मानता है कि हर परिवर्तन रूह के कारण होता है और यह रूह वस्तु के बाहर होती है। विज्ञान भी मानता है कि परिवर्तन रूह के कारण होता है किन्तु वह रूह को वस्तु के भीतर खोजता है। ज्यों-ज्यों विज्ञान प्रगति करता जा रहा है, त्यों-त्यों प्राकृतिक घटनाओं की व्याख्या रूहों और देवदूतों के हाथों से लेकर अपने हाथ में रख जा रहा है। वे पूर्व व पश्चिम के विचारों के समन्वय के पक्ष में थे।

स्त्री के विशिष्ट सन्दर्भ में अपने विचार व्यक्त करते हुए उन्होंने स्पष्ट कहा कि पाश्चात्य मानदंडों पर प्रच्यनारी का मूल्याँकन करना ठीक नहीं। इसे और स्पष्ट करते हुए उन्होंने लखाया कि अमेरिकी (और यूरोपीय) समाज में पुरुष स्त्री के यौवन और कामाकर्षक सौन्दर्य की पूजा करते हैं। जब उनके गालों पर झुर्रियाँ आ जाती हैं, केश पक जाते हैं तब वे उनके प्रति ध्यान नहीं देते। ऐसा प्रेयसी के सन्दर्भ में ही नहीं, घर की तमाम बुजुर्ग, सम्मानित स्त्रियों के प्रति भी करते हैं, उनकी अनचाही उपेक्षा करते हैं, भार मानते हैं। भारत में सम्बन्धों को सम्मान मिलता है, गुणों को सम्मान मिलता है। वैसा सौन्दर्य को कम ही मिलता है।

वे स्त्री और पुरुष के लिंग भेद को अस्वीकार करते हैं। जब ब्रह्मतत्त्व में लिंग भेद नहीं, आत्मा में लिंग भेद नहीं, तब शरीर के आधार पर भेद करना कितना उचित है। स्त्री-पुरुष में बाह्य शारीरिक भेद होने के बावजूद स्वरूप में कोई भेद नहीं है। मनुष्य कठिन शारीरिक श्रम करते हैं, युद्ध में भाग लेते हैं, इसी कारण वे श्रेष्ठ और बलवान् नहीं हो जाते। स्त्री थोड़ा कम शारीरिक श्रम करती है, घर का काम करती है, इसीलिए हीन नहीं हो जाती। वह पुरुष की ही तरह साहसी, बहादुर, उपादेय होती है। दोनों अपने-अपने ढंग से अच्छे हैं। जरूरत है उन्हें पढ़ा-लिखा कर तथाकथित पुरुषों के कर्म में सहभागी बनाना। उनको वही शिक्षा दी जानी चाहिए जो पुरुषों को दी जाती है और उनसे बुद्धिसम्बन्धी वही काम लिया जाना चाहिए जो पुरुष करते हैं। आगे देश की क्षमता और सम्पन्नता, इस बात

पर निर्भर करेगी कि स्त्री और पुरुष कितने समान हैं। यदि इस समानता व स्वतन्त्रता की अवधारणा को पश्चिम से ग्रहण करना पड़ता है तो किया जाना चाहिए। पश्चिम यदि विकसित देश है—आर्थिक मामले में ही सही तो उसमें वहाँ के स्त्री और पुरुष का योगदान और दायित्व समान है। उसे भारत में भी लागू किया जाना चाहिए। भारतीय नारी को योग्य, सक्षम और कामकाजी बनाना आवश्यक है।

स्त्री शिक्षा के पाठ्यक्रम पर अधिक ठोस ढंग से सोचते हुए वे कहते हैं कि शिक्षा एक तरफ व्यक्तित्व का निर्माण करती है, दूसरी तरफ एक शिल्प में कुशलता प्रदान करती है, जिसका सम्बन्ध रोजी-रोटी और नित्य के क्रिया-कलाप से होता है। पहले के लिए वे साहित्य, जिसमें नाटक, काव्य और उपन्यास आते हैं; विज्ञान और दर्शन की शिक्षा देने की बात करते हैं, दूसरे के लिए वे सीना-पिरोना, गृहकार्य से जुड़े विषयों, शिल्प-विज्ञान और स्वास्थ्य विज्ञान की शिक्षा देने की बात करते हैं। इस काम के लिए वे कुछ ब्रह्मचारियों की नियुक्त की बात करते हैं, जो विशेष केन्द्र में इनकी अलग से शिक्षा दें।

स्त्री-शिक्षा के प्रति उनका आग्रह इतना जबर्दस्त है कि वे कहते हैं कि बाल-विवाह के निषेध और विधवा विवाह की स्वीकृति से स्त्री की स्थिति में उतना सुधार सम्भव नहीं है, जितना की उसकी शिक्षा से है। स्त्री के शिक्षित होते ही वे बुराइयाँ स्वतः दूर होने लगेंगी। वे सती प्रथा के विरुद्ध थे। कहते थे कि जब पुरुष किसी स्त्री के लिए सती नहीं होता तो स्त्री ही क्यों हो? यहाँ विवेकानन्द उन परिस्थितियों को अनदेखी करने लगते हैं, जिसके कारण सती प्रथा चलन में आई। उन्हें प्रहार उस पुरुष मानसिकता की करना चाहिए था, जो स्त्री को सम्पत्ति के अधिकार से वंचित रखने के लिए यह आवरण बनाया था। खैर, स्त्री और पुरुष की समानता पर उनका आग्रह इतना अधिक था कि वे ईसा मसीह की आलोचना इसलिए करते थे कि उन्होंने स्त्रियों को पुरुष के बराबर अपने यहूदी संस्कार के चलते नहीं माना। एक भी स्त्री को अपना शिष्य नहीं बनाया। बुद्ध को उनसे बेहतर माना क्योंकि उन्होंने भिक्षुणियों को दीक्षित किया और इस बात को सरासर गलत इल्जाम बताया कि भिक्षुणियों के चलते ही पहले बौद्ध मठों में, फिर समाज में बौद्ध धर्म का पतन हुआ। यहाँ भी विवेकानन्द बहुत सही नहीं लगते। बौद्धमत का स्खलन तभी आरम्भ हो गया था, जब वह तन्त्र की ओर उन्मुख हुआ था। तन्त्र साधना के लिए पुरुष को स्त्री की और स्त्री को पुरुष की आवश्यकता थी। मठाधीशों को इसके लिए भिक्षुणियाँ उपलब्ध थीं। बाद में वे लोक में प्रयुक्त होने लगीं और सिद्धों का समय आते-आते मत के मूल का अवसान ही हो गया और बामाचार फैल गया। जो भी हो स्त्रियों के प्रति विवेकानन्द के चिन्तन की जो स्पिरिट थी, वह उत्तम थी, ऐतिहासिक आवश्यकता थी, भले ही अतीत के ऐतिहासिक तथ्यों पर उनकी टिप्पणियाँ कुछ असंगत थीं।

जिस तरह बंगाल में और उसके माध्यम से उत्तर और पश्चिमोत्तर भारत में नव जागरण हुआ, उस तरह से दक्षिण में नहीं हुआ। उत्तर भारत में सांस्कृतिक, राजनैतिक और सामाजिक नवजागरण सम्पृक्त होकर हुआ, पर दक्षिण में उनमें फांक थी। इसका उत्तम उदाहरण महादेव गोविन्द रानाडे और ज्योतिबा फूले की स्थापनाओं में दिखता है।

महाराष्ट्र में यह जागरण देर से आया और उसको लानेवाले महादेव गोविन्द रानाडे थे। 1867 में ब्रह्मसमाज से एक तरह से अलग होकर, या उनमें रैडिकल सुधार कर केशवचन्द्र सेन ने 'प्रार्थना समाज' की स्थापना की थी जो राजा राममोहन राय की तुलना में अधिक ईसाइयत के करीब था। इसे इस प्रकार भी कह सकते हैं कि देवेन्द्रनाथ ठाकुर की तुलना में हिन्दू धर्म से अधिकाधिक दूर था। रानाडे इसी 'प्रार्थना समाज' के सदस्य थे और उसकी स्थापना महाराष्ट्र में थी। धार्मिक व्यक्ति होने के कारण उनका विश्वास था कि अन्तःकरण के नैतिक नियम ईश्वर के अस्तित्व के साक्षी हैं। ईश्वर एक महान नैतिक नियम, सच पूछिए तो सभी नैतिक नियमों का समुच्चय है। यह बात उसी तरह की है कि जैसे हीगेल कहता है कि ईश्वर सभी विचारों (thoughts), नहीं (ideas) का समुच्चय है। उसी की तरह रानाडे मानते थे कि सृष्टि निश्चित नियमों के आधार पर चलती है। भारत में नास्तिक मत सफल नहीं हो पाए, क्योंकि उन्होंने इस महत्त्वपूर्ण सत्य को स्वीकार नहीं किया। उनका यह भी मत था कि नवजागरण से उत्पन्न राष्ट्रवाद का भाव अभी केन्द्रीय और एकीकृत भाव है, भले ही उसका प्रभाव सामाजिक व सांस्कृतिक क्षेत्रों में फैल जाए। हमारी प्राथमिकता देश को पश्चिम की गुलामी से बाहर निकालना है। उसके बाद भावी भारत का निर्माण स्वतः होता जाएगा। कहा कि जब हम अपने को राजनैतिक तुला पर कमजोर पाते हैं तो सामाजिक व्यवस्था को बेहतर नहीं बना सकते। उसके लिए उन्होंने शिक्षा पर जोर दिया। इससे व्यक्तिगत स्तर पर समूह की आवश्यकता के अनुसार शक्तियों का विकास होगा, जो स्वतन्त्रता के रास्ते में आनेवाली बाधाओं को दूर करेगा। चूँकि समाज के अंग एक-दूसरे से जुड़े हुए हैं, इसलिए एक क्षेत्र की उपलब्धि दूसरे क्षेत्र में भी पैठती जाएगी और राष्ट्र सशक्त होगा। समाज सुधार का काम राष्ट्रीय चरित्र की शुद्धिकरण करेगा। पुनरुत्थानवादियों पर कटाक्ष करते हुए उन्होंने पूछा कि जब आप पुनरुत्थान की बात करते हैं तो हम उसे समझ नहीं पाते। क्या हम जन की पुराने समय की आदतों का पुनरुस्थान करें? क्या हम पुत्रों को उत्पन्न करने की बारह विधियों और विवाह करने की उन आठ विधियों का पुनरुत्थान करेंगे, जिसमें लड़की को जबर्दस्ती उठा ले जाना भी सही माना जाता था, मिश्रित और अनैतिक सम्भोग को भी स्वीकार कर लिया जाता था? क्या हम नियोग का पुनरुत्थान करें, जिसके अन्तर्गत अपने भाइयों की विधवाओं से पुत्रोत्पत्ति करनी चाहिए वह भी बिना विवाह किये? क्या हम सती-प्रथा और बाल

हत्याओं का पुनरुत्थान करें? क्या एक पति के गले में अनेक पत्नियों को मढ़ दें, या एक स्त्री के ऊपर अनेक पतियों को लुहकार दें?''

इन सुधारों के लिए उन्होंने महाराष्ट्र में प्रार्थना समाज की स्थापना की जिसकी प्राथमिकताएँ थीं :—

(1) बाल विवाह पर प्रतिबन्ध लगवाना,

(2) स्त्री शिक्षा को प्रोत्साहित करना,

(3) विधवा विवाह का पुरजोर समर्थन करना,

(4) सामाजिक समस्याओं का व्यवस्थित रूप से समाधान प्रस्तुत करना,

(5) सामाजिक, आर्थिक क्षेत्र में प्रगतिवादी विचारों को बढ़ावा देना,

(6) स्त्री को सामाजिक अधिकार दिलवाने के लिए संघर्ष करना,

(7) अन्तर्जातीय विवाह को प्रोत्साहित करना और ऐसे विवाह सम्बन्धी समस्याओं का निराकरण करना,

(8) अन्ध विश्वास और रूढ़ि को समाप्त करना।

उन्होंने जातिभेद, भाग्यवाद, सम्प्रदायिकता, सामाजिक कुरीतियाँ और विवाह सम्बन्धी बुराइयों को दूर करने हेतु समाज-सुधार का काम किया और वह इतना महत्त्वपूर्ण और प्रभावशाली था कि प्रोफेसर कर्वे कहते हैं कि कोई बाईस साल का पूणे का इतिहास रानाडे के कृत्यों का इतिहास है। गोपाल कृष्ण गोखले उन्हीं के शिष्य थे, जिन्होंने आजादी की राजनैतिक लड़ाई में एक खास तरह की भूमिका निभाई।

रानाडे के समाज सुधार में राजनैतिक चेतना प्रमुख थी और वह अंग्रेजी शासन के विरुद्ध थी। ज्योतिबा फूले ने राजनैतिक चेतना पर जोर नहीं दिया। उन्होंने यह कहा कि हमें पहले दलितों पर, अछूतों पर केन्द्रित होना चाहिए और उनका उद्धार भारतीयों से नहीं, अंग्रेजों से होगा जो छुआछूत नहीं मानते और अपने घरों में हमसे खाना बनवाते हैं। इसलिए अंग्रेजों का शासन हमारे लिए वरदान है। दरअसल वे अंग्रेजों विरचित प्राच्यवाद के चंगुल में फस गए थे। इसकी चर्चा हम अन्यत्र कर आए हैं। यहाँ यह कहना है कि स्त्रियों के, विशेषकर दलित स्त्रियों के उद्धार के बारे में जितना व्यावहारिक काम उन्होंने किया, उतना किसी और व्यक्ति-विशेष ने शायद ही किया। वे सिद्धान्तकार नहीं, व्यावहारिक आदमी थे। उनका हथियार शिक्षा था, जिसका अधिकांश उन्होंने स्वाध्याय से प्राप्त किया था और उसे जन तक, विशेष कर स्त्रियों में पहुँचाने के लिए अपने बूते पर अद्वितीय काम किया था।

वे ऐसे समय में पैदा हुए थे जब महाराष्ट्र में, विशेषकर पूणे में छुआछूत पराकाष्ठा पर थी। चौथे वर्ण को जैसे शिक्षा का अधिकार ही नहीं था। बम्बई नेटिव एजूकेशन

कमेटी द्वारा संचालित विद्यालयों से शूद्र छात्रों को निकाल दिया जाता था। सवर्णों तक की स्त्रियों की शिक्षा का सवाल ही नहीं उठता था, क्योंकि वे पर्दे में रखी जाती थीं। तब शूद्रों की स्त्रियों की स्थिति सहज ही समझी जा सकती है। इसके लिए उन्होंने विद्यालय खोला, स्वयं शिक्षक बने, अपनी स्त्री को पढ़ाया, जिससे कि वे शिक्षा दे सकें। और इन कामों के लिए हर तरह की अवमानना सही। उनका स्कूल सिर्फ शूद्रों के लिए नहीं, सबके लिए था। और उन्होंने एक नहीं, एक-एक कर कई विद्यालय खोला। विधवाओं का विवाह कराया, कई अन्तर्जातीय विवाह कराया। पर्दा सिस्टम पर व्यावहारिक प्रहार किया। बाल विवाह का जमकर विरोध किया। अपने हर क्रियाकलाप से उन्होंने स्त्री सशक्तीकरण के लिए महत्तम प्रयास किया।

अछूतों के एक नेता ई.वी. रामास्वामी नायकर हुए हैं, जिन्हें पेरियार भी कहा जाता है। स्त्रियों के बारे में उनके विचारों को नोट कर लेना समीचीन होगा। दक्षिण में स्त्री के उद्धार के लिए आन्दोलन उस तरह से नहीं हुए, जिस तरह से उत्तरी भारत में। कारण शायद यह था कि पर्दाप्रथा न होने के कारण स्त्रियों की दशा उत्तर वालों से कुछ बेहतर थी। पर यह बेहतरी कुछ ही थी, अन्यथा उन्हें भी वही लिंग भेद भोगना पड़ता था, जो उत्तर में था। उस पर प्रहार करते हुए उन्होंने कहा कि स्त्री की इस दशा का कारण ब्राह्मणों द्वारा रचे ग्रन्थ हैं जो आदिकाल से लेकर आज तक हाबी हैं और वे सभी प्रजाति (race) के लोगों पर हावी है। पूरे भारतवर्ष में आर्य संस्कृति के विस्तार व वर्चस्व ने उन प्रजातियों का भी जीवन नष्ट कर दिया है, जिनमें स्वतन्त्रता, समानता के जीवन का बोलबाला था। उससे मुक्ति तभी मिल सकती है, जब इस आर्य संस्कृति से मुक्त हुआ जाए।

स्त्री के सम्बन्ध में इस मुक्ति का यर्थाथ रचते हुए, विवाह, पुनर्विवाह, विधवा विवाह, नारी शिक्षा, सन्तति-निरोध, सम्पत्ति का अधिकार, पति की गुलामी से मुक्ति का विचार रचते हुए उन्होंने स्पष्ट मान्यता रखी कि स्त्री और स्त्री को आपस में समान होने के साथ-साथ पुरुष के भी समान होना चाहिए। स्त्री और स्त्री के बीच की समानता से उनका मतलब शूद्र और ब्राह्मण स्त्री के बीच समानता, बाहर काम करनेवाली और घर के भीतर काम करनेवाली स्त्री के बीच समानता, कृषि कार्य करनेवाली और दफ्तर में काम करनेवाली स्त्री के बीच समानता, नगर में रहनेवाली और वन में रहनेवाली स्त्री के बीच समानता, आर्य स्त्री व द्रविण स्त्री के बीच समानता (इसी को बढाकर मंगोल स्त्री के बीच भी समानता), देहात व नगर में रहनेवाली स्त्री के बीच समानता, धनी और गरीब स्त्री के बीच समानता की बात कही। पुरुष के साथ समानता से उनका तात्पर्य था कि स्त्री और पुरुष को सामाजिक, आर्थिक, राजनैतिक हर क्षेत्र में एक-सा अधिकार और अवसर मिलना चाहिए। यहाँ तक कि सांस्कृतिक क्षेत्र में भी स्त्री को पुरुष जैसे कपड़े पहनने चाहिए, उसी की तरह का भोजन उसके साथ करना चाहिए, नाच-गान

में साथ-साथ हिस्सा लेना चाहिए, यदि पुरुष यौन शुचिता का निर्वाह नहीं करता तो स्त्री पर भी उसे रोक नहीं लगाना चाहिए। वगैरह। उन्होंने बताया कि आज समाज में स्त्री की स्थिति अशिक्षा के कारण गौण हो गई है। अशिक्षा के कारण ही वह पुरुषों को रिझाने (चाहे अपना पुरुष हो या दूसरा) के लिए सजती-सँवरती हैं, वस्त्र और आभूषण के प्रति ललक रखती है, और इसके परिणामस्वरूप दुराचार का शिकार बनती हैं। वे सभ्यता के मानदंड के सन्दर्भ में लिखते हैं "जब तक एक सुन्दर युवती आधी रात में अकेले कुछ मील भ्रमण न कर सके, तब तक मैं नहीं मानता कि हमारे देश की सभ्यता में विकास हुआ है।"

स्त्री सम्बन्धी अपने विचारों को ठोस रूप देने के लिए उन्होंने 'आत्म सम्मान आन्दोलन' चलाया। 1930 के इरोड सम्मेलन में उन्होंने प्रस्ताव पास कराया कि (1) जहाँ तक परिवार की सम्पत्ति पर अधिकार का प्रश्न है, स्त्रियों को हू-ब-हू पुरुषों के समान अधिकार दिया जाना चाहिए, (2) जिन कार्यों के लिए स्त्रियाँ उपयुक्त और योग्य हैं, उनको नियुक्त करने में किसी प्रकार की आपत्ति नहीं की जानी चाहिए। (3) विद्यालयों में, विशेष रूप से प्राथमिक विद्यालयों में, जहाँ तक सम्भव हो, केवल स्त्रियों को ही अध्यापक बनाना चाहिए।

दक्षिण भारत के मन्दिरों में देवदासी रखने की परम्परा रही है। देवदासियाँ नाच-गा कर भगवान को सुलाने का काम करती थीं। उनके सो जाने पर पुजारीगण और कभी-कभी भक्त गण उन देवदासियों को नित्य अपनी गोद में सुलाते थे। इसके लिए वे धर्म का बहाना बना कुआँरी कन्याओं का उनके माँ-बाप से दान करवाते थे। नायकर इस प्रथा के सख्त विरुद्ध थे। उनके परिणामस्वरूप डॉ. मृत्युलक्ष्मी ने देवदासी प्रथा समाप्त करने के लिए बिल पास करवाया।

पेरियार मानते थे कि स्त्रियों की दयनीय दशा पुरुषों ने बनाई है। पर इसके लिए जिम्मेदार स्त्रियाँ भी हैं, जो इसका विरोध नहीं करतीं। स्त्रियों, खासकर शिक्षित स्त्रियों को चाहिए कि वे इसके विरुद्ध आन्दोलन छेड़े। उन्हें अपनी आजीविका घर से बाहर निकलकर कमानी चाहिए और अपनी कमाई के पैसे स्वयं खर्च करना चाहिए, शृंगार पटोर पर नहीं, अपने को शक्तिशाली बनाने पर। इसी तरह यदि पुरुष बिना स्त्री के रह सकता है तो स्त्रियों को भी विना पुरुष के रहना सीखना चाहिए। पुरुष की आवश्यकता प्रजनन के लिए है। उस पर नियन्त्रण किया जा सकता है। गर्भ धारण और गर्भ-निरोध पर अन्तिम निर्णय स्त्री को लेना चाहिए। इसी तरह विवाह में स्त्री व पुरुष दोनों की सहमति होनी चाहिए। यह तभी हो सकता है जब लड़की का विवाह थोड़ा प्रौढ़ावस्था में हो। विवाह के बाद उसे तुरन्त सन्तान नहीं जनना चाहिए। इससे उसके व्यक्तित्व के विकास सम्बन्धी तमाम काम अवरुद्ध हो जाते हैं। पति-पत्नी का सम्बन्ध सहयोग का होना चाहिए, अधीनस्थता का नहीं। दोनों को विच्छेद में बराबर

का अधिकार मिलना चाहिए। विवाह एक संस्कार के रूप में नहीं एक समझौता के रूप में किया जाना चाहिए। उस समझौते के रूप में नहीं जो इस्लाम में होता है, जिसमें विच्छेद के बाद स्त्री को मेहर राशि मिलती है। उसका रजिस्ट्रेशन होना चाहिए और विच्छेद को रजिस्टर्ड किया जाना चाहिए। विवाह पर ज्यादे खर्च नहीं किया जाना चाहिए। बच्चे पर प्राथमिक अधिकार स्त्री का होना चाहिए।

पेरियार का यह भी मानना था कि स्त्रियों को वास्तविक स्वतन्त्रता व समान समान नागरिका संहिता से ही मिल सकती है और उसके लिए तुरन्त प्रयास होना चाहिए।

अभी तक जो चर्चा मैंने की है, वह आजादी से पहले की है और हिन्दू-उर्दू भाषी क्षेत्र के बाहर की है। अफसोस है कि इस तरह का नवजागरण पूरी तरह से इस क्षेत्र में नहीं हो पाया और जो हुआ वह बहुत प्रभावी नहीं था। अंग्रेजों के विरुद्ध राजनैतिक लड़ाई चाहे जितना प्रभावी हो, शिक्षा, विशेषकर स्त्री शिक्षा के बारे में मौलिक चिन्तन और स्वदेशी प्रयास नहीं के बराबर हुआ। जो हुआ वह सरकारी था। एक तो इसकी आँच यहाँ बहुत बाद में पहुँची 1882 में,जब औपनिवेशिक सरकार ने शिक्षा सम्बन्धी समस्याओं का पता लगाने के लिए डब्ल्यू. डब्ल्यू हंटर की अध्यक्षता में एक शिक्षा आयोग बनाया गया और उसने एक प्रश्नावली भारतेन्दु हरिश्चन्द्र, राजा शिव प्रसाद सिंह, राजा जय किशन दास, राजा उदय प्रताप सिंह, राजा लक्षमण सिंह, पं. लक्ष्मीशंकर मिश्र, बाबू तोताराम, बाबू दुर्गा प्रसाद, सर सैयद अहमद खान वगैरह के पास भेजी। इसके उत्तर से हिन्दुओं में भारतेन्दु हरिश्चन्द्र, राजा शिव प्रसाद, राजा लक्ष्मण सिंह की छवि हिन्दू नवजागरण और सर सैयद अहमद की छवि मुस्लिम नवजागरण के पुरोधा के रूप में बनी। इस पर टिप्पणी करते हुए डॉ. वीरभारत तलवार कहते हैं, "जिसे हम हिन्दी नवजागरण के नाम से पुकारते हैं, वह एक तरह के पुराने साझे वर्ग से टूटकर दो धार्मिक समुदाय बनने की कहानी है; औपनिवेशिक सत्ता में हिस्सा लेने और अपनी सांस्कृतिक श्रेष्ठता कायम करने की होड़ की कहानी है। हिन्दी और नागरी को प्रतीक बनाकर लड़ी गई इस लड़ाई के पहले नायक राजा शिव प्रसाद ही थे। लेकिन उन्हीं के सामने उभरी नई पीढ़ी ने भारतेन्दु के नेतृत्व में लड़ाई की कमान अपने हाथों में ले ली और उन्हें नायक के पद से नीचे ढकेल दिया। इतना ही नहीं, उन्हें उस दौर का खलनायक घोषित कर दिया गया।" इसको सिद्ध करने के लिए डॉ. वीर भारत तलवार ने अनेकशः तर्क दिए हैं जो उनकी पुस्तक 'रस्साकसी' में संगृहीत है। हमारा लक्ष्य यहाँ उनकी विवेचना करना नहीं है, स्त्री शिक्षा पर हिन्दी भाषी इलाके में हुए नवजागरणीय प्रयास की एक अति छोटी संक्षिप्ती प्रस्तुत करना है।

जो भी हो हिन्दी भाषी इलाके के नवजागरण के हिन्दू नायक भारतेन्दु माने गए जिनकी स्वामीभक्ति अंग्रोजों के प्रति शिव प्रसाद सितारे हिन्द से थोड़ा कम थी। राजा

लक्ष्मण सिंह की स्वामीभक्ति सितारेहिन्द से अधिक थी। इसलिए नायकत्व की कमी भी उसी अनुपात में आंकी गई।

शिक्षा के सन्दर्भ में भारतेन्दु का मानना था कि आरम्भिक स्तर पर, और हो सके तो ऊचे स्तर पर भी शिक्षा का माध्यम देवनागरी लिपि में लिखी हिन्दी होनी चाहिए। यह दरअसल हिन्दी का शुद्धिकरण बन गया। कलान्तर में संस्कृत शब्दावली की ओर बढ़कर शिक्षा सरकारी स्कूलों के माध्यम से दी जानी चाहिए क्योंकि अभी तक अनुभव बताता है कि निजी स्कूलों में प्रदत्त शिक्षा का स्तर बहुत घटिया है और आगे भी उसके सुधरने की सम्भावना कम ही है। शिक्षा में साहित्य के साथ-साथ विज्ञान भी पढ़ाया जाना चाहिए।

स्त्री शिक्षा के सन्दर्भ में उन्होंने हंटर कमीशन को बताया था कि इस इलाके के लोगों की इच्छा स्त्रियों को शिक्षा के लिए पब्लिक स्कूलों में भेजने के लिए नहीं है। जाहिर है कि यह इच्छा पर्दा प्रथा और शुचिता की अतिनाजुक भावना के कारण थी। भारतेन्दु इसके विरोधी थे। उनका अनुरोध था कि सरकार इस मानसिक अज्ञानता को दूर करे। ऐसे स्कूलों में लड़कियों की संख्या कम होने के कारण बन्द नहीं करना चाहिए, बल्कि अधिक लड़कियाँ भेजने के लिए प्रचार और प्रोत्साहन किया जाना चाहिए। उनके पाठ्यक्रम में प्रेम सागर, विद्यांकुर और इतिहास तिमिर नाशक जैसे ग्रन्थ नहीं होने चाहिए, क्योंकि वे उनका नैतिक चरित्र निर्णय नहीं कर सकेंगे। उसके लिए घरेलू प्रवन्ध से सम्बन्धित पुस्तकें पाठ्यक्रम में लगाई जानी चाहिए। भारतेन्दु ने सहशिक्षा का भी विरोध किया था। उन्होंने मिशनरी स्त्रियों द्वारा दी जानेवाली स्त्री शिक्षा का भी विरोध किया था इस आधार पर कि वे ईसाई मतवद की शिक्षा देती हैं—उनका इरादा भारतीय स्त्रियों की सोच का स्तर ऊँचा करना नहीं, ईसाई मत में दीक्षित करना अधिक है। यदि सरकारी अफसरों की पत्नियाँ या उनके परिवार की अन्य स्त्रियाँ यह शिक्षा दें तो वह अधिक उपयोगी होगा।

शायद इन तमाम बातों का असर था कि मदन मोहन मालवीय जो विधवा विवाह और स्त्रियों के वोट देने के अधिकार के विरोधी थे, अपने विश्वविद्यालयों में लम्बे समय तक स्त्रियों में वेद पाठ का विरोध करते रहे। गौर करने की बात है कि भारतेन्दु के ही समय में तत्कालीन महाराजा विजयनगरम के खोले स्कूल में पाँच सौ लड़कियाँ अंग्रेज शिक्षिकाओं से निरन्तर शिक्षा ग्रहण कर रही थीं।

इस इलाके में बाल विवाह के विरुद्ध और विधवा विवाह के समर्थन में कोई आन्दोलन हुआ ही नहीं। इसके लिए भारतेन्दु समेत कोई नेता सामने आया ही नहीं (विशेषकर पूर्वी इलाके में)। पंजाब में यह स्थिति नहीं थी, क्योंकि आर्य समाज ने इसके लिए आन्दोलन चलाया था और स्त्रियों की शिक्षा रेट बढ़ी थी। जो भी हो स्त्री शिक्षा और स्त्री स्थिति के बारे में भारतेन्दु के विचार पुरागामी थे। अपने बलिया वाले

भाषण में उन्होंने कहा था, ''लड़कियों को भी पढ़ाइए, पर इस चाल से नहीं, जैसे आजकल पढ़ाई जाती है, जिससे उपकार के बदले बुराई होती है।...ऐसी चाल से उनको शिक्षा दीजिए कि वे अपना देश और कुल-धर्म सीखें, पति की भक्ति करें और लड़कों को सहज शिक्षा दें।'' ऐसे ही विचार उनके नाटक 'नील देवी' की भूमिका में भी मिलते हैं।

हम सर सैयद अहम खान के विचारों पर आते हैं। वे मुस्लिम नवजागरण सहित पुनर्जागरण के अगुवा हैं। अंग्रेजों ने अपने शासन का खर्च कम करने के लिए और अपने प्रति युवकों के विरोध का उत्साह कम करने के लिए भारतीयों को प्रशासन में जुनियर पार्टनर की तरह रखने की नीति अपनाई। सैयद ने उसे झटक कर अपने समुदाय के पक्ष करना चाहा। अंग्रेजों को बताया कि मुसलमान भारत के शासक रहे हैं, उन्हें शासन करना स्वभाव से ही आता है। मुसलमानों को बताया कि अभी भी बेहतर स्थिति में रहना चाहते हो तो अंग्रेजों का विरोध कर नहीं, उनसे सहयोग कर रहो और सत्ता में भागीदारी अधिकारी बनकर प्राप्त करो। उसके लिए अंग्रेजी शिक्षा की दरकार है, उसकी व्यवस्था मैं स्वयं करता हूँ।

हिन्दुओं को तमाम निचली नौकरियों में रोकने के लिए उन्होंने कहा कि इस इलाके की शासन की भाषा उर्दू है, जो मुगल शासन से कोर्ट कचहरियों को विरासत में मिली है। हिन्दी और उर्दू खड़ी बोली के दो साहित्यिक रूप हैं। उसमें हिन्दी गवारू बोली है। (इस पर भारतेन्दु ने पलट कर कहा था कि उर्दू वेश्याओं और कोठे पर नाचने गानेवालियों की जुबान है, जिसे विलासी मुसलमान लोग बहुत पसन्द करते हैं। उसकी लिपि वैज्ञानिक नहीं है और उसके शब्द विदेशी मूल के होने के कारण पंडितों के संस्कृत की ही तरह बल्कि उससे अधिक कठिन हैं।) इसलिए शासन की भाषा यदि अंग्रेजी नहीं बनती है तो उर्दू बना दिया जाना चाहिए, फिलहाल उसे चलते रहने देना चाहिए। जब अलीगढ़ में मोहमडन ऐंग्लो-ओरिएंटल कॉलेज की स्थापना हुई तो वे उर्दू को शिक्षा का माध्यम बनाना चाहते थे और पढ़ाई कला, विज्ञान व कानून की होनी थी। पर उसके लिए पर्याप्त पुस्तकें अनूदित नहीं हो पाई थीं और छात्रों को अंग्रेज की नौकरी के लिए तैयार करने के लिए अंग्रेजी की बेहद जरूरत थी, इसलिए वर्नाकुलर में दी जानेवाली शिक्षा उन्हें अनुपयुक्त लगी और पढ़ाई का माध्यम अंग्रेजी मान लिया। यह फंड पाने के लिए भी जरूरी था। उनका मानना था कि नारी शिक्षा निजी क्षेत्र में होनी चाहिए। स्त्री शिक्षा के बारे में उनका विचार था कि जब तक पर्याप्त मात्रा में पुरुष शिक्षित नहीं हो जाते, उनकी शिक्षा के लिए प्रयत्न करना बेकार है। दूसरे धार्मिक शिक्षा जरूरी है और यह कट्टर मौलवियों द्वारा दी जाएगी। परिणामस्वरूप तमाम उदारवादी नीयत के बावजूद अलीगढ़ के विद्यार्थी अंग्रेजी शिक्षा की उदारता से दूर होते चले गए। इससे दो संस्कृतियों के विभेद की नीव पड़ी, जिससे भारत व पाकिस्तान

दो राज्य कालक्रम में बन गए। इसके बावजूद विशेष गौर करने की बात यह है कि उनकी संस्था में सुन्नी के साथ सिर्फ शिया ही नहीं पढ़ते थे, हिन्दू भी पढ़ते थे और तरक्की करते थे। तो भी वे इस्लाम के रूढ़ रूप को अध्ययन में महत्त्व देते थे, इस्लाम पर नए विचारों को वहाँ पढ़ाना नहीं चाहते थे। स्त्री को शिक्षित करना चाहते थे, पर पर्दा प्रथा का विरोध नहीं करना चाहते थे। शीआ और पुरुष दोनों को शिक्षा तो एक देते थे पर चाहते थे कि वे दोनों एक ही तरह की नौकरी न करें। यानी में लिंग आधार पर काम में विभाजन को स्वीकार करते थे।

अप्रासंगिक न होगा यदि हम यहाँ यह नोट कर लें कि सैयद अहमद के साथी डिप्टी नजीर अहमद ने 1869 में स्त्री शिक्षा के लिए 'मिरातुल उरुस' नाम की किताब लिखी थी, जिसमें भद्रवर्गीय स्त्रियों को माँ, बहन, बेटी और पत्नी के रूप में अपने परम्परागत कर्तव्यों को और भी कुशलता के साथ पूरा करने की शिक्षा दी गई थी। देवबन्द दारुल उलूम के मौलाना अशरफ अली थानवी 'वहिश्ती जेवर' के नाम से एक किताब स्त्री की शिक्षा के सम्बन्ध में लिखी थी, जो एक ऐसा वृहद कोष था, जिसमें भद्रवर्गीय मुस्लिम स्त्री को धर्म, पारिवारिक कानून, घरेलू प्रबन्ध, इस्लामी दवा-दारू वगैरह की शिक्षा दी गई थी। उर्दू में लिखी ये दोनों किताबें उस जमाने के विवाह के अवसर पर उपहार स्वरूप दी जाती थीं।

स्वतन्त्रता प्राप्ति के बाद स्त्री सशक्तीकरण की चर्चा में तेजी आई। वैसे तो ऐसे विचारकों की कमी नहीं है, पर हम यहाँ तीन की चर्चा करेंगे। पहले हैं डॉ. राममनोहर लोहिया। वे समाजवादी चिन्तक थे, नेता थे और स्वतन्त्रता संग्राम में बढ़-चढ़ कर भाग लिया था। वे देश की जनता और उसकी समस्याओं को भली प्रकार जानते थे। उन्होंने मार्क्सवादियों का विरोध करते हुए जोर देकर कहा था कि भारत में धनी-गरीब के भेद के आधार पर वर्ग संघर्ष नहीं होगा, जाति के आधार पर वर्ण संघर्ष होगा। वह संघर्ष खूनी नहीं, कानूनी होगा। नवे दशक से आए मार्क्सवादी चिन्तन के पराभव के बाद लोहिया के बिचार देश पर आज इस तरह से तारी हो गए हैं कि आज मार्क्सवादियों ने उसे स्वीकार कर लिया है और खुल्लम-खुल्ला नहीं, तो प्राकारान्तर से उसे ही अपनी चुनावी राजनीति का आधार बनाकर चल रहे हैं और दलित, पिछड़ावर्ग और स्त्री सम्बन्धी विमर्शों के प्रवक्ता बनते जा रहे हैं।

स्त्री के सन्दर्भ में डॉ. राममनोहर लोहिया की मान्यता थी कि उसे उत्पीड़न, शोषण और अत्याचार से मुक्ति दिलाने के लिए मात्र आर्थिक और राजनैतिक आधार पर संघर्ष पर्याप्त नहीं है, उसे सांस्कृतिक क्षेत्र में ले जाना होगा। तब सवाल उठता है कि क्या पितृसत्ता सांस्कृतिक है? उसका उत्तर देते हुए वे प्राकृतिक स्थिति पर गौर करते हैं और पाते हैं कि शारीरिक रूप से स्त्री पुरुष से कमजोर होती है, वह जल्दी

बूढ़ी हो जाती है, अक्सर अपना काम आवेग में करती है और इनसे सुरक्षा के लिए वह पुरुष पर निर्भर हो जाती है। परिणामस्वरूप पुरुष स्त्री की तुलना में कुछ अधिक सुविधाएँ और विशेषाधिकार ग्रहित कर लेता है। यह लिंग भेद की ओर ले जाता है। जबकि प्रकृति ने स्त्री और पुरुष को एक-दूसरे का पूरक बनाया है, संस्कृति ने स्त्री को पुरुष का अधीनस्थ बना दिया है। ऊपर से गरीबी, अशिक्षा, परिवार व गृह काम में फंसे रहना उसे ऊपर उठने का मौका ही नहीं देता। देह की शुचिता का ऐसा हौवा है कि एक तरफ पर्दाप्रथा है तो दूसरी तरफ यदि वह एक बार विचलित हो जाए—चाहे वह बलात घर्षित क्यों न कर दी जाए—उसकी आगे की जिन्दगी नर्क हो जाती है। यह नर्क भी ऐसा कि रोज मारी-पीटी जाती है, उसकी कलाई थाम ली जाती है, अपनी ही सन्ततियों पर अधिकार नहीं रह जाता। कहीं वह विधवा हो गई तो सब स्वाहा—उत्तराधिकार में तो सम्पत्ति पाती नहीं, परिवार के कई-कई पुरुषों की अघोषित रखैल बन जाती है। ऊपर से तुर्रा यह कि उसे सद्‌चरित्र रह कर जीवन बीताना है, कम खाना है और हर शुभ अवसर पर किवाड़ के पीछे ढकेल दिया जाना है। इस तरह की जीवन-स्थिति से मुक्ति कानून बनाकर कम, संस्कृति बदलकर अधिक मात्रा में प्रदान की जा सकती है। पुरुष की मानसिकता बदले बगैर स्त्री को मुक्त नहीं किया जा सकता, क्योंकि वह येन-केन-प्रकारेण स्त्री को दबाकर अपने अधीन रखता है। समाज में स्त्री के प्रति जो पुरुषप्रणीत संकीर्ण विचार हैं उन्हें बदलकर ही समानता का भाव उत्पन्न किया जा सकता है। इसके लिए वे राजनैतिक और आर्थिक ढाचे में इस तरह से परिवर्तन के पक्ष में थे जिससे मनुष्य की सोच में परिवर्तन हो सके। वे दरअसल वंचित और उत्पीड़ित समूहों के अन्तर्निहित 'पोटेंशियल' को उन्मुक्त करना आवश्यक व महत्त्वपूर्ण समझते थे। उसके लिए धार्मिक, सामन्ती, पूँजीवादी बौधिक-सांस्कृतिक संरचनाओं पर प्रहार की बात करते थे, जिससे कि मनोवैज्ञानिक परिवर्तन आ सके। तभी कन्या-हत्या, बाल विवाह जैसे प्रचलनों को रोका जा सकता है। विधवा विवाह को स्वीकृति मिल सकती है।

राजेन्द्र यादव प्रगतिशील लेखक थे। मार्क्सवादी कम्युनिस्ट पार्टी के आनुषंगिक संगठन जनवादी लेखक संघ के सदस्य थे। तो उन्हें मार्क्सवादी मानने में कठिनाई नहीं है। उन्होंने जब प्रेमचन्द द्वारा स्थापित पत्रिका 'हंस' का एक भिन्न कलेवर में पुनर्प्रकाशन आरम्भ किया तो दलित-विमर्श और स्त्री-विमर्श पर बहस चलाई और उसे प्रमुखता देनेवाली रचनाओं का प्रकाशन किया। उन पर सम्पादकीय लिखा, टिप्पणियाँ लिखीं। उनके अध्ययन से उनका दलितों और स्त्रियों के बारे में विचार स्पष्ट होते हैं। उनका कहना है कि स्त्रियों सम्बन्धी लेखन में दलित लेखन की ही तरह मालिक मानसिकता की भर्त्सना, आत्मदया और अपने संकल्पों की घोषणा के साथ-साथ आन्दोलनात्मक आवेग अधिक है, वैचारिक विवेचन बहुत कम। स्त्री विमर्श की

समसामयिक विवेचना सामाजिक और राजनैतिक दृष्टि पर तो ध्यान केन्द्रित करती है, किन्तु उसके आत्म-निरीक्षण और आत्म-विश्लेषण के पहलुओं से बेखबर रहती है। इस तरह स्त्री-विमर्श का एक महत्त्वपूर्ण पक्ष छूट जाता है। स्त्री के उत्पीड़न, अत्याचार, बलात्कार, शोषण, प्रताड़ना, घरेलू हिंसा आदि की काफी चर्चा की जाती है, पर जितनी गम्भीरता से इन पर विचार किया जाना चाहिए, वह नहीं होता। किस तरह से उसको परिवार में मानसिक रूप से प्रत्यक्ष या अप्रत्यक्ष रूप से प्रताड़ित किया जाता है, जिसके परिणामस्वरूप व जीवित रहते हुए भी जीवित नहीं रहती, अवसाद, कुंठा और तनाव से ग्रसित रहती है, उसका खुलासा नहीं हो पाता है। पारिवारिक और सामाजिक परिस्थितियों से उपजे स्त्री उत्पीड़न की गहराई को यह विमर्श नाप नहीं पाता। बस थोड़ी व्याख्या कर रह जाता है। वह सिर्फ 'कंडीशनिंग' को देखता है 'सप्रेशन' की नहीं।

राजेन्द्र यादव के विचार को आगे बढ़ाते हुए लेखिका मृदुला गर्ग एक बड़े मार्के की बात कहती हैं, "स्त्री-विमर्श के सिद्धान्त गढ़ने से पहले हमें स्त्री अनुभव पर गहराई से सोचना होगा।...मातृत्व के अनेक आयाम हैं और हर आयाम किसी-न-किसी पूर्वाग्रह से जुड़ा हुआ है। ज्यादेतर पूर्वाग्रह मातृत्व को महिमामंडित करते हैं। पर बीसवी सदी के उग्र नारीवाद ने मातृत्व को स्त्री के पाँव की बेड़ी बताकर एकदम एक विपरीत पूर्वाग्रह को जन्म दिया है। गर्भपात को नारी मुक्ति का पर्याय माना जा रहा है। विडम्बना यह है कि यह लड़ाई छिड़ी पश्चिमी देशों में और अधिकार मिला गरीब भारतीय स्त्री को, जिसके पास अपने निर्णय स्वयं लेने का न अधिकार है, न आर्थिक आधार है, न संस्कृति।" वह विभत्स कन्या भ्रूण हत्या में बदल गया। इस पर सरकार ने रोक लगाई तो मेनका गाँधी गर्भिणी के स्वास्थ्य को सरकारी प्रयासों से बेहतर बनाने के नाम पर फिर गर्भ का अल्ट्रासाउंड और लिंग परीक्षण की माँग रख दिया है। उसका क्या हस्र होगा सहज कल्पनीय है। दरअसल मेनका गाँधी ने यह मांग प्राइवेट अस्पतालों की लाबी के दबाव में उठाई है।

मृदुला गर्ग हवाई बातें न कर तमाम व्यावहारिक बातें करती हैं। जैसे वे कहती हैं कि कुछ वर्षों से नगरों में ही नहीं, धुर दिहातों में जहाँ सामाजिक ताना-बाना इतना समृद्ध रहा है कि स्त्री पूरे गाँव की माँ-बहन-पुत्री की तरह सम्मानित थी, दो साल की बालिका से लेकर ८० साल की वृद्धा तक बलात्कार किया जा रहा है और बलात्कार के बाद भरसक मार ही दिया जा रहा है। यह किस नई संस्कृति के उत्पादन के कारण हो रहा है कि आज स्त्री मात्र भोग्या बनती जा रही है।

कवयित्री अनामिका ने स्त्रीवाद की मूल प्रवृत्तियों को तीन भाग में बाटा है :(1) लिंग भेद के सामाजिक निर्माणक हैं; (2) पितृसत्तात्मक व्यवस्था में आचार-संहिताएँ चूँकि पुरुषों द्वारा बनाई गई हैं, इसलिए स्त्रियों की तुलना में पुरुषों के प्रति इनका रवैया

पक्षपातपूर्ण होता है—स्त्रियों को विकास के समान अवसर भी कृपा के आधार पर दिए जाते हैं; (3) भविष्य का जो शोषण मुक्त समाज होगा, उसे गढ़ने के कार्यक्षेत्र प्रेम, प्रजननादि विशेष अनुभवमूलक वृतान्त, उनकी भाषा व शिल्प के स्वतन्त्र व्यक्तित्व का विकास बहुत निर्णायक होंगे। यानी इसके दो पक्ष हैं : एक जेंडर स्टीरिओ टाइप पर प्रहार, दूसरा स्त्री देह और मन की सही समझ का विकास।

अनामिका के विचार रेडिकल नारीवाद की ओर ले जाते हैं। इसकी परिणति मृदुला गर्ग के विचारों के ठीक उलट होती है। स्त्रियों की गर्भधारण की क्षमता उनके विकास में बाधक नहीं है। बाधक है, प्रजनन और शिशु संरक्षण पर पुरुषों का सीधा नियन्त्रण, जिसे तोड़ने के लिए निम्न सुविधाओं की आवश्यकता है :—

(1) गर्भ निरोध, गर्भपात और शिशु जन्म सम्बन्धी सारे निर्णय स्त्री के अपने हों।

(2) उसे यह भी निर्णय लेने का अधिकार होना चाहिए कि वह बच्चा स्वयं अकेले पाले, पति के सहयोग से पाले, पति के घरवालों या अपने मायकेवालों के सहयोग से पाले, क्रेश में रखकर पाले, कि होस्टल में।

इस रैडिकल स्त्रीवाद का विश्लेषण उन्होंने निम्न बिन्दुओं के आधार पर किया है—

(1) स्त्रीवादी विचारधारा के पक्षधर यौन-उत्पीड़न का विरोध करते हैं।

(2) स्त्री सिर्फ शरीर-सुन्दरी नहीं है।

(3) उसका विरोध पुरुष के प्रति नहीं, पितृसत्ता के प्रति है।

(4) लिंग भेद के आधार पर स्त्री-पुरुष के अस्तित्व में भेद नहीं किया जाना चाहिए। जैविक सिद्धान्त का खंडन कर सांस्कृतिक सिद्धान्त पर आधारित किया जाना चाहिए। लिंग भेद की मानसिकता के कारण स्त्री की जीवन शैली और कार्य शैली को पृथक ढंग से गढ़ा जाता है, जिससे उसका अस्तित्व संकुचित होता है और पहचान भिन्न तरह से बनती है। इसे दूर किया जाना चाहिए।

(5) स्त्री को मातृशक्ति के रूप में सम्बोधित नहीं किया जाना चाहिए। यह एक धार्मिक जामा पहनाना है, जिसके कारण तमाम सामाजिक कार्यों से उसे अलग किया जाता है। एक आदर्श का लबादा ओढ़ाकर उसकी प्रगति में बाधा डाला जाता है।

(6) स्त्री जन्म से स्त्री नहीं होती, उसे बनाया जाता है। उसे दूर करने के लिए विभिन्न संस्थाओं के संरचनात्मक ढाँचे में परिवर्तन किया जाना चाहिए। आर्थिक, सामाजिक, राजनैतिक और वैधानिक ढाचे में इस तरह से परिवर्तन किया जाना चाहिए, जिससे स्त्री को पुरुष के समान अधिकार और अवसर मिले।

(7) स्त्री को मात्र यौन सन्तुष्टि का साधन और वस्तु न माना जाना चाहिए। साथ ही उसे माँ बनने के लिए बाध्य नहीं किया जाना चाहिए।

(8) स्त्री को अपना व्यक्तित्व स्वतः विकसित करने के लिए पूरा मौका दिया जाना चाहिए और उसमें पुरुष की किसी तरह की दखलन्दाजी नहीं होनी चाहिए।

वृन्दा करान्त सीधे-सीधे मार्क्सवादी हैं और मार्क्सवादी कम्युनिस्ट पार्टी की पालिटब्यूरो में है। वे स्त्रियों के उत्पीड़न को तीन स्तरों पर देखती हैं। (1) पहला उत्पीड़न महिला होने के नाते हैं। इसमें पारिवारिक हिंसा से लेकर समाज में बढ़ते जाने से उत्पन्न और नई नई तरह की आ रही हिंसाओं का क्षेत्र समाहित है। (2) दूसरा उत्पीड़न एक नागरिक के रूप में है, जिसमें शासन के हाथों वंचना, शोषण व दमन, सरकार की वृहत्तर नीतियों के चलते शोषण और उत्पीड़न, कमजोर जातियों तथा कमजोर समुदायों की महिला होने के कारण उत्पीड़न आदि आता है। (3) तीसरा स्तर एक वर्ग के हिस्से के रूप में शोषण, उत्पीड़न और दमन है।

उपरोक्त बातों में इतना और जोड़ दिया जाए कि आर्थिक विकास के साथ सम्पूर्ण उत्पादन का ऊपरी ढाचा सिर्फ बदलता ही नहीं है, समाज की पूरी कार्य-प्रणाली भी उसके साथ बदल जाती है। इधर वैश्वीकरण के द्वारा जो बदलाव की आँधी पूरे विश्व में फैलती जा रही है, वह एक सोची-समझी अर्थ-नीति के तहत की जा रही है। यह एक विशेष तरह की सोच और मानसिक ढाँचा गढ़ने के लिए नियोजित ढंग से कार्यरत है। यह आँधी हमारे बुनियादी ढ़ाचे से बँधी सांस्कृतिक चेतना को ही नष्ट करती जा रही है। उससे सतर्क रहने की आवश्यकता है। के. एन. पणिक्कर ने लिखा है, "वर्तमान राजनैतिक वातावरण में जब भारतीय पूँजीवादी वर्ग अपने नियन्त्रण में वर्तमान राजकीय तन्त्रों का प्रभावी ढंग से उपयोग करके एक विचारधारात्मक ढांचा गढ़ने के लिए कमर कस रहा है, तब यह बात महत्त्वपूर्ण हो जाती है कि इससे जो सामाजिक और सांस्कृतिक चेतना उत्पन्न होने की सम्भावना बन रही है, उसके बारे में सचेत रहकर रहा जाए।" दूसरे स्त्री अस्मिता का बोध अपने में एक ऐसा रचनात्मक आन्दोलन है जो स्त्री को सिर्फ चेतनशील ही नहीं बनाता, वरन प्रगतिशील भी। किन्तु यह अभी नगर और महानगर तक ही सीमित है। विचारकों का कहना है कि जिस दिन गाँवों में शहर बसने लगेंगे, उस दिन ग्रामीण अंचलों में भी नारी चेतना का उद्घोष होगा।

(3)

यदि अभी तक प्रस्तुत तमाम बातों का सम्यक विश्लेषण करें, तो हम पाते हैं कि स्त्री सशक्तीकरण के क्षेत्र धर्म, जाति, वर्ग, लिंग, परिवार, समाज, संस्कृति, नैतिक, राजनीति, अर्थ, नौकरी, जीविका, हिंसा आदि का है और इसके कारण इसका स्वरूप बहुल है। इनको ठोस रूप देने के लिए निम्न शीर्षकों में मोटा-मोटी बाँट सकते हैं कन्या-हत्या, भ्रूण-हत्या, बाल-विवाह, बेमेल विवाह, विधवा विवाह, बिना सहमति का विवाह, बहुपत्नीवाद, बहुपतिवाद, प्रेम-विवाह, सम्मान के लिए हत्या, घरेलू हिंसा, बलात्कार, प्रेम में धोका से उत्पन्न बलात्कार, सम्पत्ति में उत्तराधिकार, शिक्षा का

अधिकार, समान शिक्षा, नौकरी का अधिकार, नौकरी की जगह होनेवाले हैरेसमेंट से प्रतिकार—छेड़-छाड़ से लेकर पदोन्नति के लिए सेक्स की माँग; वेतन का अधिकार, अकेले रहने का अधिकार, अकेले बच्चा गोद लेने का अधिकार, अकेले मातृत्व, किराए का गर्भ और किराए के वीर्य सम्बन्धी अधिकार, स्त्री समलैंगिकता, सर्जरी द्वारा लिंग परिवर्तन, सेक्स सप्रेशन से मुक्ति का अधिकार, अकेले कामेच्छा की पूर्ति, अभिभावकत्व, अपनी सम्पत्ति किसी के भी नाम करने का अधिकार, संस्कार, सती प्रथा, जौहर, दहेज के लिए हत्या, दहेज, तलाक, लिव-इन-रिलेशनशिप, रखैल बनकर रहने का अधिकार, वेश्यावृत्ति, देवदासी प्रथा, परिवार-नियोजन, सन्तानोत्पत्ति, अन्तर्मत विवाह, दूसरे देश के नागरिक से विवाह, अन्तर्जातीय विवाह, तलाक के अधिकारों में समानता, लिंग के आधार पर काम का अविभाजन, नीति बनाने में सहभागिता, स्वतन्त्र निर्णय लेने का अधिकार, अपनी कमाई पर अधिकार, अपने मन का वस्त्र पहनने का अधिकार, पर्दा प्रथा का खात्मा, कहीं भी कभी भी जाने की छूट, राजनीति में हिस्सा लेने का समान अवसर, खेल-कूद में हिस्सा लेने का अवसर, आदि।

जाहिर है कि इन मुद्दों पर संक्षेप में भी बात किया जाए तो एक पूरी पुस्तक की आवश्यकता पड़ेगी। उसे भविष्य के लिए छोड़ता हूँ।

(4)

हम यदि तमाम क्षेत्रों में हुए प्रयासों की अति संक्षेप में बात करें, तो भी एक पूरी पुस्तक की जरूरत पड़ेगी। इसलिए हम यहाँ सरसरी तौर पर कुछ सैलिएट बातों की चर्चा करते हैं।

स्वतन्त्रता संग्राम के दौरान स्त्री की स्थिति सुधारने के लिए जो प्रश्न उभरे थे, उनका शमन करते हुए भारतीय संविधान ने अनुच्छेद 14 में स्त्री और पुरुष को कानून के सामने समान बना दिया है और सबको एक जैसी कानून की सुरक्षा प्रदान की है। यानी लिंग, जाति, धर्म, क्षेत्र, नस्ल, मत, उम्र आदि के आधार पर स्त्री और पुरुष में किसी भी काम के लिए विभेद नहीं किया जाएगा। समानता एक गतिशील संकल्पना है, जिसके कई पहलू और आयाम हैं और इसे पारम्परिक और अव्यावहारिक सीमाओं में भीतर बन्द नहीं किया जा सकता, ठूंसा नहीं जा सकता, सीमित नहीं किया जा सकता। वह निरंकुशता के प्रतिकूल है। वह वर्गविहीन समतावादी सामाजिक, आर्थिक व्यवस्था के लक्ष्य की दिशा में एक प्रकाश स्तम्भ की तरह है। यही नहीं, अनुच्छेद 15 के खंड 3, 4 व 5 इसका सकारात्मक अपवाद प्रस्तुत करते हुए स्त्री तथा बच्चों के लिए तथा सामाजिक और शैक्षिक दृष्टि से पिछड़े हुए नागरिकों के कुछ वर्गों की

उन्नति के लिए, तथा अनुसूचित जातियों और अनुसूचित जनजातियों के लिए विशेष प्रावधान करने का अधिकार सरकार को देता है। अनुच्छेद 16 भारत के सभी नागरिकों को राज्य के अधीन पद पर नियुक्ति से सम्बन्धित विषयों में अवसर की समानता की गारंटी देता है। यानी केवल धर्म, जाति, लिंग, मूलवंश, उद्भव, जन्म स्थान या निवास के आधार पर विभेद नहीं किया जा सकता। किन्तु समाज के पिछड़े वर्ग के लोगों के लिए विशेष प्रावधान किया जा सकता है। इसी प्रावधान के अन्तर्गत शूद्रों के दोनों घड़ों को नौकरियों व शिक्षण संस्थाओं में आरक्षण प्रदान किया है। यह प्रावधान सरकार को सामर्थ्य देने से सम्बन्धित है और किसी सरकारी कर्तव्य का अधिकार नहीं देता। इसका उपयोग कर स्त्रियों को नौकरी से लेकर संसद तक में आरक्षण की माँग उठती रही है। जिले के स्तर तक के चुनाओं और अधिनस्थ नौकरियों में इन्हें अपनाया भी गया है। अनुच्छेद 17 के द्वारा छुआछूत समाप्त कर दिया गया है और अनुच्छेद 18 के द्वारा राज्य प्रदत्त उपाधियों को समाप्त कर दिया गया है। पर शिक्षण संस्थान द्वारा दिए उपाधियों, सेना के अधिकारियों का पदनाम और पद्म सम्मानों को अपने नाम के साथ लिखने की अनुमति दी गई है।

कानून के द्वारा दहेज प्रतिबन्धित कर दिया गया है, दहेज और बलात्कार सम्बन्धी अपराधों के प्रति कानून कड़ा कर दिया है, खाप के अधिकार छीन लिए गए हैं, ब्याह का स्वरूप धीरे-धीरे अनुबन्ध की ओर ले जाए जा रहा है, उसका पंजीकरण अनिवार्य कर दिया गया है। विधवा विवाह की पूरी अनुमति है, बाल विवाह रोक दिया गया है। विवाह के लिए सहमति देने के लिए उम्र की निम्नतम सीमा निर्धारित कर दी गई है। तलाक का अधिकार स्त्री को प्रदत्त है। अभिभावकत्व और गोद लेने का अधिकार सुलभ करा दिया है। समान काम के लिए समान वेतन की व्यवस्था है। कार्य स्थल और सार्वजनिक संगठनों पर छेड़खानी और हैरेसमेंट के विरुद्ध नियम बनाए गए हैं। सम्पत्ति में उत्तराधिकार दिया गया है। जच्चा-बच्चा की हिफाजत के लिए कानून बनाया गया है। भ्रूण हत्या, विशेषतः कन्या हत्या वर्जित कर दिया गया है। गर्भधारण और निरोध सम्बन्धी अधिकार स्त्री को दे दिए गए हैं। प्रयत्न किया गया है कि लिंग के आधार पर काम का बँटवारा यथासम्भव न हो। शिक्षा का अधिकार प्रदत्त है और सिर्फ विभेद को रोका ही नहीं गया है, स्त्रियों के लिए विशेष व्यवस्था की गई है। पंचायत व जिले के स्तर की राजनैतिक संस्थाओं में उनकी सीटों की संख्या संरक्षित कर दी गई है। उनकी शिकायतों की सुनवाई के लिए सेल बनाए गए हैं। उनकी सशक्तीकरण के और भी उपाय किए गए हैं। उनकी विस्तृत चर्चा के लिए अलग से पुस्तक की आवश्यकता पड़ेगी जो यहाँ दरकार नहीं है। पर ये सब कानूनी और सरकारी प्रयत्न हैं। ये तभी प्रभावशाली होंगे, जब समाज स्वीकृत करेगा। अन्यथा स्त्रियाँ युद्ध में लड़ते ही रह जाएँगी। इसके लिए स्त्रियों के साथ-साथ समाज को चेतन बनाना होगा। यह

काम सरकारी संस्थाओं के अलावा तमाम गैर-सरकारी संस्थाएँ, संगठन, राजनैतिक दल और एन.जी.ओ, वगैरह काम कर रहे हैं। उनके विस्तृत अध्ययन के लिए अलग से पुस्तक की आवश्यकता पड़ेगी। इसलिए इसे यहीं छोड़ते हैं। हाँ इतना कहना जरूरी है कि भारतीय समाज में धर्म, जाति, हरिजन, आदि विभेद के कारण सामाजिक स्तर पर और कई जगह कानूनी स्तर पर भी विभेद है, जिससे स्त्रियों के सशक्तीकरण के मुद्‌दे और स्तर बदल जाते हैं। उनमें एकरूपता तभी आ पाएगी जब एक समान नागरिक सन्तिता न केवल बनेगी, उसे मजबूत इच्छाशक्ति से लागू भी किया जाएगा। सरकारों को चाहिए कि वोट-बैंक की राजनीति के दबावों से ऊपर उठकर इसके लिए सकारात्मक वातावरण बनाकर वह कानून यथाशीघ्र पास कराने के लिए कदम उठाए।

समान नागरिक संहिता और स्त्री

औपनिवेशिक सत्ता से मुक्ति के संघर्ष के दौरान जिन भावी सामाजिक मूल्यों की कल्पना की गई थी, उसमें समानता का अधिकार प्रमुख था। तत्कालीन भारतीय समाज धर्म, जाति, क्षेत्र, लिंग, भाषा आदि के आधार पर विकसित असमानताओं से ग्रस्त था और आशा की गई थी कि स्वतन्त्रता प्राप्ति के बाद जो नया समाज अभियंत्रित होगा, उसमें उन असमानताओं और अनावश्यक विविधताओं के लिए जगह न होगी। इसलिए जो नया संविधान लागू हुआ, उसमें समानता को एक मूलाधिकार के रूप में जगह दी गई। इसका मतलब था कि कानून की निगाह में सभी बराबर होंगे, समान परिस्थितियों में सबको एक सा कानूनी व्यवहार प्राप्त होगा और इसके लिए वे न्यायालयों में जा सकेंगे। यह तभी सम्भव हो सकता था जब इसको ठोस रूप देने के लिए समान नागरिक संहिता का निर्माण हो। उसे भी एक मूलाधिकार बनाने का प्रयत्न संविधान सभा में चला था। बिहार के तजम्मुल हुसैन को छोड़कर संविधान सभा के सभी मुस्लिम सदस्य इसके विपक्ष में थे। इसके माध्यम से स्त्रियों को समानता देने के प्रसिद्ध पक्षधर बनकर मीनू मसानी (पारसी), राजकुमारी अमृत कौर (ईसाई) और हंसा मेहता (हिन्दू) उभरे। किन्तु इससे होनेवाले सामाजिक जीवन में उलट-फेर से तमाम सभासद डरे से रहे, इसलिए वह मूलाधिकार न बन पाया। यह जवाहर लाल नेहरू और बी.आर. अम्बेदकर की चालाकी थी कि उसे नीतिनिर्देशक सिद्धान्तों में शामिल कर लिया गया। धारा 44 में लिखा गया, "The state shall endeavour to secure for the citizens a Uniform Civil Code throughout the territory of India". तब इस समान नागरिक संहिता का क्या मतलब था? पूरे देश के लिए समान दंड संहिता, समान दंड प्रक्रिया संहिता, साक्ष्य नियम, सम्पत्ति हस्तान्तरण नियम, संविदा नियम, कंपनी ला, नागरिक प्रक्रिया संहिता आदि पहले से ही लागू थे। निश्चय ही इसका मतलब परिवार सम्बन्धी कानून से था, जिसे 'परसनल ला' कहते हैं। इसमें विवाह व विवाह विच्छेद, बच्चों पर अभिभावकत्व, बच्चा गोद लेने का अधिकार, गुजारे-भत्ते का अधिकार, सम्पत्ति में उत्तराधिकार आदि आते हैं। विभिन्न समुदायों के

स्त्री-पुरुषों को इन मामलों में एक समान अधिकार देने की बात इस व्यवस्था में थी। इसी तरह नीतिनिर्देशक सिद्धान्त का मतलब होता है कि भविष्य में राज्य जो कानून बनाएँगे उनमें प्रयत्न करेंगे कि इस अनुच्छेद में दी गई बातों को लागू करने के लिए प्रयत्न करेंगे। है तो यह संवैधानिक प्रावधान ही, मूलाधिकार की ही तरह, बस इन्हें लागू कराने के लिए न्यायालय का दरवाजा नहीं खटखटाया जा सकता। डॉ. भीम राव अम्बेडकर इसके बड़े हिमायती थे। जब देश के सभी समुदायों के लिए ऐसी नागरिक संहिता न बन पाई और सिर्फ हिन्दुओं के लिए लाई गई संहिता में बार-बार अड़चनें डाली जाने लगी, तब वे मंत्रिमंडल से इस्तीफा देकर अपने को सरकार से अलग कर लिए। जब हिन्दू कोड बिल को टुकड़ों-टुकड़ों में पास किया जा रहा था, तब प्रो.जे.बी. कृपलानी ने समान नागरिक संहिता की बात संसद में 1956 में उठाई थी : "We call our state a seular state—a seccular state goes niether by scripture, nor by custom. It must work on sociological and political grounds. If we are a democratic state, I submit we must make laws not for one community alone. Today the Hindu community is not as much prepared for divorce as the Muslim community is for monogamy..will our government introduce a Bill for monogamy for the Muslim community? Will my dear Law Minister apply part about monogamy to every community in India?...I tell you this is the democratic way. It is not the Mahasabhaites alone who are commnal, it is the Government also that is communal, whatever it may say. It is passing a communal measure. You shall be known by your acts, not by your profession. You have deluded the world so often with words. I charge you with communalism because you are bringing forward a law about monogamy only for Hindu community. You must bring it also for the Muslim community...The Muslim community is prepared to have it but you are not brave enough to do it."

आज भी स्थिति कमोबेश वही है। ध्यातव्य है कि इस दिशा में कुछ काम अंग्रेजी सरकार ने अपनी तमाम संहिताओं से पहले ही किया था, जैसा कि हमने ऊपर नोट किया है। इस प्रक्रिया को आगे बढ़ाने के लिए कौन कहे, तमाम उन्मादी और प्रतिक्रियावादी तत्त्वों ने समय-समय पर इसमें दखल दिया है और स्त्रियों को जो अधिकार पुरुषों और दीगर समुदाय की स्त्रियों के बराबर मिले हुए थे, उसे मेट देने की कोशिश की है। इसका पहला महत्त्वपूर्ण उदाहरण शाहबानू (यानी मोहम्मद अहमद खान बनाम शाहबानू वगैरह) का मामला है। चालीस वर्षों के विवाहित जीवन के बाद 1975 में वकील मो. अहमद खान ने अपनी पत्नी शाहबानू को घर से बाहर निकाल

दिया। कुछ महीनों तक वे कुछ रुपये बतौर भरण-पोषण उसे देते रहे। फिर उसे अचानक ही बन्द कर दिया। अप्रैल 1978 में शाहबानू ने पाँच सौ रुपया प्रतिमाह भरण-पोषण पाने के लिए दंड प्रक्रिया संहिता की धारा 125 के तहत स्थानीय अदालत में मुकदमा दायर किया। इस पर मो. अहमद खान ने तीन बार 'तलाक, तलाक, तलाक' कहकर तलाक दे दिया और पहले से तय तीन हजार रुपया मेहर को देकर पिण्ड छुड़ा लिया। अदालत में कहा कि इसके बाद भरण-पोषण देने का सवाल ही नहीं उठता। मजिस्ट्रेट ने यह दलील न मानी और काँख-कूँख कर पच्चीस रुपया महीना बांध दिया। उच्च-न्यायालय ने इसे बढ़ाकर एक सौ अठहत्तर रुपया बीस पैसा कर दिया। इसके खिलाफ़ मोहम्मद अहमद ने सर्वोच्च न्यायालय में अपील किया। तर्क दिया कि पति-पत्नी दोनों ही मुसलमान हैं, इसलिए मुस्लिम पर्सनल ला के दायरे में आते हैं। उस कानून में पति को तलाकशुदा पत्नी को भरण-पोषण देने का प्रावधान नहीं है। सिर्फ मेहर देने की व्यवस्था है और वह दे दिया गया है। निचली अदालतों ने भरण पोषण दंड प्रक्रिया संहिता के अन्तर्गत दिया है, जो गलत है। दंड प्रक्रिया संहिता सिर्फ प्रक्रिया है, जो मूलभूत अधिकारों का सृजन नहीं करती और वास्तविक कानून से टकराने पर मान्य नहीं रह जाती। उच्चतम न्यायालय ने इन तर्कों को नहीं माना। अपना फैसला 1985 में देते हुए कहा कि दोनों कानूनों में कोई टकराव नहीं है। ऊपर से यह भी जोड़ा कि कुरान शरीफ में कुछ ऐसी आयतें हैं जो मुस्लिम पतियों को अपनी तलाकशुदा पत्नियों के भरण-पोषण की व्यवस्था करने की बात करती हैं।

मुस्लिम जड़मतवाले प्रतिक्रियावादियों ने इस पर बहुत हो-हल्ला मचाया कि यह सीधे-सीधे उनके 'पर्सनल ला' में दखल है और उसके माध्यम से उनके धर्म में। ऐसा ही चलता रहा तो इस्लाम खतरे में पड़ जाएगा। उन्होंने इस आशय का एक हस्ताक्षर अभियान चलागा कि सरकार एक कानून बनाकर स्पष्ट करे कि दंडप्रक्रिया संहिता का प्रावधान मुस्लिम महिलाओं पर लागू नहीं होता। राजीव गाँधी की तत्कालीन पूर्ण बहुमत की कांग्रेसी सरकार आरम्भ में इस निर्णय के पक्ष में थी। पर 'वोट बैंक' याद आते ही घुटने टेक दिया और 'मुस्लिम वुमेन (प्रोटेक्शन आफ राइट आन डाइवोर्स) एक्ट 1986, बनाकर मुस्लिम औरतों को दंड प्रक्रिया संहिता की धारा 125 से बाहर कर दिया। कहा कि ऐसी लावारिस, अनाथ औरतों को वक्फ बोर्ड पालेगा, जबकि सरकार खूब जानती थी कि वक्फ बोर्ड के पास धन नहीं के बराबर होता है और जो होता है उस पर अधिकांशतः प्रतिक्रियावादी लोगों का ही कब्जा रहता है। यानी शाहबानू को न्याय इसलिए नहीं मिल पाया कि वे प्रथमतः महिला थीं और दूसरे मुस्लिम थीं।

ऐसा अन्याय हिन्दू औरतों के भी साथ होता है। रूप कुँअर का मामला जग जाहिर है। 1987 के सितम्बर में उसे कैंसर से मरे अपने पति की चिता पर जबर्दस्ती बांध

कर जला दिया गया था। कुछ लोग कहते हैं कि जबर्दस्ती नहीं की गई थी। वह स्वयं सती बनना चाहती थी। वह देवराला की रहनेवाली 18 वर्षीय छात्रा थी। वह जहाँ जलाई गई थी, वहाँ मन्दिर बना दिया गया और लोग जैसे तीर्थ में जुटने लगे कि यहाँ आने से कैंसर ठीक हो जाएगा। कुछ लोगों ने इस सती-कर्म का विरोध किया तो समर्थकों ने तर्क दिया कि सती होना हिन्दू-धर्म का अंग है और स्त्री के लिए एक उच्चतर मूल्य है। उसे रोकना सांस्कृतिक भेदभाव है। यदि रोका ही जाना है तो वह राजस्थान के लोगों और वृहत्तर हिन्दू समाज द्वारा रोका जाएगा। किसी सरकार द्वारा रोका जाना मान्य नहीं होगा। विलियम बैंटिग ने सती प्रथा को रोकने के लिए जो कानून बनाया था, वह गलत है। वहाँ की तमाम महिला संगठनों ने इस प्रतिक्रियावादी आलाप का विरोध किया। परिणामस्वरूप रूप कुँअर के ससुर के साथ परिवार के अन्य पाँच सदस्यों को गिरफ्तार किया गया आत्महत्या के लिए उकसावे के अपराध में। सरकार ने विलियम बैंटिक के कानून के बावजूद सती प्रथा के विरुद्ध एक और कानून पास किया। सरकार के इस काम की बड़ी आलोचना हुई। कहा गया कि वे उन मानवाधिकार के लिए बाहरी शहरी आन्दोलनकारियों के आगे झुक गई, जो पश्चिमी शिक्षा की उपज हैं, किसी भी तरह से भारतीय संस्कृति का प्रतिनिधित्व नहीं करते, उलटे उसे नष्ट करने में लगे रहते हैं और उसके लिए तमाम एन.जी.ओ. के माध्यम से विदेशी पैसा पाते हैं।

एक दूसरा विचित्र मामला भँवरी देवी का है। उसने बाल विवाह के विरुद्ध आन्दोलन चलाया था। जब वह एक वर्ष की बालिका का विवाह रोकने में सफल हो गई तो उसके साथ सामूहिक बलात्कार किया गया, फिर सामाजिक बहिष्कार किया गया। इसके विरुद्ध मुकदमा चलानेवालों ने कहा कि भंवरी देवी के साथ बलात्कार चन्द लोगों की सिर्फ काम पिपासा शान्त करने के लिए नहीं हुआ था, उसकी आत्मा को ही नष्ट कर देने के लिए हुआ था, क्योंकि उसने सामन्ती व्यवस्था को ललकारा था। फिर भी पुरुष मानसिकता के वर्चस्ववाली अदालत ने अपराधियों को इस आधार पर छोड़ दिया था कि वे अधेड़ उम्र के सम्मानित ऊँची जाति के व्यक्ति थे, जो छोटी जाति की स्त्री के साथ यौन सम्बन्ध बनाने में हेठी समझते थे। यहाँ स्त्री के विरुद्ध अन्याय समाज और कार्यपालिका से नहीं, सीधे न्यायपालिका से मिला था। इसके विरुद्ध भी आन्दोलन चला था। परिणामस्वरूप उसे उच्चतम न्यायालय से न्याय मिला। सरकार ने 'सेक्सुअल हैरेसमेंट आफ वुमेन एट वर्कप्लेस (प्रिवेन्शन, प्राहिविशन एंड रिड्रेसल) एक्ट, 2012 पास किया।

एक और मामले 'स्टेट आफ पंजाब बनाम गुरमीत सिंह एंड अदर्स' में न्यायालय ने बलात्कारियों को इस आधार पर छोड़ दिया था कि भुक्तभोगी चरित्रहीन थी। अदालत ने यह भी नहीं सोचा कि किसी स्त्री को चरित्रहीन कहना कितनी खराब बात है और

चरित्र के आधार पर अपराध की गम्भीरता तय नहीं होती, विशिष्ट घटना के आधार पर होती है। इस केस में अदालत ने जैसे स्त्री को कमतर माना। भला हो सुप्रीम कोर्ट का, जिसने अन्ततः न्याय दिलाया। यदि उसके पास उच्चतम न्यायालय में जाने की सामर्श्य न होती तो क्या यह न्याय मिल पाता?

यही नहीं कबीलों की पंचायतें अपने पारिवारिक कानून की खोज और व्याख्या करती है, शरीया अदालतें न जाने किस कानूनी आधार पर आए दिन फैसले देती रहती हैं, और जाटों की खाप पंचायतें सजा देती रहती हैं, जिसमें प्रेम विवाह करनेवाली स्त्री पर सामूहिक बलात्कार का फर्मान अदा किया जाता है। बाल छिलाकर, चेहरा कालाकर, गले में जूते का माला डालकर, गधे पर उल्टी तरफ बिठा कर ढोल-बाजे के साथ जो तमाशा निकाला जाता है, उससे जो फजीहत होती है, वह तो होती ही है, अन्तर्राष्ट्रीय स्तर पर मिले मानवाधिकार की धज्जियाँ उड़ा दी जाती हैं। तुर्रा यह कि स्व. महैन्द्र सिंह तिकैत जैसे नेता इसे उचित ठहराते हैं।

उत्तराधिकार के मामले में, विवाह और विवाह विच्छेद के मामले में, गोद लेने के मामले में, बच्चों के अभिभावकत्व के मामले में, भरण-पोषण के मामले में एक तरफ स्त्री-पुरुषों में, दूसरी तरफ विभिन्न समुदायों में कानूनी भिन्नता के कारण स्त्रियों को अक्सर दुःखी होना पड़ता है, अन्याय सहना पड़ता है। न्यायमूर्ति लीला सेठ ने लिखा है : "Despite the Constitution of India having proclaimed equality before the law as a fundamental right, a daughter is excluded from participation in ancestral property under the Mitakshara system merely by reason of her sex. It is my fervent hope that if the changes suggested are brought and fully implemented it will be the death knell for the curse of dowry and will also improve the condition of women.

Discrimination against women enshrined in the law exists just as acutely in the Muslim Personal Law in India. What is worse is that here, attempts by courts to improve their position have roused the wrath of sections of community. In the Shah Bano case, an impoverished divorced women denied maintenance by her ex-husband was granted it by the Supreme Court on grounds other than those of Muslim Personal Law."

यह खुशी की बात है कि सन् 2005 में हिन्दू उत्तराधिकार नियम, 1956 में संशोधन कर हिन्दू स्त्री को पैतृक पुश्तैनी सम्पत्ति में उत्तराधिकार दे दिया गया है। वहीं यह बड़े दुःख की बात है कि मुस्लिम स्त्रियों को कोर्ट से दिया गया भरण-पोषण का अधिकार केन्द्र सरकार द्वारा कानून बनाकर ले लिया गया है। शाह बानू केस में निर्णय देते हुए उच्चतम न्यायालय ने कहा था कि यह बड़े दुःख की बात है कि संविधान की

धारा 44 एक मृत प्रावधान बनकर रह गया है। एकल नागरिक संहिता बनाने का कोई प्रयास सरकारों द्वारा नहीं किया गया है। ऐसा न होने के कारण समानता के अधिकार का मतलब भ्रमकारी होता जा रहा है। और "Justice to all is a far more satisfactory way of dispensing justice from case to case." समान नागरिक संहिता बन जाने पर सभी समूहों की स्त्रियों को हर क्षेत्र में एक-सा अधिकार मिल जाएगा। इससे सभी समुदायों में एकपत्नीवाद पर मुहर लग जाएगी। सभी विवाहों को पंजीकृत कराना जरूरी होगा, जिससे विवाह विच्छेद में मनमानी नहीं चलेगी और स्त्री-पुरुष के अधिकार में बराबरी आएगी। सम्पत्ति में सभी स्त्री-पुरुषों को एक-सा अधिकार मिलेगा। बच्चा गोद लेने का अधिकार न केवल मुसलमानों को मिल जाएगा, सभी समुदाय के लोगों को—क्या स्त्री, क्या पुरुष—सभी को एक-सा अधिकार होगा।

हमारे समय में सामान्य नागरिक संहिता के विरोधी न केवल मुसलमान हैं, वोट बैंक की राजनीति करनेवाले प्रगतिशील दल, जाति व क्षेत्रवादी दल और कांग्रेस पार्टी के मणिशंकर अय्यर जैसे लोग हैं। सबका तर्क लगभग एक जैसा है। अपनी पुस्तक ''कन्फेसन्स आफ ए सेक्युलर फंडामेंटलिस्ट'' में मणिशंकर अय्यर ने लिखा है, "As the customs and usages, rites and rituals, traditions and practices of different communities are the very basis of which religious communities distinguish themselves from each other, the prospect of actually securing a Uniform Civil Code is distant." उन्होंने यह भी कहा है, "There is one and only one factor standing in the way of the reform of Muslim Personal Law—the demand for immediate imposition by brute majority of a Uniform Civil Code on the Muslims by a political party (i.e. B.J.P.), which is commnualist and anti-Muslim and which in guise of a Uniform Civil Code wishes to impose a Hindu Civil Code." यहाँ अय्यर साहब भूल जाते हैं कि भारतीय स्त्रियाँ 'हिन्दू सिविल कोड' की माँग नहीं कर रही हैं, वे 'यूनिफार्म सिविल कोड' की माँग कर रही हैं। यह भी कि धर्म या मत का सम्बन्ध विश्वास से होता है—वह व्यक्ति और ईश्वर के सम्बन्ध से संचालित होता है, जबकि कानून का सम्बन्ध व्यक्ति के विशिष्टि अधिकारों से होता है दूसरे व्यक्ति या पूरे समूह के बरक्स। कानून और धर्म अलग-अलग बातें हैं। कानून लौकिक मामले में होता है, धर्म पारलौकिक मामले में। इसलिए लौकिक मामले में सबके लिए एक समान कानून हो सकता है, भले ही उनका धर्म भिन्न-भिन्न हो। यदि हिन्दू, बौद्ध, जैन और सिक्ख के लिए, जिनका धार्मिक मत भिन्न-भिन्न है, एक समान संहिता हो सकती है, तब हिन्दू, मुसलमान, पारसी, यूहूदी, ईसाई आदि के लिए क्यों नहीं हो सकता? जरा सोचिए—कैथोलिक चर्च विवाह-विच्छेद की अनुमति नहीं देता, पर डाइवोर्स एक्ट के अन्तर्गत उसे प्राप्त

किया जा सकता है। तब दूसरे मतवाले इस तरह के कानून की माँग क्यों नहीं कर सकते? इंसाल्लाह, समान नागरिक संहिता स्त्री के प्रति असम्मानजनक और हानिकारक परम्परागत व्यवहृतियों को ध्वस्त कर उन्हें भारत के समान नागरिक के रूप में वैयक्तिक पहचान प्रदान करेगी। जरूरत है मार्टिन लूथर किंग की यह बात याद रखने की, "Injustice anywhere is a threat to justice everywhere."

●●●